河南省高等学校人文社会科学重点研究基地

汉梁文化研究中心成果

李可亭 著

# 跬步集

李林敬 题

上册

中国社会科学出版社

## 图书在版编目（CIP）数据

跬步集：全 2 册 / 李可亭著 . —北京：中国社会科学出版社，2016. 1
ISBN 978 - 7 - 5161 - 7348 - 0

Ⅰ.①跬⋯　Ⅱ.①李⋯　Ⅲ.①思想史—中国—近代—文集②商丘市—地方史—文集　Ⅳ.①B25 - 53②K296. 13 - 53

中国版本图书馆 CIP 数据核字（2016）第 013857 号

| | |
|---|---|
| 出 版 人 | 赵剑英 |
| 责任编辑 | 刘志兵 |
| 特约编辑 | 张翠萍等 |
| 责任校对 | 王佳玉 |
| 责任印制 | 李寡寡 |

| | |
|---|---|
| 出　　　版 | 中国社会科学出版社 |
| 社　　　址 | 北京鼓楼西大街甲 158 号 |
| 邮　　　编 | 100720 |
| 网　　　址 | http：//www. csspw. cn |
| 发 行 部 | 010 - 84083685 |
| 门 市 部 | 010 - 84029450 |
| 经　　　销 | 新华书店及其他书店 |

| | |
|---|---|
| 印刷装订 | 三河市君旺印务有限公司 |
| 版　　　次 | 2016 年 1 月第 1 版 |
| 印　　　次 | 2016 年 1 月第 1 次印刷 |

| | |
|---|---|
| 开　　　本 | 710 × 1000　1/16 |
| 印　　　张 | 39.5 |
| 字　　　数 | 688 千字 |
| 定　　　价 | 138. 00 元（上、下册） |

凡购买中国社会科学出版社图书，如有质量问题请与本社营销中心联系调换
电话：010 - 84083683

图 1　建成于 1511 年的商丘古城（归德府城）鸟瞰

图 2　商丘古城（北城门）

图3　2005年5月，接受商丘电视台"商祖溯源"栏目采访

图4　2010年1月，接受中央电视台4套"走遍中国"栏目采访

图 5　2010 年 11 月，在"商丘大讲堂"讲授"商丘三商文化"

图 6　2015 年 4 月 25 日，为商丘"应天书院大讲堂"开讲，讲授"范仲淹与应天书院"

图7　向学生签名赠送所著《商丘通史（上编）》《钱玄同传》

图8　2012年3月19日，向《华东旅游报》采访部记者吴仲银先生赠送所著《商丘通史（上编）》《三商之源——商丘》

图9 2010年10月，为安徽省淮北市参观考察团讲解商丘古城

　　图10 2012年10月，与河南省高等学校人文社会科学重点研究基地商丘师范学院汉梁文化研究中心部分成员合影。前排左起：姚润田（历史与社会学院院长、中心副主任）、郭文佳（教务处处长、中心副主任）、李可亭（人事处处长、中心主任）、王增文（文学院院长、中心副主任）、高建立（学报编辑部主任）；后排左起：刘洪生（文学院教授、汉梁文学艺术研究所所长）、朱凤祥（历史与社会学院副院长、汉梁区域历史研究所所长）、刘万华（文学院副教授、汉梁文献和商丘姓氏家族文化研究所副所长）、韩坤（历史与社会学院副教授）、孙旭（历史与社会学院副教授）

图 11　2013 年 10 月，商丘师范学院汉梁文化研究中心与文学院共同承办
"汉梁文化与史记学术研讨会暨中国史记研究会第十二届年会"

图 12　2015 年 4 月，参观"西汉梁国文化展"。左一为商丘师范学院招生
与就业指导中心副主任李秀琴，左二为商丘市梁园区文联主席赵宗允，中间为
"西汉梁国文化展"主办人、文化学者孙纲

图 13　2015 年 4 月 18 日，与河南汉梁王酒业有限公司合作签署《汉梁王酒业企业文化建设项目合同》后留影。左一为商丘师范学院王鹤生副教授，左二为商丘师大·小剑桥幼儿园园长冯文燕女士，右二为河南汉梁王酒业有限公司董事长王月英女士

图 14　2011 年 9 月，与同事一起参观徐州龟山汉墓。前排左一为商丘师范学院审计处武阳老师，左三为人事处师资科罗永刚科长，右一为总务处张鸣老师；后排左一为科研处王勤老师，左二为监察处办公室张曦主任，右一为总务处于晋永老师

图15　2013年9月，被评为河南省师德标兵，荣获河南省五一劳动奖章（右三）

图16　2010年10月，与妻子李秀琴、女儿李树蕙合影

# 目　录

## 上册　聆听商丘

## 读史随笔

## 商丘要事回放

## 商丘风物志

## 文苑漫步

# 序　言

　　位于豫、鲁、苏、皖四省交界处的商丘，是一个令人陶醉和神往的地方。商丘是河南省的东大门，陇海、京九两条铁路在此交会，105、310国道纵横贯穿其间，连霍、大广和商周等高速在此交织，交通极为便利。历史上的商丘是兵家必争之地，如今的商丘又成为全国重要的交通枢纽之一。

　　商丘历史悠久，早在原始社会时期就有人类的活动。考古工作者先后在商丘的永城市、睢阳区、梁园区、宁陵县等地发现了原始社会时期的文化遗址，即龙山文化遗址，学术界称为"河南龙山文化王油坊类型"。商丘是传说时期高辛氏帝喾的活动区域，是先商时期、商朝前期和周朝宋国的都城。此后，西汉至西晋时期的梁国建都于此。北宋开国皇帝赵匡胤因发迹于商丘，称顺应天命，所以到了宋真宗景德三年（1006）改宋州为应天府，大中祥符七年（1014），又升名为南京，与首都东京开封、西京洛阳、天京大名合称"四京"，居于陪都地位。北宋灭亡，康王赵构于1127年五月在南京登基建立南宋，商丘又成为南宋初年的都城。商丘古城是国务院命名的全国历史文化名城，考古发掘证实，商丘有着5000年的历史文化积淀。

　　商丘之名源于商人始祖阏伯。阏伯为高辛氏帝喾之子，相传为帝喾后妃简狄吞食燕子卵而生，即《诗经·商颂·玄鸟》所云："天命玄鸟，降而生商，宅殷土茫茫。"阏伯为火正，他在今阏伯台（也称火星台、火神台）筑台观察火星运行规律，以此为依据测定一年的自然变化和年成好坏，并安排农时、农事，为我国古老的天文学做出了贡献。火星也称商星、辰星，为"二十八星宿"之"心宿"中最亮的一颗星，也称大火、大火星。阏伯筑台祭祀商星所留下的废墟，即商丘，商乃商星，丘为"土之高也，土高曰丘"（许慎《说文解字》）。后来，随着时间的推移，周遭之地也称商丘。先商时期商部落称商人，由于中国的商业源于商人所从事的行业，故称商业；而用于交换的物品叫商品，由此生成的文化称为商文化。阏伯为商族人之始祖，深受商丘人民的爱戴。

学术界将商朝建立之前的历史称为先商史，将这一时期称为先商时期，将商部落的首领称为商先公。从阏伯至商汤共 14 代，与夏朝大禹至夏桀也是 14 代同始同终，基本对应。夏朝时，太康失国，其遗腹子少康在浇的追杀下，逃奔到虞国（有虞氏之国，今商丘虞城县。虞城之名源于有虞氏），曾为虞国国君庖正。有虞之君将两个女儿嫁给少康，封少康于纶（今虞城县东南的纶邑），从此少康"有田一成，有众一旅"，积极发展自己的力量，争取夏众和夏臣，进行复兴夏国的准备。少康后来掌握了政权，史称"少康中兴"。少康在纶建立的根据地，后来为商朝灭夏奠定了基础。约公元前 16 世纪，阏伯的 14 世孙成汤，灭夏称商，都于亳（史称南亳，今虞城县谷熟镇）。商丘为商朝的第一个建都地。约公元前 11 世纪，周成王三年，周公平定武庚叛乱后，周成王封殷商后裔微子启于商丘，称宋国，商丘为宋国国都。因商丘位于睢水之阳，又称睢阳。西汉商丘为汉代最强盛的诸侯国梁国的国都。唐末五代后唐时开始称归德，又有归德军、归德府之称。

商丘今天的版图和清朝归德府辖地相近。清末归德府辖一州八县，即睢州和考城县、商丘县、宁陵县、柘城县、鹿邑县、虞城县、夏邑县和永城县。睢州即今睢县；鹿邑县今属周口市（地区）；考城在秦、西汉时名菑县，其前身是春秋时期的诸侯国戴国，东汉章帝时改名为考城。考城方位据杨伯峻《春秋左传注》说："今河南省民权县东而稍北四五十里，离宋都六十余里，当即古载（戴）国之地。"民国十七年（1928），析睢县北七里、杞县北五社置民权县。1954 年兰封、考城合并为兰考县。1956 年 7 月又将原考城的顺河、老颜集、北关、褚庙等乡划归民权县。现今商丘市所辖一市（永城，近期又成为省直管市）、三区（梁园区、睢阳区、经济技术开发区）、六县（夏邑、虞城、柘城、宁陵、睢县、民权）。

商丘文化灿烂，这里是北纬 34.5 度文明的东端和龙头，由此向西经开封、郑州、西安到宝鸡以至印度恒河流域文明、古希腊文明，形成了古代人类文明发生、发展的生存线。中国传统文化儒、道、墨中的道、墨两家发源于商丘，名家惠施以及融合道、墨的宋钘亦为商丘人，而儒家始祖孔子的祖籍又在商丘，孔子本人也多次回乡讲学，影响至深。到了汉朝，经学博士商丘人戴德、戴圣对古代各种"礼"进行兼收并蓄，所著《大戴礼记》《小戴礼记》成为儒家重要经典，《小戴礼记》即今《礼记》，小戴所传《礼经》即今《仪礼》。在西汉，《易》学居"六经"之首，研究者甚多。梁国（商丘）《易》学大家有丁宽、田王孙和焦延寿，三人对《易》学贡献极大，西汉《易》学诸派几乎都与梁人有关。《汉书·儒林传》载："丁宽字子襄，梁人也。初，梁项生从田何受《易》，时宽为项生从者，读《易》精敏，材过项生，遂事何。学成，何谢宽。何谓门人曰：'《易》以东矣。'宽至洛阳，复从周王孙受古义，号《周氏传》。景帝时，宽为梁孝王将军距楚，号丁将军，作《易说》三万言。宽授周郡砀田王孙，王孙授施雠、孟喜、梁丘贺，由是《易》有施、孟、梁丘之学。"施雠、孟喜、梁丘贺是西汉传《易》三大家，而三家皆源于丁宽、田王孙，由此可见，梁国《易》学已代表了整个西汉的发展水平。可以看出，商丘是墨、道、名三个学派的发源地和儒家学派的重要来源和传播区，是中华民族文化发生、发展的摇篮之一。

商丘人杰地灵，名人辈出。从墨子、庄子起，各朝代都出现了很多有影响的人物，如魏晋南北朝时期著名的哲学家杨泉，文学家江淹、江总；唐朝时期直言面谏的宰相魏元忠，写下"斜光照疏雨，秋气生白虹"诗句的才子崔曙，史学家朱敬则等；宋朝教育家戚同文，医学家王怀隐，文学家石延年和宋痒、宋祁兄弟，书法家王洙，书目文献学家王尧臣等；明清时期，商丘更是人才济济，据文献记载，当时登进士科者竟达400余人，近300人有著作传世。其中入阁为大学士者就有沈鲤、宋权、李天馥3人，三品以上列居九卿之位的就有吕坤、宋纁、杨东明、侯恂、练国事、汤斌、宋荦等十余人，著名学人有文学家侯方域、徐作肃、贾开宗，数学家李子金、杜知耕，教育家兼儒学家窦克勤。而吕坤和杨东明又是哲学大家，汤斌是中原名儒，宋荦是文学家兼目录学家等；在近代，则有山东快书创始人高元钧，京剧"黑头"李斯忠，抗日民族英雄鲁雨亭等。仅此统计，商丘名人可见一斑。

商丘文物古迹星罗棋布，既有文物景观，也有人文景观。其中，商丘归德府城墙、永城汉梁王墓群、宋国故城、永城王油坊遗址、永城崇法寺塔、柘城李庄遗址、柘城孟庄遗址、柘城故城、永城造律台遗址、永城芒砀山汉代礼制建筑基址、大运河遗址、大运河商丘南关码头遗址、梁园区徐堌堆墓群、商丘淮海战役总前委旧址等为全国重点文物保护单位。1511年建成的商丘古城，城墙、城湖、城郭三位一体，外圆内方，形如古铜钱，堪称古代建筑之瑰宝。1996 年被列为中国十大考古新发现的芒山汉梁王墓群，全为斩山作廓，穿石为藏，宛如地下宫殿群。汉墓出土的金缕玉衣，为稀世珍宝，曾先后在美国、日本、东南亚各地巡回展出。柿园汉墓（刘买墓）壁画以精湛的技艺、非凡的价值被誉为"敦煌前的敦煌"。从中国最古老的观星台阏伯台到淮海战役陈官庄纪念馆，东起永城，中经梁园、睢阳二区，西到睢县，文物古迹星罗棋布。

　　学者考证，商丘是商族的发源地、中国商业的发源地，再加上商丘为商朝前期的都城，所以被誉为"三商之源""华商之都"。从 2006 年开始，每两年举办一次的"商丘国际华商（文化）节"，吸引着世界各地的华商来商丘寻根问祖，投资兴业。商丘是中国火文化的发源地。"三皇"之一燧人氏在这里发明了人工取火，开创了人类文明的新纪元，燧人氏被称为中国火文化之祖，商丘也因此成为 2005 年全国十运会三个取火点之一（商丘为"华夏文明之火"，南京为"中国科技之火"，北京为"中华复兴之火"）。由于商丘历史悠久，名人辈出，商丘又成为中华姓氏的重要发源地，据考证，宋、戴、葛、虞、朱、汤、华、庄、乐、皇、老、向、鱼、鳞、荡、睢、萧、牛等姓源于商丘，使商丘成为华夏姓氏之根。

　　商丘既古老又年轻。悠久的历史和灿烂的文化应该在今天的豫东大地上发扬光大，这既是其本身传承发展的需要，同时又有为今天的经济社会发展服务的要求。我祖籍商丘市宁陵县，1984 年毕业于河南大学历史系，后又在郑州大学取得中国古代史专业博士学位。一个学习历史的商丘人，研究商丘历史责无旁贷，我"聆听商丘"，跟着商丘发展的脚步前行。我把这两本书命名为"跬步集"，取《荀子·劝学》"不积跬步，无以至千里"之义，我想从一步半步走起，期望能到达千里的地方。

李可亭

2015 年 1 月 23 日（农历马年腊月初四）于商丘至善斋

商丘历史研究

# 开发利用历史文化资源，实现可持续发展

中国历史文化名城商丘，是中华民族的发源地之一，历史悠久，名人辈出，文物古迹星罗棋布，历史文化资源丰富。通过对商丘文化资源的宣传和科学规范的管理，在古代名人景点上下功夫，不断开发利用历史文化资源，实现商丘的可持续发展。

## 一　商丘历史文化资源的基本内涵

位于豫、皖、苏、鲁四省交界处的商丘，不仅地理位置优越，而且历史文化资源丰富。专家、学者将商丘定为"文化旅游区"，商丘市委、市政府将商丘定为"旅游商贸城"。这既体现了商丘历史文化资源的丰富性，又说明了商丘的历史文化资源与经济发展的密切关系。盘点商丘历史文化资源，可从以下几个方面体现出来。

### （一）旅游资源

商丘是国务院命名的第二批全国历史文化名城之一，这里是北纬34.5度文明的东端和龙头。早在原始社会时期，商丘就有人类的活动，考古工作者先后在商丘各地发现了原始社会时期的文化遗址，即龙山文化王油坊类型。商丘是传说时期高辛氏的活动区域，是商朝前期、周朝宋国、西汉梁国和南宋初年的都城。由于是多朝故都，所以文化内涵丰富，文物古迹星罗棋布，其中商丘明代古城和西汉芒砀山梁王汉墓是国家重点文物保护单位，另外，商丘还有省级文物保护单位22处，县级文物保护单位130多处。商丘文物古迹西起民权白云寺，中经商丘古城，东到永城芒砀山汉墓，形成了三点一线、星罗棋布的文化旅游资源。

### （二）传统文化资源

中国传统文化儒、道、墨中的道、墨两家发源于商丘，名家惠施以及融合道、墨的思想家宋钘亦为商丘人，而儒家始祖孔子的祖籍又在商丘，孔子本人也多次回乡讲学，影响至深。可以看出，商丘是墨、道、名三个学派的发源地及儒家文化的重要来源和传播区。到了西汉，梁国经学兴盛发达，其中的《易》学已代表了整个西汉的发展水平，而且西汉《易》学诸派几乎都与梁国有关。西汉梁国《易》学的主要代表人物是丁宽和田王孙，丁宽"字子襄，梁人"，"号丁将军，作《易》说三万言"，"宽授同郡砀田王孙。王孙授施雠、孟喜、梁丘贺。由是《易》有施、孟、梁丘之学"①。施雠、孟喜、梁丘贺是西汉传《易》三大家，而三家皆源于丁宽、田王孙，由此可见，商丘《易》学之发展水平。《易》之外，还有《礼》学，梁国《礼》学代表人物是戴德和他的侄子戴圣。汉宣帝时戴氏叔侄都以《礼》学立为今文经学博士，人称大、小戴之学。二戴同其他经学大师一样，以"博闻强识、通贯古今"的学风对古代各种"礼"进行兼收并蓄，他们根据后苍所传习的古《士礼》选编了《大戴礼记》和《小戴礼记》，二书保存了大量的西周、春秋时期诸如井田、宗法、月令、乡遂、家庭、学校等制度方面的材料，是中国传统文化的重要内容，是研究我国古代奴隶社会很有价值的经典文献。西汉梁人戴德、戴圣、桥仁、杨荣均为《礼》学名家。此说明商丘《礼》学之发达。

### （三）名人文化资源

商丘物华天宝，人杰地灵，自古人才辈出。既有传说中"三皇五帝"的代表人物高辛氏、燧人氏，也有诸如商汤、伊尹等明君贤相；有思想家、哲学家墨子、庄子、杨泉、杨东明、汤斌，也有文学家江淹、崔曙、侯方域；有教育家戚同文、窦克勤、刘廷诏，也有科学家王怀隐、李子金、杜知耕，有书法家王洙和书目文献学家王尧臣。明清时期，更是商丘人才发挥极致的时期，据统计，当时登进士科者竟达400余人，近300人有著作传世。其中入阁为大学士者就有沈鲤、宋权、李天馥3人，三品以

---

① 《汉书·儒林传》。

上列居九卿之位的就有吕坤、宋缙、杨东明、侯恂、练国事、汤斌、宋荦等十余人。

### （四）庙会文化资源

随着历史的沧桑巨变，商丘一些著名的旅游景点逐渐由原来的休闲观光、进香朝拜，发展为物资交流贸易的大型庙会。商丘境内的庙会著名的有睢阳区的阏伯台庙会、民权县的白云寺庙会、永城市的芒砀山庙会、虞城县的伊尹祠庙会、夏邑县的孔子还乡祠庙会、梁园区的朱台庙会、柘城县的胡襄庙会和睢县的花大姐庙会等，这些庙会集文化娱乐、物资贸易、观光旅游为一体，盛况空前，形成了独特的商丘庙会文化。

## 二　商丘历史文化资源的人文价值与社会价值

江泽民同志在1998年11月9日会见《中华文化通志》一书的部分编辑时说："中华文明源远流长，博大精深，不仅是中华民族的巨大宝库，也是人类社会的巨大宝库。""为后代研究中华五千年文化留下了珍贵的成果。"根据江泽民同志的讲话精神来认识商丘的历史文化资源，可以引发我们对商丘历史文化资源人文价值和社会价值的深深思考。

### （一）经济发展价值

历史文化资源的开发和利用，有着直接的经济价值。伴随着我国人民生活水平的提高和国家法定节假日时间的延长，全国各地无不重视历史文化资源的经济价值，旅游业已经成为新的经济增长点和刺激消费的拉动点，以历史文化搭台、经济唱戏成了各地宣传自己、发展经济的一个成功模式。同时，地方历史文化资源中还储存着大量的经济史资料，是发展地方经济的重要信息库。曾提出"天下兴亡，匹夫有责"的明朝著名思想家顾炎武，对地方史志的研究投入过巨大的精力，写成了《天下郡国利病书》，论述了资源、经济、税制、徭役等方面的利弊，其中渗透了他的诸多"以史为鉴、经世致用"而"有利于国计民生"的政治经济思想。商丘作为我国悠久古老的传统文化资源的重心所在，从事传统文化资源的开发利用无疑是实现商丘经济腾飞的一个不容忽视的手段，尤其是在环境保护日益成为全球关注焦点之一的今天，这种"无烟工业"更具有重要的现实意义。

### （二）资治价值

一个地方的历史文化资源对于资治资政有着特殊的功能。历史上先后有四个王朝在商丘建都，从而为商丘留下了丰富的资治经验。由商丘而逐步发展起来的中国传统文化的部分内容，不仅为商丘市委、市政府，也为我们的国家提出了政治和文化发展前景的借鉴和思考。商丘区位优越，地理位置重要，历来为兵家必争之地，商丘为政者应充分认识到建设商丘、加快商丘发展的重大意义。

### （三）教育价值

一个人尤其是青年人，如果只知道国家史中的"秦皇汉武""唐宗宋祖"，而不了解自己的祖辈、父辈的经历和辉煌，不了解自己出生的村落、社区的变迁，那么就可能只是掌握了一些"历史符号"，而没有受到应该受到的历史文化教育，没有汲取真正的历史文化素养。只有用丰富多彩的历史文化资源来教育商丘人民，才能达到发展商丘、振兴商丘的目的。否则，便会数典忘祖、盲目为事，其结果可想而知。在商丘历史上，有为反抗剥削和压迫揭竿而起的农民起义领袖，有代表社会最底层的人民群众思想反对战争、主张节俭的思想家，有高风亮节、为民请命的官吏，有追求知识、普及教育的先贤，有为了新中国的诞生而英勇捐躯的革命烈士……所有这些，都为我们提供了丰富而生动的教育素材。

### （四）精神文明建设价值

历史文化资源的开发和利用是一个复杂的系统工程，同时又是一个良性循环的过程。它不仅可以为经济发展服务，而且有利于弘扬中华民族的传统文化，为社会主义精神文明建设服务；同时，历史文化资源尤其是实物资源的利用和保护，可以增强人们对历史文化资源的保护意识，促进人们文化自觉意识和综合素质的提高，从而改善人们的居住生活环境并促进经济的可持续发展。历史文化资源的开发利用既是物质文明建设的手段之一，也是精神文明建设的重要窗口。

# 三　商丘历史文化资源开发利用的战略思考

随着京九铁路的通车，商丘作为又一个交通枢纽日益显示出其地理位置的重要性。而现代文明和传统文化资源的碰撞，既给我们带来了千载难逢的发展机遇，同时也给我们提出了严峻的发展任务。在"旅游产业作为新的经济增长点，作为刺激消费的拉动点"理念的影响下，笔者认为商丘传统历史文化资源的开发利用应注意以下几个方面的问题。

## （一）普及商丘历史知识，加大商丘历史文化资源的宣传力度

商丘可以说是有山有水，有遗址遗迹、寺院宫观和历史陵寝，也有革命纪念地，其历史文化资源内容极为丰富，但宣传力度不够，不为人们所认识。有一个镜头很令人痛心：京九铁路通车前，中央电视台"大京九"摄制组来到李香君的故居所在地——睢阳区路河乡李姬园村，当主持人赵忠祥问及李香君的情况时，很多村民居然不知道李香君何许人也。这种对家乡历史知识的无知和淡漠，不仅村民如此，一些城里人也是如此。这就给我们提出了一个普及商丘历史文化知识的严峻而紧迫的课题。到目前为止，除了《商丘文史大观》《宋州古今学人》《商丘通史》等著作和一些单篇研究文章外，尚没有一本关于商丘历史文化资源或者商丘文化景观的学术性或通俗性著作问世，这与商丘丰富的历史文化资源状况很不相称。《商丘通史》出版后，在商丘引起了很大的震动，新闻媒体争相报道。很多人没有想到商丘的历史也能写成大部头的"通史"，没有想到商丘还有这么丰富的历史文化内容。2000 年 3 月，在"商丘古城旅游区规划论证会"上，与会的很多专家都提出了关于商丘历史文化资源的宣传问题。这些专家、学者的建议很有针对性，也很有见地。目前，对于商丘的历史文化资源不是没有宣传，问题是宣传力度不够，宣传空洞，没有实际内容，拿不出令人信服的东西来。

## （二）打好商丘古代名人这张牌

商丘既然名人辈出，那么我们在开发利用商丘历史文化资源时就要打好商丘古代名人这张牌。据新出版的《商丘通史》统计，有史可查的商丘名人 315 人，"其中绝大多数属于'国家级名人'，他们是中华民族的

'脊梁'"①。我们应该为商丘拥有这么多名人而自豪。但是，对名人资源的开发，我们还非常滞后，名人很多，但我们开发利用的很少，绝大多数历史文化名人都是孤单单地躺在书卷中、躺在书堆中发挥不了作用，甚至为了一个名人的故里等问题你争我夺，达不到内部的统一，没有人出来论证和协调。如何让名人走出书本，让古代的名人"活"起来，用市场经济的思路推动商丘经济的发展，这应是摆在我们面前的一道不小的考题。

### （三）旅游发展：立足市区，放眼周边

开发利用商丘旅游资源，应采取立足于商丘市区而又放眼周边的原则，要点面结合，要立足于现有基础，在现有基础上开发利用，尽量少搞或不搞新项目。立足市区，就是立足睢阳区归德古城，重点保护和开发古城、护城河和城湖，同时开发附近的阏伯台、燧人氏陵、八关斋、商祖苑、张巡祠及城内的壮悔堂。归德古城为国家级重点文物保护单位，应采取多保护、少开发的原则。归德古城建成于1511年，即明朝正德六年，而且护城河和因之而形成的城湖也保存完好。众所周知，我国的古城中，明清古城保存较为完好的已经不多了。商丘古城是全国历史文化名城，是国家级重点文物保护单位，所以，商丘旅游文化资源的开发应以归德古城为龙头。放眼周边，就是在重视归德古城保护和开发的同时，也要重视市区以外的旅游资源。从西往东如民权白云寺、睢县城湖、虞城木兰祠、夏邑孔子还乡祠和永城芒砀山游览区等。其中位于豫皖边界的芒砀山是历代风云际会、兵家必争之地，也是名胜荟萃之地，其景点主要有西汉梁国汉墓群，秦末农民起义所留下的遗迹（主要有刘邦斩蛇起义处、紫云洞、陈胜墓等），孔子周游列国时在芒砀山留下的遗迹（主要有孔子避雨处、晒书台等），三国时期曹操、张飞在芒砀山活动时留下的遗迹（如张飞寨）等。其中梁孝王墓是国家重点文物保护单位。

### （四）管理要科学、规范

就笔者亲眼所见，在旅游资源管理规范方面，存在的问题很多。像类似于"庄子故里成了晒麦场"的情况，阏伯台有，木兰祠有，孔子还乡祠也有，游客看后，感叹良多，大家只能来一声无奈的叹息。在导游方

---

① 李可亭等：《商丘通史》（上编），河南大学出版社2000年版。

面，目前只有革命纪念地和芒山汉墓的导游员还算基本可以，其他景点的导游都需要从各方面培训，提高其导游水平。另外，在一些旅游景点，迷信盛行，如阏伯台，看相算命的有时比游客还多，甚至出现游客被干扰得无法参观的情况。所有这些，都应该引起我们的高度重视。

### （五）投资要经过充分论证

从商丘历史文化资源开发利用的经验来看，投资不能盲目，要经过充分论证。要在现有景点的基础上投资，慎重对待新上项目。比如，现在有人建议重建应天府书院，指出建设应天府书院的必要性和可行性。笔者认为，应天府书院在历史上固然意义重大，但要重新建设一是会投入大量资金；二是建成之后会不会重蹈中牟古战场的覆辙实在是令人担忧，而且张巡祠的建设的延宕以及由此引起的大众的不满情绪已经给我们提出了新的思考。但也不能因此束缚手脚，该上的项目要及时上去。如黄河故道游览区，目前还没有引起各方面的重视，但近年该处已经成为商丘市民就近休闲娱乐的一个首选景点。那里地域开阔，有树木，有水有鱼，又与梁园区李庄乡庄子故里相毗邻，形成了两点一线的旅游线路，是一个非常好的休闲娱乐场所。所以，有关部门应立即采取措施，研究开发方案，使其尽早更好地为经济发展服务。

### （六）注意环保,培养可持续发展意识

这一点十分重要，因为保护资源与环境就是保护人类自身。商丘历史文化资源破坏最严重的就是永城芒砀山游览区，这里既有历史上的人为破坏，如曹操引兵入砀，盗梁孝王墓等，也有现代永城人的开山采石，使得如今的芒砀山满目疮痍。通过环保意识和可持续发展意识的培养，努力把商丘建设成为更适宜人们居住的城市之一。我们要树立这样一个目标，并为实现这个目标而付出努力。

（原载《河南社会科学》2002年第4期。本文所述及的商丘境内的国家、省、市重点文物保护单位及其他有关情况，为2002年数据，随着形势的发展，现在已有新的数据和新的局面）

# 商丘上古文明阐扬

位于豫、鲁、苏、皖四省交界处的河南商丘，为古黄河下游南岸地区。中国传统文化的众多文化源头在商丘，形成了令人叹为观止的中国传统文化的鼻祖现象。这些丰厚的文化积淀，导引了春秋战国时期诸子百家文化的生成和发展。到了汉朝，梁国（都商丘）经学独树一帜，其中《易》学和《礼》学代表了整个西汉的发展水平。至北宋时，中国四大书院之首的应天书院建在商丘，绝非偶然为之。因此，研究商丘上古时期的文明对研究黄河流域文明乃至中华文明都有着十分重要的意义。

## 一　以龙山文化为主的文化分布

商丘地区的文物考古工作开始于 20 世纪 30 年代。1936 年 11 月，中央研究院历史语言研究所李景聃等到商丘、永城一带进行考古调查，在永城浍河两岸发现数处龙山文化遗址。20 世纪 60—70 年代以来，河南省博物馆、中国社会科学院考古研究所、河南省文物考古研究所、北京大学考古系、郑州大学历史学院考古系、美国哈佛大学等单位考古工作者相继到商丘考古调查、发掘或试掘，发现商丘地区新石器时代至夏商时期的考古学文化先后主要经历了仰韶文化、大汶口晚期文化、龙山文化、岳石文化、早商二里岗上层文化、先商文化等若干发展阶段，其中大汶口晚期文化、龙山文化、岳石文化三者之间一脉相承。

商丘地区发现的考古学文化，以河南龙山文化的分布最为广泛，出土遗物也最丰富，是 5000 多年前居住在这里的先民遗留给我们的珍贵历史资料。这些遗物、遗迹可以证明那时的商丘及其周边的广大地区，已经是一个人口相当密集，经济和文化生活比较进步的地带。其中"王油坊类型"和"造律台类型"是商丘地区河南龙山文化的代表。

王油坊遗址位于今永城市西酂城镇王油坊村东北 400 米处。它东临浍河，周围地势平坦，为旧黄泛区淤没之地。遗址呈弧形，略高出地表，面积为 1 万平方米。1976—1977 年，中国社会科学院考古研究所与商丘地区文管会，先后 3 次在商丘各县进行调查和发掘，主要遗址有王油坊遗址、造律台遗址、黑堌堆遗址、书案台遗址、赵庄遗址、谷子坑遗址、半塔村遗址、丁堌集遗址等。从发掘情况看，"遗址堆积较厚，文化内涵单纯，出土遗物丰富"[①]。遗址的文化层厚度一般都在 3 米以上，出土的文物为龙山文化晚期的石器、陶器、骨蚌器和角器。其中，生产工具有石刀、石铲、石箭头、骨鱼镖、骨凿、骨锥、骨针、陶纺轮、陶网坠和菱形器等；生活用具多为陶器，以泥质灰陶为主，夹砂陶、棕陶、红陶、黑陶较少。纹饰以方格纹居多，篮纹和绳纹次之，另外还有指甲印纹、附加堆纹、鸡冠耳等。素面和磨光器也较多。主要陶器器物有鼎、罐、盆、碗、盘、豆、杯、甑、瓮、樽、盉、器盖等，其中最多的是深腹罐和碗，其次是鼎、平底盆和各类罐。

龙山文化王油坊遗址发现的大量生产、生活用具表明，早在 5000 多年前人类的祖先就劳动生息在商丘地区这片广阔的土地上。他们或网罟而渔，或弓矢而猎，或磨蜃而耨，或畜牧牛羊，由渔猎生活逐渐过渡到农牧生活。该地区较为发达的农业、渔猎和手工业，为中华民族的历史和文明增添了丰富的内容。

造律台遗址位于永城市西酂城镇城内东南侧。该遗址上层为商代遗存，下层为河南龙山文化遗存，属于龙山中晚期文化。龙山文化造律台类型，集中分布在豫、鲁、苏、皖四省交界地区，这个分布范围与先商民族在豫东地区的活动区域基本一致。造律台类型距今 4200—4500 年，从时代上看，与先商文化早期大致相当，其文化面貌也与早商二里岗文化之间有某种遥承关系。如郑州二里岗早商遗存中的甗、大口樽、器盖、粗柄豆、平底盆等器物，在造律台类型的遗物中都能找到极为类似的器型。因此，造律台类型龙山文化对于探索先商文化的来源问题具有极其重要的价值。

## 二　源于商丘的先商文明

商族是东方的古部族，是东夷少昊族的分支。商族也就是"玄鸟氏"

---

① 李伯谦：《论造律台类型》，《文物》1983 年第 4 期。

族，从少昊族中分离出来以后，自东向西迁徙，至"商"这个地方扎根，从而以"商"地作为自己的族名，建国以后，又以商作为国名，正如王国维所言："商之国号，本于地名。"① 这个"商"，就是河南的商丘。所以，商丘是先商文明的发祥地。

### （一）商的始祖契所居之商就是今天的商丘

《史记·殷本纪》："契长而佐禹治水有功……封于商，赐姓子氏。"契为帝喾之子。史学界认为，帝喾的生活范围主要在古代的孟诸泽畔（今天的河南商丘、虞城以北，山东单县、曹县一带）。帝喾曾建都于亳，可以断定"商""亳"两地应相距不远。大量文献资料显示，"商"应该就是上古时期的商丘，在今天的河南商丘一带。晋杜预《春秋释地》："宋、商、商丘，三名一地，梁国睢阳县也。"之后很多学者也都像杜预一样认为古代的商丘就是今天的商丘，如张守节《史记正义》以及《路史·国名纪》《括地志》等书，均承袭此说。甲骨文中有"商""丘商""大邑商""天邑商"等地名，经专家考证，所指皆为商丘。王国维在《观堂集林·说商》中说："商之国号，本于地名……始以地名为国号，继以为有天下之号，其后虽不常厥居，而王都所在，仍称大邑商。"范文澜认为"契部落居商丘"②。郭沫若说："商，在今河南商丘县，商朝就是从这里发展起来的。"③ 陈梦家也曾推测说，甲骨文中的商、丘商，是在今商丘附近。④ 史念海早年与顾颉刚都主张殷商民族起源于东方（东北或河、济之间）。后来，史念海先后在两部著作中都认为：商和商丘可能是一个地方，都在河南商丘一带。⑤ 董作宾也坚持商、商丘同为一地，即今日河南之商丘的观点，他曾把帝辛征人方的路线排列成序后，根据其途经的攸国与"商"的位置顺序，认为"攸国的方向既定，则'由商至攸'的方向自然是由西北向西南行了。卜辞中的'商'也称'大邑商'，为今河南之商丘无疑……这一次征人方经过的'商'就是商代的旧京"⑥。已

---

① 王国维：《观堂集林》卷 12《说商》，中华书局 1961 年版。

② 范文澜：《中国通史简编》第一编，人民出版社 1964 年版，第 107 页。

③ 郭沫若：《中国史稿》第 1 册，人民出版社 1976 年版，第 155 页。

④ 参见陈梦家《殷墟卜辞综述》，科学出版社 1956 年版，第 256—257 页。

⑤ 参见史念海《中国历史地理纲要》下册，山西人民出版社 1992 年版，第 6 页。

⑥ 董作宾：《卜辞中的亳与商》，《大陆杂志》1953 年第 6 卷第 1 期。

故美国著名华裔学者、哈佛大学终身教授张光直也坚持这种观点。① 以上史家所言绝对不是凭空而发，都是经过了认真的考证，因此，他们的观点应该受到重视。

### （二）商先公的主要经营地在商丘一带

先商时期，部族与都邑的频繁迁徙是一个显著的现象。《尚书·盘庚下》云："荡析离居，罔有定极。"又《尚书序》："自契至于成汤八迁，汤始居亳，从先王居。"关于"八迁"之地望，唐以前的学者一直"不得其详"，孔颖达《尚书序》疏中，亦仅列出"四迁"："契至成汤，十四世凡八迁国都者：《商颂》云：'帝立子生商'，是契居商也。《世本》云：'昭明居砥石'，《左传》称：'相土居商丘'及今居亳。事见经传者，有此四迁，其余四迁，未详闻也。"

陆德明《经典释文》与此说相同："八迁之书，史唯见四。"到了清代，梁玉绳在其《史记志疑》中明确提出"八迁"之具体地点。王国维在梁玉绳的基础上，又重新作了考证，他在《说自契至成汤八迁》中指出商先公八迁的顺序是：契居蕃（山东滕州市）、昭明居砥石（河北元氏县南槐河）、昭明又迁商丘（河南商丘）、相土迁东都（山东泰山下）、相土复居商丘、上甲微迁殷（河南安阳）、上甲微复归商丘、汤居亳（今商丘虞城谷熟集）。

上述的商地，即今河南商丘。在相土复归商至上甲微迁于殷之间，没有迁都的记载，只是在《山海经》和《竹书纪年》中提到王亥曾"托于有易"或"宾于有易"，这说明在昌若、曹圉、冥、王亥（王恒）期间，商先公仍居于商丘。通过对"八迁"地望的考察可知，商先公活动的范围主要是在今河南、山东和河北三省交会的地带；而且，先商民族虽然经历了 8 次迁徙，但其中的 4 次都与商丘有关，每次迁徙后又回到了商丘。由此可见，商族由契至汤 14 世是以商丘为根据地或者主要经营地，然后不断向外拓展而逐步发展起来的，商丘为商族的发祥地。

### （三）商汤所居亳地为今之商丘

《史记》称商王朝的建立者成汤"始居亳，从先王居"。"亳"之地

---

① 参见张光直《商名试释》，载《中国商代文化国际讨论会论文集》，中国大百科全书出版社 1998 年版。

望，自汉代起，聚讼纷纭。王玉哲把古今以来关于"亳"地的说法总结概括为六种：关中说、偃师西亳说、河南商丘南亳说、山东曹县北亳说、河南内黄说、郑州说。① 现在影响较大的为"三亳说"：南亳、北亳和西亳。

南亳在今商丘市虞城县谷熟集。《孟子·滕文公》："汤居亳，与葛为邻"，"汤使亳众往为之耕，老弱馈食"。可见葛与亳相距不远。《汉书·地理志》"陈留郡·宁陵"下《注》曰："孟康曰：故葛伯国，今葛乡是也。"《孟子·滕文公·疏》："案：《地理志》云：'葛今梁国宁陵，有葛乡。'裴骃亦引之而证《史记》亳都亦在梁国，故云'为邻'。"葛在今之河南宁陵县，其地距南亳约40公里，当是汤居南亳的重要证据。

《帝王世纪》："殷汤都亳，在梁。""梁国谷熟为南亳，即汤都也。"② 又《水经·睢水注》："（睢水）又东径亳城北，南亳也，即汤所都矣。"至《括地志》则更进一步说："宋州谷熟县西南三十五里南亳故城，即南亳，汤都也。"③ 这些材料都明确指出汤都之亳为南亳。

随着夏、商史研究的逐步深入，夏、商时期的都城设置制度也不断被揭示出来。以李民为代表的一批学者提出夏、商时期都城的设置为两都或数都并存。张国硕又对夏、商时期的辅都制度进行了更为深入的研究。他们的研究为更好地理解三亳的存在找到了一把钥匙。

李民将夏代都城与商代都城一一列举：夏初之都城有阳城、平阳、安邑和晋阳。夏末之都城有斟寻和安邑。商代初年有北亳、南亳和西亳。商中叶盘庚之都城有奄、北蒙和殷墟。商末之纣都有邺南之殷墟和朝歌。从以上例证可以看出，夏、商时期确实有两都或数都并存的现象。④ 张国硕称之为夏、商时期的主辅都制度。⑤

了解了夏、商时期这种主、辅都并存的特点后，对商汤所都之亳就能很容易理解。南亳应为商汤时期的主要都城。北亳距南亳不过百里，从文献记载可以看出，其地位应是拱卫南亳的门户，是南亳以外的另一都城（辅都、陪都）。这里有宫室、有宗庙，更主要的是这里是一个军事重镇。

---

① 参见王国维《观堂集林》卷一二《说自契至成汤八迁》，中华书局1999年版。
② 《史记·封禅书·正义》。
③ 《史记·殷本纪·正义》。
④ 参见李民《夏商史探索》，河南人民出版社1985年版，第98页。
⑤ 参见张国硕《夏商时代都城制度研究》，河南人民出版社2001年版，第66页。

所以《左传·昭公四年》有"夏启有钩台之享，商汤有景亳之命，周武有孟津之誓"的记载。《史记·殷本纪·正义》引《括地志》："宋州北五十里大蒙城为景亳，汤所盟地，因景山为名。"景亳即蒙，亦即皇甫谧所言之北亳，汤之伐桀，这里是其出发点，是商汤的军事大本营。

从文献记载看，西亳也是商汤时期的都城之一，不过，它的建立时间要晚于南亳与北亳。① 具体地说，它是在商汤灭夏后，在南亳、北亳之外建立的另一个"亳"都。西亳一方面晚于南亳和北亳，另一方面位置也远离南亳和北亳。

可以看出，商汤所居之亳当为商丘东南之谷熟，北亳为山东薄县，两者所距不过百里，南亳要早于北亳，是先商民族活动发展和商朝建立的主要根据地。由是观之，既然契居之亳、汤居之亳都在商丘，商先公也多在商丘一带活动。那么，先商文明源于商丘当是不争的事实。

## 三  源于商丘的中国商业文明

关于中国商业的起源，学术界看法不一。主要观点有"祝融说""西周初年殷民说"和"白圭说"。笔者认为，中国商业源于商人，商先公王亥"宾于有易"，为中国最早的商人。王亥活动的区域在南亳，即今河南商丘一带；王亥生活时期的社会形态为由部落向国家的发展时期，此时农业和畜牧业已经得到了一定程度的发展，商业也开始萌芽。

### （一）王亥在商先公中的地位

《史记·殷本纪》所载商先公中的七世"振"即"王亥"。从出土的甲骨文中可以看出，商先公中比较受到后代重视的有王亥和他的儿子微（即上甲微，甲骨文称上报甲或报甲）以及商朝的建立者汤。商汤受到后代重视自不必说，上甲微受到重视，主要是由于他是王亥的儿子，同时他又是商代第一个以十天干来命名的祖先。但王亥的地位是远远高出上甲微的。

王亥是冥之子。从冥经王亥到上甲微，是先商历史重要的转折时期。王亥是卜辞所记"祭祀之最隆重者"②。甲骨文中祭王亥的卜辞，以武丁、

---

① 参见张国硕《夏商时代都城制度研究》，河南人民出版社 2001 年版，第 98 页。
② 王国维：《观堂集林·殷卜辞中所见先公先王考》，中华书局 1984 年版。

武乙、文丁时为多。武丁卜辞中有多片"王亥崇我"的记载。崇，神威之意。王亥崇我，意思是说王亥在商朝人的心目中具有极大的神威。商朝人祭祀王亥所用的牺牲有时多到三十牛、四十牛、五十牛，有时甚至用祭天的礼节来祭祀王亥。而且，上甲微以前，除"河"外商朝人祭祀先公的配偶，唯王亥一人。

王亥称"王"。在商先公中，只有王亥称王，名王亥。此"王"虽与成汤及其成汤以后的商王之王有所不同，但可视为王之雏形，为王权的一种萌芽状态，这也说明了王亥在商人的心目中有着很高的地位。不仅如此，卜辞中还多处称王亥为高祖，或称高祖亥。甲骨卜辞中称高祖的共有三人，一为高祖夒（契），二为高祖乙（汤），三为高祖亥。

王亥与商朝的图腾崇拜紧密相连。在甲骨卜辞中，共有甲骨8片、卜辞10条，王亥的亥字从亥从鸟。这一方面说明了早期商人以鸟为图腾的遗迹，另一方面也说明王亥在后代商人心目中达到了图腾的地位。

武丁时的卜辞多次有"贞于王亥求年""贞于王亥告秋"的记载。"求年"即求生求雨，求年祈年；"告秋"即告秋收禾谷成熟于先祖之祭，《说文》："秋，禾谷熟也。"这说明，武丁时人们在敬天的思想指导下，在祈祷风调雨顺，重视农业生产，希望禾谷成熟时，也往往祭祀王亥，希望得到王亥的保佑。这也从一个方面说明王亥受到了商人的怀念和崇拜，说明王亥在商先公中有着较高的地位。

商族以鸟为图腾，这种图腾现象在王亥身上有较明确的反映。殷王在祭祀王亥时，王亥之亥，从亥从鸟、从亥从隹或从亥从又持鸟，这种情况总计有甲骨8片，卜辞10条。从祖庚到武乙，五六十年间，王亥的亥字，上端所从，先从鸟，次作雈雀，最后作隹，由象形而字化，由繁而简，由鸟而隹，其发展演变的痕迹，灼然可见。《山海经·大荒东经》"有困民国，勾姓而食。有人曰王亥，两手操鸟，方食其头"之传说应由此所出。王亥的亥字，为什么要加一个鸟旁呢？笔者以为这是早期商族以鸟为图腾的遗迹，而这种情况仅此王亥一人。

### （二）王亥生活时期的社会形态

从"玄鸟生商"的传说可以看出，商族在契以前还属于母系氏族社会时期，从契开始，商族才有了以父子相承为主的世系，商族从此进入父系氏族社会。从契到王亥，商族的社会性质属于父系氏族社会中的"部落形态"阶段，王亥、上甲微时期应为由部落形态向王国的过渡期，最后到商汤时期走向王国形态。①

　　这种断定，一是因为王亥称"王"，"王权"观念之雏形出现，以王亥为中心的雏形性质的"王族"形成。这是一个最主要的贵族阶层，其社会形态已跨越"阶等社会"而开始进入"分层社会"。二是甲骨文中王亥之亥从鸟，说明王亥在商人心目中的宗教性，这种宗教性的存在，说明王亥时期是一个重要的过渡期。三是王亥"服牛"与畜牧业的发展。《山海经·大荒东经》和《楚辞·天问》中都提到王亥"仆牛"，《世本》《吕氏春秋·勿躬》作"服牛"，《天问》有"该秉季德……胡终弊于有扈，牧夫牛羊"。仆、服、牧都是指王亥牧养牛羊。《世本·作篇》言"相土作乘马"，乘马，即用马驾车，说明相土时已有马的驯养和使用。在先商文化遗址中，出土了很多牛、羊、猪、鹿、狗等动物遗骸，说明先商时期商人畜牧业的发展情况。王亥继承了商先公重视畜牧业的传统。王亥之亥，王国维以为是时间即祭日，他在《殷卜辞中所见先公先王考·王亥》中说："卜辞言王亥者九，其二有祭日，皆以辛亥，与祭大乙用乙日大甲用甲日同例。是王亥确为殷人以辰为名之始，犹上甲微之为以日为名之始也。"但从所有祭祀王亥的卜辞来看，亥不是祭日，亦非十二地支中的"亥"。《说文》："亥为豕，与豕同。"段玉裁注"谓二篆之古文，实一字也"。从王亥受到商人崇拜的程度来看，亥即豕。豕，猪也。说明王亥重视畜牧业，饲养"猪"等家畜，并因此而被名"亥"。王亥所处的时代为奴隶社会初期，以农业生产为主，生活水平相对低下。王亥时期的商部落已经能饲养猪、牛、马，从饲养个别家畜到畜牧业逐步发达，既提高了人民的生活水平，又推动了社会的进步，王亥也因此受到后人的崇拜。王国维说："然则王亥祀典之隆，亦以其为制作之圣人，非徒以其为先祖。"②"制作"应为发明意，"制作之圣人"是说王亥是畜牧业的创始者。因此，胡厚宣说"王亥是一个畜牧业的创始人"③。四是王亥"宾于有易"而被杀，先秦不同的典籍都有记载。如《竹书纪年》："殷王子亥，宾于有易而淫焉。有易之君绵臣杀而放之。是故殷主甲微，假师于河伯以

---

①　参见王震中《先商社会形态的演进》，《中国史研究》2005 年第 2 期。

②　王国维：《观堂集林·殷卜辞中所见先公先王考》，中华书局 1984 年版。

③　胡厚宣、胡振宇：《殷商史》，上海人民出版社 2003 年版。

伐有易，灭之，遂杀其君绵臣也。"①先秦文献和甲骨文中王亥远到有易
之地"仆牛"或"服牛"，并非一般意义上的畜牧牛羊，实际是驾着牛
车、载着货物到有易去进行商业贸易，结果为有易之君绵臣所杀。被杀原
因是"淫"字。《楚辞·天问》说王亥与其弟王恒并淫，也有学者进一步
分析是淫绵臣之妻还是淫绵臣之女。但也有学者对王亥之死提出质疑，如
田昌五指出，在上古时期尚不存在后世的那种婚姻道德观念，"王亥作为
一方邦君，即使淫于绵臣之女，甚至'眩弟并淫'，那双方结亲通好就行
了"，是不会因此被杀的。田昌五认为，王亥之死的真正原因，是王亥通
过绵臣之女，谋取有易而有之，结果被绵臣发现，因而杀掉王亥。②这种
解释是符合当时的实际情况的。笔者以为，"淫"应理解为"浸淫"，即
蚕食、扩张之意。这说明，商族在王亥时期发展很快，力量强大，对邻邦
产生了威胁，这应符合由部落形态向邦国过渡这样一个历史时期。

### （三）王亥经商之情形

王亥饲养、放牧牲畜，其一，祭祀时有了牺牲，牺牲越丰盛，说明对
天和先人越虔诚，这样就越能得到天和祖先的保佑；其二，可以改善人民
的生活，提高人民的身体素质，增强抵御自然灾荒和野兽侵袭的能力；其
三，说明王亥时商人已能使用牛马等畜力，生产有了较大的发展。由于农
业和畜牧业的发展，商部落到王亥时迅速强大起来，并向四周发展势力。
由于产品有了剩余，出于发展壮大本部落以及换取奴隶主需要的物品的目
的，王亥于是与四周部落进行以物易物的商业贸易活动，结果与分布在今
河北中部易水一带的有易氏发生了冲突。

如前所述，记载王亥到有易氏部落进行贸易的文献是《山海经·大
荒东经》和《竹书纪年》，另外，《楚辞·天问》也有对这一事件的质疑：
"该秉季德，厥父是臧。胡终弊于有扈，牧夫牛羊？干协时舞，何以怀
之？平胁曼肤，何以肥之？有扈牧竖，云何而逢？击床先出，其命何从？
恒秉季德，焉得夫仆牛？何往营班禄，不但还来？昏微遵迹，有狄不宁。
何繁鸟萃棘，负子肆情？眩弟并淫，危害厥兄。何变化以作诈，后嗣而
逢长？"

---

① 《〈山海经·大荒东经〉注引》。
② 参见田昌五《中华文化起源志》，上海人民出版社1998年版，第244页。

这些材料讲的是一件事，可以相互印证。据王国维研究，"有扈"即有易，"该"即王亥。材料涉及的人物有王亥、绵臣、上甲微、河伯、王恒以及被"淫"之对象。王亥"宾于有易"被杀是一个历史悬案，至今没有很一致的说法。

《楚辞·天问》中"眩弟并淫"令人费解。正如屈原所说，既然是"眩弟并淫"，为什么王亥被杀，而王恒活着？王恒与有易之君绵臣是什么关系，王恒与被淫之女是什么关系？难道王恒与有易有私约而危害其兄？《楚辞·天问》的紊杂难解令人生疑。有学者指出，"眩弟并淫"可能讲的是舜、象共牺二女之事，误入本故事之中。①

河伯是黄河之神，"牛"是他特享的牺牲。河伯与商的祖先关系密切，商先公活动的势力范围主要在黄河下游，所祭主要是下游河神——九河之神。卜辞里作为先公的"河"，也可能是被尊祀为九河神的治水英雄。

王恒是王国维根据甲骨文的记载，新考证出来的一个人。其名不见于《史记》《世本》《山海经》及《竹书纪年》等书。在《楚辞·天问》中有"恒秉季德"之句，此"恒"应就是卜辞中的"王恒"，为王亥之弟，冥之子。这样，在先商的世系中，在王亥与上甲微之间，多出了王恒一世。王亥"宾于有易"被杀，王恒却安然无恙，而且还随即"得夫仆牛"，即被有易之君绵臣夺得的"仆牛"又由王恒得之。

从《天问》中屈原的这些质疑来看，王亥被杀，即使不是有易之君绵臣与王恒合谋，也是得到了王恒的默许。现在看来，屈原的质疑又让我们来质疑屈原：王亥带领着商队到有易去做客（宾）、贸易，有易之君为何要杀王亥？笔者以为原因在于"淫"字。从当时的婚姻道德观念来看，王亥无论是与绵臣之妻抑或与绵臣之女私通，都构不成被杀的理由，原因在于有易感到了王亥的危险，这种危险就是商族的强大所带来的威胁，实质是利益的冲突引起了战争，战争导致王亥被杀。从这个意义上讲，王亥宾于有易，以通商为手段，以蚕食、扩张为目的，于是发生了冲突。②

王亥之后，商人沿其传统进行商业贸易，并逐渐形成了专门从事远方

---

① 参见叶舒宪等《〈山海经〉的文化寻踪》下册，湖北人民出版社 2004 年版，第 1916—1918 页。

② 参见李可亭《中国商业起源漫谈》，《寻根》2005 年第 3 期；《中国商业始祖王亥传论》，《黄河科技大学学报》2006 年第 2 期。

贩运货物进行贸易的商贾。《周书·酒诰》说西周初年商人"肇牵车牛远服贾,用孝养厥父母",即是反映了这种情况。由于这些贸易之人来自商部落,所以称作"商人",他们的交易活动就是"商业"活动,而作为最早进行贸易的王亥,便是"商业"始祖,即商(业)人的祖先。需要说明的是此时的贸易只是商业的萌芽阶段,数量不大,而且由于没有货币,所以是以物易物的活动。到了商朝建立后,才出现货币,商业也因货币的出现而进一步发展壮大。

# 四 历史传说中透视的商丘文明

## (一) 图腾崇拜

从宗教方面说,在氏族社会之前是信仰万物有灵,到氏族社会时代,便发展为图腾崇拜(或称图腾主义)。图腾崇拜是母系氏族的共生物,是一种最原始的宗教形式。据民俗学和传说资料所示,在中国历史上,自传说中的伏羲氏时代以至夏代,都有图腾信仰的存在。《左传·昭公十七年》郯子语云:"昔者黄帝氏以云纪,故曰云师而云名。炎帝氏以火纪,故以火师而火名。共工氏以水纪,故以水师而水名。大(太)皞氏以龙纪,故以龙师而龙名。我高祖少皞挚之立也,凤鸟适至,故纪于鸟,为鸟师而鸟名。"这里所谓云、火、水、龙、鸟,都是当时氏族社会的图腾。

学术界认为,商族的祖先为东夷人,而少皞氏为东夷人的祖先。《左传·定公四年》注:"少皞虚(墟),曲阜也,在鲁城内。"即今山东曲阜。以鸟为图腾的少皞氏之族,是由几个胞族所组成的一个部落。其中属于第一个胞族的五个氏族,即以凤鸟、玄鸟、伯赵(劳)、青鸟、丹鸟为图腾。

《诗·商颂·玄鸟》:"天命玄鸟,降而生商,宅殷土茫茫。"《史记·殷本纪》:"殷契,母曰简狄,有娀氏之女,为帝喾次妃。三人行浴,见玄鸟堕其卵,简狄取吞之,因孕生契。"契为高辛氏子,商之始祖。马克思说,在许多民族中流传着一种传说,他们的第一祖先是转化为男人或女人的动物或无生物,它们就成为氏族的象征。[①] 玄鸟为商族人的图腾,已

① 参见马克思《摩尔根〈古代社会〉一书摘要》,《马克思恩格斯全集》,人民出版社1956年版。

成为学术界的共识。

契在古典文献中又称玄王。如《诗经·商颂·长发》："玄王桓拨。"毛传："玄王，契也。"《国语·周语》："玄王勤商，十有四世而兴。"韦昭注："玄王，契也。"又《鲁语》："自玄王以及主癸，莫若汤。"《荀子·成相》："契玄王，生昭明，居于砥石，迁于商，十有四世乃有天乙，是成汤。"契为什么又称玄王呢？朱熹《诗集传》："玄王，契也，或曰以玄鸟降而生也。"此玄王之玄字，当源于玄鸟之玄字，玄王即玄鸟王之省称，与"玄鸟妇"（商族中外嫁的妇人可称为"玄鸟妇"）之称相对，意思是玄鸟所生的王。

今天看来，所谓契本无父、玄鸟生商这一感天而生的传说，至少说明了契之前无父而生，契之后子孙相承，它反映了商族由母系氏族向父系社会过渡的真实情况，也反映了商族以玄鸟为图腾这一历史面貌，而这种状况又与整个中华民族的文明史同步前行。

### （二）燧人造火

燧人氏是中国古代传说时期的人物，是传说中的"三皇"之一。燧，本是古代摩擦生火的工具，有木、石之分。传说中的燧人氏时代，属于旧石器时代中期。火的发现与应用，是旧石器中期原始人类生产力发展的最主要的特征之一。今商丘古城西南两公里处有燧人氏的陵墓燧皇陵。传说燧人氏是中国人工取火的发明者，同时又传说燧人氏的生活区域即在今商丘一带，商丘是火文化的发源地。正由于此，2005 年 8 月全国十运会"华夏文明之火"采集仪式在商丘燧皇陵举行。

关于燧人氏造火的记载多为战国时期的子书，其他传说时期的内容也多在战国时期形成。说明人类的活动情况及观念在战国时已为人们所共识。燧人造火所反映的问题有很大的传说性。但是，这些古史传说并不完全是无根的向壁虚构，而是大多都有些口耳相传的依据。在文字发明之前，口耳相传的历史是人类主要的记忆形式。关于燧人氏等人物的诸多传说，在很大程度上反映了华夏族早期生存、发展的历史进程。

燧人造火的传说有如下记载：《世本·作篇》："燧人造火。"《尸子·君治》："燧人氏……察五木以为火。"《韩非子·五蠹》："上古之世……民食果蓏蚌蛤，腥臊恶臭，而伤害腹胃，民多疾病。有圣人作，钻燧取火，以化腥臊，而民悦之，使王天下，号之曰燧人氏。"《礼记·礼运》：

"昔者先王，未有宫室……未有火化，食草木之实，鸟兽之肉，饮其血，茹其毛……后圣有作，然后修火之利……以炮以燔，以烹以炙，以为醴酪。"《淮南子·览冥训》："往古之时……火爁炎而不灭。"《风俗通》引《礼纬·含文嘉》："燧人始钻木取火，炮生为熟。"

我国关于人工取火的传说，也不是集中在燧人氏一人身上，比如："黄帝作钻燧生火，以熟荤臊，民食之，无兹胃之病，而天下化之。"①"伏羲禅于伯牛，钻木作火。"② 等等。古书记载对作火者各有所指，这反映了古代人工取火的发明，并非一时一地一人所为，当是先民们长期共同实践的结果。所谓"燧人""黄帝""伏羲"都是传说中的帝王，而关于他们的发明创造，古书所载更不止一项。他们都是中华文明的缔造者，也是中华民族凝聚、团结的象征。

火在自然界中，自古以来就已经存在。因为动物尸体中之磷的燃烧，雷电的触发以及火山的爆发等，都可以成为火的来源。《绎史》引《真源赋》说："天皇……时遭劫火。"即说明了这种情况。火在远古时代虽然到处存在，但必须要人类社会发展到一定的高度，才能被人类使用。火的发现，一方面是由于自然火的效用之启示，另一方面，从木与木、石与石、骨与骨等相摩擦则燃的原理，又发明了人工取火的方法。摩尔根据现在的原始人的生活考察，证实火的应用与渔猎的生活是同时开始的。考古工作者也证实传说与地下考古的不谋而合。

### （三）仓颉造字

仓颉，又作苍颉，传说为汉字的发明者，《史记》引为黄帝史官。今商丘虞城县西北 18 公里处响河对岸的堌堆坡西侧有仓颉墓，墓前有康熙四十一年所立石碑，上刻"古苍颉墓"四个大字。

《世本·作篇》："仓颉作书"，"史皇作图"，有论者认为仓颉、史皇为一人。《吕氏春秋·君守》："奚仲作车，苍颉作书，后稷作稼，皋陶作刑，昆吾作陶，夏鲧作城，此六人者，所作当矣，然而非主道者。""非主道者"意即这六人都不是君主。这些记载表明，在氏族社会时期，各部落对中华文明的孕育都做出了贡献。与此相连的还有黄帝发明衣服、

---

① 《管子·轻重戊》。
② 《绎史》卷 3 引《河图挺辅佐》。

舟、车；炎帝即神农氏"斫木为耜，揉木为耒，耒耨之利，以教天下"；伏羲氏发明网罟，又作八卦；①蚩尤"以金作兵器"等。②

我国的文字起源于何时，是一个悬而未决的问题，目前还没有定论。在我国新石器时代的遗址里，发现过一些近似文字的刻画和符号，有助于对这一问题的解决。在西安半坡新石器遗址出土的彩陶中，陶钵口沿上发现刻有简单而又整齐划一的符号，据统计，不同的种类有四五十个。在临潼姜寨遗址所发现的陶器上，有120多个刻画符号，共39种。1974年在青海柳湾马家窑文化马厂类型墓葬出土的彩陶壶上也发现了一些符号，已收集的达50余种。这几处陶器上的刻画符号不尽相同，可能是各个氏族的一种特定的记号。我国古代在文字产生之前，流行"结绳记事"和"契木为文"，这些刻画符号当是我国古代原始文字的一种。在古史传说中，"结绳记事"和"契木为文"的时代过去之后，便是仓颉发明了汉字。

关于仓颉造字的传说，除了《吕氏春秋》，还有以下记载：《荀子·解蔽》："好书者众矣，而仓颉独传者，壹也。"《淮南子·本经训》："昔者仓颉作书，而天雨粟，鬼夜哭。"《淮南子·修务训》："史皇产而能书。"高诱注："史皇仓颉，生而见鸟迹，知著书，故曰史皇，或曰颉皇。"《韩非子·五蠹》："古者仓颉之作书也，自环者谓之私，背私谓之公，公私之相背也，乃仓颉固以知之矣。"《说文解字叙》："黄帝之史仓颉，见鸟兽蹄迒之迹，知分理之可相别异也，初造书契，百工以乂，万品以察。""仓颉之初作书，盖依类相形，故谓之文；其后形声相益，即谓之字。"综合以上记载，可以推测仓颉所造之字，很可能是一种图画式的象形文字，中国的古文字在最初阶段本身就和图画难以区分，是按其图形画上的，到甲骨文时还保留着这些特点。而这一点在出土的这一时期的陶器上已经得到证实。

文字是一种文化现象，它是社会群体约定俗成的符号体系。它的产生源于人类社会群体交际间思想交流和内容表达的需要，是劳动人民在劳动生活中从无到有，从少到多，从少数人掌握到约定俗成所逐渐孕育、选择锤炼发掘出来的，它不是一个人一个时代的产物。这一时期，文字以及绘

---

① 《易·系辞》。
② 《世本·作篇》。

画、算术、历数、医药、音乐和人们的衣、食、住、行等各方面的发明创
造，说明当时正处在古老的中华民族的大变革阶段，荒昧鸿蒙的时代已成
过去，人类社会正向文明时代一步步迈进。同时也说明，商丘这块古老的
土地，是中华文明的发祥地之一。

（原载《商丘师范学院学报》2008 年第 1 期）

# 关于燧人造火的几个问题

商丘古城西南两公里处有燧皇陵，相传为人工取火的发明者燧人氏的陵墓，与阏伯台隔商柘公路相望，为商丘主要旅游景点之一，燧人氏发明之火被称为"中华文明之火"。

## 一

燧人氏为中国古代传说时期的人物，是传说中的"三皇"之一，较"五帝"生活时期为早。

燧，本是古代摩擦生火的工具，有木、石之分。燧人氏的本貌诸如姓名、事迹、活动区域等传说不详，燧人氏是一个人还是一个部落或氏族亦很难说清楚。我们通过古籍可以知道他是中国最初发明人工取火的人，同时又传说燧人氏的活动区域就在今天的商丘一带，后人为了纪念他，隆土为冢，即今天的燧皇陵。

## 二

关于燧人造火的记载多为战国时期的子书，其他传说时期的内容也多在战国时期形成。说明上古人类的活动情况及观念在战国时已为人们所共识。有关燧人、伏羲、神农、黄帝等的传说，到西汉司马迁写《史记》时，他考信于"六艺"，从《尚书》中的尧，到百家所言之黄帝等一系列传说人物，择其优雅者，依《五帝德》《帝系姓》，综合黄帝、颛顼、帝喾、帝尧、帝舜等为《五帝本纪》，使原本各自独立的原始氏族的古史传说系统，统于一个系统，以黄帝为共祖。可以看出，在古史传说中，有关"五帝"的传说较文明史更近，更接近于历史的真实。而燧人氏为"三皇"之一，是在"五帝"之前，所反映的问题其"传说性"可能更大。

但是需要注意，这些古代传说不完全是无根的向壁虚构，而是大都多少有些口耳相传的依据，在发明文字以前，口耳相传的历史是人类唯一的记忆形式。关于燧人氏等人的诸多传说，在很大程度上反映了华夏民族早期生存、发展的历代进程。因此，对于中国古籍中流传下来的这些传说，应认真加以分析，不能因为是传说而弃置不用。

关于燧人造火的传说有如下记载：

往古之时……火爁炎而不灭。（《淮南子·览冥训》）

上古之世……民食果蓏蚌蛤，腥臊恶臭，而伤害腹胃，民多疾病。有圣人作，钻燧取火，以化腥臊，而民悦之，使王天下，号之曰燧人氏。（《韩非子·五蠹》）

昔者先王，未有宫室……未有火化，食草木之实，鸟兽之肉，饮其血，茹其毛……后圣有作，然后修火之利……以炮以燔，以烹以炙，以为醴酪。（《礼记·礼运》）

燧人造火。（《世本·作篇》）

燧人始钻木取火，炮生为熟。（《风俗通》引《礼纬·含文嘉》）

燧人氏……察五木以为火。（《尸子·君治》）

《国语》《老子》等古籍中也有关于燧人造火的记载，内容大同小异。

# 三

燧人氏生活的时代，根据其传说的内容可以推定在新石器时代的早期。这是因为：（1）北京周口店发现北京人使用天然火的时代，考古学家推定为旧石器时代中期，同时期的文化遗址还有蒙古鄂尔多斯东南之萨拉乌苏河、宁夏水洞沟、陕西油头房等处，其中以周口店为代表。火的发现与应用是旧石器中期最主要的特征之一。（2）燧人取火，反映了中国原始时代从利用自然火进步到人工取火的情况。燧人氏取火的方法是摩擦生火，摩擦也可理解为打制，摩擦石器即打制石器，用打制的方法制造石器的时代为新石器时代。燧人氏时代较周口店为晚，应在旧石器中晚期以后的新石器时代早期，故燧人氏生活的时代可推定在新石器时代的早期。

火在远古时代虽然到处存在，但必须要人类社会发展到一定的高度才能被人类使用。火的发现，一方面是由于自然火的效用之启示，另一方面，从木与木、石与石、骨与骨等相摩擦则燃的原理，又发明了人工取火的方法。摩尔根据现在的原始人的生活考察，证实火的应用与渔猎的生活是同时开始的。考古工作者也证实传说与地下考古的不谋而合。

# 四

火的发明与应用，对于人类社会的发展，可以说是一个无比伟大的动力。有了火，人类才能炮生为熟，开始熟食的生活，结束过去"茹毛饮血"的时代，熟食缩短了消化过程，有利于摄取食物的营养，促进人类体质尤其是大脑的发展和健康，人类因用火而引起生理上的变革，从而使人类最终从动物中分离出来。有了火的应用，人类才能焚林而猎，开始利用自然去征服自然，因此而丰富了人类的肉食，从而使人类肉体的有机构成获得了进一步的发展，最后与动物相脱离。有了火，还可以御寒以及抵御野兽的侵袭，增强了人类的自卫能力。很多文献清楚地把古人的衣、食、住、行等生活方面的演进，归功于"修火之利"，把火的利用看得很重，是有道理的。可见，火的发明和使用，确是人类进化史上的一个巨大飞跃。正因为如此，后人才把燧人氏视为神人，视为圣人。燧人氏始终受到炎黄子孙的祭拜和怀念，他所发明的火成为"中华文明之火"。

（原载《商丘日报》2005 年 5 月 25 日）

# 《史记·五帝本纪》之"帝喾"考述

帝喾高辛氏是《史记·五帝本纪》五帝中之第三帝，前承炎黄，后启尧舜，是我国五帝时期社会发展过程中一位至关重要的人物。《史记·五帝本纪》既对帝喾给予了高度的评价，同时太史公的评价也显得宽泛和笼统。

## 一 帝喾事迹有一个逐步放大的过程

关于帝喾的身份，古书记载说法不一。《史记·五帝本纪·索引》引皇甫谧曰："帝喾名夋。"《初学记》九引《帝王世纪》曰："帝喾生而神异，自言其名曰夋。"王国维认为这个"夋"就是《山海经·大荒经》及《海内经》中的"帝俊"。甲骨卜辞中有"高祖夒"，郭沫若认为"夒"就是高辛氏帝喾。《史记·五帝本纪》："帝喾高辛者，黄帝之曾孙也。高辛父曰蟜极，蟜极父曰玄嚣，玄嚣父曰黄帝。自玄嚣与蟜极皆不得在位，至高辛即帝位。高辛于颛顼为族子。"据此可知，帝喾为黄帝的曾孙、玄嚣的孙子、蟜极的儿子、颛顼的侄子。帝喾因辅佐颛顼帝有功，被封于高辛（今商丘市南 23 公里处高辛集）。综合这些记载可知，古书上的夋、俊、夒，同为一人，就是高辛氏帝喾；而帝喾又是商朝始祖契的父亲，契的母亲即帝喾次妃简狄。

先秦古籍中，帝喾出现较晚，其事迹也极为简略：《诗》《商书》《周书》中已有禹，但无帝喾。《逸周书》较早的几篇中已有炎帝、黄帝、蚩尤、少昊，亦无帝喾。《左传》中所言之古帝足有 20 位，无帝喾但有高辛氏。

帝喾之名首见于《天问》："简狄在台，喾何宜？玄鸟致诒，女何喜？"隐约表示他与东夷之始祖母产生了瓜葛。但《天问》不以其说为然，遂有此一问。可知帝喾之出现，较之其他古帝要晚。

帝喾出现后，起初并没有为世人所重视，战国时期的《古本竹书纪年》中有黄帝、颛顼，有尧、舜，但就是不谈帝喾；《庄子》谈古帝甚多，不但《内篇》中无帝喾，即使《外篇》《杂篇》中也没有提及。

帝喾在战国及秦汉一些古籍中"事迹"极为简略，人们几乎无法知道他有何种"功绩"。《国语》中，帝喾凡三见，两见于《鲁语》，一见于《周语下》，依次录出："周人禘喾而郊稷。""帝喾能序三辰以固民。""星与日辰之位，皆在北维，颛顼之所建也，帝喾受之。"以上三段文字，除周人把他当作祖神意义明确之外，其余两句令人茫然：三辰（日、月、星）如何"序"？颛顼既立了星与日辰之位，帝喾如何"受之"？实令人费解。

战国末期的《世本》讲帝喾甚多，但多附会之词：一是将他与高辛氏画上了等号。二是将他纳入了黄帝谱系，说他是"黄帝之曾孙"。三是给他安排了四名妃子。四是讲他生了帝尧。涉及其"功绩"的只有一句："帝喾年十五岁，佐颛顼，有功，封为诸侯。"既然有功封为诸侯，那么"功"何在，因其语言简略而无从知晓。

对帝喾讲得最"详细"的是《史记·五帝本纪》，其辞曰："（喾）生而神灵，自言其名，普施利物，不于其身，聪以知远，明以察微，顺天之义，知民之急，仁而威，惠而信，修身而天下服，取地之材而急用之，抚教万民而利诲之，历日月而迎送之，明鬼神而敬事之。其色郁郁，其德嶷嶷，其动也时，其服也士。日月所照，风雨所至，莫不从服。"

可以看出，《五帝本纪》中的这段话，是空洞而抽象的，并且这空洞而抽象的表述似不单指某一个人，而应是那个时代所有部落首领的化身。此后，晋人的《帝王世纪》、宋代罗泌的《路史》等所记载的帝喾事迹，大抵不出《史记》的范围。所以有学者指出："（对于帝喾），我们没有好多话可说，因为材料太贫乏了。以罗泌的善于东拉西扯……可是他还是不能不说：'帝喾之治天下也，初无赫赫之功……'足见材料贫乏，就是善于附会的人也没有办法。"① 可以看出，"五帝"中的帝喾，其传说的材料是相对贫乏的，即便如此，他的事迹也是随着历史的推移而逐步放大的。

但是，仔细查找，帝喾的事迹和贡献还是有几项可述之处：一是如《史记》所高度评价的，他是一个仁爱之君，"顺天之义，知民之急，仁

---

① 徐旭生：《中国古史的传说时代》（增订本），科学出版社 1960 年版。

而威，惠而信，修身而天下服，取地之材而急用之，抚教万民而利诲之，历日月而迎送之，明鬼神而敬事之"。二是继承《颛顼历》，发展农业生产，教化万民。《大戴礼·五帝德》说颛顼"履时以象天""治气以教民"，是指颛顼依靠天象历法指导农业生产，理四时五行之气以教化万民。许顺湛在其《五帝时代研究》中说，"黄帝时《调历》还不是十分完善，没有被后世所继承，颛顼在《调历》的基础上继承和完善，被称作《颛顼历》"①。《国语·周语下》说："颛顼之所建也，帝喾受之。"徐中舒也认为"龙山文化可能就是传说的高辛氏所建立的文化。'辛'即'薪'是树木，是以森林地带为其特征的"②。三是都于亳，为商人的祖先。《史记·五帝本纪》《正义》引皇甫谧《帝王世纪》说"帝俈（喾）高辛，姬姓也。其母生见其神灵，自言其名曰岌。阿有圣德，年十五而佐颛顼，三十登位，都亳，以人事纪官也"。许顺湛说："帝喾能明黄帝之道，能遵颛顼之道，能节用修财，能治序之三辰以治历明时，教民稼穑以因民。"又说："帝喾时人与人之间相亲，饮食相与，守望相助，疾病相扶，耕以自养，长幼有序，左宗右社，明鬼神而祭之。制礼作乐，政通人和，男有分，女有归，壮有用，老有终，四海同风，九州共贯，天下归往，人以乐生，都于亳殷。"③ 四是帝喾事迹虽少，但他之所以能跻身五帝行列，是因为他后世显赫。据《史记》所载，帝喾有四个妃子，有八子一女，枝繁叶茂，正妃开周之祖先，次妃开商之祖先。

## 二　帝喾是商族的神灵

如前所述，帝喾都亳，一般认为，此亳即南亳，即商丘南高辛镇。

众所周知，商族的始祖是契，又有很多人认为契是帝喾的儿子。契是否是帝喾的儿子，帝喾与商族是怎样的关系？

《礼记·祭法》："殷人禘喾而郊冥，祖契而宗汤。"《帝王世纪》："殷出帝喾，子姓也。"王国维在《殷卜辞中所见先公先王考》中说，殷墟卜辞中称"夒"为高祖，"则夒必为殷先祖之最显赫者，以声类求之，

---

① 许顺湛：《五帝时代研究》，中州古籍出版社 2005 年版，第 88 页。
② 徐中舒：《先秦史略》，巴蜀书社 1992 年版，第 17 页。
③ 许顺湛：《五帝时代研究》，中州古籍出版社 2005 年版，第 93 页。

盖即帝喾也"①。胡厚宣认为契"父为帝喾，亦即太皞"，属于东方之族。② 曹定云也认为："在古代，'神不歆非类，民不祀非族'。殷人既禘祭帝喾，说明帝喾确为殷人之远祖。"又认为："卜辞中既有先祖夒（合集1025等），又作高祖夒（合集33227）；而又有'大夒'（合集376反）。经笔者考证，此先祖夒（高祖夒）即殷之始祖契，亦即'少皞契'；而'大夒'（太夒）即殷之远祖帝喾，亦即传说中的'太皞'。"③

　　上述说法都认为帝喾是商族的祖先，这些说法主要是依据《史记·殷本纪》《大戴礼记·帝系》和《礼记·祭法》中的一些说法。《史记·殷本纪》："殷契，母曰简狄，有娀氏之女，为帝喾次妃。三人行浴，见玄鸟堕其卵，简狄取吞之，因孕生契。"《大戴礼记·帝系》曰："帝喾卜其四妃，而皆有天下。上妃，有邰氏之女，曰姜原氏，产后稷；次妃，有娀氏之女，曰简狄氏，产契；次妃曰陈隆氏，产帝尧；次妃曰娵訾氏，产帝挚。"

　　上述材料均言帝喾为商人的祖先，是契的父亲。这种观点源于"玄鸟生商"的传说。事实上，关于"玄鸟生商"的传说，也有一个发展、演变、膨胀的过程。

　　《诗经·商颂·玄鸟》："天命玄鸟，降而生商，宅殷土茫茫。"郑玄笺："天使鳦下而生商者，谓鳦遗卵，有娀氏之女简狄吞之而生契。"又《商颂·长发》说："有娀方将，帝立子生商。"郑玄笺："禹敷下土之时，有娀氏之国，亦始广大，有娀女简狄，吞鳦卵而生契。"《商颂》旧说是春秋初年宋大夫正考父为赞美宋襄公而作，近人有的以为是"殷商的颂歌"。这是这一传说的时代最早者。意思是说，天帝想要立子，就命令玄鸟降到人间，使有娀生下了契。玄鸟怎么会使有娀生下了契呢？郑玄说，玄鸟遗下的蛋，被有娀氏之女名叫简狄的吞掉，因而怀孕，就生下商的始祖契来。由于在商人部族诞生神话中，其始祖契来源于玄鸟，故契又称为"玄王"，如《诗·商颂·长发》云："玄王桓拨。"毛传曰："玄王，契也。"这是玄鸟生商的雏形。

　　《吕氏春秋·音初》对这一传说描写得更为详细："有娀氏有二佚女，

　　① 王国维：《殷卜辞中所见先公先王考》，《观堂集林》卷9，中华书局1959年版。
　　② 胡厚宣：《甲骨文商族鸟图腾的遗迹》，《历史论丛》1964年第1集。
　　③ 曹定云：《商族渊源考》，载《中国商文化国际学术讨论会论文集》，中国大百科全书出版社1998年版。

为之九成之台，饮食必以鼓。帝令燕往视之，鸣若谥隘，二女爱而争搏之，覆以玉筐，少选，发而视之，燕遗二卵北飞，遂不反。"高诱注："帝，天也，天令燕降卵于有娀氏女，吞之生契。"以为有娀氏有两个女儿。《淮南子·坠形训》还具体举出了她们的名字："有娀在不周之北，长女简狄，少女建疵。"

早期的传说，商的始祖契本来是"感天而生"或"无父而生"的，到了战国时期就有了变化。《楚辞·离骚》说："望瑶台之偃蹇兮，见有娀之佚女。"王逸注："谓帝喾之妃，契母简狄也。"《离骚》又说："凤凰既受诒兮，恐高辛之先我。"王逸注："帝喾次妃有娀氏之女生契。"又《天问》："简狄在台喾何宜？玄鸟致贻，女何嘉？"王逸注："简狄，帝喾之妃也。玄鸟，燕也。贻，遗也。言简狄侍帝喾于台上，有飞燕堕遗其卵，喜而吞之，因生契也。"又《九章·思美人》："帝辛之灵盛兮，遭玄鸟而致诒。"王逸注说："喾妃吞燕卵以生契也。"《离骚》《天问》《思美人》都是战国时屈原所作。屈原把简狄、玄鸟、帝喾三者揑合在一起，这时的简狄，已经成了帝喾之妃，商的始祖契，也摆脱了"无父而生"的局面而有了父亲。

到了秦汉时期，传说的内容又有了变化，谓契是简狄在行浴时吞吃鸟卵而生。《史记·殷本纪》："殷契，母曰简狄，有娀氏之女，为帝喾次妃。三人行浴，见玄鸟堕其卵，简狄取吞之，因孕生契。"《尚书·中侯》："玄鸟翔水，遗卵于流，娀简拾吞，生契，封商。"或以简狄行浴，是在玄丘之水。《诗传》："契母与姊妹浴于玄丘水，有燕衔卵堕之，契母得，故含之，误吞之，即生契。"《诗含神雾》："契母有娀，浴于玄丘之水，睇玄鸟衔卵，过而堕之，契母得而吞之，遂生契。"《列女传》："契母简狄者，有娀氏之长女也。当尧之时，与其妹娣浴于玄丘之水，有玄鸟衔卵过而坠之，五色甚好，简狄与其妹娣竞往取之，简狄得而含之，误而吞之，遂生契焉。"

《吕氏春秋·仲春纪》："是月也，玄鸟至，至之日，以太牢祠于高禖，天子亲往，后妃帅九嫔御。"《礼记·月令》之说与之相同。高诱注《仲春纪》曰："王者后妃于玄鸟至日，祈继嗣于高禖。"郑玄注《月令》曰："高辛氏之出，玄鸟遗卵，简狄吞之，而生契。后王以为媒官嘉祥而立其祠焉。"又《诗经·商颂·玄鸟》毛传："春分，玄鸟降，汤之先祖有娀氏女简狄，配高辛氏帝，帝率与之祈于郊禖而生契。"从高辛氏之出，玄鸟遗卵，简狄吞之而生契，到高辛氏帝喾夫妇于仲春之月与玄鸟至时，祈于郊禖而生契，后王因立以为祈嗣的高禖之祠，是这一传说的又一演化。

这些记载由简单到复杂，不断有所演变。在《诗经·商颂》中，只不过说"天命玄鸟，降而生商"，"有娀方降，帝立子生商"。到《吕氏春秋》居然变成了那么美丽的一个神话故事。《商颂》的玄鸟生商，郑玄说成简狄吞卵，到《列女传》又把玄鸟的形状描写为五色甚好，所以简狄才得而吞之。《商颂》的玄鸟，据《离骚》所指本来是凤凰，到《吕氏春秋》以及汉人的笺注，才都说成是燕子。生商的先是有娀，后来变成有娀之女简狄，简狄后来又有了姊妹。有娀之女，先说在瑶台，然后变成三人行浴，后来又说是与姊妹同浴于玄丘之水。商的始祖，本来是无父而生的，后来有了父亲帝喾，后来又说是在仲春之月，玄鸟到来的时候，帝喾与简狄夫妇一同祷于高禖。这些传说，随着时间的推移，故事情节由简到繁，逐步演化，但始终没有改变"玄鸟生商"的主题。也就是说，人们始终把玄鸟作为商族的图腾，殷商王朝的始祖契，是由玄鸟所生。创生神话作为发自人类最底层的文化史现象，与图腾信仰有着密切的联系。在图腾观念中，图腾生育信仰是其中的一个重要内容。图腾生育信仰可分为两种类型，其一为感生信仰，如"舜母见大虹，感而生舜"；"炎帝神农氏，姜姓，母曰女登，有蟜氏女，少典之妃，感神龙而生炎帝"。其二为吞食图腾物，诸如吞食鸟卵或植物果实等。以上关于玄鸟生商人的神话，实际上表明了远古时期卵生图腾信仰的存在。玄鸟也就成了商最初的氏族祖先，是氏族的庇护者。

两汉以来，许多古文经学家，如毛亨、左丘明等，都竭力反对契本无父的说法。从东汉王充的《论衡》，一直到清朝崔述的《考信录》，也有许多著作严词批驳玄鸟生商的传说。清朝今文经学家皮锡瑞，在《经学通论》一书中，对这种说法曾做过总的回答。他说："《玄鸟》诗云，天命玄鸟，降而生商，则契生于鳦卵甚明，若但以为玄鸟至而祀鳦生契，何言天命，又何但言天命玄鸟？作此诗者，近不辞矣。《诗经·商颂·长发》云，有娀方降，帝立子生商，《列女传》高诱《吕览》注引皆无帝字，诗称有娀，不及其夫，自不以为帝喾所生，则契非帝喾所生甚明。"又说："且据诗而论，无论事之有无，而诗人所言，明以为有，如必断为理之所无，则当起周鲁与宋，作诗之人，责以诬祖之罪，不当谓三家说诗为误，责以诬古之罪也。"又说："尝谓后世说经之弊，在以世俗之见，律古圣贤，以民间之事，拟古天子。仲任生于东汉，已有此等习见。即如其说，亦当以为诗人之误，不当以为儒者说诗之误也。"皮锡瑞以为作诗的人，是相信感生之事，相信契本无父、玄鸟生商的。他反对古文经学家附会解经，以及王充等人的所谓科学之见，说："无论事之有无，而诗人所言，明以为有。"认为既要解诗，就应当承认诗人确是相信那些传说的。其实这些神话传说，说它真有其事，当然不能；说它荒诞无稽，完全没有道理，恐亦不妥。

　　传说契本无父，同文献中常见的"古者知母而不知父"的说法相类似，都是远古母系氏族制度曾经存在过的一种反映和形迹。传说玄鸟生商，则是早期商族崇拜鸟图腾的遗存。图腾崇拜是在原始人联合成为早期氏族的家长式集团的时期产生的，这种集团由于起源于共有的女祖先，因而彼此又常常统一地结合在一起。早期商族以玄鸟为图腾，便是荒诞地把这一部落的人说成是起源于玄鸟。而《诗经·商颂》的传说，又恰恰把女祖先有娀和鸟图腾统一地结合起来。"玄鸟生商"的神话，我们当然不会完全相信。但是，世界上任何一个民族的创世神话，大都是该民族早期发展、社会状况、民族精神以神话形式进行表述的历史文本，它是该民族文化在特定历史时期的特定表现形式。尽管其中有不少前人臆想和后人附会的成分，但都能反映出真实历史的一些影子。今天，我们从历史唯物主义的观点来看，所谓契本无父、玄鸟生商这一感天而生的传说，至少说明了契之前无父而生，契之后子孙相承，它反映了商族由母系氏族社会向父系氏族社会过渡的真实史影，也反映了商族以玄鸟为图腾这一历史的残迹。因此，它对于研究商族起源具有极高的史料价值。

　　由上可见，高辛氏与帝喾是否是一个人，帝喾是否是契的父亲，契与阏伯是否是一个人，自古以来，说法不一，至今仍莫衷一是。可以说，契是商人的始祖，从契开始，商族由母系社会过渡到父系社会，有明确父子相传的社会也是从契开始的。正是从这一意义上，笔者以为，帝喾、夔、帝俊、少皞等都是商人的远祖，都是商族图腾崇拜的痕迹，是商族神灵的体现和化身，是传说时代历史传说的变化和膨胀的结果。

## 三  帝喾葬地多处的现象可以理解

帝喾葬地多处。《山海经》三次提到帝喾,两处讲帝喾之葬地,《海内北经》说"帝尧台、帝喾台、帝丹朱台、帝舜台,各二台,台四方。在昆仑东北";《大荒南经》说"帝尧、帝喾、帝舜葬于岳山(郭注'即狄山')"。据此有学者认为黄帝陵、颛顼陵在辽东半岛。① 今陕西省渭南合阳县、河南省内黄县、商丘市睢阳区高辛集各有帝喾陵。张新斌在其《二帝、二帝葬地与祭祀二帝》中认为颛顼、帝喾二帝葬在河南内黄,认为"这里发现的建筑基址与碑刻不仅确证了内黄长期以来为二帝陵所在,碑文所透露的信息也加深了我们对明清时期国家公祭二帝具体细节的了解"②。而张琼主编的《三商之源商丘》则有如下论述:"今商丘古城南23公里处有高辛遗址,由高辛集、帝喾陵、潘庙村三部分组成。高辛集周围原有土城墙,东西南北各有城门,现已遭破坏。高辛集地势四周高而中间略低,呈龟背形。考古发现集镇下叠压着古代城池文化遗址,有原始社会的龙山文化遗存,更多的是周、汉至唐宋时期的文化遗存,目前出土的文物有战国时期豆类、汉代绳纹陶器以及唐宋时的陶器。从考古发掘看,地下的古文化遗址要大于地表上的高辛集。帝喾陵位于高辛集西北角,现存墓地为一高大土丘,南北长233米,东西宽130米。陵前原有帝喾祠、沐浴室、更衣亭、禅门等古建筑,院中有大量碑刻,但多毁于战火。现在帝喾陵遗址上散存着汉代绳纹陶片和陶器及汉以后各代的陶瓷瓦砾,另有明代嘉靖年间石碑一通。潘庙村位于帝喾陵西北1.5公里处,传说这是高辛氏的后花园,实际为周至汉的古墓群。这里已经出土了大量殉葬文物,成为研究我国古代殉葬制度的宝贵实物资料。"③ 笔者在拙作《商丘通史》(上编)中也有类似的表述。④

---

①  参见张骏伟《黄帝陵、帝颛顼陵、天书、河图在辽东半岛》,《理论界》2005年第3期。

②  徐春燕:《颛顼帝喾与华夏文明学术研讨会综述》,《中国史研究动态》2006年第10期。

③  张琼主编:《三商之源商丘》,河南美术出版社2006年版。

④  参见李可亭主编《商丘通史》(上编),河南大学出版社2000年版。

如何认识这一问题，是诉讼到底，还是各行其是？笔者以为两者皆可。学术界研究帝喾葬地的确切位置是应该提倡的；各地方举行相应的纪念活动，一是弘扬祖国悠久的历史和文化，二是促进地方经济社会的发展，也是功德无量的好事。同时应该说明，帝喾葬地多处的现象可以理解，因为帝喾是传说时期的人物，我们今天的纪念活动其实质是在纪念具象的情况下弘扬我们的华夏文明。

## 四　帝喾是传说中的人物，传说时代的历史也是信史

"夏商周断代工程"只证明夏代为信史，夏代以前为传说时代，而夏代距今是 4000 年。那么，如何认识中国五千年的文明史，如何认识《史记·五帝本纪》的记载？

许顺湛先生在其《五帝时代研究》一书中首先确认伏羲、燧人、神农为"三皇"，认为"三皇都是历史时代的标志"。并要解决"五帝时代是传说时代还是历史时代"的问题，就要说明五帝时代不是传说时代，而是历史时代。《中原文物》2005 年第 5 期开辟"五帝时代研究笔谈"栏目，发表了朱绍侯、李先登、马世之三位先生的文章，对许顺湛先生的提法给予热评。徐中舒认为，《五帝本纪》所列帝王世系，是"太史公根据古文资料《五帝德》《帝系》（见《大戴礼》）而整理出来的"，"司马迁整理的系统，是有相当根据的"[1]。笔者在此想说明如下几种观点。

（1）五帝是传说中的人物，是中华文明起始时期的代表，其事迹虽不确切，但其时代是存在的，这已有大量考古材料的证明。否认五帝时代的存在就是否认中华五千年的文明，因此是不可取的。

（2）在叙述五帝时代的历史时，应采用"五帝时代"的表述，而尽量回避"传说时代"的表述，以免产生误解。

（3）不能否认《史记·五帝本纪》的记载，但也不能过分拘泥于《史记·五帝本纪》的记载，比如帝喾与黄帝、颛顼、尧、舜的关系等。

（4）在文字产生以前，世界上任何一个民族最初的历史都是通过"口耳相传"的形式流传下来，因此在古文献中保存了大量的古代传说，用这种古代传说史料所记述的时代，我们称为"传说时代"。但"口耳相

---

① 　徐中舒：《先秦史略》，巴蜀书社 1992 年版，第 16 页。

传"的历史并非向壁虚构，应该说其渊源有自，自有其真实与合理的性质。因此，我们不能否认这些传说文献，也不能否认传说时代的历史不是信史。

[本文是参加"中国《史记》研究会第十三届年会"（2014）提交的论文。原题目《关于帝喾研究的几个问题》，为"内黄·第二届颛顼帝喾与华夏文明学术讨论会"（2008）论文，收入张新斌、张顺朝主编《颛顼帝喾与华夏文明》论文集，河南人民出版社2009年版]

# 中国商丘，三商之源

## 一 "三商之源"的提出和确定

商丘是商族的发源地（玄鸟生商）、商业的发源地（王亥经商）和商朝的第一个都城（成汤都商）。

根据《诗经》《竹书纪年》《山海经》《史记》《楚辞》等历史典籍，可以看出商丘的"商"具有三重含义：一是商部族的商，二是商业的商，三是商朝的商。商丘是商部族的发源地，是商业的发源地，是商朝的发源地。然而在以往的宣传中，"三商之源"这一概念一直没有形成。商人、商业源于商丘，中华民族经商第一人王亥故里在商丘，这一历史事实一直沉睡在历史典籍中。在商丘市委、市政府领导的支持下，2004 年举办了"中国·商丘与商业起源研讨会"，新华社为此播发了通稿《中国商业源于商丘》，著名学者李学勤先生到商丘考察并欣然题词"商人商业源于商丘"，"商人""商品"起源于河南商丘编入了全日制普通高级中学教科书，并在 2006 年举办了第一届"国际华商文化节"。

2005 年 11 月商丘市市委决定举办华商文化节，确定商丘是商业的发源地，王亥是商人的始祖，但并没有形成"三商之源"这一概念。当时，考虑到为华商文化节学术和礼品赠送的需要，计划编两本书，一本是通俗性的，一本是学术性的。两本书皆由时任商丘市委常委、宣传部部长张琼主编。到 2006 年 9 月，两本书先后出版，第一本是连环画《华商始祖王亥》（副主编刘秀森），第二本是《三商之源商丘》（副主编李可亭），均由河南美术出版社出版，二者各有侧重又相互补充。

学术著作《三商之源商丘》的出版，第一次使用了"三商之源"这一概念。在此之后，2006 年 12 月 13 日，张琼部长又在《商丘日报》发表了一篇题为《三商之源的来源》的文章，进一步论证了商丘是三商之源。12 月 15 日，新华网河南频道转发了张琼部长的这篇文章。后又经商丘学者的解释和宣传，逐步使这一历史事实和"三商之源"这一概念为大家所接受。

## 二　玄鸟生商——商丘是商族的发源地

### （一）"玄鸟生商"的传说有一个发展、演变、膨胀的过程

《诗经·商颂·玄鸟》："天命玄鸟，降而生商。"郑玄笺："天使下而生商者，谓遗卵，娀氏之女简狄吞之而生契。"

发展一：《吕氏春秋·季夏纪·音初篇》："有娀氏有二佚女。"——把有娀氏的女儿由一个演变为两个。

发展二：《淮南子·堕形训》："有娀在不周之北，长女简狄，少女建疵。"——进一步举出了她们的名字。

发展三：到战国时代的《楚辞》，又有了变化。《离骚》："望瑶台之偃蹇兮，见有娀氏之女。"王逸注："谓帝喾之妃，契母简狄也。"《离骚》："凤凰既受诒兮，恐高辛之先我。"王逸注："帝次妃有娀氏之女生契。"《天问》说："简狄在台，喾何宜？玄鸟致贻，女何嘉？"王逸注："简狄，帝喾之妃也。玄鸟，燕也。贻，遗也。言简狄侍帝喾于台上，有飞燕堕遗其卵，喜而吞之，因生契也。"《九章·思美人》说："帝辛之灵盛兮，遭玄鸟而致诒。"王逸注："喾妃吞燕卵以生契也。"

《离骚》《天问》《思美人》，都是战国时屈原所作。——这时的简狄，已经成了帝喾之妃，而商的始祖契，已经摆脱了"无父而生"的局面，有了父亲。

发展四：这一传说到了秦汉又有变化。有的认为简狄是在沐浴时吞吃鸟卵。《史记·殷本纪》说："殷契，母曰简狄，有娀氏之女，为帝喾次妃。三人行浴，见玄鸟堕其卵，简狄取吞之，因孕生契。"有的又指出沐浴之地点，认为简狄行浴，乃是在玄丘之水。《诗传》说："契母与姊妹浴于玄丘水，有燕衔卵堕之，契母得，故含之，误吞之，即生契。"《诗含神雾》《列女传》也说简狄是与其姊妹浴于玄丘之水。在具体时间上，《吕氏春秋·仲春纪》《礼记·月令》《诗经·商颂·玄鸟》都说在"春分"时节。

这些记载由简单而复杂，不断有所转变，但在说到商王朝的始祖契是由玄鸟而生这一点上，始终是一致的。

## （二）商先公的主要经营地在商丘一带

先商时期，部族与都邑的频繁迁徙是一个显著的现象。《尚书·盘庚下》云："荡析离居，罔有定极。"又《尚书序》："自契至于成汤八迁，汤始居亳，从先王居。"关于"八迁"之地望，唐以前的学者一直"不得其详"，孔颖达《尚书序》疏中，亦仅列出"四迁"："契至成汤，十四世凡八迁国都者：《商颂》云：'帝立子生商'，是契居商也。《世本》云：'昭明居砥石'，《左传》称：'相土居商丘'及今居亳。事见经传者，有此四迁，其余四迁，未详闻也。"

陆德明《经典释文》与此说相同："八迁之书，史唯见四。"到了清代，梁玉绳在其《史记志疑》中明确提出"八迁"之具体地点。王国维在梁玉绳的基础上，又重新作了考证，他在《说自契至成汤八迁》中指出商先公八迁的顺序是：契居蕃（今山东滕州市）、昭明居砥石（今河北元氏县南槐河）、昭明又迁商丘（今河南商丘）、相土迁东都（今山东泰山下）、相土复居商丘、上甲微迁殷（今河南安阳）、上甲微复归商丘、汤居亳（今商丘虞城谷熟集）。

上述的商地，即今河南商丘。在相土复归商至上甲微迁于殷之间，没有迁都的记载，只是在《山海经》和《竹书纪年》中提到王亥曾"托于有易"或"宾于有易"，这说明在昌若、曹圉、冥、王亥（王恒）期间，商先公仍居于商丘。通过对"八迁"地望的考察可知，商先公活动的范围主要是在今河南、山东、河北三省交会的地带；而且，先商民族虽然经历了八次迁徙，但其中的四次都与商丘有关，每次迁徙后都又回到了商丘。由此可见，商族由契至汤14世都是以商丘为根据地或者主要经营地，然后不断向外拓展而逐步发展起来的，商丘为商族的发祥地。

## （三）商族发源地的文物证据——永城王油坊遗址的发现

王油坊遗址1936年被发现，1977年发掘，现为第六批国家级重点文物保护单位。王油坊遗址位于永城市西27公里酂城镇王油坊村东北400米，它北靠浍河（古涣水）支流龙兴沟，东距浍河250米，周围地势平坦，遗址略高于地表，东西和南北向长皆约100米。

众所周知，史前商族人在建立商王朝之前所创造的文化，学术界谓之"先商文化"。考古材料证实，先商文化主要是新石器时代的文化，它来源于山东大汶口文化，并吸收了河南龙山文化及其周围其他文化的先进因素。而据考证，商族发源于史前东夷人之中，最初主要活动在今豫东、鲁西南一带。分布在这一区域的考古学文化，学术界称之为河南龙山文化王油坊类型。属于这一类型的文化还有：永城造律台遗址、永城黑堌堆遗址、永城书案店遗址、永城赵庄遗址、商丘市谷子坑遗址、商丘市半塔村遗址和宁陵县丁堌集遗址等。从发掘情况看，遗址堆积较厚，一般都在 3 米以上。出土的文物为龙山文化晚期的石器、陶器、骨蚌器和角器。

王油坊类型遗址发现的大量生产、生活用具表明，商丘地区早在 4000—5000 年前人类的祖先就劳动、生息在这片广阔、平坦的土地上。他们或网罟而渔，或弓矢而猎，或磨蜃而耨，或畜牧牛羊，由渔猎生活逐渐进到农牧生活。该地区较为发达的农业、渔猎和手工业，为商丘当然也为中华民族的历史和文明增添了丰富的内容。

王油坊类型遗址都在故黄河的冲积平原上，为旧黄泛区淤没之地。黄河是我们的母亲河，黄河是中华文明的摇篮。龙山文化王油坊类型是黄河文明中一束光辉的奇葩。

史前商族人在以今天商丘一带为中心的迁徙，其间的脚步就曾停留在王油坊村，并在这里留下了深深的印痕。随着时间的推移，于是就有了帝喾和阏伯及其子孙。他们以亳为中心，创造了极其灿烂辉煌的先商文明。

# 三　成汤都商——商丘是商朝的第一个都城

商丘是国务院命名的历史文化名城，是四朝古都——商朝前期的都城、周朝宋国的都城、汉朝梁国的都城和南宋初年的都城。

商汤所居亳地为今之商丘。《史记》称商王朝的建立者成汤"始居亳，从先王居"。《孟子》说"汤居亳，与葛为邻"。"亳"之地望，自汉代起，聚讼纷纭。王玉哲把古今以来关于"亳"地的说法总结概括为六种：关中说、偃师西亳说、河南商丘南亳说、山东曹县北亳说、河南内黄说、郑州说。现在影响较大的为"三亳说"：南亳、北亳和西亳。

南亳在今商丘市虞城县谷熟集。北亳即景亳，在今山东曹县。西亳在河南偃师。学术界普遍认为，北亳为商汤的军事大本营，商汤伐桀就是从这里出发的。西亳为商朝的一个军事重镇。南亳为商汤的都城。

商朝建立后，又有过五次迁徙，即仲丁迁于嚣（一作隞，今河南郑州）、河亶甲迁于相（今河南内黄东南）、祖乙迁于邢（一作耿，今山西河津市境，一说今河南温县东）、南庚迁于奄（今山东曲阜），到盘庚时最后定都于殷（今河南安阳）。

可以看出，商朝建立后的五迁，其范围亦在今河南、山东境内，部分涉及山西、河北境内，但总不外黄河南北、距黄河不太远的地方。

# 四　王亥经商——商丘是商业的发源地

商先公王亥"宾于有易"，成为中国最早的商人，为商人的始祖。王亥活动的区域在今河南商丘一带，商丘为中国商业的发源地。王亥生活时期的社会形态为由部落向国家的发展时期，此时农业和畜牧业已经得到了一定程度的发展，商业萌芽成为可能。

从契到商汤共14世（《国语·周语下》："玄王勤商，十四世而兴。"《荀子·成相》："契玄王，生昭明……十有四世乃有天乙是成汤。"）根据《史记·殷本纪》记载，这14世是：契—昭明—相土—昌若—曹圉—冥—振—微—报丁—报乙—报丙—主壬—主癸—天乙。

王亥是冥之子，微（上甲微）的父亲。从冥经王亥到上甲微，是先商历史重要的转折时期。

关于王亥的名字，文献资料记载颇不一致：甲骨文称"亥"或"王亥"，《山海经·大荒东经》称"王亥"，《竹书纪年》作"王子亥"或"侯子亥"，《世本》作"核""骸"或"胲"，《楚辞·天问》和《左传·昭公二十七年》作"该"或"眩"，《汉书·古今人表》作"垓"，《初学记》引《世本》作"胲"，《吕氏春秋·勿躬》作"冰"。实际上，胲、核、该、骸、垓都是亥的通假字，振、眩又由胲、核、该、骸、垓等字形近而讹。因此，甲骨文和《山海经·大荒东经》中的王亥，应该是大家能够接受的名字。

从出土的甲骨文中可以看出，商先公中比较受到后代重视的有王亥和他的儿子微（即上甲微）以及商朝的建立者汤。商汤受到后代重视自不必说；上甲微受到重视，主要是由于他是王亥的儿子，同时他又是商代第一个以十天干来命名的祖先。但王亥的地位是远远高出上甲微的。

### （一）关于中国商业起源的几种观点

关于中国商业的起源，学术界看法不一。主要观点有"祝融说""西周初年殷民说"和"白圭说"等。

"祝融说"。主要记载是《世本·作篇》中有"祝融作市"。祝融，高辛氏火正。《管子·五行》："昔者黄帝……得祝融而辩于南方。"《吕氏春秋·四月》："其帝炎帝，其神祝融。"《注》："祝融，颛顼氏后，老童之子吴回也，为高辛氏火正，死为火官之神。"这些资料说明：第一，祝融为传说时期的人物，生活在原始社会末期的炎黄时期；第二，祝融本貌所体现的主要特征是做高辛氏帝喾的火正；第三，《世本》"祝融作市"的"市"并非"市场"，也非商业。因为此时农业和手工业还不发达，商业也无从谈起。

"西周初年殷民说"。西周初年，武庚叛乱，为周公所平。为防止殷遗民的再度造反，周公便令殷民迁居洛阳，从事经商活动，即《尚书·周书·酒诰》所说的"肇牵车牛远服贾，用孝养厥父母"。由于殷原称商，所以从事经商活动的殷遗民被称为"商人"，他们的职业也被称为"商业"。这种说法有其道理，尤其是认为商业源于商人；但这种说法又有其不足之处，即把已经存在的商业活动误认为是商业的开始，这就把中国商业的起源时间大大地向后推迟了。

"白圭说"。白圭，名丹，周人，与惠施、孟轲同时，曾为魏惠王相，以善于治水和筑堤防著称。白圭和计然一样，讲究贸易致富的理论。他的最著名的贸易原则是"人弃我取，人取我与"，实际上就是囤积居奇。白圭说："欲长钱，取下谷。"因为下等谷类是广大人民生活中最普遍的必需品，贸易上成交的数量最多，可以从中取得巨额利润。因此，白圭成为当时商人崇拜的祖师，司马迁《史记·货殖列传》也说"天下言治生者祖白圭"。很明显，白圭并非中国最早的商人，他应是在商业高度发展的基础上从而提出贸易理论的代表人物之一。

### （二）王亥作为商人始祖的依据

1. 王亥在商人心目中的地位极高

甲骨文中祭王亥的卜辞，以武丁、武乙、文丁时为多。武丁卜辞中有多片"王亥祟我"的记载。祟，神威之意。王亥祟我，意思是说王亥在商朝人的心目中具有极大的神威。商朝人祭祀王亥所用的牺牲（祭品）有时多到三十牛、四十牛、五十牛，有时甚至用祭天的礼节来祭祀王亥。而且，上甲微以前，除"河"外，商朝人祭祀先公的配偶，唯王亥一人。

在商先公中，只有亥称王，名王亥。此"王"虽与成汤及成汤以后的商王之王有所不同，但可视为王之雏形，为王权的一种萌芽状态，同时也说明王亥在商人的心目中有着很高的地位。不仅如此，卜辞中还多处称王亥为高祖，或称高祖亥。甲骨卜辞中称高祖的共有三人：一为高祖夒（即契），二为高祖乙（即商汤），三为高祖亥。

在甲骨卜辞中，共有甲骨 8 片、卜辞 10 条，王亥的亥字从亥从鸟。这一方面说明了早期商人以鸟为图腾的情况，另一方面也说明王亥在后代商人心目中达到了图腾的地位。

武丁时的卜辞中多次有"贞于王亥求年""贞于王亥告秋"的记载。"求年"即求生求雨，求年祈年；"告秋"即告秋收禾谷成熟于先祖之祭，《说文》解释说："秋，禾谷熟也。"这说明，武丁时人们在敬天的思想指导下，在祈祷风调雨顺，重视农业生产，希望禾谷成熟时，也往往祭祀王亥，希望得到王亥的保佑，并把丰收的喜悦告诉给王亥。这也从一个方面说明王亥在商先公中有着较高的地位，受到了商人的怀念和崇拜。

2. 王亥生活时期的社会形态为氏族部落向邦国时期的过渡期

从"玄鸟生商"的传说可以看出，商族在契以前还属于母系氏族社会时期；从契开始，商族才有了以父子相承为主的世系，商族进入父系氏族社会大概就在此时。从契到上甲微，商族的社会性质属于父系氏族社会中的氏族部落阶段。而王亥时期应为氏族部落向邦国时期（邦国时期即初始国家也即早期国家时期）的过渡期，是先商历史的重要转折时期，最后到商汤时期走向王国形态。

王亥时期处于氏族部落形态向邦国的过渡期，其依据可从以下几个方面考虑。

（1）王亥之称"王"，不但见于传说的文献，也见于甲骨文。王亥所称"王"，与战国时人称契为"玄王"是不同的，也与成汤及成汤以后的商王不同。可以说，王亥之"王"只是王之雏形。从以王亥为中心的雏形性质的"王族"形成来看，其社会形态已跨越"阶等社会"而开始进入"分层社会"。那么，社会分层的出现应属于氏族部落社会的末期或氏族部落向国家的过渡时期。

（2）前述甲骨文中王亥之亥从亥从鸟，一方面说明王亥与商族图腾紧密相连，另一方面说明王亥在商人心目中的宗教性地位。在商先公中，只有王亥名号上冠以鸟形，独树一帜；而且在甲骨文中，从王亥之子上甲微开始，商先公的祀谱是连续而完备的。王亥名号冠以鸟形，说明在商人的眼里，他活着的时候就具有玄鸟之神性，其死后也就有了宗教性地位。王亥在商人心目中的宗教性，说明王亥时期是一个过渡期，处于由氏族部落向邦国的过渡。

（3）王亥"宾于有易"而被杀，先秦不同的典籍都有记载。如《竹书纪年》："殷王子亥，宾于有易而淫焉。有易之君绵臣杀而放之。"先秦文献和甲骨文中王亥远到有易之地"仆牛"或"服牛"，并非一般意义上的畜牧牛羊，实际是驾着牛车、载着货物到有易部落去进行商业贸易。

结果王亥被绵臣所杀，被杀原因是"淫"字。《楚辞·天问》说王亥与其弟王恒并淫，也有学者进一步分析是淫绵臣之妻还是淫绵臣之女。但也有学者对王亥之死提出质疑，如田昌五先生指出，在上古时期尚不存在后世的那种婚姻道德观念，"王亥作为一方邦君，即使淫于绵臣之女，甚至'眩弟并淫'，那双方结亲通好就行了"，是不会因此被杀的。

田昌五认为，王亥之死的真正原因，是王亥通过绵臣之女，谋取有易而有之，结果被绵臣发现，因而杀掉王亥。笔者认为，这种解释是符合当时的实际情况的，"淫"为"浸淫"之意——逐步渗透，蚕食性扩张。这说明，商族在王亥时期发展很快，力量强大，对邻邦产生了威胁，这也符合由氏族部落向邦国过渡这样一个社会形态。

3. 王亥"服牛"与畜牧业的发展

《山海经·大荒东经》和《楚辞·天问》中都提到王亥"仆牛"；《世本》《吕氏春秋·勿躬》作"服牛"；《天问》有"该秉季德……胡终弊于有扈，牧夫牛羊"。仆、服、牧都是一声之转，指王亥放牧牛羊。前文述及《世本·作篇》言"相土作乘马"，乘马，即用马驾车，说明在相土时已有马的驯养和使用，可以说王亥是继承了商先公重视畜牧业的传统。在先商文化遗址中，出土了很多牛、羊、猪、鹿、狗等动物遗骸，说明先商时期商人畜牧业的发展情况。

王亥之亥，王国维以为是时间，即祭日。他在《殷卜辞中所见先公先王考·王亥》中说："卜辞言王亥者九，其二有祭日，皆以辛亥，与祭大乙用乙日大甲用甲日同例。是王亥确为殷人以辰为名之始，犹上甲微之为以日为名之始也。"

　　但从所有祭祀王亥的卜辞来看，笔者认为亥不是祭日，亦非十二地支中的"亥"。《说文》："亥为豕，与豕同。"段玉裁注"谓二篆之古文，实一字也"。从王亥受到商人崇拜的程度来看，亥即豕。豕，猪也。说明王亥重视畜牧业，饲养"猪"等家畜。《管子·轻重戊》："殷人之王，立帛（皂字之误）牢，服牛马，以为民利。""皂"以养马，"牢"以养牛，"服"乃驯服、放牧之意。这说明，王亥不仅养猪，而且养马、牛。王亥所处的时代为奴隶社会初期，以农业生产为主，生活水平相对低下。

　　王亥时期的商部落已经能饲养猪、牛、马，从饲养个别家畜到畜牧业逐步发达，既提高了人民的生活水平，又推动了社会的进步，王亥也因此受到后人的崇拜。王国维说："然则王亥祀典之隆，亦以其为制作之圣人，非徒以其为先祖。""制作"应为发明意，"制作之圣人"是说王亥是畜牧业的创始者。因此，胡厚宣说"王亥是一个畜牧业的创始人"。

　　王亥饲养、放牧牲畜，其一，祭祀时有了牺牲，牺牲越丰盛，说明对天和先人越虔诚，这样就越能得到天和祖先的保佑；其二，可以改善人民群众的生活，提高人民的身体素质，增强抵御自然灾荒和野兽侵袭的能力；其三，说明王亥时商人已能使用牛马等畜力，生产有了较大的发展，并向四周发展势力。由于产品有了剩余，出于发展壮大本部落以及换取奴隶主需要的物品的目的，王亥于是与四周部落进行以物易物的商业贸易活动。

　　4. 王亥时期商人活动的区域就在商丘

　　由于种种原因，商都屡迁。据王国维考证，商先公时期就曾八迁，商朝建立后又有五次迁徙。商都屡迁的原因，众说纷纭，但以下几点可以肯定：一是商先公时期的迁徙，无论是出于自然缘故以谋求生存空间或者出于政治原因以缓解矛盾，但都是整个部族的迁徙；二是商先公时期的商都屡迁说明商部落还处在由游牧到部落再到邦国的发展阶段；三是王亥时期处在相土与上甲微之间，有一段较为稳定的时间，此时的商人就在商丘一带活动，而由王亥开始的商业活动就在商丘，因而，商丘是中国商业的发源地，王亥是商人的祖先。

　　王亥经商情形及被杀原因有三段材料记载。《山海经·大荒东经》载："有困民国，勾姓而食。有人曰王亥，两手操鸟。方食其头。王亥托于有易，河伯仆牛。有易杀王亥，取仆牛。"《竹书纪年》说："殷王子亥，宾于有易而淫焉。有易之君绵臣杀而放之。是故殷主甲微，假师于河伯以伐有易，灭之，遂杀其君绵臣也。"《楚辞·天问》曰："该秉季德，厥父是臧。胡终弊于有扈，牧夫牛羊？干协时舞，何以怀之？平胁曼肤，何以肥之？有扈牧竖，云何而逢？击床先出，其命何从？恒秉季德，焉得夫仆牛？何往营班禄，不但还来？昏微遵迹，有狄不宁。何繁乌萃棘，负子肆情？眩弟并淫，危害厥兄。何变化以作诈，后嗣而逢长？"

这三段材料讲的是一件事，可以相互印证。王亥被杀的原因在于有易感到了王亥的危险，这种危险就是商族的强大，利益的冲突引起了战争，战争导致王亥被杀。从这个意义上讲，"淫"应理解为"浸淫"，即蚕食、扩张之意。王亥宾于有易，以通商为手段，以蚕食、扩张为目的，于是发生了冲突。

王亥之后，商人沿其传统进行商业贸易，并逐渐形成了专门从事远方贩运货物进行贸易的商贾，到周朝初年即形成了"肇牵车牛远服贾，用孝养厥父母"的局面。由于这些贸易之人来自商部落，所以称作"商人"，他们的交易活动就是"商业"活动；而作为最早进行贸易的王亥，便是"商业"始祖，即商（业）人的祖先。需要说明的是，此时的贸易只是商业的萌芽阶段，数量不大，而且由于没有货币，所以是以物易物的活动。到了商朝建立后，才出现货币，商业也因货币的出现而进一步发展壮大。

（原载《商丘日报》2009 年 12 月 17 日）

# 中国商业始祖王亥传论

王亥是重要的商先公之一，其活动的区域在南亳，即今河南商丘一带；王亥生活时期的社会形态为由部落向国家的发展时期，此时农业和畜牧业已经得到了一定程度的发展，商业也开始萌芽；王亥"宾于有易"，成为中国最早的商人。

## 一  王亥在商先公中的地位

学术界把商朝建立之前的历史称为先商史，商朝建立之前的历史时期称为先商时期，把商朝的建立者商汤之前的先辈称为商先公或商先王。一般认为，商朝的始祖为契。契与阏伯同为高辛氏帝喾的儿子，郭沫若认为契与阏伯为一人，为商之始祖。[①] 关于帝喾高辛氏的子辈，史书记载颇不一致，《史记·五帝本纪》说有尧、挚，《左传》说有阏伯、实沈，《汉书·古今人表》说有弃、契、尧、挚。《国语·周语下》说"玄王勤商，十四世而兴"，《荀子·成相》也说"契玄王，生昭明……十有四世乃有天乙是成汤"。这些史料记载说明，契至汤共 14 代。《史记·殷本纪》载这 14 代是：契、昭明、相土、昌若、曹圉、冥、振、微、报丁、报乙、报丙、主壬、主癸、天乙。商先公 14 世与夏朝禹至桀也是 14 世同始同终，基本对应。（关于商先公 14 世，亦有其他说法。一是报丁、报乙、报丙的顺序应是报乙、报丙、报丁；二是认为帝喾为商之始祖，从帝喾到商汤前面的主癸为 14 世。这样，商先公 14 世有帝喾，没有商朝的建立者汤；三是从契开始到主癸，中间加上王亥的弟弟王恒，仍然没有商朝的建立者汤；四是从契到汤，加上王恒，共 15 世。）夏朝建立后，商先公是

---

① 参见郭沫若《郭沫若全集·考古编 2·卜辞通纂考释》第 350 片，人民出版社 1982 年版。

夏的臣属，有几个先公曾为夏"司空"。随着商族势力的发展强大，到公元前 17 世纪，终于灭掉夏朝，建立商朝，定都于亳。

《史记·殷本纪》所载商先公中的七世"振"即本文的主人公"王亥"。关于王亥的名字，文献资料记载颇不一致，甲骨文称"亥"或"王亥"，《山海经·大荒东经》称"王亥"，《竹书纪年》作"王子亥"或"侯子亥"，《世本》作"核""骇"或"胲"，《楚辞·天问》和《左传·昭公二十七年》作"该"或"眩"，《汉书·古今人表》作"垓"，《初学记》引《世本》作"胲"，《吕氏春秋·勿躬》作"冰"。胲、核、该、骇、垓都是亥的通假字，振、眩又由胲、核、该、骇、垓等字形近而讹。因此，甲骨文和《山海经·大荒东经》中的王亥，应该是大家能够接受的名字。

从出土的甲骨文中可以看出，商先公中比较受到后代重视的有王亥和他的儿子微（即上甲微，甲骨文称上报甲或报甲）以及商朝的建立者汤。商汤受到后代重视自不必说，上甲微受到重视，主要是由于他是王亥的儿子，同时他又是商代第一个以十天干来命名的祖先。但王亥的地位是远远高出上甲微的。

为了叙述的方便，这里把王亥之前的商先公作一简介。

在古史传说中，契又被称为"玄王"，意即部落酋长。契曾为"火正"，又为"司徒"，根据商族的传统，契当为掌火官，即对火星的祭祀和观测。一般认为，契以前，商族处于母系氏族社会，从契开始，先商时期进入父系氏族社会。契活着的时候，即被商族人视为神圣，其死后灵魂归化为神，在甲骨文中被称为"高祖夔"而受到后人的祭祀。

契子为昭明。文献中除了昭明居砥石外，无其他事迹可查。昭明居砥石，说明此时商族势力发展到了今石家庄以南、邢台以北的古水流域，所以昭明时期也是先商的一个发展时期。

在先商史中，昭明之子相土是赫赫有名的。《诗·商颂·长发》曰："相土烈烈，海外有截。"说明相土时期商族的活动空间得到了很大的发展。这里的海外，有人认为指今东海、渤海之外，也有人认为此海指雷泽和巨野泽。[1]《左传·襄公九年》："陶唐氏之火正阏伯居商丘，祀大火，而火纪时焉。相土因之，故商主大火。"如前所述，火正的职掌是以"火

---

① 参见田昌五《中华文化起源志》，上海人民出版社 1998 年版，第 241—242 页。

纪时"，即以每年的大火星的出现来纪年；"祀大火"，就是每年在大火星出现时举行隆重的祭祀。相土时其历法依旧实行的是"大火历"，他既是族长即最高酋长，也掌管着对大火星的祭祀，由于这是与一年的农事的开始有关的祭祀，所以是当时最高的祭祀之一。这也说明当时的祭祀与管理是联系在一起的。相土的另一业绩就是《世本·作篇》所说的"相土作乘马"。乘马，即用马驾车。可见，相土时期商族的发展是显著的。

相土以下二世——昌若和曹圉，无业绩可查。到曹圉之子冥时，《国语·鲁语上》说："冥勤其官而水死。"冥所治的水，虽不一定就是直接治理黄河，但也应是与黄河有关的水域，若水不大，也不会因此而殉职。在商族人的心中，冥因治水而死是一位大功于本族的人，因而被列入重要的祀典之中。如《国语·鲁语上》有"郊冥而宗汤"的记载，即商人"郊冥"，《礼记·祭法》也说商人"郊冥"。郊祀是一种祭天之礼，这意味着将冥配祀上帝。可见，在商人的传说中，冥具有重要的地位。

冥之子是王亥，其孙是上甲微，从冥经王亥到上甲微，是先商历史重要的转折时期。王亥是卜辞所记"祭祀之最隆重者"[1]。甲骨文中祭王亥的卜辞，以武丁、武乙、文丁时为多。武丁卜辞中有多片"王亥祟我"的记载。祟，神威之意。王亥祟我，意思是说王亥在商朝人的心目中具有极大的神威。商朝人祭祀王亥所用的牺牲有时多到三十牛、四十牛、五十牛，有时甚至用祭天的礼节来祭祀王亥。而且，上甲微以前，除"河"外商朝人祭祀先公的配偶，唯王亥一人。

王亥称"王"。在商先公中，只有亥称王，名王亥。此"王"虽与成汤及其成汤以后的商王之王有所不同，可视为王之雏形，为王权的一种萌芽状态，但却说明王亥在商人的心目中有着很高的地位。不仅如此，卜辞中还多处称王亥为高祖，或称高祖亥。甲骨卜辞中称高祖的共有三人，一为高祖夔（契），二为高祖乙（汤），三为高祖亥。

王亥与商朝的图腾崇拜紧密相连。在甲骨卜辞中，共有甲骨8片、卜辞10条，王亥的亥字从亥从鸟。这一方面说明了早期商人以鸟为图腾的遗迹，另一方面也说明王亥在后代商人心目中达到了图腾的地位。

武丁时的卜辞多次有"贞于王亥求年""贞于王亥告秋"的记载。"求年"即求生求雨，求年祈年；"告秋"即告秋收禾谷成熟于先祖之祭，

---

① 王国维：《观堂集林·殷卜辞中所见先公先王考》，中华书局1984年版。

《说文》："秋，禾谷熟也。"这说明，武丁时人们在敬天的思想指导下，在祈祷风调雨顺，重视农业生产，希望禾谷成熟时，也往往祭祀王亥，希望得到王亥的保佑。这也从一个方面说明王亥受到了商人的怀念和崇拜，说明王亥在商先公中有着较高的地位。

## 二　王亥与商族图腾

关于商族起源，古典文献中普遍存在着一种"玄鸟生商"的传说。学术界认为，商族的祖先为东夷人，而少皞氏为东夷人的祖先。以鸟为图腾的少皞氏之族，是由几个胞族所组成的一个部落。其中属于第一个胞族的五个氏族，即以凤鸟、玄鸟、伯赵（劳）、青鸟、丹鸟五鸟为图腾。玄鸟为商人的图腾，学术界似以成为定论。

"玄鸟生商"的传说有一个发展、演变、膨胀的过程。《诗经·商颂·玄鸟》："天命玄鸟，降而生商。"郑玄笺："天使鳦下而生商者，谓鳦遗卵，娀氏之女简狄吞之而生契。"这是这一传说的时代最早者。意思说，天帝要想立子，就命令玄鸟降到人间，使有娀生下了契。玄鸟怎么会使有娀生下了契呢？郑玄说，玄鸟遗下的蛋，被有娀氏之女名叫简狄的吞掉，因而怀孕，就生下商的始祖契来。这是"玄鸟生商"的雏形。把这一传说描写得更详细的是《吕氏春秋·季夏纪·音初篇》："有娀氏有二佚女"，把有娀氏的女儿由一个演变为两个。《淮南子·坠形训》还进一步举出她们的名字："有娀在不周之北，长女简狄，少女建疵。"

到战国时期的《楚辞》，又有了变化。《楚辞·离骚》说："望瑶台之偃蹇兮，见有娀氏之女。"王逸注："谓帝喾之妃，契母简狄也。"《离骚》又说："凤凰既受诒兮，恐高辛之先我。"王逸注："帝次妃有娀氏之女生契。"又《天问》说："简狄在台，喾何宜？玄鸟致贻，女何嘉？"王逸注："简狄，帝喾之妃也。玄鸟，燕也。贻，遗也。言简狄侍帝喾于台上，有飞燕堕遗其卵，喜而吞之，因生契也。"又《九章·思美人》说："帝辛之灵盛兮，遭玄鸟而致诒。"王逸注："喾妃吞燕卵以生契也。"《离骚》《天问》《思美人》，都是战国时屈原所作。这时的简狄，已经成了帝喾之妃，而商的始祖契，已经摆脱了"无父而生"的局面，有了父亲。

传说到了秦汉，或以简狄在行沐浴时吞吃鸟卵。《史记·殷本纪》说："殷契，母曰简狄，有娀氏之女，为帝喾次妃。三人行浴，见玄鸟堕其卵，简狄取吞之，因孕生契。"或以简狄行浴，乃是在玄丘之水。《诗传》说："契母与姊妹浴于玄丘水，有燕衔卵堕之，契母得，故含之，误吞之，即生契。"《诗含神雾》说："契母有娀，浴于玄丘之水，睇玄鸟衔卵，过而堕之，契母得而吞之，遂生契。"《列女传》说："契母简狄者，有娀氏之长女也。当尧之时，与其姊妹浴于玄丘之水。有玄鸟衔卵过而坠之，五色甚好。简狄得而含之，误而吞之，遂生契焉。"

《吕氏春秋·仲春纪》说："是月也，玄鸟至。至之日，以太牢祠于高禖。"《礼记·月令》之说同。高诱注《仲春秋》说："王者后妃于玄鸟至日，祈继嗣于高禖。"郑玄注《月令》说："高辛氏之出，玄鸟遗卵，娀简吞而生契。后王以为禖官嘉祥而立其祠焉。"又《诗经·商颂·玄鸟》毛传说："春分，玄鸟降，汤之祖先有娀氏女简狄，配高辛氏帝；递率与之祈于郊禖而生契。"从高辛氏之出，玄鸟遗卵，简狄吞之而生契，到高辛氏帝喾夫妇于仲春之月，玄鸟至时，祈于郊禖而生契，后王因立以为祈嗣的高禖之祠，是这一传说的又一演化。

这些记载由简单而复杂，不断有所转变。这些传说，虽然有详有略，逐渐演变，或有不同，但说起殷商王朝的始祖——契，是由玄鸟而生，在这一点上，则无论如何，始终还是一致的。

上述"玄鸟生商"的传说源于古典文献，而作为商朝历史最直接可靠的甲骨卜辞也有类似记载，并且这种记载正好反映在王亥身上。殷王在祭祀王亥时，关于祭品的种类、数量的多少以及是否祭祀等，王亥之亥，从亥从鸟、从亥从隹或从亥从又持鸟，这种情况总计有甲骨8片，卜辞10条。从祖庚到武乙，五六十年间，王亥的亥字，上端所从，先从鸟，次作崔隹，最后作隹，由象形而字化，由繁而简，由鸟而隹，其发展演变的痕迹，了然可见。《山海经·大荒东经》"有困民国，勾姓而食。有人曰王亥，两手操鸟，方食其头"之传说应由此所出。王亥的亥字，为什么要加一个鸟旁呢？我们认为这便是早期商族以鸟为图腾的遗迹，而这种情况仅此王亥一人。

# 三　王亥生活时期的社会形态

从"玄鸟生商"的传说可以看出，商族在契以前还属于母系氏族社会时期，从契开始，商族才有了以父子相承为主的世系，商族进入父系氏族社会大概就在此时。从契到上甲微,商族的社会性质属于父系氏族社会中的"中心聚落形态"阶段,王亥时期应为中心聚落形态向邦国(邦国时期即初始国家,也即早期国家时期)的过渡期,是先商历史的重要转折时期,最后到商汤时期走向王国形态。①

中心聚落形态阶段即弗里德所谓的"阶等至分层"阶段,或塞维斯所谓的"酋邦"阶段。在欧美有关国家起源的研究中,塞维斯的"酋邦"理论和弗里德的分层学说都是著名的。塞维斯的"酋邦"理论是依据社会组织形态把社会划分为:游团—部落—酋邦—国家四种类型及其依次演进的四个阶段;弗里德的分层学说是依据社会分层结构把社会划分为:平等社会—阶等社会—分层社会—国家四种类型及其依次演进的四个进化阶段。

王亥时期处于中心聚落形态向邦国的过渡期,其依据可从以下几个方面考虑。

(1)王亥之称"王",不但见于传说的文献,也见于甲骨文。王亥所称"王",与战国时人称契为"玄王"是不同的,也与成汤及成汤以后的商王不同。可以说,王亥之"王"只是王之雏形,说明以王亥为中心的雏形性质的"王族"形成,这是一个最主要的贵族阶层,其社会形态已跨越"阶等社会"而开始进入"分层社会"。那么,根据弗里德的说法,社会分层的出现应属于酋邦社会的末期或由酋邦向国家的过渡时期。

(2)前述甲骨文中王亥之亥从亥从鸟,一方面说明王亥与商族图腾紧密相连,另一方面说明王亥在商人心目中的宗教性。在商先公中,只有王亥名号上冠以鸟形,独树一帜;而且在甲骨文中,从王亥之子上甲微开始,商先公先王的祀谱是连续而完备的。王亥名号冠以鸟形,说明在商人的眼里,他活着的时候就具有玄鸟之神性,死后就更不用说了。王亥在商人心目中的宗教性,说明王亥时期是一个过渡期,处于由中心聚落向邦国的过渡。

(3)王亥"宾于有易"而被杀(后文将详述),先秦不同的典籍都有记载。如《竹书纪年》:"殷王子亥,宾于有易而淫焉。有易之君绵臣杀而放之。是故殷主甲微,假师于河伯以伐有易,灭之,遂杀其君绵臣也。"(《山海经·大荒东经》注引)先秦文献和甲骨文中王亥远到有易之

---

① 参见王震中《先商社会形态的演进》,《中国史研究》2005 年第 2 期。

地"仆牛"或"服牛",并非一般意义上的畜牧牛羊,实际是驾着牛车、载着货物到有易去进行商业贸易。结果为有易之君绵臣所杀,被杀原因是"淫"。《楚辞·天问》说王亥与其弟王恒并淫,也有学者进一步分析是淫绵臣之妻还是淫绵臣之女。但也有学者对王亥之死提出质疑,如田昌五先生指出,在上古时期尚不存在后世的那种婚姻道德观念,"王亥作为一方邦君,即使淫于绵臣之女,甚至'眩弟并淫',那双方结亲通好就行了",是不会因此被杀的。田昌五认为,王亥之死的真正原因,是王亥通过绵臣之女,谋取有易而有之,结果被绵臣发现,因而杀掉王亥。① 我们认为这种解释是符合当时的实际情况的。这说明,商族在王亥时期发展很快,力量强大,对邻邦产生了威胁,这也符合由中心聚落向邦国过渡这样一个社会形态。

## 四  王亥"服牛"与畜牧业的发展

《山海经·大荒东经》和《楚辞·天问》中都提到王亥"仆牛",《世本》《吕氏春秋·勿躬》作"服牛",《天问》有"该秉季德……胡终弊于有扈,牧夫牛羊"。仆、服、牧都是一声之转,指王亥牧牛羊。前文述及《世本·作篇》言"相土作乘马",乘马,即用马驾车。说明在相土时已有马的驯养和使用,可以说王亥是继承了商先公重视畜牧业的传统。在先商文化遗址中,出土了很多牛、羊、猪、鹿、狗等动物遗骸,说明先商时期商人畜牧业发展情况。王亥之亥,王国维以为是时间即祭日,他在《殷卜辞中所见先公先王考·王亥》中说:"卜辞言王亥者九,其二有祭日,皆以辛亥,与祭大乙用乙日大甲用甲日同例。是王亥确为殷人以辰为名之始,犹上甲微之为以日为名之始也。"但从所有祭祀王亥的卜辞来看,亥不是祭日,亦非十二地支中的"亥"。《说文》:"亥为豕,与豕同。"段玉裁注"谓二篆之古文,实一字也"。从王亥受到商人崇拜的程度来看,亥即豕。豕,猪也。说明王亥重视畜牧业,饲养"猪"等家畜。《管子·轻重戊》:"殷人之王,立帛(皂字之误)牢,服牛马,以为民利。""皂"以养马,"牢"以养牛,"服"乃驯服、放牧之意。这说明,王亥不仅养猪,而且养"马""牛"。王亥所处的时代为奴隶社会初期,

① 参见田昌五《中华文化起源志》,上海人民出版社1998年版,第244页。

以农业生产为主，生活水平相对低下。王亥时期的商部落已经能饲养猪、牛、马，从饲养个别家畜到畜牧业逐步发达，既提高了人民的生活水平，又推动了社会的进步，王亥也因此受到后人的崇拜。王国维说："然则王亥祀典之隆，亦以其为制作之圣人，非徒以其为先祖。"[1]"制作"应为发明意，"制作之圣人"是说王亥是畜牧业的创始者。因此，胡厚宣说"王亥是一个畜牧业的创始人"[2]。

## 五　王亥经商之情形

关于中国商业的起源，学术界看法不一。主要观点有"祝融说""西周初年殷民说"和"白圭说"。

"祝融说"的主要记载是《世本·作篇》中有"祝融作市"。祝融，高辛氏火正。《管子·五行》："昔者黄帝……得祝融而辩于南方。"《吕氏春秋·四月》："其帝炎帝，其神祝融。"《注》："祝融，颛顼氏后，老童之子吴回也，为高辛氏火正，死为火官之神。"这些资料说明：第一，祝融为传说时期的人物，生活在原始社会末期的炎黄时期；第二，祝融本貌所体现的主要特征是做高辛氏帝喾的火正；第三，《世本》"祝融作市"的"市"并非"市场"，也非商业。因为此时农业和手工业还不发达，商业也无从谈起。

"西周初年殷民说"认为，西周初年，武庚叛乱，为周公所平。为防止殷遗民的再度造反，周公便令殷民迁居洛阳，从事经商活动，"肇牵车牛远服贾，用孝养厥父母"[3]。由于殷原称商，所以从事经商活动的殷遗民被称为"商人"，他们的职业也被称为"商业"。这种说法有其道理，尤其是认为商业源于商人。但这种说法又有其不足之处，即把已经存在的商业活动误认为是商业的开始，这就把中国商业的起源时间大大地向后推迟了。

白圭，名丹，周人，与惠施、孟轲同时。曾为魏惠王相，以善于治水和筑堤防著称。白圭和计然一样，讲究贸易致富的理论。他的最著名的贸

① 王国维：《观堂集林·殷卜辞中所见先公先王考》，中华书局1984年版。
② 胡厚宣、胡振宇：《殷商史》，上海人民出版社2003年版。
③ 《尚书·周书·酒诰》。

易原则是"人弃我取，人取我与"，实际上就是囤积居奇。白圭说："欲长钱，取下谷。"[1] 因为下等谷类是广大人民生活中最普遍的必需品，贸易上成交的数量最多，可以从中取得巨额利润。因此，白圭成为当时商人崇拜的祖师，所谓"天下言治生者祖白圭"[2]。很明显，白圭并非中国最早的商人，他应是在商业高度发展的基础上从而提出贸易理论的代表人物之一。

王亥饲养、放牧牲畜，其一，祭祀时有了牺牲，牺牲越丰盛，说明对天和先人越虔诚，这样就越能得到天和祖先的保佑；其二，可以改善人民群众的生活，提高人民的身体素质，增强抵御自然灾荒和野兽侵袭的能力；其三，说明王亥时商人已能使用牛马等畜力，生产有了较大的发展。由于农业和畜牧业的发展，商部落到王亥时迅速强大起来，并向四周发展势力。由于产品有了剩余，出于发展壮大本部落以及换取奴隶主需要的物品的目的，王亥于是与四周部落进行以物易物的商业贸易活动，结果与分布在今河北中部易水一带的有易氏发生了冲突，王亥被有易氏之君绵臣所杀，后来王亥的儿子上甲微借助河伯的力量灭掉有易氏，并杀掉绵臣。对于这一事件，《山海经·大荒东经》《楚辞·天问》《竹书纪年》均有记载。《山海经·大荒东经》曰：

> 有困民国，勾姓而食。有人曰王亥，两手操鸟，方食其头。王亥托于有易，河伯仆牛。有易杀王亥，取仆牛。

《竹书纪年》说：

> 殷王子亥，宾于有易而淫焉。有易之君绵臣杀而放之。是故殷主甲微，假师于河伯以伐有易，灭之，遂杀其君绵臣也。（《山海经·大荒东经》注引）

还有《楚辞·天问》曰：

---

① 司马迁：《史记·货殖列传》。
② 同上。

该秉季德，厥父是臧。胡终弊于有扈，牧夫牛羊？干协时舞，何以怀之？平胁曼肤，何以肥之？有扈牧竖，云何而逢？击床先出，其命何从？恒秉季德，焉得夫仆牛？何往营班禄，不但还来？昏微遵迹，有狄不宁。何繁鸟萃棘，负子肆情？眩弟并淫，危害厥兄。何变化以作诈，后嗣而逢长？

这三段材料讲的是一件事，可以相互印证。据王国维研究，"有扈"即有易，"该"即王亥。三段材料涉及的人物有王亥、绵臣、上甲微、何伯、王恒以及被"淫"之对象。王亥"宾于有易"被杀是一个历史悬案，至今没有很一致的说法。

《楚辞·天问》中"眩弟并淫"令人费解。正如屈原所说，既然是"眩弟并淫"，为什么王亥被杀，而王恒活着？王恒与有易之君绵臣是什么关系，王恒与被淫之女是什么关系？难道王恒与有易有私约而危害其兄？《楚辞·天问》的紊杂难解令人生疑。有学者指出，"眩弟并淫"可能讲的是舜、象共牺二女之事，误入本故事之中。①

河伯是黄河之神，"牛"是他特享的牺牲。河伯与商的祖先关系密切，商先公活动的势力范围主要在黄河下游，所祭主要是下游河神——九河之神。卜辞里作为先公的"河"，也可能是被尊祀为九河神的治水英雄。

王恒是王国维根据甲骨文的记载，新考证出来的一个人，其名不见于《史记》《世本》《山海经》及《竹书纪年》等书。在《楚辞·天问》中有"恒秉季德"之句，此"恒"应就是卜辞中的"王恒"，为王亥之弟，季之子。这样，在先商的世系中，在王亥与上甲微之间，多出了王恒一世。王亥"宾于有易"被杀，王恒却安然无恙，而且还随即"得夫仆牛"，即被有易之君绵臣夺得的"仆牛"又由恒得之。后来上甲微假河伯（河宗）之师攻杀有易之君绵臣。

从《天问》中屈原的那些质疑来看，王亥被杀，即使不是有易之君绵臣与王恒合谋，也是得到了王恒的默许。现在看来，屈原的质疑又让我们来质疑屈原：王亥带领着商队到有易去做客（宾）、贸易，有易之君为

---

① 参见叶舒宪等《〈山海经〉的文化寻踪》下册，湖北人民出版社 2004 年版，第 1916—1918 页。

何要杀王亥？难道原因在于"淫"字？实际上，王亥无论是与绵臣之妻私通抑或与绵臣之女私通，从当时的婚姻道德观念来看，都构不成被杀的理由，原因在于有易感到了王亥的危险，这种危险就是商族的强大，利益的冲突引起了战争，战争导致王亥被杀。从这个意义上讲，笔者以为，"淫"应理解为"浸淫"，即蚕食、扩张之意。王亥宾于有易，以通商为手段，以蚕食、扩张为目的，于是发生了冲突。[①]

王亥之后，商人沿其传统进行商业贸易，并逐渐形成了专门从事远方贩运货物进行贸易的商贾。《周书·酒诰》："肇牵车牛远服贾，用孝养厥父母"，即反映了这种情况。由于这些贸易之人来自商部落，所以称作"商人"，他们的交易活动就是"商业"活动，而作为最早进行贸易的王亥，便是"商业"始祖，即商（业）人的祖先。需要说明的是此时的贸易只是商业的萌芽阶段，数量不大，而且由于没有货币，所以是以物易物的活动。到了商朝建立后，才出现货币，商业也因货币的出现而进一步发展壮大。

# 六　王亥时期商人活动的区域

由于种种原因，商都屡迁。据王国维考证，商先公时期就曾八迁。这八迁的地点为：契自亳迁居蕃（今山东滕州市）、昭明迁居砥石（今河北元氏县南槐河）、昭明归商（今河南商丘）、相土迁东都、相土归商、上甲微迁于殷（今河南安阳）、上甲微归商，成汤灭夏定都亳。

商先公八迁，其地点大多在今河南、山东、河北境内。但商人活动的范围则颇为广阔。商朝建立后，又有过五次迁徙，即仲丁迁于隞（一作嚣，今河南郑州），河亶甲迁于相（今河南内黄东南），祖乙迁于邢（一作耿，今山西河津市境，一说今河南温县东），南庚迁于奄（今山东曲阜），到盘庚时最后定都于殷（今河南安阳）。可以看出，商朝建立后的五迁，其范围亦在今河南、山东境内，部分涉及山西、河北境内，但总不外黄河南北、距黄河不太远的地方。

商汤都亳为史家所公认。但亳之地望，争论颇多，有南亳、东亳、西亳等说。南亳在今河南省商丘市虞城县谷熟镇，东亳在今安徽亳州，西亳

---

① 参见李可亭《中国商业起源漫谈》，《寻根》2005 年第 3 期。

又分长安杜陵杜亳、河南偃师西亳、郑州商城郑亳等说。但大多数学者认为，汤都之亳为南亳，也就是说商（朝）是从商丘开始的。从相土归商到上甲微迁于殷，中经昌若、曹圉、冥、王亥，这一段较长的时间，商先公活动的区域在商，即南亳一带。

商都屡迁的原因，众说纷纭，有"去奢行俭说""游牧行国说""水患说""游农说""军事原因说""政治斗争说""圣都与俗都说"等，[①]至今未能达成一致的意见。但以下几点可以肯定，一是商先公时期的迁徙，无论是出于自然缘故以谋求生存空间或者出于政治原因以缓解矛盾，但都是整个部族的迁徙；二是商先公时期的商都屡迁说明商部落还处在由游牧到部落即"中心聚落形态"的发展阶段；三是王亥时期处在相土与上甲微之间，有一段较为稳定的时间，此时的商人就在商丘一带活动，而由王亥开始的商业活动就在商丘，商丘是中国商业的发源地，王亥是商（业）人的祖先。

（原载《黄河科技大学学报》2006 年第 2 期）

---

① 黎虎：《殷都屡迁原因试探》，《北京师范大学学报》1982 年第 4 期。

# 商丘与商朝

## 一　先商丘后商朝

商丘和商朝谁先谁后，这是大家比较关心的问题。我的答案是先商丘后商朝。

"商"的本意是商星，也叫辰星，是天象二十八宿之一"心宿"三星中的第二颗星，即心宿二，因其为赤色一等星，故又名"大火"。

在原始社会末期，黄帝的曾孙帝喾受封于今商丘高辛，名高辛氏，后建都于亳，成为部落联盟的首领。这说明商丘地区是远古人类活动的主要区域之一。关于高辛氏的子辈，史书记载颇不一致，《史记》说有尧、挚，《左传》说有阏伯、实沈，《汉书·古今人表》说有弃、契、尧、挚。

《左传·昭公元年》："昔高辛氏有二子，伯曰阏伯，季曰实沈，居于旷林，不相能也。日寻干戈，以相征讨。后帝不臧，迁阏伯于商丘，主辰。商人是因，故辰为商星；迁实沈于大夏，主参。唐人是因，以服事夏、商……故参为晋星。"这段记载说明，帝喾的两个儿子不和睦，于是把他们分迁到商丘和大夏（今山西晋阳），主祀辰、参二星。《左传·襄公九年》也说"陶唐氏之火正阏伯居商丘，祀大火"。"祀大火"即主祀辰星、商星，以大火的运行来定时节，安排农时。古代人民对天象变化及风、霜、雷、电极不理解，于是产生了恐惧和崇拜心理，"敬天"是科学技术不发达时代的普遍现象。阏伯被迁后，在今商丘火神台之处筑台祀星，一方面祈祷天神保佑本部落人民生活平安，另一方面根据商星的运行规律安排农时，并适应天气的变化。那么，阏伯主祀商星之高台，就叫商丘。可见，"商丘"的最初含义是专指这样一个祀星高台。

学术界认为，商族的祖先为东夷人，分布在今山东曲阜附近，他们以鸟为图腾，其中有凤鸟、玄鸟、伯劳、青鸟和丹鸟。《诗·商颂·玄鸟》：

"太命玄鸟，降而生商，宅殷土茫茫。"《史记·殷本纪》："殷契，母曰简狄，有娀氏之女，为帝喾次妃。三人行浴，见玄鸟堕其卵，简狄取吞之，因孕生契。"契与阏伯一样，均为高辛氏之子，但也有很多学者（如郭沫若）认为契与阏伯为一人，为传说中的商之始祖。《诗经》和《史记》的记载，反映了商族是以玄鸟为图腾，也反映了商族在契以前还未脱离母系氏族社会的历史进程。从契开始，商族才有了以父子相承为主的世系，商族进入父系氏族社会大概就在此时。

玄鸟，古人释为燕，或代以凤。在屈原及闻一多看来，玄鸟就是凤鸟。地下出土文物也证实了商族是以鸟为图腾的。今天坐落在商丘市神火大道与南京路交叉口的"商"字雕塑即反映了这一特点。整个雕塑既像"商"字，又像几只展翅飞翔的鸟，寓意为商丘正在腾飞。

学术界把商朝建立之前的历史称为先商时期，把商朝的建立者汤之前的先辈称为商先公。契（阏伯）至汤共十四代，与夏朝禹至桀也是十四代同始同终，基本对应。夏朝建立后，商先公是夏的臣属，有几个先公曾为夏"司空"。但随着商族势力的强大，便渐有问鼎之心。到了公元前17世纪，终于灭掉夏朝，建立商朝，定都于亳。

## 二　商都屡迁

由于种种原因，商都屡迁。据历史记载及史家考证，商先公时期就曾八迁。这八迁的地点为：契自亳迁居蕃（今山东滕州市）、昭明迁居砥石（今河北元氏县南槐河）、昭明归商（今河南商丘）、相土迁东都、相土归商、上甲微迁于殷（今河南安阳）、上甲微归商、成汤灭夏定都亳。

商先公八迁，其地点大多在今河南、山东境内。但商人活动的范围则颇为广阔，《诗·商颂·长发》说："相土烈烈，海外有截"，说明相土时商人活动的区域可能已经到达东海之滨。另据《竹书纪年》《楚辞》等有关材料，振（王亥）、上甲微时商人的势力可能已进入了河北北部。

商朝建立后，又有过五次迁徙，即仲丁迁于隞（一作嚣，今河南郑州）、河亶甲迁于相（今河南内黄东南）、祖乙迁于邢（一作耿，今山西河津市境，一说今河南温县东）、南庚迁于奄（今山东曲阜），到盘庚时最后定都于殷（今河南安阳）。可以看出，商朝建立后的五迁，其范围亦在今河南、山东境内，部分涉及山西、河北境内，但总不外黄河南北、距黄河不太远的地方。

商汤都亳为史家所公认。但亳之地望，争论颇多，有南亳、北亳、西亳等说。南亳在今商丘虞城谷熟，北亳在今河南商丘东北部与山东西南交界处，西亳又分长安杜陵杜亳、河南偃师西亳、郑州商城郑亳等。但大多数学者认为，汤都之亳为南亳，即今河南商丘虞城谷熟集，也就是说商朝是从商丘开始的。

# 三　商与殷

商朝是中国历史上继夏朝之后存在时间较长的一个王朝，从公元前17世纪商汤灭夏建立国家，至公元前11世纪商纣王为周朝所灭共传17世，31王，历时600年左右。

记载商朝历史的古代文献，首推司马迁的《史记·殷本纪》，其他资料较早的还有《诗经》《尚书》《左传》《国语》《世本》《礼记》等。我们习惯上称呼商朝为"殷商"，也有直接称"商""殷"的。"殷商"这一名词，作为朝代的名称，最早开始于《史记》。《史记》记载商朝历史不称"商本纪"而称"殷本纪"。"商"之名，见于较司马迁《史记》时代更早的记载。如古本《竹书纪年》就称"商"，《诗经》"天命玄鸟，降而生商"，《国语》"玄王勤商"等，但《诗经》中也有"殷商"并称的，只不过局限于称盘庚之后的商朝人。

殷最初是地名。盘庚迁到殷地——今河南安阳市西北的小屯村，人们就把国都所在地的地名代替这个朝代的名称，从而称为"殷"。但到目前为止，在殷墟出土的甲骨文中，"殷"字还没有出现过，倒是"大邑商"出现过多次。可以看出，"殷商"是指殷地之商，为商朝之后期，商在前，殷在后。

称商朝为"殷"或"殷商"，是由于这样几个原因，一是商朝的都城在殷地最久，于是"殷"这一称号其势力之大当不在"商"之下；二是殷墟出土了甲骨文，甲骨文是中国最早的文字，它的出土使殷地声名鹊起，使得商朝前期的历史有点失色。

一般认为，中国有六大古都：北京、南京、西安、开封、洛阳、杭州。后来安阳跻身其中，称第七大古都。在这一问题上，商丘是很可惜的。众所周知，商丘除了为商朝前期的都城外，还是周朝宋国、西汉梁国以及南宋初年的都城。西汉梁国的兴盛以及归德古城的时间之早、保存之完整都非安阳所能比。

（原载《商丘日报》2004 年 2 月 8 日。目前中国有八大古都，即在本文七大古都之外，2004 年郑州申报成功第八大古都。商丘学者建议商丘申报第九大古都，我们期待申报成功）

# 戴氏与周朝宋国

中华姓氏之一戴氏源于周朝宋国，是宋戴公的后代。戴氏在宋国势力显赫，多次执政擅权，最后取代子姓而掌国。

## 一 戴氏源于宋戴公

戴氏起源于周朝。

古有戴国。《左传·隐公十年》："宋人、蔡人、卫人伐戴。"杨伯峻《春秋左传注》说："戴音再，《公（羊传）》、《穀（梁传）》作载，《（经典）释文》及《（史记）正义》亦作载。"并说："今河南省民权县东而稍北四十五里，离宋都六十余里，当即古戴国之地。"由此可见，戴为殷商时期的方国，到西周时，封为戴国，周桓王七年（前713）为郑国所灭。

周灭商后，命微子启为商朝的后嗣，祭祀祖先，建国于宋，于是微子成为宋国的首任国君。到宋国第12位国君宋武公时，始以戴为姓。宋武公以戴为姓是因为他的父亲——宋国第11位国君宋戴公。因此，戴氏为宋戴公之后。

宋戴公（前799—前766），名㧑，为宋哀公子，宋国第11君，在位34年，执政时期处在西周东周之交。周平王元年（前770）迁都洛邑，东周开始。周平王五年（前766），宋戴公卒。其子为武公司空（前765—前748年在位）、孙为宣公力（前747—前729年在位）。

宋本子姓。《史记·殷本纪》："契为子姓，其后分封，以国为姓，有殷氏、来氏、宋氏、空桐氏、目夷氏。"宋国初封之君为微子启，启为宋氏始祖。

戴公即位后，行汤之道、微子之政，以德治国，政绩卓著，深受百姓拥戴，死后谥为"戴"，支孙以谥为氏。

宋戴公有 7 个儿子，嫡长子司空，继任宋国国君，余为文、术、充石、好叔父、祝其、东乡克。其后裔姓氏有戴、武、宣、穆、乐、萧、皇（父、甫）、华、老等。

## 二 宋国公族执政

宋国在周初封国中是一个比较重要的国家，与卫、鲁、齐、晋、燕等国具有同等重要的地位。

宋国为商之遗民，周因于商礼。春秋以来，过去的"礼乐征伐自天子出"变为"自诸侯出"，列国逐步摆脱了周王室的控制，政治结构发生了很大的变化，许多诸侯国纷纷打破以血缘宗法关系为纽带的贵族世官制度。而宋国基本上是恪守周礼，比较保守，不见大的革新，仍然是利用公族执政，宗法制度稳固，官制因循守旧，由强宗大族擅权。宋国的宗族与政权密切结合，政权始终为华、乐、向、皇、鱼等大族所把持。华、乐、皇为宋戴公之后，向、鱼为宋桓公（名御说，宋国第 18 位国君，前681—前651 年在位）之后，势力都很煊赫，合称"戴桓之族"。"戴四族"为华、乐、皇、老，其中华族代表人物有太宰华（父、甫）督、右师华元，乐族代表人物有乐（父、甫）术、乐吕、乐大心、乐豫、乐喜（司城子罕），皇族代表人物有司城子罕皇喜、皇父充石（司徒皇父）、皇瑗，老族代表人物有老佐；"桓四族"为向、鱼、鳞、荡，其中向族代表人物有向戌、向带、向宁、向为人，鱼族代表人物有公子目夷（司马子鱼）、左师鱼石，鳞族代表人物有少司寇鳞朱，荡族代表人物有司城荡忌诸、大司马荡虺、荡泽等。宋昭公曾对此不以为然，想采取措施革除强宗的力量，但不仅未能实现，反被祖母襄夫人杀掉。由此可见，宋国的旧势力、旧观念是何等强固。

宋国公族执政情况：华元自宋文公十六年（前595）为右师，执政30 多年。前 579 年，华元约合晋、楚两国在宋国召开春秋史上的第一次"弭兵"会议，成为春秋时期著名的外交家。接着是司城子罕（宋戴公六世孙）执政 20 多年。当宋国发生饥荒时，子罕就请求宋平公拿出公家的粮食借给百姓，让大夫们也都出借粮食救济，乐氏家族出借的粮食不写契约，还代缺粮的大夫借粮给百姓，以此来笼络人心，巩固乐氏的地位。子罕之后向戌（宋桓公之后）执政，前 546 年向戌在宋国召开第二次"弭兵"会议，除燕、吴、越外，几乎所有国家参加，声势浩大，影响深远。向戍之后华亥执政。宋元公（前531—前517年在位）时，华亥、华定和向宁等卿大夫向公室夺权，结果失败，当时"诸侯唯宋事其君"（《左传·昭公二十一年》），说明此时的宋公室未完全被卿大夫所控制。华亥等外逃后，乐大心执政。乐大心被驱逐后，是皇瑗（宋戴公子，司徒皇父之后，戴氏的一支皇氏）执政。皇瑗被杀后，乐茷执政。公元前469年宋景公（前516—前469年在位）时，大尹发动政变，被宋六卿镇压下去，从此皇氏、灵氏（宋文公子子灵的后代）、乐氏"三族共政"（《左传·哀公二十六年》）。皇氏和乐氏均是戴氏的一支，所以这时戴氏实际上已掌管宋国政权。

# 三　戴氏代宋

战国时期，宋卿大夫戴氏最后夺权了宋国政权，"子罕（非春秋时的子罕乐喜）杀宋君而夺政"（《韩非子·外储说右下》），"戴驩为宋太宰，皇喜（即子罕）重于君，二人争事而相害也，皇喜遂杀宋君而夺其政"（《韩非子·内储说下》）。另据《史记·宋世家》索引《竹书纪年》："宋易城盱废其君辟而自立也。"易城盱即子罕。宋君辟（前362—前356年在位）《竹书纪年》作"桓侯璧兵"，也就是说子罕杀了宋桓侯并夺取了政权，所以最后被齐国灭亡（《史记·宋微子世家》言前286年齐、魏、楚三国灭宋而三分其地——可视为另一说）的宋国已非子氏，而是戴氏，《吕氏春秋·雍塞》提到宋国灭亡时也说："此戴氏所以绝也。"

《太平御览》卷四八八引《庄子》说：宋桓侯很奢侈荒唐，曾大兴土木，建筑苏宫。司城子罕所以能夺得政权，据韩非子说，是由于"宋君失刑而子罕用之"（《韩非子·二柄》），"宋君失其爪牙于子罕"（《韩非子·人主》），情况是和"田成子取齐"差不多的（齐国本吕姓，但政权被田氏取代，史称"田氏代齐"。此种情况，史家与"三家分晋"并提，被视为齐、晋两国由奴隶社会向封建社会的过渡）。由于戴氏夺取了宋国的政权，进行了政治改革，宋国也就逐渐富强起来，到宋君偃时也提出要行"王政"了（《孟子·滕文公下》）。到公元前318年（宋君偃十一年）便和其他各国一样"自称为王"，成为"五千乘之劲宋"了。

据《左传·襄公十五年》载：子罕是个不求利之人。有人得块美玉献给他，说这是经玉人鉴定的宝物。子罕却说："我以不贪为宝，尔以玉为宝。若以与我，皆丧宝也，不若人有其宝。"献玉的人叩头告诉子罕说："小人怀璧，不可以越乡（意思是说必为盗所害），纳此以请死（免死）也。"子罕明白原委后，让玉工雕琢，卖出去后使献玉者富有，再让他回归家乡。

韩非子曾把"司城子罕取宋"和"田氏代齐"相提并论（《韩非子·说疑》《二柄》《人主》《外储说右下》），又曾把"戴氏夺子氏于宋"和"田氏夺吕氏于齐"相提并论（《韩非子·忠孝》）。到后来被齐灭亡的宋国的统治者已经不是子氏而为戴氏。

由上可见戴氏与宋国的密切关系，亦可见戴氏在宋国的势力非同一般。

（原载《商宋文化研究》2011 年第 2 期）

# 宋钘思想论稿

宋钘是先秦诸子的主要代表人物，其思想博杂而又明晰，他既不是《汉书·艺文志》所谓的小说家，也不是《荀子》所说的墨家以及《汉书·艺文志》班固自注谓"孙卿道宋子，其言黄老意"的道家。仔细分析，宋钘应是一个继承道墨、融合道墨、发展道墨的思想家，他把并不融洽的二派的不同的思想很微妙地融合在一起，从而形成自己的思想体系。同时，宋钘与尹文同游稷下，但又不同于稷下学派，可以说他是稷下黄老之学的先驱和盟友，其思想更多地表现了不顾自身、博济众人的热心救世精神。

宋钘，即宋经、宋荣、宋荣子。战国时宋国（今河南商丘）人。《庄子·天下》提出宋钘和尹文为一派，思想相通之处颇多；宋钘与孟子为同时代人又略长于孟子；《荀子·正论》中屡称宋钘为"宋子""子宋子"，对宋钘倍加尊敬，故有学者推断荀子在稷下求学问道时曾师事过宋钘。《汉书·艺文志》著录《宋子》18 篇（已佚），一说《管子》中的《枢言》《心术》《白心》《内业》4 篇为宋钘和尹文的遗著。[1]

## 一

《汉书·艺文志·诸子略》把宋钘列在小说家，尹文列在名家，原属两派。但《庄子·天下》却把宋钘和尹文并在一起合论，实际上宋钘和尹文的学说有很多是相通的。

宋钘和尹文都曾游学于稷下，在稷下和齐国以外都有很高的声誉，而且门徒众多，影响甚大，《荀子·正论》所说"子宋子严然而好说，聚人徒，立师学，成文典"即可为证。宋钘比齐国本土学者更多受到老子学

---

[1]　参见郭沫若《郭沫若全集·历史编（1）·青铜时代》，人民出版社 1982 年版，第 55 页。

说的影响，在稷下，他积极宣传根据老子学说自创的"情欲寡浅"和"见侮不辱"的理论，无形中起到了传播老子思想的作用。但是宋钘的思想在很多方面不同于稷下学派。稷下学派总的思想趋势是倾向于保守，齐威王、齐宣王优待他们，尊敬他们，给他们以十分讲究和优越的居住、生活条件，这样的待遇所培养出来的人大多走向维护当时将趋没落的领主贵族。稷下学派中慎到、田骈、淳于髡之流便是这一路。与稷下学派不同的是，宋钘、尹文具有不顾自身、热心救世的精神。《庄子·天下》称述他们"救民之斗，禁攻寝兵，救世之战"，还说他们"其为人太多，其为己太少"。这种博济众人的情怀，稷下学派里很少有人体现。

《庄子·天下》说宋钘"上说下教"，能够随时随地接触到人民群众，而稷下学派则是聚居在一起的文人学士，身份性质似大不同。宋钘以"天下"为目标，拿"天下"人做文章，不是专门替当时的君主服务，这也有悖于齐宣王、齐威王特招学士而为其服务的宗旨。《史记·孟荀列传》言稷下学派"自如淳于髡以下，皆命曰列大夫，为开第康庄之衢，高门大屋尊崇之"，生活极为豪华；而宋钘、尹文是"忍饥立教"，"弟子虽饥，不忘天下"①，生活十分刻苦。宋钘、尹文还"周行天下"②，奔走四面八方，与稷下学派在一个固定的地方活动也大相径庭。由此可见，宋钘、尹文虽游历稷下，但应不属于稷下学派。

## 二

《庄子·天下》对宋尹学说做过比较详细的介绍和评说：

> 不累于俗，不饰于物，不苟于人，不忮于众，愿天下之安宁以活民命，人我之养，毕足而止，以此白心。古之道术有在于是者，宋钘、尹文闻其风而说（悦）之。
>
> 作为华山之冠以自表，接万物以别宥为始。语心之容，命之曰"心之行"。以聏合欢，以调海内。请（情）欲置（寡）之以为主。见侮不辱，救民之斗；禁攻寝兵，救世之战。以此周行天下，上说下

---

① 《庄子·天下》。
② 同上。

教。虽天下不取，强聒而不舍者也。故曰"上下见厌而强见也"。

虽然，其为人太多，其自为太少。曰："请（情）欲固置（寡），五升之饭足矣。"先生恐不得饱，弟子虽饥，不忘天下，日夜不休。曰："我必得活哉！图傲乎救世之士哉！"

曰："君子不为苛（苟）察，不以身假物。"以为无益于天下者，明之不如已也。以禁攻寝兵为外，以情欲寡浅为内。其小大精粗，其行适至是而止。

认真分析，宋钘的思想有不少是与道家思想相通的。班固在《汉书·艺文志》的《宋子》18篇下面自注说："荀卿道宋子，其言黄老意。"这是班固当初所见未佚的《宋子》18篇里面，颇多言论是出于黄、老思想的，因此，班固根据荀子的援引指出宋钘思想言论带有黄老意味，应当说是比较到位的评述。

宋钘思想与道家思想的相通之处主要体现在以下四个方面。

（1）《庄子·天下》说宋钘"以情欲寡浅为内"，这和老子所主张的"寡欲恬淡"是相通的。

《老子》的"五色令人目盲，五声令人耳聋，五味令人口爽"，"以恬淡为上"，"使民无知无欲"等思想，与宋钘的"情欲寡浅"是一致的。

"情欲寡浅"主要是说人对物质财富或其他享受的需求本来很有限。宋钘认为一般人觉得自己的欲望没有止境，总想尽可能多地享受外物，这是一种错觉，其实按照人的正常需求来看，人只愿少得而不愿多得。现在看来，宋钘的这个理论与人的感觉和常识正相反，有其认识的局限性。但宋钘提倡"情欲寡浅"的直接用意是消除贪得无厌之心，无贪心即无争端，无争端即无征伐，于是"愿天下之安宁以活民命"的理想就可以顺利实现。

宋钘的"情欲寡浅"观是对老子"寡欲"的加工和改造。其区别在于老子强调享乐有害和"少私寡欲"只是要求统治者不可诱发民众的欲望，而宋钘则认为人本来就是寡欲的，这就将老子的政治思想演化成为一种人性论，可以说这是宋钘的独特创造。

（2）"见侮不辱"说对老子思想的借用和发挥。

《老子》有"曲则全，枉则直，洼则盈"说（第22章），有"知其雄，守其雌""知其白，守其黑""知其荣，守其辱"说（第28章），应是宋钘"见侮不辱"说之蓝本。

可以这样说，"见侮不辱"是一个更难论证的命题。从实质上讲，是典型的精神胜利法。但宋钘"见侮不辱"说的用意在于"救民之斗"。并且，宋钘认为"侮"来自"外"，而荣辱之感出自"内"，"侮"和"辱"没有必然联系，只要对外来之"侮"不感到"辱"，就是"见侮不辱"，并且宋钘要从根本上消除"辱"这种心理，把能够引发争端的所有耻辱感都给予否定和取消。这与老子的"知其雄，守其雌""知其白，守其黑""知其荣，守其辱"的说法既有联系，又有很大的区别。

（3）看重自身，轻视外物的思想。

《庄子·天下》说宋钘"不以身假物"。成玄英《疏》说"立身行己，不必借物以成名也"。宋钘这种看得本身为重要，轻视外物的主张也是出于道家的思想。《庄子·天下》评论老子所谓"以本为精，以物为粗"；《秋水》说"可以言论者，物之粗也"；《在宥》说"贱而不可任者物也"，所言内容都是一致的。

（4）对老子的"道"即是"气"思想的阐发，明确提出了精气说。

"道"就是"气"，"气"的精粹、精微部分就是精气。老子已经有了"道"就是"气"的思想，曾经提出"道之为物，惟恍惟惚……其中有精，其精甚贵，其中有信"（第21章）的观点。道中有精微的东西，这个精微的东西真实而有实效，包含着精气说的萌芽。宋钘常将"道""气"并提，并且发挥说"精也者，气之精者也"。精气是宇宙万物的本源，宋钘继承了老子的"道"是"至大"与"至小"相统一的观点，认为精气"一来一逝，其细无内，其大无外"[1]，是宇宙万物的本源。一切事物，小到不可分割，大到没有边缘，都包含有精气。精气"下生五谷，上为列星"[2]，构成宇宙万物。精气构成人体，产生生命和智慧。可以看出宋钘对老子思想的继承和发挥。宋钘对老子学说的吸纳极大地提高了道家思想在稷下的地位，推动了道家学说在稷下的传播和发展，并对黄老学派的思想有着直接而具体的影响。

宋钘思想与墨家思想相通的地方更多。《荀子·非十二子》把墨翟和宋钘合在一起论列，已经把宋钘当作墨学的支派看待了。现在我们仔细考

---

[1]　《管子·内业》。
[2]　同上。

察宋钘的思想，确也能够发现他的主张有许多地方同于墨家的学说，甚至是忠实地继承了墨家思想的基本原则。

（1）《庄子·天下》说宋钘"愿天下之安宁，以活民命"，又说"弟子虽饥，不忘天下"，"以为无益于天下，明之不如已（止）也"。与墨子"兴天下之大利，除天下之大害"的重"利"宗旨完全一致。《天下》评述墨翟："墨子真天下之好也。"俞樾《诸子评议》说："谓其真好天下也，即所谓墨子兼爱是也。"墨子的宗旨宏愿在于兼利天下，与宋钘所说把"天下"当对象并无二致。

（2）《庄子·天下》说宋钘"其为人太多，其自为太少"。《荀子·非十二子》称述墨子、宋钘说"慢差等"。《天下》称述宋钘的舍己为人的态度，原是与墨子"摩顶放踵，利天下为之"的精神相符合。依"兼爱"的观念推广，那么对于上下、人我、亲疏的差等观念，自然就不必措意。所以《天下》说宋钘"其周行天下，上说下教"。"上下见厌而强见也。"这就是推广兼爱的主张，觉得"上"和"下"原是一律，不分高低，心里并不存有差别等级的观念。

（3）《庄子·天下》说宋钘："弟子虽饥，不忘天下，日夜不休。曰：'我必得活哉！'"宋钘如此勤劳自苦的生活态度，和《天下》说宋钘称述墨子的行径"日夜不休，自以苦为极"，也完全相同，他们都有刻苦朴素的作风和殉道救世的精神。

（4）《庄子·天下》说宋钘："救民之斗，禁攻寝兵，救世之战……以禁攻寝兵为外。"《韩非子·显学》说："宋荣之议，设不斗争。"这也无异于墨子"非攻"的主张。《孟子·告子下》载，孟子曾与宋钘在丘石相遇，其时宋钘正要到楚国去阻止战争："吾闻秦楚构兵，我将见楚王说而罢之；楚王不悦，我将见秦王说而罢之。二王我将有所遇焉。"又说他劝谏楚王兴兵的要点是："我将言其不利也。"其言其行，都俨然墨子再世。但是，认真分析，宋钘的思想并不是对墨学的简单重复，可以说在寻找"救民之斗""禁攻寝兵"的心理学方面对墨学做出了创造性的发展。

宋钘主张"禁攻寝兵"，在战国时期应该说是不合时宜的，但他以利害游说诸侯罢兵，在当时交征利的情况下仍还有一些现实意义，如果能将利害的道理讲透彻，局部的停战是有可能的。而孟子根本反对讲利，主张只以仁义说服各国诸侯，较之宋钘就更显得迂腐了。

可以看出，宋钘思想大部分出于道、墨二家，但是，他既不是道家，也不是墨家，他是融合了道、墨二家并加以发展。分析宋钘的思想，关于内部身心修养方面，大都采取道家的学说；关于对外处世接物方面，大都采取墨家的主张。《庄子·天下》中的两句话："以禁攻寝兵为外，以情欲寡浅为内"正是融合道、墨二家思想的体现。"禁攻寝兵"指墨家的主张，符合墨家的救世精神，而"情欲寡浅"则是道家的观点，与道家修养身心、树立人格相吻合。可以这样理解，宋钘对道、墨二家的融合，就是拿道家学说做"体"，拿墨家学说做"用"。

所以从思想综合方面的造就而论，宋钘确乎已经做到了调和道、墨二家的思想，并有自己的创新和发展，他的理论最终都服务于墨学的"禁攻寝兵"，同时又传播和发展了老子的思想。宋钘思想的特点是汲取道、墨二家思想之长并形成自己的特色，宋钘思想的这一显明特点，也因而使他在诸子百家中成为翘楚。

宋钘有异于纯粹道家思想的地方，是因为他的行动上，尚多汲取墨家的风格；有异于纯粹墨家思想的地方，是因为他的修养方面，尚多根据道家的学说。宋钘思想中的最可称道之处在于他采取墨家学说，可是不曾采取墨家"天志""明鬼"一类的东西，他是有选择的。他采取道家旧说，但不采取黄、老派权术政治和消极隐逸思想，取舍十分清楚。因而可以肯定地说，宋钘的思想比起前一阶段的墨翟和老庄，明显地向前推进了一步。

# 三

宋钘学派在认识论上还有一个重要思想，即"接万物以别宥为始"。"别宥"即别囿，是指辨清并破除妨碍自己准确认识事物的屏蔽、囿蔽，如错觉、偏见、心理定式之类。《吕氏春秋》有《去尤》和《去宥》篇，一般认为是宋钘学派的作品。《去尤》中有"世之听者，多有所尤（囿），多有所尤则听必悖矣。所以尤者多故，其要必因人所喜与因人所恶。东面望者不见西墙，南乡（向）视者不睹北方，意有所在也"。《去宥》也说："夫人有所宥者，固以昼为昏，以白为黑，以尧为桀，宥之为败亦大矣。亡国之主，其皆甚有所宥邪？故凡人必别宥然后知，别宥则能全其天矣"。"别宥"说对后来荀子提出"解蔽"思想影响很大，它要求不以情感妨害理智，要求去掉主观偏见，强调客观全面地认识事物，这些无疑都是正确的认识原则。需要注意的是，宋钘学派的"别宥"说并不是简单地就认识谈认识，而很可能是为其"情欲寡浅"和"见侮不辱"两个命题张目的。《去尤》特别强调，给人的认识造成囿蔽的原因有多种，但最主要的原因还是人自身的情感定式——喜好和厌恶。这个说法就隐约透露出为"情欲寡浅"和"见侮不辱"提供认识论依据的意思：人们"皆以己之情为欲多"，这是由喜好造成的囿蔽，其实"人之情欲寡"才是真理；人们都把受欺侮视为耻辱，这是由厌恶造成的囿蔽，其实受侮并不足以构成耻辱。《去尤》和《去宥》举了很多错觉和偏见蒙蔽人心使认识走入误区的例子，这些例子带有一个非常突出的倾向，即强调对某人某事的猜疑、不满、厌恶、愤恨，往往不是因为这些人和事真有什么不对，而是由于认识主体出现了偏差。也就是说，怨恨别人的原因和责任全在己而不在人，在"内"而不在外。丢斧子的人怀疑邻人之子是窃斧者，发现他的言语、表情、动作无一不像窃贼，其实对方根本未曾行窃；一位老人好意劝邻居砍掉可能伤人的枯树，邻居照做后，老人顺便"请而以为薪"，邻居便大为不悦，认为他劝说砍树用心不良。这两则典型故事很容易使人联想到"见侮不辱"的命题。大概在宋钘看来，所谓的受欺侮实际上大多是"受侮者"自身的心理错觉，对方很可能像"邻之子"和劝说砍树的老人一样，并没有故意害人之心，只要自己调整心态，校正视点，就不会因被冒犯而产生受辱的错觉。

现在看来，宋钘的这一认识论既是古代一个重要思想的体现，同时又存在着很大的片面性，《荀子·解蔽》所言"宋子蔽于欲而不知得"是很有道理的。

（原载《商丘职业技术学院学报》2008 年第 1 期）

# 庄子故里考辨

庄子名周，战国中期的一代文哲大师。一般认为其生年约为公元前369年，卒年为公元前286年。庄子继承和发展了老子的思想，留有《庄子》一书，是我国道家学派的创始人之一，世人并称"老庄"。

## 一

庄子的生平材料保存下来的很少。在《庄子·秋水》中记及楚威王用重礼聘请他为相，被他拒绝一事，司马迁在《史记》中为庄子所写的传也有这一记载，当是根据《庄子》采入。但《庄子》中有不少是寓言，楚王聘他为相的事是否是事实，很难确定。《辞源》等关于这件事的说明都是用"相传""传说"开头。

正是由于资料的匮乏，所以庄子故里究在何处，众说纷纭。河南"商丘梁园区说""民权县说"、山东"曹县说""东明县说"、安徽"蒙城说"争持不下。

最早记载庄子籍贯的是《史记》。《史记·老庄申韩列传》云："庄子者，蒙人也，名周。"以后历代典籍也都以庄子为蒙人。

庄子生活时代的蒙属于宋国，宋国于公元前286年即庄子卒年亡于齐。《国语·楚语》云："宋有萧、蒙。"韦昭注曰："萧、蒙，宋公子鲍之邑。"这说明，宋国之蒙是宋公子鲍的采邑（封地）。因此，必须强调，研究庄子故里问题，不能偏离庄子为"宋国蒙人"这条主线。

司马迁之后，历代不少学者也一致认为庄子是宋国蒙人。此举几例：

刘向《别录》："庄子，宋之蒙人也。"

《淮南子·修务训》高诱注："庄子名周，宋蒙县人。"

《汉书·艺文志》"庄子五十二篇"句，班固自注："名周，宋人。"

唐陆德明《经典释文·序录》："庄子者，姓庄，名周，梁国蒙县人也。"

唐成玄英《庄子疏序》："其人姓庄，名周，字子修，生宋国睢阳蒙县。"

宋乐史《太平寰宇记》："宋州·人物"条："庄周，宋蒙人。"

清段长基《历代疆域表》卷上："今归德府东北四十里即庄周故里。"

# 二

宋国之蒙在何处？

《辞海》"庄子"条："宋国蒙（今河南商丘县东北）人。"《地名大辞典》"蒙泽"条："春秋宋邑。今河南商丘县东北蒙县故城是。在故汳水（指古汴水）之南。乃庄周之本邑。"唐李吉甫《元和郡县志》："蒙故城在县北二十二里。"

以上材料说明：蒙故城在原商丘县正北或东北部。商丘在1997年撤地建市，原商丘县一分为二，并分别命名为睢阳区和梁园区，"商丘县东北蒙县故城"应在今梁园区李庄乡蒙墙寺村一带。宋国之蒙，秦置蒙县，汉因之，属梁国八县之一，北齐废。

关于蒙地问题，还有另外一些资料足可参考。《史记·宋微子世家》《索引》引《庄子》佚文曰："桓侯（指宋桓侯，名辟）行，未出城门，其前驱呼辟，蒙人止之，后为狂也。"蒙人能在宋国都城门前出入，又敢于劝止桓侯之"前驱"，可见蒙邑离宋国都城不远。

《左传·庄公十二年》："宋万弑闵公于蒙泽。"《后汉书·郡国志》："蒙有蒙泽。"关于蒙泽，《水经注》说得很具体："汳水出阴沟于浚仪县（今开封西北）北，又东至梁郡蒙县为获水，余波南入睢阳城中"，"获水出汳水于梁郡蒙县北"，"获水又东径于乐固北己氏县（今山东曹县东南）南，东南流迳于蒙泽。《十三州志》曰：'蒙泽在县（指蒙县）东。'"

这些材料表明：第一，汉代蒙县城位于古汳水与获水的分界点西南侧；第二，蒙泽在蒙县以东，其北岸为古汳水注入之处，东南岸似应为获水之出口，然后东南流向古虞城（今虞城县利民镇西）境。《水经注》又载："获水出汳水于梁郡蒙县北，俗谓之小蒙城也。《西征记》曰：'城在汳水南十五六里，即庄周之本邑。'"又说："获水又东径虞城县故城北，古虞国也。"这就更明确地表明，汉代蒙县位于古汳水南十五六里，虞城故城西北。

唐魏王李泰等《括地志》云："宋州北五十里大蒙城为景亳。"宋乐史《太平寰宇记》"河南道·宋州·宋城县"条："大蒙城在县北四十一里。"清顾祖禹《读史方域纪要》："蒙城在归德府东北四十里，亦曰大蒙城。"清蒋廷锡《尚书地理今释》"三亳"条："今河南归德商丘县北四十里有大蒙城。"以上诸说，虽略有出入，但大致距离、方位是一致的。

值得注意的是，20 世纪 70 年代初期，商丘地区文物部门曾在商丘县北 18 公里李庄乡蒙墙寺村发现有古城遗址。此后该村村民在打机井时也多次发现 17 米以下有砖、铁器、陶瓦碎片等物。1982 年，商丘县人民政府将蒙墙寺村列入县级文物保护单位。近几年来在保护区先后出土了不少文物，有龙纹琉璃大脊、砖雕神佛、宋代陶瓷、明代宣德铜炉、明成化四年石碑等。在整理文物时发现地下有古城墙角和隋唐以前的一口枯井。从这些出土文物可以看出，蒙墙寺在隋唐以前应有过一定规模的古建筑。

由以上资料可知，从距离和方位来看，宋国之蒙应在今蒙墙寺一带，这一点应引起我们的高度重视。

# 三

今安徽蒙城，汉代开始置县，称山桑，属沛郡。据《元和郡县图志》记载，唐天宝元年（742）始更名蒙城，在此之前无"蒙城"之名。很显然，安徽蒙城与庄周"为蒙漆园吏"之"蒙"毫无关联。所以，庄子故里在安徽蒙城说，只能被视为是空穴来风，不攻自破。

今山东曹县东南部梁堤头乡与河南商丘梁园区李庄乡是邻乡，为春秋战国时期宋国的辖地，也是西汉梁国八县之一的己氏县属地，在汉朝时与蒙县毗邻，故有庄子故里山东"曹县说"。

庄子故里山东"东明县说"的主要依据有两个：一是认为《史记·老庄申韩列传》中"周尝为漆园吏"之"漆园"在今东明县；二是认为《庄子·秋水》中庄子"钓于濮水"之"濮水"在今东明县境。

唐代张守节《史记正义》转引《括地志》说："漆园故城，在曹州冤句县北十七里。"北宋《太平寰宇记》说："冤句县本汉旧县也……漆园城在县北五十里，庄周为吏之所，旧置监，今漆园城北有庄周钓台。""曹州冤句县北"之地域在今东明县境。此外，明《一统志》、杜佑《通典》及乾隆年间的《山东通志》《曹州府志》《东明县志》也有类似记载，以此证明庄子为吏的漆园在东明。

《水经注》有"濮城之侧，有漆城"语。东明县北部与河南濮阳县接壤，"濮阳"因"濮水"而得名。《水经注》卷八"济水"条中转引杜预的话："长垣而南，近濮水也。"《山东通志》、明代《长垣县志》、清修《东明县志》《濮阳县志》等地方志中也都有关于濮水方位走向的记载和地图标示。"东明县说"利用这些材料，试图说明庄子垂钓的濮水流经了古东明境内。

但上述两条理由也有问题：第一，《史记》说庄子为"蒙"人，为"蒙漆园吏"，刘向说庄子为"宋蒙"人，今东明地当时是否确属于宋之蒙地，证据还不够有力；第二，战国时期宋国蒙地到底有多大，其辖区是否包括今之东明，亦需重新考证；第三，即便漆园和濮水均在今东明境内，但也只是庄子的为官之处，而非出生之地。因此，依据上述两条理由说庄子的故里在东明，是非常牵强的，因此也是不可取的。

今民权县东北 32 公里顺河乡青莲寺村有庄周墓，墓前有清乾隆五十四年（1789）"庄周之墓"碑。据此，"民权县说"认为青莲寺村就是庄子故里，有人进一步推论蒙就在考城（今民权）。

民权县设置较晚，顺河乡青莲寺村原属于考城县。民国十七年（1928），冯玉祥执政河南期间，析睢县北七里、杞县北五社置民权县。1945 年，兰封、考城合并为兰考县。1956 年 7 月，又将原考城的顺河、老颜集、北关、褚庙等乡划归民权县。青莲寺村属顺河乡，故有庄周故里"民权说"（也叫"考城说"）。

考城在秦、西汉时名菑县。《中州杂俎》说："菑，戴也。今拱之考城，有故戴城。"戴是春秋初期的诸侯国，周桓王七年（前713）为郑所灭。秦取古戴地义，置菑县，西汉因之。东汉章帝巡行到县，因菑与甾（灾）通，地名不嘉，遂取发扬"列考武皇"业绩之义，改为考城。考城县治在汳水北，取水北为阳意，北魏改名为考阳，隋复置考城县。

《春秋·隐公十年》："秋，宋人、卫人入郑。宋人、蔡人、卫人伐戴。"《公羊传》《穀梁传》"戴"作"载"。杨伯峻《春秋左传注》说："今河南省民权县东而稍北四十五里，离宋都六十余里，当即古载国之地。"可以看出，春秋时戴与宋是两个并立的诸侯国，只是强弱大小不同。

考城在战国时属魏。《史记·赵世家》："八年（前378），拔魏黄城"；"十七年，围魏黄，不克。""黄"在何处？《大清一统志》注："黄，在曹州考城县东。"

这些资料表明：春秋之戴即秦、西汉之甾，即东汉考城，与宋之蒙毗邻，但不是一个概念。且考城在汳水之北，而蒙在汳水之南。这个问题在谭其骧等主编的《中国历史地图集》中十分清楚，互不混淆。

"民权说"的主要史料根据是南宋罗泌的《路史》。《路史》说："蒙即考城，为庄子生处，庄周故里必有所据。"又在"蒙"条下注："六国，楚为蒙县。蒙，泽也。生庄子，为漆园吏，乃庄周故里也。"但是必须指出：第一，"楚为蒙县"句，不通。如果解释为蒙为楚县，更不通，当时既未设县，庄子亦非楚人；第二，《路史》记三皇至夏桀事，多舛谬，即如上引文应是春秋鲁庄公十二年，而《路史》误为十五年；第三，《辞源》"路史"条说罗泌《路史》"多不经之谈，喜出新意，好用僻辟古语"。以"不经之谈"为依据，其可信程度令人质疑。由此看来，民权县青莲寺村至多是庄子的葬处，但绝非庄子的出生之地。

# 四

综上所述，可以得出这样几点认识。

第一，由于庄子生平史料较少；由于民权县顺河乡青莲寺村和山东曹县梁堤头乡毗邻宋之蒙；由于春秋战国时期战争频仍，疆界多变；由于黄河多次决口，淤积严重，庄子故里究在何处，看来目前仍很难确指。如果牵强一点，可以说西起清莲寺、中经蒙墙寺、东到曹县东南部这一区域都是庄子的故乡。

第二，从《左传》《史记》等价值较高的史料记载出发，加上蒙墙寺地下出土的隋唐以后的文物推测，从方向和距离看，今商丘市梁园区李庄乡蒙墙寺一带应为宋之蒙所在地。

第三，据现有资料看，庄周祠最早建在小蒙城，为北宋宋城县秘书丞王兢所建。苏轼曾应邀于北宋元丰元年（1078）十一月十九日写了一篇碑文，标题为《庄子祠堂记》（见《东坡七集》卷32），由此看来，青莲寺村的庄周墓建于清朝，比小蒙城的庄周祠要晚得多。

第四，考证庄周故里，不能轻信"传说"和后起之地上建筑。庄子生活的时代距今已有两千多年，即便有些"传说"，恐怕也很难作为凭据。而地下发掘的文物，也应进一步考证。20 世纪 70 年代初在蒙墙寺发现的古城遗址，专家疑为汉代文化遗址，果真如此，倒可以解除许多不必要的争论。

第五，宋国的疆域在公元前 481 年灭掉北邻曹国后为最大，东面包括彭城（今徐州）、宿（今安徽宿县），南面包括铚（今宿县西南）、酂（今河南永城西）、柘（今河南柘城），西部与魏的宁邑（今河南宁陵）相邻，北部包括今山东定陶，与鲁国的郓（今山东郓城）相接。进入战国以后，形势便发生了很大的变化，在"七雄"控制的战国时期，宋国在政治舞台上渐趋销声匿迹，辖地也逐渐减少，就在庄子卒年，宋国灭亡。可以看出，庄子生活在宋国的衰弱至灭亡期，这种形势对庄子的思想产生了很大的影响。但由于庄子是学者，是名人，所以，楚威王曾派人到濮水请庄子做楚相，但被庄子拒绝。进入战国时期，梁国是宋国的西邻，齐国是宋国的东邻，庄子与梁惠王和齐宣王生活的年代同时，并且见过面，庄子还到过梁国、赵国和鲁国，可见其足迹遍布之广。足迹所到之处可能会留下历史的印痕，况且庄子是名人，但应注意，其出生之地与其足迹所到之处并无必然关系。

最后，庄子可能生在蒙城，也可能生在蒙辖地的某一村庄，在目前尚无定论的情况下，有关庄子故里的研究应该以梁园区李庄乡蒙墙寺为核心，庄子故里问题也应该以"商丘梁园区说"为最有学术价值。

（原载《商丘师范学院学报》2012 年第 1 期）

# "芒砀云气"的建构与历史影响

"芒砀云气"或称"芒砀王气""芒砀紫气",是"东南天子气"的重要组成部分,是刘邦集团渲染刘邦皇权天命论的谶语迷信和政治神话。"芒砀云气"雏形于秦,历西汉一朝发展,影响到西汉末年直至魏晋。这种皇权天命理论对后世社会产生了深远影响。

## 一 "芒砀云气"是刘邦政治神话的重要组成部分

《史记·高祖本纪》载:

> 秦始皇帝常曰:"东南有天子气。"于是因东游以厌之。高祖即自疑,亡匿。隐于芒砀山泽岩石之间。吕后与人俱求,常得之。高祖怪问之。吕后曰:"季所居上常有云气,故从往,常得季。"高祖心喜。沛中子弟或闻之,多欲附者矣。

这是芒砀云气的正史版本,也是刘邦政治神话的重要组成部分。对于"东南有天子气",高祖先是"自疑",接着就是行动,"隐于芒砀山泽岩石之间"。为了印证高祖的"自疑",于是吕后出场,亲自导演,依刘邦"所居上常有云气"就很容易地找到刘邦。刘邦的这则政治神话,一方面说明芒砀有"云气",芒砀山为帝王发迹之地;另一方面说明"云气"跟着刘邦,刘邦有帝王之命。这两条重要的信息给当时当地的民众以心理上的震撼和影响,既然刘邦是真命天子,那他反对秦朝就是正确的,是替天行道,广大民众跟随刘邦反秦也是符合天意的正义之举。

刘邦早期的政治神话,还有"赤帝子斩白帝子"的神话。《史记·高祖本纪》载:

高祖以亭长为县送徒骊山，徒多道亡。自度比至皆亡之。到丰西泽中，止饮，夜乃解纵所送徒。曰："公等皆去，吾亦从此逝矣！"徒中壮士愿从者十余人。高祖被酒，夜径泽中，令一人行前，行前者还报曰："前有大蛇当径，愿还。"高祖醉，曰："壮士行，何畏！"乃前，拔剑击斩蛇。蛇遂分为两，径开。行数里，醉，因卧。后人来至蛇所，有一老妪夜哭。人问何哭。妪曰："人杀吾子，故哭之。"人曰："妪子何为见杀？"妪曰："吾子，白帝子也，化为蛇，当道，今为赤帝子斩之，故哭。"人乃以妪为不诚，欲笞之。妪因急不见。后人至，高祖觉。后人告高祖，高祖乃心独喜，自负。诸从者日益畏之。

从刘邦的智慧及韬略观察，"赤帝子斩蛇"及"老妪夜哭"很有可能是刘邦精心导演的一场"骗局"。因为古代帝王将相多采用此法愚弄人民，以宣示自己的天命。这与陈胜起义反秦所制造的"鱼腹丹书""篝火狐鸣"的故事有雷同性和异曲同工之妙。当然，刘邦制造赤帝子斩白帝子政治神话的用意是为了更好地反秦，绝非单纯因为此次押解戍囚骊山之行不利而突发奇想。可以断定，刘邦对反秦之事早有准备。为了形成反秦的强大阵势及秦朝必亡的结论，刘邦把自己打扮成赤帝子，有"王气"，反秦之事是应天之命，反秦成功后称帝当王又是天定的、自然的。

还有一则传说，也验证了刘邦的处心积虑。《史记·高祖本纪》载："其先刘媪尝息大泽之陂，梦与神遇。是时雷电晦冥，太公往视，则见蛟龙于其上，已而有身，遂产高祖。"这种传言更进一步验证了刘邦"龙种"身份，凸显了自己王命的存在。

刘邦的这些政治神话，为他反秦成功及日后的政治作为奠定了基础。当沛令在萧何等的劝说下准备借助刘邦声望反秦时，恳请吕雉与樊哙前往芒砀山请求刘邦出山。这一次为刘邦宣传自己具有王命提供了千载难逢的机会。"吕后与人俱求，常得之。""季所居上常有云气，故从往，常得季。"通过吕雉之口彻底排除了刘邦参与密谋的可能性，使刘邦具有天命的观点更具可信度。其实，一个关键性人物樊哙在其中起到了非常重要的作用。樊哙一直是刘邦与沛县方面保持联络的关键性人物，樊哙又是吕雉的妹夫。鉴于这种特殊关系，刘邦很有可能通过樊哙之手，上演了"芒砀云气"的政治神话。

## 二　"芒砀云气"是"东南天子气"的重要组成部分

秦都于咸阳，位于我国的西北地区，秦始皇最担心的是来自东南方的挑战。前述"秦始皇帝常曰：'东南有天子气。'于是因东游以厌之"即是如此。

中国古代的东南地区，指淮水、长江、浙江下游一带，相当于现在的安徽、河南、江苏、浙江省的部分地区。因此，从地理位置看，"芒砀云气"在"东南天子气"的范围之内。

秦统一中国后，东南楚民强烈的反抗斗争在秦始皇的心中留下了可怕的阴影。东南地区距都城咸阳遥远，中央政权无法进行直接管理。这时，社会上又传出"东南有天子气"的谣言，更使秦始皇心神不安。因此，为防范东南的天子气，秦始皇曾多次巡游东方，足迹遍布东南各地，其目的就是"以厌之"。秦始皇还招揽大批神仙方术之士，仅"候星气者至三百人"，他利用这批人在东南地区大张旗鼓地进行破坏"天子气"的活动。

秦朝建立后，秦始皇分天下为 36 郡，今天的安徽北部和商丘地区属于砀郡。芒、砀非一地，芒为芒邑，属于砀郡，芒地有山，砀地无山。芒砀群山及周边沼泽是刘邦发迹与起兵反秦之地，也是首举反秦大旗的农民起义领袖陈胜的长眠之地。所谓芒砀山，由互不相连的 15 座山组成，全部在今天的芒地，即现在的河南省永城市芒山镇山城集附近，面积约 20 平方公里。除了方圆几十里的山之外，山与山之间有很多泽地。

《史记·高祖本纪》有"到丰西泽中，止饮，夜乃解纵送徒"，"高祖被酒，夜径泽中"，"隐于芒砀山泽岩石之间"等记载，这里的泽即是与山地相连的沼泽。"丰西泽"即是丰县西边的泽，即"芒砀山泽"。芒砀周边泽地密布，既给刘邦起义军提供了理想的藏身之地，又为官府追杀缉拿农民起义军设置了障碍，有助于起义军力量的壮大。

由此可见，"芒砀云气"是"东南天子气"的重要组成部分，"芒砀云气"是刘邦建立西汉的政治神话和舆论基础。芒砀群山及周边沼泽是刘邦起兵反秦之地，也是汉兴之地。

# 三 "芒砀云气"在西汉的发展

《史记·高祖本纪》开始部分可以说是一部神话史，从刘媪梦感蛟龙而孕到刘邦起兵攻沛前后，基本上是一系列神征灵应和部分事实的组合。这也是"芒砀云气"建构的开始。

刘邦利用"东南有天子气""芒砀云气"的谶言以提高政治身价，从而为发动起义聚集了力量。刘邦反秦成功称帝建立西汉，不但应验了"芒砀云气"的政治神话，而且宣告了秦始皇东游厌天子气的失败，证明东南有天子气。所以，西汉王朝定都西北长安后，仍把东南地区作为防范的重点，先后分封诸侯王国以拱卫中央政权。但是，在"东南有天子气"的作用下，东南各地掀起了一次次谋夺"天子"之位的政治风波。这样，西汉政权建立后，刘邦及其继任者又对类似"东南有天子气"的谣言忧心忡忡。

西汉西北与东南的斗争，首先从剪除有异心的异姓王开始，先是杀韩信，接着是诛英布。而景帝三年（前154）爆发的"七国之乱"，是东南地区同姓王反对西北中央政权的开始。因平叛"七国之乱"有功的梁孝王刘武，居功自傲，目无法制，出行行天子礼。太子刘荣被废之后，欲争储位，而且行为越来越放纵，甚至暗杀了朝廷之中反对立他为储的大臣。这是刘武"芒砀云气"思想和心理的再现。西汉中期，淮南王刘安也认为"东南有天子气"意欲谋反，他召集方士宾客编撰的《淮南子》一书，对西北政权多有微词。《史记·淮南列传》载：谋士伍被曾劝说淮南王刘安必须待机行事，并称引汉高祖刘邦善于把握时机，等待"圣人当起东南"。随着西汉政权的巩固和诸侯王实力的减弱，"东南有天子气"之说由硝烟战争又演变为神学迷信，并出现在流行的纬书中。如《易纬·通卦验》载："乱起势多，亡行之名合胡谁，代者起东南。"《太平经·天谶支干相配法》亦云："东南者为阳，西北者为阴。""天谶格法，东南为天斗纲斗所指向，推四时，皆王受命。西北属地，为斗魁，所系者死绝气，故少阴太阴土使得王，胜其阳者，名为反天地，故多致乱也。"这些都是社会现实斗争的间接反映。

"东南有天子气"始于反秦之际，到了西汉演化成东南地区对抗西北中央政权的精神武器。由于刘邦应验了"芒砀云气"的政治神话，所以，西汉政府对于"东南有天子气"的态度是微妙的，一方面是正面宣传，说明西汉政权是天授；另一方面是打压防范，害怕有人利用"东南有天子气"以反对地处西北的西汉政权。这种斗争持续到东汉，甚至到魏晋时期仍在起作用。

## 四　"芒砀云气"对后世的历史影响

战国秦汉之际流行占候术，叫望气，观测云气以预测吉凶。《史记》《汉书》记载了很多望气占候的史例。秦始皇所担心的预言"东南有天子气"，应该源出于望气术士。《史记·高祖本纪》中秦始皇言"东南有天子气"，"高祖即自疑"，是指刘邦自我对号入座，自认"天子气"应于己身，显露出一种强烈的"预言自我实现"的心理状态。

"东南有天子气""芒砀云气"政治神话，既是超现实的、超自然的，又是特定社会政治文化的反映，并不是事后杜撰的，在当时有其产生、流布和发展的语境和社会习俗。例如，途中遇蛇而斩之，在现实生活中并非不可能发生；刘邦藏匿芒砀山中，也许与吕雉有秘密联系的方式，但为了安全起见，不得不假托神灵、天意等。"开国之君能开创一个朝代，而使整个天下归他统治，当然是不平凡的人物，必然有些与常人不同之处。"[①]"东南有天子气""芒砀云气"对后世产生了深远的影响。据统计，汉代以来历代开国之君有神话的，算上曹丕、王莽、刘备、孙权，有 23 人，占总人数的 92%。"它说明了开国之君所以有神话，绝不是一件偶然的事，其中必有一番道理。"[②]

"君权神授""王权天授"是历代王朝赖以建立并统治下去的理论依据。今天，作为无神论者的我们尽管不相信"芒砀云气"之类的东西，但在现实生活中，类似的思想意识的幽灵并未绝迹。

（原载《史记论丛》第十集——中国商丘汉梁文化与《史记》研究学术研讨会暨中国史记研究会第十二届年会论文，中国文史出版社 2013 年版）

---

① 孙广德：《我国正史中的政治神话》，载杜维运等编《中国史学论文选集》第 6 辑，台北幼狮文化事业公司 1986 年版，第 65—66 页。

② 同上。

# 汉梁文化的内涵与建构特征

汉文化是我们的民族文化，汉梁文化是汉文化的缩影。发生在河南商丘地区的西汉梁国文化，上承先商文化、春秋战国宋文化的丰厚底蕴，在西汉时期大放异彩，并对后世文化产生了深远影响。汉梁文化生成早，内容丰富，风格独特，是我国乃至世界文化的瑰宝。研究汉梁文化对研究汉文化以及整个中华民族的文化有着重要意义。

## 一　梁国：汉封国之翘楚

西汉王朝建立后，在承袭秦朝制度实行郡县制的同时，又先后分封异姓王、同姓王，形成了郡县制与封国制并存的局面。高祖晚年，"子弟同姓为王者九国，惟独长沙异姓，而功臣侯者百有余人"。九国是燕、代、齐、赵、梁、楚、淮南、淮阳、荆。[①] 9 个同姓王国占据地 35 郡，与异姓王长沙国在地域上连成一片，总封域占汉朝疆域一半以上。梁国是九个封国中比较重要的一个，在政治、经济、军事、文化等方面具有举足轻重的地位，为汉封国之翘楚。

梁国初封之人为彭越，都城在定陶（今山东定陶西北），文帝二年（前 178）始都睢阳（今河南商丘市睢阳区），直至西汉末年国除未曾徙都。因此，汉梁文化就是西汉时期的梁国文化，亦即西汉及其以后的商丘文化。

西汉梁国从公元前 202 年初封，到公元 9 年国绝，历 14 王，211 年。梁国在刘武统治时期最为强大，拥有 40 多个大县，其疆域南起新郭（今安徽太和北），北至古黄河与赵国为邻，西到高阳（今河南杞县西南），东与泰山郡、鲁国接壤。刘武，汉文帝次子，景帝同母弟。文帝二年初封

---

① 《史记·汉兴以来诸侯王年表》。

为代王（代国在今河北蔚县东北），四年改封为淮阳王（淮阳国都在今河南淮阳）。十二年，改封为梁王。景帝中元六年（前144）卒，在位35年，谥为孝王，葬芒砀山。文帝时，同姓诸侯王势力膨胀，已构成了对封建国家的威胁，于是贾谊向文帝上《治安策》，晁错向景帝上《削藩策》，中央与地方矛盾激化，"七国之乱"发生。"七国之乱"时，梁国地处要冲，梁王刘武派将士守梁国，使吴、楚兵不能西进，终使"七国之乱"归于败亡。

梁孝王之母窦太后对刘武本来就非常宠爱，让其王40余城，居天下膏腴之地，拥财巨万。在平定"七国之乱"中梁孝王又力阻叛军西进，为拱卫皇室立下了大功，于是"得赐天子旌旗，出入千乘万骑，东西驰猎，拟于天子"。梁孝王入朝，景帝使使持节乘舆驷马，迎梁王于关下。"入则侍景帝同辇，出则同车游猎。"梁孝王不仅享受了天子的待遇，而且在经济军事实力上，"多作兵器弩马矛数十万，而府库金钱且百巨万，珠宝玉器多于京师"①。不仅如此，窦太后还曾出言，要景帝身后传位给孝王。

汉梁文化上承先商文化、商宋文化的丰厚底蕴，在西汉时期大放异彩，其中的政治、思想、文学、经学和民俗代表了西汉的整体发展水平，同时也为后世留下了深远的影响。由西汉梁国的都城睢阳演变而成的今天的商丘归德古城是国家历史文化名城，商丘永城芒砀山西汉梁王（后）墓地为国家级文物保护单位。

商丘是商朝前期、周朝宋国、西汉梁国和南宋初年的都城。商丘文化是中华民族传统文化的一个重要组成部分。考古发现证明，商丘是中华文明的发源地之一。历史文献显示，先商及商朝前期，商民族在今天的豫东大地上创造了光辉灿烂的商文化；周朝宋国，诞生了道家学派的创始人和重要代表人物老子、庄子，诞生了墨家学派的创始人和重要代表人物墨子，诞生了名家学派的创始人和重要代表人物惠施，诞生了融合道、墨的思想家宋钘；反秦起义首领陈胜长眠芒砀山下，刘邦在芒砀山斩蛇起义建立大汉王朝……可以说，商丘不仅是道家文化、墨家文化、名家文化的发源地和儒家文化的重要来源与传播区，还是中华汉文化发展的起点和重要组成部分。中国的传统文化主要是儒、道、墨三家，三家文化中商丘居其

---

① 《史记·梁孝王世家》。

二；与汉文化密切相关的重要人物如陈胜、吴广、刘邦、项羽、曹操等与商丘均有特殊关系。这种现象很值得我们深思和研究！

## 二　梁国文学：汉文化中的一枝奇葩

秦汉时期，商丘文学发达，特别是梁国文学盛极一时。《史记·梁孝王世家》："孝王筑东苑，方三百余里，广睢阳城七十里，大治宫室，为复道，自宫连属于平台三十余里。"东苑即梁苑，又称梁园、雪苑、兔苑、菟苑、修竹园等，规模宏大，集离宫、亭台、山水、奇花异草、珍禽异兽为一体，是供帝王游猎、出巡、娱乐等多功能的苑囿，位于梁国都城睢阳城东。梁苑兴建在平定"七国之乱"后，一是刘武平乱有功，得到了朝廷的很多赏赐，享乐奢靡之心膨胀；二是当时天下一统，社会安定，国库充盈，百姓殷富，从而出现了"文景之治"的局面，统治阶级和王侯们为"润色鸿业"、满足精神生活享受的需要，纷纷大兴土木。梁王刘武喜爱文学，他在梁苑"聘贤待士"，"招延四方豪杰"，海内名士望风而来。文学大家贾谊、枚乘、邹阳、严忌、司马相如等都是刘武的上宾，在梁国撰文作赋。贾谊在梁太傅任上写的《治安赋》、邹阳《上梁孝王书》等都是脍炙人口的散文名篇。《汉书》说司马相如"客游梁，得与游士相处，居数年，著《子虚之赋》"①。枚乘为了游梁，先后两次辞官，因年事高和辞赋优而被尊称为"枚夫子"，所作以《七发》《梁王兔园赋》等最为著名，其《梁王兔园赋》记述了梁孝王率宾客游览赏乐的生动场面，开了汉赋夸饰铺陈的先河。"辞赋从一种地方文学发展成为宫廷文学，梁苑赋坛是一个过渡时期。"②"从某种意义上讲，没有梁苑辞赋的繁荣，就没有后来武帝时期宫廷辞赋的繁荣。"③梁苑辞赋把本是南方楚地的地域文学引向宫廷贵戚之家，实现了辞赋由俗到雅、由民间集体创作到文士个人创造的关键转化；梁苑辞赋不仅标志着文学已经从经学与大文学中分化独立出来，而且是汉代文学全面走向繁荣的转折点。可以说，没有梁苑文学的发展，就没有西汉文学的繁荣；没有梁苑辞赋的繁荣，就没有两汉辞

---

①　《汉书·司马相如传》。

②　万曼：《辞·赋·颂》，《河南师范大学学报》1982年第5期。

③　王增文：《论梁苑辞赋》，《中州学刊》1996年第5期。

赋的兴盛。

西汉以后历代文人墨客都把梁苑作为向往之地，追寻梁苑盛迹，写下了流传千古的名篇佳作。如南朝（宋）谢惠连的《雪赋》、唐李白的《梁苑吟》、杜甫的《遣怀》等。尤其是李白从天宝三年（744）至天宝十三年（754），客居梁苑达 10 年之久，而这时正是他长安官场失意，遨游天下的时间，仅李白有关梁苑的诗篇就达 15 首之多。盛唐诗人高适 21 岁至46 岁的青壮年岁月，客居宋州（今商丘）达 20 多年，在宋州创作的诗歌多达 69 首，其中不乏有关梁苑的作品。杜甫早年与李白、高适同游梁苑，时常登高怀古，吟诗唱和，写下了"醉舞梁苑夜，行歌泗水春"的名句①，并把他和李白在宋州梁苑之游看成一生中最值得骄傲的时期。

梁苑文学对后世影响很大，直到明末清初，商丘文人侯方域等人所组织的诗社还称"雪苑社"，足见其对后世的影响之深。

## 三　梁国《易》学和《礼》学：西汉经学的代表

梁国是西汉经学最兴盛的地区之一，代表了整个西汉的发展水平，主要表现在《易》学和《礼》学上。刘歆曾说："在汉朝之儒，唯贾生而已。""至孝武皇帝，然后邹、鲁、梁、赵颇有《诗》、《礼》、《春秋》先师，皆起于建元之间。"② 贾生即梁太傅贾谊，建元，武帝年号。邹、鲁乃战国时期儒学之乡，儒学在楚汉战争后复兴。"及高皇帝诛项羽，鲁中诸儒尚讲诵习礼，弦歌之音不绝。"③ 梁国与邹、鲁为邻，受儒学之风影响颇深，经学兴盛发达。

在西汉，《易》学居"六经"之首，研究者甚多。梁国《易》学大家有丁宽、田王孙和焦延寿，三人对《易》学贡献极大，西汉《易》学诸派几乎都与梁人有关。《汉书·儒林传》载："丁宽字子襄，梁人也。初，梁项生从田何受《易》，时宽为项生从者，读《易》精敏，材过项生，遂事何。学成，何谢宽。何谓门人曰：'《易》以东矣。'宽至洛阳，复从周王孙受古义，号《周氏传》。景帝时，宽为梁孝王将军距楚，号丁

---

① 万曼：《辞·赋·颂》，《河南师范大学学报》1982 年第 5 期。
② 《汉书·楚元王传》。
③ 《汉书·儒林传》。

将军，作《易说》三万言。宽授周郡砀田王孙，王孙授施雠、孟喜、梁丘贺，由是《易》有施、孟、梁丘之学。"施雠、孟喜、梁丘贺是西汉传《易》三大家，而三家皆源于丁宽、田王孙，由此可见梁国《易》学已代表了整个西汉的发展水平。

焦延寿，字赣，梁人，少贫贱，以好学深得梁王宠幸，王"供其资用，令极《易》学"①。焦延寿在西汉《易》学之中，别为一派，创一家之说。"京房受《易》梁人焦延寿"，"由是《易》有京氏之学"。②焦延寿的《易》学著作《易林》，由4096条卦文组成，卦辞中记录了许多历史典故和当时发生的大事，具有一定的史学价值。此外，《焦氏易林》四字为句，排列整齐，还具有一定的文学价值。

《易》学之外，便是《礼》学。梁国《礼》学代表人物是戴德和其侄戴圣，汉宣帝时戴氏叔侄之《礼》学皆立为今文经学博士，人称大、小戴之学。《汉书·艺文志》载："汉兴，鲁高堂生传《士礼》十七篇。讫孝宣世，后苍最明。戴德、戴圣、庆普皆其弟子，三家立于学官。"这段记载说明了戴氏叔侄的师承关系。二戴同其他经学大师一样，以"博学洽闻，通古贯今"的学风对古代各种"礼"进行兼收并蓄，他们根据后苍所传习的古《士礼》选编了《大戴礼记》和《小戴礼记》，二书保存了大量的西周、春秋时代社会结构诸如井田、宗法、月令、乡遂、家庭、学校等制度方面的材料，是研究我国古代奴隶社会很有价值的经典文献。"小戴授梁人桥仁季卿、杨荣子孙。仁为大鸿胪，家世传业；荣琅琊太守"，由是"小戴有桥、杨氏之学"③。西汉梁人戴德、戴圣、桥仁、杨荣均以《礼》学名家，说明梁国《礼》学之发达。小戴所传《礼经》，即今《仪礼》，儒家经典中的《礼记》便是《小戴礼记》，唐初编订的"五经正义"，即以小戴《礼记》配《易》《书》《诗》《左传》为"五经"，受到人们的尊重。

此外，梁怀王刘揖"好《诗》、《书》"，《诗》《书》《春秋》之学也在梁国广泛传播。梁太傅贾谊修《春秋左氏传》，为《左传》训诂。梁人萧秉曾从胡常受《左氏》，王莽时为讲学大夫。梁人周庆、丁姓皆从荣广

---

① 《汉书·京房传》。

② 同上。

③ 李可亭等：《商丘通史》（上编），河南大学出版社2000年版，第82页。

受《穀梁春秋》，后被征待诏保宫，使卒授十人。梁人陈翁生从林尊受《尚书》，官至信都太守，家世传业，由是《尚书》欧阳中又有陈氏之学。

## 四　汉梁文物：汉文化的瑰宝

近年来，在商丘永城芒砀山发现的梁国国王、王后墓群，是国家级重点文物保护单位。目前已发现大中型梁王（后）石室崖墓 20 座。考古发掘证实，梁王（后）墓地出土的汉梁文物，如金缕玉衣、壁画、铜钱、画像石以及汉墓开凿技术等，成为我国的文化瑰宝，不仅填补了我国汉代文物发掘的几项空白，而且给汉文化研究拓宽了领域，增加了深度。芒砀山汉墓的规模、出土文物的史料和艺术价值、社会风尚等，折射出梁国的政治和经济发展水平。

首先是梁王（后）墓的发现。自刘武始，梁王及一些王后、嫔妃都以地下宫殿式的墓室葬于芒砀山。《水经注》和《类聚曹操别传》记载："曹操引兵入砀，掘梁孝王冢，得金宝万斤。"历史上多次被盗，使"斩山作廓，穿石为藏"的梁孝王墓中文物为之一空，但这座地下宫殿却保存完好。梁孝王墓有墓门、墓道、墓室、耳室、厢房和套间，全墓长 60 米，最宽处 30 余米，规模巨大，工程艰巨，为汉墓中的佼佼者。1995 年，考古工作者对墓前平地上的陵寝建筑基址进行清理，发现基址面积达 4000 多平方米，由前庭、大殿、后院、后室、庖厨等建筑组成。基址内还出土了大量的筒瓦、板瓦、卷云纹瓦当、柱础、铜钱、铁器及陶器碎片等，板瓦上多处有"孝园"二字。① 1993—1994 年发掘的梁孝王之妻李后墓也是"斩山作廓"的石崖墓，该墓由东西二墓道前庭，1、2、3 号甬道，前室，后室，回廊，隧道和 34 个耳室组成，东西总长 210.50 米，最宽处 72.60 米，室内最高处 4.40 米，最大高差约 17 米，总面积为 1600 平方米，总容积达 6500 立方米②，是我国迄今为止出土规模最大的汉朝地下宫殿，远远大于河北中山靖王刘胜之墓和徐州龟山汉墓。

其次是金缕玉衣的发现。1975 年和 1986 年，考古工作者分别在保安山和僖山（均为芒砀群山之一）发现了两具金缕玉衣片，其中保安山出

---

① 参见王良田《西汉梁国》，中国广播电视出版社 2003 年版，第 84—850 页。
② 同上书，第 142 页。

土金缕玉衣片 750 片，僖山出土金缕玉衣片 2008 片。特别是僖山金缕玉衣，为一件男式玉衣，长 1.76 米，用纯金丝线编缀，按照人体制成服饰。经修整复原的金缕玉衣，于 1988 年参加了"全国重要考古新发现展览"，1990 年又赴新加坡展出半年之久。金缕玉衣的出土，对研究西汉的玉衣制用制度、诸侯王的埋葬制度、制玉工艺史等提供了重要的实物资料。另外，在僖山汉墓中还出土了玉舞人、玉钺、玉蝉、玉猪、玉佩、玉璧、铜剑、青玉戈等一大批珍贵文物，仅各式玉璧就有 80 多件。

再次是汉墓壁画。西汉时期，随着经济的发展和国库的充裕，作为封建帝王、地主、官僚的宫殿、宅邸、坟墓的装饰品之一的壁画也发展起来。1987 年，考古工作者对芒砀山柿园墓进行了发掘，该墓与梁孝王墓相对，主室顶部有面积为 17 平方米的彩色壁画，画上一条长达 7 米的巨龙，东朱雀，西白虎，四周云气环绕；南壁还有画有猛豹下山、朱雀展翅、灵芝草、神山等图案的壁画，总面积达 80 平方米。这两幅巨大壁画的出土填补了我国西汉早期壁画出土的空白。中国汉画学会会长、中央艺术研究院院长冯其庸认为，这是我国目前出土的"时代最早、级别最高、面积最大、保护最完整"的古代壁画，是目前绝无仅有的国宝，被称为"敦煌前的敦煌"①。

最后是汉画像石刻。《后汉书·成帝纪》载："世以厚葬为德，薄葬为鄙，至于富者奢僭，贫者殚财，法令不能禁，礼义不能止。"大量汉墓的考古发掘证明厚葬风靡汉代社会。西汉梁王（后）墓地出土的画像石刻，大多数是作为汉墓建筑材料使用的，是汉代建筑的一种特殊结构和艺术形式。商丘市博物馆和商丘市夏邑县汉画石刻馆以及永城市保存了大量的汉画像石刻。这些画像石刻是作为梁国中上层贵族用以构筑冥宅大墓而特制的大型石刻建筑材料，题材广泛，内容丰富，风格多变，涉及历史、建筑、宗教、戏剧、舞蹈、天文、地理等学科的宝贵资料。其中主要有神话传说，如羲和主日、羽人升仙；有飞禽走兽，如双凤穿璧、二龙交尾；有祥瑞辟邪，如白虎铺首衔环、朱雀铺首衔环；有人物故事，如佩剑门吏、持矛门卒、车辇出行图、宴舞图；有角抵戏，如人斗兽等。

西汉梁王（后）墓地出土的画像石刻，具有主题突出、布局疏朗、简洁质朴、形象活泼的特点。其雕刻方法，多为剔地浅浮雕，部分为阴线

---

① 刘秀森：《文化瑰宝——商丘出土的汉梁文物》，《光明日报》1996 年 12 月 17 日。

刻，画像的细部则用阴线条勾勒表达，从而突出了画像整体的形象和动势。梁国画像石刻数量多，内容丰富，雕刻认真细致，讲究气势和韵律，并且在对形象的刻画上力求准确和完美，是研究汉代墓葬文化、社会风俗和雕刻艺术的宝贵材料。

商丘西汉梁王（后）陵墓的发掘和出土的大量文物，分别在1991年、1994年和1996年三次获得全国十大考古新发现，并且引起了我国历史学家和文物专家们的重视。1996年，在商丘召开了第一次汉梁文化研讨会，40多位来自省内外的专家学者出席了会议。专家们对西汉梁王（后）墓的许多新发现慨然惊叹，认为，汉朝是诸侯王体制的王国，王的地位仅次于皇帝，王墓体现了汉的体制。汉文化就是我们的民族文化，西汉"文景之治"时期是汉朝最兴盛的时期，这个时期的文化在汉文化中很有代表性。梁国是当时东方的大国，梁文化是汉文化的缩影，是汉文化向东和东南的辐射点；汉梁文化是我国乃至世界文化的瑰宝，汉梁历史及其文化的研究必将使整个中华民族历史和文化的研究推进一步。①

## 五　梁国政治：与西汉中央政治文化息息相关

由于梁孝王与文、景帝的关系和梁国所在的地理位置，梁国与西汉中央政府保持着非同寻常的关系，这种关系非其他封国所能比，如在官制设置上，汉初诸侯国官职之设置与汉朝廷大体相同，但由于梁国的特殊地位，梁国与其他诸侯国又有不同之处，如二千石官员可由梁王自择，报朝廷认可等，其他诸侯国则没有这种特权。

特别是"七国之乱"的起因与平定，与梁国均有密切的关系。众所周知，文帝时，同姓诸侯王势力膨胀，构成了对封建国家的威胁，削藩成为必然趋势。在此情况下，身为梁孝王太傅的贾谊向文帝上《治安策》，建议削藩，由于种种原因，文帝未立即实行。贾谊死后，文帝才付诸行动，分齐地为六国，分淮南王为三国。景帝即位后，御史大夫晁错上《削藩策》，为景帝采纳。于是中央与地方矛盾激化，"七国之乱"发生。"七国之乱"中，梁孝王站在汉朝朝廷的立场上派兵守睢阳，与叛军展开拉锯战，使吴楚兵不能西进，为朝廷平定"七国之乱"、拱卫皇室立下了

---

① 参见刘秀森《文化瑰宝——商丘出土的汉梁文物》，《光明日报》1996年12月17日。

大功。于是梁孝王"得赐天子旌旗，出入千乘万骑，东西驰猎，拟于天子"。梁孝王入朝，景帝使使持节乘舆驷马，迎梁王于关下。"入则侍景帝同辇，出则同车游猎。"梁孝王不仅享受了天子的待遇，而且在经济军事实力上，"多作兵器弩马矛数十万，而府库金钱且百巨万，珠玉宝器多于京师"[①]。可以看出，梁国政治，与西汉中央政治文化息息相关。

（原载《商丘师范学院学报》2006 年第 3 期）

---

[①] 《史记·梁孝王世家》。

# 试论张巡在平定安史之乱中的历史作用

张巡（708—757），唐邓州南阳（今河南南阳）人。少好学，博通群书。"于书，读不过三偏（遍），终身不忘"，"为文章，操纸笔立书，未尝起草"。① 玄宗开元（713—741）末进士，时其兄张晓已位监察御史。张巡初任清河（今河北清河县西北）令，后任真源（今河南鹿邑县东）令。安史乱起，张巡挺身下位，忠勇奋发，率兵守雍丘（今河南杞县）、宁陵（今河南宁陵县）、睢阳（今河南商丘市），三点一线，以少胜多，屡建战功，因功被任命为御史中丞。757 年十月，由于粮尽援绝，睢阳城破被执，不屈而死，时年 49 岁，诏赠扬州大都督。宋大观（1107—1110）中，赐爵侯，谥忠烈。庙食睢阳，岁时致祭。

张巡一生的主要活动，是在安史之乱时。他和将士百姓，力抗叛军，血洒商丘，捐躯大唐，保江淮之地，援关陕之要，一方面加速了安史集团的覆灭，另一方面又为唐乱后中兴奠定了物质基础。本文试就张巡在平定安史之乱中的历史作用作一评价，并兼及其人格与风格。

一

历时 8 年的安史之乱，可分两个阶段：从 755 年十一月安禄山、史思明起兵范阳，到 757 年十月唐军收复洛阳为第一阶段，这一阶段的特点是安史叛军由战略进攻转入战略防御；从 757 年十月到 763 年正月为第二阶段，这一阶段的特点是安史叛军渐趋并最后覆亡。

安史之乱是唐统治阶级内部争夺国家政权的斗争。这场战争，极大地破坏了社会生产力的发展，破坏了唐朝自贞观以来的繁荣景象，摧毁了北方人民安居乐业的稳定生活，所以安史集团发动战争毫无正义可言。但

---

① 韩愈：《张中丞传后叙》，引自《韩昌黎全集》。

是，由于"时海内久承平，百姓累世不识兵革"①；由于"帝（玄宗）春秋高，嬖艳钳固，李林甫、杨国忠更持权，纲纪大乱"，政治腐败②；由于指挥错误，官吏将帅矛盾重重；由于安禄山、史思明为发动叛乱做了充分的准备，所以，安史叛军起兵之初，所过州县，官兵望风瓦解，"守令或开门出迎，或弃城窜匿，或为贼所擒戮，无敢拒之者。"③"官军大败""官军狼狈走""开城出降"等记载不绝史书。755年十一月，安、史反于范阳，很快河北沦陷。十二月，安禄山渡过黄河后，破陈留（汴州，今开封）、陷荥阳。同时兵锋西指，大败唐将封常清、高仙芝，陷东京（洛阳）。756年正月，安禄山在洛阳称大燕皇帝，年号圣武。

安禄山称帝后，便组织兵力西进东犯。西进的目标是长安；东犯的目标是雍丘、睢阳，目的是夺取睢阳，卡住运河，扫荡江淮。于是形成了东西两个战场。在东方战场上，张巡率兵力抗方张不制之敌，与雍丘、宁陵、睢阳共存亡，与安史之乱的第一阶段相始终。仔细分析，东方战场的恶战又可分为两个时期：（1）从756年正月至十二月，这段时间主要是张巡守雍丘、宁陵百里防线；（2）从757年正月至十月，为张巡与睢阳太守许远等固守睢阳城，至城破被执。

756年正月，叛将张通晤陷宋、曹等州，谯郡（今安徽亳县）太守杨万石降，杨逼真源令张巡为长史，使西迎叛军，巡誓死不从，并"率吏民哭于玄元皇帝庙，起兵讨贼，从者千人"④，又引兵与单父（今山东单县）尉贾贲合，有众二千，进驻雍丘。二月，雍丘令令狐潮举县附贼，贼以为将，使东击淮阳（今河南淮阳）。张巡"屠其妻子，磔城上"⑤。潮大怒，还攻雍丘。贾贲战死。张巡指挥军队击迫令狐潮，于是士卒共奉张巡为主军。雍丘、宁陵保卫战至此开始。三月，令狐潮与叛将李怀仙、杨朝宗、谢元同等率四万大军进攻雍丘。张巡身先士卒，率二千将士大战六十余日，大胜。五月，令狐潮又攻雍丘，战四十余日，损兵折将，败退陈留。七月，令狐潮四攻雍丘，为了绝张巡北援之路，并威胁雍丘城池，乃置杞州，并筑城于雍丘之北。双方相持四个月之久。张巡每战必克，战

① 《资治通鉴》卷217。
② 《新唐书·安禄山传》。
③ 《资治通鉴》卷217。
④ 《新唐书·张巡传》。
⑤ 同上。

绩辉煌。

从756年正月至十二月，在缺乏粮草、兵力单薄的情况下，张巡随机应变，以灵活的战术，四次挫败令狐潮数万雄师的围困，雍丘城池固若金汤。与之同时，"哥舒（翰）以天下之众败绩于潼关，两宫出居，万国播荡，贼遂僭盗神器，鸱峙两京，南临汉江，西逼岐雍，群帅迁延而不进，列郡望风而出奔"①。两相对照，张巡之功伟矣。

此时，北方兖州、郓州、曹州皆陷，宋州完全失去了北部屏障；驻守彭城（今江苏省徐州市）的河南节度使嗣虢王巨闻之大惊，夺路南逃，撤至临淮（今江苏泗州），宋州又失去了东部支柱，形势危急。叛将杨朝宗谋南下，斩宁陵，包抄雍丘，以绝张巡生路。面对黑云压城之势，张巡撤雍丘，退宁陵，会许远，大战杨朝宗，斩敌首万余级，投尸于汴，水为之不流。因功诏拜张巡为主客郎中，副河南节度使。至此，张巡抗击叛军的第一个阶段，便以胜利而结束。

757年正月，安庆绪杀父安禄山，自称皇帝。为最后解决东方战局，打通挺进江淮的通道，任命大将尹子奇为汴州刺史、河南节度使，令其迅速出师。正月下旬，尹子奇率领同罗、突厥、奚等少数民族军队13万，杀奔睢阳。张巡抗击叛军的第二阶段自此开始。叛军直趋睢阳，睢阳太守许远向张巡告急，巡乃率兵进驻，与太守许远、城父（今安徽亳县东南）令姚訚等合，励士固守。士卒凡六千八百人，首战告捷，斩敌二万余人。"许远自以材不及巡，请禀军事而居其下，巡受不辞，远专治军粮战具。"② 为激励士气，帝诏张巡为御史中丞，许远为侍御史，姚訚为吏部郎中。

张巡、许远守睢阳，是平定安史之乱史上极其悲壮的一页。当时，新任河南节度使贺兰进明屯临淮而不救，许叔冀、尚衡近驻彭城以观望。至七月，睢阳城内粮草绝尽，1600名将士饥病交加，战斗力逐渐丧失。贼将尹子奇知粮尽援绝，征兵急攻。只是由于张巡机智多谋，将士知死不叛，才多次挫败尹子奇的进攻，大小400余战，杀叛军12万人。粮尽以后，杀马煮纸而食。马尽，罗雀掘鼠，煮铠食弩。雀鼠又尽，张巡杀其爱

---

　　① 李翰：《进御史中丞张巡传表》，引自《中国方志丛书·河南省商丘县志·艺文》（台湾版）。

　　② 《新唐书·张巡传》。

妾，许远杀其奴，令将士强食。然后括城中妇人食之，继之以男子老翁。十月城破时，遗民止四百而已。张巡被执后，敌将尹子奇问巡曰："闻公督战，大呼辄眦裂血面，嚼齿皆碎，何至是？"巡答曰："吾欲气吞逆贼，顾力屈耳。"① 子奇怒，以刀抉其口，齿存者三四。张巡遇难。同月，许远也被害于洛阳。张巡、许远同年同月生，同年同月死，彪炳日月，双忠也。张巡遇难前，回想睢阳之守，以悲壮的激情、饱满的笔触，挥麾作歌："力拔山兮势雄，气贯日兮虹霓。月正明兮磨枪砺剑，星未落兮击鼓掀旗。捣贼室兮焚寨，脔贼肉兮充饥。食马革兮计尽，杀妻妾兮心悲。为厉鬼兮被铁甲，为明神兮执金鎚……"② 慷慨、悲壮的情怀，艰辛茹苦的困境，以及冲锋陷阵、裹疮饮血的恶战，无一不是睢阳之守的真实写照。

睢阳城陷后三日，救兵方至。睢阳城陷前一个月，长安光复；陷后十日，洛阳光复，安庆绪仓皇北渡。至此，东西方战局告一段落。

<h1 style="text-align:center">二</h1>

张巡抵抗叛军，其历史作用主要有以下两点。

第一，张巡在雍丘、宁陵、睢阳三点一线的持久抵抗，有力地打击了安史叛军的嚣张气焰，彻底打破了叛军欲南下扫荡江淮的企图，保护了南方人民生命及财产的安全，使东南经济在原有的基础之上更加稳步地向前发展。

睢阳"据江淮之上游，为汴洛之后劲"，它"南控江淮，北临河济，彭城居其左，汴京建于右，形胜联络足以保障东南，襟喉关陕为大河南北之要道"③，所以"若论形势，实江淮之屏蔽，而河洛之襟喉也"④。隋唐大运河之通济渠段，穿雍丘、宁陵、睢阳等地，直下江淮。该渠是江淮财物进抵两京的重要通道。在渠之侧的雍丘、宁陵、睢阳，其重要性也就显而易见了。睢阳尤为如此，因为它不仅是宋州治所所在地，而且是水陆交通的一个重要枢纽。张巡、许远对睢阳地理位置的重要性有深刻的认识。

---

① 《新唐书·张巡传》。
② 《商邱县志》：《艺文》《形势》《城池》。
③ 同上。
④ 同上。

他们曾说："睢阳，江淮之保障，若弃之去，贼必乘胜长驱，是无江淮也。"① 正是由此，安史叛军一开始就注意到了这个重要地方，并为夺取、占领它付出了无数代价。但是，破城之时，为时已晚，他们南下的企图已无法实现，江淮人民得以和平地生产与生活。北方的情形如何呢？《旧唐书》卷120《郭子仪传》记载："宫室焚烧，十不存一，百曹荒废，曾无尺椽。中间畿内，不满千户。井邑榛棘，豺狼所嗥。既乏军储，又鲜人力。东至郑、汴，达于徐方，北自覃、怀，径于相土，人烟断绝，千里萧条。"遭逢了安史叛乱的现实主义诗人杜甫在其著名的《无家别》一诗中，逼真地展现了当时的凄惨情景："寂寞天宝后，园庐但蒿藜。我里百余家，世乱各东西。存者无消息，死者为尘泥……久行见空巷，日瘦气惨凄。但对狐与狸，竖毛怒我啼！四邻何所有？一二老寡妻。"可见，安史叛乱对中原经济造成了多么大的破坏。与此同时，南方一带也曾发生了某些叛乱，但动荡短暂，破坏很小，再加上张巡死守雍丘、宁陵和睢阳，坚持22个月，使叛军行动极其迟缓，他们无法越过睢阳向南方移动一步。正是因为张巡力保江淮，才使南方经济得以持续不断地发展。这就使唐王朝在军食财用上有所依赖，对战争的结局有重大影响。同时，江淮的保全，也为唐乱后中兴打下了物质基础。《新唐书·张巡传》赞中说："张巡、许远，可谓烈夫矣。以疲卒数万，婴孤堳，抗方张不制之虏，鲠其喉牙，使不得搏食东面，牵制首尾，屼溃梁、宋间。大小数百战，虽力尽乃死，而唐全得江淮财用，以济中兴……"李翰在《进御史中丞张巡传表》中也说："贼时窃据洛阳，控引幽、朔，驱其猛锐吞噬河南。巡前守雍丘，溃其心腹……退军睢阳，扼其咽喉……贼所以不敢越睢阳而取江淮，江淮得以保全者，巡之力也。"我们认为这些评价是比较中肯的。

第二，张巡吸引牵制了十余万叛军，这个行动本身有力地支援了西部战场的反攻，构成了东西两个战场同时作战的局面。张巡对西部战场的支援，主要表现在以下两个方面：（1）张巡力守雍丘、宁陵、睢阳，使叛军无法越城以掠江淮资财，这就使叛军失去了重要经济财源，因此，叛军也就无法长期盘踞下来以持久作战。（2）757年1月之前，安史叛军的战略重点是集中力量进攻洛阳和长安。洛阳、长安连陷之后，叛军的战略计划改变为：一方面巩固和扩大西方战场的战果，另一方面则是开辟东方战

---

① 《新唐书·张巡传》。

场，以便控制运河、南下江淮。由于安史大将尹子奇所率13万大军被完全吸引牵制在睢阳城的周围，他们既无法回师救援危在旦夕的长安城，也无法破城南下。这样就极大地削弱了长安、洛阳方面叛军的军事力量，为唐军光复长安创造了极为有利的形势，使长安在九月得以收复。十月，在叛军攻陷睢阳城后十天，唐军又收复洛阳。所以，史书说张巡坚守睢阳，"既足以挫贼之锋，使不得席卷东下，又即以分贼之势，使不得并力西侵。江淮得保富庶之全力，赡给诸军。贼旋荡覆，张许之功，于是乎伟矣"①。李翰在其《进御史中丞张巡传表》中说得更是明确："国家以六师震其西，巡以坚垒扼其东，故陕鄠一战，而凶逆遁走，王师因之而势胜。"

正因张巡功勋显赫，为唐帝国复兴做出了重大贡献，故天子下诏，赠张巡为扬州大都督，并授官巡子亚夫为拜金吾大将军，后来，又在睢阳立庙，岁时祭祀。50年后，唐德宗又"复官巡它子去疾……赠巡妻为巾帼夫人，赐帛百"②。宋大观中，追赐巡爵侯，谥忠烈。明宣宗还亲撰《祭唐张巡许远文》，以表褒祭之情。张巡死难之后，历代文人墨客无不感慨万分。张巡的生前好友李翰墨带感情，写下了《进御史中丞张巡传表》。唐代大政治家、文豪韩愈写下了脍炙人口的《张中丞传后叙》。其他如柳宗元、高适、韦应物、梅尧臣、文天祥、李梦阳、刘德昌等数朝近30人也赋诗作文，以深切追念张巡等英雄抵抗叛军的功绩。

# 三

分析了张巡在平定安史之乱中的历史作用之后，下面谈一下他的人格与风格。

无论在安史之乱前的"盛唐"，还是在刀光剑影的东部战场，张巡都是一个公正廉明的清官。他视权奸如寇仇，视金钱如粪土，志气高迈，体质纯正。当时杨国忠专权跋扈，权势可炙，凡逢迎拍马者，皆可显用。张巡任清河令秩满还都时，有人劝他见一见杨国忠，可以得到重用，而张巡对杨国忠擅权极为不满，因此他答道："是方为国怪祥，朝宦不可为也。"

---

① 《商邱县志》，第81页。
② 《新唐书·张巡传》。

终因不见被更调为真源令。①

　　在任清河令期间，"治绩最，而负义节，或以困厄归者，倾赏振（赈）护无吝"。"政简约，民甚宜之。"在守睢阳时，凡所"获车马牛羊，悉分士，秋毫无入其家"②。

　　张巡为官公正、廉洁，按法办事，平等待人，不阿谀权贵，不践踏平民。任真源令时，大吏华南金树威恣肆，邑中语曰："南金口，明府手。"巡下车，以法诛之，赦余党，莫不改行迁善。战乱时，他"待人无所疑，赏罚信，与众共甘苦寒暑，虽厮养，必整衣见之，下争致死力"③。其将南霁云、雷万春等皆事之，虽死不避。初，霁云非事巡，乃为钜野尉张沼先锋，西击汴州李廷望时，过睢阳，得遇巡，事巡不去，且谓人曰："张公开心待人，真吾所事也。"④ 睢阳城危之时，御史大夫贺兰进明屯临淮，许叔冀、尚衡次彭城，皆观望不救。张巡使南霁云到临淮告急。贺兰进明怕师出被袭，又忌张巡声威，恐成功，故无出师之意。但他爱南霁云壮士，欲留之，因此"为大飨，乐作"。"霁云泣曰：'昨出睢阳时，将士不粒食已弥月。今大夫兵不出，而广设声乐，义不忍独享，虽食，弗下咽。今主将之命不达，霁云请置一指以示信，归报中丞也。'因拔佩刀断指，一座大惊，为出涕。卒不食去。抽矢回射佛寺浮图，矢著砖，曰：'吾破贼还，必灭贺兰，此矢所以志也！'"⑤正是由于张巡的廉洁奉公，竭诚待下，用人不疑，才赢得了将士的爱戴和拥护，"争致死力"。这也是张巡在睢阳保卫战中"能以少胜多，未尝败"的一个重要原因。

　　张巡力抗叛军的行动客观上符合当时人民的利益，所以他得到了人民直接或间接的支持，博得了后人广泛的称赞。但是，张巡抵抗叛军的真正目的和主观动机则是为了维护李唐王朝的长治久安，其深入骨髓的思想基础是忠君。正因为这样，张巡在战斗中不敢也不可能大胆地、充分地发动雍丘、睢阳城池内外的老百姓与之共同作战，致使孤悬敌后，终于城破被执。由于同样的原因，他在战斗最残酷之时，竟至残杀妇女老弱，以享士

---

① 《新唐书·张巡传》。
② 同上。
③ 同上。
④ 《新唐书·南霁云传》。
⑤ 《新唐书·张巡传》。

卒。这种野蛮残忍的做法，反映出在张巡思想的天平上，君王的宗庙社稷是远远高于百姓的身家性命的。对于张巡身上的这种阶级的和历史的局限，我们也必须明确指出，而不能为之隐讳。

（原载《商丘师专学报》创刊号 1985 年第 1 期，与蒋晔合著）

# 李姬园村与李香君归宿

位于商丘县城西南 5 公里处的路河乡李姬园村，村东 30 米，在一片桃花绿荫掩映之下，一座直径约 5 米的墓冢赫然醒目，墓冢下部用花岗岩镶砌，前面竖立着一尊两米多高的石碑，石碑上镌刻着"李香君之墓"几个苍劲有力的大字。相传明末秦淮名妓李香君就安葬在这里。

李香君出身青楼，国色天香，丽压群芳，且见多识广，辨察敏锐。崇祯十二年（1639）在南京结识"归德才子"、文学大家侯方域，定情于媚香楼，从而演出了一幕才子佳人的悲壮爱情剧。在南京期间，侯方域参加了东林党人、著名文学家张溥创办的以四方名士参加为主的进步社团"复社"，积极参与了"复社"成员与结党营私、祸国殃民的阉党余孽的斗争。在李香君的帮助下，侯方域多次拒绝阉党头子魏忠贤的干儿子阮大铖的阴谋拉拢。李香君的慧眼、胆识和气节，甚为侯方域所敬重，两人情深意笃。

然而，侯方域因要参加科举大考，泪辞李香君，回到河南。这之后，关于李香君的归宿，说法颇多，现择其要者述之，并略陈管见。

其一，死于李姬园村。传说侯方域回商丘后，曾派人将李香君接来商丘，最初住在县城内侯方域家的"壮悔堂"。因李香君沦落风尘，小妾身份，所以在族内受到歧视。后来，侯方域在城西南 5 公里建筑园林，和李香君同住。李香君在南园神情抑郁，不久辞别人世，香消玉殒。死后葬在南园，侯方域为其立碑，上刻"李香君之墓"。南园遂改成李姬园。现在李姬园村的人们都姓侯，自称是侯方域的后代（尚景熙：《河南地名漫录》，中州古籍出版社 1984 年版）。

其二，死于南京，葬在李姬园。1644 年 3 月 19 日，李自成起义军攻陷北京，明朝宣告灭亡。5 月 15 日，福王朱由崧在南京登基即位，史称南明弘光政权。面对清兵南下，弘光皇帝不思收复失地，而是任用奸臣，整日沉湎于声色犬马之中，四处搜寻美女，李香君被"逼充乐部，供奉掖庭"，排练弘光帝感兴趣的《燕子笺》。李香君素有爱国之志，面对清兵南下，国将不保，而有情人又天各一方，杳无音信，她在痛苦、绝望中气竭力衰，终于带着忧伤离开了那个魑魅横行的污浊世界。李香君死后，侯方域搬灵葬于归德南园（新版《商丘县志》）。

其三，出家学道。侯方域曾写《李姬传》以颂李香君之见识和气节。《李姬传》写得情真意切，生动感人，后被清著名戏剧家孔尚任作为蓝本，写成了惊世名剧《桃花扇》。《桃花扇》写了明末阉党阮大铖为了收买侯方域，暗中出钱让侯结识秦淮名妓李香君，侯、李拒绝阮的收买，阮就依附大学士马士英，对他们进行迫害。最后写到清军攻破南京后，侯、李在栖霞山中相会，割断"花月情根"，共约出家，分别学道。

以上诸说皆有传说之嫌，未证之于正史。又据资料载：侯方域在崇祯十二年返故里后，李香君先是"苦守妆楼"，后被弘光政权逼入掖庭。陈其年《妇人集》曾载有弘光二年李香君给侯方域的情书一封，内有"自君远赴汴梁，屈指流光，梅开二度矣。日与母氏相依，未下胡梯一步"，"妾之处境……终日以眼泪洗面而已"，"然犹逼充乐部，供奉掖庭"，"睹星河之耿耿，永苍如年；听钟鼓之迟迟，良宵未曙。花真独活，何时再斗芳菲？草是寄生，惟有相依形影"等句，柔肠寸断，情真感人。李香君将书信托人带出宫中送向河南，冀能得到侯方域的回音。然而此时的侯方域并不在河南。因为战火连绵，他无心备考，再次南渡南京，想会一会他所思念的李香君。但是他在南京见到的却是李香君入宫，马士英、阮大铖迫害"复社"成员等景象。侯方域无处藏身，只得离开南京，先后投奔在扬州的史可法和江北四镇之一的总兵高杰等部，辅佐抗清，抗清失败后又回到故里。明亡后，清顺治八年（1651），他被迫参加河南乡试，被录取为副榜贡生，做了大清朝廷的新官。李香君在宫中望眼欲穿盼望得到侯方域的消息，盼来盼去，看到的却是清兵南下，国将不保，在思悠悠、恨悠悠中李香君殉了故国。

李香君死后，葬在何处，史书无载，遂成一谜。侯方域死后，葬在南园。后人根据李、侯的爱情悲剧，亦在南园隆起一墓，算是了却了对李香君的一片同情和思念，南园遂成李姬园。然而事实上，痴心相恋的情人并

未葬在一起，生前难终情，死后亦东西，实乃憾事。李香君墓前碑刻高 1
米，宽 0.48 米，碑文简述了她一生的经历，碑已失，墓曾多次被盗。如
今李香君墓重又整修一新，成为较好的游览胜地。

（原载《中州今古》1993 年第 5 期）

# 《宁陵通史》序

　　我的老乡、年轻历史学者马学庆先生送来他的大作《宁陵通史》书稿，我喜不自胜——区域性通史著作中又多了一枚奇葩。应其邀请，为是书作序如下。

　　改革开放后，地方史志的编辑和出版呈现繁荣之势，先是各市、区、县志书的出版，接着是志书之外的诸如区域性旅游、人物、风俗、物产等方面著作的问世，这一方面是政府的倡导之功，另一方面是形势发展的使然。而区域史的编写和出版，则是另外一种现象。

　　历史上，区域史著作也很多见，但往往是史志一体。新时期以来，区域史写得最好的是《北京通史》，皇皇十卷，图文并茂，体现了文献材料、考古材料和风俗人情的完美结合，是一部较好的学术性区域通史。通史较志为难，为通史者不仅要有完整的历史学知识，还要有运用考古学成果的能力；不仅要有严谨的学术态度，还要善发掘，会取舍；既要有通识也要有通才。基于此，通史难为，所以好的通史著作也就不多见。而马学庆的《宁陵通史》书稿，我觉得是通史著作中的又一力作。

　　宁陵在历史上曾名葛、宁、信陵，境内还有己吾县和沙随镇。宁陵之名始于战国，汉武帝元狩初年（前122）置宁陵县。《孟子·滕文公下》："汤居亳，与葛为邻。""汤始征，自葛载。"夏代的葛伯国是葛天氏的后裔，故城在今宁陵县城北。夏朝末年，在商汤推翻夏桀的战争中，葛是第一个被进攻的对象。春秋时葛国故地属宋，名宁邑。《宁陵县志》说"从来更置改属，民不宁居"，班固也说"邑无定名，民无定里"，说明这里归属常有变更，名称一直没有确定下来。以宁为名，是出于人民的意愿，希望生活能够安定下来。战国时名信陵，属魏，魏安厘王封公子咎于宁，号信陵君，故名。战国末，由于信陵原名宁，易名宁陵。这是我看过《宁陵通史》书稿后对宁陵之名的印象。

　　粗览书稿，我对本书的编写工作，有如下几点感受。

（1）全面。本书共分十章，十章之外还有"概览"和两个"附录"。前九章介绍了从古至今的宁陵历史，第十章为"文化景观"，介绍宁陵境内的遗址、遗迹等。"概览"部分也是综述，尤其可贵的是对县辖各乡镇逐一作了介绍。"附录一"是"宁陵大事年表"，至为完备；"附录二"是"宁陵历代名人录"，一册在手，宁陵名人尽收眼底。《宁陵通史》的全面是其他史书所不具备的，这也正是本书的可贵之处。从某种程度上说，写一部地方通史，尤其是写一部县域通史，比写一部中国通史还难，主要是由于材料问题。写县域通史，首先遇到的是材料不足和材料取舍的困难，《宁陵通史》的作者能把本书写得如此全面，是难能可贵的，这是为宁陵县人民乃至中国整个学术界做的一件大好事，功不可没。

（2）本书的某些考证结论丰富了商丘历史的内容，澄清了史学界长期争论不休的问题。如关于"葛"地的考证，认为葛就在宁陵。由此我们可以知道汤都就在今天的商丘。由《孟子·滕文公下》"汤居亳，与葛为邻""汤始征，自葛载"可知，亳与葛当相距不远。汤都之亳之地望，自古至今，众说纷纭，南亳、西亳、北亳、郑亳诸说各言其是。《宁陵通史》通过大量的考证，证明葛就在宁陵，这就证明了汤居之亳是南亳，在今商丘市虞城县谷熟集。说明商丘不仅是商族的发源地，而且是商朝的发源地，是商朝的第一个都城。同时，本书还对葛天氏进行了考证，认为葛天氏之乐舞是中国最早的乐舞，这尽管是一家之言，但丰富了中国音乐史和华夏民族史的内容，当然也丰富了商丘历史的内容。

"筚路蓝缕，以启山林。"就当前的条件来说，作者能写出这样一部县域通史，实在是不容易的。正因为是创例，所以，本书既有可贵之处，也有应该完善的地方，如对材料的取舍和对材料的分析说明以表明作者的意见和态度问题，内容的前后一致性问题等，在此提出，希望作者在以后修订时予以注意。

马学庆同志曾就读于商丘师范学院中文系，与我虽非师生关系，但有同乡之谊。他将《宁陵通史》书稿交给我并向我索序，我欣然应允：一则我是宁陵人，看到家乡的喜事自然高兴；二则我是学历史的，并且出版过《商丘通史》和《三商之源商丘》之类的小书，能为家乡做点贡献也是我的心愿；另外，我对家乡有着特殊的感情，家乡有我幸福的回忆，有令我感动的人和事，我至今钟情于家乡的压板羊肉、杠子馍、张弓酒和谢花酥梨……于是拉杂写出如上感想，权充小序，并以此向《宁陵通史》的作者表示贺忱。

（《宁陵通史》，马学庆著，新疆大学出版社 2009 年版）

# 筚路蓝缕，以启山林

## ——喜读《商丘通史》（上编）

### 李光一

由商丘师范学院李可亭副教授等编著的《商丘通史》（上编）已由河南大学出版社正式出版。该书所述史实，上自原始社会，下迄1948年商丘解放，以章节体的形式展示了商丘政治、经济、军事、思想文化、建置沿革和社会风俗的发展历程。据笔者所知，这是商丘目前出版的第一部融知识性与学术性为一体的区域史著作。

众所周知，商丘历史悠久，是中华文明的发源地之一。商丘曾为商朝前期、周朝宋国、汉朝梁国和南宋初期的都城，是国务院命名的全国历史文化名城；它文化灿烂，名人辈出，中国传统文化儒、道、墨中的道、墨两家皆发源于此，名家惠施亦为商丘人，而儒家始祖孔丘的祖籍又在商丘，可以说商丘是道、墨、名三个学派的发源地和儒家学派的重要来源与传播区。商丘境内文物古迹星罗棋布，其中永城芒山梁孝王墓和归德府城墙为国家级重点文物保护单位，另有省级文物保护单位22处，县级文物保护单位130多处。

从某个角度讲，写一部地方通史，特别是写一部中小城市通史，比写一部中国通史还难，这主要是资料的多寡和取舍问题以及城市定位问题。笔者认为，《商丘通史》（上编）在这方面做得很好，尤其是力求突出商丘历史的特色，的确难能可贵。另外，该书作者还大量运用了考古资料，不但使叙述更具说服力，而且提高了可信度。

写历史要有个科学态度，那就是言必有据，"信者传信，疑者传疑"，不能把文学故事、神话传说当成信史。《商丘通史》（上编）的基本态度是科学、严肃的。如该书第十章写"木兰祠"时，就没有把花木兰写成历史人物，而是把花木兰作为一种艺术形象，木兰祠作为一种文化景观，放在地方名胜中去介绍。另外，该书关于庄子故里的叙述，关于孔子"微服过宋"的叙述等，其态度都是科学的。

地方史有着多方面的社会功能，诸如教育功能、资治功能、信息功能和旅游功能等。《商丘通史》（上编）对商丘数千年来的政治、经济和文化逐代地进行了较为全面、系统的梳理，应该说这是该书作者奉献给广大商丘人民的一份厚重的礼物。

"筚路蓝缕，以启山林。"就当前的条件来说，作者能写出这样一部书，实在是不容易。比方说资料，这里的藏书很少，查找点东西相当困难。几位作者在繁重的教学工作之余，北上南下，查找资料，最终完成该书的出版，实属不易。

《商丘通史》（上编）文字内容丰富，而且印刷质量高，整体设计精美大方，并有彩色插图，可谓图文并茂。书后附有"商丘历代名人录"，共收录历代名人315人。一册在手，商丘名人尽在眼中。

近几年，关于商丘的历史研究，取得了一定的成绩，但也存在着一些问题，其中最重要的问题便是商丘历史的"信史"问题，有些研究分不清"历史"与"传说"，有些研究不重视考古实物资料，还有些研究牵强附会，以至于把一些问题搞得面目全非。李可亭等几位同志正是在汲取了这方面的经验教训的基础上，做了很多开创性的工作，可以说《商丘通史》（上编）的出版，对于更好地研究商丘、宣传商丘，进一步发展繁荣商丘的文化经济，具有积极而重要的意义，同时，我们也衷心期盼《商丘通史》（下编）早日与读者见面。

（本文作者：李光一，原河南大学历史文化学院教授。本文原载《商丘师范学院学报》2001年第1期。文中提到的国家级重点文物保护单位、省级文物保护单位和县级文物保护单位均为2000年数据。《商丘通史》上编，李可亭、李会龙、朱凤祥、宋学勤、贾艳敏、李克玉著，河南大学出版社2000年版）

# 《商丘通史》（上编）序言一

朱绍侯

　　商丘市是国务院命名的中国历史文化名城之一，有着悠久的历史和灿烂的文化。早在原始社会时期，商丘的先民就生息繁衍在这块土地上，创造着古老的文明。商丘是商族的发祥地和根据地，商汤灭夏，就是从商丘出发的，从此开创了"三代文明"中的商代文明。西周时期，周武王封微子于宋，殷商遗民又回到了他们的老根据地，宋国遂成为中原地区具有先进文化的华夏族大国。在春秋战国时期，尽管宋国已沦为二流国家，但宋襄公曾想一度称霸中原，加上两次"弭兵"会议都在宋都召开，仍显示出宋国有不可忽视的传统影响，特别是在文化方面，宋与齐、鲁两国都是先进文化的代表，是儒、道、墨三大学派的活动中心。进入汉代，商丘又遇到了一次发展机遇。汉初所封的几个梁国，都是当时实力最强的地方王国，特别是在梁孝王刘武时期，由于刘武受其母窦太后的殊宠及其在平定吴楚七国之乱中所建立的功勋，梁国的封地占据 40 余城，且都是天下膏腴之地，刘武甚至享受到"天子的待遇"。梁国遂成为汉代经济、文化最发达的地区。梁苑遗址、梁孝王墓及其他梁王墓，足以代表梁国当年的兴盛局面。刘武死后，梁国虽然被一分为五，但商丘地区的经济、文化优势犹存，直到东汉这种形势都没有改变。历经两汉 400 多年的发展，在商丘及其周围地区，出现了一大批历代为官、具有家学渊源、拥有广大田园及门生故吏、部曲佃客的豪强势族，如济阳蔡氏、济阳江氏、陈郡谢氏、陈郡袁氏等。这些豪强世族，在三国战乱和西晋永嘉之乱后，举族南迁，成为东晋南朝的高门甲族（一流门阀），在政治、经济、文化等方面都具有举足轻重的作用，对南方开发做出了应有的贡献。在隋唐时期，商丘虽然失去了汉代梁国的鼎盛局面，但睢阳仍是中原经济、文化最发达的地区之一，是兵家必争的战略要地。在盛唐时期发生的安史之乱中，睢阳成为叛军不可逾越的鸿沟。睢阳保卫战的胜利，使江淮地区免受叛军的蹂躏，张巡守睢阳的壮烈悲歌，成为令人敬仰、流传千古的佳话。

在宋元明清时期，随着经济中心的南移，商丘已失去了汉唐时期的重要地位，但这一变化是逐渐形成的，而且是相对于南方而言的，至于在中原地区，商丘始终是豫东的重镇。在此特别值得一提的是商丘与北宋的关系。赵匡胤在建宋之前，曾任归德军节度使（驻商丘），可以说这是赵匡胤起家的根据地，而且宋的国号也与商丘有绝对关系，因为商丘古为宋国，赵匡胤起家于归德（商丘），故篡周后改国号为宋，并改归德为宋州。北宋历代皇帝都没有忘记商丘对宋朝建立的重要关系，所以宋真宗升宋州为应天府，意为"顺应天命"。以后又作为陪都改为南京，成为宋的"四京"之一。这些都说明商丘在北宋的特殊地位。毫无疑问，这种特殊地位对商丘的经济、文化发展都会起到推动作用。宋代四大书院之一的应天书院就在商丘，说明商丘还是北宋的文化发展中心之一。但不幸的是，北宋结束也在商丘。南宋的第一代皇帝赵构，是在商丘即位后南逃的。赵构南奔，就正式结束了北宋的历史。

元明清时代的商丘，政治、经济地位可谓江河日下，但豫东重镇的地位没有改变，并且成为另一种中心，即农民起义的活动中心。元末的红巾军，明末的李自成起义，清末的太平军和捻军，都在商丘有过轰轰烈烈的斗争，直到国民党的统治末期，推翻国民党在大陆统治的三大关键战役中的最后一次战役——淮海战役，负责总指挥的淮海战役总前委就设在商丘。这就说明商丘是在以另一种形式，为推动中国历史的发展做出贡献。

以上是我在读过《商丘通史》书稿后，所产生的联想和体会。下面想再谈两点认识。

（1）从某个角度讲，写一部地方通史，特别是写一部中小城市通史，比写一部中国通史还难。由于中国文物古籍浩如烟海，不用说写几十万字的中国通史，就是写百万字，哪怕是上千万字的中国通史，在资料取舍方面也大有余地，也显得游刃有余，而写一部中小城市通史，主要问题是资料不足，所谓巧妇难为无米之炊。特别是中国的地方建制历朝变动不定，不仅资料难找，就是找到了资料，哪些能用，哪些不能用，都需再三斟酌，所以要把一个中小城市的历史资料搜集得点面俱全而又不断线，诚属不易。还有一点，要写一部城市通史，必须摆正本市在全国所处的地位和位置，而且要摆正本市在历朝、历代以及在全国所处的地位和位置。我读过某市的一本史书，当它写到东汉时说："除了洛阳可以与它并驾齐驱外"如何如何。洛阳是东汉的首都，怎么会与一个中等城市并驾齐驱呢？这就是没有摆正自己的地位和位置。我认为《商丘通史》对于资料和位置处理得都很好，并能写出商丘历史的特色，这是难能可贵的，应予肯定。

（2）写历史要有个科学态度，那就是言必有据，"信者传信，疑者传疑"，不能把文学故事、神话传说，当成信史。《商丘通史》的基本态度是科学、严肃的。如本书第十章写"木兰祠"时，就没有把花木兰写成历史人物，而是根据范文澜先生的意见，认为木兰"可能有一个女儿，曾代老父从过一次军"，于是就被民间歌颂为女英雄。木兰并非实指。并把木兰的姓氏、籍贯、时代、死因、终年的种种传说作了公允而不带偏见的介绍，这就比硬把木兰说成是某朝、某代、某地的人，真实可靠得多。当然，说写历史要有科学态度，并不排除对某些历史的见仁见智的不同认识。如本书把墨子写成宋人。其实墨子除有宋人一说外，还有鲁人一说，而鲁人说中又有山东鲁国（东鲁）说和河南鲁山（西鲁）说。本书作者坚持墨子为宋人，这属于见仁见智的问题，无可厚非，如果书中能捎带提一句，墨子籍贯尚有鲁人之说，对读者可能更有启发性。

江泽民同志在1998年11月9日会见《中华文化通志》一部分编辑时说："中华文明源远流长，博大精深，不仅是中华民族的巨大宝库，也是人类社会的巨大宝库。""为后代研究中华五千年文化留下了珍贵的成果。"根据江泽民同志的讲话精神来认识商丘的历史，我们可以说商丘市物华天宝，人杰地灵，历史悠久。商丘人曾创造出光辉灿烂的文化，它不仅是商丘人的大宝库，也是中华民族的巨大宝库。在商丘还出现过著名的政治家、军事家、经济学家、文学家、历史学家、科学家、教育家、哲学家、民族英雄、农民领袖及近现代的革命家。在《商丘通史》所附录的《商丘历代名人录》中，共收录历代名人315名（其中有个别反面人物）。在这300多位历史名人中，其中绝大多数属于"国家级名人"，他们是中华民族的"脊梁"。著名文学家郁达夫曾说过："一个民族如果没有创造自己的英雄，这个民族是可悲的，将要沉沦；如果创造了本民族的英雄，而不认识，不珍惜，这个民族也将沉沦。"中华民族是英雄辈出的民族，商丘的英雄也是中华民族英雄群体中的重要组成部分。我们要以商丘的光辉历史和杰出的英雄人物，来教育商丘人民热爱商丘，振兴商丘。在这方面，《商丘通史》所起的作用，是其他任何教育方式所不能替代的。尤其是自京九铁路建成后，商丘处于"黄金十字架"的地理位置，鹏程万里指日可待，商丘人民如能从自己的悠久历史中汲取营养，从历代英雄人物事迹中接受教育，将会取得突飞猛进的成就，我想这也许正是《商丘通史》出版意义之所在吧！

无可讳言，《商丘通史》并非十全十美，其框架结构有待进一步调整，其内容，特别是分裂割据时期的历史内容，有待进一步充实。但是既然有了一个好的开端，我相信经过各位编者的继续努力，再版的《商丘通史》将会更上一层楼，其质量和水平将会进一步提高。

李可亭同志曾就读于河南大学历史系，毕业后专门从事商丘史研究，并取得可喜成果。最近他和几位同人共同编写的《商丘通史》即将出版，可亭同志向我索序，盛情难却，遂欣然命笔，写出几点感想，权充小序，并以此向几位作者表示贺忱。

朱绍侯

2000 年 7 月 19 日于汴

（朱绍侯，河南大学历史文化学院教授）

# 《商丘通史》（上编）序言二

王子超

绸缪已久的《商丘通史》终将出版了，这是一件值得庆贺的事情。

据我所知，在此之前，除本地各县、市编纂的志书之外，近年还出版了一些从不同角度阐扬商丘历史的书籍，其中有《商丘名人名胜》（闫根齐等编）、《商丘文史大观》（张龙之等编）和《宋州古今学人》（李广瑞主编）等。另有一部专写两周时期宋国的《宋国简史》（朱云松编著），已打印成帙，未及正式出版。这些书的内容比较简单，或只反映商丘历史的一个或某些方面，或仅写其中的一个阶段，所介绍的都不是商丘史的全貌。《商丘通史》则与此不同，它不仅对商丘数千年来的政治、经济和文化逐代进行了全面、系统的叙述，而且从学术角度对其中的一些问题作了分析研究，因此可以说这是一部既具学术价值、又具知识性的区域史专著。

"筚路蓝缕，以启山林"，就当前的条件来说，李可亭同志等能写出这样一部书，实在是不容易。比方说资料，这里的藏书很少，查找点东西相当困难；再说时间，编写组的同志们都有教学任务，有的同志还担任着学校的行政职务，编写之事就只能在行政工作或教学间隙中去做。在此情况下，最终能将编写工作较好地完成，实属难能可贵了。

粗览书稿，我对本书的编写工作，有如下几点感觉。

（1）选用史料注意到了历史文献与考古资料的结合。如写原始时代的商丘，引用了河南龙山文化王油坊遗址的发掘成果；在讲述春秋时代宋国与其他诸侯国的关系时，参用了重要青铜器《宋公栾簠》铭文的内容。这不但使叙述更具说服力，而且提高了本书的可信度。

（2）坚持了史料的可靠性。如关于花木兰的故事，本非信史，只因它在民间和戏曲中长期流传，甚至今天的一些新闻媒体也把它作为真人实事去传播，以致鱼目混珠，达到了积非胜是的地步。本书作者为了坚持史料的可靠性，把花木兰作为一种艺术形象，木兰祠作为一种文化景观，放在地方名胜中去介绍。这种态度是科学的。

（3）能以史实的多寡为根据安排章节的内容。写一个地区的历史，资料上必受局限，因而不可能把每一阶段的内容都安排得那么均衡，因占有资料的多寡，必然有的章节内容比较丰富充实，有的则相形单薄。作者能从实际出发坚持客观态度，没有因要填补那些薄弱的章节而穿凿附会，拼凑资料。

本书既是创例，自然不能要求它完美无缺，来日的修订势所必然。以下就此提两点建议，供作者斟酌。

（1）应进一步鉴别资料，即使是"正史"中的说法，也要认真研究后，再决定去取。例如《史记·宋微子世家》的记载："（宋）王偃立四十七年，齐湣王与魏、楚伐宋，杀王偃，遂灭宋而三分其地。"经清人梁玉绳的辨正，认为当时灭宋的只是齐国，魏、楚并未参与其事（详见《史记志疑》卷20）。这则资料如无其他合理的旁证，当以梁说为是。

（2）要熟悉考古资料，因为只有熟悉它，才能确保无误地使用它。

我们编写地方史，就要对本地的考古成果有所了解。就目前来说，商丘地区发现的早期考古学文化，主要有仰韶文化、大汶口文化、河南龙山文化等。其中以河南龙山文化（"王油坊类型"或称"造律台类型"）的分布最广，文化内涵也最丰富，是4000多年前居住在这里的先民们遗留给我们的珍贵历史资料。这些遗物、遗迹可以证明那时的商丘及其周边广大地区，已经是一个人口相当密集，经济和文化生活比较进步的地带。它正处于氏族社会的繁荣阶段。

在地层关系上，岳石文化叠压在河南龙山文化层之上，距今约3000年，相当于历史上的夏商时期。其文化族属，经考古学界论证，认为它是"受先商文化影响的东夷系统的文化"。《墨子·节葬下》说："禹东教乎九夷。"这种文化可能与"九夷"有关。著名考古学家徐旭生先生也曾提出："商氏族起自东方，与东夷集团关系颇密。"（见《中国古史的传说时代》）或者我们可以从这里得到一些商族起源地的线索。

商文化在商丘一带的分布也比较广，时间上可由早商延续到晚商，是我们考察那时商丘历史的重要凭证。柘城的孟庄遗址，是经过正式发掘的早商遗址之一。它的面积大,出土的遗物、遗迹丰富而且重要。《古本竹书纪年》说:"仲丁即位,元年,自亳迁于嚣(隞)。"该遗址可能是商都迁移后,留在故地的一个奴隶主居住点。

近年来,商丘地区西周至汉代的考古工作,主要成果集中在对宋国都城遗址的勘察和梁国王陵区的发掘、研究方面。据近日报载,中美联合考古队经过发掘和考察发现了西周至战国时代宋国都城的遗址,它的使用时间一直延续到西汉,外城周长 12700 米,城区面积约 10.2 平方公里,是迄今中原地区发现的规模最大的都城之一。位于永城芒砀山的西汉梁国王陵区,也有许多重要的发现,这些都为进一步充实《商丘通史》的内容,提供了丰富而可靠的资料。

王子超
2000 年 8 月于古宋之堕甑斋
(王子超,商丘师范学院教授,河南省文史馆员)

# 《商丘通史》(上编)前言

　　《商丘通史》(上编)终于和大家见面了，这是我们几位作者奉献给广大商丘人民及学术界的一份圣洁的礼物，同时也了却了长期蕴藏在我们心中的一份心愿。衷心期望这本学术性著作在商丘历史的研究方面既是一个良好的开端，又能起到抛砖引玉的作用。

　　商丘是河南省的东大门，位于苏、鲁、豫、皖交界处，陇海、京九两条铁路在此交会，105、310 国道纵横贯穿其间。历史上的商丘是兵家必争之地，而现在又成为全国重要的交通枢纽之一。商丘今天的版图和清朝归德府辖地相近。清末归德府辖一州八县，即睢州和考城县、商丘县、宁陵县、柘城县、鹿邑县、虞城县、夏邑县、永城县。睢州即今睢县；鹿邑县今属周口地区；考城在秦、西汉时名葘县，其前身是春秋时期的诸侯国戴国，《中州杂俎》说："戴，葘也，今拱之考城，有故戴城。"秦置葘县，西汉因之。东汉章帝巡行到此，因葘与甾(灾)通，其名不嘉，遂取发扬"列考武皇"业绩之意，改名为考城。考城方位据杨伯峻《春秋左传注》说："今河南省民权县东而稍北四五十里，离宋都六十余里，当即古载(戴)国之地。"民国十七年(1928)，析睢县北七里、杞县北五社置民权县。1954 年兰封、考城合并为兰考县。1956 年 7 月又将原考城的顺河、老颜集、北关、褚庙等乡划归民权县。本书在论述中所涉及的地域范围，基本上以今商丘市所辖一市(永城)、两区(梁园区、睢阳区)、六县(夏邑、虞城、柘城、宁陵、睢县、民权)为准，个别超出本范围的地方应为史实叙述的需要。

　　商丘历史悠久，早在原始社会时期就有人类的活动。考古工作者先后在永城市、睢阳区、梁园区、宁陵县等地发现了原始社会时期的文化遗址，即龙山文化王油坊类型。商丘是传说时期的高辛氏的活动区域，是商朝前期和周朝宋国的都城。此后，西汉至西晋时期的梁国建都于此。北宋开国皇帝赵匡胤因发迹于商丘，称顺应天命，所以到了宋真宗景德三年（1006）改宋州为应天府，大中祥符七年（1014），又升为南京，与首都东京开封、西京洛阳、天京大名合称"四京"，居于陪都地位。北宋灭亡，康王赵构于1127年五月在此登基建立南宋。商丘古城是国务院命名的全国历史文化名城之一，其"商丘"之名比西安、洛阳、安阳都早。

商丘文化灿烂，这里是北纬34.5度文明的东端和龙头，由此向西经开封、郑州、西安到宝鸡以至印度恒河流域文明、古希腊文明的一部分克里克文化，形成了古代人类文明发生、发展的生存线。中国传统文化儒、道、墨中的道、墨两家发源于商丘，名家惠施以及融合道、墨的宋钘亦为商丘人，而儒家始祖孔丘的祖籍又在商丘，孔子本人也多次回乡讲学，影响至深。到了汉朝，经学博士商丘人戴德、戴圣对古代各种"礼"进行兼收并蓄，所著《大戴礼记》《小戴礼记》成为儒家重要经典。可以看出，商丘是墨、道、名三个学派的发源地和儒家学派的重要来源和传播区，是中华民族文化发生、发展的摇篮之一。

商丘人杰地灵，名人辈出。从墨子、庄子起，各朝代都出现了很多有影响的人物，如魏晋南北朝时期著名的哲学家杨泉，文学家江淹、江总；唐朝时期直言面谏的宰相魏元忠，写下"斜光照疏雨，秋气生白虹"诗句的才子崔曙，史学家朱敬则等；宋朝教育家戚同文，医学家王怀隐，文学家石延年和宋痒、宋祁兄弟，书法家王洙，书目文献学家王尧臣等；明清时期，商丘更是人才济济，据文献记载，当时登进士科者竟达400余人，近300人有著作传世。其中入阁为大学士者就有沈鲤、宋权、李天馥3人，三品以上列居九卿之位的就有吕坤、宋缥、杨东明、侯恂、练国事、汤斌、宋荦等十余人，著名学人有文学家侯方域、徐作肃、贾开宗，数学家李子金、杜知耕，教育家兼儒学家窦克勤。而吕坤和杨东明又是哲学大家，汤斌是中原名儒，宋荦是文学家等；在近代，则有山东快书创始人高元钧，黑头李斯忠，抗日民族英雄鲁雨亭等。仅此统计，商丘名人可见一斑。

商丘文物古迹星罗棋布，既有文物景观，也有人文景观。其中，商丘古城和永城芒砀山梁孝王墓为国家重点文物保护单位。1511年建成的商丘古城，城墙、城湖、城郭三位一体，外圆内方，形如古铜钱。城内建筑以"八卦"图形排列，堪称古代建筑之瑰宝。1996年被列为中国十大考古新发现的芒山汉墓群，全为斩山作廓，穿石为藏，宛如地下宫殿群。汉墓出土的金缕玉衣，为稀世珍宝，曾先后在美国、日本、东南亚各地巡回展出。柿园汉墓壁画以精湛的技艺、非凡的价值被誉为"敦煌前的敦煌"。从中国最古老的观星台阏伯台到淮海战役陈官庄纪念馆，东起永城，中经梁园、睢阳二区，西到睢县，省级文物保护单位39处，市级32处，县级文物保护单位187处，共260多处。

商丘既古老而又年轻。它区位优越，发展前景广阔。悠久的历史和灿烂的文化应该在今天的豫东大地上发扬光大，这既有其本身发展的含义，又有为今天的经济建设服务的内容。商丘需要一部通史性的著作介绍自己，展示自己，让自己走向全国，走向世界。否则，我们既愧对先人，又贻误后世。

作者
2000 年 7 月

# 《三商之源商丘》前言

商丘是国务院命名的中国历史文化名城之一，有着悠久的历史和灿烂的文化。早在原始社会时期，商丘的先民就生息繁衍在这块土地上，创造着古老的文明，是中华文明的发祥地之一。

商族发源于商丘。史前商族人在建立商王朝之前所创造的文化，学术界谓之"先商文化"。考古材料证实，先商文化主要是新石器时代的文化，它来源于山东大汶口文化，并吸收了河南龙山文化及其周围其他文化的先进因素。商族的前身为史前东夷人，主要活动在今豫东、鲁西南一带。分布在这一区域的考古学文化，学术界称为河南龙山文化王油坊类型。

王油坊遗址位于今商丘永城市酂城乡王油坊村，遗址面积约1万平方米。从发掘情况看，"遗址堆积较厚，文化内涵单纯，出土遗物丰富"。遗址文化层的厚度一般都在3米以上，出土的文物为龙山文化晚期的石器、陶器、骨蚌器和角器。龙山文化王油坊类型遗址出土的大量生产、生活用具表明，商丘地区早在4000多年前人类的祖先就劳动、生息在这片广阔、平坦的土地上，为中华民族的历史和文明增添了丰富的内容。

玄鸟是商族的图腾崇拜物。学术界认为，商族的祖先为东夷人，而少皞氏为东夷人的祖先。以鸟为图腾的少皞氏之族，是由几个胞族所组成的一个部落。其中属于第一个胞族的五个氏族，即以凤鸟、玄鸟、伯劳、青鸟、丹鸟五鸟为图腾。《诗·商颂·玄鸟》说："天命玄鸟，降而生商，宅殷土茫茫。"《史记·殷本纪》解释得更为具体："殷契，母曰简狄，有娀氏之女，为帝喾次妃。三人行浴，见玄鸟堕其卵，简狄取吞之，因孕生契。"契，高辛氏的儿子，为商族（人）之始祖。这便是"玄鸟生商"的由来，其他历史典籍也多有记载。这些记载反映了商族是以玄鸟当作自己的氏族图腾，也反映了商族在契以前还未脱离母权制氏族社会的历史阶段。从契开始，商族才有了以父子相传为主的世系，商族进入父系氏族社会大概就在此时。玄鸟，古人释为燕，或代以凤，在屈原及闻一多看来，玄鸟就是凤鸟。地下出土的文物也证实了"从鸟降生，是夷人传说的特点"。殷墟卜辞中祭祀商祖先王亥的"亥"，形体从亥从鸟或从隹。祖先之名作鸟形，当是商族鸟图腾的确证。晚商铜器中其铭文也有"玄鸟妇"三字合文，当是研究商人图腾的珍贵史料。

商业发源于商丘。关于中国商业的起源，学术界的看法虽然不尽一致，但大多数人认为中国的商业开始于商先公王亥，因王亥活动的区域在商丘，因此，商丘是中国商业的发源地。

史学界将商朝的建立者商汤之前的先辈称为商先公，据《史记》等史籍记载，商先公契至汤共 14 代，与夏朝禹至桀也是 14 代同始同终。王亥是契的 6 世孙（商先公七世），商汤的 7 世祖。王亥生活在夏朝中期，是夏诸侯国商国国君、商部落的首领，他驯服了牛，并发明了牛车，使畜牧业和生产力得到发展。商部落很快富裕起来，物品有了剩余，王亥便带着商部落的人去其他部落以物易物交换生产、生活必需品及其他物品。这种情况，在《山海经》《管子》《世本》《楚辞》《竹书纪年》等史籍中均有记载。特别是王亥"宾于有易"，到有易氏部落（今河北境内）从事经商活动，更为人们所熟知。由于从事这种交易活动的人是来自商部落的人，所以其他部落的人便称从事这种交易活动的人为"商人"。这就是中华民族商人、商业最初的来源。正是基于此，王亥才被专家们论证为中华民族经商第一人，尊称为"华商始祖"。

商人、商业源于商丘和华商始祖王亥故里在商丘这一珍贵的文化资源，在 2004 年举办的"中国・商丘与商业起源研讨会"上，来自中国商业史学会、中国社科院、中国人民大学等单位的历史、考古、科研、教学等领域著名专家学者以翔实的历史资料和考古发现对此加以充分论证。著名历史学家、我国夏商周断代工程专家组组长、首席科学家李学勤先生在商丘考察后欣然题词："商人商业源于商丘。"商业源于商丘的有关内容已入选中学教科书。2006 年 3 月人民教育出版社出版的全日制普通高级中学教科书，在其《思想政治》一年级（上册）第一课（《商品与商品经济》）第一节《商品》中指出："原始社会末期，在今河南商丘一带有个叫'商'的部落，生产活动以畜牧业为主，因从事商品交换而颇有名气，所以别的部落把从事商品交换的人叫'商人'，把交换的产品叫'商品'。"

商丘是商朝的第一个都城。商朝是中国历史上一个重要的朝代。学术界认为,我国的奴隶社会开始于夏朝,其后有商朝和周朝。周朝以公元前770年为界分为西周和东周,东周又分为春秋和战国,春秋与战国之交,即公元前476年,为我国封建社会的开始。

约在公元前2200年,中国历史上的夏王朝开始。夏朝建立时,商的祖先是夏朝的臣属。但随着商族势力的强大,渐生问鼎之心。夏朝末年,帝桀暴虐无道,民心不服。商汤趁夏乱而剪灭夏朝的许多属国,以扩大自己的力量,并最终在公元前17世纪灭掉夏朝,建立商朝,定都于亳。

商汤都亳为史家所公认。但亳之地望,争论颇多,有南亳、北亳、西亳等说。南亳在今商丘市虞城县谷熟镇,北亳在今河南省商丘市梁园区与山东曹县交界处。西亳又分长安杜陵杜亳、河南偃师西亳、郑州商城郑亳等说。但大多数学者认为,汤都之亳为南亳,也就是说商朝是从商丘开始的。到目前为止,中国有八座城市有"古都"之称:北京、南京、西安、开封、洛阳、杭州、安阳和郑州。这"八大古都"中,有两个古都曾经作为商朝的都城,即安阳和郑州。安阳作为商朝的都城是从商王盘庚开始的,是商朝后期的都城,为中国第七大古都;郑州是商朝中期的都城,具体说是商王仲丁和外壬时期的都城,为中国第八大古都。尽管商丘目前还没有申报中国古都,但其作为商朝前期的都城是毫无疑问的。同时,商丘不仅是商朝前期的都城,而且还是周朝宋国、西汉梁国以及南宋初年的都城。

商朝是中国历史上继夏朝之后存在时间较长的一个王朝,从公元前17世纪商汤灭夏建立国家,至公元前11世纪商纣王为周朝所灭共传17世,31王,历时600年左右。

记载商朝历史的古代文献,首推司马迁的《史记·殷本纪》,其他资料较早的还有《诗经》《尚书》《左传》《国语》《世本》《礼记》等。我们习惯上称呼商朝为"殷商",也有直接称"商""殷"的。"殷商"一词,作为朝代的名称,最早开始于《史记》。《史记》记载商朝历史不称"商本纪"而称"殷本纪"。"商"之名,见于较司马迁《史记》时代更早的记载。如古本《竹书纪年》就称"商",《诗经》有"天命玄鸟,降而生商",《国语》有"玄王勤商"等,但《诗经》中也有"殷商"并称的,只不过局限于称盘庚之后的商朝人。

　　商、殷最初都是地名。盘庚迁到殷地——今河南安阳市西北的小屯村，人们就把国都所在地的地名代替这个朝代的名称，从而称为"殷"。但到目前为止，在殷墟出土的甲骨文中，"殷"字还没有出现过，倒是"邑商""大邑商"出现过多次。可以看出，"殷商"是指殷地之商，为商朝之后期，商在前，殷在后，商丘是商朝的发祥地，是商朝的第一个都城。

　　由以上资料可见，商丘是"三商"之源，即商族之源、商业之源和商朝之源。商丘是商文化的发祥地，是中国商业文明的起点。随着历史的发展，兼容商文化和商业文化的两驱列车，承载着中华民族的文明呼啸向前，为中华民族光辉灿烂的历史增添了丰富的内容，做出了重要的贡献。

　　"拜谒华商始祖，传承中华商德。"在首届华商文化节在商丘召开前夕，《三商之源商丘》与大家见面了，这是该书的作者奉献给广大商丘人民和全世界的华商以及学术界的一份圣洁的礼物。衷心期望"三商"文化的研究越来越深入，期望商丘早日成为中国的"第九大古都"，期望更多的华商来商丘寻根问祖，事业兴旺发达。

编者

2006 年 10 月于商丘

　　（《三商之源商丘》，主编：张琼，副主编：李可亭，参编：王小块、朱凤祥、何婷立，河南美术出版社 2006 年版）

附录六

# "三商之源"的来源
## (《三商之源商丘》后记)

　　商丘历史悠久、文化灿烂，是燧人氏钻木取火的地方、孔子的祖籍、庄子的故里、花木兰的家乡，是国务院命名的中国历史文化名城之一。2003年6月我到商丘任职，分管全市宣传工作。随着时间的推移，我越来越意识到，在商丘众多的历史文化资源中，最为宝贵的是：商丘是商人、商业的发源地，是华商始祖王亥的故里。这是商丘历史文化资源中最为亮丽的一张名片。

　　也许是长期在高校工作养成的习惯，我查阅了大量的历史典籍，包括《诗经》《竹书纪年》《山海经》《史记》《楚辞》等，发现商丘的"商"具有三重含义：一是商部族的商，二是商业的商，三是商代的商。商丘是商部族的发源地，是商业的发源地，是商朝的发源地。商丘是"三商之源"，然而在以往的宣传中，"三商之源"这一概念一直没有形成。商人、商业源于商丘，中华民族经商第一人王亥故里在商丘，这一历史事实一直沉睡在历史典籍中。学术的修养、职业的敏感以及官员的责任心，都促使我不断地思考和探索着怎样将这张历史名片打出去，在市委、市政府领导的支持下，在同志们的共同努力下，于是就有了2004年"中国·商丘与商业起源研讨会"，于是就有了新华社通稿《中国商业源于商丘》，于是就有了李学勤先生到商丘考察并欣然题词"商人商业源于商丘"，于是就有了"'商人''商品'起源于河南商丘"编入全日制普通高级中学教科书，于是就有了"2006国际华商文化节"。

　　当2005年11月市委决定举办华商文化节时，我就计划编两本书，一本是通俗的，一本是理论的，来推介商丘，把商丘是"三商之源"和华商始祖王亥故里的历史宣传出去。现在呈现在大家面前的就是这两本书：《华商始祖王亥》和《三商之源商丘》。前一本是画册，通俗易懂；后一本是学术性著作，二者各有侧重又相互补充。

　　我要特别介绍的是，把我这一计划转变为现实的是商丘师范学院的李可亭教授。2003 年我到商丘工作不久就结识了他，他扎实的历史学功底给我在宣传商丘方面提供了许多学术和理论上的帮助。他参与了 2004 年"中国·商丘与商业起源研讨会"的全过程，本书的其他几位作者也是他邀请的。

　　本书的几位作者都是研究商丘历史的大学教师，有教授、副教授，也有博士和硕士。他们曾在 2000 年出版了学术性的通史著作——《商丘通史》（上编），为宣传商丘做了很多有益的工作。这本书的具体分工是：我负责策划、目录拟定；朱凤祥、王小块、何婷立分别撰写第一、第二、第三章的内容；李可亭参与策划、目录拟定和最后统稿。

　　在本书付梓之际，感谢河南美术出版社的曹铁社长、李国强总编的大力支持与辛勤劳动，正是由于他们的敬业、求实和奉献精神，才使得这本书能够很快和读者见面。

　　在本书的撰写过程中，我们吸收了同人研究商丘历史的相关成果，有些在书中已经注明，有些没有注明，在此声明并表示感谢。

　　由于我们水平有限，时间仓促，再加上资料收集不够全面，所以本书错误之处在所难免，敬请读者批评指正。

　　（此文系原中共商丘市委常委、宣传部部长张琼为《三商之源商丘》一书所写"后记"的一部分。载《商丘日报》2006 年 11 月 15 日）

读史随笔

# 商丘文明的曙光
## ——王油坊遗址

在茫茫永城大地，古酂城东北的王油坊，孕育了商丘文明的第一缕曙光。商的先民们在商丘一带的活动，王油坊文明就是最有力的证明。

如今已是第六批国家级重点文物保护单位的王油坊遗址，位于永城市西 27 公里酂城镇王油坊村东北 400 米，它北靠浍河（古涣水）支流龙兴沟，东距浍河 250 米，周围地势平坦，遗址略高于地表，东西和南北向长皆约 100 米。

王油坊遗址在 1977 年被发掘以前，由于土地呈黑色，被村民作为积肥土取走，或被作为建房用土取走。当时，人们并不知道，他们拉走的黑土其实就是古人留下的、文化价值极高的灰坑填土。

王油坊遗址为什么会成为商丘文明的曙光呢？

众所周知，史前商族人在建立商王朝之前所创造的文化，学术界谓之"先商文化"。考古材料证实，先商文化主要是新石器时代的文化，它来源于山东大汶口文化，并吸收了河南龙山文化及其周围其他文化的先进因素。而据考证，商族发源于居住在今山东滕州市一带的史前东夷人之中，最初主要活动在今豫东、鲁西南一带。分布在这一区域的考古学文化，学术界称为河南龙山文化王油坊类型。属于这一类型的文化还有永城造律台遗址、永城黑堌堆遗址、永城书案店遗址、永城赵庄遗址、商丘市谷子坑遗址、商丘市半塔村遗址和宁陵县丁堌集遗址等。从发掘情况看，遗址堆积较厚，一般都在 3 米以上。出土的文物为龙山文化晚期的石器、陶器、骨蚌器和角器。

王油坊类型遗址发现的大量生产、生活用具表明，商丘地区早在 4000 多年前人类的祖先就劳动、生息在这块广阔、平坦的土地上。他们或网罟而渔，或弓矢而猎，或磨蜃而耨，或畜牧牛羊，由渔猎生活逐渐进到农牧生活。该地区较为发达的农业、渔猎和手工业，为商丘当然也为中华民族的历史和文明增添了丰富的内容。

王油坊类型遗址都在故黄河的冲积平原上，为旧黄泛区淤没之地。黄河是我们的母亲河，黄河是中华文明的摇篮。龙山文化王油坊类型是黄河文明中一朵光辉的奇葩。

史前商族人由山东向今天的商丘迁徙，其间的脚步就曾停留在王油坊村，并在这里留下了深深的印痕。然后再向西发展，于是就有了帝喾和阏伯及其子孙。他们以亳为中心，创造了极其灿烂辉煌的先商文明。

王油坊遗址 1936 年被发现，1977 年发掘。经过岁月的磨砺和风雨的剥蚀以及人为的破坏，如今的王油坊遗址已是风烛残年、斑驳陆离，虽然被列为国家级文物保护单位，但是往日的风光已很难寻觅。历史往往就是这样被湮没的。

（原载"李可亭的博客"之"情牵芒砀山"，2010 年 1 月 3 日）

# 孔子与商丘

## 一　孔子是一个身心健康的人

明末清初思想家顾炎武在其《日知录》中谈到孔子时说："仲尼，一旅人也。"由于顾炎武本人也走了很多很远的路，所以他很懂孔子，没有说孔子是思想家、教育家、文献整理家之类，而说孔子在本性上只是一个旅行者。今天看来，顾炎武对孔子的这种看法是符合两千多年前孔子的真实情况的，因而也倍感亲切。

我们常说"健康第一"。孔子的身体和心理都是健康的，否则，他就无法完成长达14年的艰难旅行！据《左传》记载，孔子的父亲叔梁纥是个大力士，以勇武果敢著称。鲁襄公十年（前563），晋国率领诸侯联军围攻偪阳（今山东省枣庄市南面），叔梁纥作为一名武士，随同鲁军参加作战。在攻城时，偪阳人为诱敌入城，故意把城门打开，放一部分攻城的军队进去，然后再突然放下悬门，将攻城的军队拦腰截断，关门聚歼。就在悬门将要落下的刹那间，叔梁纥飞步上前，双手托起悬门，使攻进城内的鲁军及时撤了出来，避免了伤亡，为鲁军立下了战功。叔梁纥能双手托起城门，无疑是名副其实的大力士。很可能由于遗传的原因，有学者指出，孔子身高为1.91米，筋骨强健，力大过人。《吕氏春秋·慎大》篇记载："孔子之劲，能招（通翘）国门之关。"关，指门闩。国门之关，指城门上用一巨大横木做成的门闩。孔子的力气虽然不及其父，但是举国门之关的力气也非常人可比。《淮南子·主术训》篇还记载孔子有多项出众的本领："孔子之通，智过于苌宏，勇服于孟贲，足蹑郊菟，力招城关，能亦多矣。"苌宏是周大夫，以博学多才著称，而孔子的睿智超过了苌宏。孟贲是有名的勇士，传说他"水行不避蛟龙，陆行不避兕虎"，力大至"生拔牛角"，而孔子之勇犹过之。"足蹑郊菟"，菟即兔，是说孔子双足疾跑能够追上郊外的野兔。"力招城关"，即前述"能招国门之关"。

可见，孔子并不是我们印象中一个书生气十足的"夫子"，而是一个体格健壮、能文能武且文质彬彬的"君子"。

孔子教学生"六艺"，即"礼、乐、射、御、书、数"。今天看来，学生习"六艺"不仅是全面发展，而且需要身心健壮。可以设想，一个孱弱的书生，怎么在正规的场合施礼、行乐，怎么练习射箭、学习驾车？就是书法和计算也需要一定的气力啊！

孔子出生后不久，他的父亲就去世了。寡母抚养孔子，孔子也得赡养寡母，这样，他就不得不做一些杂活。他自己说："吾少也贱，故多能鄙事。"（《论语·子罕》）鄙事就是杂活，说明孔子小时候是进行体力劳动的。孔子是一个热心救世的人，他的人生观也是积极的，这从他"发愤忘食，乐以忘忧，不知老之将至"（《论语·述而》）中可以看出来。

## 二　孔子的祖籍在商丘夏邑县

众所周知，孔子为了宣传和推行自己的政治理想，曾周游列国。孔子的行程中有今天的商丘一站，他来商丘的目的是回乡祭祖，尽管这只是一个短短的时间，但他的足迹却具有象征的意义，很值得一书。

孔子生在鲁国的曲阜，但孔子的祖先是创造了灿烂文化的商人，后来又在周朝建立了宋国。孔子自己曾说"而丘也，殷人也"（《礼记·檀弓上》）。孔子的老家在今天的商丘夏邑县，孔子的三代祖孔防叔避祸迁鲁。后人为了纪念孔子回乡，在今天的夏邑县修建了"孔子还乡祠"。道光二十年（1813）《夏邑县志》记载，夏邑知县孔繁洁说："夏邑有还乡祠，祀我祖至圣先师，祀之所自始，前碑尽之矣。余自幼读书，时考其世系，知我祖发祥于鲁，实肇基于宋。夏邑在宋地，先代世为宋卿，食采于斯，此省墓还乡之所由来欤！故后人建祠以祀子。"道光二十一年（1814）夏邑知县陈诒枢在《重修还乡四代祠记》中说："夏邑古宋地，而孔氏之采邑在焉，食采于斯，亦卜兆于斯，孔子还乡省墓，盖数数矣。"是说夏邑是孔氏的采邑（俸禄之地）。

孔子是宋国的建立者宋微子之后，孔子的父亲名叔梁纥，叔梁纥的父亲叫伯夏，伯夏的父亲名孔防叔，孔防叔的父亲名睪夷，睪夷的父亲名木金父，木金父的父亲叫孔父嘉。就是这个孔父嘉在宋国遇难，他的重孙孔防叔避祸迁鲁。

宋国在周初封国中是一个比较重要的国家，与卫、鲁、齐、晋、燕等国具有同等重要的地位。但宋国是一个公族执政的国家，强宗大族擅权，国家政权始终为华、乐、向、皇、鱼等大族所把持。华、乐、皇、老等族是宋戴公的后代，向、鱼、鳞、荡等族是宋桓公的后代，势力都很煊赫，合称"戴桓之族"。"戴四族"中华族代表人物有太宰华督、右师华元，乐族代表人物有乐术、乐吕、乐大心、乐豫、乐喜，皇族代表人物有皇喜、皇父充石、皇瑗，老族代表人物有老佐；"桓四族"中向族代表人物有向戌、向带、向宁、向为人，鱼族代表人物有公子目夷（司马子鱼）、左师鱼石，鳞族代表人物有少司寇鳞朱，荡族代表人物有司城荡忌诸、大司马荡虺、荡泽等。这些代表人物在宋国势力强大，都曾一时叱咤风云。

由于公族执政，导致宋国内乱频仍，这其中最著名的一出就是华父督杀孔父嘉事件。华父督是宋戴公的孙子，是当时宋国的太宰，孔父嘉是正考父之子，是当时宋国的大司马，两人都是宋国的大臣。据《左传·桓公元年》记载，有一天，华父督在路上遇见了孔父嘉的妻子，由于孔父嘉的妻子长得既漂亮又有几分妖艳（"美而艳"），华父督很是垂涎。于是在第二年的春天，华父督杀死了孔父嘉并将其妻子据为己有。宋国的国君宋殇公大为震怒，欲治罪华父督。华父督先下手为强，又杀死了宋殇公，将居住在郑国的宋穆公的儿子冯迎回宋国，立为国君，是为宋庄公。华族势力的强大由此可见一斑。

孔父嘉被杀，妻子被夺。这是宋国内乱事件中一件极不光彩的事件，也是孔子祖先的一项屈辱。由于华氏势力强大，孔父嘉的重孙也即孔子的三代祖孔防叔不敢在宋国继续生活下去，于是避祸迁到了鲁国。

# 三　孔子在商丘的足迹

孔子从 55 岁开始，离开妻子和儿子，带着他的学生，周游列国。这一走，就是 14 年，直到 68 岁时才回到鲁国。孔子回到鲁国的前一年，一直等待他回家的妻子去世了；回到鲁国的第二年，他的儿子孔鲤去世了；又过了一年，他最喜欢的学生颜回也去世了；再一年，子路和司马耕也去世了。身边人的相继离去，对孔子的打击可想而知。这之后，孔子一方面继续给学生讲课，另一方面埋首致力于整理中国古典文献，直到 73 岁时死去。

孔子周游列国的目的一是"求仕",二是"行道",即求官和推行他的"仁政德治"。14 年中他先后到过卫、陈、曹、宋、郑、蔡等大小 6 个国家,主要停留地点是卫、陈两国。孔子周游列国,列国都给予他很高的待遇,也认为他的主张很好,但就是没有人采纳,因为他的主张实践起来太难了。所以,他处处碰壁,甚至还发生了一些危险。应该说,这是历史上所有出世的知识分子的共同命运。

孔子从鲁国到卫国,在卫国约 5 年时间。之后到了曹国,曹国没有接待他。孔子本想到陈国去,但目的地又不甚明确,于是先来到了宋国。孔子在宋国,也是非常难堪,这里有两件事情值得一说。一是宋国非但没有接待他,而且宋国的大司马桓魋还想杀害他。据说孔子带领弟子在一棵大树下习礼,桓魋命人将树砍倒,孔子险遭不测。原因是大司马桓魋不久前为自己造了一口石头棺材,花了三年时间还没有完成。孔子听说后,就批评说,这样的浪费,死了倒不如快些烂掉的好些!(《礼记·檀弓上》)此话传到了桓魋的耳朵里,真是冤家路窄,被激怒的桓魋要加害于孔子。关于孔子当时的态度有两种说法,一是说孔子吓得不轻,赶紧化装过境,叫作"微服过宋";二是说孔子非但不害怕,还说他是来祭祖和宣传仁政德治的,他的德行是天赋的,桓魋是奈何不了他的("子曰:'天生德于予,桓魋其如予何?'"——《论语·述而》)《孔子世家》中也有同样的记载:"孔子去曹,适宋,与弟子习礼大树下。宋司马桓魋欲杀孔子,拔其树。孔子去,弟子曰:'可以速矣!'孔子曰:'天生德于予,桓魋其如予何?'"这是孔子在宋国值得说的一件事。

第二件事就是,孔子在这次来宋国的过程中,不知出于什么目的,又向东走,到了芒砀山。由于天公不作美,孔子在芒砀山遇雨,衣服和书籍也淋湿了,他赶忙找一处山崖躲避。孔子避雨的山崖后来就叫作孔子避雨处,也叫"夫子崖"。天放晴出太阳之后,孔子又在石崖前面的石台上晾晒书籍,这块石台也因此得名"晒书台"。孔子在芒砀山遇雨及晒书之事,《归德府志》和明清《永城县志》均有记载。如今的夫子崖和晒书台也是一处较好的旅游去处。

孔子在宋国的足迹,只是他周游列国的一个瞬间。他在芒砀山的遇雨和晒书也是扑朔迷离,有人生疑甚至否认。

《论语》中有两处关于"子畏于匡"的记载,一是《先进》篇:"子畏于匡，颜渊后。子曰：'告以女为死矣。'曰：'子在，回何敢死?'"二是《子罕》篇："子畏于匡，曰：'文王既没，文不在兹乎?'天之将丧斯文也，后死者不得与于斯文也；天之未丧斯文也，匡人其如予何!""畏"在这里作囚、拘的意思。孔子在周游列国的途中曾经被囚于匡。《史记·孔子世家》说，孔子离开卫国，准备到陈国去，经过匡。匡人曾经遭受过鲁国阳货（一说阳虎）的掠夺和残杀，而孔子的相貌很像阳货，便以为孔子就是过去曾经残害过匡地的人，于是囚禁了孔子。匡在何地?《论语译注》的作者杨伯峻认为，今河南省长垣县西南 15 里有匡城，"可能就是当日孔子被囚之地"。但也有不同声音，一是《史记·孔子世家》作"拘焉五日"，不是一天。二是有学者考证，匡在宋地，在今河南省睢县西 26 里的匡城乡[①]。多数学者还是以杨伯峻之说为是。

## 四　商丘是儒家文化的主要来源和传播区

有时我在想，宋国是真了不起，因为这里是孔子的祖居之地，是庄子和墨子的故里，老子故里今天的鹿邑县距此也不远，中国传统文化的精华道家、墨家、名家等也都产生于此。如此众多的文化现象为什么会集中诞生在这片土地上呢?有人说春秋战国时期是一个社会动荡、礼坏乐崩的时代，这个时代引发了政治上特别是思想上的变革；有人说这个时代有比较宽松的话语环境，可以"百家争鸣"，是说这是一个需要大师同时也产生了大师的时代。除此之外，我觉得还有一个重要的原因，那就是这些先贤都是殷商的后裔。殷商文明是中国传统文化的源头。众所周知，商代的文化在当时的世界是十分先进的，当然也是十分辉煌的。周灭商后，周初的文化远低于商代，但商代的遗民在政治上是被统治者，没有政治地位，也正由此，他们才竭力保持和发扬在思想文化上的先进性和独立性，殷商先进的思想文化传统经过与春秋战国动荡时代的碰撞，于是绽放出了灿烂的火花，于是有了以商丘大地为中心所产生的百家争鸣文化。

孔子的足迹带给商丘的不仅仅是回乡祭祖，不仅仅是"还乡祠"的风雨剥蚀和历代修茸，更重要的是儒家文化的生成、传播和发展，以及与

---

① 李正华：《"子畏于匡"的匡究在何处》，《黄淮学科》1990 年第 3 期。

道家文化、墨家文化、名家文化的相互辉映、协调发展，并从而形成了中国特色的文化传统。这些文化传统源于商丘，又影响着商丘，滋润着商丘，使商丘承古开新，为社会经济发展注入永恒的精神动力。书此文，其意亦在此乎！

（原载《商丘日报》2010 年 4 月 16 日）

# 愧对墨子

在商丘大地上诞生的众多历史文化名人中，可能墨子是最寂寞的了。不仅地面上没有关于墨子的建筑或物象，商丘的学者也几乎是对墨子一言不发，政府或学术机构也没有举办关于墨子的学术研讨会之类的活动，这与墨子的知名度很不相称。而我们的隔壁邻居——山东滕州和河南鲁山对于墨子的重视和研究却是如火如荼，方兴未艾。我们实在是愧对墨子啊！

## 一  墨子是商丘人

墨家代表人物墨子生于何处，现有书籍并无明确记载，历史上也有不同的说法，曾有宋人说、楚人说、鲁人说、印度人说等。

《史记·孟子荀卿列传》说："盖墨翟，宋之大夫，善守御，为节用。或曰并孔子时，或曰在其后。"众所周知，《史记》的史料价值是很高的。在这里，司马迁尽管没有言明墨子的出生地，但指出墨子是"宋之大夫"。《汉书·艺文志》也说："《墨子》七十一篇。名翟，为宋大夫，在孔子后。"记载与《史记》同。需要说明的是，战国时期的大夫之职，多为世袭。所以，《史记》《汉书》虽未言明墨子出生地，但由于大夫之职世袭，实际上暗示了墨子就是宋国人。后世学者也据此认为墨子是宋国人，出生地也当在宋国。此说一直流行到清代。

但也有不同的声音。东汉末年高诱在注《吕氏春秋·慎大览》时说："墨子名翟，鲁人也。"清代学者孙诒让在其《墨子间诂·墨子后语上》说墨子"生于鲁而仕宋"。孙诒让根据《墨子·贵义》中"墨子自鲁即齐"、《墨子·鲁问》中"以迎墨子于鲁"、《吕氏春秋·爱类》中"公输般为云梯，欲以攻宋，墨子闻之，自鲁往"等语，证明墨子为鲁国人。近年来，有学者进一步考证墨子为滕州人，墨子的出生地为古代邾国的"滥邑"（在今山东滕州境内），滥邑后来归属鲁国，故有墨子是鲁国人之说。

墨子为楚人说，意即河南鲁山说。清朝毕沅《墨子注叙》和武亿《跋墨子》均言墨子是鲁阳人，鲁山之阳时为楚国辖地，即今河南鲁山县，故墨子楚人说意即河南鲁山说。河南鲁山说是由山东鲁人说派生而来。此说所依据的最早的资料也是《吕氏春秋》高诱注，以及墨子与鲁阳文君的关系，主张"鲁"应作楚之"鲁阳"，墨子故里当在鲁阳。

近代学者梁启超对宋人说、鲁山说进行了批驳。他在《墨子学案》中，根据《墨子·公输》中"归而过宋"语，力证墨子不是宋国人。又根据《墨子·贵义》中"墨子南游于楚"语，力证墨子不可能是楚国人。梁启超是知名学者，他的观点影响很大。

墨子是宋国贵族目夷之后，当为宋人无疑。从《墨子》全书来看，墨子在宋国的活动较多，与宋国的关系最为密切，对宋国的感情最深，这可以从墨子"止楚攻宋"事件中看得出来。另外，《墨子》一书明显具有宋地方言的特点，没有鲁、楚方言，这也是墨子宋人说的有力证据。再者，墨子是一位以天下为怀游走四方的学者，所谓"孔子锅灶烧不黑，墨子板凳坐不暖"即是，他经常往来于宋国、鲁国、齐国、魏国、楚国等很多地方。由此看来，梁启超以"归而过宋"语否定墨子为宋人，实为牵强。"归而过宋"只是证明了墨子当时没有居住在宋国，并不能证明他不是宋国人。

墨子是哪里人？由于史籍无明确记载，遂有这样多的争论。各地为发展社会经济文化的需要争打名人牌是可以理解的，但墨子为宋大夫在宋国做官、制止楚国攻打宋国等并无异议。这说明在关于墨子出生地的诸说中，宋人说是最有说服力的。但甚为遗憾的是，与山东滕州、河南鲁山相比，我们商丘人冷淡了墨子，疏远了墨子，我们抱愧墨子！

## 二　墨子有功于商丘

由墨子而形成的墨家文化是中国三大传统文化之一。这一文化诞生在商丘大地上，对中华民族的文明和发展做出了很大的贡献，是我们商丘人的自豪和骄傲！这是墨子有功于商丘的最明了之处。

如前所述，墨子与宋国的感情最深，这要说到"止楚攻宋"这个事件。墨子"止楚攻宋"的故事见于我国古典文献《墨子》《吕氏春秋》

《淮南子》等典籍记载。各书记载虽文字表述有异，但故事大致相同。

墨子止楚攻宋在公元前440年前后，当在宋昭公、楚惠王时，墨子时年35—40岁。史料记载，楚国准备攻打宋国，请著名工匠鲁班制造攻城的云梯等器械。墨子正在家乡讲学，听到消息后非常着急：一面安排大弟子禽滑厘带领300名精壮弟子，帮助宋国守城；一面亲自出马劝阻楚王。墨子急急忙忙，日夜兼程，鞋破脚烂，毫不在意，10天后到达楚国的都城郢。到郢都后，墨子先找到鲁班，说服他停止制造攻宋的武器，鲁班引荐墨子见楚王。墨子说："现在有一个人，丢掉自己的彩饰马车，却想偷邻居的破车子；丢掉自己的华丽衣裳，却想偷邻居的粗布衣，这是个什么人呢？"楚王不假思索地答道："这个人一定有偷窃病吧！"墨子趁机对楚王说："楚国方圆五千里，土地富饶，物产丰富，而宋国疆域狭窄，资源贫困。两相对比，正如彩车与破车、锦绣与破衣。大王攻打宋国，这不正如偷窃癖者一样吗？如攻宋，大王一定会丧失道义，并且一定会失败。"楚王理屈词穷，借鲁班已造好攻城器械为由，拒绝放弃攻宋的决定。墨子又对楚王说："鲁班制造的攻城器械也不是取胜的法宝。大王如果不信，就让我与他当面演习一下攻与守的战阵，看我如何破解它！"楚王答应后，墨子就用腰带模拟城墙，以木片表示各种器械，同鲁班演习各种攻守战阵。鲁班组织了9次进攻，结果9次被墨子击破。鲁班攻城器械用尽，墨子守城器械还有剩余。鲁班认输后故意说："我知道怎么赢你，可我不说。"墨子答道："我知道你如何赢我，我也不说。"楚王莫名其妙，问："你们说的是什么？"墨子义正词严地说："他以为杀了我，宋国就守不住，但是，我早已布置好，我的大弟子禽滑厘能代替我用墨家制造的器械指挥守城，同宋国军民一起严阵以待！即使杀了我，你也无法取胜！"这番话，彻底打消了楚王攻宋的念头，楚王知道取胜无望，被迫放弃了攻打宋国的计划。

这个事件很是动人，我曾多次感叹至深。首先，墨子尽管也是学者名人，但他却很平民化，在去楚国的途中，不坐车，而是靠双脚走路。并且这条路很漫长，起点在泰山脚下，目的地在今天的湖北荆州一带。十天十夜，他孤身一人，走得脚上起了泡，从衣服上撕下一块布条包扎后继续前行。其次，墨子还有很多像他一样会制造守城工具的弟子，在宋国都城严阵以待，准备随时迎击楚国的进攻。还有一点，墨子说服了楚国和鲁班，制止了战争。但当墨子从楚国回到被他解救的宋国时，却出现了滑稽性的一幕。当时天下起了大雨，墨子想到城门下躲雨，守城的人却不认识他，拒绝他到城门下躲雨。于是墨子在大雨中暗暗自嘲：一个人啊，靠大智慧救苦救难谁也不会知道，凭小聪明整天折腾谁都会认识他！——读来感叹至深！

墨子既有雍容华贵的一面，如他的学问和智慧，却又很平民化，有时甚至像个乞丐。他为了民间正义，质朴而笃定地奔走在社会底层，从理论层面和具体实践构筑和谐社会的美好愿景。

孟子说墨子秃顶，脚后跟由于经常走路是破的——这也是墨子"印度人说"的一个理由。庄子说墨子腿肚上没有毛，也没有肉，也就是我们说的骨瘦如柴。鲁迅写小说，写到墨子时，说这个人很黑，像个乞丐。由此可以想见墨子的形象！

余秋雨在一篇文章中说："一个重大的思想流派，最后成果是它对民间社会的渗透程度。……中国民间许多公认的品质并不完全来自儒家，似乎更多与墨家有关。例如：'言必信，行必果'的处事原则；对朋友恪守情义，却又不沾染江湖气息；对于危难中人，即使不是朋友，也愿意拔刀相助；以最朴素、最实在的方式施行人间大道，不喜欢高谈阔论；从不拒绝艰险困苦，甚至不惜赴汤蹈火……"

这些民间品质来自墨子。有时我在想：孔子的理想很阳春白雪，从理论上看完美无缺，但却高于社会，或者说是脱离社会，或者说只是一种理想。这也正是孔子的主张甚好但却不被统治者采纳的最重要原因，因为践行起来太困难。老子的思想太无为，"不敢为天下先"，他说"上善若水"，水往低处流，要求人也像水一样往低处走。庄子继承了老子的思想，不仅无为，甚至于幻化人生。只有墨子，感觉最真实！

商丘人可能最像墨子，墨子的民间品质渗透到了商丘人的心间。自古至今，从商丘诞生或者走出的名人，在气质上更像墨子。豪爽、厚道、见义勇为、扶弱济贫、不精于计算甚至带点傻气等，成为商丘人的特质。这是否也可以看作墨子有功于商丘的一个方面？

# 三　商丘人应珍惜并弘扬墨家文化资源

墨子名翟，他精通手工技艺，可与当时的巧匠鲁班相比。墨子曾经从师儒者，学习孔子之术。但后来逐渐对儒家的烦琐礼乐感到厌烦，最终舍掉了儒学，形成自己的墨家学派。在先秦时期，墨家是和儒家相对立的最大一个学派，并列为"显学"。

墨子一生的活动主要在两个方面：一是广收弟子，人数达到数百人之多，形成了声势浩大的墨家学派，并积极宣传自己的学说；二是不遗余力地反对兼并战争。

墨家是一个有着严密组织和严密纪律的团体，最高领袖被称为"巨子"，墨家的成员都称为"墨者"，必须服从巨子的指导，听从指挥，可以"赴汤蹈火，死不旋踵"，意思是说至死也不旋转脚跟后退。

墨子的学说思想主要包括以下几点：（1）兼爱非攻。所谓兼爱，包含平等与博爱的意思。墨子要求君臣、父子、兄弟都要在平等的基础上相互友爱，"爱人若爱其身"，并认为社会上出现强凌弱、富侮贫、贵傲贱的现象，是因天下人不相爱所致。他反对战争，要求和平。（2）天志明鬼。所谓天志就是天有意志，天爱民，君主若违天意就要受天之罚，反之，则会得天之赏。明鬼就是相信鬼神。（3）尚同尚贤。尚同是要求百姓与天子皆上同于天志，上下一心，实行义政。尚贤则包括选举贤者为官吏，选举贤者为天子国君。墨子认为，国君必须选举国中贤者，而百姓理应在公共行政上对国君有所服从。墨子要求上面了解下情，因为只有这样才能赏善罚暴。墨子要求君上能尚贤使能，即任用贤者而废抑不肖者。墨子把尚贤看得很重，以为是政事之本。他特别反对君主用骨肉之亲，对于贤者则不拘出身，提出"官无常贵，民无终贱"的主张。（4）节用节葬。节用是墨家非常强调的一种观点，他们抨击君主、贵族的奢侈浪费，尤其反对儒家看重的久丧厚葬之俗。认为君主、贵族都应像古代大禹一样，过着清廉俭朴的生活。墨子要求墨者在这方面也能身体力行。

墨子提出的"兼爱""非攻""尚贤""尚同""节用""节葬""非乐"等主张，在当时和今天都有重要的社会意义。他认为只要大家"兼相爱，交相利"，社会上就没有强凌弱、贵傲贱、智诈愚和各国之间互相攻伐的现象了。他对统治者发动战争带来的祸害以及平常礼俗上的奢侈逸乐，都进行了尖锐的揭露和批判。在用人原则上，墨子主张任人唯贤，反对任人唯亲，主张"官无常贵，而民无终贱"。他还主张从天子、诸侯国君到各级正长，都要"选择天下之贤可者"来充当；而人民与天子国君，则都要服从天志，发扬兼爱，实行义政，否则，就是非法的。

墨子的思想留有《墨子》一书。《墨子》分两大部分：一部分是记载墨子言行，阐述墨子思想，主要反映了前期墨家的思想；另一部分《经上》《经下》《经说上》《经说下》《大取》《小取》等篇，一般称作"墨辩"或"墨经"，着重阐述墨家的认识论和逻辑思想，还包含许多自然科学的内容，反映了后期墨家的思想。

墨家的"兼爱"和"非攻"思想，曾经受到过批判。批判者说，在阶级社会中，人与人之间不可能兼爱，国家之间也不可能避免战争——这话在强调阶级斗争的社会里是有道理的。即便在今天，实现兼爱谈何容易！这说明，墨子的思想也有理想的成分在其中。但如果要我们在儒家和墨家之间挑选，问我们倾向何方，我们则会毫不犹豫地回答倾向墨家。虽然墨家的兼爱难于实行，却为天下提出了一种纯粹的爱的理想。这种理想就像天际的光照，虽不可触及，却让人明亮。儒家的仁爱，由于太讲究内外亲疏的差别，造成了人际关系的迷宫，直到今天仍难于走出。正是由于墨家"兼爱、非攻"思想的理想性，所以墨子被冷淡了，被搁置了，一任尘土欺蒙。这说明，愧对墨子的不单单是商丘人，甚至是整个中国人。墨学由显学变为了"默学"，原因亦在于此。

墨子是世界的墨子，是中华民族的墨子，更是我们商丘的墨子。商丘人应珍惜并弘扬墨家文化资源，认真打好墨子这一商丘名人牌，以促进经济社会文化的发展，建设我们的和谐商丘。

（原载《商丘日报》2010 年 7 月 16 日）

# 拜谒陈胜墓

暮春时节，莺飞草长，花红柳绿，我来到芒砀山间的陈胜墓前，拜谒中国历史上第一位农民起义领袖陈胜。

据说，到芒砀山旅游的人，钻梁王墓群者众，吊陈胜墓者微。这实在是一个对陈胜不公平的现象。殊不知，西汉的江山虽是刘家打下的，但首倡反秦起义的则是陈胜，应该说陈胜是刘家天下的创始者、奠基人。刘邦懂得这个道理，他本人对陈胜就很尊重，司马迁在《史记·陈涉世家》中记载："高祖时为陈涉置守冢人三十家砀。"时至今日，附近还有丁窑村居民自称是守墓人的后代，这是世代相传下来的，可以推想，在西汉，陈胜的地位是非常高的。

说到这一点，还是司马迁有眼光，他把陈胜的事迹列入"世家"，而不是"列传"或其他。有人据此认为，这是司马迁人民性思想的体现。出于对历史的认同感，我觉得《史记》真不愧为"史家之绝唱"！

永城芒砀山被称为"汉兴之地"，这"汉兴"及后来的"文景之治""汉武盛世"，应该说都与陈胜有着不可分割的关系。

在历史的长河中，陈胜的言论和行动有着革命的意义。他的"王侯将相宁有种乎"为中国两千年间反对压迫和暴政的农民起义提供了理由和借口；他"斩木为兵，揭竿为旗"的行动为中国两千年间反对压迫和暴政的农民起义提供了路径和范例。历史记住了陈胜的言论和行动，历史就是在陈胜发明的这条轨道上螺旋式前进着：王朝腐败—农民起义—建立新王朝—再腐败—再起义—再建立新王朝，历史呼啸向前，这也是毛泽东一再倡导的"人民是历史的创造者"伟大理论的出处。

陈胜是聪明的，他是智者。他年少与人佣耕时，就有着天大的抱负，提出"苟富贵，勿相忘"的名言，面对同伴的嘲笑，陈胜发出了"燕雀安知鸿鹄之志"的呐喊；他不仅感同身受了"天下苦秦久矣"的生活，而且不是逆来顺受，他揭竿而起，"伐无道，诛暴秦"，向暴政的秦朝发起进攻；为了名正言顺和令大家信服，他和吴广制造了"鱼腹帛书"和"篝火狐鸣"的故事——他与吴广商计暗暗在帛书上写下"陈胜王"三个字，藏在鱼腹中，待戍卒剖鱼时发现这一帛书感到惊异；又在深夜到附近丛林的神庙中模仿狐狸的声音，高呼"大楚兴，陈胜王"，以此来证明反秦起义符合天意。陈胜在向人昭示，他已不再是雇农，他是真命天子。

众所周知，陈胜犯了历史性的错误，这种错误智者陈胜会犯，其他任何农民起义领袖都没有逃脱，这便是成功后的骄傲。随着陈胜称王和反秦斗争的节节胜利，陈胜骄傲了，忘记了自己原来佣耕的身份，杀了几个对自己不尊重的大老粗佣耕伙伴。这样一来，有不少人就偷偷地走了，不跟他干了。陈胜的岳父也感到陈王待他不像农村里女婿对待丈人的样子，他有点儿看不惯，还说陈胜自高自大，不尊敬长辈，他也溜了。陈胜最亲近的人离开了他，陈胜于是就连吃败仗，最后在下城父（今安徽蒙城西北），这位首先起义为天下除害的农民起义领袖竟被自己的一个车夫叛徒庄贾杀害了。司马迁对此非常感慨，他按着陈胜岳父的话总结道："怙强而傲长者，不能久焉。"

陈胜死后，他的涓人（近侍），后任"苍头军"将军的吕臣杀了叛徒庄贾，并攻开陈县，后来又把陈胜葬在芒砀山。

陈胜从公元前209年7月大泽乡起义，到称王立国，再到兵败被害，前后不过半年时间，但他点燃的反秦烈火烧红了大半个中国。"陈胜虽死，其所置遣王侯将相竟亡秦，由涉首事也。"（《史记·陈涉世家》）三年后，刘邦领导的农民起义军杀入咸阳，推翻了暴秦统治，中国历史上第一次大规模农民战争最终取得了胜利。

刘邦称帝后，追谥陈胜为"隐王"，派30户丁役守护陈胜墓，并按王侯待遇对陈胜年年杀牲祭祀。"隐"是指陈胜取得了很大的功业，但没有被彰显，不为人知，不免使人哀伤之意。看来，刘邦不仅尊重陈胜，而且隐隐有感激之意。现在的陈胜陵园中建有隐王殿。

历史是一面镜子，隐王殿前就竖了一面铜镜，以作为历史的借鉴。唐太宗李世民说过一句名言："舟所以比人君，水所以比黎庶。水能载舟，亦能覆舟。"宋代学者欧阳修、宋祁在其《新唐书·魏征传》中更是对李世民的话加以总结和升华："以铜为鉴，可正衣冠；以古为鉴，可知兴替；以人为鉴，可明得失。"李世民喜听与善取各种献议，深谙"兼听则明，偏信则暗"之理。其直谏大臣魏征曾上疏数十，直陈其过，劝太宗宜内自省，居安思危，察纳雅言，择善而从。现在的陈胜王陵大门前就竖碑刻上了李世民的这三句名言，而且显得格外醒目，警示人们"正衣冠、知兴替、明得失"的道理。但甚为可惜的是，刻碑者不慎颠倒了这三句话的顺序，而且刻错了关键的两个字（"以古为鉴"成"以史为鉴"，"明得失"成"知得失"）——这恐怕也是一面镜子。

汉代学者贾谊在其著名的《过秦论》中，全面分析了秦朝灭亡的经验教训，提出统治者要讲究"牧民之道"，他并且用"野谚"规劝统治者"前事之不忘，后事之师也"。我常想，统治者应如此，广大的黎庶百姓也是应该"前事不忘，后事之师"的。由此，我又想到了黄炎培当年向毛泽东提出的"周期率"（也叫"兴亡圈"）问题。1945年7月4日下午，毛泽东专门邀请黄炎培等人到他家里做客。饭后两人整整谈了一个下午。毛泽东问黄炎培，来延安考察了几天有什么感想？黄炎培坦率地说："我生60多年，耳闻的不说，所亲眼看到的，真所谓'其兴也勃焉，其亡也忽焉'。一人、一家、一团体、一地方乃至一国，不少单位都没能跳出这周期率的支配力。大凡初时聚精会神，没有一事不用心，没有一人不卖力，也许那时艰难困苦，只有从万死中觅取一生。继而环境渐渐好转了，精神也渐渐放下了。有的因为历时长久，自然地惰性发作，由少数演为多数，到风气养成，虽有大力，无法扭转，并且无法补救。也有因为区域一步步扩大了，它的扩大，有的出于自然发展；有的为功业欲所驱使，强求发展，到干部人才渐渐竭蹶，艰于应付的时候，环境倒越加复杂起来了，控制力不免薄弱了。一部历史，'政怠宦成'的也有，'人亡政息'的也有，'求荣取辱'的也有。总之，没有能跳出这个周期率。中共诸君从过去到现在，我略略了解的，就是希望找出一条新路，来跳出这个周期率的支配。"黄炎培这一席耿耿诤言，掷地有声。大家知道，毛泽东是智者，他有办法。他高兴地答道："我们已经找到了新路，我们能跳出这周期率。这条新路，就是民主。只有让人民来监督政府，政府才不敢松懈；只有人人起来负责，才不会人亡政息。"毛泽东的这番话，至今仍是至理名言。

陈胜是中国历史上第一位农民起义领袖，长眠于芒砀山正史多有记载，据《水经注》载："山有陈胜睹秦乱，首兵伐秦，费终厥谋，死葬于砀。"《史记》也有"腊月，陈王之汝阴，还至下城父，其御庄贾杀以降秦，陈胜葬砀，谥曰隐王"的记载。到了东汉时，陈胜墓不再受到保护，北宋年间，淮南人陈纲游历芒砀山时已经是"狐鸣陈涉孤坟坏，金尽梁王石室空"的景象。陈胜墓历经两千余年沧桑后，于 1975 年国家文物局拨专款修复，同年 5 月 1 日，著名历史学家郭沫若亲笔为之题写了"碑文"，2005 年扩建为陈胜园景区。其建筑风格为仿秦汉建筑，由门阙、山门、前殿、主殿、石碑、墓冢及东西厢房组成。

我曾数次拜谒陈胜墓。记得第一次是在 1985 年，当时的陈胜墓只有一个很小的坟茔，没有陵园，墓前竖着"秦末农民起义领袖陈胜之墓"墓碑，一看便知是郭沫若题写的，但没有署郭沫若的名字，这块石碑现立在陈胜墓的右前方。后来又到陈胜墓去过多次，每次都看到有新的建设和不同的变化，我的心情也随着墓园的建设和变化而跌宕起伏。现在新的墓碑不仅高大，正面刻上了郭沫若题写的碑名，有郭沫若的落款和时间，而且碑的背面还刻上了陈胜的生平事迹。陵园内还建有纪念堂和石刻画，展示了我国第一次农民起义的一幕幕情景和历次农民起义的悲壮历史，让人们在此领悟历史沧桑，感受英雄情怀。

掩映在青松翠柏下的陈胜墓，有时间我会再去拜谒，去聆听陈胜的声音，聆听农民起义的声音，去感受那不高不险却深藏着厚重文化的芒砀山！

（原载《商丘日报》2011 年 5 月 6 日）

# 萧何与酂城造律台

在茫茫永城大地上，酂城的历史和文化是值得一书的。翻阅历史文献和考古发掘材料，我们甚至可以说，酂城文明是商丘文明的曙光和源头。

位于古城内东南侧的造律台是一处古代文化遗址，考古发掘证明，该文化层厚约 9 米，分为两层，上层是商代堆积，下层为河南龙山文化遗存。河南龙山文化时期在时间上为公元前 2600—前 2000 年，这样算起来，造律台的历史至少在 4000 年。从这一点上说，造律台文化是华夏文明的源头之一。

造律台原是酂县县城的一座高台，名酂台。只因西汉丞相萧何被封为酂侯，食邑于此，又相传萧何在此台上制定了汉政府治理国家社会的基本大法《九章律》，故名造律台。

司马迁在《史记·陈涉世家》中说，陈胜、吴广大泽乡起义后，"乃令符离人葛婴将兵循蕲以东，攻铚、酂、苦、柘、谯，皆下"。《史记》里所谈到的符离在今安徽宿州符离集，蕲在今安徽宿州东南，铚即今安徽宿州，苦为今周口鹿邑县，柘为今商丘柘城县，谯为今安徽亳县，酂即是今商丘永城市酂城镇。

酂城位于永城市西南 24 公里处，今为酂城镇所在地。酂城是中国历史上也是永城市境内最早设置的县之一。秦朝建立后，废除分封制，实行郡县制，在今永城市境内设置了两个县，一是酂县，二是芒县，皆隶属于砀郡（今安徽砀山）。芒县在今芒山之南、永城东北 18 公里的芒山、陈集一带。到了东汉刘秀建武年间又增设敬丘县（后又名太丘县，治所在今永城市西北 15 公里太丘集），三县皆隶属于沛郡（今安徽沛县）。两汉之间的王莽时期改芒县为博治县，酂县为赞治县。隋朝时酂县属于谯郡（今安徽亳州）。元代至元以后并入永城。由此可见，酂城的历史已有2300 多年。但甚为可惜的是，"文化大革命"前还保存完好的酂城老城墙，现在除了西南角和西北角还有一些迹象外，其余的几乎没有了。据当地老人说，大多数是近年来村民建房、垫路时自行毁坏的。

造律台为一椭圆形高台，形如龟背，高约 7 米，底部南北长 54 米，宽 34 米，土呈黄褐色，土质坚硬。造律台现为全国重点文物保护单位。

历史上有两个酂县，都与萧何有关：一是永城的酂县，为萧何初封之酂；二是南阳的酂县，故城在今湖北光化县北，东汉光武帝刘秀封邓禹为酂侯，萧何的后嗣移封于南阳之酂。正是两个酂县都与萧何有关，于是不明底里者误认为萧何初封之酂为南阳的酂县，于是引起了萧何初封之地的分歧。

造律台之名源于萧何在此造律的传说——秦朝末年，天下大乱，群雄蜂起，萧何断定秦朝必亡，必有雄才大略之人再行统治天下。为此，他避开世尘纷扰，匿身于当时这座杂草丛生的高台之上，默默地为新朝撰制律条。后来萧何参加了刘邦领导的农民起义军，并像他预料的那样取得了胜利，建立了汉朝。萧何当了丞相后向刘邦献出他为新朝撰制的治世律条——这是流传至今的美丽传说，而且版本不一，但都与萧何造律有关。

众所周知，萧何与曹参都是刘邦的同乡，曹参是沛县的狱吏，萧何则是主吏，为刘邦建立西汉立下了汗马功劳。萧何"位冠群臣，声施后世"，为"汉初三杰"之一（余为张良、韩信）。刘邦论功行赏，定萧何为首功，封他为酂侯，食邑最多。由于萧何被封为酂侯，故民间认为萧何造律在酂城造律台。

所谓"萧何造律"，是指萧何制定的《九章律》，是汉政府治理国家社会的基本大法。萧何的《九章律》是在《秦法经》的基础上增补而成的，而《秦法经》六篇又是在李悝《法经》六篇的基础上改造而成。据《晋书·刑法志》记载，李悝《法经》六篇为《盗》《贼》《网（囚）》《捕》《杂》《具》。这里的"盗"是指偷盗、强盗，"贼"指伤害、杀人，"囚"指拘禁、断狱，"捕"即逮捕，"杂"包括诈骗、赌博、贪污、违反制度等各种犯罪行为，"具"是根据罪犯的表现或加刑或减刑，相当于现代的刑法总则。商鞅继承了李悝的《法经》，并用来治理秦国，收到了显著的功效。北齐刘昼《刘子·随时》说商鞅之法："行之三年，人富兵强，国以大治，威服诸侯。"但是，商鞅以后的秦统治者过于迷信法治，施行严刑峻法，特别是秦始皇统一六国后，被胜利冲昏了头脑，为所欲为，横征暴敛，人民陷入了苦难的深渊。刑罚苛刻，人民稍有触及，就遭到残酷的镇压，一人犯法，罪及三族，一家违法，邻里连坐，造成了如

《史记·李斯列传》所说的"刑者相伴于道，而死人日成积于市"的惨状。人民忍无可忍，终于爆发了秦末农民大起义，并最终推翻了残暴的秦政权。

萧何的《九章律》在李悝《法经》六篇《盗》《贼》《囚》《捕》《杂》《具》的基础上，又增加了《户》《兴》《厩》三篇。"户"指户籍、赋役和民事，"兴"指未奉诏旨擅自发兵及有关罪行，"厩"指牲畜饲养、管理和使用。《九章律》构成了汉代的法律主体。但《九章律》不能涵盖所有社会领域，所以叔孙通又制《旁章》18篇，张汤定《越宫律》27篇，赵禹作《朝律》6篇，作为补充法。另外，还有由皇帝和各级政府下达的具有法律效应的各种"令"，共同形成了汉代律令的法制体系，是汉帝国维护社会秩序的主要手段，其中以《九章律》最为重要，对后世影响也最大。

在刘邦集团中，知道重视法制建设的唯有萧何。在反秦战争中刘邦首先率军攻入咸阳，秦王子婴投降，秦朝灭亡。刘邦军进入咸阳后，诸将皆争夺金帛财物，唯独萧何"收丞相、御史律令图书藏之"。帮助刘邦制定了"约法三章"："杀人者死，伤人及盗抵罪。"（《汉书·刑法志》）得到了人民的拥护，对稳定当时的混乱局势起到了重要作用。但"约法三章"是临时性的"约法"，不可能保证汉政权的长治久安。有鉴于此，萧何就在楚汉战争时，利用留守关中的机会，"侍太子治栎阳，为法令约束"（《史记·萧相国世家》），这可以说是萧何定律的准备工作。刘邦灭项羽，国家重新统一。萧何为适应国家长期法制建设的需要，于是"攈摭秦法，取其宜于时者，作律九章"（《汉书·刑法志》）。

萧何的《九章律》通用于西汉、东汉400余年，对两汉的社会稳定，政治、经济、文化的正常发展起到了保障作用。不仅如此，从中国法制史的角度讲，萧何定律还起到了承上启下的重要作用。所谓"承上"，即上承李悝的《法经》和《秦六经》；所谓"启下"，就是下启魏晋南北朝隋唐的法制建设，对中国律令法制体系的形成和发展，具有不可或缺的中间环节的重要地位和作用。

"萧何月下追韩信"应该说是家喻户晓的事情，但"成也萧何，败也萧何"也是大家所熟知的俚语。韩信欲谋反，萧何设计将其除掉。萧何死后，曹参继任为丞相。曹参认为自己的能力不如萧何，一切依萧何制定的规矩办理，这便是"萧规曹随"的典故出处了。

　　在多种版本的地方志中都记载了鄹城造律台之名的来历源于萧何在此造律。世界萧氏也认为萧何是他们的祖先，鄹城是萧氏祖地。萧氏宗亲会还捐款在造律台前为萧何建祠，为萧何塑像。这样，历史、传说和现实纠结在一起，更使得萧何和造律台的内容丰富多彩起来。

　　如今的造律台花草繁盛，风景宜人，茂林修竹之中的萧何祠堂和萧何塑像，虽经风雨剥蚀，但依然昭示着历史的厚重和时间的跨越。置身于此，对话萧何，丝丝感触萦绕心间。

（原载《商丘日报》2011 年 4 月 8 日）

# 颜真卿的精神

说起商丘的旅游景点八关斋，人们自然会想到唐代大书法家颜真卿。是由于颜真卿亲手撰写的《宋州八关斋会报德记》而使八关斋千年流芳。

在商丘古城南 1 里许，古宋河北岸，坐落着省级重点文物保护单位八关斋。八关斋内屹立着一座八角亭，亭内立有八棱石幢，石幢高 2.67 米，每面宽 0.5 米，石幢上镌刻的就是颜真卿撰写的《宋州八关斋会报德记》。八角亭也因此而名八关亭。

颜真卿出生于公元 709 年，出生地是京兆万年，即今天的陕西西安，而他的祖籍在山东琅琊，也就是今天的山东临沂。颜真卿是唐朝著名学者颜师古的五世孙。颜真卿的父亲颜惟贞，擅写草书和隶书，在当时的长安颇有名气。颜真卿自小生活在这样的环境里，可以说是得天独厚。他 3 岁开始接触书本，练习书法，学习儒家经典。26 岁中进士，踏上仕途。在唐代书法家中，颜真卿应该是名副其实的排名第一。至于第二名、第三名是谁，第二名、第三名与颜真卿有多大的距离，书界和学界尽可见仁见智。这篇文章所讨论的颜真卿的精神，不是他的书法精神，而是他这个书法家的爱国精神和文化人格。他的这两个精神与他的书法一样，庄严神圣，高风亮节，令人肃然起敬。

在中国历史的长河中，唐朝是一个鼎盛的王朝，特别是到了唐玄宗开元年间，可以说是国强民富，达到了盛世。杜甫的《忆昔》有形象的描绘："忆昔开元全盛日，小邑犹藏万家室。稻米流脂粟米白，公私仓廪俱丰实。"这就是历史上的"开元盛世"。但这是"忆昔"，是安史之乱前的形势。安史之乱历时 8 年（755—763），是唐朝由盛到衰的转折点，安史之乱后，唐朝的形象已今非昔比。

安史之乱的突然爆发，唐玄宗毫无思想准备，整个朝廷以及整个军事行政系统也毫无思想准备。因为是盛世，大家没有危机感，但盛世潜藏着危机，所以居安思危就很重要。另外，安禄山也很会愚弄朝廷，表面上对朝廷很忠心。史载安禄山身体特别肥胖，"腹垂过膝"，自称腹重为三百斤。他每次走路，由左右抬挽其身才能迈步。唐玄宗见他如此肥胖，就问他的肚子里有什么，他诙谐地回答说："没有其他东西，只有对您的赤诚和忠心！"逗得玄宗哈哈大笑。尽管他身体肥胖蠢笨，但是在玄宗面前跳起胡旋舞来，却旋转自如，"其疾如风"。唐玄宗被安禄山忽悠了，蒙蔽了。正当整个唐朝全都如痴如醉地享受盛世的歌舞升平时，危机轰然降临，公元755年，安禄山联合史思明起兵反唐，安史之乱爆发。

唐朝整个朝廷以及整个军事行政系统猝不及防，上下一片慌乱。唐玄宗着急而又凄楚地问道："河北二十四郡，难道没有一个忠臣吗？"在这危急的时刻，首先站立起来的忠臣就是书法家颜真卿。颜真卿时为平原太守，驻地在今天的山东德州。他联合哥哥颜杲卿共同反叛。颜杲卿时为常山太守，驻地在今天的河北正定。常山和平原都在安禄山的管辖之下，可见颜真卿兄弟起兵反叛的艰难不易。

颜真卿首先起兵，发表了讨伐安禄山的檄文，并且在一天之内募集了一万多士兵，由于他的号召力，黄河以北的反安禄山力量都纷纷靠近他。在很短的时间里，就集中了20万军队，颜真卿被推举为主帅。身在山东德州的颜真卿要与身在河北正定的哥哥互通信息，距离比较远，需要有专人联络，于是就选择颜杲卿的儿子颜季明作为联络人。颜季明在复杂的形势下，来来往往骑马坐车，传递信息，为平定安史之乱立下了汗马功劳。但反叛战争是惨烈的，安禄山攻下了颜杲卿所在地常山，逮捕了颜杲卿，把他的舌头割下来，把他的手剁下来，用最残酷的肢解刑罚对付这位了不起的英雄。随后，颜家三十几口人全部被杀害，颜季明被砍头。两年后，颜真卿用自己的文章来祭祀牺牲的家人，其中最为震撼的，是那份祭祀侄子颜季明的《祭侄稿》。由于后来成了中国书法史上的经典法帖，又称为《祭侄帖》。这是世界上难得的一件艺术作品，满篇的文字都在长叹和哭泣，不仅体现了颜真卿书法家的傲然筋骨，也彰显了他忠心爱国的伟大人格。

安史之乱期间，当时称为睢阳的商丘古城惨遭战争灾祸。叛将尹子奇围攻睢阳，张巡、许远以身殉国，城内军民死伤殆尽。事隔3年，史思明又率兵来攻，宋州刺史李岑为贼所围，城内惊恐，惶惶不可终日。副元帅李光弼派河南节度使田神功前来救援，叛军撤退。睢阳全城军民对田神功这一功绩，非常感激。安史之乱后，唐大历七年（772）四月，田神功有病累月方愈，宋州刺史徐向等官吏为了逢迎田神功，便在五月八日，带头以俸钱 30 万，在城南开元寺设八关斋会，邀请 1000 名僧人赴斋。接着，州县官吏，富豪乡绅，连续设会，饭僧数千。这时，州郡长官又从千里之外请来了年事已高的颜真卿，请其撰书《宋州八关斋会报德记》，将歌颂田神功的佛事写了出来，立八棱石幢纪念，置于开元寺东侧。石幢初叫颜鲁公碑，因碑文所记是八斋会的佛事，后人便逐渐将此碑与碑亭连在一起，名八关斋。

宋州地方长官请颜真卿撰书《宋州八关斋会报德记》，一是因为颜真卿是大书法家，字写得好；而更重要的，是颜真卿作为一个书法家、一个知识分子、一个爱国将领的忠心爱国的人格魅力。他的主要事迹虽不在商丘，但他光明磊落的忠贞节操深深感动和激励着商丘人民，把他与死守睢阳并为国殉难的张巡、许远同等看待，以有他的亲笔撰书引为荣耀，并以颜鲁公的精神教育后人。这既是八关斋自身的荣耀，也是八关斋作为一个旅游景点吸引游客的主要原因所在。

事情还没完。又过了些年，谁也没想到，74 岁的颜真卿又接受了一个使命。安史之乱后，各地的军事集团即"藩镇"各自称王，形成了藩镇割据的局面。藩镇本来应该被严格控制，但在安史之乱的折腾中，很多藩镇全然失控，又因与叛军交过手而获得了扩张的理由和力量。这对唐王朝来说构成了大患。其中，淮西节度使（治所在今天的河南许昌）李希烈，非常明确地与另一支力量联合起来，准备跟唐王朝唱对台戏。当时的唐德宗认为李希烈带了个坏头，如果其他的藩镇也跟着效仿，那么唐王朝就会处处分裂，不像样子了。皇帝想来想去，觉得没有实力去打李希烈，能够做的只是劝诫和安抚。这个重任交给谁呢？在权臣卢杞的撺掇和建议下，皇帝选择了颜真卿，其理由是颜真卿是反对安禄山的第一号功臣，年龄那么大，又是文化名人，完全有资格居高临下教育李希烈，想必李希烈不会把他怎么样。但是皇帝的这一着棋遭到了一些大臣的反对。他们认为李希烈造反的态度很明确，劝诫恐无用；另外，颜真卿是一位德高望重的文化大师，让他亲自出马去执行这样一个凶多吉少的使命，不是上策，况且从长安到许昌路途遥远，老人家的身体恐怕也折腾不起。然而，颜真卿自己认为，这是他义不容辞的职责，毅然决定前往。

对颜真卿的到来，李希烈采用了软硬兼施的手段。他先是厚礼相待，百般逢迎，希望颜真卿能做他的军师，与他一起谋反。颜真卿正颜厉色，非常愤怒地说："我是唐朝的大臣，我来，就是要解决你这个问题的！"
李希烈看软的不行，又企图把颜真卿镇住。但颜真卿根本不在乎这一套，
反而把李希烈给镇住了。李希烈又开始耍流氓手段，下令把颜真卿推到烈
火前烧死，好几次又把颜真卿推到土坑前要活埋，颜真卿都面不改色，毫
不屈服，最后颜真卿被软禁在一个庙里。颜真卿对身边的人说："这就是
我的坟墓，我准备死在这里了。"

在李希烈的虎狼窝里，颜真卿生活了近两年时间。他不断劝诫李希
烈，阻止其谋反。后来，朝廷在其他地方采取行动，杀了李希烈的弟弟，
李希烈为了报复，缢死了颜真卿。朝廷为颜真卿举行了隆重的国葬，葬礼
期间德宗皇帝5天不办公。

颜真卿遇难的这一年，已经是76岁高龄。他用生命又一次捍卫了大
唐帝国的尊严，也为中国文人在政治灾难当中的文化人格做出了最好的诠
释。对于颜真卿的壮烈事迹，欧阳修在《新唐书》里赞道："呜呼，虽千
五百岁，其英烈言言，如严霜烈日，可畏而仰哉。"

颜真卿的事迹精神告诉我们，即使在最好的时代，也潜伏着严重的危
机。当危机爆发的时候，大家都会企盼国家的力量。但是，那时国家的力
量已经自顾不暇，因此，最终仰赖的是居安思危的意识和行动，是从颜真
卿这样深明中华文明兴衰之道的知识分子身上体现出来的爱国精神和文化
人格。

（原载《商丘日报》2013年3月1日）

# 王昌龄与商丘

　　最近一年来，一直在为建设"汉梁文化研究中心"准备材料，此"中心"拟建设成河南省高校人文社会科学重点研究基地。梁国文学不仅名重西汉，而且对后世产生了深远的影响，西汉以后历代文人墨客都把梁园作为向往之地，追思梁园胜迹，写下了流传千古的名篇佳作，南朝（宋）谢惠连的《雪赋》、唐李白的《梁苑吟》、杜甫的《遣怀》等都很知名。李白居梁园达 10 年之久，有关梁园的诗篇有 15 首之多。高适客居宋州 20 年，在宋州创作的诗歌多达 69 首。直到明末清初，商丘文人侯方域等人所组织的诗社还称"雪苑社"，足见对后世的影响之深。这中间，还有一个诗人，挑动我了的神经，他就是被称为"七绝圣手"和"诗家天子"的边塞诗人王昌龄（698—756）。

　　王昌龄与李白、高适都是关系极好的诗友。又因其诗名远播，因此当时很多名人都与之交游，交谊深厚。李白、高适之外，孟浩然、辛渐、李颀、岑参、王之涣、王维、储光羲、常建等都与他有交往。李白的名诗《闻王昌龄左迁龙标遥有此寄》："杨花落尽子规啼，闻道龙标过五溪。我寄愁心与明月，随风直到夜郎西。"就是送给王昌龄的。王昌龄中进士后为校书郎，出为江宁令，后因"不护细行"，被贬为龙标尉，所以世人称之为"王江宁""王龙标"。王昌龄被贬，李白十分同情，亦见他的性格与李白的傲岸不羁有着相似之处。龙标即今湖南省芷江县。王昌龄贬龙标尉的时间不可确考，有人推测在天宝七八年间。李白从天宝三年（744）离京漫游，此时正在扬州，听到这个不幸的消息，便题诗抒怀，遥寄给远方的友人。清初商丘"雪苑六子"之一、著名诗人、书画家宋荦在其《漫堂说诗》中认为："太白、龙标，绝伦逸群，龙标更有'诗家天子'之号。"这大概是对王昌龄最高的评价了。

　　根据我的经验，王昌龄的诗最为大家耳熟能详的一是《出塞》："秦时明月汉时关，万里长征人未还。但使龙城飞将在，不教胡马度阴山。"

二是《芙蓉楼送辛渐》："寒雨连江夜入吴，平明送客楚山孤。洛阳亲友如相问，一片冰心在玉壶。"但就是这位"七绝圣手""诗家天子"，却死在了谯郡太守（一说濠州刺史）闾丘晓的手里。最后为王昌龄报仇的名为河南节度使张镐，实为知己诗友高适。这事与安史之乱时的商丘有关。

755年十一月安史之乱起，许远、张巡死守睢阳、雍丘（杞县）、宁陵，至756年十二月，多次打退叛军的进攻。757年一月，叛将尹子奇率13万大军大举进攻睢阳，三月，重围睢阳城，至七月，睢阳城内粮草绝尽。河南节度使张镐闻睢阳危急，率兵日夜兼程，赶往睢阳救援，并同时传檄浙东李希言、浙西司空袭礼、淮南高适、青州邓景山四位节度使以及谯郡太守闾丘晓，共同发兵救援睢阳。张巡也派南霁云出城求援。十月，睢阳城破，张巡、许远、雷万春、南霁云壮烈殉国。睢阳城陷后三日，张镐大军赶到，把正要进犯江淮的尹子奇打得大败，收复睢阳。

在这血与火的战斗中，757年，诗人王昌龄在返乡途中，经过谯郡时，为谯郡太守闾丘晓所杀。对此，《新唐书》载云：

> （王昌龄）贬龙标尉，以世乱，还乡里。为刺史闾丘晓所杀。张镐按军河南，兵大集，晓最后期，将戮之。辞曰："有亲，乞贷余命。"镐曰："王昌龄之亲欲与谁养？"晓默然，遂杖杀之。

关于张镐杀闾丘晓事，《资治通鉴》亦有记载：

> 张镐闻睢阳急，倍道亟进。檄浙东、浙西、淮南、北海诸节度使及谯郡太守闾丘晓，使共救之。晓素傲很，不受镐命。比镐至，睢阳城已陷三日，镐召晓杖杀之。

一代名家，就这样结束了他的人生之旅，终年58岁。闾丘晓为何杀害王昌龄，史书无载。而今揣度，约有两项。一是如前述王昌龄"不护细行"，即不拘小节。王昌龄在江宁任内已被罗列出两大罪状：一曰"好酒贪杯"，二曰"不守本职"，导致被贬龙标尉。平心而论，唐人多有"不护细行"的毛病。陈寅恪《元白诗笺证稿》亦谓唐人轻狂，不护细行、不矜小节的绝非王昌龄一人。尽管唐朝是个开放大度的王朝，但还没有大度到"不护细行"的程度。所以，文人们需注意，还是矜持小心点好，要不然你就是第二个王昌龄或者李白！二是闾丘晓"素傲很"。元人辛文房《唐才子传》卷二"王昌龄"名下，有一句发人深思的话："以刀火之际归乡里，为刺史闾丘晓所忌而杀。""忌而杀"三字，道出了王昌龄的死因。王昌龄"不护细行""好酒贪杯"，不把闾丘晓放在眼里，这就触犯了闾丘晓的"禁忌"。闾丘晓"素傲很"，同时也嫉妒王昌龄的诗才与名气。在这傲慢性格和阴暗心理驱使下，认为王昌龄只是一被贬小官，天下大乱，朝廷自顾不暇，杀他和杀任何一个贩夫走卒一样简单容易。于是悲剧发生了，一代诗杰人头落地。但是这一次，苍天看不下去了，要为他报仇，这一回，天道中选出的执行者是张镐。

上述《新唐书》的记载很有意思：张镐要杀闾丘晓，闾丘晓乞求不能杀自己，理由很传统，也很人性孝道：家有老母无人奉养。张镐回答："王昌龄的母亲，谁来养活？"这一声断喝，令闾丘晓顿时"默然"，他哑口无言，他知道自己做过的孽，这是报应来了。于是杀了王昌龄的人终于被"杖杀"。

张镐"杖杀"闾丘晓的理由，《新唐书》说是"兵大集，晓最后期"，闾丘晓来得最晚，《资治通鉴》说是"晓素傲很，不受镐命"。实际上，睢阳城被围时，周围很多唐朝将领为自保多不出兵，如贺兰进明屯据临淮，许叔翼、尚衡在彭城，皆观望而不肯救援。张巡派南霁云请许叔翼出兵，许不答应。南霁云又求救于贺兰进明，贺兰进明不仅不出兵，反而挽留南霁云，为南霁云所拒。实际上，张镐"杖杀"闾丘晓，主要还是因为闾丘晓杀害了王昌龄，要为王昌龄报仇。

也有人认为，为王昌龄报仇的实际是高适。唐范摅《云溪友议》上卷《严黄门条》有这样一句话："章仇剑南为陈子昂雪狱，高适侍御为王江宁伸冤，当时拥为义士也。"高适和王昌龄，不仅同被称为"边塞诗人"，而且留有"旗亭画壁"的佳话。根据王昌龄与高适的关系及文人之间的惺惺相惜，时已被任命为淮南节度使的高适，在张镐面前狠狠地垫了闾丘晓一砖，张镐也因为王昌龄报仇而留得好美名。今天我在想，不论这位"义士"是张镐还是高适，我们都要对之深深鞠躬拜谢。"王昌龄的母亲，谁来养活？"这一声断喝，替天下蒙冤受屈的读书人出了一口恶气。

翻检历史，王昌龄的蒙冤和昭雪又与商丘有关，这又让我对商丘历史的博大厚重肃然起敬。

尽管王昌龄不得善终并深受谤议，但他在文学上的成就却无人能够否认。明王世贞《艺苑卮言》说："七言绝句少伯与太白争胜毫厘，俱是神品。"王昌龄，字少伯。将王昌龄与李白相提并论，应是对王昌龄很高的评价。王昌龄尽管两次被贬，但现实的逼仄并没有异化他的独立人格和雄杰之气，他的诗字里行间充溢着盛唐之音和刚健之美。

后人对"不护细行"的王昌龄多有误解。其实大可不必，因为王昌龄早就回答了后人的质疑，那就是"洛阳亲友如相问，一片冰心在玉壶"。

（原载《商丘日报》2012年3月16日。本文开头述及的"汉梁文化研究中心"已于2012年10月获批河南省高等学校人文社会科学重点研究基地。本文作者为中心主任。"汉梁文化研究中心"以研究汉代梁国的历史文化为主，兼及对整个商丘历史文化的研究。该中心也是商丘师范学院获得的第一个省级人文社会科学重点研究基地）

# 范仲淹与商丘

　　范仲淹是北宋初年杰出的政治家、思想家、军事家和文学家。著名的《岳阳楼记》就出自他的笔下，文章中的千古名句"先天下之忧而忧，后天下之乐而乐"，被后人广为传诵。他为政清廉，体恤民情，刚直不阿，力主改革。但也屡屡遭到奸臣的诬陷和诽谤，多次被贬。

　　范仲淹与商丘有着不解之缘。正是在这里，范仲淹刻苦求学，考中进士；在这里娶妻生子，为母服丧；又在这里掌执学府，成为历史名人。从某种意义上说，没有应天府的生活经历，就没有范仲淹的辉煌人生；没有范仲淹，应天府也将缺少一道靓丽的风景。范仲淹为人杰，而商丘则地灵，这是人杰与地灵的双向互动。也就是说，应天书院的苦读，造就了范仲淹，范仲淹的执教，振兴了应天书院；另外，他在应天府的诗文创作，奠定了他的文学地位；他的夫人李氏，出身于应天府的大家庭，其庞大的世系和家族成员，给予了孤寒困苦的范仲淹以温暖和无穷的力量；在应天府的交游，奠定了范仲淹在社会上的影响和地位，使他成为京东一带的文人领袖。范仲淹与应天府，恰如赵宋王朝与应天府一样，有着独特的情感和不解之缘。

　　北宋王朝是赵氏的天下，北宋的建立者赵匡胤曾做过归德军节度使。由于在历史上，商丘是春秋战国时期宋国的都城和中心，所以，赵匡胤陈桥兵变、黄袍加身当了皇帝之后，定国号为宋。因为赵匡胤从宋州起家，并且声称他当皇帝这是顺应了天命，于是到了宋真宗年间，改宋州为应天府。到了大中祥符七年（1014），应天府又作为宋朝的陪都改名为南京，与首都东京开封、西京洛阳、天京大名合称"四京"。北宋王朝对于商丘的重视，一方面是由于这里是赵匡胤的发迹地，另一方面是因为当时的商丘有着很优越的地理位置，它是首都开封在东南的屏障和通往江淮的门户，浩浩荡荡的运河经过商丘，使得商丘成为一座交通便利、经济发达的大城市。

应天书院是应天府书院的简称，又称睢阳书院、南都学舍，与江西庐山白鹿洞书院、湖南长沙岳麓书院、河南嵩山嵩阳书院并称为"四大书院"。在四大书院中，因为应天书院成立最早，所以居"四大书院"之首。

应天书院创办于五代时期的后晋。商丘虞城学者杨悫，热心教育，聚徒讲学，创办"南都学舍"。杨悫死后，他的学生戚同文继承其事业，继续执教。宋真宗时，应天府民曹诚用 300 万金在府城中戚同文私学的旧址上建房屋 150 间，邀请戚同文的孙子戚舜宾主持书院。大中祥符二年（1009），曹诚将所建学舍和书籍全部入官，受到宋真宗嘉许，宋真宗赐"应天府书院"匾额。

在北宋，应天书院声名远震，成为北宋一大知名学府。宋仁宗景祐二年（1035），应天书院改为府学，正式编入官学系列。官府又拨给学田十顷，充作学校经费。这时的应天府学更加兴旺，为北宋王朝培养了大批人才。

应天书院历经兵灾、火灾和水患。北宋末年，赵构在应天府称帝，建立南宋，但不久（5 个月后）迁往临安（今杭州），书院又毁于战火。元、明、清时期虽建有归德府学和文庙，但规模不如以前。清光绪三十一年（1905），在废科举、兴学校的教育改革中，应天书院在范文正公讲院的基础上建立"归德府中学堂"，应天书院的历史使命至此完成。但同时，应天书院又开启了新的篇章，那就是"归德府中学堂"成为今天商丘师范学院的前身。

现在的应天书院坐落在古城南湖湖畔，三面环水，一面紧邻古城城郭（环城公路），庄严巍峨，沉稳大气，以它厚重的历史文化为平台，继续展现着过去的风采，发挥着重要的育人作用。

范仲淹，苏州吴县人，公元 989 年八月二十九日，在父亲范墉任武宁军（徐州）节度掌书记时，他出生在江苏徐州。范仲淹两岁那年，父亲去世。范仲淹随母亲护送父亲的灵柩回苏州郊外老家。母亲把父亲安葬后，由于生活没有来源，在范仲淹 4 岁那年，为了孩子和生计，改嫁给平江府（今苏州市）推官朱文翰，范仲淹也改姓朱，取名说。朱文翰，淄州长山县（今山东省邹平县长山镇）人，为人忠厚正直，对范仲淹母子十分爱怜。范仲淹 4 岁那年，朱文翰到都城汴京工作，而后又任职湖南安乡、安徽青阳、缁州长山等地，范仲淹随继父奔走游学。

范仲淹 20 岁时来到长山县附近的长白山醴泉寺，跟一位德高望重、学识渊博的高僧学习，并利用学习之暇，外出拜师访友，求教学者名流，以增进知识，切磋学问，开阔视野。在醴泉寺读书的第三年，继父朱文翰因病去世了。他回家办理了丧事，安慰了母亲，便回醴泉寺读书。这年他已是 23 岁的青年，不但学业有很大的进步，而且思想也更加成熟了。继父去世后，家庭的担子全部落到了母亲一个人的肩上，生活来源枯竭，家里的日子一天比一天困难了。由于家庭的变故，范仲淹辞别母亲，带上必备的一点行李和琴剑，来到交通发达、经济繁荣、商旅云集、文教先进的大都会商丘，来到他朝思暮想、梦寐以求的应天书院求学。

范仲淹来应天书院读书的时候，正是应天书院的鼎盛时期。他十分珍惜这一大好时机，刻苦攻读，立志成才。在这里，有名师指教，与众多的同学切磋学问，又有大量的书籍可供学习参考。范仲淹真是如鱼得水，十分高兴。不管是寒冬腊月还是酷暑伏天，他都是昼夜苦读，自强不息，刻苦钻研，从不懈怠。然而，生活是十分艰苦的。有时他一天只能吃上一顿粥。这种生活状况是一般人无法忍受的，但范仲淹并不在意，他一心扑在学习上，以颜回自励。他有一位要好的同学是南京留守的儿子，回家时把范仲淹的情况告诉了父亲。这位同学的父亲很受感动，便关照手下人在给儿子送饭时也给范仲淹捎上一份。当那同学把捎来的饭给范仲淹送去时，范仲淹虽然十分感激，却再三婉言谢绝，怎么也不肯吃。他对那位同学说："我吃粥吃惯了，过去在醴泉寺 3 年，我就是这样度过的，如今一旦吃上好饭，粥就吃不下去了，那怎么能行呢？请向伯父转达我的谢意。"在商丘 5 年，他过着十分清贫的生活，昼夜苦学，5 年未曾解衣就枕。

大中祥符七年（1014）正月，宋真宗到亳州太清宫拜谒，在返回汴京的途中来到应天府。皇帝到达府城的消息轰动了商丘，大街小巷挤满了成千上万的人群，府学的学生们也纷纷跑到街头观看，谁都想看看皇帝是什么样子。唯独范仲淹没有去，仍一个人留在学校里读书。同学们回来后问他为什么不去看皇帝，他非常认真地说：皇帝是要见的，但等以后再见也不迟（"异日见之未晚"）。从这一句话可以看出，当时的范仲淹具有何等的抱负！

范仲淹在应天书院克服了许多困难，经过五年的刻苦攻读，终于学有所成。大中祥符八年（1015）的春天，范仲淹考中进士，在崇政殿参加御试时，他第一次看到年近五旬的宋真宗皇帝。后来还参加了皇帝御赐的宴席。范仲淹时年 27 岁。不久，他被任命为广德军的司理参军（广德军位置在今安徽广德县一带，司理参军是掌管讼狱、审理案件的官员）。接着，又调任为集庆军节度推官（集庆军辖境位置在今安徽亳州一带）。他把母亲接到应天府来赡养，并正式恢复了范姓，改名仲淹，字希文。从此开始了他近 40 年的政治生涯。可以说，范仲淹是从商丘起步，踏上仕途的。

时隔 12 年之久的宋仁宗天圣五年（1027），范仲淹的母亲在南京应天府去世。他为母亲守丧而来到应天府。此时，受当时南京留守晏殊聘请，范仲淹掌管应天书院，教授生徒。范仲淹自这年春末夏初入书院教书，到天圣六年（1028）底离去，前后执教近两年时间。

范仲淹在应天书院的两年时间里，有几件事情可以看出他对应天书院的热爱和投入。一是他本人学问很大，教书又很认真，影响很大，很多学者从四面八方赶来，应天书院一时人才济济，为社会输送了一大批优秀人才，其中的一些学者后来进入朝廷做官。二是范仲淹带给应天书院的，还有他那身居学舍而胸怀国家的爱国爱民思想。在书院中，他写下了著名的《上执政书》，提出了一系列革新政治的建议。可以这样说，范仲淹的改革思想，此时已初步形成，为以后庆历年间的新政做了人才上、舆论上的准备。三是范仲淹为振兴应天书院，还特别注重师资队伍建设。他在晏殊的支持下，对当时的一些硕学名儒，能留则留，能聘则聘。

通过范仲淹两年的努力和当时官府的支持，应天书院又一次得到振兴，四方学者纷至沓来。应天书院的学生相继登科，考中进士或举人，成为北宋时期的知名学府。

范仲淹少小立志，曾说"不为良相，便为良医"。他认为，做宰相权位高，可以造福天下，拯救黎民百姓于水火；做良医，虽然无权造福天下，但可以给老百姓治病，帮助病人解除痛苦。范仲淹后来做了宰相，实行庆历新政，进行改革，以推动社会的发展，实现了他远大的政治抱负。

范仲淹的名作《岳阳楼记》，千百年来一直为世人所传诵。《岳阳楼记》虽作于庆历六年（1046），但其主要思想在应天书院时就已基本形成。文章以景抒情，蕴含着对挚友滕子京不幸遭遇的慰藉和开导，同时也借以抒发了自己的感情和胸怀。如"不以物喜，不以己悲"的博大胸怀，"居庙堂之高，则忧其民，处江湖之远，则忧其君"的伟大抱负，以及"先天下之忧而忧，后天下之乐而乐"的政治理想，正是范仲淹"富贵不能淫，贫贱不能移，宠辱不惊，得失不计"和"以天下为己任"的人品和气节。

范仲淹的至理名言"先天下之忧而忧，后天下之乐而乐"，激励着一代代仁人志士奋斗不息，成为中华民族道德规范的重要组成部分。

"先天下之忧而忧，后天下之乐而乐"，展示了范仲淹中国传统的"民本理念"。继承和发展了孔子的"仁爱"思想。在新的历史条件下，广大党员干部特别是领导干部，仍然需要弘扬范仲淹的忧乐精神，吃苦在前，享受在后，为最广大人民群众谋福利。

"先天下之忧而忧，后天下之乐而乐"，体现了范仲淹的"忧患意识"。范仲淹生活在北宋内忧外患的年代，他处江湖之远则忧其君，居庙堂之高则忧其民。正是这种忧患意识，才使他在将近40年的政治生涯中，为国家、为民族、为黎民百姓，呕心沥血，奋斗不息，创造了伟大的业绩，也塑造了自己的高大形象。

"先天下之忧而忧，后天下之乐而乐"，还表达了范仲淹的"不欺精神"。不欺，即刚直不阿、光明磊落；不欺，即不欺君心、不欺民心、不欺自己的良心。这"不欺"二字是范仲淹对道德操行的高度概括，他一生为官、做人、处世、治家，都自始至终贯穿着"不欺"的信条。

可以断言，"先天下之忧而忧，后天下之乐而乐"这一中华民族的优秀思想的光芒是永远不会泯灭的。范仲淹的这一崇高思想品德，必将继续激励中华儿女在振兴中华的征途中，前赴后继，勇往直前。

商丘造就了范仲淹，范仲淹是我们商丘的骄傲，也是中华民族的骄傲！

（该文是作者在 2013 年 12 月 29—31 日由商丘市委宣传部、商丘市国学文化促进会联合举办的"商丘市第一届中华优秀传统文化论坛"上的演讲稿）

商丘要事回放

# 王亥经商

  商业活动是人类社会的重要形态之一。对于中国商业起源的时间，学者们由周初追溯到商朝，又由商朝追溯到先商。中国的商业活动开始于商先公（王）王亥，王亥是中国商业的创始人，王亥活动的区域就在今天的商丘，因此商丘是中国商业的发生地。

  在建立商朝之前，商族是夏朝的一个附属国。商人的祖先是"天命玄鸟，降而生商"的契，从契到建立商朝的商汤共14世，与夏朝统治历14世同始同终。王亥是契的七代孙，是汤的八世祖。从出土的甲骨文中可以看出，王亥在商先公中有着较高的地位，他重视农业和畜牧业，后人用非常隆重的仪式祭祀他。

  史料记载，王亥饲养猪、羊、牛等，重视畜牧业的发展。他驯服牛并赶着牛车到北方的有易国去进行以物易物的商业交易。由于王亥时期商族发展很快，力量强大，开始对邻近的部族进行蚕食和扩张，以进一步发展自己的势力，积极进行消灭夏朝的工作。这样，商族的活动就对邻近部族构成了威胁。所以，王亥在与有易氏的商业交易过程中，由于觊觎有易氏的土地，结果被有易氏国君绵臣所杀，中国第一位商人客死异地。后来王亥的儿子上甲微联合河伯对有易氏进行讨伐，有易氏这个名字便渐渐消失了。

  王亥生活的时期是中国奴隶社会的早期，此时农业、畜牧业和手工业均有了一定程度的发展，商业在此时应运而生也是历史的必然。由于当时的生产力水平还相对低下，所以这个时期的商业也仅仅是起步阶段，并且是在没有货币情况下的以物易物的交易。王亥之后，商部族利用牛车、马车的便利条件沿袭其传统，继续进行商业贸易活动，由于从事物品交换的人越来越多，于是逐渐形成了专门从事远方贩运货物进行贸易的商贾，也就是最早做买卖的人。由于这些贸易之人大多是来自商部落，所以被称作"商人"，久而久之，商人也就成了经商之人的专有名词，他们的交易活动就是"商业"活动，而作为最早进行贸易的王亥，便是商业的始祖，即商（业）人的祖先。王亥当时活动的区域在今商丘一代，所以商丘是中国商业的发源地。

2006 年、2008 年，在商丘举办了第一、二届"国际华商文化节"，塑造了王亥铜像，建成了华商文化广场，来自世界各地的华商到商丘寻根拜祖，投资兴业，形成了亲商、爱商、尊商、富商的优秀传统。

（"商丘要事回放" 10 篇文章原载《中原文化记忆丛书：华商之都——商丘》，河南科学技术出版社 2011 年版。"国际华商文化节"由商丘市委、市政府每两年举办一次，形成定制。从第四届开始，改名为"国际华商节"）

# 成汤都商

商朝是中国历史上一个重要的朝代，其建立者为汤（也称成汤、商汤、武汤、天乙、成唐，甲骨文称唐、大乙，又称高祖乙）。我国的奴隶社会开始于夏朝，其后有商朝和周朝。周朝又分为西周和东周，东周又分为春秋和战国，春秋与战国之交，即公元前476年，为我国封建社会的开始。

公元前2200年左右，中国历史上的夏王朝开始。夏朝建立后，商朝的祖先是夏朝的臣属（附属国）。但随着商族势力的强大，便渐有问鼎之心。夏朝末年，夏王桀暴虐无道，民心不服。商汤趁夏乱而剪灭了夏朝的许多属国，以扩大自己的力量，并最终在公元前17世纪灭掉夏朝，建立商朝，都于亳（即南亳，今商丘市虞城县谷熟镇）。商朝历600年，到公元前11世纪，商纣王实行残暴统治，民心大乱，最终为周朝所代替。

"商"的本意是商星，也叫辰星，是天象二十八宿之一"心宿"三星中的第二颗星，即心宿二，因其为赤色一等星，故又名"大火"。

在原始社会末期，黄帝的曾孙帝喾受封于高辛（今商丘市睢阳区高辛镇），名高辛氏，后建都于亳，成为部落联盟的首领。这说明商丘地区是远古人类活动的主要区域之一。高辛氏的儿子阏伯居住商丘，祭祀大火，即主祀辰星、商星，以大火的运行来定时节，安排农时。古代人民对天象变化及风、霜、雷、电极不理解，于是产生了恐惧和崇拜心理，"敬天"是科学技术不发达时代的普遍现象。阏伯在今商丘火神台之处筑台祀星，一方面祈祷天神保佑本部落人民生活平安，另一方面根据商星的运行规律安排农时，并适应天气的变化。这样，阏伯主祀商星之高台，就叫商丘，随着时间的推移，其周边的地方也渐渐地被称为商丘。

学术界认为，商族的祖先为东夷人，分布在今山东曲阜附近，他们以鸟为图腾，其中有凤鸟、玄鸟、伯劳、青鸟和丹鸟。商人以玄鸟为图腾，所以《诗经》中有"天命玄鸟，降而生商"的诗句。《史记·殷本纪》

说，商人的祖先名契，其母曰简狄，为帝喾次妃，简狄吞食了玄鸟卵，因孕生契（契即阏伯）。这些记载，反映了商族是以玄鸟为图腾，也反映了商族在契以前还未脱离母系氏族社会的历史进程。从契开始，商族才有了以父子相承为主的世系，商族进入父系氏族社会大概就在此时。

玄鸟，古人释为燕，或代以凤。在屈原和闻一多看来，玄鸟就是凤鸟。地下出土文物也证实了商族是以鸟为图腾的。今天坐落在商丘市神火大道与南京路交叉口的"商"字雕塑即反映了这一特点。整个雕塑既像"商"字，又像几只展翅飞翔的鸟，寓意为商丘正在腾飞。

商丘是商部落的发祥地，先商文化的源头。学术界把商朝建立之前的历史称为先商时期，把商朝的建立者汤之前的先辈称为商先公或商先王。契（阏伯）至汤共14代，与夏朝禹至桀也是14代同始同终，基本对应。夏朝建立后，商先公是夏的臣属，有几个商先公曾为夏朝的"司空"。由于种种原因，商都屡迁。据历史记载及史家考证，商先公时期就曾八迁，其地点大多在今河南、山东、河北境内。但商人活动的范围则颇为广阔，《诗经》说"相土烈烈，海外有截"，说明相土时商人活动的区域可能已经到达东海之滨。商朝建立都亳后，又有过五次迁徙，即仲丁迁于隞（一作嚣，今河南荥阳东北、郑州附近），河亶甲迁于相（今河南内黄东南），祖乙迁于邢（一作耿，今山西河津市境、一说今河南温县东），南庚迁于奄（今山东曲阜），到盘庚时最后定都于殷（今河南安阳）。可以看出，商朝建立后的五迁，其范围亦在今河南、山东境内，部分涉及山西、河北境内，但总不外黄河南北、距黄河不太远的地方。

商汤都亳为史家所公认。但亳之地望，争论颇多，有南亳、北亳、东亳、西亳等说。南亳在今商丘谷熟，北亳在今商丘蒙墙寺，东亳在今安徽亳州。西亳又分长安杜陵杜亳、河南偃师西亳、郑州商城郑亳等说，但大多数学者认为，汤都之亳为南亳，即今河南商丘虞城谷熟镇，也就是说商朝是从商丘开始的。

商朝是中国历史上继夏朝之后存在时间较长的一个王朝，也是中国历史长河中一个比较重要的王朝。商汤本人文韬武略，是一代英明之君。在灭夏之前，针对夏桀的暴政，他励精图治，实行仁政，联络周围各部落的势力，增强商族的力量，经过11次战争，无敌于天下，使得夏王朝空前孤立，又利用有缗氏的反叛，起兵打败夏桀于鸣条之野，最终灭掉了夏朝。由于商汤以武力灭夏，打破国王永定的说法，从此中国历代王朝皆如此更迭，因而史称"商汤革命"。商朝建立后，商汤以伊尹为相，实行各种措施，巩固商朝的统治。对内减轻征敛，鼓励生产，安抚民心，从而扩展了统治区域，影响远至黄河上游，氏、羌部落都来纳贡归服。商汤的所作所为，客观上推动了历史的发展，符合人民的愿望，因此得到后人的肯定和赞扬。

商朝建立都亳后，又有过五次迁徙，著名的有两次，一是仲丁迁于隞，二是盘庚迁于殷，并最后定都于殷。殷在今河南安阳，是商朝重要的都城之一，为中国八大古都之一；隞在今河南郑州附近，郑州也已跻身于中国八大古都之列。但商丘作为商族的发祥地和商朝前期的都城，为中外学者所认可，商丘作为中国的第九大故都指日可待。

# 周朝宋国定都睢阳

商朝到了武丁以后，统治阶级越来越腐化，到商末帝乙、帝辛时，情况更为严重，统治者沉醉于奢侈、享乐生活之中，阶级矛盾尖锐。公元前11世纪，周文王的儿子周武王姬发即位，积极准备灭商的战争。公元前1046年，武王伐纣，在商都朝歌郊外的牧野大战商军，商朝灭亡。之后两年，周公又东征平定了纣子武庚的叛乱，并压服了以奄为首的东夷诸部落，巩固了周朝的统治。

武王克商和周公东征后，曾进行过两次大规模的分封，目的是分封亲属，"以蕃屏周"。这是周王朝为巩固政权而创立的一种新制度，受封者主要是周王的同姓、亲戚、功臣和归附周王朝的方国首领，其中以周王的同姓为最多。周初共封了71个国家，其中最主要的是卫、鲁、齐、宋、晋、燕等国。宋国是商纣王庶兄微子启的封国。微子名启，与箕子、比干被称为"殷之三仁"，他多次劝谏纣王放弃暴政，但纣王拒不听从他的建议，以至于最后灭亡。宋国都于睢阳（今商丘），从微子启开始，经历了西周、春秋和战国，历32代，计736年。

宋国地处中原，与齐、楚、秦、晋等国相比，虽也曾有过一时的富强，但终未能跻身强国之列。继齐桓公的霸业之后，宋襄公也力图争霸。尽管史书把宋襄公列为春秋五霸之一，但宋襄公在与楚国的泓水之战中失败了，不仅霸业未成，自己还因身受重伤在第二年死去。

宋襄公的霸业尽管半途而废，但宋国在诸侯国中的地位较以前有所提高。春秋以来百余年，中原战争频繁，社会生产遭到严重破坏，人民生活苦不堪言。在此情况下，要求停止战争、实现和平的呼声越来越高，于是"弭兵"运动应运而生。春秋时期的几次大的"弭兵"会议都是由宋国主持，宋国的执政华元和向戌，在连年的战争中，奔走于大国之间，主持召开了两次"弭兵"会议。第一次"弭兵"会议是在公元前579年由华元发起，约合晋、楚两大国在宋国相会，订立了互不讨伐的盟约。第二次"弭兵"会议是在公元前 546 年由向戌发起，此次会议规模很大，除了燕、吴、越等偏远的国家外，几乎所有的国家都参加了，反映了各国普遍要求息兵的愿望。此后近一百年间，中原很少有战争，这对恢复和发展社会经济，安定人民生活发挥了积极的作用。两次"弭兵"会议的召开，一方面宋国保障了自己的安全，另一方面维持了列国的和平共处，这是春秋中期宋国执政者的卓越成就。

由于宋国是商朝的后裔，周灭商后，商的遗民刻意保存和发展优秀的商文化，这些商文化经春秋战国这个大动荡时代的撞击和洗礼，迸发出灿烂而耀眼的光芒，发生和形成了中国传统文化的精髓。孔子的祖先是宋国人，其三代祖避祸迁鲁。中国的儒家文化尽管诞生在山东曲阜，但由于孔子的祖先是宋国人，孔子本人也曾回乡省亲，所以宋国也就成了儒家文化的主要来源和传播地之一。道家文化的创始人老子是河南鹿邑人，鹿邑在历史上属于商丘；道家文化的另一大人物庄子是宋国人，这样，商丘就成了道家文化的发源地。墨子是宋人，墨家文化发生在商丘。名家的主要代表人物之一惠施是宋国人，于是，商丘又成为名家文化的发生地。商丘大地上创造的古代文明和元典文化这种"鼻祖"现象，使商丘在中国历史发展的长河中具有不可替代的作用和意义。

史料记载，宋国人"好稼穑"，是春秋战国时期主要的农业地区之一。宋国的手工业也非常发达，宋都睢阳（今商丘市睢阳区）是被称为"百工居肆"的在当时很有名气的手工业中心，其冶金、制革、漆器业在春秋战国时期处于领先地位。宋国境内的丝麻纺织历史悠久，丝织品颇受人称道，襄邑（今商丘睢县）的锦、陶地（今山东定陶）的缣都很有名气。宋国的商业也非常繁荣，宋都睢阳城垣范围超过 5 公里，人口约 10 万，是宋国的政治、经济和商业交往的中心；宋国的定陶是"天下之中，诸侯四通，货物所交易"的大工商业城市，也是范蠡当年曾"三致千金"的地方；宋国的彭城（今江苏徐州市）位于获水和泗水的交会处，当时也是比较繁荣的城市，后期还曾做过宋国的都城。

公元前 487 年，宋国灭掉了北邻曹国，扩大了自己的版图。此时的宋国，东面包括彭城、宿（今安徽宿县），南面包括铚（今安徽宿县西南）、酂（今商丘永城西）、柘（今商丘柘城县），西面与魏的宁邑（今商丘宁陵县）相邻，北部包括今山东定陶，与鲁国的郓（今山东郓城）相接。此时的宋国版图最大，力量也比较强大。进入战国以后，形势发生了变化，在"七雄"控制的局面下，宋国在政治舞台上渐趋销声匿迹。公元前286年，齐、楚、魏三国三分其地，宋国灭亡。

# 刘邦芒砀山起义

公元前 230—前 221 年，秦国先后灭掉了韩、赵、魏、楚、燕、齐六国，结束了春秋战国以来分裂割据的局面，实现了国家的统一。

秦朝实行郡县制，在商丘一带设砀郡（治所在今安徽砀山县南），置有睢阳县（今商丘市睢阳区）、柘县（今商丘市柘城县）、虞县（今商丘市虞城县境内）、栗县（今商丘市夏邑县境内）、襄邑县（今商丘市睢县境内）、蒙县（今商丘市梁园区境内）、酂县（今永城市境内）、济阳县（今开封市兰考县境内）、东明县（今开封市兰考县境内）、外黄县（今商丘市民权县境内）。

秦朝末年统治残暴，徭役赋税繁重，刑法严酷，社会矛盾尖锐，最终酿成了秦末农民战争。秦末农民战争的领导者陈胜和刘邦都与商丘有着密切关系。

陈胜、吴广在大泽乡起义后，首先攻克了蕲（今安徽宿县南）。接着，陈胜亲率主力向西北及今商丘一带进击，连克铚（今安徽宿县西）、酂（今永城市境内）、苦（今河南鹿邑县）、柘（今商丘柘城县）、谯（今安徽亳县）、陈（今河南淮阳）等地。在陈，陈胜被拥立为王，号"张楚"。当时，商丘一带农民纷纷响应陈胜起义，"皆刑其长吏，杀之以应陈涉"。在今宁陵县，原魏宗室信陵君的后代也投奔到起义队伍中来。但是，起义军在西进灭秦途中，由于孤军深入，后援不继，致使受到挫折，先是吴广战死，接着陈胜在下城父（今安徽涡阳）被叛变的御者庄贾杀害。陈胜死后，将军吕臣杀了叛徒庄贾，并葬陈胜于永城芒砀山之中。今芒砀山保安镇西 0.5 公里处有陈胜墓，墓碑上镌刻着郭沫若先生的手笔："秦末农民起义领袖陈胜之墓"，掩映在青山翠柏之中。

西汉的建立者刘邦在永城芒砀山起义，成为反秦的一支重要力量。刘邦，沛县丰邑（今江苏丰县）人，曾是秦朝的一个小官——泗水亭长。有一次，刘邦为秦朝送刑徒去骊山服役，但路上刑徒纷纷逃跑。刘邦听之任之，不加阻拦，最后带着愿意跟随他的"徒中壮士"十余人，藏匿于芒砀山中，静观时变。一天夜里，刘邦酒后在山中小路上行走，突然，前面的人报告说，有一条大蛇挡住了去路。刘邦说"壮士行，何畏"。自己走到前面，拔出佩剑，将蛇斩为两段。刘邦斩蛇后，即起兵反秦。由于刘邦后来取得了反秦的胜利，建立了西汉，所以，商丘永城芒砀山被称为"汉兴之地"。刘邦斩蛇处为一群山环抱地面平阔的小盆地，立有石碑一通，上书"汉高祖斩蛇处"。芒砀山主峰东山南坡有一个天然山洞，司马迁认为是刘邦活动于芒砀山的藏身之所，说芒砀山有王气，后人因此称为紫云洞或紫气岩。

公元前206年，秦朝在农民战争的打击下灭亡。接着，刘邦和项羽为争夺帝位，又进行了长达四年的楚汉战争。项羽自封为西楚霸王，都彭城（今徐州市），封刘邦为汉王。在刘邦和项羽长达四年的拉锯战中，商丘多次成为双方厮杀的战场和士兵、粮草的供应地。今柘城西北15公里的伯岗集，旧称霸王岗，据《读史方域纪要》记载，岗东原有藏甲城，是项羽屯兵伏击刘邦之地。战争给商丘人民带来了沉重的痛苦，人口减少，田地荒芜。直到西汉初年，人民生活才得以安定下来。

# 西汉梁国定都睢阳

　　公元前 202 年，西汉建立。西汉是封建专制的王朝，其在政治机构和政区体制方面基本上承袭了秦朝的制度。但也有变化，在实现郡县制的同时，汉初又先后分封异姓王、同姓王，形成郡县制与封国制并存的局面。后来，刘邦在消灭异姓王后又大建同姓王国。刘邦晚年，同姓子弟中有九人受封，受封之地分别是：燕、代、齐、赵、梁、楚、淮南、淮阳、荆。九个同姓王国占地 35 郡，与异姓王长沙国在地域上连成一片，总封域占汉朝疆域一半以上。九国中的梁国都睢阳（今商丘市睢阳区），初封时为九国中的最小国，只有两个郡（齐国七郡，赵、燕各六郡）。

　　梁国的始封者是异姓王彭越。彭越在公元前 202 年与韩信等合兵击灭项羽于垓下，因功封王。汉初"异姓诸王"共 7 人，彭越之外，还有楚王韩信、淮南王英布、韩王奚信、赵王张敖、燕王臧荼、长沙王吴芮。公元前 196 年，梁王彭越造反，事败被诛。改封同姓高祖次子刘恢为梁王。公元前 181 年，吕后徙刘恢为赵王，改封吕姓吕产为梁王。次年，吕后死，吕产作乱被杀，改济川王刘太为梁王。文帝二年（前 178），封文帝少子刘揖为梁王。文帝十一年（前 169），刘揖坠马而死，第二年，改封刘武为梁王。

　　刘武，汉文帝次子，景帝同母弟。文帝二年初封为代王，四年改封为淮阳王，十二年改封为梁王。景帝中元六年（前 144），刘武在位 35 年卒，谥为孝王，葬在芒砀山。今芒砀山保安峰东麓有梁孝王墓。

　　文帝时，同姓诸侯王势力膨胀，已构成了对封建国家的威胁，于是贾谊向文帝上《治安策》，建议削藩。但文帝未立即执行。贾谊死后，文帝才付诸行动。景帝即位初，御史大夫晁错上《削藩策》，为景帝采纳。景帝三年（前 154），削楚东海郡，削赵常山郡，削胶西六县，依次将削吴。这样，中央与地方的矛盾激化。春，久蓄异志的吴王刘濞纠集楚王刘戊、胶东王刘雄渠、胶西王刘卬、菑川王刘贤、淮南王刘辟光，以"清君侧"、诛晁错的名义，举兵叛乱，史称"吴楚七国之乱"。

吴楚发兵向西力攻，梁国地处要冲。梁孝王拥护朝廷，率官吏和民众固守睢阳，使乱军不能西进。七国反后，朝廷震惊，景帝一方面命周亚夫率兵迎击吴楚军，另一方面要梁王固守睢阳。在周亚夫与梁军将领韩安国、张羽的联合打击下，吴楚兵败，七国之乱被平息。

梁孝王刘武之母窦太后对刘武非常宠爱，让其王40余城，居天下膏腴之地，拥财巨万。这次在平定七国之乱中梁孝王又力阻叛军西进，为拱卫皇室立下了大功，于是"得赐天子旌旗，出入千乘万骑，东西驰猎，拟于天子"。梁孝王不仅享受了天子的待遇，而且在经济军事实力上也非常强大。不仅如此，窦太后还曾出言，要景帝身后传位给弟弟梁孝王。后来，梁孝王听说袁盎对景帝进谏，不能改变立子的祖制，十分生气，竟与宠臣羊胜、公孙诡商议，派刺客到长安，刺杀袁盎及其他朝臣，计谋被察觉之后，景帝便疏远了梁孝王。梁孝王死后，景帝分梁国为五部分，分立孝王的五个儿子为王——梁王刘买（都睢阳）、济川王刘明（都济阳，今开封市兰考县东北堌阳镇）、济东王刘彭离（都无盐，今山东东平东）、济阴王刘不识（都定陶，今山东定陶西北）、山阳王刘定（都昌邑，今山东西南部）。

梁国在孝王刘武时最为强大。特别是平定七国之乱后，梁国疆域辽阔，得到朝廷的赏赐也非常多，梁国土地除适宜种植农作物外，还广泛种植树木桑麻，其蚕丝纺织和家畜畜牧业也相当发达。芒砀山资源丰富，冶铁业成为独立的手工业。梁都睢阳和定陶、彭城都是当时商业发达的城市。又逢全国"文景之治"的盛世，社会相对稳定，所以梁国成为其他诸侯国的翘楚。于是，梁孝王筑梁园，方300余里，集离宫、亭台、山水、奇花异草、珍禽异兽为一体，成为帝王游猎、出巡、娱乐等多功能的苑囿。梁孝王"聘贤待士"，招延四方豪俊，海内名士望风而来。贾谊、枚乘、邹阳、严忌、司马相如等著名文人学士都是刘武的上宾，在梁国撰文作赋。贾谊的《治安策》、邹阳的《上梁孝王书》、司马相如的《子虚之赋》、枚乘的《七发》《梁王兔园赋》等都是脍炙人口的名篇。此外，梁国经学也非常发达，尤其是《易》学和《礼》学。西汉《易》学三大家施雠、孟喜、梁丘贺都源于梁人丁宽，《易》之京氏（京房）之学源于梁人焦延寿。梁国《礼》学的代表人物是戴德和戴圣叔侄，有《大戴礼记》和《小戴礼记》，人称大小戴之学。

梁王及王后死后多葬在芒砀山，在芒砀山发现的汉墓群规模宏大，凿工精细，出土的文物极为丰富，形成了独具色彩的汉墓文化。在汉墓中发现的金缕玉衣，对研究西汉的玉衣制用制度、诸侯王的埋藏制度、制玉工艺史等提供了重要的实物资料，在柿园汉墓出土的壁画填补了我国西汉早期壁画出土的空白，被称为"敦煌前的敦煌"。如今，芒砀山及其汉墓群是豫东一处非常宏伟的旅游景地。

# 张巡守睢阳

公元 618 年，李渊在长安称帝，隋朝灭亡，唐朝开始。唐朝初年，商丘一带称宋州，隶属于河南道。唐玄宗天宝年间，改州为郡，宋州改称睢阳郡。唐朝的睢阳郡统领 10 个县，即宋城（今商丘市睢阳区）、襄邑（今商丘市睢县）、宁陵、虞城、谷熟（今虞城谷熟镇）、下邑（今商丘市夏邑县）、楚丘（今山东省曹县东南）、柘城、砀山（今安徽砀山县）、单父（今山东省单县）。

唐朝天宝十四年（755）十一月，范阳、平卢、河东三镇节度使安禄山纠合史思明反唐。安禄山以讨伐杨国忠为名，从幽州起兵，很快攻陷东都洛阳，蹂躏中原。756 年，安禄山在洛阳称大燕皇帝，然后兵分两路，向西进攻长安，向东进攻雍丘（今开封市杞县）、睢阳。东进的目的是夺取睢阳，卡住运河，扫荡江淮。当时为真源（今周口市鹿邑县东）县令的张巡，誓师讨贼，转战于豫东，活跃在东方战场上。

张巡，邓州南阳（今河南南阳）人，玄宗开元末进士，初任清河（今河北清河县西北）令，后任真源令。756 年正月，叛将张通晤陷宋、曹等州，谯郡太守杨万石投降。杨万石逼迫张巡投降，张巡誓死不从，并起兵讨贼。他又引兵与单父尉贾贲合编，有士兵 2000，进驻雍丘。二月，雍丘令令狐潮投降叛军，张巡气愤，杀令狐潮妻子。令狐潮大怒，进攻雍丘，贾贲战死。张巡指挥军队击退令狐潮。三月、四月、七月，令狐潮又三攻雍丘，均被张巡打退。

从 756 年正月至十二月，在缺乏粮草、兵力单薄的情况下，张巡随机应变，以灵活的战术四次挫败令狐潮数万雄师的围困，使雍丘城池固若金汤。此时，北方的兖州、郓州、曹州皆已失陷，宋州完全失去了北部屏障。驻守彭城的河南节度使嗣虢王巨闻之大惊，夺路南逃，宋州又失去了东部支柱，形势危急。此时，叛将杨朝宗进攻宁陵，包抄雍丘，以绝张巡生路。张巡于是撤雍丘，退守宁陵，并与睢阳太守许远会合，派遣大将雷万春、南霁云等领兵战守宁陵北部,大战杨朝宗,斩杀杨部将万余人。唐朝朝廷因张巡有功封张巡为主客郎中、副河南节度使。战后,许远守睢阳,张巡守宁陵。

757年正月,安禄山被其子安庆绪杀死。安庆绪自称皇帝,并任命大将尹子奇为汴州刺史、河南节度使,令其出师打通进攻江淮的通道。正月下旬,尹子奇率众13万杀奔睢阳。睢阳太守许远向张巡告急,张巡乃率兵进驻睢阳,并与许远及城父令姚訚等合兵固守,首战告捷,斩敌2万余人。唐朝皇帝为激励、鼓舞士气,诏任张巡为御史中丞,许远为侍御史,姚訚为吏部郎中。三月,尹子奇第二次围睢阳,当时,张巡、许远两军兵力不到万人,兵力相差悬殊。至七月,睢阳城内粮草绝尽,剩余1600名将士疾病交加。据守在临淮的贺兰进明和据守在彭城的许叔翼、尚衡等,皆观望而不肯救援。张巡、许远以为睢阳地理位置重要,是江淮的屏障,如果放弃睢阳,江淮也必然沦陷。于是决心坚守到底,与尹子奇大小400余战,斩杀叛军12万人。粮尽以后,张巡与将士杀马煮纸而食。马尽,又罗雀掘鼠,煮铠食弩。十月,叛军攻城,城中仅剩400人,皆病不能战,睢阳城终于陷落。张巡、许远、雷万春、南霁云等皆壮烈殉国,张巡时年49岁。

张巡、许远守睢阳,是平定安史之乱史上极其悲壮的一页。

睢阳城陷后三日,张镐的大军赶到,把正要进犯江淮的尹子奇打得大败。事隔三年,史思明又率兵攻打睢阳城,宋州刺史李岑为叛军所围,副元帅李光弼派河南节度使田神功前来救援,叛军撤退。

安史之乱是唐朝由盛到衰的转折点。张巡、许远守睢阳,有力地打击了叛军的嚣张气焰,彻底打破了叛军欲南下扫荡江淮的企图,保护了南方人民生命财产的安全,使东南经济在原有的基础上更加稳步地发展。睢阳之守,极大地削弱了长安、洛阳方面叛军的军事力量,为唐军光复长安、洛阳创造了极为有利的形势。

由于守睢阳有功,张巡死后,朝廷诏赠其为扬州大都督。宋大观年间(1107—1110),赐爵侯,谥号忠烈。睢阳人民为张巡等立庙,名六忠祠(张巡、许远、南霁云、雷万春、贾贲、姚訚),岁时致祭。今古城南建有张巡祠。张巡的忠君爱国思想得到后人的肯定和怀念。

# 千年应天书院

应天书院为中国四大书院之一，在成立时间上为最早，由于商丘是宋代赵家王朝的发祥地，所以在地位上，应天书院的地位也最重。应天书院薪火相传，成为今天商丘高等教育的肇始。

中国的学校在北宋以前为私学，自应天书院诞生，私学发展为官学，后又从书院升为府学，由府学升为国子监。应天书院本身也有一个形成和发展的过程。

唐末五代时期，天下大乱，割据一方的统治者无暇顾及教育。但当时宋州虞城却有一位"力学勤志，不求闻达"的学者杨悫。他聚徒授学，立志教育，兴办私学。杨悫办学为应天书院的肇始。杨悫死后，戚同文继其业。

戚同文是北宋初年著名的教育家，他是杨悫的学生，同时继承了杨悫的事业。当时宋州太守赵直为他在宋州筑室数楹，让他聚徒授学。戚同文学问渊博，精通五经，又执教有方，前后门下登第者相继不绝。一时睢阳戚先生之名，风布海内，声名鹊起，闻风拜谒请益之人从四方纷至。宋州很快成为宋初中原地区学人荟萃之地。

宋真宗大中祥符二年（1009），应天府民曹诚，家资雄厚，藏书丰富，慨然有复戚同文旧学之志。他出资300万，招募匠人，在府城中戚同文旧舍建成书院，为屋150间，聚书1500卷，邀请戚同文之孙戚舜宾主教。戚舜宾上继祖业，制定学规和开课范围，为人所乐道。应天府官员遂将此书院上奏朝廷。宋真宗看到奏报中的学样"学伦画一"，大为赞叹，"面可其奏"，并正式赐额为"应天府书院"，使曹诚为书院助教。这是应天书院办学的开始。作为宋代地方官学来说，应天府书院成立最早，所以宋人曾说"州郡置学始于此"。宋仁宗天圣三年（1025），朝廷允许应天府书院在参加科举考试的名额中增加3人。仁宗明道二年（1033），朝廷又允许应天书院"置讲授官一人"。此后，北宋著名的文学家晏殊为应天知府，大力聘请名师任教。在他的推荐下，经朝廷批准，以教育家王洙为书院说书。王洙知识渊博，是当时的硕学名儒。王洙在应天书院任教八年，为应天书院贡献了自己的力量。仁宗景祐二年（1035），应天书院改为府学，官府拨给学田 10 顷，充作学校经费。此时，晏殊又聘请因服丧而退居睢阳的范仲淹入学，以授生徒。

范仲淹是北宋很有影响的政治家，他一生"先天下之忧而忧，后天下之乐而乐"，以贤能称颂于后世，他还是一位文学家，是北宋诗文革新的先驱之一。他与应天书院有着极为密切的关系，是应天书院培养造就了他，也是他在仁宗天圣年间振兴了应天书院。

大中祥符四年（1011），23 岁的范仲淹来到向往已久的应天书院求学，此时正是应天书院的鼎盛时期。范仲淹十分珍惜这一大好时机，刻苦攻读，立志成才。范仲淹在应天书院学习 5 年，生活非常艰苦，但他不以为然，树立雄心壮志，终于学有所成。大中祥符八年（1015），范仲淹考中进士，出任广德军司理参军。可以说他是从商丘起步，踏上仕途的。

时隔 12 年之后，范仲淹的母亲在南京应天府去世，他在为母亲守丧而退居应天府时，受当时南京留守晏殊之聘，掌管府学。范仲淹在应天书院执教两年，兢兢业业，由是四方学者辐辏，为社会培养了一批优秀人才。

范仲淹带给应天书院的，还有他那身居学舍而胸怀国家的爱国爱民思想。在书院期间，他写下了《上执政书》，提出了一系列革新政治的建议。由此可见，范仲淹的改革思想，在此时已初步形成。他在应天书院的两年授徒，为以后庆历年间的新政做了人才上、舆论上的准备。

由于应天书院及府学聘请公师，整饬校风，四方学者云集，可与邹鲁孔孟讲学媲美。北宋初年，地方不许随便兴学，直到仁宗庆历四年（1044），朝廷从范仲淹之请，才下诏各路州军监各自立学，于是地方学校逐渐兴起。庆历三年（1043），朝廷又将南京府学改为南京国子监，其地位更高于一般地方学校，而与东京、西京的国子监互相辉映。

应天书院历北宋一代而不衰，是由于官僚重视，民间热心，内行经办，公师训导的结果。杨悫、戚同文、曹诚、晏殊、王洙、范仲淹等人都为之做出了积极的贡献，遂使商丘在北宋一代，人才济济，影响于全国，在宋代文化教育史上占有突出地位。

# 赵构南京称帝

两宋王朝（南宋、北宋）与商丘关系密切。北宋王朝的建立者赵匡胤曾在后周时期任归德军节度使，统领后周的禁军。906年，赵匡胤在开封东北的陈桥驿发动兵变，黄袍加身，回师开封，后周皇帝退位，赵匡胤正式当了皇帝，史称宋太祖，北宋开始。因为他任归德军节度使的地方是宋州（今商丘），就定国号为宋，同时又改归德军为宋州。又因为赵匡胤发迹于宋州，并且声称当皇帝是顺应了天命，于是到了宋真宗时改宋州为应天府，而且定宋城县为次京，宁陵、楚丘、柘城、下邑、谷熟、虞城为次畿，处于仅次于开封及其各县的地位。大中祥符七年（1014），应天府又作为宋朝的陪都改名为南京，与首都东京开封、西京洛阳、天京大名合称为"四京"。

北宋对于商丘的重视，一方面是因为商丘是赵匡胤的发迹地，另一方面是因为商丘地理位置的重要性。北宋定都开封，商丘即成为东南之门户，近可屏蔽淮徐，远可南通吴越。另外，商丘在当时还是一个商旅辐辏、经济繁荣的大都会，对开封经济、政治的发展起着重要作用。

北宋后期，民族矛盾尖锐，契丹族建立的辽国和党项族建立的西夏国都在觊觎北宋的土地和人口，与北宋发生了多次战争。特别是女真族兴起建立金国以后，先是灭掉了辽国，接着便进攻北宋。靖康二年（1127），金兵将俘虏的宋徽宗、宋钦宗带到北方，北宋灭亡，史称"靖康之祸"或"靖康之难"。

金军在撤出开封之前，册立了原任北宋宰相、投降派头子张邦昌为"大楚"皇帝，让他替金人统治黄河以南地区，史称"伪楚政权"。伪楚政权迅即为人民所唾弃，宋朝的旧臣也大多倾向于徽宗的第九子康王赵构。因此，张邦昌被迫退位。赵构于1127年五月即帝位于南京应天府，改年号为建炎，史称宋高宗，南宋开始。

赵构之所以在南京（今商丘）称帝，并且国号仍为宋，表明了南宋政权仍视商丘为宋的发源地，在商丘称帝继承北宋的统绪应天命、顺民心、合地气。赵构称帝之处在今天商丘古城城湖南岸。

　　但是，赵构生活在投降派的包围之中，以至于他疏远抗战派，抗金不力，想逃往南方，偏安于一方。1127 年九月，宋高宗听说金兵南侵，不问消息是否属实，立即准备南逃。十月，赵构从南京出发，月底逃到扬州。1129 年二月从扬州逃到镇江，很快又逃到临安（今杭州），自此开始了南宋以杭州为都城的统治。后人批评赵构抗金不力，偏安于一方，为诗嘲讽曰："山外青山楼外楼，西湖歌舞几时休。暖风熏得游人醉，直把杭州作汴州。"（南宋林升《题临安邸》）

# 咸丰五年黄河改道

　　1368年，朱元璋在南京称帝，明朝开始。洪武初年，降归德府为归德州，属开封府。嘉靖二十四年（1545），归德州又升为归德府，统管一州八县，即睢州（明初改襄邑为睢州）、商丘县、宁陵县、鹿邑县、夏邑县（明初改下邑为夏邑）、永城县、虞城县、考城县、柘城县。清朝沿袭明制，商丘称归德府，属河南省。直到清末，归德府仍统领一州八县：睢州、商丘、宁陵、鹿邑、夏邑、永城、虞城、柘城、考城。其中考城县始设于东汉，后与兰阳（金代始设）、仪封（元朝始设）合并为兰考县（1954）。

　　黄河是母亲河，黄河流域是中华民族的发祥地，黄河下游的冲积平原在历史上相当长的时期内是中华民族活动的中心。但由于黄河中游流经52万平方公里的黄土高原，黄土结构疏松，容易被侵蚀。加上中游地区雨量集中，自然植被的破坏，水土流失严重，每年输送到下游的泥沙就有16亿吨，其中有4亿吨沉积在河床上，日积月累，使河床抬高，成为"悬河""地上河"。黄河下游河床一般高出地面3—5米，最高处竟达10多米。因此，历史上黄河多次发生决溢和改道。据统计，从春秋时代到新中国成立前2000多年中，黄河下游的决口泛滥达1500多次，改道26次，平均三年一决口，百年一次改道。黄河改道最多的是下游，大的改道一般史书上说有六次，其中清朝咸丰五年（1855）兰阳铜瓦厢（今兰考东坝头）决口改道是黄河历史上最后一次大的改道。

　　在北宋末年之前，黄河下游河道虽曾有多次变迁，但绝大部分时期都是流经今河北平原由渤海湾入海；从南宋初年到明朝中期，黄河下游河道流经商丘，分成数股汇集到淮河入海；从明中期到咸丰五年，黄河下游河道经商丘单股汇淮入海，在这一时期，黄河大部分时间保持在今废（淤）黄河一线上；从咸丰五年到现在，黄河绝大部分时间都保持在今天黄河下游河道一线，没有流经商丘。

　　清咸丰五年六月，黄河在兰阳县铜瓦厢决口，分成三股洪水，都在山东寿张县张秋镇穿越运河，挟大清河入海。于是，黄河下游结束了700多年由淮入海的历史，又回到由渤海入海的局面。这次决口，清政府内部为黄河流经问题发生争执。李鸿章代表安徽、江苏地主阶级的利益，反对堵住决口，主张听任河水流向山东、河北。山东巡抚丁宝桢代表山东地主阶级的利益，主张堵住决口，恢复黄河入淮故道。双方争执不下。由于当时太平天国运动的烽火席卷长江流域，清政府岌岌可危，无暇顾及治河，于是洪水在豫东、鲁西南任意泛滥，当地人民群众遭受了极大的灾难。决口以后20年，直至1875年（光绪初年），才最后形成了今天黄河下游河道。

　　黄河在兰考东坝头折而向北的场面，蔚为壮观，转弯处所形成的黄河湿地既是旅游度假的好去处，也是进行科学研究的理想场所。而横穿商丘全景的黄河故道，自西向东，水面宽广，蜿蜒曲折，碧水长年不断，并盛产鱼蟹等水产品。黄河两岸的申甘林带，被称为"故道绿色长城"。每年春天，梨花似雪，杏绯桃红，成为商丘一道靓丽的旅游风景线。

# 总前委设在商丘的淮海战役

　　1948 年 11 月 6 日至 1949 年 1 月 10 日进行的淮海战役，是解放战争战略决战阶段中国人民解放军同国民党军队进行的具有战略意义的三大战役之一。淮海战役以徐州为中心，北起临城，南达淮河，东至海州，西到商丘。淮海战役总前委设在商丘，其中在商丘境内全歼杜聿明集团的歼灭战，是淮海战役的第三个阶段。

　　1948 年 11 月 6 日至 22 日，华东野战军全歼国民党第七兵团黄百韬部。11 月 23 日，中原野战军将国民党十二兵团黄维部包围于双堆集地区。蒋介石鉴于黄维兵团处境危急，徐州孤立，为保存实力，决定放弃徐州，救援黄维兵团。11 月 30 日，杜聿明率领邱清泉、李弥、孙元良三个兵团 10 个军 25 个师和一个骑兵旅及特种部队，沿徐州、萧县至永城的公路仓皇西撤。淮海战役总前委获悉敌人西逃后，立即命令华东野战军以 11 个纵队的兵力尾追和迂回截击。12 月 4 日拂晓，将杜聿明集团包围在永城东北 15 公里的陈官庄、青龙集、李石林地区。6 日，孙元良的 16 个兵团企图突围逃跑，经过一夜激战，只有孙元良一个人逃脱，其部 3.2 万人全军覆没。此时，邱清泉、李弥两兵团也不断遭到解放军的攻击，至 10 日，被歼 8 万余人。

　　在我解放军的沉重打击下，原来就存在矛盾的敌军各部，相互之间矛盾更深，互不配合，各自为战。12 月 15 日，黄维兵团被我军彻底歼灭。杜聿明集团剩余的两个兵团共 8 个军，被解放军合围在以陈官庄为中心、东西约 10 公里、南北 5 公里，约有 80 个村庄的狭小地区内。此时的杜聿明集团缺少食物、弹药，天气寒冷，在此情况下，成排、成连甚至成营的敌人向我军投降。

　　1949 年 1 月 6 日，华东野战军向敌人发起总攻。在强大炮火的掩护下，敌人各部纷纷被歼。到 10 日，解放军先后攻占了陈官庄、陈庄，邱清泉被击毙，杜聿明企图化装逃跑，被我四纵队十一师卫生队队员俘虏，李弥潜逃。至此，淮海战役胜利结束。

在陈官庄地区歼灭杜聿明集团的战争中，商丘各县人民纷纷行动起来，开展了大规模的支前活动。1948 年 11 月中旬，商丘各县的支前委员会纷纷成立。为适应战场的需要，淮海战役总前委决定在商丘建立总兵战，通过总兵站将各种军需物资转运到前线。据统计，在整个淮海战役中，商丘人民往前线运粮 430 万斤，弹药 270 吨，面粉 22 万斤，做军鞋万余双。位于战区的雪枫县（永城县），成立了战勤委员会，在大茴村、演集、苗桥、酂城、书案店、龙岗、白庙、火神店、柘树店等十多个村镇设置了物资转运站。睢县、宁陵、民权、柘城、虞城、商丘各县，也都为淮海战役投入了大量的人力和物力。广大的工人、农民、学生、商人，不分老幼，都投入到支援淮海战役的工作中，为战争的胜利做出了重大贡献。今永城市东北陈官庄建有淮海战役纪念地，即陈官庄烈士陵园。陵园正中有一座高耸入云的花岗岩纪念碑，上面镌刻着周恩来总理题写的"淮海英雄永垂不朽"八个大字。

淮海战役结束后，1949 年 1 月 29 日至 31 日，中共中央中原局扩大会议在商丘县城召开，大会由中共中央中原局第一书记邓小平主持，第二书记陈毅传达了中央政治局 1 月 8 日会议的决议和毛泽东及其他中央负责人的报告，学习了毛泽东的新年献词《将革命进行到底》等文献，总结了淮海战役的经验，研究了渡江作战、解放全中国及接管大中城市的方针、政策等问题。参加这次大会的有中共中央中原局的负责同志和淮海战役总前委的领导，还有中原野战军各纵队司令员、政委，豫皖苏中央分局的负责同志和陕南、豫西、桐柏、江汉、鄂豫皖、皖西等各区党委正副书记。大会秘书长是中原局原秘书长杜润生，当时的商丘市副市长王飞霄任秘书处长，负责与会人员的生活安排。

淮海战役之前，1948 年夏季睢杞战役结束后，睢县解放。8 月，柘城解放。10 月，民权解放。11 月 5 日，宁陵解放。11 月 6 日，淮海战役开始后，商丘迅即解放。18 日，中共商丘市委、市政府成立，市政府驻商丘县城，在火车站设朱集办事处。11 月 8 日，虞城解放。16 日，夏邑解放。永城在 1949 年 1 月获得解放。

商丘风物志

# 庄子故里

　　庄子是我国战国时期著名的哲学家、文学家、美学家和思想家。关于庄子的故里，有河南"民权县说""商丘梁园区说"、山东"曹县说""东明县说"、安徽"蒙城说"，可谓众说纷纭。经国务院批准，河南省人民政府于 2000 年 9 月 25 日正式公布商丘市民权县庄子故里为省级重点文物保护单位，应该说使庄子故里为"民权县说"更具有权威性。

　　民权庄子故里在今商丘市民权县东北 30 公里处的顺河乡青莲寺村，该村北街有一古巷，名庄子胡同，胡同东南隅有一口古井，名庄子井，传为庄子生活汲水处。在青莲寺村南 5 公里的老颜集乡唐庄村东有庄子墓。墓前有清乾隆五十四年（1789）重修庄子墓石碑一通。碑身高 1.8 米，宽 0.67 米，上阴刻楷书"庄周之墓"四字，字迹清晰可辨。

　　庄子墓园已辟建为庄周陵园，陵园建有牌坊、庄子青石雕像、汉白玉小桥、广场和碑亭，亭后有庄子墓冢。每年吸引很多海内外庄氏后裔和游客前来拜谒凭吊。2006 年 4 月，中国民权国际庄子文化节举行，庄氏宗亲举行了拜祖大典。目前，规模宏大的庄氏祠堂正在筹建中。

　　（原载《商丘师范学院学报》2012 年第 1 期"商丘风物志"。该栏目所发表的商丘风物文字，皆署本人笔名"俊杰"。本篇虽为本人所写，但关于庄子故里的观点可见拙作《庄子故里考辨》）

# 中国历史文化名城

## ——商丘古城

商丘古城又称归德府城，建于明正德六年（1511），距今已有500多年的历史。1508年，黄河决口，商丘古城被冲毁。第二年，在原城址的北面重建新城，以原城北门位置作新城之南门，历时三年竣工。古城由砖城、城湖、城郭三部分构成，城墙、城郭、城湖三位一体，外圆内方，成一巨大的古钱币造型，建筑十分独特。砖城城墙周长4347.5米，墙高6.7米，基宽10米，上部宽6.7米。有东西南北四门，分别名为宾阳、坻泽、拱阳、拱辰，另有两个水门坐落在南门的东西两侧，用于排水。南门两侧城墙历经明末农民战争和日军的进攻，弹痕累累，破坏比较明显。城内面积为1.13平方公里，地势中间高，四周低，呈龟背形，以便排水。城内共有110多条街道，把全城分割成200米见方的许多小块，格局如同棋盘，建筑多为走马门楼和四合院建筑群。城门为拱券式，至今保存完好。古城南北两门对应，东西两门相错一条街，在中国古城建筑格局中独具特色。砖城外是护城河，水面开阔，碧波荡漾，环绕全城。南门外是水面宽阔的城湖，为明正德六年以前旧城遗址。砖城外1里许是巨龙般的护城大堤，周长9公里，基宽20米，顶宽13米，高3.3米，始建于明嘉靖十九年（1540），完成于明嘉靖三十七年（1558）用土筑成，用以防水患兵灾，现部分段位已改建成环城公路。由于几千年来黄河多次决口所致，在目前商丘古城南门外的城湖下方还叠压着东周宋国都城、汉唐睢阳古城、宋朝南京古城和元朝归德府城等几朝古城的全部或一部分。

商丘古城保存了大量的文物古迹，有著名的北宋四大书院之首的应天书院、归德府文庙、侯方域故居壮悔堂、八关斋、张巡祠以及明清建筑典范穆氏四合院。商丘古城于1986年被国务院命名为中国历史文化名城，其城墙为第四批国家级重点文物保护单位。

（原载《商丘师范学院学报》2012年第2期"商丘风物志"）

# 北宋四大书院之首

## ——应天书院

应天书院又名睢阳书院、应天府书院，与江西庐山白鹿洞书院、湖南长沙岳麓书院、河南嵩山嵩阳书院并称为"四大书院"。因其成立较早，为州县置学之始，居"四大书院"之首。

应天书院创办于五代时期的后晋。商丘虞城学者杨悫，热心教育，聚徒讲学，创办"南都学舍"。杨悫死后，学生戚同文继其业，继续执教。宋真宗时，应天府民曹诚"以金300万"在府城中戚同文私学旧舍建屋150间，邀请戚同文之孙戚舜宾主持书院。大中祥符二年（1009），曹诚将所建学舍和书籍全部入官，受到宋真宗嘉许，宋真宗赐"应天府书院"匾额。

1028年春，北宋著名政治家、文学家晏殊任应天府留守，邀请硕学名儒王洙和著名政治家、文学家范仲淹到书院讲学，并聘范仲淹为书院主持。在此之前，范仲淹曾在应天书院苦读5年。由于范仲淹、王洙等人的努力，应天书院声名远震，成为北宋一大知名学府。宋仁宗景祐二年（1035），应天书院改为学府，正式编入官学系列。官府又拨给学田10顷，充作学校经费。这时的应天府学更加兴旺，为宋王朝培养了大批人才。

应天书院历经兵灾和水患。赵构建南宋于应天府，不久迁往临安（今杭州），书院遂毁于兵火。元初虽建有归德府学和文庙，但规模大减。1508年，黄河决口，书院遭遇水患。明万历二十九年（1601），归德知府郑三俊继承范仲淹的治学精神，建范文正公讲院，培养了许多杰出人才。清光绪三十一年（1905），在废科举、兴学校的教育改革中，应天书院在范文正公讲院的基础上建立"归德府中学堂"，书院的历史使命至此完成。

现在修复后的应天书院坐落在归德古城南湖湖畔，占地面积达52亩，三面环水，一面紧邻古城城郭，由河南大学古建筑研究院设计。整个书院布局由南向北依次为影壁、牌楼、大门及东西侧门，前讲堂及东西侧门、明伦堂及东西配房、藏书楼及东西侧门，馔堂、教官宅、崇圣殿、东西偏房、魁星楼及东西廊房。修建后的应天书院，庄严巍峨，以它厚重的历史文化为平台，继续发挥着育人的重要作用。

（原载《商丘师范学院学报》2012 年第 4 期"商丘风物志"）

# 归德府文庙

　　归德府文庙又称孔庙、夫子庙、先师庙和文宣王庙，为海内外众多文庙之一，坐落在商丘归德古城东门里中山东街路北。归德府文庙始建于元延祐四年（1317），明弘治、嘉靖、万历年间又有增建，为明清两代归德府官员和儒学界祭祀孔子的场所。原有大殿、棂星门、照壁、泮池、名宦祠、乡贤祠、戟门、东西庑、启圣祠、敬一亭、教谕宅和训导宅等建筑。现仅存大成殿、泮池和明伦堂，为省级重点文物保护单位。2006年，商丘文物部门对大成殿、泮池和明伦堂进行修葺，并重建了大门。

　　踏入文庙大门，首先映入眼帘的便是泮池。穿过泮池桥，就是文庙的主殿大成殿。作为文庙重要建筑的大成殿，面阔七间，进深三间，红墙绿瓦、颇为壮观，殿内正中间悬挂有孔子画像和清世宗雍正撰题的对联；明伦堂位于大成殿西30米，面阔5间，进深3间，墙壁上悬挂有孔子讲学图。

　　孔子的祖先是宋国人，祖籍在商丘，孔子本人又曾回乡讲学。这样，商丘归德府文庙的孔子气就较其他地方文庙为重。文庙孕育了明清时期商丘文人的辉煌，也激励了各个时期的学子孜孜以求。深藏古城一隅的文庙，随着时光的流转，与归德古城一样，更加彰显出其历史的厚重和岁月的沧桑。

（原载《商丘师范学院学报》2012年第5期"商丘风物志"）

# 《桃花扇》主人公侯方域故居

## ——壮悔堂

壮悔堂坐落在商丘归德古城北门里刘隅首东侧，是明末清初文学家侯方域晚年生活和读书的地方。

侯方域出身官宦之家，祖父、父亲和叔父曾官至明太常侍卿、户部尚书和南京国子监祭酒。侯方域生活在明清交替时代，他自幼聪慧，"七岁能诗，八岁能文"，曾在商丘组织文学社团"雪苑社"。顺治九年（1652），侯方域35岁，回忆过去，感到一生腥风血雨，学业成就也不能令人满意，于是对原来居住的地方进行修缮改造，名曰壮悔堂，并立志著书立说，先后完成《壮悔堂文集》和《四忆堂诗集》，从而使他在古代文学史上占有一席之地。顺治十一年（1654），侯方域37岁死于商丘。

壮悔堂明三暗五，前出后包，上下两层，为木质框架结构的硬山式建筑。共用24根圆木柱和88根横梁，木柱上有龙凤浮雕，木质门窗和格扇皆镂花剔线，走廊的立柱上刻有古今名人对联，庄重典雅，古朴大方。堂前左右两侧为东西厢房，堂前20米处有5间过厅，建筑风格与壮悔堂基本相同，构成了一个形态别致的明清建筑院落。

侯方域22岁在南京考试时结识秦淮名妓李香君，从而演出了才子佳人的爱情剧，孔尚任以此为蓝本写成《桃花扇》。传说侯方域回商丘后，李香君也来到商丘，先是居住在壮悔堂右前侧的西厢房，后又搬到南园（李姬园）。

壮悔堂大堂内塑有侯方域、李香君的蜡像，西厢房里摆放着传说是李香君使用过的家具。置身壮悔堂，明亡清兴的历史，侯李的爱情故事，商丘侯氏家族的显赫，会一幕幕呈现在眼前。

（原载《商丘师范学院学报》2012年第7期"商丘风物志"）

# 八关斋

八关斋又名八关亭，位于商丘古城城湖南岸的古宋河畔，为河南省重点文物保护单位。

唐朝安史之乱期间，乾元二年（759），叛将史思明派兵攻睢阳（今商丘）。河南节度使田神功前来救援，叛军撤退。宝应元年（762），睢阳又被叛兵所困，田神功率兵再解睢阳之围，睢阳城内军民对田神功非常感激。安史之乱后，大历七年（772）四月，田神功"忽患热疾，累旬而愈"。宋州刺史徐向等官吏为了逢迎田神功，为其祈寿禳灾，带头以俸钱三十万在城南开元寺内设八关斋会，邀请千余名僧人赴斋，声势浩大。斋即斋饭，也指佛教戒规。州县官吏在"饭僧数千"的同时，又请来抗击安史叛军的英雄、著名书法家颜真卿，将歌颂田神功的佛语撰书成《宋州八关斋会报德记》，刻于八棱石上，成八棱石幢，高3.2米，每面宽0.5米，置于开元寺东侧，石幢安放在院内造型别致的八角亭内。

《宋州八关斋会报德记》全文941字，每字三寸见方，是颜真卿晚年书法的成熟作品。碑文为楷书，但行笔兼具隶篆意，是一件较为珍贵的艺术品。

石幢原称颜鲁公碑，因碑文所记是斋会的佛事，后人便逐渐将此碑与碑亭连在一起，称八关斋或八关亭。石幢原刻早在唐会昌五年（845）的全国废佛浪潮中被毁。我们今天见到的仅是原宋州刺史崔倬于唐大中五年（851）根据摹本重刻的。唐朝以后，传世拓本很多，拓文曾在日本展出。"文革"中，碑、亭均遭破坏，石幢残段现存商丘市博物馆。

历经沧桑的八关斋，现已修葺一新。它记录了睢阳人民抗击安史叛军的历史，弘扬了颜真卿的书法艺术和爱国情怀。八关斋背依开元寺和古宋河，面对古老的历史文化名城和碧波荡漾的城湖水，挺立在睢阳这片拥有五千年历史文化的厚土上，熠熠生辉。

（原载《商丘师范学院学报》2012年第8期"商丘风物志"）

# 阏伯台

　　阏伯台亦称火神台、火星台，位于商丘古城西南 1.5 公里火星台村，商柘公路东侧，与燧皇陵隔商柘公路相望，是距今 4000 多年的观星台遗址。它比东汉天文学家张衡在洛阳建的灵台还早 2000 多年，是我国现存最早的观星台。火神台形如墓，高 35 米，台基周长 270 米，台上建有阏伯庙、大殿、拜厅、钟鼓楼等，台下有戏楼、大禅门等建筑。

　　阏伯即商人的祖先契，为"五帝"之一高辛氏帝喾的儿子。阏伯为唐尧火正，被封在商丘。他在商丘筑台观星，根据火星的运行规律安排农时和农事。火星又名商星、辰星，为二十八宿之一"心宿"中最亮的一颗星，也称"大火"，即《诗经·豳风·七月》"七月流火，九月授衣"之"火"。阏伯在此祭祀商星所筑的高台，就叫"商丘"。阏伯被后人称为"火神"。所以，阏伯台也称火星台或火神台。阏伯台经史学家和天文学家论证，为我国最早的天文台。

　　阏伯庙原建在台下，元代大德年间（1297—1307）提举范廷璧迁阏伯庙于台上。明清时期，阏伯台经过几次修葺。1981 年，阏伯台又经历一次修葺，2000 年被河南省人民政府公布为河南省第三批重点文物保护单位。

　　传说阏伯生于农历的正月初七。所以，每年正月初七这一天，周围几百里的农民都来此朝台，纪念阏伯，并求阏伯保佑。现在发展成为每年的庙会，从正月初一至正月十五，方圆数百里之内的百姓前来赶庙会，香火鼎盛，十分热闹。

（原载《商丘师范学院学报》2012 年第 10 期"商丘风物志"）

# 张巡祠

张巡祠坐落在商丘古城南门外城湖南岸,是为纪念"安史之乱"中为保卫睢阳而殉难的张巡、许远等人所建。

张巡(708—757),唐邓州南阳人,玄宗开元末年中进士第三名,初任清河(今河北清河县西北)令,后任真源(今河南鹿邑县东)令。755年安禄山、史思明发动叛乱,张巡率兵守雍丘(今河南杞县)、宁陵、睢阳,三点一线,以少胜多,屡建战功,被任命为御史中丞。757年十月,由于粮尽援绝,睢阳城破被执,不屈而死,时年49岁,诏赠扬州大都督。宋大观(1107—1110)中,赐爵侯,谥忠烈,庙食睢阳。

张巡守睢阳,有力地遏止了叛军南下,保住了大唐半壁江山和江淮丰厚的财源,为大唐王朝反攻赢得了宝贵的时间和物质保障。

安史之乱后,睢阳人为张巡、许远(睢阳太守)立庙,称双庙。后以南霁云配享,称协忠庙。宋大观中增加雷万春、贾贲,称五王庙,后又增加姚訚,称六忠祠。

张巡祠原址在古城内大隅首西侧。为满足海内外人士怀念、祭祀张巡的心愿,弘扬爱国主义精神,1990年在南门外城湖南岸即唐睢阳城旧址上重建张巡祠。新祠为台胞捐资兴建,占地4万多平方米,包括广场区、建筑区和墓葬园林区三部分。整个祠堂宏伟壮观,庄严肃穆。新祠建成以来,台湾同胞已多次组团来商丘瞻仰祭拜,缅怀英烈。

如今的张巡祠,西、北两面环水,东靠古城南门中轴路,南邻古城城郭,绿树红墙,蔚为壮观。张巡、许远等人的忠君爱国精神长留青史,熏染在中国大陆、中国台湾及东南亚国家华人的心中,历久弥坚。

(原载《商丘师范学院学报》2012年第11期"商丘风物志")

# 商祖祠

　　商祖祠位于商丘故城西南 1.5 公里处，是为纪念华商始祖王亥所建。它主要由三商之门、富商大道、万商广场、商祖殿等几部分组成。

　　商丘是商部落的发祥地、商汤最初的居住地、商朝的第一个都城，是先商文化的源头，也是中国商业文明的发源地。

　　三商之门为商祖祠景区的正门，由三个变形甲骨文"商"字组成，正门两侧写有"三商之源""商祖圣地"8 个大字。大门高 15 米，上面有三只玄鸟在展翅腾飞，形象地展示了商族部落诞生的传说，也寓意商人在腾飞，商业在腾飞，商丘在腾飞。

　　富商大道总长 198 米，宽 9 米，其中币道宽 5 米，由 260 余种、4600 余枚各个历史时期的古钱币图案组成，从广场大门穿过万商广场一直延伸到王亥塑像前，形象地展示了中国钱币文化的发展历程。

　　万商广场由天然的红沙石铺成，上刻钟鼎文、甲骨文、楷书、隶书、草书和行书等多种字体写成的"商"字达 19770 个，寓意万商云集，一心归商。万商广场的面积达 8100 平方米，可容纳万人集会，也是每两年一届的"国际华商文化节"华商始祖祭祀大典的主会场。

　　万商广场北侧的拜台上有高达 10.15 米的华商始祖王亥铜像。铜像北侧是商祖殿，又名王亥殿，仿汉建筑，高 16 米，深 16.8 米，面阔 7 间，是华商始祖王亥的纪念地。商祖殿西配殿名"财神殿"，主祀文财神比干；东配殿名"关帝殿"，主祀武财神关羽。

　　根据规划设计，景区还将建设纪念商汤的大殿，以使商祖祠的内容更加丰富完善。

　　　　　　　　　　　　（原载《商丘师范学院学报》2013 年第 1 期"商丘风物志"）

# 燧皇陵

燧皇陵，即燧人氏陵。燧人氏在三皇五帝中位居三皇之首，他"钻木取火，以化腥臊"，从而开创了人类走向文明的新纪元。燧皇陵坐落在商丘古城西南 1.5 公里处的商丘火文化景区，商柘公路西侧，与阏伯台隔商柘公路相望。

燧人氏钻木取火，发明了人工取火，使人们开始熟食，摆脱了茹毛饮血的局面，是人类历史的一大进步，他造的火被称为"中华第一火种"。2005 年全国十运会在此采集火种，称"华夏文明之火"，成为十运会三个采火点之一（余为南京"中国科技之火"、北京"中华复兴之火"）。在此之前，1992 年中国旅游观光年"黄河之旅"首游式取火种仪式即在此举行。同年 9 月 18 日，河南省第七届运动会在此点燃火炬。2003 年 12 月 19 日，"信用河南经济论坛"在此采集火种。2009 年 8 月，中国民间文艺家协会命名燧皇陵所在的睢阳区为"中国火文化之乡"，并授予睢阳区"中国火文化研究中心"牌匾。

燧皇陵经多次修复、扩建，目前占地 440 亩，由火文化广场、石牌坊、石像生、墓冢、神道等组成。石牌坊上"燧皇陵"三字为原中国历史博物馆馆长俞伟超所题。燧人氏墓冢呈方锥形，长、宽各 82 米，高 13.9 米，前面延伸有神道，两侧有龙凤麒麟等石像生，周围有松柏环绕。陵前高台面积约 1400 平方米，高 3.6 米，可容纳 1500 人同时拜祭。陵园内绿草成茵，繁花似锦。

燧皇陵是商丘火文化景区的重要组成部分，每年都吸引大量国内外游客到此参观拜祭，已成为商丘乃至河南的重要旅游名片。

（原载《商丘师范学院学报》2013 年第 2 期"商丘风物志"）

# 三陵台

　　三陵台位于商丘市梁园区西 9 公里王楼乡境内,为河南省重点文物保护单位,传说为周朝宋国宋戴公及其子宋武公、孙宋宣公之墓。三座陵墓突起的顶部并峙,像三座驼峰。三座陵墓自西向东依次为宋武公、宋戴公、宋宣公,整个王陵为典型的"携子抱孙"式的传统墓葬形式。

　　宋戴公,名抚,为宋哀公子,宋国第 11 君,在位 34 年(前 799—前 766),执政时期处在西周东周之交。宋国初封之君为微子启,启为宋氏始祖,宋国本子姓。宋戴公即位后,行汤之道、微子之政,以德治国,政绩卓著,深受百姓拥戴,死后谥为"戴",支孙以谥为氏。宋戴公有 7 个儿子,嫡长子宋国第 12 位国君宋武公时,始以戴为姓。因此,戴氏为宋戴公之后。其后裔姓氏有戴、武、宣、穆、乐、萧、皇(父、甫)、华、老等。如今,三陵台成为戴氏宗亲祭拜之处。

　　紧靠三陵台中间一座土峰的前面,另有一座坟墓,那是明朝万历年间宋缙之墓。宋缙,商丘人,曾官为吏部尚书、太子太保和荣禄大夫。宋缙墓前,宽阔的道路两侧有两排神态各异的石人、石马、石羊等石像生,排列 1 里多长,并有石碑 18 座,气势恢宏。

　　西汉景帝时,梁孝王刘武建三百里梁园,在三陵台建了许多亭台楼榭,使之成为"梁园八景"之一,客居梁园的文人雅士常和梁孝王一起到这里驰猎饮酒,吟诗作赋。汉代以后,这里一直是中原名胜,为文人雅士游览的好去处。

　　现在的三陵台新建了秦汉风格的青石大门,进入门内,走在通往陵墓的"神道"上,前来游览的人们会被两旁的石雕神兽所吸引,凡来这里的朋友都要摸一摸它们,祈求一生平安,福禄无穷。三陵台内枝繁叶茂的 400 多棵古柏分布园区各个角落,苍劲挺拔、疏密有致,即使在烈日炎炎的夏季,也会感到非常凉爽。

　　三陵台历史悠久,文化灿烂,古蕴丰厚。每年的二月初二和九月初九，周围的人们前来观光、祭拜，形成了隆重的古庙会。庙会期间，唱戏祭祖，烧香祈福，充分体现了商丘淳朴的民风和豫东古老的乡土风情。

（原载《商丘师范学院学报》2013 年第 4 期"商丘风物志"）

# 白云寺

　　白云寺位于商丘市民权县城西南 20 公里处的白云寺村，与洛阳白马寺、嵩山少林寺和开封相国寺被誉为"中原四大名寺"。白云寺始建于唐贞观年间，原名白衣庵，相传每逢夏秋季节便白云缭绕，笼罩寺院，景色奇异。后改名白云寺。该寺屡毁屡建，现存寺院为清代建筑，占地百余亩。从寺门向北依次为天王殿、观音殿、大雄宝殿。大雄宝殿右侧为养心殿，后左侧有禅堂，禅堂两侧有厢房。整体建筑古朴典雅，雄伟壮观。

　　天王殿内安放六尊玉石佛像，为傅作义将军姑母傅凤英长老由缅甸所进献。大雄宝殿东侧有棵胸围近两米的黑槐树，因树根植于铁锅内，与铁锅交织在一起，造型奇特，形如虬龙，颇为壮观，故称"铁锅槐"，被誉为白云寺一大奇观。大雄宝殿后面有多宝塔，塔身刻有《众僧拜佛图》《六僧鼓乐诵经图》《一佛图》《提婆呵》经文及日、月、鹤、莲花灯石刻。白云寺东北 50 米处有楼阁式佛公灵塔。塔阳面阴刻"佛公灵塔""佛洞宗三十一世佛公大和尚" 16 个字，塔身雕刻有门窗、花木、草虫、鸟兽等。相传康熙皇帝为寻父曾三次驾临白云寺，亲笔御书"当堂常赏"四字，并赐白云寺銮驾一副，藏经八柜。从此，白云寺名扬天下。

（原载《商丘师范学院学报》2013 年第 5 期"商丘风物志"）

# 木兰祠

　　木兰祠位于商丘市虞城县城南35公里营廓镇大周庄村，为纪念传说中代父从军的女英雄花木兰而建，省级重点文物保护单位。

　　北朝民歌《木兰诗》和传统戏剧《花木兰》塑造了一个女扮男装、替父从军的女英雄形象。虞城县营廓镇是花木兰诸多故里说法之一，并认为花木兰姓魏，隋朝人，唐初被皇帝封为"孝烈将军"。木兰祠始建于唐代，金、元、清各代曾重修。1943年毁于战火，1982年省文物局拨款重修。木兰祠占地160亩，景区内有木兰祠、木兰故居、木兰花园、木兰文化广场、木兰武馆武校、木兰陵园6个景点，有大门、大殿、献殿、后楼和配房等。大殿内有英姿飒爽的花木兰戎装立像和记载花木兰替父从军、征战疆场、凯旋的雕塑和组画。

　　木兰祠内现存有石碑两通：一是元代元统二年（1334）所立《孝烈将军祠像辨正记》碑，碑文载有对木兰身份、受封孝烈将军的确认及《木兰诗》全文。另一通是清代嘉庆十一年（1806）所立《孝烈将军祠辨误正名记》碑。

　　花木兰是人民群众的集中代表，是一个经文人加工塑造的反对战争、希望和平统一的女英雄形象，在她身上汇聚了中华民族妇女的传统美德，忠孝两全，辞封拒赏，守身不失。木兰精神为世世代代所敬仰。美国根据花木兰故事改编的《花木兰》电影在世界引起轰动。我国音乐界创作的富有浓郁中原地方特色的大型民族交响乐《木兰颂》，深受群众喜爱。在改革开放和现代化建设的今天，木兰精神与木兰文化仍然有着强大的生命力和感染力。

　　传说花木兰生于农历四月初八，每年的这一天，豫、鲁、苏、皖四省交界百余里的群众，纷纷前来祭祀、朝拜，形成了传统的庙会。从1993年开始，虞城县每两年举办一次"中国木兰文化节"。2000年，国家邮政部在这里举办了"木兰从军"纪念邮票首发式,使花木兰成了世界人民加强交往的友好使者。今天,木兰祠正以其独特的魅力召唤着八方游人。

（原载《商丘师范学院学报》2013 年第 7 期"商丘风物志"）

# 伊尹祠

伊尹祠坐落在商丘市虞城县西南 20 公里的魏堌堆村北，是商初名臣伊尹的墓地，即原南亳之地。《史记·殷本纪》载："帝沃丁之时，伊尹卒。既葬伊尹于亳。"现存的祠堂包括圣母冼姑殿、伊尹大殿、伊尹夫人殿、花戏楼，是河南省重点文物保护单位。

《史记·殷本纪》说"伊尹名阿衡"，《孙子兵法》说"伊尹名挚"。《吕氏春秋》说伊尹生于空桑，"母居伊水，命曰伊尹"。伊尹原是有莘氏的一位做饭的奴仆，后被提升为庖人（厨师），并做了有莘国君女儿的老师。由于伊尹学识渊博，治国有道，商汤听说后使人前往聘迎。有莘氏留住不放，于是商汤便向有莘氏求婚，有莘氏的女儿嫁给商汤时，伊尹作为陪嫁臣来到商汤身边，成为中国历史上的名臣。

伊尹辅佐商汤灭掉了夏朝，建立商朝。汤去世后，伊尹历佐外丙（汤次子）、中壬（外丙弟）相继为王。中壬死后，立汤之嫡长孙太甲。太甲在位三年，因暴虐昏暗，不遵汤法，被伊尹放逐到桐宫（汤葬地）。三年后太甲悔过自责，于是伊尹迎回复位，继续了成汤的事业。太甲死后，子沃丁即位。沃丁时伊尹百岁而卒。伊尹先后辅佐商代五位君王，辅政期间，做了很多训诰，政绩突出，成为中国历史上第一位奴隶出身的很有作为的宰相。伊尹辅政期间，"以味说汤"，从烹调的技术要领和烹调理论，引出治国平天下的道理，商汤听后心悦诚服。伊尹因此成为中国的烹饪鼻祖。2009 年 9 月 9 日，首届中华名厨拜祖大典在虞城县伊尹祠举行。全国各地名厨 300 人和有关单位领导参加了这一盛典。伊尹在做庖人时，还发明了用陶器熬制中药的技术，他又成为中国历史上的中医药鼻祖。

伊尹祠三殿是元朝张之忠、侯有造所建，明万历年间重修。花戏楼在"文革"期间遭到破坏，现在的花戏楼为后来群众集资、政府辅助修复而成。

伊尹祠后面是伊尹墓，墓高 3 米，周长 46 米。墓碑圆顶方座，上题"元圣墓碑"。墓园有唐植古柏近 200 株，苍劲挺拔，郁郁葱葱，最大株三人才能合抱。祠前的花戏楼为上下两层建筑，总高 11 米，东西长 19 米。伊尹祠所在地魏堌堆，每年农历二月二、四月八、九月九及腊月初一逢古会，其中以九月九的古会规模最大。豫、鲁、苏、皖交界方圆数百里的人们和香火团体，前来朝会，成为四省的文化交流和物资集散中心，热闹非凡。

（原载《商丘师范学院学报》2013 年第 8 期"商丘风物志"）

# 梁孝王陵

位于商丘永城芒砀山的西汉梁王陵墓群内，为全国重点文物保护单位。与我国其他地区的汉墓相比，梁王陵墓群时间早、规模大、出土文物丰富。梁孝王陵是其中的一个代表。

芒砀山位于商丘永城东北部，由芒山、保安山、夫子山、铁角山、僖山等小山峦组成，面积 20 余平方公里，现属芒山镇。秦末农民起义领袖陈胜被杀害后葬在芒砀山。刘邦在芒砀山斩蛇起义，最后建立汉朝。西汉建立后，商丘地区受封为梁国。

梁孝王刘武为西汉文帝之子，景帝胞弟。其母窦太后非常喜欢他，"赏赐不可胜道"。所以刘武时期，梁国疆域广阔，经济富庶，军事强大，成为汉代最为强大的诸侯国之一。刘武筑建梁园，"方三百余里"，招海内文人墨客游宴。刘武死后葬在芒砀山。

位于保安山的梁孝王陵，"斩山作廓，穿石为藏"，是目前所知我国最早的大型石崖墓。墓顶有高大的封土冢，周围堆积有丰富的筒瓦、板瓦遗存。墓门朝东，墓全长 96.45 米，最宽处 32.40 米，最高处 3 米，总面积 600 余平方米。全墓由墓道、车马室、甬道、主室、回廊及耳室、侧室、角室、排水设施等组成，规模宏大，结构复杂，宛如一座地下宫殿。墓内多处遗留仿木结构建筑痕迹。由于随葬品太多，"藏黄金十万余斤"，所以，墓多次被盗，《曹操别传》载：操"引兵入砀，伐梁孝王墓，破棺收金宝万斤"。

1995 年，文物考古部门又在墓前的平地上发现了面积达 4000 余平方米的寝园遗址，为汉代守护梁孝王陵及进行祭祀的大型场所。寝园的发现，对研究汉代陵寝制度和建筑结构具有重大价值。

（原载《商丘师范学院学报》2013 年第 10 期"商丘风物志"）

# 陈胜王陵

陈胜墓为中国历史上第一次农民起义领袖陈胜之墓，位于商丘永城市东北芒砀山主峰西南麓。

陈胜字涉，阳城（今河南登封市）人，秦二世元年（前209）七月被征戍守渔阳（今北京市密云县），与阳夏（今河南太康县）人吴广在蕲县大泽乡（今安徽省宿县东南）斩木为兵，揭竿为旗，举起中国历史上第一面农民起义大旗。义军在陈县（今河南淮阳县）建立张楚政权，陈胜称王，声势浩大，震撼暴秦。起义失败后，在下城父（今安徽省涡阳县境）被车夫叛徒庄贾杀害，部将吕臣又斩庄贾，迁葬陈胜于芒砀山。

从芒砀山斩蛇起义走出的刘邦，最后推翻了秦朝，建立了西汉政权。刘邦称帝后，认为陈胜有反秦首功，追谥陈胜为"隐王"，派30户丁役守护陈胜墓，并按王侯待遇对陈胜，年年杀牲祭祀。直至今日，邻近的丁窑村有人还承认是守墓人的后裔。现在的陈胜陵园中建有隐王殿。

陈胜墓在东汉后渐废，到新中国成立前夕，残迹仅存。1975年，国家拨专款整修，辟地4000平方米，砌石围墓，栽松植柏，置人守冢，为省级重点文物保护单位。2005年扩建为陈胜陵园景区，其建筑风格为仿秦汉建筑，由门阙、山门、前殿、主殿、石碑、墓冢及东西厢房组成。陈胜墓坐北向南，现存墓冢高5米，周长约50米。墓前立石碑一通，高2.56米，上刻郭沫若手书的"秦末农民起义领袖陈胜之墓"，碑的背面刻有陈胜的生平事迹。陵园景区内还建有纪念堂和石刻画，展示了我国历史上第一次农民起义的一幕幕情景和历次农民起义的悲壮历史。

在历史的长河中，陈胜的言论和行动有着革命的意义。他年少与人佣耕时，就有着天大的抱负，提出"苟富贵，勿相忘"的名言；面对同伴的嘲笑，他发出了"燕雀安知鸿鹄之志"的呐喊；他的"王侯将相宁有种乎"为中国两千年间反对压迫和暴政的仁人志士提供了理由和借口；他"斩木为兵，揭竿为旗"的行动为历次农民起义提供了路径和范例。

　　如今的陈胜墓掩映在青松翠柏之下，闲暇时间前去拜谒，去聆听陈胜的声音，去感受那不高不险但却深藏着厚重文化的芒砀山，当是另一种情趣和感受。

　　　　　　　　（原载《商丘师范学院学报》2013 年第 11 期"商丘风物志"）

# 孔子避雨处

　　孔子避雨处位于商丘永城芒砀山中夫子山南坡，是一处天然崖洞，洞深 6.5 米、阔 20 米、高 2 米，因当年孔子周游列国时曾在此避雨而得名。洞中至今仍存有一座高约 1 米、坐北朝南、屈膝盘腿而坐的孔子雕像。

　　孔子的祖籍在今天的商丘夏邑县，后人为了纪念孔子回乡，在今天的夏邑县修建了"孔子还乡祠"。孔子的六代祖孔父嘉是宋国宋殇公时的大司马，因内乱被当时宋国的太宰华父督杀害。由于华氏实力强大，孔父嘉的重孙也即孔子的三代祖孔防叔不敢在宋国继续生活下去，于是避祸迁到了鲁国。

　　孔子是儒家学派的创始人，为了宣传和推行自己的政治理想，从 55 岁开始周游列国，历经 14 年，直到 68 岁时才回到鲁国。孔子的行程中有今天的商丘一站，他来商丘的目的是回乡祭祖。孔子在宋国有两件事值得一说，一是宋国非但没有接待他，而且宋国的大司马还想杀害他；二是孔子在这次的行程中来到了芒砀山，由于天公不作美，孔子在芒砀山避雨，衣服和书籍也淋湿了，他赶忙找一处山崖躲避。孔子避雨的山崖后来被称为孔子避雨处，也叫夫子崖。天放晴之后，孔子又在石崖前面的石台上晾晒书籍，这块石台也因此得名晒书台。

　　北宋时期，在孔子的避雨不远处建有夫子庙，也称文庙。现存文庙坐北朝南，由大成殿、东西配房和大成门组成。大殿内有孔子及 72 贤人的泥塑像。进入大成门，院内有两株古柏和三通石碑，其中有两通石碑分别为孔子 67 代孙衍圣公孔毓圻和 71 代孙衍圣公孔昭焕所立，另一株柏树斜倚石碑，经年日久形成了"柏抱碑"的奇观。

（原载《商丘师范学院学报》2014 年第 1 期"商丘风物志"）

# 刘邦斩蛇碑

　　刘邦斩蛇碑是后人为纪念汉高祖刘邦斩蛇起义而立，位于商丘永城市芒砀山主峰南麓。始建于汉文帝时期，后多次重建，现存为复制明朝石碑。

　　刘邦，沛县丰邑（今江苏丰县）人，为秦朝基层社会官吏泗水亭长，主要职掌社会治安与邮传，也兼管服役刑徒的征调和押送。据《史记·高祖本纪》载：刘邦以亭长身份，往骊山送服役刑徒，但路上跑了很多。刘邦自知到达骊山会全部跑掉。当走到丰县西边芒砀山附近的山泽时，刘邦让大家停下来，为那些刑徒解绑，并说："你们都走吧，我也从这里逃跑！"但"徒中壮士愿从者十余人"。刘邦喝酒后与这十余人"夜径泽中"。走着走着，发现前有大蛇挡住了去路，大家很害怕，不敢前行。此时刘邦已经醉了，说："壮士行，何畏！"乃走上前去，拔剑击斩蛇，将蛇斩为两段。刘邦斩蛇后，即举事反秦，后来取得了反秦的胜利，建立了汉朝。因此，芒砀山被称为"汉兴之地"。

　　《史记·高祖本纪》又说：刘邦斩蛇后有一老妪夜哭。人问何哭。妪曰："人杀吾子，故哭之。"人曰："妪子何为见杀？"妪曰："吾子，白帝子也，化为蛇，当道，今为赤帝子斩之，故哭。"人乃以妪为不诚，欲笞之，妪因急不见。有人将此事告诉刘邦，刘邦暗喜，从此后也更加自负，跟随他的人也日益敬畏他。这便是刘邦早期的政治神话"赤帝子斩白帝子"之说。

　　刘邦在芒砀山活动时藏隐于芒砀山泽岩石之间，别人发现不了，而妻子吕后常常能找到他。因为刘邦"所居上常有云气"，故能找到。这个云气便是"芒砀云气"，也叫"芒砀王气""芒砀紫气""东南天子气"。这也是刘邦为自己称帝制造的政治神话。这则政治神话，使"沛中子弟或闻之，多欲附者矣"。至今，芒砀山还有当年刘邦藏身之处的"紫气岩"景点。

为了纪念先帝，汉文帝时在芒砀山紫气岩前建了高祖庙，在庙前立了汉高祖斩蛇碑。但斩蛇碑早已不存。到了明代，在原碑处重立一碑，碑高2.39米，宽1.15米，厚0.22米，碑额书"日月"和"汉高祖斩蛇之处"几个大字。碑座是一巨大的赑屃。1983年，因年代久远且保护不善，碑文残缺不全，又仿照明碑重立新碑。碑正面刻有原碑碑文，碑阴刻有立碑缘由。为保护新碑，还建有高4.2米的仿古六角亭，古朴典雅。

据说，晚上用灯光照碑身，会发现石碑的正面显示刘邦影像，背面显示吕后影像，成为"天下奇观"。

（原载《商丘师范学院学报》2014年第2期"商丘风物志"）

# 造律台

造律台位于河南省永城市西南 25 公里的古酂县（今酂城镇）城内东南侧，为河南龙山文化（王油坊类型）晚期的遗址，因相传西汉丞相萧何曾在此制定律令，故名"造律台"。现为河南省人民政府重点文物保护单位。

造律台遗址南临浍河（古涣水），这里地势平坦，土地肥沃，水源丰富，交通便利，是古代人们理想的居住地。由于历史的风雨剥蚀，造律台遗址现仅存一椭圆形的土台，高约 7 米，顶部南北长约 48 米，宽 14 米；底部长约 54 米，宽 34 米，遗址四周水土流失严重，东西两侧断壁上可见灰土层。

考古发掘证明，该文化层厚约 9 米，分为两层，上层是商代堆积，下层为河南龙山文化遗存。河南龙山文化时期在时间上为公元前 2600—前 2000 年，这样算起来，造律台的历史至少在 4000 年。从这一点说，造律台文化是华夏文明的源头之一。

造律台因在酂县，亦名"酂台"。司马迁在《史记·陈涉世家》中说，陈胜、吴广大泽乡起义后，"乃令符离人葛婴将兵徇蕲以东，攻铚、酂、苦、柘、谯，皆下"。《史记》里所谈到的符离在今安徽宿州符离集，蕲在今安徽宿州东南，铚即今安徽宿州，苦为今周口鹿邑县，柘为今商丘柘城县，谯为今安徽亳县，酂即是今商丘永城市酂城镇。

酂城是中国历史上也是永城市境内最早设置的县之一。秦朝建立后，废除分封制，实行郡县制，在今永城市境内设置了两个县，一是酂县，二是芒县，皆隶属于砀郡（今安徽砀山）。芒县在今芒山之南、永城东北 18 公里的芒山、陈集一带。到了东汉刘秀建武年间又增设敬丘县（后又名太丘县，治所在今永城市西北 15 公里太丘集），三县皆隶属于沛郡（今安徽沛县）。隋朝时酂县属于谯郡（今安徽亳州）。元代至元以后并入永城。由此可见，酂城的历史已有 2200 多年。但甚为可惜的是，"文化大革命"前还保存完好的鄪城老城墙，现在除了西南角和西北角还有一些迹象外，其余的几乎没有了。据当地老人说，大多数是近年来村民建房、垫路时自行毁坏的。

造律台之名源于萧何在此造律的传说——秦朝末年，天下大乱，群雄蜂起，萧何断定秦朝必亡，必有雄才大略之人再行统治天下。为此，他避开尘世纷扰，匿身于当时这座杂草丛生的高台之上，默默地为新朝撰制律条。后来萧何参加了刘邦领导的农民起义军并像他预料的那样取得了胜利，建立了汉朝。萧何当了丞相后向刘邦献出他为新朝撰制的治世律条《九章律》——这是流传至今的美丽传说，而且版本不一，但都与萧何造律有关。

萧何与曹参都是刘邦的同乡，曹参是沛县的狱吏，萧何则是主吏，为刘邦建立西汉政权立下了汗马功劳。萧何"位冠群臣，声施后世"，为"汉初三杰"之一（余为张良、韩信）。刘邦论功行赏，定萧何为首功，封他为鄪侯，食邑最多。由于萧何被封为鄪侯，故民间认为萧何造律在鄪城造律台。世界萧氏也认为萧何是他们的祖先，鄪城是萧氏祖地。萧氏宗亲会还捐款在造律台前为萧何建祠，为萧何塑像。这样，历史、传说和现实纠结在一起，更使得萧何和造律台的内容丰富多彩起来。

如今的造律台花草繁盛，风景宜人，茂林修竹之中的萧何祠堂和萧何塑像，虽经风雨剥蚀，但依然昭示着历史的厚重和时间的跨越。置身于此，对话萧何，现实生活中的政治和法治观便油然而生矣。

（原载《商丘师范学院学报》2014年第4期"商丘风物志"）

# 王油坊遗址

　　王油坊古文化遗址，位于永城市西 27 公里鄭城镇王油坊村东北 400 米处，它北靠浍河（古涣水）支流龙兴沟，东距浍河 250 米，为旧黄河淤泛之地，面积约 1 万平方米，文化层的厚度一般在 3 米以上。周围地势平坦，遗址略高于地表，东西和南北向长皆约 100 米。为第六批国家级重点文物保护单位。

　　王油坊遗址 1936 年被发现，1977 年中国社会科学院考古所与商丘地区文管会联合进行了两次发掘，清理出房基 11 座，灰坑 25 个，出土了大批龙山文化晚期的陶石、骨蚌、角器。这些发掘表明，人类的祖先远在 4000 多年前就生息繁衍在这块土地上，并且有了较为发达的农业、渔猎和手工业。

　　河南龙山文化时期正是皇帝和帝尧时期，这个时候，商代的先民们就活跃在豫东一代，创造了先商文化和先商文明。考古材料证实，先商文化主要是新石器时代的文化，它来源于山东大汶口文化，并吸收了河南龙山文化及其周围其他文化的先进因素。而据考证，商族发源于居住在今山东滕州市一带的史前东夷人之中，最初主要活动在今豫东、鲁西南一带。分布在这一区域的考古学文化，学术界称为河南龙山文化王油坊类型。

　　根据中国社会科学院古人类研究所碳十四测定，王油坊遗址的年代在公元前 2580 年至前 2140 年。王油坊遗址发现有卜骨，有火灼烧的痕迹，这是当时古人占卜的结果。有专家推测这地方有可能是处于游牧部落中早期商王居住的地方之一。

　　王油坊遗址在 1977 年被发掘以前，由于土地呈黑色，被村民作为积肥土取走，或被作为建房用土取走。当时，人们并不知道，他们拉走的黑土其实就是古人留下的、文化价值极高的灰坑填土。

　　王油坊类型遗址发现的大量生产、生活用具表明，商丘地区早在 4000 多年前人类的祖先就劳动、生息在这片广阔、平坦的土地上。他们或网罟而渔，或弓矢而猎，或磨蜃而耨，或畜牧牛羊，由渔猎生活逐渐进到农牧生活，创造了极其灿烂辉煌的先商文明。该地区较为发达的农业、渔猎和手工业，为商丘当然也为中华民族的历史和文明增添了丰富的内容，成为商丘文明的曙光。

史前商族人由山东向今天的商丘迁徙，其间的脚步就曾停留在王油坊村，并在这里留下了深深的印痕。然后再向西发展，于是就有了帝喾和阏伯及其子孙。他们以亳为中心，创造了极其辉煌灿烂的先商文明。经过岁月的磨砺和风雨的剥蚀以及人为的破坏，如今的王油坊遗址已是风烛残年、斑驳陆离，虽然被列为国家级重点文物保护单位，但往日的风光已很难寻觅。历史往往就是这样被湮没的。

茫茫永城大地上的王油坊古文化遗址，孕育了商丘文明的第一缕曙光。商的先民们在商丘一带的活动，王油坊遗址就是最有力的证明。

（原载《商丘师范学院学报》2014 年第 5 期"商丘风物志"）

# 崇法寺塔

崇法寺塔位于河南省永城市老城区东北隅崇法寺旧址上，故名崇法寺塔。据明天顺四年（1460）"重修崇法寺碑"记载，寺和塔均建于北宋绍圣三年（1096）春。"宝塔盘云"古为永城八景之一。清代永城诗人吕永辉在《太丘八景宝塔盘云》中咏道："东林古寺迹仍留，七级浮屠踞上游。保障江淮称巨镇，屏藩梁宋护中州。"2006 年，崇法寺塔作为宋代古建筑，被国务院批准为第六批全国重点文物保护单位。

崇法寺塔为九级楼阁式砖木结构，平面呈八角形，整体由地宫、塔基、塔身、塔刹四部分组成，通高 34.6 米，底层直径 7.7 米，底座周长24 米。塔体为椎柱形，每层檐下均有仰莲相托。仰望塔身，如九朵莲花开放。塔每层均有东南西北四门。八角皆有石龙头，龙头系铁铃，随风而铿锵齐鸣，悦耳动听。1—4 层嵌有深绿色琉璃雕砖，构图为一佛三菩萨。塔内各层的结构不尽相同，有的辟平面八角形或四角形的塔心室，有的设正方形塔心柱，柱之四周有回廊，并与四面塔门相通。各层之间有盘旋的梯道相连，可直登塔顶，鸟瞰全城风光，远眺城郊沃野。

崇法寺塔 1938 年遭日军炮击，仅存八级。1985 年政府拨款重修，恢复了顶层，重建了塔刹。

崇法寺塔是我国古代砖塔建筑艺术的代表之一。塔底层建有地宫。塔基座内装木骨，上承宝塔，下护地宫，坚实而稳固，与塔身、塔刹组成了和谐庄严而又高雅的统一体，堪称楼阁式古塔的精品。塔身为青砖叠砌仿木结构，层层出檐，逐层内收，每层外壁转角有砖制仿木圆柱，外檐建仿木镂空围栏，增强了美感，表现了多变的轮廓。塔檐是由莲花瓣石叠砌而成，平座用斗拱承托，显得层层叠叠，极富装饰性。塔底北门有青石走道直至塔顶。塔的每层均开明窗，方向和造型与圭门相同，门窗外部上方及两端镶有黄绿釉佛像砖计 651 块，刻有塔铭和施主姓名的釉砖 5 块，把塔身装点得绚丽多彩。这些明窗利于采光、眺望，并能缓和强风推力，别具匠心。

　　崇法寺塔历经 900 余年，风雨剥蚀，明清虽经几次修复，仍有破损，清末遭雷击留有裂缝，1938 年又遭日军炮击。1985 年经重修恢复了原貌，并增装了避雷针，重新展现了我国古代高超的建筑艺术和劳动人民的聪明才智。2002 年经市政府批准，崇法寺旧址作为佛教活动的场所正式开放，4 月 29 日举行山门殿奠基法会，千年古刹又重放光辉。

（原载《商丘师范学院学报》2014 年第 7 期"商丘风物志"）

# 帝喾陵

　　帝喾陵位于商丘市睢阳区南 23 公里的高辛镇。现存墓地为一高大土丘，南北长 233 米，东西宽 130 米。帝喾陵修建于汉代，宋元明清又经多次修葺，其殿宇雄伟壮观，松柏苍郁，碑碣林立，陵前现存原有帝喾祠、沐浴室、更衣亭、禅门等古建筑。

　　帝喾高辛氏是《史记·五帝本纪》五帝中之第三帝，前承炎黄，后启尧、舜，为黄帝的曾孙，玄嚣的孙子，蟜极的儿子，颛顼的侄子。帝喾因辅佐颛顼有功，被封于高辛。他是商朝始祖契的父亲，契的母亲即帝喾次妃简狄。帝喾是我国五帝时期社会发展过程中一位至关重要的人物。在"五帝"中，帝喾的事迹最为简略，但《史记·五帝本纪》却对帝喾给予了高度的评价。

　　帝喾的事迹在《史记·五帝本纪》外，《山海经》《世本》《楚辞·天问》《国语》等也有记载。帝喾的事迹和贡献：一是如《史记》所高度评价的，他是一个仁爱之君，"顺天之义，知民之急，仁而威，惠而信，修身而天下服，取地之材而急用之，抚教万民而利诲之，历日月而迎送之，明鬼神而敬事之"；二是继承《颛顼历》，发展农业生产，教化万民；三是都于亳（南亳，今商丘南），为商人的祖先；四是帝喾之所以能跻身五帝行列，还由于他后世显赫。据《史记》所载，帝喾有四个妃子，有八子一女，枝繁叶茂，正妃开周之祖先，次妃开商之祖先，中国的很多姓氏源于帝喾。

　　史载帝喾葬地多处。《山海经》载帝喾陵在辽东半岛。今陕西省渭南合阳县、河南省内黄县、商丘市睢阳区高辛集各有帝喾陵。在商丘发现的高辛遗址，由高辛集、帝喾陵、潘庙村三部分组成。考古发现集镇下叠压着古代城池文化遗址，有原始社会的龙山文化遗存，更多的是周、汉至唐宋时期的文化遗存。从考古发掘看，地下的古文化遗址要大于地表上的高辛集。帝喾陵位于高辛集西北角，潘庙村位于帝喾陵西北 1.5 公里处，传说这是帝喾的后花园，实际为周至汉的古墓群。在这里出土了大量殉葬文物，成为研究我国古代殉葬制度的宝贵实物资料。

汉代建帝喾庙，曹植作有《帝喾庙赞》。赵匡胤曾在此抽签问卜，登基后下诏大修帝喾陵寝。陵前有高 5 米、宽 1.2 米的石碑一通，二龙戏珠碑群，赑屃碑座，碑前有供案、香炉等设施。祭场两侧有六角龙柱石亭各一座。东石亭内竖有明嘉靖四十一年重修帝喾祠碑，西石亭内竖有 2001 年重修帝喾陵碑，青石板甬道。两旁新植刺柏 1.3 公顷。整个陵区翠柏环绕，庄严肃穆。因帝喾是中国很多姓氏的祖宗，所以海内外帝喾后裔们纷纷来此拜谒，寻根祭祖。

（原载《商丘师范学院学报》2014 年第 8 期"商丘风物志"）

# 微子祠

微子祠位于商丘市睢阳区南 12 公里的青岗寺，商柘公路旁。为商丘市重点文物保护单位。

微子，名启（亦名开），是商纣王的庶兄，因封于微邑（今山东梁山西北），故名微子。微子与箕子、比干并称为"殷之三仁"。商纣王暴虐无道，微子数谏无效，于是出走。周武王灭殷后，微子从周。初，周武王将纣王之子武庚封于殷。武王死后，武庚和管叔、蔡叔叛乱，周公旦诛武庚，命微子代殷后，国于宋。所以，微子为宋之始祖。

微子施仁政，深受人民爱戴。微子祠始建于唐天宝年间，后遭多次毁坏，历代给予修葺。现在的微子祠由印度尼西亚华侨宋良浩先生 2000 年来商丘寻根祭祖时捐资重修。整座祠占地面积 6650 平方米，南北长 70 米，东西宽 95 米，由微子祠、先贤堂和微子墓三个院落组成。微子祠位于中间，现存有过厅、照壁、东西厢房和祭祀台。先贤堂和微子墓分列于微子祠的东西两侧。微子墓有碑亭、神道、石像生、墓冢等，布局精巧别致，墓高约 3 米，墓前有明万历四十年（1612）归德知府郑三俊立的墓碑，上书"殷微子之墓"五个大字。

微子祠整座院落设计科学，布局合理，环境优美。

（原载《商丘师范学院学报》2014 年第 10 期"商丘风物志"）

# 商均墓

　　商均墓位于虞城县利民镇（虞城古城）西南 1.5 公里商均墓村的后面，在今虞城县城北 12.5 公里，墓冢残高 4 米，周长 110 米，面积 960 平方米，为河南省重点文物保护单位。

　　商均为舜的儿子。舜在做部落联盟酋长之前，尧把两个女儿娥皇、女英嫁给他做妻子。《史记·五帝本纪》载："娥皇无子，女英生商均。"商均品行不端，舜认为他不能继承自己当部落联盟酋长，于是把酋长之位让给了治水有功的禹。禹继位后，对尧的儿子丹朱和舜的儿子商均都进行了分封，"尧子丹朱，舜子商均，皆有疆土，以奉先祀"。禹将商均从山西封到有虞氏部落为酋长，商均袭其父虞舜（舜为有虞氏）国号，称虞国（秦朝置郡县时，今虞城因历史上为商均之虞国地，称虞县，隋文帝开皇十六年，改称虞城县）。因当时有虞氏部落归属于商部落，所以均被称为商均。商均死后，葬于封地。

　　《虞城县志》载："舜帝子商均墓，位于城西南三里许，望若峻岭，土多砂姜碎石，遇大雨间或濯出五铢钱，樵牧恒拾之……旧有祠宇一所，今废。"清康熙四十一年（1702）虞城知县程本节立大小石碑两通，并亲撰碑文。雍正十年（1732）建社稷商均坛，每年春秋致祭。1942 年春，统治虞城的日军大肆挖掘商均古墓，盗去夏代前期的红陶、黑陶、鱼纹陶等生活器皿不计其数，使商均墓遭到毁灭性破坏。现在的商均墓及其周围古木参天，阳春三月，桃花盛开，游人如织，是极好的旅游去处。

　　商均墓是商丘地区现存的比较早期的古墓葬之一，商均墓的存在也有力地证明了商部落早期活动在商丘一带。

（原载《商丘师范学院学报》2014 年第 11 期"商丘风物志"）

# 清凉寺

　　清凉寺位于商丘市西 15 公里处，在梁园区境内，因建在清凉台上而得名。清凉台也称清泠台，泠，清凉之意，因临清凉河而名。

　　清凉台始建于战国时期，属宋国地。宋国国君宋康王在位时，起初很有作为，"东伐齐，取五城。南败楚，拓地三百余里，西败魏军，取二城，灭滕（今山东滕州），有其地"，号称"五千乘之劲宋"，并一度把国都迁到彭（今江苏徐州），宋国势力一度很强大。但历史记载也说他穷兵黩武，"又多取妇人为淫乐，一夜御数十女"（《东周列国志》）。《搜神记》载他夺封丘舍人韩凭之妻，逼韩凭自杀，韩凭之妻亦自杀。现在，寺院后院里有两棵树，树冠紧紧挨着，长在了一起，据说这是韩凭和其妻子恩爱的见证，这一故事后来又逐步演绎成"相思树"和"爱情鸟"的传说。从此，清凉台便成了人们缅怀忠贞于爱情的韩凭夫妻的游览胜地。康王为了享乐，曾动用大量民工、奴隶修筑清凉台。此台筑得像一座山，上植林木和奇花异草，下筑亭台楼阁，风景十分秀丽。

　　西汉时期，梁国建都睢阳，梁孝王刘武在商丘修筑了一个方圆三百里的豪华苑囿，名梁园，商丘的名胜古迹大多被圈入其中，并被重修为盛景，清凉台也不例外，成为梁园"七台八景"之一。刘武在清凉台修建行宫，广交文人学者，枚乘、邹阳、司马相如等文学家都曾陪他在此居住，于清凉池畔垂钓，在周围的林间花下吟诗作赋，到辽阔的旷野中打猎。明代诗人王廷相在此留下了"君不见梁王已破六国垒，苑中便起文园台。黄金白玉架楼阁，倚榻延宾四向开。清凉池上三尺雪，相如新赋倾邹枚"的佳句。时清凉台台高数丈，楼台亭榭，巍峨壮观。台下有池，名曰"绿池""清凉池"。池中鱼游水底，池畔绿树成荫。

　　相传赵匡胤在商丘任归德军节度使时，盛夏常到台上乘凉避暑。由于大殿的建筑材料有驱蚊的作用，所以台上没有蚊蝇，盛夏三伏，台上依然凉风习习。东配房南边不大的空地上，悬挂着一口大钟，钟下的地面上，有一个不大的洞口，据说是宋太祖赵匡胤的藏兵洞。北魏时期，佛教兴起，在清泠台建寺院，名清凉寺。

现寺院门前建有广场，广场北边是寺门，进了寺门有高高的台阶，上台阶后有禅门楼、大殿、后楼。东西两侧还建有几间配房，青砖青瓦，绿苔斑驳。院子里碑刻林立，古树参天。整个寺院虽经风雨剥蚀，但其历史传承的痕迹依然可辨。

每年的四月初一和十月初七，周围的人们到这里朝拜、祭祀，祈求未来能有好运气。往事越千年，古台之上，白云悠悠，香烟袅袅，清凉寺这处绝佳风景将会带着它的古老传说和不解之谜而名扬远方。

（原载《商丘师范学院学报》2015 年第 1 期"商丘风物志"）

# 黄河故道

　　商丘黄河故道西起民权县，东至虞城县，全长 134 公里，总面积约 1520 平方公里，故道内林茂粮丰，鸟语花香，大面积的湿地、草滩，构成了典型的河谷自然景观，且为水生物的生存、特种动物养殖及鸟类的栖息提供了良好的生态环境。故堤弯曲苍莽，巍然壮观，逶迤连绵像一条巨龙横卧在豫东平原上。

　　黄河是母亲河，黄河流域是中华民族的发祥地，黄河下游的冲积平原在历史上相当长的时期内是中华民族活动的中心。但由于黄河流经黄土高原，每年输送到下游大量泥沙，日积月累，河床抬高，使黄河成为"悬河""地上河"。黄河下游河床一般高出地面 3—5 米，最高处竟达 10 多米。因此，历史上黄河发生多次决溢和改道。据统计，黄河下游的决口泛滥达 1500 多次，改道 26 次，平均三年一次决口，百年一次改道。黄河下游大的改道一般说是 6 次，其中清朝咸丰五年（1855）兰阳铜瓦厢（今兰考东坝头）决口改道是黄河历史上最后一次大的改道。这次决口，黄河分成三股洪水，都在山东寿张县张秋镇穿越运河，挟大清河入海。于是，黄河下游结束了 700 多年由淮入海的历史，又回到由渤海入海的局面。

　　黄河故堤始筑于明嘉靖二十五年（1546），明清屡有增修，所以也称"明清黄河故道大堤"。故道内有林七湖、吴屯湖、任庄湖、张阁湖、郑阁湖 6 座竹节式水库，6 个天然湖泊，水域面积数十万亩，并且湖泊从未出现过干涸现象，也未受任何污染。横穿商丘全景的黄河故道，自西向东，蜿蜒曲折，水面宽广，碧水荡漾，波光粼粼，水草连片，虾蟹丰美。现已被列为国家湿地保护区，是生态旅游的良好去处。黄河两岸的申甘林带，种植了许多经济林，果树成行，绿树成荫，形成了数个黄河故道森林公园，被称为"故道绿色长城"。每年春天，梨花似雪，杏绯桃红，成为商丘一道靓丽的旅游风景线。

（原载《商丘师范学院学报》2015 年第 2 期"商丘风物志"）

文苑漫步

# 我们的学校需要这样的老师

我所在的学校专任教师已达到 1000 多人，其中教授 80 多人，博士 100 多人。

漫步在我们这美丽的校园，享受着学校几年来改革发展的成果，我想我们不能这样一味地享受生活，我们该为学校做点儿什么。

一个老师能为学校做什么？不言而喻就是上好我们的课，让学生从内心佩服我们。但是，每想到这些，我便心有愧意，面有赧颜。

这几天，我在读南怀瑾的《南怀瑾谈历史与人生》、傅佩荣的《哲学与人生》和郭灿金的《古典下的秘写》《郭灿金读史》。感慨良多：河南大学真是了不起，王立群而外，原来名不见经传的郭灿金又深深地打动了我。他的文章被《新华文摘》《读者》转载数篇，现在又忙着写电视剧，这个我曾谋面的、当时未引起我注意的商丘老乡着实令我刮目相看，作为补偿，这几天，我在猛啃他的书。

上网浏览，不经意间看到介绍河南大学的另一个老师——常萍，说她的课讲得非常好，《百家讲坛》两次邀她出山，均被婉拒。

我是河南大学毕业的老学生，以前我们很佩服李振宏教授的课，佩服刘思谦教授和白本松教授的课……现在又有王立群、郭灿金、常萍……

在这样的情形之下，我们的学校就显得年轻而又单薄，显得我们的老师可供前进的空间还很大。以前，我们也曾为几个老师而自豪：何思玉、耿占春、宋立民、李保民。有他们几个，我们的课堂满意度还是较高的，现在也有些老师达到或超过了他们，但为数不多，需要量的增加。

我几乎每天走进宋立民的博客，他用自己的才智和幽默点燃了湛江学子明亮的心灵，给"文化沙漠"的南方带去了一股清新的空气……

我曾写过《立民印象》，大家反映还不错。现在不在手边，以后再把它挂上。

我们的学校现在需要宋立民这样的老师，需要何思玉、耿占春、李保民这样的老师……也许大家还没有来得及充分展示，愿同事们早早地飞翔起来……

（原载"李可亭的博客"之"我行我思"，2009 年 7 月 19 日）

# 立民印象

想写宋立民，是在两年之前。1992 年 10 月，我到四川参加"纪念郭沫若诞辰 100 周年学术讨论会"，与同行学者时任郑州大学教授陈继会先生谈立民甚多，萌写立民之意。与我相熟悉的报社编辑说我了解立民，让我写写"印象"。可立民难读，故至今才敢动笔。我有幸做过立民的邻居，"印象"也许较他人为深，兹略述一二。

还是先听听别人的评价：

"立民是个神经！嫁给他，无异于去精神病院当护士。"

"立民真是个才子，那精力、那文笔，啧、啧啧……"

"立民真诚得像个孩子，思考问题却又像个哲人。"

"读他的作品，等于对大脑的惩罚。凡登载他文章的报纸杂志，我坚决不看。"

作家兼编辑韩瑛珊曾说："所有的来稿中，他的字最难认，但稿子最好编。"立民则不以为然地说："我的文章不如我的棋，棋又不如球，球比不上歌，但最拿手的，还是我的字。"

立民的字难认至极，也许是灵感一来需要速写，方方正正的格子让他弄得惨不忍睹。早在河南大学中文系求学时，已被称为日语、甲骨文、密电码"三位一体"，大家说他的字或则"一川碎石大如斗，随风满地石乱走"，或则"梨花一枝春带雨，衣冠不整下床来"。其难认程度到了连他自己也经常读不通自己的手稿，得与朋友一起连顺带猜。为此，还闹过笑话。去年国庆期间，商丘地直棋手于电厂厮杀，宋立民以"余银"的名字大战始终。盖报名时，他大笔一拐，"宋""余"莫辨，而"立民"则亲密无间，被组委会视为"银"字。立民非但不生气，反而用"余银"为笔名写起了文章。

　　他那斗室几乎看不见墙壁，上上下下或贴或挂，有名家的字，也有他自己的字。最近，在富士城大酒店举办的"名家书画展销会"上，他的字也忝列其间，居然被明码标价。书法家庄桂森先生评论说："就用笔而言，立民可谓集所有败笔之大成；就用功而言，大家不曾见他认真演练，他是仅仅凭着一种艺术灵性，硬是自成一体，硬是混迹于名家之列而毫不逊色。"其实他的行和楷，尤其是硬笔是颇有功底和韵味的，不仅在本省拿过奖，而且还获得过全国硬笔书法二等奖。所以，近年来不断有人登门求取墨宝，立民则有求必应，不仅分文不取，反倒以为是人家在抬举他！

　　立民闯入通俗乐坛，那是近几年的事。他先是以生命哲学阐释齐秦的歌，在文艺圈内小有影响，后有一篇《以音符悟死生》征服了《通俗歌曲》，被聘为特约记者。他的"财产"除了两屋子书，尚有一部低档卡拉OK伴唱机和整架子的磁带。至于唱，尽管常常有修改歌星成名作之嫌，可由于乐感和悟性不错，加上异常投入，让你置身左右则必受感染。兴之所至，他会与崔健一起在《南泥湾》中摇滚，也会与那英为伍于"苦涩"中"发疯"，近来又时不时跟着王志文、江珊"糊里又糊涂"。去年此际，他居然跑到北京龙恩寺"93文学创作年会"上，面对全国百余名文坛精英阐发通俗歌曲的哲学意识，居然还赢得了阵阵掌声。今年就流行歌曲的"文学之美"问题与"西部歌王"王洛宾老先生商榷，文章又引起了音乐界专家的瞩目，以至于几位驰骋乐坛的朋友一致推荐他"混入"省音乐家协会。

　　立民直言不讳：著述都为稻粱谋。他说："舞文弄墨，政治家说你迂，实业家说你酸，哲人拈花微笑，说你浪费生命；知己则早已心心相印，于是不必再说。因此，作文便只剩下换钱买米。"大家以永恒感、使命感、责任感等与之争论，他便开始背诵鲁迅语录：写不成者堪称"流产"，有稿约者则为"打胎"，挤来挤去，"老实说，为的还是想卖几文钱"。奇怪的是，很有几个人想凭借立民的一支秃笔为自己树碑立传或资助自己平步青云，开价高得叫人眼亮，他却不为所动，放着"好事"不做，继续当他的"无产阶级先进分子"，照样成天到邻居家借米面，把方便面当主食，并一如既往地就着水管喝凉水。因此，朋友们一个个隆起了"啤酒肚"，立民则"楚腰纤细掌中轻"，依然"身材姣好"。

　　立民的书房才叫"书"房，不仅四壁皆书，床下、箱内、枕边、桌上无不是书。生人进了他的家会误以为是进了图书馆——没有冰箱、没有组合柜、没有沙发……常常有人大惑不解："这么多书，你都读过了吗？"书店和"地摊"大多认识立民，有好书必留一至二本，且长期对他八折优惠。这样，他的工资和稿费便川流不息地流了进去。去外地出差、开会，他总是背一捆书回来。不断有人劝他别再泡在书堆里，以免致迂，成为两脚书橱，立民也深知藏书之忧，无奈积习难改，只要兜里还有几块钱，他的腿就不自觉地朝着书店、书摊走去，以至于常常赊账。他研究现当代文学，重点"啃"鲁迅，研究资料之丰富，足令国内外同行汗颜。前年赴京赶考中国社科院鲁研博士，笔试和口试皆大段引鲁迅原著，三门专业课成绩均在90分以上，令导师林非先生慨叹不已。

越是书多房子小，师生朋友却偏偏爱到他那书房"雅"聚，指点江山，激扬文字而流连忘返，四邻备受其苦。到了饭时，立民并不十分着急，可邻居开始"为他人作嫁衣裳"，不仅供应油盐酱醋，还得采购主食副食，打开自家的炉子为立民及他的朋友烧开水——能像他那样成天喝凉水的毕竟不多！

立民曾自谦地说他"忝列教席"，但他的中国现当代文学课却使一届又一届学生"如坐春风"。桃李不言，下自成蹊，立民的"知名度"更多地来自他的学生。课堂上，他随着铃声进入角色，时而旁征博引，时而议论品评，动情处与学生一起流泪，精彩处令学生当堂鼓掌，幽默处学生忍俊不禁，他能不动声色，得意处，他扔下讲义手舞足蹈。他丢钱丢钥匙丢衣服丢自行车，家务事转脸就忘，却于文字上记忆力过人。讲郭老《凤凰涅槃》，300多行的长诗他背诵起来犹如竹筒倒豆子。讲新时期"朦胧诗人"，引文也全用背诵，只此一手便"镇"住了学生。理科的学生听了他的美学讲座，慨叹外面的世界如此精彩，愧感十年虚度，于是纷纷要求转学中文。

"活得只剩下一身节奏/他居然没有疯/尽管痉挛已久的架子鼓/咚咚地撕裂他/撕出他满头/如瀑的狮鬃/……欢呼与鲜花/荡开一片荒漠/他只想贴紧滔滔夜幕/以霹雳舞姿/再缓缓地演奏一次/爆发、悸动/而后在坠入归宿的小船上/扣舷独啸……"他笔下的"架子鼓王"其实就是抒情主人公自己。他的生命力之旺盛，令人称奇。据传，他大多深夜入寝，黎明即起，每天休息四五个小时，并以黄永玉先生的话攻击午休是"最东方风格的浪费"。他常以玩球玩棋玩书法篆刻来排遣写作辛苦和读书劳累。教书、写作、行政事务使得他行色匆匆，骑车飞快，有时近乎"玩命"。今年暑假，热浪炙人，为赶写全国中青年重点科研项目《中国现代乡土小说史》，他把自己禁闭在工会俱乐部，吃大伙，喝凉水，席地而睡，深潜书海，硬是完成了全部书稿，令空调饱食中的朋友叹为观止。

做立民的邻居，会感到"别是一番滋味在心头"，既摆脱不了他奇书、佳作、妙语的诱惑，又不堪其"骚扰"之苦。深更半夜，他踱步思考，翻箱倒柜找资料，乒乓叮咚的响声把静夜搅动；黎明大早，人尚在温柔富贵之乡，他却推窗高歌"样板戏"，或放交响乐、"名人演讲"磁带。除非你与他节奏同步，否则必不得安宁。然而与他"同步"又谈何容易！

唯聪明人能做痴心事。立民的"单纯""幼稚""不成熟"人所共知，他本人也供认不讳，而且并不准备"改邪归正"。他于职称、房子等方面发扬风格，先人后己。他债台高筑，家无隔夜粮，袜子带补丁，却不断资助困难学生，为"希望工程"捐款，一次120元，发誓年年坚持，直到没有"希望工程"四个字为止。近年来，立民在《中国教工》《中国校园文学》《中国文化报》《华声报》诸报刊发文数十篇，以子规啼血的赤诚和庄谐杂出的笔法为尊师重教鼓与呼。他甚至设想，让所有县处级以上干部"以身作则"，每人资助一名失学儿童，再来一次"一帮一，一对红"。文章被刊载被引用，入选"教师优秀散文"，颇有影响。学校一老师出差到哈尔滨，人家说起来都知道河南商丘有个敢说实话的"宋立民"。

"立民"印象的大端当是他那寸步不离的军用书包。那已洗得发白、发烂、补着若干个补丁的帆布书包是他1972年参军入伍时在商丘市入武部领到的，迄今已22年，其破烂程度无以复加，据他自己招认补过那书包的已有十几人次，当然针脚最大的补丁是出自他自己之手。他挎着这只收破烂的也未必关注的旧书包出入图书馆、教室、学术会场和报告席，走了大半个中国。多少人劝他弃旧图新，他却视为宝贝，大概是有了感情和某种寄托，所以舍不得丢。新朋旧友中不乏财大气粗者，看着有失教授身份，先后送给他好几个高级公文包，他却之不恭，便带回家束之高阁，一任尘土欺蒙。

立民幽默风趣，舌灿莲花，妙语迭出，常使四座皆惊。他心不设防，平易近人，故交友甚众。留着寸发，形象瘦削的立民依然风采照人，玻璃片下那双眸子透出睿智和真诚。

立民就是立民，他常用巴金的话自况，说文人一是穷二是忙，积习已深，初衷难改，他把书斋命名为"不悟斋"，愿意永远做文学之国的国民。从大学毕业至今风风雨雨十几年，说起来，他的经历也够坎坷的了！可他从来没有抱怨过什么，一任日出日落，四季更替。今年元旦，他自书的贴在住房门口的对联虽经风雨剥蚀，其字迹仍依稀可辨："环壁列奇书，有文有史堪探讨；小楼多晴日，宜风宜雨是安居。"横批："乐在其中。"

[原载《商丘日报》1995 年 1 月 1 日。宋立民原在商丘师范学院工作，后调到湛江师范学院（现改名为岭南师范学院）教书]

# 半个世纪育才曲，一卷文史商丘人

## ——记商丘师专离休教师李正华副教授

辛勤耕耘四十年，

对镜始知鬓毛斑。

窗外桃李嫣然笑，

案头泼墨画春蚕。

——李正华《春日感怀》

李正华初执教鞭，是在 1945 年春，那时他 22 岁，在他的家乡虞城县贾寨镇小学教授语文，从此开始了他悲欣并交的粉笔生涯。

在十分简陋的小学讲坛上，李正华度过了战云翻滚、硝烟弥漫的岁月。

当时，国民党统治下的商丘，民不聊生。1948 年三四月间，解放军两次攻克洛阳，6 月下旬又攻占开封，7 月上旬在睢县、杞县打了一场大仗。"山雨欲来风满楼。"省立商丘中学迁往江南，原流亡在商丘车站的山东学校也纷纷南迁。当官的、有钱的，惶惶如丧家之犬，一个个远走高飞。有人把解放军说成杀人如麻的恶魔，劝李正华一起南逃。幸运的是他见过几次解放军，直觉告诉他：解放军没有什么可怕之处，比国民党兵好得多。他说："我哪里也不去，我要坐等解放。"

1948 年 11 月 6 日，商丘解放。第二天，张弓店战斗打响，震惊中外的淮海战役拉开了帷幕。12 月底，李正华第一次领到了 11 月、12 月两个月的完整工资，那是金黄金黄的八路军的小米，共计 90 公斤。

"一唱雄鸡天下白"，新社会使年轻的李正华更加年轻。1949 年暑假，他参加了剿匪反霸工作队，演话剧、歌剧，宣传党的方针政策，他积极踊跃。回到学校，他教国语、算术、自然、音乐，自制电报机、水轮机等模型，感到一切都充满了生机。

1952 年，他被调到虞城县第一初中讲授语文，次年春成为全县观摩课的主讲教师。1955 年，他被调入省重点中学——商丘一高，不久就开始送毕业班。1960 年春，开封专属教育局主持全区性公开教学，他仍然是主讲教师。在全省高三语文会考中，商丘一高学生的成绩名列前茅。1963 年春，在河南中学语文教学座谈会上，他的发言赢得了与会专家和同行们的交口称赞。

教师是太阳底下最神圣的职业，然而神圣常常与艰辛形影相随。在三年困难时期，他先是全身大面积浮肿，然后是肝炎转为肝硬化。作为重病号，教育局通知他赶快住院，但他没有去。两个高中毕业班的语文，他放不下；全省高中会考迫在眉睫，他丢不开。班主任、语文组长、深夜备课、批改作业的负担加上七口之家的生计，还有河南大学的本科函授课程……1964 年 11 月，他终于支撑不住，不得不住进医院。

在那"史无前例"的年代，由于家庭出身问题，他小心谨慎地做人，勤勤恳恳地工作，才被人视为"团结对象"。粉碎"四人帮"后，他焕发了青春。1978 年，商丘师范大专班成立，他被调入大专班教授《中国现代文学》；1982 年因身体不好退出教学第一线，任商丘师专图书馆馆长；1985 年退休时享受厅级干部政治生活待遇；1988 年晋升为副教授。

李老师多次讲他自己是"笨鸟先飞"。为了备好课，上好课，他翻阅大量资料，研究教学方法和教育规律。他曾说："我初中没有毕业，哪有资格教高中？来到商丘一高，我给自己立下一条规矩——认真备课！别人用 3 个小时我用 6 个小时或 9 个小时；每堂课都写下教案，对每个字、词都不能马虎，每一句话都是认真准备的，就连语气声调也反复琢磨如何让学生听得清，记得牢！"

早在 1963 年 10 月 19 日，他就在《光明日报》发表了题为《怎样才算把课文内容讲清楚》的专栏文章，后来又发表了《〈荔枝图序〉备课札记》《读朱自清的〈春〉》等学术文章，引起了同行的关注。

课堂上，他使一届又一届学生"如坐春风"。他的讲课不止一次地让学生们热泪欲零，不止一次令学生们拍案叫绝，当堂鼓掌。他不止一次听到学生评价："从来没有听到过这样生动的语文课！"

走进李正华老师家的客厅，一副对联赫然入目："怀瑾握瑜岂独屈子，滋兰树蕙还看吾师。"那是他的学生史永深、范清河工笔题写的。几十年来，连李老师自己也数不清他究竟教过多少学生，只知道逢年过节总是从四面八方飞来异口同声的问候。学生李景亮送来自己的专著《豫东写真》和其他作品；学生齐永送来报告文学《走向明天》，请老师过目；作家张兴元的小说尽管已翻译到了国外，拍成了电视连续剧，可他依然清晰地记得50年代李老师给他批改作文的情景；学生李玉昆从河北师大寄来一卷卷研究鲁迅的专著。

"老骥伏枥，志在千里。"1985年退休后的李老师，想到自己生于商丘，长于商丘，决心把晚年的生命投入"商丘文史"的研究中去，为宣传商丘做出自己的贡献。10年来，他先后以笔名"孟渚生""土民""黎元"或"李正华"在《中州今古》《殷都学刊》《黄淮学刊》《商丘日报》等报刊上发表了40多篇文章。最近，他把这些文章结集成《商丘丛谈》，准备交付出版社出版。

李老师从甲骨文到近现代史，搜集了大量有关商丘文史的资料，又多次进行实地考察，博采精酿，精心考证，得出了许多令人信服的结论。在商丘的始祖问题上，他发展了王国维的观点，印证了郭沫若的说法。他以晚年多病之躯，潜心商丘文史研究，力图为宣传商丘、弘扬商丘优秀历史文化，贡献出自己的力量。

（原载《商丘日报》1995年7月18日，发表时署名"未远"，与宋立民合著）

# 亲历五年风和雨，喜获丰收胜利果

新千年的初春，莺飞草长，万物欣欣。商丘师范学院申办成功的消息，从花城广州传到古城商丘，我和我的同事沉浸在无比幸福的喜悦之中，整个学校刹那间成了花的海洋，成了歌和舞的世界。

时光倒流。1995年的春天，新一届学校党委审时度势，制定了"奋力拼搏创一流，夯实基础上本科"的宏伟目标，从此，目标明确，措施得力，上下同心，共创辉煌。

春风、夏雨、秋硕、冬藏，整整五年里，作为一名青年教师，我置身于学校"夯实基础""奋力拼搏"的艰苦创业的环境中，谛听着学校每前进一步的铿锵有力的脚步声。

五年里，我和我的同事深潜书海，博采精酿，遨游在知识的海洋里，完成了上级主管部门下达的一个个科研项目，进行了无数次的课堂教学改革，发表了一篇篇高质量的学术论文，出版了一部部引起学术界瞩目的学术著作，副教授由50多人增加到110多人，正教授从1人增加到13人……五年里，从事基础建设的同志，矗立并装饰了一幢幢教学楼和职工、学生宿舍楼，展铺了一条条道路。下水道重新改造，电网重新架设，绿地一块块增加……整个学校花团锦簇，碧草青青，一派生机盎然。五年里，实验室的变化更是天翻地覆：83万美元的实验设备全部到位，多媒体、微机室、听音室、演播厅一应俱全，实验条件和教学条件大为改观。五年里，图书馆藏书增加一倍以上，设立了局域网，实现了计算机管理。

五年里，校领导带领大家艰苦奋斗，团结拼搏，开拓进取，不知有多少同志放弃了节假日，不知有多少老师带病坚持工作。"校风校纪建设年""管理年""教育质量年"……他们用智慧和汗水哺育桃李竞艳，浇灌春天永驻。

五年里，有七届学生亲身经历了母校"专升本"的历程，"学雷锋，树新风"，"爱我商丘，增辉河南"，开展"两创两争"活动……他们用年轻的双手为学校的精神文明建设和物质文化建设增光添彩。

伴随着辛勤和汗水，伴随着幸福和喜悦，我们对"奋力拼搏""夯实基础"有了更深刻的理解和体会。那真是一步一个脚印，一年一个变化，日新月异，突飞猛进。终于，春风吹拂了"升格"的洁絮，春雨润放出"本科"的花瓣。面对着来之不易的胜利果实，全校师生手舞足蹈，热泪盈眶；全市人民额手相庆，奔走相告。因为这一胜利果实是对商丘优秀历史文化的传承和发展，是对全市人民大力支持、共同拼搏的最好回报，"专升本"的实现与新时期商丘经济、政治、文化的发展相得益彰，商丘人民有了自己的大学，商丘的高等学府从此开始了新纪元。

新千年的初春，永远在我的记忆里，永远在我的诗篇里：

> 谁不期冀天空永远明丽，
> 明丽得像刷洗过的玻璃？
> 谁不希望春风永远温柔，
> 温柔得像安徒生笔下的少女？
> 谁不愿自己的生命像三色芙蓉，
> 早晨洁白，
> 正午粉红，
> 傍晚如霞似橘？

哦，我还不能完全陶醉在这美丽的诗篇里，我应该理智地迎着朝阳大踏步前进。过去的成功，我们倍加珍惜，未来的事业还要我们用双手去创造。我们应该进一步地营造本科氛围，使商丘师范学院开好头、起好步，以崭新的姿态创一流本科，从而跻身于中国名校的行列。

让我们和商丘师范学院一起，向理想的纵深开拔吧！让蔚蓝的天空更加亮丽，使所有的呼吸更加自由；让阳光和希望一齐向校园喷洒，使秀琅镜和花格裙满校飘逸……

　　亲历五年风和雨，喜获丰收胜利果。此刻，我的心情和键盘一起跳动，猛抬头，天已放明，推窗试看，朝霞满天，一轮红日喷薄而出。哦，这不就是商丘师范学院灿烂辉煌的写照吗！

　　（原载《商丘师范学院学报》2000年4月18日。2000年3月，商丘师范专科学校与商丘教育学院、商丘师范学校合并，经教育部批准升格为商丘师范学院，实现了学校由专科到本科办学层次的提升）

# 知识分子与"现代商丘人形象"

知识分子应是"现代商丘人"的一部分，而且是一个重要部分。"现代商丘人"应重"现代"，应着眼于未来，应面向世界。在"现代商丘人形象"大讨论中，应充分认识知识分子的价值与责任。

## 一　知识分子以自己的人格魅力和精神产品为商丘服务

知识分子的人格魅力很难用语言来形容，但总的来说不外乎具有高尚的道德品质、丰富而渊博的学识、学而不厌和诲人不倦的精神、对事业的高度责任感以及"富贵不能淫，威武不能屈，贫贱不能移"的处世态度，知识分子事事处处都应以身作则，"其身正，不令而行；其身不正，虽令不从"。知识分子的人格魅力潜移默化影响社会，桃李不言，下自成蹊。

观诸人类文明史，重要的不是阶段性物质成果的产出者，而是阶段性精神成果的产出者。正是由于有了知识分子特别是文化巨匠的存在，正是由于这些知识分子用自己的思想信念昭示了人类存在的价值，用他们的信仰、价值、道德、伦理观念点燃了爱和智慧的火焰，维系人类精神于不坠，才为近代精神文明提供了原动力，才将世界近、现代史熔铸成人类历史上一部辉煌的史诗。知识分子的精神产品使我们能够准确判断他们所代表的那一时代的文明所具有的价值。所有这些都是商丘所需要的。

## 二　抨击不良现象，关心民间疾苦

知识分子应具有强烈的尊严意识和人道主义精神，对于社会的不良现象，是战士，横眉冷对；对于人间的苦难，是菩萨，广施爱心。关心社会，关心他人，对人类社会终极关怀。人生在世，第一感觉就是发现宇宙与社会的不公正。但是最无用、最无益的事莫过于抱怨、不满。最积极的人生态度是直接面对惨淡的人生，奋斗不息。

打造"现代商丘人形象"，需要"铁肩担道义，妙手著文章"的知识分子，需要"风声、雨声、读书声，声声入耳；家事、国事、天下事，事事关心"的知识分子。

罗素说："我们应当抛弃那种统治别人的观念，代之以平等的观念。我们应当抛弃崇拜暴力的观念，代之以爱智的观念。我们必须学会把全人类看作一家。我们必须共同前进以促进繁荣，而不是互相争斗而走向死亡和毁灭。"罗素以他至深的思想、至厚的爱心、至广的胸襟，向全人类发出了这样殷切的谆谆告诫和这样仁爱的号召！

## 三 传道、授业、解惑，唤回莘莘学子的良知和爱心

知识分子贵在为人师表，在传道、授业、解惑中唤回莘莘学子的良知和爱心。打造"现代商丘人形象"，关键在教育，而教育的终极意义在于培养商丘学子的人文精神，在于为商丘创造一个好的人文环境，从而使商丘成为人类的"适宜居住地"。

社会良知和爱心是靠人文教化长期培育并代际相传，而不是靠空唱利他主义的高调进行说教式教育。建设商丘，不仅需要效益和指标，而且更需要公平、公正与正义。公平、公正与正义的意义，主要在于作为一种理想，根植于社会制度和人们心中，成为人类世世代代追寻的目标。作为知识分子，首要任务就是通过人文意义来教化启动学子们人性中利他与自我超越的一面。

苏格拉底说："人应该追求更美的生活，远过于生活本身。"这位先哲所说的更美的生活，应该是精神与物质的双重富有与和谐。

人的现代化和对于人类社会的终极关怀，找回人类生存的意义和精神家园，既是时下知识分子的价值所在和光荣职责，也是打造"现代商丘人形象"的不竭动力。

（原载《商丘日报》2004 年 9 月 3 日）

# 读书琐谈

## 一　读书的定义

邓康延《老课本，新阅读》（甘肃人民出版社 2011 年版）《共和国教科书新国文》（第三册，民国元年六月初版，商务印书馆发行）第一课《读书》：

> 学生入校。先生曰："汝来何事？"学生曰："奉父母之命，来此读书。"先生曰："善。人不读书，不能成人。"

本册另有一课描写"禽兽"：

> 饥知食，渴知饮，又能营巢穴，奇者能效人言，唯不能读书。

可见读书的重要性。一位西方教育家亦说："你从父母那里学到爱、学到笑、学到怎样走路，可是一打开课本，你发现有了翅膀。"《礼记·学记》："玉不琢，不成器，人不学，不知道。"讲的也是这个道理。

我为"读书"概括了四个定义——

（1）"读书"是人生中的某一阶段。学校阶段（小学、中学、大学、研究生），每个阶段都要读书。

（2）"读书"是社会上的某一职业。什么叫以读书为职业，以读书作为谋生的手段（文人）。就是说，不擅长使枪弄棒（军人），也不是"商人重利轻别离，前月浮梁买茶去"（白居易《琵琶行》"弟走从军阿姨死，暮去朝来颜色故。门前冷落鞍马稀，老大嫁作商人妇。商人重利轻别离，前月浮梁买茶去。去来江口守空船，绕船月明江水寒"）过去称读书郎、书生，现在则是教授、作家、研究员，还有许多以阅读、写作、思考、表达为生的。

（3）"读书"是生活中的某一时刻。不是"学校阶段"，但周末、假期还在读书。"都什么时候了，还手不释卷？"沉湎书海，不出外游览。

（4）"读书"是精神上的某一状态。在漫长的中外历史上，有许多文化人固执地认为，读不读书，不仅关涉举动，还影响精神。加拿大学者曼古埃尔《阅读史》（2002），开篇引用法国作家福楼拜1857年的一句话："阅读是为了活着。"这么说，不阅读、不曾阅读或已经告别阅读的人，就成了行尸走肉（这有点可怕）。还是中国人温和些，你不读书，最多也只是讥笑你俗气、懒惰、不上进。宋人黄庭坚《与子飞子均子予书》称："人胸中久不用古今浇灌之，则俗尘生其间，照镜觉面目可憎，对人亦语言无味也。"

现在的大学校园里，有书店、图书馆，可以免费上网；网上又有那么多文学、史学、哲学名著，可以自由阅读乃至下载。于是大学里有了一道靓丽的风景：逛书店，进图书馆，网上阅读，等等。

## 二　名人谈读书

读书没禁区，可阅读有路径。也就是说，有人会读书，有人不会，或不太会读书。只说"开卷有益"，还不够。读书，读什么书，怎么读？大有学问。

清末文人孙宝瑄，在其《忘山庐日记》中说，书无新旧，无雅俗，就看你的眼光。以新眼读旧书，旧书皆新；反过来，以旧眼读新书，新书皆旧。

林语堂说得更有趣：只读极上流的，以及极下流的书。中流的书不读，因为那些书没有自家面目，人云亦云。最上流的书必须读，这不用说，谁都会这么认为。可为什么要读极下流的书呢？极下流的书里，泥沙混杂，你可以沙里淘金——因为社会偏见，很多先知先觉者的著述，最初都曾被查禁（禁书）。还有一点，读这种书的人少，你偶尔引述，可以炫耀自己的博学。很多写文章的人，都有这习惯，即避开大路，专寻小径，显得特有眼光。

金克木有篇文章，题目叫"书读完了"，收在《燕啄春泥》（人民日报出版社1987年版）中，说的是历史学家陈寅恪曾对人言，少时见夏曾佑，夏感慨："你能读外国书，很好；我只能读中国书，都读完了，没得读了。"他当时很惊讶，以为夏曾佑老糊涂了；等到自己也老了，才觉得有道理：中国古书不过是那么几十种，是读得完的。这里的意思是教人读原典，不要读那些二三手文献，要截断众流，从头说起。

鲁迅在《且介亭杂文·随便翻翻》中说，自己有个"随便翻翻"的阅读习惯："书在手头，不管它是什么，总要拿来翻一下，或者看一遍序目，或者读几页内容"；不用心，不费力，拿这玩意儿来作消遣，明知道和自己意见相反的书要翻，已经过时的书也要翻，翻来翻去，眼界自然开阔，不太容易受骗。

这"随便翻翻"的意思，接近陶渊明《五柳先生传》所说的"好读书，不求甚解"。可必须记得，鲁迅说了，这不是读书的全部，是"当作消闲的读书"，"如果弄得不好，会受害也说不定的"。陶渊明的"好读书，不求甚解"，必须跟下面一句"每有会意，便欣然忘食"连起来，才有意义。这里关注的是心境。

据叶圣陶称，郑振铎谈及书籍，有句口头禅"喜欢得弗得了"（《〈西谛书话〉序》）——这才叫真爱书，真爱读书。读书这一行为自身，也就有了意义，不必"黄金屋"或"颜如玉"来当药引。也有将读书作为获取生活资料的手段，或者像龚自珍自嘲的那样"著书都为稻粱谋"，那都是不得已而为之的事。

陶渊明所说的"每有会意，便欣然忘食"，是很多读书人的共同体会；不仅"忘食"，有时还有可能忘了生死。"阅读"已经成为人们必要的日常生活，成为生命存在的标志。

# 三  读书要持之以恒

清代学者李光地在其《榕村全集》中说："欲为一代经纶手，须读数篇要紧书。"做学问是苦差事，要坐得住冷板凳，要下苦功夫，要持之以恒，一心一意，不能一曝十寒。那种"春天不是读书天，夏日炎炎正好眠。秋有蚊子冬有雪，要想读书待来年"是要不得的。

已故著名马克思主义史学家范文澜先生说过这样一句治学格言："板凳须坐十年冷，文章不写一句空。"说的是读书要持之以恒，要做真学问。

　　贾岛《戏赠友人》诗有"一日不做诗，心源如废井"句。那么，一日不读书呢，我想，恐怕定是手足无措了。看来，书还是要读的。大学生活是最好的读书生活，现在不好好读书，等到修完学业，走上工作岗位再读书，情况将会是"心有余而力不足"，因为现实生活已经容不得你来选择了。

　　莎士比亚说："生活里没有书籍，就好像没有阳光；智慧里没有书籍，就好像鸟儿没有翅膀。"

　　读书可以让人享受人生；读书是一种享受；读书带给我们最隽永的乐趣，最恒久的动力；读书带给我们心灵的平和，精神的慰藉；读书是一种品质、一种情怀、一种境界。"展一卷书，神与之交，气与之合，魄附其上，而魂游其中，至掩卷仍如梦如冥，大汗淋漓，口存余香，读书之乐也。乐至醍醐灌顶，物我两忘，夫复何求！"这段话，带我们走进读书的幸福境地。

# 四　博与精如车之两轮

　　读书要博。我是学历史的，记得老师曾告诉我：与历史有关的诸如文学、哲学、逻辑学、地理学、考古学、社会学等方面的书都要读；如做学术研究，则应把与课题有关的材料一网打尽。这"一网打尽"的"教海"曾多次使我的学术研究陷入困境。现在的大学历史系学生读书是不多的，不了解"二十五史"，不知道《南史》《北史》，甚至没有翻过《史记》和《汉书》！其他专业的学生读书情况如何呢？现在看来恐怕不能做过于乐观的估计。博则通，则裕于应付、游刃有余，博才有大家风范。

　　读书贵精。博与精正如车之两轮，废一不可。朱熹说："读书之法，在循序而渐进，熟读而精思。""熟读精思"当是行之有效的读书方法。有些书需要快读，一目十行甚至一目一页；有些书只需读"前言"和"后记"。而有些书则需要精读，反复读，直至成诵。好书是最好的朋友，越读越有味。好书是最好的养颜霜，好书是最好的长寿药。

# 五　勤奋与思考缺一不可

　　读书须勤。欧阳修说要写好文章，"无它术，唯勤读书而多为之，自工"，并说他"平生所作文章多在三上，乃马上枕上厕上也"。"马上"文章现在已不现实，而"枕上厕上"当是很多人的读书方式。周作人有《入厕读书》一文，很是隽永，文中谈到古人"坐则读经史，卧则读小说，上厕则阅小辞"。而根据他自己的经验，"假如有干净的厕所，……看随笔一类最好，顶不行的是小说"。"入厕读书"说的是"勤"，这种体验想必大家都经历过。你想，连上厕所的时间都手持书本，当认为是一种很好的读书精神了。

读书时要思考。如果一边读书，一边想着其他的事，势必深入不下去；读书必须集神凝思，"不使他事胜好学之心，则有进"。司马光说："书不可不成诵，……咏其文，思其义，所得多矣。"朱熹说："读书譬如饮食，从容咀嚼，其味必长；大嚼大咽，终不知味也。"英国诗人柯勒律治把读者分为四类：第一类好比计时的沙漏，注进去漏出来，到头来一点痕迹也没有留下；第二类好像海绵，什么都吸收，挤一挤，流出来的东西原样不变，甚至还脏了些；第三类像滤豆浆的布袋，豆浆都流了出去，留下的只有豆渣；第四类像宝石矿床里的矿工，把矿渣甩一边，只要纯净的宝石。看来，我们应做第四类读者。

# 六　读书要笔录札记

读书时手头要勤，要养成读书必动笔的习惯，分门别类，不断拾零集锦，是大有好处的。日本的弘法大师在他的《文镜秘府论》里写道："凡作诗之人，皆自抄古今诗语精妙之处，名曰随身卷子，以防苦思。作文兴若不来，即须看随身卷子以发兴也。"我们不妨学学古人，订一本"随身卷子"，做好札记，随时笔录，开阔视野，启迪文思。章学成说："札记之功，必不可少；如不札记，则无穷妙绪，皆如雨珠落大海矣。"梁启超说："若问读书之法，我想向诸君上一个条陈，这方法是极陈旧的，极笨极麻烦的，然而实在是极必要的。什么方法呢？是抄录或笔记。"

读书贵用。一是用从书本获得的知识指导自己的思想和行动，二是经常练笔，小试牛刀。读毕竟是读，只读不写，终将不会写。读与写比较起来，写尤其重要。因为"多读乃藉人之工夫，多做乃切实求己之工夫，其益相去远也"。为什么有些同学做起数理化习题来能百题千题地演算，而几周一次的作文（或论文）却不能很好地完成呢？原因之一，正如清人唐彪所说："人之不乐多做者，大抵因艰难费力之故；不知艰难费力者，由于手笔不勤也。若荒疏之后作文艰难，每日即一篇半篇亦无不可。渐演至熟，自然易矣。"

# 七　借书读与买书读

大学图书馆有丰富的藏书，尽可利用资源优势借来阅读。在这里，我想劝大家买点书，以建立起自己的读书、藏书体系。我深知当下的学费昂贵，同学们囊中羞涩，吃饭尚不自保，哪有什么钱去买书。尽管如此，我觉得如从长计议，为自己多考虑，还应该挤出一点买书钱。我曾经给历史系的学生算过这样一笔账：一个月省出 30 元钱，买一本书，大学四年就是 48 本。22 岁大学毕业走上工作岗位，到 60 岁退休，中间 38 年可买 456 本。这总共 400 多本书用书架码起来，应是一个相当漂亮的书房了。此乃经验之谈，不妨一试。

读书有三忌：一忌走马观花，徒劳无益；二忌"作秀"，悬梁刺股，蓬头垢面；三忌读书致愚，成为两脚书橱。"悬梁刺股"乃一种精神，本不应厚非，然如果以此"作秀"，给别人树"形象"，则不足取。"蓬头垢面"，我也不提倡，年轻人本应该富有朝气，风流倜傥，潇洒大方，如果整天"梨花一枝春带雨，衣冠不整下床来"，让人看上去很不舒服，况且，蓬头垢面也不符合卫生要求。最怕的是读书致愚，愚乃迂腐，不通人情世故。读书读出"傻子"来，或不理家事，不修边幅；或迂腐顽固，持一孔之见；或走火入魔，疯疯癫癫……每念及此，我都"阿弥陀佛"！

（原载《商丘师院报》2003 年 11 月 30 日。《商丘日报》有载，已找不到原件。又，该文也是与学生谈读书的讲稿）

# 让青春放出亮丽的光彩

　　光阴荏苒，日如穿梭。窗外夜幕滔滔，窗内一片温馨。不知不觉中，从招生录取到把最后一批学生迎进校园，屈指算来已有两个多月，其中的忙累辛苦，已成历史。本想稍事休息的我，突然又感到肩上还有另一份责任，那就是向新同学说几句知心话。于是，我又悄悄披衣下床，踱进书房，拧亮台灯，背对壁立的书架，坐在了我熟悉的书桌前。

　　花开花落，果实累累。也许同学们会感到今年的秋天格外厚重。经过十年寒窗，大家结束了令人魂牵梦绕的高中生活，历史便在我们的履历上掀开了新的一页。在抗洪抢险英模表彰的鲜花丛中，我们先是欢度了教师们的第十四个节日，收获了尊师重教的社会风气；紧接着鲜红的朝阳又为我们挂出了国庆 49 周年的彩灯；中秋佳节，阖家团聚，其乐融融。鲜花和掌声，期望与鼓励，汇成了欢迎新同学的海洋。光明的路已经展铺在我们的脚下，关键是怎么走！

　　立志是事业的大门，"志当存高远"，"志坚则不畏事之不成"。一个人如果没有志向，就等于失去了灵魂。如果说，我们的祖辈和父辈曾经以感人至深的爱国之情、惊天动地的报国之志，在我们伟大民族的历史上谱写了一曲曲响遏行云的正气之歌，那么今天，我们在新中国的土地上成长起来的青年，就应该用更加炽热强烈的爱国情感，更加坚韧不拔的恢宏志士之气，去续写这振国兴邦的正气之歌。朝气蓬勃的青年人，应该总是迎着晨曦大踏步前进；而暮气深重的人，要么老是像寒鸦恋着夕阳，对过去的"得意的时光"时时发出廉价的呻吟和叹惜；要么是碌碌无为，丧失了前进的信心和锐气。起点固然有高有低，但只要有志气、脚踏实地地去干，就一定能结出丰硕的成果来。

　　考入大学继续深造只是人生的一个转折点，并不意味着学习的结束和思考的终止。希望同学们珍惜这得之不易的学习时光，在这个炽热的大熔炉里，百尺竿头，更进一步。可能有些同学会感到录取到师专不尽如人意，属不得已而为之，这种想法可以理解，每一个年轻的学子都想上一个理想的学校。实际上，人生的路就是如意与遗憾并存，但关键是要面对现实。在未来的学习生活中，同学们将会亲身体验到，商丘师专并不令你失望：在这所恬静而又热烈的校园里，有甘为人梯、燃烧自己照亮别人、令你们可钦可敬的老师，有互帮互学、情同手足的同学，有奋力拼搏、成绩优异的人生楷模，有商丘地区藏书最丰的图书馆，有"夯实基础上本科"的宏伟蓝图。更重要的，你们将体验到，这里有阳春的风，这里有知时的雨。实践证明，这所古老而又年轻的学校，培育了展翅高飞的美丽天鹅，开启了扬帆破浪的生命航船。只要我们的心脏合在一起跳动，只要我们的血液汇在一起流淌，成功会属于我们。"路漫漫其修远兮，吾将上下而求索。"也许，同学们已经听到了那嘹亮的进军号角。

　　"欲为一代经纶手，须读数篇要紧书。"经纶手暂且不说，要紧书是一定要读的。记得有人问欧阳修怎样写好文章，他回答说："无它术，唯勤读书而多为之，自工。"颜真卿《劝学》言："黑发不知勤学早，白首方悔读书迟。"都是讲读书的道理。至于读书的方法，言人人殊，各有心得。司马光说："书不可不成诵，或在马上，或在中夜不寝时，咏其文，思其义，所得多矣。"朱熹也说："读书之法，在循序而渐进，熟读而精思。""熟读精思"当是行之有效的读书经验。

　　国学大师王国维在其《人间词话》中认为读书要经历"三种境界"，一是"昨夜西风凋碧树，独上高楼，望尽天涯路"，做学问的人，要站得高、看得远；二是"衣带渐宽终不悔，为伊消得人憔悴"，研究学问就得有献身精神，有不怕苦、不怕困难的勇气和毅力；三是"众里寻他千百度，蓦然回首，那人却在灯火阑珊处"，只要经过反复的思索、推敲、琢磨，就会有所发现，有所创造。这"三种境界"恐怕是一切做学问的人的必经之路。

　　行文至此，猛抬头，天已放明，推窗试看，朝霞满天，一轮红日喷薄欲出。我不得不合上钢笔，收起稿纸。早餐已经来不及吃了，因为：第一，要送孩子去上学；第二，有几位晚来的新同学等着报到、入班学习。

差点儿忘了，还有一件事：请同学们要注意锻炼身体，课外活动一定要参加。

（原载《商丘师专报》1998 年 10 月 31 日）

# 中国第一所大学是天津大学

中国第一所大学花落谁家，一直存在争议，主要有武汉大学、天津大学、北京大学三家说。"武汉大学说"的理由是该校开始于1893年11月29日张之洞奏设的湖北自强学堂，1902年更名为湖北方言学堂。1911年停办。1913年在原址复办武昌高等师范学校。后历经武昌师范大学、武昌大学、武昌中山大学等沿革，于1928年定名为武汉大学至今。"北京大学说"的理由是该校源于1898年设立的京师大学堂。

实际上，湖北自强学堂只是一个中学性质，还不具备大学的特质。而京师大学堂又晚于天津大学的前身——1895年10月设立的天津北洋西学学堂。

甲午战败后，洋务运动破产。一时间，资产阶级改良派要求维新变法的呼声日益高涨。在这种形势下，曾经支持过主战派的光绪皇帝在洋枪洋炮的开导下，特别是受康梁"公车上书"的影响，要求变法维新，自立图强，支持百日维新。天津北洋西学堂就是在这样的背景下产生的。1895年9月19日（光绪二十一年八月一日），盛宣怀通过新任直隶总督兼北洋大臣王文昭上奏光绪皇帝，设立一所新式学堂。1895年10月2日（光绪二十一年八月十四日）光绪皇帝在奏折上御笔朱批"该衙门知道"钦此。"天津北洋西学学堂"正式创建，第二年更名为北洋大学堂。

说天津大学是中国第一所大学的理由是：第一，具有现代学科概念。天津北洋西学学堂初办时分了五个学科，即工程学、电学、矿务学、机器学、律例学。第二，学制四年。天津北洋西学学堂分头等学堂和二等学堂两种，二等学堂即预科，头等学堂为本科，学制均为四年。这个学制与后来的《癸卯学制》规定的学制相同。第三，校名英译一开始即为"大学"：Tientsin（Tianjin）University。

由此可见，天津大学为中国第一所大学。但在人们的心目中，北京大学才是中国第一所大学。这是为什么？笔者以为有以下几个原因：第一，北京大学现在的发展状况比天津大学好。第二，北京大学在首都北京。第三，京师大学堂不仅是高等学府，还是教育管理的行政机构，故而受到人们的重视。第四，北京大学是五四运动的发源地，是近现代学术争论的中心地带，在现代大学中乃至全国人民的心目中影响很大。第五，北大百年校庆时北大学者关于中国高等教育开始时间的误导。第六，天津大学不在首都，而在天津又有南开大学遮蔽。第七，天大为工科学校，大家都"实事求是"地埋头于学问，宣传力度不够。其学子多在军工企业，具有保密性质，所做贡献不便于宣传。另外，"北洋"一词给人的印象不够宏大、正面，历史上的北洋常受人们的批评，而现在的天津大学还老是拉着"北洋"二字不放手，恐也导致了一些误解或误会。

（原载"李可亭的博客"之"我行我思"，2009 年 6 月 10 日）

# 爱·自由·美

——写在徐志摩遇难 64 周年之际

1. 1931 年 11 月 19 日，痴情的徐志摩为参加林徽因在北京协和礼堂为外国使节举行的"中国建筑艺术"演讲，不顾天气恶劣，从南京搭乘运输机北上，当天下午，随着济南附近党家庄开山顶"嘣"的一声巨响，飞机失事，徐志摩以他 36 岁的英年遇难。

在中国文坛上，徐志摩是一颗明亮的星。他的诗，赞颂美，讴歌爱，他是中国的拜伦。徐志摩用短暂的一生写下了大量的情诗、情书和情文，这些作品是诗人爱情生活的自撰稿。他一生两次婚姻，发妻张幼仪，后娶陆小曼。与此同时，又苦苦追恋绝代才女林徽因。

2. 张幼仪是在政界、银行界享有盛名的张君劢、张嘉璈的妹妹，一个美丽贤淑的大家闺秀。其人"线条甚美，雅爱淡装，沉默寡言，秀外慧中"。但她与徐志摩是属于父母之命、媒妁之言的旧式婚姻。他们郎才女貌，门当户对，所以婚后相当美满幸福，婚后徐志摩外出求学，不久又出洋深造。居两地，长相思。但当张幼仪也到了伦敦，与他朝夕相处时，夫妻情分反而淡漠了。究其原因，在徐志摩的心中有他"理想美人的幻象"，他爱的不是这一个女人或者那一个女人，而只是在一个女人玉貌声音里见出他理想的美人。所以一旦这"理想美人的幻象"成为现实，成为他朝夕相处的伴侣时，便感到不鲜不美了。于是，徐志摩要冲出父母包办的封建婚姻的樊笼，爱自己之所爱。在写给张幼仪要求离婚的信中，他说："真生命必自奋斗自求得来，真幸福亦必自奋斗自求得来，真恋爱亦必自奋斗自求得来！"很明显，徐志摩认为，没有爱，没有自己做主的家庭生活，实际上是在摧残他的人格。及于此，他下定决心要用自由偿还自由，以奋斗去取得真恋爱、真幸福、真生活。

此时的徐志摩经受了康桥文化的洗礼，而国内五四运动的风暴又席卷大地。他认为"东方晓，到底明复出"，是该争取自由婚姻的时候了。至于离婚的理由，徐志摩说得很真实，他在《笑解烦恼结》中把他们婚姻的"烦恼结"归罪于忠孝节义，归罪于封建礼教。

徐志摩的婚变，遭到父母的训斥和反对，遭到恩师梁启超的严厉批评。梁启超说："恋爱……可遇而不可求……天下岂有圆满之宇宙？……当知吾侪以不求圆满为生活态度，斯可以领略生活的妙味矣。"徐志摩当时就表示不能接受恩师的批评，并申述自己的看法，他说："我将于茫茫人海中访我唯一灵魂之伴侣，得之，我幸，不得，我命，如此而已。"很清楚，徐志摩一旦确认了要主宰自己的命运，要主宰自己的婚姻时，他就无所顾忌，毅然前行了。

我们在同情张幼仪的同时，似乎不应该过多地责怪诗人。因为反封建应是那一代人和我们这一代人的永恒主题。

3. 徐志摩婚变的偶然性源于才貌双全的林徽因。1920年10月，徐志摩在伦敦结识研究系骨干分子林长民及其爱女林徽因。次年，当初夏的阳光普照康桥的时候，徐志摩便对这位美貌的才女苦苦追求。10月，林长民结束了欧洲考察，携女回国。1922年，林徽因与梁启超之子梁思成建立了恋爱关系。

离了婚的徐志摩没有得到林徽因的爱，失落的情愫萦绕脑际，于是他陷入深沉的痛苦之中，被"一份深刻的忧郁"所占据。

林徽因是中国近现代史上少有的才女。美国学者费正清说："她是有创造才华的作家、诗人，是一个具有丰富的审美能力和广博的智力活动兴趣的妇女，而且她交际起来又洋溢着迷人的魅力。"文洁若在《林徽因印象》中说："至今我还是认为，林徽因是我平生见过的最令人神往的东方美人。她的美在于神韵——天生丽质和超人的才智与后天良好高深的教育相得益彰。"

然而，林徽因嫁给了梁思成。梁启超和林长民关系密切，可以想见，他们的儿女婚姻似应有父母包办的嫌疑。林徽因一生主要从事建筑学的教学与研究工作，这与梁思成建筑学家的身份很相配，二人应是珠联璧合。然而，婚后的林梁，事业上互为助手，而感情上却未必是知音。

梁思成在林徽因去世后曾这样谈起她："林徽因是个很特别的人，她的才华是多方面的。不论是文学、艺术、建筑乃至哲学，她都有很深的修养。她能作为一个严谨的科学工作者和我一同到林野僻壤去调查古建筑，爬梁上柱，测量平面，做精确的分析比较；又能和徐志摩一起，用英语探讨英国古典文学或我国新诗的创作。她具有哲学家的思维和高度概括事物的能力。所以做她丈夫很不容易……我不否认和林徽因在一起有时很累，因为她的思想太活跃，和她在一起必须和她同样的反应敏捷才行，不然就跟不上她。"

"现代女性"林徽因与诗人徐志摩应有更多的相同之处，所以徐志摩苦恋着林徽因，而林徽因尽管身许他人，也始终没有忘却徐志摩的那份情和意。

徐志摩遇难后，林徽因让梁思成从出事地点捡回飞机残骸木板一块，做永久的保存和纪念。12月6日北平文化界举行徐志摩追悼会，林徽因亲自布置会场。12月7日作散文《悼志摩》，发表于北平《晨报副刊》。之后，又向文化界提议设"志摩奖金"。四年后，林徽因写《纪念志摩去世四周年》，文中诉说了自己的深切怀念之情，并对评论界对徐志摩的曲解甚至攻击的现象抱不平，对徐诗的价值给予了充分的肯定和应有的评价。徐志摩身在九泉，有这样一位知音，也该含笑了。

4. 真正令徐志摩痛苦的是他和陆小曼的婚姻。徐志摩与张幼仪离了婚，而林徽因却做了梁家的媳妇，他的心灵出现了空缺。此时，美艳绝伦的陆小曼的出现应在情理之中。况且陆小曼世代书香，有很好的家学渊源，自小就受到琴棋书画的熏陶，能诗能画，能写一手蝇头小楷，能熟练地运用英语、法语，能歌善舞，清秀端庄，朱唇皓齿，婀娜娉婷。1920年在父母的包办下与无锡人王赓结了婚。

王赓与祖籍常州的陆小曼原属一府，算是乡邻。他从清华大学毕业后，又在美国普林斯顿大学读哲学，在西点军校攻军事，与美国名将艾森豪威尔是同学。回国后，做事干练沉着，升迁很快。尽管他对陆小曼宠爱备至，但陆小曼认为他不是丈夫，是大哥哥，爱护有余而温情不足，于是对他敬多爱少。

1924年，徐志摩在交际场中结识了陆小曼，两颗互相倾慕的心在强烈的撞击中爆发了爱的火花，短时间的交往即迅速发展到难舍难分的地步了。为了实现和陆小曼结婚的目的，徐志摩再次"竭全力以斗"。他觉得陆小曼是符合自己理想的美人。

郁达夫在《怀四十岁的志摩》一文中说："忠厚柔艳如小曼，热情诚挚如志摩，遇合在一起，自然要藉故花火，烧成一片了，哪里还顾得到纲常伦教？更哪里还顾得到宗法家风。"对于志摩的纯真和小曼的勇敢，郁达夫是佩服的，并认为徐陆的这一段浓情，若在进步的社会里，应是千古的美谈！

婚后，徐陆倍感爱情的幸福。陆小曼在《爱眉小札·序》中说他们的婚姻是神仙般的生活。徐志摩在《眉轩琐语》中说他得到了陆小曼，比做一品官，发百万财，乃至身后上天堂，都来得宝贵。但这种幸福却是短暂的，现实生活给他们带来了纠缠不去的痛苦。这首先是因为徐志摩对这次婚姻理想太高。当初，徐志摩为自己的婚姻设置了白朗宁夫妇的模式，他认为美丽聪慧的陆小曼应是他现实生命事业的一部分，两个人夫唱妇随，好在文坛上大显身手。然而，陆小曼原来是个交际花，和徐志摩结婚后积习难改，养尊处优，花钱无度，徐志摩多方劝说，毫无效果，这使徐志摩感到困惑，苦不堪言，她终究没有成为中国的白朗宁夫人。

理想的婚姻成为泡影之后，对于陆小曼这颗自己选择的苦果，他默默地吞下了。与陆小曼结合是自由恋爱，不是父母包办，而且是在家庭、老师、社会的一片反对声中进行的，出于他的自尊心，爱情的苦水只能往自己肚子里流，不能去倾诉。他与陆小曼的感情虽然已经恶化，但在其他人面前他要装得若无其事，落拓潇洒，一派绅士风度。本应该断然处置的婚姻，徐志摩却让它在痛苦中延续了，他对陆小曼没有采取过激行动，他宁愿内心惨痛而口中默默，他微笑在人前，痛苦在人后。

5. 徐志摩一生追求至真至美的爱情，却又在对于爱的痴情中丧生。诗人已作古，评论也西东。胡适说，志摩的人生观是一种"单纯的信仰"，这里面只有四个字，一个是爱，一个是自由，一个是美。梁实秋说，志摩的单纯的信仰即是"浪漫的爱"，这爱永远处于可望而不可即的地步，永远存在于追求的状态中，永远被视为一种极圣洁高贵、极虚无缥缈的东西。一旦接触现实，真的与这样一个心爱的美貌女子自由结合，幻想立刻破灭。原来的爱变成了恨，原来的自由变成了束缚，于是从头来再开始追求心目中的"爱、自由与美"。这样周而复始地两次三番下去，以至于死。他们爱的不是某一个女人，他们爱的是他们自己心中的理想。这种虚无的爱，在现实中自然要碰壁。因为爱既是美丽的，又是实实在在的。徐志摩的婚史爱史是颇耐人深思的。

（原载《商丘日报》1995 年 11 月 19 日）

# 字字珠玑直君子

以《围城》而蜚声中外的钱锺书，实在让人把握不了。他看透人生，宠辱不惊。淹贯古今中西的博学，滔滔不绝的口才，过目不忘的记忆力，浓郁的机趣与睿智，对名与利的淡泊，貌似不遮不拦，实则博大精深。这里单说他的率直。

读巴金《随想录》，我们得到的是巴金的"真"，心灵深处的真诚。读钱锺书的《写在人生边上》《人·兽·鬼》《谈艺录》，我们得到的是"直"，一种超凡脱俗，直面人生的直率。这里略举一二。

20世纪30年代林语堂提倡幽默文学。严格地说，林语堂是个"提倡幽默的作家"，而不是"幽默家"。林语堂的幽默文学当时在社会上影响不大，所以钱锺书很是看不起，他说：

> 自从幽默文学提倡以来，卖笑变成了文人的职业。幽默当然用笑来发泄，但笑未必就表示着幽默。刘继庄《广阳杂记》云："驴鸣似哭，马嘶如笑"，而马并不以幽默名家，大约是因为脸太长的缘故。……
>
> 所以，幽默提倡以后，并不产生幽默家，只添了无数弄笔墨的小花脸。

> （《写在人生边上·说笑》）

语言尖刻、辛辣，其"直"可见一斑。

人们常说"文如其人"，但钱锺书说这话靠不住，认为"文如其女人"。因为"许多人作其文来——尤其是政论或硬性的学术文字——一定要装点些文艺辞藻，扭捏出文艺姿态，说不尽的搔首弄姿"。

1980年11月，钱锺书随团去日本讲学，谈到时下争相编写作家辞典之事，其言揭纱穿幕，一针见血，读之颇多教益。钱说："作家辞典，多是年轻教师们所编；起先遍函大小作家，请各撰自传，附交小照，然后编集成册，以第三身的语气，说第一身的事情"，两得其欲，皆大欢喜。窃以为钱锺书所论作家辞典尚在其次，倘若是企业家辞典，恐怕还要把经济问题考虑在内。

1979 年 4 月，钱锺书随团访美，在哥伦比亚大学，汉学家夏志清请教钱锺书发表对"文化大革命"中郭沫若抑杜扬李的看法。钱说，毛泽东读唐诗，最爱三李——李白、李贺、李商隐，不爱"人民诗人"杜甫。郭沫若紧跟毛泽东走，其诗风格也近李白，当然要抑杜扬李了。钱锺书的这种曲中求直，不仅从风格的角度解释了郭沫若的倾向性，也令我们陡然想起郭老"艺术家与革命活动家兼而有之"的特点，怪不得毛泽东把"不须放屁"入诗的时候，郭老也显得江郎才尽了。

《围城》中方鸿渐花 30 美元买到了一个纯属子虚乌有的世界名牌高等学府"克莱登大学"的哲学博士学位，对此，钱锺书写道："这一张文凭，仿佛有亚当、夏娃下身那片树叶的功用，可以遮丑包丑；小小的一方纸能把一个人的空疏、寡陋、愚笨都掩盖起来。自己没文凭，好像精神上赤条条的，没有包裹。"议论精警，发人深思。

（原载《商丘师专报》1993 年 2 月 28 日）

# 堂堂须眉不及粉黛?

《商丘日报·周末》试刊第一期发表了两篇"天下谁识侯才子"的专栏文章，一为丁帆先生的《桃花扇底的卑微者——侯朝宗》，一为史挥戈先生的《侯朝宗卑微何在》，二者针锋相对，各抒己见。当新世纪的曙光在东方地平线上冉冉升起的时候，编者编发这样两篇文章，"同时希望我市文化界的有识之士参与研讨"，是很有见地的。笔者忝列"文化艺术界"，虽非"有识之士"，也想说上几句。

读了丁帆先生的文章，史挥戈感到"确实如鲠在喉，难以容忍"。其实，史先生不必发那么大的火气，因为丁先生的文章讲的是《桃花扇》中的侯方域，以孔尚任的是非标准来臧否生活中的侯方域，不仅不是历史主义的态度，而且所评述的也非侯方域一生的主流或者说主要方面。由于火气太大，史先生也犯了"为侯者讳"的错误，无论怎么说，侯方域毕竟做了"贰臣"，主动也好，被迫也好，这是任何狡辩都"pass"不了的。

"天下谁识侯才子。"编者这句似问非问的通栏标题，实在是寓意深刻。又说"希望有识之士参与研讨"，这"研讨"一词也是够吓人的。不过，如何认识侯方域，确实存在着见仁见智的问题，同时也存在着很多研究的误区。

侯方域是"才子"，这是公认的，也是侯方域一生的主要方面。他主持"雪苑社"，晚年留有《壮悔堂文集》10卷、《四忆堂诗集》6卷；他是古文大家，郑燮评价他的文章"标新立异，指画目前，绝不受古人羁绁"（《清代人物传稿·侯方域》）。正是由于侯方域的文学成就，才奠定了他在我国文学史上的"才子"地位。侯方域是以一个文人出现在明末清初的社会舞台上的。根据历史主义的态度，评价一个历史人物，应看其一生活动的主要方面，主要方面有功，应予肯定；主要方面有过，应予否定。否则，我们就无法评价司马光、林则徐等历史人物，因为司马光反对王安石变法，林则徐镇压过农民起义。但无论如何，我们都无法否认《资治通鉴》的价值和林则徐作为民族英雄的历史地位。

对于侯方域参加清朝的考试以及中了副榜，我们必须指出，不能为其隐讳，因为这是历史事实。在历史上，"贰臣"是为人所不齿的，这也是侯方域为后人诟病的问题所在。但侯方域也有抗清的历史，他先投高杰部，后奔史可法，见事不可为，才归乡隐居，这都是历史事实。在此之前，侯方域参加了东林党人、著名文学家张溥创办的以团结四方名士为宗旨的进步社团"复社"，积极参与了"复社"成员与结党营私、祸国殃民的阉党余孽阮大铖的斗争。另外，1644 年三月十九日，李自成攻陷北京，明朝灭亡。五月十五日，崇祯皇帝的儿子福王朱由崧在南京登基即位，史称南明弘光政权。面对清兵南下，弘光皇帝不思收复失地，而是任用奸臣，迫害东林党人，整日沉湎于声色犬马之中，南明朝廷成了一个魑魅横行的污浊世界。这种局面使得很多东林党人失望，当然也包括侯方域。这样说并不是为侯方域开脱罪责，而是说明明末清初的这个"天崩地裂"的时代局面。很显然，用"卑微"来概括侯方域的一生，是不符合马克思主义评价历史人物的基本方法的，也是有点儿让人"如鲠在喉，难以容忍"的。

丁先生是站在《桃花扇》的立场上评价侯方域的。这里存在着两个误区：其一，孔尚任写成惊世名剧《桃花扇》是以侯方域为李香君所写的传记《李姬传》为蓝本的。《李姬传》写得情真意切，生动感人。在《桃花扇》中，孔尚任对侯方域也不乏赞美之词。由于孔尚任为孔子后代，封建的正统思想比较浓厚，所以对侯李这种"才子佳人"的浪漫生活是有些微词的。但也绝不是如丁先生所说的"人格猥琐"的"死魂灵"。其二，《桃花扇》说到底是剧本，不是历史文献资料。剧本是文学作品，用文学作品中的材料作为评价历史人物的依据，也是犯了史家之大忌的。比如传统名剧《花木兰》中的木兰，是文学作品中的形象，本非信史，只因为它在民间和戏曲中长期流传，以至于达到了鱼目混珠、积非胜是的地步。用《木兰诗》来推测木兰为何处人、其事迹如何如何，都是徒劳无益的。

还有一个值得重视的问题：历史上的歌女在史学家眼中大多是祸水，而在文学家的笔下则多是有胆识、有气节、侠道正义、琴棋书画无所不能的"才女"。在《桃花扇》中，李香君的形象是高大、完美，说她如何规劝和帮助侯方域，对侯方域一往情深。文学作品中的李香君形象是可以让人接受的，但如果以此来作为对李香君的历史评价，并衬托出侯方域的"猥琐"和"卑微"，说"堂堂须眉不及粉黛"，则有点让人接受不了了。

《桃花扇》中说清军攻破南京后，侯方域和李香君在栖霞山中相会，割断"花月情根"，共约出家，分别学道。这也是不符合历史事实的。另外，关于李香君之死及其归宿，还有很多说法，如"死于李姬园、葬于李姬园"，"死于南京、葬于李姬园"，"死于南京、不知葬于何处"等，现在看来都很难稽考。

"堂堂须眉不及粉黛？"难道非要拆散侯李这对才子佳人，在二者之间做出非此即彼的选择？现在看来，只有静下心来才能有所慧悟。

（原载《商丘日报》2001 年 1 月 14 日）

# 高山仰止

雪山之巅，
飘荡着一个奉献着的灵魂，
心中的热诚融化了那片冰封的土地。
高原系着哈达，
大地又吐新绿。
沙碱地上曾有过奉献着的足迹。
风起了，扬起的沙
掩埋了那一行行的诗意。
生存的空间越来越大，
生活的意义令人猜疑。
咱是党的人，
这熟悉的声音和久违的心曲。

娘，儿又要出趟远门了，挺远挺远的，
没有路，没有桥……
回头望，
黑色的门框旁
白发如缕！
抹一把眼泪：儿不孝了——
高原肃穆，江河呜咽，
远行者一路洒下不尽的抽泣。

梦中的那个你呀，
模样依稀。
一颗质朴的心，一双粗糙的手，

导演了这样一台大戏。
在老人和孩子之间，
你付出了几倍的努力?!
他是楷模，你是平民，
你是英雄，他是公仆，
该怎样区分这复杂的关系。

高山仰止！
三代人，
矗起了世界屋脊。

（原载《商丘师专报》1995 年 10 月 12 日 "学习孔繁森征文选登"）

# 又当榴花流红时
## ——心仪延安

五月榴花照眼明,
枝间时见子初成。
——韩愈《榴花》


1. 夜雨三场,晨曦中,推窗试看,榴花怒放,灿若朝霞。真个是
"别院深深夏簟清,石榴开遍透帘明"。暮春初夏,身居豫东小城的我,
心驰神往,蓦地飞向了陕北宝塔山上的唐代古塔,飞向了那青黄二色染就
的无边无际的群山和从北、西、南三方汇集的波涛滚滚地流向东北方向的
延河。我想,遍植于宝塔、清凉、凤凰三山的石榴树,该又是榴花流红的
季节了吧;三山环绕之中的延安,依山傍水,映照在满山遍野的艳比流丹
的花蕊之间,妩媚秀丽。这正应了古人的那首诗:


嘉岭层叠依青空,
景色都归金照中。
塔影倒分深绿树,
花枝低映碧流红。


延安,以宝塔、小米闻名于世,它曾是中国革命的指挥中心,是中国
革命的圣地,是延安精神的发祥地。然而,延安的石榴花同样令我陶醉,
或橙红、或黄、或白,灿若繁星,令人心旷神怡,经久不灭的香气,随着
阳光,随着细雨,随着微风,四处飘拂着、散发着、弥漫着,衬托着大山
的雄姿,熏熨着延安的风韵。

2. "我的兄弟,我的爹娘,都惨死成一堆泥浆;我的田舍,我的家
乡,也轰炸得一片精光。""给我一支枪,我要上战场,国仇家恨千万桩,

哪个能够再忍让！"20世纪三四十年代，中华民族危急，日军的铁蹄蹂躏我中华儿女，江水溶进了平民的鲜血，黄河流逝着不尽的抽泣。适逢抗日战争胜利60周年，唱着冼星海、光未然在延安窑洞中创作的《黄河大合唱》，重又燃起了我思念延安的情愫。1937年1月，长征胜利后的红军进驻延安，从此，杨家岭窑洞的灯光透过那火与剑，透过那朝日霞辉搏斗着的浓重的黑暗，照亮了中国大地。一批批热血青年唱着那激昂的歌汇集在这莽莽群山之中——

> 你是灯塔，
> 照耀着黎明前的海洋。
> 你是舵手，
> 掌握着航行的方向。
> 伟大的中国共产党……

　　这歌声，曾引发了那躁动的婴儿撞击母腹的阵痛；这歌声，令多少青年无限向往！那一朵朵橙红的喇叭状的石榴花，该是已经吹响了的战斗号角！"壁上红旗飘落照，西风漫卷孤城""洞中开宴会，招待出牢人""昨天文小姐，今日武将军"——毛泽东挥毫赠词，盛赞丁玲率先进入延安。从此，一个个像艾青这样的"流浪儿子"终于回到了"娘"的怀抱！一双双嫩腿冲出教室，走上战场；众多的专家学者、文艺青年，离开大城市，跑到小山沟，不住楼房钻进土窑，不走柏油路喜欢爬陡坡；女孩子脱去高跟鞋绑上麻草鞋，脱去旗袍换上戎装……像张仃那样在延安的土地上打滚儿，亲吻祖国的心脏，亲吻那一朵朵怒放的喇叭花。

　　3. 延安，原名肤施。因有延河穿流而过并取安详之意而得名。延安是华夏民族的摇篮和发祥地之一。早在远古时代，我们的祖先就在这块土地上繁衍生息。"人文始祖"黄帝及其部落就兴起在这块土地上，黄帝在完成统一中原的大业后仍叶落归根，安葬于桥山之巅，黄帝陵为历代公祭。在以后沧桑巨变的历史中，延安作为兵家必争之地，众多的历史名人在这块土地上留下了足迹：秦始皇出巡，汉武帝驰骋，李广、卫青抗击匈奴，郭子仪平定安史之乱，狄青、杨文广、沈括等先后驻防，南宋民族英雄韩世忠就出生和成长在延安。

　　在这榴花如火的季节，翻阅着关于延安的一页页历史，我的心禁不住又飞向了高居在杜甫川口群山上的杜公祠和望杜亭，去怀念写下"安得广厦千万间，大庇天下寒士俱欢颜""吾庐独破受冻死亦足"诗句的"人民诗人"杜甫；我的心飞向了宝塔山北麓的"范公井"，去怀念"先天下之忧而忧，后天下之乐而乐"的北宋陕西经略副使兼延州知府范仲淹；飞向了曾经哺育出李自成、高迎祥、张献忠等农民起义领袖的陕北土地和他们的足迹遍及延安的山山水水。

雨过天晴的早晨，我欣赏着万绿丛中的朵朵流丹，阳光洒满枝头，片片长椭圆形或倒卵形的绿叶上，点点雨水晶莹剔亮，辉映着这初夏的蓝天碧日。当然，我还不能忘记，为那美丽的延安精神所感动，或翻山越岭，或远渡重洋，来到其时正处于水深火热之中的中国并为之献身的加拿大人、印度人，还有将自己的心血和性命连接中国人民命运从而写下了一版再版文字的美国人。

4. 五月的榴花开遍了原野，鲜花浸润着志士的鲜血。叶延滨用最质朴的感情写下的《干妈》，活现了延安人民的真诚与热情；史铁生用诗的语言回忆着《我那遥远的清平湾》；路遥写完《平凡的世界》，知道自己不行了，毅然离开西安，北上延安，他说："我要死在延安。"

陕北高原是粗犷苍茫的。20世纪三四十年代的延安，过分的简朴和十分偏远的环境连接的是闭塞和贫穷。抗日战争进入相持阶段后，延安面对的是日军的进攻和国民党军队的包围封锁以及水、旱、虫等自然灾害，解放区在缩小，人口在减少，思想出现混乱，各方面都处于极端困难之中。"狂飙诗人"柯仲平说："我们的课堂在露天，我们的凳子——一块砖。我们的桌子——两腿上面搭着一块小木板。"中央礼堂里的椅子是未上油漆的排排长凳，士兵碗里没有香油、食盐，冬天没有棉衣，没有被子……

然而，毛泽东说："陕北人民是水，红军是鱼，鱼水情、军民情、官兵情融为一体。"延安回荡着战斗的歌，团结的歌，劳动的歌。这歌声，有"信天游"的高亢、悠扬，有"兰花花"的深情、温馨，而更多的则是大地的激荡，黄河的怒吼——

　　　　二月里刮春风，
　　　　金匾绣得红。
　　　　金匾上绣的是，

咱领袖毛泽东。

这歌声激荡在和煦的春风里：

正月里来是新年，
陕北出了个刘志丹。
刘志丹来是清官，
带来了红军上呀吗上横山，
一心要公产！

这歌声回响在巍巍的高山上。

延安战胜了困难，熔铸了那包容四海的胸襟和放眼世界的目光。

5. 忆往昔峥嵘岁月稠。延安岁月，既是艰难的岁月，又是伟大的岁月，在这半个多世纪前的峥嵘岁月里，不仅花开花落，寒暑交易，而且孕育了人民共和国的诞生，造就了伟大的时代精神——延安精神，任何物质利益都无法抗拒的信念、意志和理想。延河流淌的是奉献、开拓意识，宝塔闪烁的是求实作风。

陕北的夜，空中有北方的繁星，山涧有流水淙淙；延安的早晨，好一座妩媚秀丽、庄严雄伟的古城。写到这里，我想起了贺敬之的《回延安》——

几回回梦里回延安，
双手搂定宝塔山。
身长翅膀吧脚生云，
再回延安看母亲！

延安，我心仪已久的圣地，我心中的星。那漫山遍野的火红的石榴花哟……

（原载《商丘日报》1995年7月2日）

# 老调子还没有唱完

## ——从"青天"现象说开去

10 年前，在一片"《新星》热"中，就群众能否喊李向南为"青天"问题曾展开过一场不大不小的争论，结果自然是"青天"现象败阵。本想问题已经澄清，断不会有什么"后遗症"之类。

但始料不及。前些时，祖国上下一片包公戏，"青天"之声又起，且有一家电视报公开倡言"时代仍需要有'青天'"。无独有偶，近两天闲翻报纸，见有公安除暴一文，煞是精彩，但该文豹尾突起，旧调重弹："时代呼唤包青天。"看过之后，如鱼鲠在喉，想一总儿说上几句。

"青天"是封建社会中老百姓对清官贤相、明君忠臣的赞颂，它属于历史范畴。"天"应该是高高在上的，天有不测风云，它能呼风唤雨，或阴或晴，或明或暗。革命导师曾不止一次地谈到在封建社会，老百姓需要有"天"，需要有人来代表他们的利益，需要依附于某个领袖人物，将自己的命运寄托在他们身上。这是一种小生产者意识。这种小生产者意识来源于封建的生产方式及其对农民的束缚。随着新民主主义革命的胜利，封建的生产方式完全被摧毁，那"青天"意识也就成了历史名词。

"青天"现象的内容之一就是鼓吹青天大老爷为民做主。按照这种观点，人民群众就应该把自己的命运，把自己由贫穷、温饱、走向小康的希望寄托在青天大老爷身上，他们是人民的"救星"，是历史的主人，而人民群众是等待恩赐、庇护的"群氓"。这种观点无论如何与社会主义的民主政治不相吻合。

那嘹亮的《国际歌》犹在耳畔："从来就没有什么救世主，也不靠神仙皇帝。要创造人类的幸福，全靠我们自己。"这是科学社会主义的最强音。共产党的干部只能是人民的公仆，是人民的勤务员。干部干得怎样，要靠人民群众来鉴定、批判、检查、监督。干部的命运应该掌握在人民群众手中，而不是相反。如果有的领导干部忘记了这一点，以"青天"自命，那么他的水平比"均田免粮"的李自成好不到哪里去，充其量是农民起义领袖一类的角儿；如果我们的人民群众还不明白这一点，那么，五四启蒙不仅搞得不彻底，而且摆在我们面前的任务之一，就是在社会主义市场经济的建设实践中迅速唤起他们的历史主动精神和主人翁的责任感。

当然，一个领导者主持正义和公道，为受害者平冤昭雪，被群众赞誉为"青天"倒是值得称道的，似乎不应该过多地指责我们的舆论宣传。值得玩味的是，现实生活中，我们时不时地感到理论的苍白。无论是阳春白雪，还是下里巴人，经院主义的指导必须从小阁楼走向广袤的人间。且不说把摔飞机、撞火车、沉轮船、高价买外国破烂等大事说得比鸿毛还轻的人能得到提拔，就说抓小偷的警察被目为英雄，披红挂彩，特发奖金，以"资"鼓励；就说半年才发一次工资的教师，发工资时对县、乡领导感激得涕泪交流；还有，猫不抓耗子被视为正态，抓了耗子就说出风头、逞能、多管闲事之类……这些，都在向理论提出挑战，大有彻底反传统之意。怕只怕到头来教师不教书，工人不做工，农民不种田，偶有劳作便有表扬，甚至目为"青天"，那时的理论体系不知该如何构建。

中国的封建社会也许是太漫长了些，封建的积淀也许是太多了些，以至于在新中国成立已 45 年的今天，残余的封建观念仍然像幽灵一般在这个到处是莺歌燕舞的时代徘徊。时代要前进，社会要发展，看起来，我们还应该与之相斗争才是。

近几年，有一个顺口溜十分流行，版本不一，话说得不大好听。大意是社会上下，芸芸众生，类分十等："一等公民是公仆，子孙三代都幸福……十等公民老百姓，学习雷锋干革命。"话虽损了点，倒也有些热讽的力量。讽刺诗人马凡陀的名诗《主人要辞职》，甘愿做"公仆"，恐怕就是这种局面的负效应。盖因为"公仆"的衣食住行已大大地引起了"主人"的羡慕和垂涎。"公仆"尚且如此，一旦幻化而为"天"，风霜雷电，云蒸霞蔚，那时候，老百姓不顶礼膜拜才怪。

老调子在中国本来容易重弹，"青天"现象在中国，作为批判的对象，其重要性怎么强调都不为过分，否则，真要再请德、赛二先生来给我们第二次"启蒙"了。

（原载《商丘日报》1995 年 1 月 15 日）

# "马家军"、中华鳖及其他

说起"马家军"，当是家喻户晓，而它的本名——辽宁女子中长跑队却知者甚少。教练马俊仁沙哑的嗓音给观众留下了深刻的印象，"圣达"牌中华鳖精广告在黄金时间播出，更使得"马家军"声名远播。一时间，疾风骤雨，体坛大有爆炸之势。

然蝉鸣林更静，尽出则不高，"马家军"、中华鳖精的背后有着严肃的社会主题。

在历史上，有坚如磐石的"岳家军"，有军纪严明的"戚家军"。但十月革命的一声炮响，给中国送来了马克思主义，"×家军"遂成为历史名词。北伐战争时叶挺独立团所在的第四军也只称为"铁军"；袁伟民率领女排取得五连冠，吾辈把脸盆敲破，喉咙喊哑，夜不能眠，但仍称中国女排，从未出现过"袁家军"。

所谓"×家军"，它属于历史范畴，具有封建色彩。这使我想起一段历史：重庆谈判时，许多民主党派负责人劝阻毛泽东去重庆，他们担心蒋介石耍流氓作风，扣押或杀害毛泽东。因为蒋介石曾扣押过李济深、胡汉民、张学良，杀害了邓演达、韩复榘等。但毛泽东毅然前往，临上飞机前，他乐观地对吴玉章说："蒋介石扣押、杀害国民党将领，能够起到作用，因为他们的军队私有，树倒猢狲散。但蒋介石的这一招对共产党不会发生作用，因为共产党实行集体领导，他扣押我、杀害我，不会影响大局，相反，人民的斗志将更强。"历史上只有红军、八路军、新四军、解放军，从来没有"毛家军"。

是可忍孰不可忍的是5月14日第83期"综艺大观"，倪萍嘴里又冒出个"牛家军"——辽宁女子柔道队，并有几个五大三粗的爷们儿进行了一番精彩的表演。逗笑之余，我却有些许悲哀，如鱼鲠在喉，长此以往，"赵家军""钱家军""孙家军"……也会出现，反正有的是百家姓。

去年除夕夜，由于马俊仁、王军霞、曲云霞的出现而把春节联欢晚会推向高潮，人们在为她们的成绩激动、庆贺之余，触及心灵深处的当是曲云霞声泪俱下的一席话，讲述她训练中的残酷性、枯燥性，面前金光灿灿的奖杯是她用血泪和汗水浇铸而来的。

辽宁女子中长跑队去年 8 月在世界田径锦标赛上获得三项世界冠军，在第七届全运会上多次打破世界纪录，并在第五届世界杯马拉松赛上囊括了个人前四名和女子团体冠军。这些成绩的取得固然是由于马俊仁训练有方，但更重要的是队员的刻苦。"圣达"牌中华鳖精到底对这些成绩的取得发挥了多大作用，群众是知道的，王军霞、曲云霞等也有自己的衡量标准。否则，临门一脚疲软的中国足球队上场前多喝几支中华鳖精，岂不冲出亚洲，走向世界了吗？问题并不那么简单。

年初，南方某市在中学生中进行问卷调查，发现中学生最讨厌的广告竟然是"马家军"为中华鳖精所做的广告，因为它损害了辽宁女子中长跑队的形象，掩盖了队员刻苦训练的实质。

不久前某日，新闻联播之后的"焦点访谈"，谈到目前市场上补品泛滥，假冒劣质产品充斥市场，坑害消费者，镜头之下竟有大量的中华鳖精，这恐怕是中华鳖精广告所始料不及的。

况且，体坛如战场，风云变幻，高深莫测，每个队、每个队员都在挖空心思寻找达到胜利彼岸的最佳途径。中华鳖精果真能起到作用的话，那也不应宣传，因为这是秘密，你把你的训练方法、营养配方都公之于世，且不说你马俊仁破坏了保密制度，就你"马家军"而言岂不是自掘坟墓，犯了兵家之大忌？

原因在于钱——好听的名字是经济——有消息传出，"马家军"为中华鳖精做广告，是出于经济困难，迫于无奈。果真如此，我倒也不愿意再说什么了。

（原载《商丘日报》1994 年 6 月 19 日）

# 警惕日本"新民族主义"思潮

## ——写在抗日战争胜利 60 周年之际

2005 年是伟大的抗日战争胜利 60 周年。60 年巨变,沧海桑田。尽管"和平与发展"是当今社会的两大主题,但不和谐的因素使这个世界依然不够太平。警惕日本"新民族主义"发展,成为亚洲人民尤其是中国人民的一项重要任务。

20 世纪 90 年代初以来,在对待侵略战争的问题上,日本与德国的态度大相径庭。德国更多地表现了忏悔意识和谢罪态度,而日本则歪曲历史、美化战争,在伤害亚洲各国人民的感情的道路上越走越远。日本在侵略战争问题上的反反复复甚至是变本加厉的动向不能不令人深思。

"新民族主义"在 20 世纪 80 年代初体现为前首相中曾根康弘倡导的"国家主义"。中曾根高唱"战后总结算"论调,主张日本人要摆脱所谓的"自虐思想",这是一种自上而下的主张,但没有得到多少人的"理解和响应";90 年代初,日本前首相小渊惠三联合政界的保守势力在国会通过了一系列对外对内都很强硬的法案——《日美防卫合作指南相关法》《国旗、国歌法》《国会法修正案》《监听法》,其中的一些法案是历届内阁都不敢逾越的禁区。小渊惠三干了中曾根想干而不能干的事情,并且把政治家、媒体和国民全部卷了进去,于是形成了"新民族主义"思潮,这种"新民族主义"思潮也叫作"新国家主义"。

日本"新民族主义"的产生是 20 世纪 90 年代以来经济上衰退、政治上混乱的结果。经济衰退不仅使日本企业精英的自尊心受到严重的挫伤,也使普通日本百姓的生活陷入不安之中。当日本人民希望政治家能够力挽狂澜时,政界却是混乱得令他们失望,13 年换了 10 位首相,这只能使经济更加深陷泥沼而不能自拔,使百姓感到更加无望。日本的社会评论形象地称日本人这种心态为"一亿人自信总丧失"。在这种情况下,日本社会中民族主义沉渣泛起,而且比右翼势力更具感召力和破坏力。近几年来，日本右翼势力无视亚洲人民的感情，以怨报德；修改教科书，参拜靖国神社，制造边界纠纷，谋求联合国席位——日本变成了真正的"麻烦制造者"，日本的"新民族主义"发展到了一个新的高度。

概括地说，日本"新民族主义"有五种表象：（1）历史修正主义。日本的民族主义者首先选择的就是摘掉"历史罪人"的帽子，恢复自信和自尊，于是一次次地修改历史教科书，企图通过修改历史教科书使日本的孩子彻底对历史的真实视而不见，从而彻底忘却所谓的"自虐倾向"。（2）皇国史观。尽管日本实施的是象征天皇制，但在民族主义者心目中，天皇永远是可利用的一面大旗，于是极力宣扬军国主义精神。（3）排外性。日本民族主义者排斥在日本居住的中国人、朝鲜人及其他亚洲人民，也根本看不起亚洲各国人民。（4）寄生性。战后日本的民族主义政治家们从来没有忘记"国体的维护"要有美国的"核"保护。在今天，日本更是寄生在美国身上，在亚洲事务中充当美国的排头兵。日本时刻提防中国的"威胁"，与美国保持全面合作的立场，尽量满足美国的要求。（5）积极谋求政治大国的地位。进入 21 世纪以来，在美国的庇护下，日本极力树政治大国形象，参与国际事务，甚至谋求联合国常任理事国的席位。

可以看出，日本的"新民族主义"思潮并不只是日本主权范围内的事情，从国际法、国际常识及与亚洲各国关系看，已越出了日本国界，成为亚洲各国共同关注的问题。"新民族主义"思潮带来了严重的负面影响：一是极大地伤害了对日本采取"以德报怨"态度的被害国人民的感情；二是令人怀疑日本政府和国家意志对待侵略历史的真实姿态；三是事关下一代日本人是否将接受"侵略有理"的历史教育。其严重性可想而知。

（原载《商丘师院报》2005 年 9 月 15 日）

# 游盘山

2009 年 6 月 13 日，与朋友一起游盘山。

盘山是国家重点风景名胜区，屹立于京东、津北的蓟县境内，有"京东第一山""天津后花园"之称。

蓟县有着悠久的历史。境内有 5000 多年前新石器时代和 4000 多年前商周时代的文化遗存，在京津历史文化中占有很重要的地位。

乾隆皇帝曾 32 次游盘山，为盘山写下了 1366 首诗词，并发出了"早知有盘山，何必下江南"之浩叹。可见盘山之美。据传，乾隆的替身僧云海就在盘山天成寺出家。这个好动的皇帝，无法亲自修炼，于是找了个替身，为自己修行赎罪。

盘山也称盘龙山，似一条巨龙，盘桓于京东津北。

盘山景色四季各异。6 月 13 日的夏天，山花烂漫，桃李争妍，青松古树，万壑流翠。盘山有三胜：山底以水胜，山中以石胜，山顶以松胜。

像其他山岳一样，盘山有很多寺院。著名的为天成寺、云罩寺、万松寺、少林寺。少林寺为北少林，其规模和热度无法与家乡的嵩山少林寺相比。该寺毁于抗日战争时期的日本侵略者，现正在修复。

盘山植被很好，亦很凉爽，可以作为休闲度假的好去处。

（原载"李可亭的博客"之"游记"，2009 年 6 月 14 日。2009 年上半年，作者被河南省委组织部派到天津大学挂职锻炼。其间，与几名河南高校的挂职者一起游盘山）

# 温馨之旅

多年的奢望埋在心底。

每当心烦意乱或工作特别劳累时，总希望能住进医院躺上十天半月，曾设想那应该是一次温馨之旅。不料，梦想成真。莺飞草长时，医生说，你这病必须住院治疗。激动伴着惧怕，迎着拂面的风，离开妻女，离开了那座被称为"黄金枢纽"的豫东古城，孑然一身踏上了西行的列车。

医院坐落在七朝古都的东部，不怎么起眼，但清静宜人。院外梧桐吐绿，院内芳草萋萋。由于病号不太多，医护人员也显得应付裕如，和颜悦色。

说起来，我对这座城市的感情是四年的大学生活培养的。16 年前，一个农村长大的 17 岁的孩子一下子掉进位于这座城市一角的那所全国著名的高等学府，着实令我兴奋。"如饥似渴"才能形容我那时的学习生活。大学毕业分到了家乡工作，此后或出差办事或学术交流、看望师友，曾多次来到这座城市，但感觉渐渐起了变化，由膜拜渐至不满，甚至愤愤不平。嫌它文明古都竟然允许到处摆摊设点。更让人大惑不解的是市民的封闭心理，接受不了新事物：该市生产的啤酒一换名，市民马上拒喝，逼得厂家重操旧业。有时我想这座城市怕是很难开封了，保不准儿将来会弄成第二个朱仙镇来。多次想写篇文章谈谈观感，好心地提点意见，加入一年前关于这座城市发展前景的讨论，但碍于情面，怕别人说我忘本、不地道，始终未敢动笔。

大学毕业后，身体大问题没有，小毛病却是连阴雨，以至于 5 岁半的女儿有时也指指点点地戏称我是稻草人儿。这次平生第一次住进医院，真是遂了多年的心愿，平常人即便张开想象的翅膀恐怕也很难领略这浸润其中的韵味。

病房在 5 楼。也许有某种默契，护士小姐把我安排在 18 床，初来乍到，就给了我一个大吉利。同室另外两位病友皆是已退休的老者，这又暗合了我的脾气。我尽管才 30 多岁,但可能由于自己所从事的专业(学历史,教历史——上大学时,别系学生称我们是"出土文物")陶冶了自己的性格,很喜欢与老者接触,谈古论今,颇得个中滋味。更令我激动的是病房的门上赫然写着 16—18,若是在南方,这个房间恐怕会被高价竞买。现在我们三位病友拥有它,看来应该是又顺又发了。

在这个温馨的旅途中,不用再操心买菜做饭带孩子一类的事情,也没有必要对自己所从事的人们已认为是"危机"的专业过分研究,一切随愿随欲。清晨,当阳光洒满窗前时,伸几个懒腰再起床竟然没人责备。起床洗漱后,怀揣袖珍收音机,步出房门,走在露水打湿的草坪上,悠悠然中猛然感悟到自己好像在演戏,电影电视中不是常有这样的镜头吗!看来人生就是一场戏,发展到哪个情节就必须服从哪个情节的要求,生病就是其中的一个情节。打点滴时,护士小姐每每看到我那优哉劲儿,往往脸上阳光灿烂,手也格外轻巧,一不留神儿针头就溜进血管里。吃药的时候更是温馨:"18 床,该吃药了。"声音甜脆中带着关怀。现在想起来,让别人关心自己,自己不再去刻意地关心别人,那真是一种幸福。夜幕降临后,我便偷偷拿出纸和笔,在日光灯下笔随心意,驰骋想象,其结果竟令我自己也惊讶起来——近 2 万字的书稿,还有几篇散文。似乎倒真应了有意栽花花不开,无意插柳柳成荫了。

然而,积习难改。为了营造住院的气氛,自由地打发时日,床头的书籍越来越高。先是读了 20 本过期的《人物》(在地摊上买来的,5 角钱一本,便宜得很),接着读《秋雨散文》、贾平凹《白夜》……速度出奇地快,以至于同室病友问我:"是一目十行呢,还是一目一页呢?"实际上我是"一目一字"的。越读越上瘾,以致病情几次反复,引得医护人员对我老鼻子不满。

与医护人员渐渐混熟后(竟然用了一个"混"字,真是该打),于是互为师长,切磋学习起来,或研究字的写法,或讨论英语单词的妙用,间或涉及社会上讥腐的民间文学、讽败的口头谚语,每每乐在其中,受益匪浅。

日出日落,光阴荏苒。这次温馨之旅,唯一令我遗憾的是,住院一个多月,竟然不知道吃的什么药,打的何种针。每念及此,不禁有些后怕,倘再复发,将何以医治?!转而一想,便又释然,我只想住院,哪管针药!

(原载《商丘日报》1996 年 5 月 19 日)

# 生活的质量

什么样的生活才有质量，这是我一直关心的问题。辛弃疾有一首词叫《丑奴儿·书博山道中壁》，词的上片四句是"少年不识愁滋味，爱上层楼。爱上层楼，为赋新词强说愁"。是说少年时代不知愁苦，无愁找愁。词的下片是"而今识尽愁滋味，欲说还休。欲说还休，却道天凉好个秋"。经历了人生的航道之后，辛弃疾不再谈愁，他并且于淡淡的人生经历中找到几分欢喜——"天凉了，这秋天多美啊！"这应该是"不惑"或"知天命"之后的人生感悟。

于此，生活的质量首先不是贫富问题，而是身体和心理的健康。我虽然没有"无故加之而不怒，猝然临之而不惊"的修养，但也基本能从复杂的社会中找到自己的人生坐标。

什么是幸福的生活？哲学家、社会学家、心理学家各有不同的解释。众所周知，永远找不到答案。因为对幸福指数的理解不同，所以也就有不同的结论。但不能否认对幸福问题探讨的意义，正是探讨的无结果性，才使我们找到了不同的幸福标准。

有人说平淡是福，有人说大红大紫是福。看你怎么理解。但大红大紫之后往往又归于平淡，看过《红楼梦》的人或许对这种体会更深刻。

抄《读者》上的一句话结束："早知无计留住春，笑拈残红葬落花。"

（原载"李可亭的博客"之"我行我思"，2009 年 11 月 15 日）

# 仁爱生活的梦与路

## ——孔子仁爱思想阐扬

"仁"是孔子思想的核心，因此孔子的学说也被称为仁学。在《论语》中，孔子对于仁、义、礼、智、信、忠、孝、廉、毅、和十大义理，都有精到的论述，但唯对于仁，其关怀程度更加突出。据杨伯峻统计，在《论语》中，"义"出现 24 次，"礼"出现 74 次，"智"（知）出现 11 次，"信"出现 38 次，"忠"出现 18 次，"孝"出现 19 次，"廉"出现 1 次，"毅"出现 1 次，"和"出现 8 次，而"仁"出现 109 次（杨伯峻《论语译注》）。

与道家思想相比，以孔子思想为代表的儒家思想，更显得"积极""向上""向善""为善"。读《论语》，有如春天般的温暖和冲动。在孔子的思想体系中，仁是"一以贯之"的。仁与爱是孔子学说的核心。孔子讲为政、讲做人、讲学习、讲交友、讲修身、讲处世，都围绕着"仁"做文章。仁爱思想是人一切行为的出发点和归宿。仁与爱，既是人安身立命的原则，人的最高道德信条，也是人所以为人的根本，是人的本质所在。

## 一  仁者爱人

"樊迟问仁。子曰：'爱人。'"（《颜渊》）"仁"的本质是爱人，孔子思想的核心是爱人。也就是说"爱人"是"仁"的第一要义。孟子称"仁"为"恻隐之心"，即是一种怜悯爱人之心；荀子说"仁，爱也"，也直接说出了"仁"的本义。

孔子所谓的"爱人"，可以从以下几个方面去阐扬。一方面是说，与鬼神、动物等相比，人是最重要的，因而应当"爱人"。

有一次，孔子家的马棚失火了，家人将此事急急地告诉给孔子。孔子从朝廷回来，连忙问道："伤人乎？"但是"不问马"怎么样。（"厩焚。子退朝，曰：'伤人乎？'不问马。"）（《乡党》）孔子为什么"不问马"，因为人比马重要，特殊情况下，应先"爱人"，重视人。

《先进》篇载：子路问怎样服事鬼神。孔子说："没能服事好活人，怎能去服事死人？"子路又问道："我大胆地请问死是怎么回事。"孔子说："生的道理还没有弄明白，怎么能够懂得死？"（"季路问事鬼神。子曰：'未能事人，焉能事鬼？'曰：'敢问死。'曰：'未知生，焉知死？'"）孔子的这些论述，充分肯定了人自身的社会价值。

那么，具体说来人的价值体现在哪里呢？

第一，孔子把道德修养看成判断人生价值尺度的标准。而道德修养的最终目的，则是在于要为社会秩序的稳定，为老百姓的安居乐业，做出自己的贡献。孔子曾说"君子怀德"（《里仁》），又说"君子喻于义"（《里仁》）、"志士仁人，无求生以害仁，有杀身以成仁"（《卫灵公》），这些都是关于对人的价值的论述。

第二，孔子认为"爱人"是处理人际关系的最高道德准则。仁是一个会意字，"从人从二"。意思是两个人在一起，两个人愿意走在一起，表明相互之间都有亲近的要求，否则就不会走在一起。因此，仁的本意是两个人亲近友爱，即"亲亲"。孔子的仁学思想始于亲，这也是儒家的仁爱观念能够成为最普遍的道德原则的关键所在。但孔子的仁爱思想又不止于亲，不终于亲，孔子主张将仁爱由亲亲之情逐步向外扩展，惠及整个人类："泛爱众而亲仁"（《学而》）；而后再进一步将对人类的道德关怀推及自然万物："知者乐水，仁者乐山"（《雍也》）。在孔子看来，只有"爱人"，才"能近取譬"，使"老者安之，朋友信之，少者怀之"（《公冶长》）；只有爱物，才能"钓而不纲，弋不射宿"（《述而》），把对人类的道德关怀推及自然万物。孟子对孔子的仁学思想作了精辟的概括："亲亲而仁民，仁民而爱物。"（《孟子·尽心上》）可以看出，孔子的仁爱思想是一个由个人修养到社会责任的升华过程，其内容涵盖了孝、悌、忠、信、诚、恕、敬等基本概念，而这些，又都是人自身品格修养的内涵。这样，仁的作用既有益于个人，也有益于社会。于个人而言，仁有止恶就善修人道之作用，而对社会的作用主要表现在息乱，利于国家的和谐和稳定，并在此基础上实现国家的富强。

第三，孔子把人当作人来看待。在"仁者，爱人"之外，孔子又说

"仁者，人也"（《中庸》）。孔子首先把人当作人来看待，发现了"人"，这是前提，在此基础上去"爱人"，由"亲亲"之爱扩展到家国、天下。爱是人之所以为人者。在这种理解之下，爱就是人的本质。也正是在这个意义上，孟子才说"无恻隐之心，非人也"。很难想象，"无恻隐之心"之人是什么样，还是不是人，尽管孟子已明确回答："非人也。"从"从人从二"的"仁"字之中，我们不难发现，不仅我是人，我的亲亲是人，我之外的他人也是人。无论这些他人本貌如何，身份何异，贫富贵贱，但有一点可以肯定：他们都是人。这种理解就是仁，就是爱。也只有按照这种理解行事，才是"爱人"，"仁者"才是"人也"。这样，爱就必然地包含着对他人和世界的责任、使命和担当。

第四，如何才能做到"爱人"呢？孔子认为首先得从爱自己的亲人开始，即孝悌，并谆谆告诫道："弟子入则孝，出则悌。"（《学而》）孔子认为，孝悌是"仁"的根本（"孝悌也者，其为仁之本与！"）（《学而》）如果一个人在父兄面前能够孝悌，那么他就不会喜欢触犯上级，更不会喜欢造反作乱。而孝顺父母，尊敬兄长，就是仁的基础，也就是"爱人"的基础。从反的方面说，"巧言令色，鲜矣仁"（《学而》）。孔子对巧言令色是深恶痛绝的，认为"巧言乱德"（《公冶长》），违背起码的诚信，言不由衷，虚情假意，口蜜腹剑，这样的人是没有仁德的。

# 二　"忠恕"是行"仁"之方

曾参曾总结孔子之道是"忠恕"："夫子之道，忠恕而已。"（《里仁》）在《卫灵公》里，子贡问孔子做人的真谛，孔子说："其恕乎！己所不欲，勿施于人。"孔子说，这个"恕"值得人终生实践。"恕"为"仁"的最高品质，"己所不欲，勿施于人"是对"恕"的界说。

孔子的时代，"忠"并非仅仅是处理君臣关系的道德规范。《论语》中"忠"出现18次，讲君臣关系的只有两次，一次是《八佾》讲"君使臣以礼，臣事君以忠"，另一次是《为政》讲"孝慈，则忠"，说国君要上孝于亲，下慈于民，才可能赢得百姓对他的忠诚。孔子所谓的"忠"，就是要尽己为人。孔子没有讲对国君应该无条件地忠诚、顺从，孔子说得更多的是："吾日三省吾身，为人谋而不忠乎？"（《学而》）"居之无倦，行之以忠。"（《颜渊》）"爱之能勿劳乎？忠焉能无悔乎？"（《宪问》）可以看出，孔子讲的"忠"，主要是尽己，是对自己的要求，要求自己端正对人对事的态度，真心诚意，积极为人，勤勉办事，恪尽职守。"忠"体现了"仁者爱人"的积极方面的意义。

孔子给"恕"的定义是"己所不欲，勿施于人"，是一种推己及人、设身处地去体谅别人宽恕别人的精神。站在别人的地位，换位思考一下，要"己所不欲，勿施于人"，同时也要防止"己之所欲，施之于人"。可以看出，"恕"体现了"仁者爱人"的消极方面的意义，但却是待人处世的极为有益的态度和方法。孔子要求我们多责备自己而少责备别人（"躬自厚而薄责于人。"）（《卫灵公》），并表彰伯夷、叔齐不记旧仇的宽容精神："伯夷、叔齐不念旧恶，怨是用希。"（《公冶长》）作为君子，应该憎恶宣扬别人坏处的人，憎恶处下位而诽谤上级的人（"恶称人之恶者，恶居下流而讪上者。"）（《阳货》）在生活中，要有宽容的精神，对于已经过去的事情"既往不咎"（《八佾》），不再责备。

子贡问：如果一个人能博施于民，周济大众，是否可算是仁人呢？孔子说：岂止是仁人，一定是圣人了。仁人就是"己欲立而立人，己欲达而达人。能取近譬，可谓仁之方也"（《雍也》）。"己所不欲，勿施于人"，尽心帮助别人，"能取近譬"，推己及人，则包含了忠恕的两方面含义。孔子将忠与恕都看作"仁"的基本内容，又是实践"仁者爱人"的途径和方法。

宋儒说，"医乃仁术"。对医者而言，"麻木不仁"最能说明仁的特征。人生在世，有的人追求轰轰烈烈，而更多的人则是向往心情的干净和当下的适宜。"恕"为"仁"的最高品质。孔子讲"恕"，要求人们推己及人，以己之心去度人之心，以博大的胸怀，去宽容别人的不周、不妥、不到之处，以实现人和人的和睦相处。宽容别人，严于律己，宽以待人，是爱人的一个重要方面，是"仁者爱人"的内在要求。

## 三　"礼"为"仁"之用

孔子所谓的"克己复礼为仁"，讲的是"仁"和"礼"的关系。"仁"是孔子思想的核心，"礼"也是孔子思想体系中非常重要的概念。它包括政治制度和道德规范。"克己复礼"的意思是说，克制自己的欲望，使自己的言行都合乎"礼"的要求，这样就可以达到"仁"的境界了。孔子还说一个人没有仁德，怎么能遵从礼呢？（"人而不仁，如礼何？"）（《八佾》）这是说，一个人如果不具有"仁"的品德，那么他就不可能遵从"礼"。

我们把孔子的这些言论结合起来可以看出，孔子所谓的"仁"，是指人的完美的品质修养和高尚的精神境界，"礼"则是制度、规范。"仁"是本质，"礼"是形式。"仁"属于内在的自觉性，"礼"属于外在的强制力。通过外在的"礼"的强制作用，可以促使人们内在的品质修养和精神境界，达到"仁"的高度，而内在的品质修养和精神境界的提高，又会促使人们自觉地去按照"礼"的要求行事。两者紧密联系，相互作用，从而造就出完美的人格形象。

还应当指出，孔子在这里所说的"礼"，并不是原来的周礼，而是经过损益改进后的更能体现"仁"的道德的"礼"。孔子所谓的"克己复礼"，也不是要求恢复周礼，而是要人们克制自己的欲望，严格执行礼乐制度，恢复"礼"的权威，一旦这样做了，"仁"的道德也就得到实现了，所以说"克己复礼为仁"。

# 四 "情"为"仁"之本

孔子的思想是有温度的，也是有情有义的。《论语》中的"仁"体现了个人的浩然之气，家庭的伦理亲情，社会的人文关爱和对于国家的拳拳之心。

"仁"既然是以"情"为本，那么，自然也就属于人的内在意识。所以，在修养上能否达到"仁"的境界，取决于人自身的主观努力。孔子说："仁远乎哉？我欲仁，斯仁至矣。"（《述而》）又说："为仁由己，而由人乎哉？"（《颜渊》）

在现实生活中，特别是在人出于生命攸关的临界状态时，亦如孟子所说小孩子要掉到井里，当下就会产生一种救人的冲动。这出于自然，是人之所以为人者的本质属性，不是"三思而后行"的结果。这种仁道是自然存在的，非由外铄我，实为我国所有。这也是人之常情。

孔子在和弟子子张谈论"仁"时还说："能行五者于天下，为仁矣。"所谓"五者"，即"恭、宽、信、敏、惠"（庄重、宽厚、诚实、勤敏、慈惠）（《阳货》）。这五者都是有温度有感情的。"宽""惠"显然是对民众讲的。"宽"是要求统治者对于民众要宽厚一些；"惠"是要求统治者给老百姓一定的物质利益，使他们能够生活下去。在他看来，这样就可以得到人民的拥护，就可以更有效地役使人民。他还曾把"博施于民而能济众"作为最高的政治理想，并把"泛爱众"作为弟子们的修养条目。这些都表现了他对于一般民众的重视。

孔子关于仁的思想具有明显的进步意义。以后孟子把"仁"发展为"仁政"。要求统治者不要过分地剥削，使老百姓能够保持一定的生活水平。孔孟的"仁"和"仁政"思想，在中国历史上曾发生很大的影响。历代不少帝王贤相、"清官""良吏"在推行他们那些有利于社会发展的改良政策时，所遵循的往往就是"仁政"的主张。孔孟提出的"杀身成仁""舍生取义"的道德信条，成为中国历史上许多民族英雄的精神力量。

# 五　立志行"仁"

孔子说："朝闻道，夕死可矣。"（《里仁》）把"闻道"看作生命中最重要的事情，表现了一种对超越的追求。有了"道"，就获得了人之所以为人的价值和意义。

孔子对颜回的人格修养给予高度的评价，说颜回是个好学之人，"有颜回者好学，不迁怒，不贰过"（《雍也》）。又说："贤哉回也！一箪食，一瓢饮，在陋巷。人不堪其忧，回也不改其乐。贤哉回也！"（《雍也》）颜回是孔子为我们树立的一个榜样。而孔子自己更是一个好学之人，他学习知识，学习为政，学习立身处世，甚至学习日常的洒扫应对。其效果是精通于"六艺"，"五十而知天命""七十而从心所欲不逾矩"。

孔子的仁爱思想为我们创造仁爱的生活提供了原典的支撑。本着"己所不欲，勿施于人"和"己欲立而立人，己欲达而达人"的途径和方法，在当下的社会，真诚而主动地行仁。真诚是指不虚伪，不掩饰，以赤子之心，普遍地对每一个人都真诚；主动是指从身边的每一件事做起，主动行仁。为人仁厚，对人仁爱，与人仁慈，弘扬仁德，做有仁之人，过仁爱生活。

为仁由己。"仁"作为一种内在的情感意志不断升华所达到的精神境界，是内在的道德意识，而不是外在的社会道德规范。"仁"的获得，关键是"克己"和"修己"。"克己"与"修己"是互动的，相辅相成的。《大学》所言"古之欲明明德于天下者，先治其国。欲治其国者，先齐其家。欲齐其家者，先修其身。欲修其身者，先正其心。欲正其心者，先诚其意。欲诚其意者，先致其知。致知在格物，物格而后知至，知至而后意诚，意诚而后心正，心正而后身修，身修而后家齐，家齐而后国治，国治而后天下平"与《论语》的精神是相通的。"修己"是立志行仁的前提。"仁远乎哉？我欲仁，斯仁至矣。""苟志于仁矣，无恶也。"（《里仁》）有了"志于仁"的精神，就会产生更大的动力，就会获得情感的满足和精神的快慰。同时，"有能一日用其力于仁乎？我未见力不足者"（《里仁》），致力于仁道的人，时时与仁同在。

在方法和态度上，"仲弓问仁。子曰：出门如见大宾，使民如承大祭"（《颜渊》）。"樊迟问仁。子曰'居处恭，执事敬，与人忠'。"（《子路》）对待事物，持严肃认真的态度，就能把事情办好。"见贤思齐焉，见不贤而内自省也。"（《里仁》）只有经常自我反省的人，才能发现和改正自己的错误，自觉地以仁为价值取向实现自我更新。

孔子认为，立志行仁不仅要在主观上"依于仁"，还要辅以"游于艺"（《述而》），以诗乐陶冶情操，使内在的道德修养与审美情趣相联系。同时，还要认识到，一人之智总会有蔽，所以还要与朋友以礼乐文章相切磋，共同修炼，共同进步。孔子主张通过修己，使人达到"无终食之间违仁"（《里仁》）的境界，也是君子的境界。从道德主体来说，修己是个体人格的完善；从家庭来说，是"修己以敬"父母兄弟；从社会整体而言，修己是为"安人""安百姓"（《宪问》）。因而，对自己的爱，亦即自我价值的肯定要靠自我的修养去实现，但修养的目的并非洁身自好，独善其身；自身价值的全面实现，需要爱他人，在爱他人的过程中提升自己。

立志行仁，追求仁爱生活。像孔子那样，"德不孤，必有邻"（《里仁》），"不义而富且贵，于我如浮云"（《述而》），"其为人也，发愤忘食，乐以忘忧，不知老之将至。"（《述而》）

（本文是为参加2014年兰州"国学与中华传统文化精神的重建学术研讨会"提交的论文，载《商宋文化研究》2014年第2期）

# 压岁钱

　　手里攥着一枚硬币，仔细端详了半天，悄悄地塞在了女儿的枕下。今夜是除夕，窗外那如织的炮声已炸醉了这冬夜的宁静。室内一片温馨，妻子躺在被窝里，专注着那等了整整一年的电视屏幕。女儿才4岁，她有早睡的习惯，已悄然入梦了。我想，明早女儿醒来，发现枕下有一枚精致的硬币，该是一种异样的欢喜了。

　　过去的4年，从未给过女儿压岁钱，并非没有，只是不想。至于理由，都说是不想让女儿小小年纪就染上铜臭味，其实在我的内心深处还有另外一番风景。

　　小的时候，天天盼过年，一入腊月，便倒计时，算计着那一天的来临。那时候家里穷，过年的时候，母亲能给拆洗一下棉袄棉裤，不至于胸前袖口放光，膝盖露着棉絮；初一那天早上能吃顿饺子，中午能吃上净面馍。父亲却怕过年，我们姊妹多，给不给压岁钱，给多少，颇令他头痛。除夕之夜，曾多少次让他这位曾经是解放军战士的硬汉暧昧异常。我们是眼巴巴地奢望着，父亲却显得苍白无力。母亲急了："你总不能一个都不给！"于是，父亲走向里间，从床头新做的棉靴里，摸出一撮钱来："上学的1毛，没上学的5分。"记得有一年，我将父亲给我的1角钱买了两包烟，悄悄地塞进了父亲的衣袋里，不为别的，父亲也是过了一年呀！

　　斗转星移，时下的父亲一改昔日的局促，倒每每显得慷慨起来，不知是给儿孙们一种补偿，还是给他自己一丝安慰。可我总是大方不起来，每每心有余悸。每逢过年，亲朋好友出手大方，或10元、或50元给女儿压岁，当然，我也以同样的数目给他们的孩子，可在我们之间却是一厢情愿的事情。的确，先前我们家是穷多了，现在虽然丰衣足食，却怎么也不愿抖起来。前年，有一好心的同志曾劝我为女儿存点钱，名曰"婚嫁保险金"，我怕"保险"不了，婉拒了。遗钱不如传知，面对女儿一天天长大，知识一天天增多，我心里阔得不得了。

　　那枚硬币已放在女儿的枕下了。那是1991年纪念中国共产党成立70周年发行的一套面值1元的纪念币，我一直珍藏着，今天送给女儿的这枚，背面印着中共"一大"会址，晶莹剔透，甚是精美，放在手心，沉甸甸的，也好为女儿压岁了。

　　写到这里，荧幕上张明敏正在向我们招手，我蓦然记起了他的歌：祖先早已把我的一切烙上了中国印……给女儿1元压岁钱，我总算未能免俗，并以此为女儿深深地祝福。

甲戌年除夕

（原载《商丘日报》1995年2月12日）

# 致女儿:关于"民族文化"的讨论

小树:

关于民族文化,如果给大学生作报告,我可以讲得很精彩,但对于你提出的问题以及讲话的形式和听者对象,令我颇费脑筋。下面的一些看法,不一定适合你,仅供参考。

第一,民族文化可以是国家内一个民族的文化,也可以是一个国家的整体的民族文化,同时也可以是世界各民族的文化。所以,可以这样理解,越是民族的就越是世界的。

我们一般意义上所说的民族文化,是指一个国家的文化,比如说中华民族的民族文化。实际上,我们国家有 56 个民族,那就应该有 56 种文化。但是我们强调国家的团结,强调民族的统一,所以,我们讲个性少,讲共性多,在谈到民族文化时,我们是国家至上的,我们讲中华民族的大文化。

第二,每一个民族都有本民族的文化。从意义上讲,民族文化是传统文化的一部分,当然也是最重要的部分,它既有精神的,也有物质的,也有以物质为载体来体现精神的。民族文化是维系一个民族发展存亡的关键,它是一种精神支撑(或叫精神支柱、精神力量),只有尊重本民族的文化,这个民族才有(发展的)希望,否定或者贬低本民族的文化,那是妄自菲薄、数典忘祖,是民族虚无主义的表现,是一种浅薄的民族意识。

第三,民族文化不是万能的,那种企图完全依靠民族文化来振兴、来发展、来实现民族自强的想法,既是不切实际的,也是徒劳的,这是一种狭隘的民族主义思想。如果再企图拿本民族的文化去浸染、去征服其他民族,那就是大国沙文主义了。

第四,民族文化与外来文化之间必须取长补短,互通有无,以平等的地位来交流、学习与合作。同时,民族文化必须与现代文化相结合,只有走出民族走向现代的民族文化，才是最有生命力的文化，才最有发展前途。

第五，中国的民族文化是丰富多彩的，是博大精深的，它不仅对中国而且对世界都产生了深远的影响。比如，中国民族文化中的和谐文化、诚信文化、勤勉精神、自强不息精神、关心他人关心社会的精神等，都在历史发展的长河中发挥了重要作用。因此，我们应该以有这样的民族文化为荣，感到骄傲和自豪。同时，中国的民族文化又不是唯一的，它只是世界民族文化的一个组成部分。世界民族文化中，也有很多是值得我们学习的，比如科学精神、民族精神和强烈的人本意识。

第六，随着时代的发展，各民族文化之间的交流越来越频繁。在很多国家，都建有唐人街，建有孔子学院，有中国菜馆、中国武馆、中国戏馆等。这说明，中华民族的文化已为世界所接纳。同时，在我们身边，外来文化更是扑面而来，麦当劳、必胜客随处可见，圣诞节、愚人节、情人节、父亲节、母亲节比西方过得还热闹，这说明，外来文化也大受中国人欢迎。可以说这是好现象。

总而言之，无论哪一个国家，民族文化是不能丢弃的，但在此同时我们也不能排斥外来文化。丢弃了民族文化，就是数典忘祖，就是丢弃了祖宗。盲目崇拜外来文化，那是知识浅薄的表现，是崇洋媚外。我们首先应该好好了解和学习各民族的文化，其次我们应该推进各民族文化的交流和融合，最后我们应该使各民族文化发扬光大。我们应该徜徉在各民族文化博大精深的海洋之中，来丰富自己，发展自己，超越自己，并以此为基础，使我们的民族文化迎来自己的新生。

（女儿李树蕙，平时以"小树"称之。2010 年 5 月 1 日，女儿参加学校的活动，问此问题，遂答之。时女儿在复旦大学读本科二年级）

# 上册后记

2014年农历闰九月。这个学期多了一个月，整整5个半月，时间长，被人们称为"18年来最长学期""50年来最长学期""史上最长学期"——我不是学数学的，没有仔细计算。由于本学期时间长，所以放假也早，很多学校（高校）还没有进入腊月便放假了，我所在的学校农历十一月二十六日学生考试完毕，十一月二十九日教职工正式放假。平时太忙太累了，不知道怎么会有那么多事儿，更不知道现在的事儿办起来怎么那么难！放假了，首先给身心放个假吧。

但给心情放假是很困难的。在我的求学史上，没进入腊月就放假似乎还没有出现过。农历腊月二十三日是"祭灶"，按风俗，祭灶这一天一般要在家里或者是回到家里，不能"祭在外面"。所以，腊月二十、二十一、二十二放假很正常，放了假就往家里跑，免得"祭在外面"。开学往往在正月十四、十五、十六，一般不会到正月十七。如果"过了正月十五"还不开学，学生和老师会感到很不自在，学校和社会也会感到很不正常。所以，放假早，本来是好事，可以让自己的身心休整一下。但想想近两个月的假期，"学生都到哪里去了？""时间都到哪里去了？"大学四年的时光学生们的"假期"有多少，在这么长的假期里，学生们都在干什么……想来想去，心情又不免沉重起来。

也好。这两个月的假期，把我这两本小书好好校对一下，根据出版合同，3月底之前要交稿。

1984年我从河南大学历史系毕业分配到商丘师范学院教书，如今已进入第31个年头了。教书30年，不能说是桃李遍天下，但学生们的足迹已遍布海内。30年的教书生涯，我收获很多，特别是我对学生的爱和学生对我的爱，每每让我幸福不已、感动不已。感谢我一届又一届的好学生，新春佳节，祝你们健康第一，阖家幸福！

这31年的脚步，也是我聆听商丘的美好时光，每一篇文章的发表和每一本书的问世，都是这个心灵历程中的一个个驿站，一次次定格。在《商丘通史》的"后记"和本书的"序言"中，我都说：我是商丘人，又是学历史的。因此，研究商丘，是我的义务，责无旁贷。今天如平时的习惯一样，醒得早，起得也早。窗外夜幕滔滔，大地寂静，书房内温暖如春。我坐在电脑前，开始了我与商丘历史的互动与交流——

大概是 1984 年 10 月，受大学老师王子超老师的启发，我第一次参观具有商丘历史象征的阏伯台（火神台）。当时的阏伯台没有围墙，只有一个高台、前禅门和凌乱的几通石碑，到处都是农民晒的粮食，还有一个算命先生……看后心情有点沉重：这么重要的文物为什么这么不受重视！飒飒秋风中，我斗胆向阏伯台的管理者建议："倘能立墙成院，扩建而成公园，则商丘人民幸甚，祖国文物幸甚！"（这是后来记者的语言，我原话也是这个意思）不知是我建议的作用还是人家早有规划，第二年，阏伯台的围墙拉起来了，石碑得到了整理，后来又建了花戏楼，再后来建设得就更好了，使我着实兴奋了一阵子。紧接着，我又跑到永城芒砀山，凭吊长眠在那里的中国第一位农民起义领袖陈胜，后来发表了《拜谒陈胜墓》，抒发了对陈胜的纪念和感慨。

1985 年，《商丘师专学报》创刊，我把尝试写成的《论张巡在平定安史之乱中的历史作用》交给了编辑部。没想到，我这个刚迈出校门的小老师受到了编辑郝蜀山老师和赵长征师兄的好评，文章在创刊号（1985年第 1 期）上发表了，这对我是一个莫大的鼓舞。从此，我与《学报》编辑部的老师们结下了深深的情谊，与《学报》及编辑部有了不解之缘，感谢他们对我的赏识和提携！说来也巧，2004 年 5 月，学校任命我为《商丘师范学院学报》主编兼编辑部主任，我也来到了《学报》工作。我与高建立、徐明忠两位资深编辑共同策划了《学报》创刊 20 周年纪念活动，并获得了"河南省十佳学报"的殊荣。我与姚润田、郭德民两位仁弟，与任雪萍、孙艳秋两位大姐度过了在《学报》两年多的美好时光……

商丘历史悠久，文化灿烂，名人辈出。但关于商丘的研究存在问题，一是研究薄弱，没有专业研究队伍；二是研究内容不够准确，不够科学，分不清历史与传说，分不清历史与文学，有些是以讹传讹，甚至是积非胜是。我是学历史的，看后如鱼鲠在喉。于是在 1995 年前后，我与几位同事李会龙、朱凤祥、宋学勤（现在中国人民大学）、贾艳敏（现在安徽大学）、李克玉商议，要为商丘历史文化的研究做点工作，编写出版《商丘通史》，得到大家的赞同。我们分工合作，历时5年，数易其稿，2000年《商丘通史》（上编）由河南大学出版社出版。没想到这本只有上编、仅25万字的小书，得到了大家的认可和高度评价，这本商丘历史上第一部学术性的通史著作获得了商丘市优秀社会科学成果一等奖，河南省社会科学界联合会优秀成果二等奖，河南省优秀社科成果三等奖。时光荏苒，时间在考验着我们。《商丘通史》上编出版后，下编迟迟没有动手。这不是我们手懒，而是随着时间的推移，在我的心中还有一个更宏大的计划，那就是修订《商丘通史》，把仅有25万字、仅有上编的《商丘通史》修订成四卷本、130万字左右、图文并茂的《商丘通史》——这项工作已从2012年开始，目前第一卷的全部书稿和第二卷的部分书稿已经出来，期盼修订后的《商丘通史》能早日奉献给大家，接受大家的批评。

2003年，河南农业大学教授张琼博士来商丘工作，任商丘市委常委、宣传部长，我的商丘历史研究又有了进一步开展。在张琼部长及市委、市政府的支持下，在同志们的共同努力下，我参与了2004年"中国·商丘与商业起源研讨会"的筹备和研讨活动，会后新华社编发了通稿《中国商业源于商丘》。为了论证中国商业的起源问题，市委、市政府请李学勤先生来商丘。记得李学勤先生来商丘考察时，我与商丘市的领导们一起陪同参观，先是到永城芒砀山看汉墓，继是在豫东宾馆开座谈会。李学勤先生到商丘考察后欣然题词"商人商业源于商丘"。

2005年，商丘市成立文化产业发展办公室（简称"文产办"），我被抽到"文产办"兼职做一些工作。在"文产办"工作期间，张琼部长带着《商丘日报》主编郭文剑、民权县委常委、宣传部长陈春艳、民权县文联主席郭会卿和我一起到广东深圳、东莞、佛山等地考察文化产业。回来后，我参与起草了商丘市第一份文化产业发展规划和商丘市旅游发展规划，参与指导、扶植了民权画虎村走向市场、走向世界的过程；参与了对商丘市豫剧团的合并改造走文化产业的发展之路，并推出了商丘豫剧团的部分演员走向全国、走向世界；其他扶植的还有睢阳区宋绣、柘城泥人李、麦秸秆画，宁陵刘廷龙笔庄、夏邑剪纸等文化产业，使商丘的文化产业迈出了可喜的步伐。

2005年11月，商丘市委决定举办华商文化节，确定商丘是中国商业的发源地，王亥是商人的始祖。当时，考虑到为华商文化节学术和礼品赠送的需要，计划编两本书，一本是通俗性的，一本是学术性的，两本书皆由张琼部长任主编。到 2006 年 9 月，两本书先后出版，第一本是连环画《华商始祖王亥》（副主编刘秀森），第二本是我为副主编的《三商之源商丘》，均由河南美术出版社出版。参加《三商之源商丘》编写的还有朱凤祥博士和王小块、何婷立两位硕士。记得在"中国商丘·国际华商文化节"开幕的前一天晚上，我随河南美术出版社的货车把《三商之源商丘》送到会务组，完成了学术支撑节会的光荣使命，也算是对张琼部长知遇之恩的不成敬意的报答！学术著作《三商之源商丘》的出版，第一次使用了"三商之源"这一概念，确定商丘是商族的发源地（"玄鸟生商"）、中国商业的发源地（"王亥经商"）和商朝的第一个都城（"成汤都商"）。在此之后，2006 年 12 月 13 日，张琼部长又在《商丘日报》发表了一篇题为《三商之源的来源》的文章，进一步论证了商丘是三商之源。12 月 15 日，新华网河南频道转发了张琼部长的这篇文章。后又经商丘学者的解释和宣传，逐步使这一历史事实和"三商之源"这一概念为大家所接受。

2005 年 10 月，全国十运会在南京召开。为争取十运会能到商丘采集火种，在张琼部长的带领下，商丘市的学术界人士又参与了火文化的论证工作，多次召开座谈会。我先是写了《关于燧人造火的几个问题》在《商丘日报》上发表，后又在商丘电视台、商丘电台多次"露脸"做宣传、讲解工作。在大家的共同努力下，商丘最终成为全国十运会三个取火点之一，名为"华夏文明之火"（南京为"中国科技之火"，北京为"中华复兴之火"）。取火仪式上，张琼部长接受了记者的采访，发表了热情洋溢的讲话，我则在商丘电视台的演播室里，与尚起兴老师一起接受采访、面向全国直播。

我所在的商丘师范学院有一个很好的学术研究团队，前面所述及的一些研究工作也多是在团队的共同努力下进行的。为了更深入地研究商丘历史与文化，在学校领导的大力支持下，成立"汉梁文化研究中心"，以研究汉代梁国的历史文化为主，兼及对整体商丘历史文化的研究，中心下设"汉梁区域历史研究所"（所长朱凤祥）、"汉梁文学艺术研究所"（所长刘洪生）、"汉梁历史文献与商丘姓氏家族文化研究所"（所长贾光），我为中心主任，副主任是王增文教授、郭文佳教授、姚润田教授。我们建设资料室和网站，布置展室，编印《汉梁文化研究年鉴》和《汉梁文化研究》内部刊物。在大家的共同努力下，2012年10月，"汉梁文化研究中心"获批河南省高校人文社会科学重点研究基地，也是商丘师范学院第一个省级人文社科研究基地。中心获批省级研究平台后，中心成员高建立、郭文佳、刘万华、付先召、李晓英等先后获得国家社科研究基金项目；2013年8月，"汉梁文化研究中心"与学校文学院共同承办了"中国商丘汉梁文化与《史记》研究国际学术研讨会"。中心成员积极开展学术研究工作，积极服务于商丘经济社会文化的发展，受到了社会的广泛好评。

这几年，由于对商丘历史文化的研究取得了一些微不足道的成果，所以，我也被邀请参加了一些社团工作，兼任了"世界炎黄姓氏历史文化研究会"学术顾问、"河南省儒学文化促进会"理事和"讲师团"讲师、"商丘市炎黄文化研究会"副会长、"商丘市国学文化促进会"副会长，开设了关于商丘历史、国学文化的学术讲座，积极服务师生，热心奉献社会。

这本书除了关于商丘历史文化的研究成果之外，还收录了我尝试文学写作的几篇小文章，名为"文苑漫步"。我知道，不是搞专业的，肯定是非常稚嫩，很不成熟，希望得到大家的批评！

在平时的学术研究中，吸收了同人们相关的研究成果，有的已经注明，有些没有注明，在此声明并表示感谢。感谢贾文彪、赵鹏、王静老师为本书打印了部分文字。感谢李林老师为本书题写了书名。感谢所有支持我坚持学术研究的领导和同志。特别感谢我的夫人李秀琴为我的学术研究所做出的牺牲和奉献，感谢女儿李树蕙独立的生活能力和优秀的学习成绩让我能全身心投入研究工作。

"不积跬步，无以至千里"，我想从一步半步走起，聆听商丘前行的脚步声，期望能到达千里的地方。

李可亭

2015年1月28日（马年腊月初九）于商丘至善斋

河南省高等学校人文社会科学重点研究基地

汉梁文化研究中心成果

李可亭 著

# 跬步集

李林敬题

下册

中国社会科学出版社

图1　2009年11月2日，参加在厦门举办的"中国近现代史史料学学会第五次会员代表会暨第十九次学术研讨会"

图2　2009年5月5日，参加由中国社会科学院举办的"纪念五四运动90周年国际学术研讨会"，并作大会发言

图3 2005年3月18—20日，参加由梅州嘉应学院承办的"纪念黄遵宪逝世100周年国际学术研讨会"。其间，与河南籍几位代表合影。左起：宋立民（湛江师范学院新闻学院院长）、关爱和（河南大学党委书记）、李可亭（《商丘师范学院学报》主编）、高建立（《商丘师范学院学报》编辑部主任）、王刘纯（河南大学出版社社长）、李保民（嘉应学院文学院党总支书记）

图4 2005年7月，在任《商丘师范学院学报》主编（编辑部主任）期间，与编辑部同事在庐山合影。左起：徐明忠、郭德民、高建立、姚润田、李可亭、任雪萍

图5　2004 年 8 月，由中国社会科学院近代史所举办的"第一届中国近代思想史国际学术讨论会"在湖南吉首大学召开。会议期间，与中国社会科学院文史哲学部委员、近代史研究所研究员、中国近代思想研究中心理事长耿云志先生合影

图6　2009 年 6 月，获郑州大学历史学博士学位，在学位授予仪式上，与导师杨天宇先生合影

图7　2012 年 8 月随团出访日本期间，与高中同学邱书涛先生在日本长崎和平公园合影

图8　2013 年 8 月随团出访澳大利亚，12 日，在澳大利亚悉尼湾留影

图9　2013年8月随团出访新西兰，16日，在新西兰激流岛留影

图10　2013年5月20日，参加在河南大学举办的"河南省高校教学指导委员会历史专业委员会议"。前排左起：李义凡（周口师范学院院长）、李振宏（《史学月刊》主编）、张倩红（郑州大学副校长）、苗书梅（河南大学历史文化学院院长）；中排左起：王记录（河南师范大学历史文化学院院长）、李可亭、张华腾（安阳师范学院历史与社会发展学院院长）、郑先兴（南阳师范学院历史文化学院院长）、高新战（许昌学院教务处处长）、姜建设（郑州大学教务处处长）

图11　2014年8月，参加在云南红河学院举办的"中国西南边疆民族文化与《史记》学术研讨会暨中国史记研究会第十三届年会"

图12　2015年1月18日，被河南电视台聘为"大家讲坛"栏目讲师

图 13　2015 年 4 月，在北京拜访图腾文化学者、历史学家王大有先生

图 14　指导青年教师开展学术研究

图 15　女儿李树蕙在复旦大学攻读硕士研究生期间，2014 年选派到台湾政治大学交流学习，5 月，与妻子李秀琴前去看望，在台湾"故宫"前留影

图 16　2012 年 7 月，与第一届（87 届）学生在洛阳聚会留影。前排左二为聚会发起和承办人之一洛阳旅游学校副校长李淑珍女士

# 目　录

## 下册　中国近代思想史论

中国现代化问题研究

# 五四运动与中国现代化进程

五四运动既是自鸦片战争后开始的中国社会现代化进程中的一个重要逻辑环节，同时又是中国现代化进程的重要转折，有量的增长，也有质的飞跃和升华。五四时期倡导的现代化意识，奠定了 20 世纪中国一切具有现代意义的现象的基础，为中国社会现代化的实现开辟了广阔的前景。考察五四运动与中国现代化的关系，可以得到许多有益的启示，对于加速我国现代化建设的进程具有重要的现实意义。

现代化进程的实质是要实现社会的转型，即传统社会结构的解体和新的社会运行机制或社会形态的再造，也就是从中世纪社会转化为现代社会。现代化首要解决的问题是人的现代化或使人转向现代化，而人的现代化的实质是人的现代性及其实现。五四时期倡导的现代化意识，为中国社会现代化的实现开辟了广阔的前景。

## 一 五四运动是中国现代化进程的逻辑环节

关于中国现代化的起点，学术界认识不一，有"鸦片战争说""洋务运动说""五四运动说""新中国成立说"等。事实上，明末清初，随着中国资本主义的萌芽和封建经济成分的减弱，现代性的东西已开始滋生，并由此开始了对中国传统文化的创造性改造。学术界一般认为，世界范围的现代化进程以工业革命为标志，而中国现代化的起点是鸦片战争前后的西学东渐特别是鸦片战争失败的结局。

从鸦片战争开始的中国近代史是"沉沦"与"上升"的双重变奏的过程，与此相适应，中国的现代化进程既是被资本主义国家拖进世界市场走世界现代化道路的被动的消极的过程，同时又是中国有识之士睁眼看世界、改造传统、学习西方的主动的积极的过程。五四运动是这个过程中重要的逻辑环节。

　　众所周知，在中国开始与现代西方接触之前，除了印度佛教之外，中国文明从未受到任何外来影响的全面严重的挑战。佛教虽曾触及中国思想和社会的许多方面，但对政治和经济制度并没有产生多大影响。由于西方在科学和其他领域领先了中国几百年，又由于社会差异造成的许多其他附加因素，使得西方对中国产生的冲击势不可当。自从 1840—1842 年的鸦片战争显示了西方不可抗拒的威力后，中国知识分子的领导人物开始意识到，中国必须学习西方的科学技术，虽然他们仍认为中国传统的制度和传统的思想优于西方而无须改革。总的来看，中国对西方文明的反应从鸦片战争到五四运动先后经历了三个阶段。第一阶段是以学习西方技术器具为主要内容的物质文明阶段，以林则徐、魏源和洋务派为代表。甲午战争失败后，中国先进的知识分子有感于日本明治维新取得的成就，认为除了学习科学技术以外，中国还应在法律和政治制度方面学习西方，这便进入中西文化接触交流的第二个阶段，即学习西方的制度文明。但他们仍然坚持认为那些在他们看来比法律和制度更根本、更实质的中国的哲学、伦理和社会基本准则不应改变。张之洞 1898 年提出的"中学为体，西学为用"的口号即代表了这种思想。但是，1898 年的戊戌变法并未能实现康、梁所提出的法律和政治制度的变革，而 1911 年的辛亥革命也只是部分地实现了这些变革。民国成立后，军阀统治再度出现，而两次复辟帝制的企图更说明，没有其他变革的伴随，只是移植法律和政治制度是不能奏效的。这样便到了第三个阶段——五四运动时代，即学习西方的精神文明。五四知识分子仍然是向西方寻找真理，他们不但要引进西方的科学技术、法律和政治制度，而且对中国的哲学、伦理、自然科学、社会理论和制度也要彻底重新审查，模仿西方同类的东西。他们所提倡的不是半新半旧的改革或部分的革新，而是一个大规模的、激烈的企图，要彻底推翻陈腐的旧传统，代之以全新的文化。

　　可以看出，五四运动是中国现代化进程的继续和重要的逻辑环节，而且为中国的现代化进程注入了新的内容，奠定了中国现代化走向的基本内涵，展示了中国现代化的广阔前景。

## 二　五四运动是中国现代化进程的重要转折

　　在中国现代化的历史进程中，五四运动不仅使之有量的增长，而且有质的飞跃和升华，可以称为重要转折期。这主要表现在以下几个方面。

### （一）理性精神的增长

有的学者指责五四运动偏激，缺乏理性精神，并把它和义和团运动、"文化大革命"相提并论，笔者认为，这实在是一种误解。纵观五四运动的全过程，从启蒙运动、爱国运动到对马克思主义的选择，无不昂扬着一种理性精神。当然，承认五四运动的理性精神，并不否认这一时期的文化激进主义思想。陈独秀在《克林德碑》一文中曾向广大的中国民众提出这样的问题："现在世上是有两条道路：一条是向共和的科学的无神的光明道路，一条是专制的迷信的神权的黑暗道路，我国民若是希望义和拳不再发生，讨厌象克林德碑这样可耻纪念物不再竖立，到底是向哪条道路而行才好呢？"① 很显然，至少在陈独秀看来是不赞成像义和团运动那样缺乏理性的举措的。

五四时期提出的民主与科学两大口号，为中国社会现代化提供了重要的思想基础。这两大口号内涵的深刻性、宣传的广泛性和推崇的坚定性，都大大超过了辛亥革命之前。

陈独秀在《〈新青年〉罪案之答辩书》中宣告："要拥护那德先生，便不得不反对孔教、礼法、贞节、旧伦理、旧政治；要拥护那赛先生，便不得不反对旧艺术、旧宗教；要拥护德先生又要拥护赛先生，便不得不反对国粹和旧文学。我们现在认定只有这两位先生可以救治中国政治上、道德上、学术上、思想上的一切黑暗。若因为拥护这两位先生，一切政府的压迫，社会的攻击笑骂，就是断头流血，都不推辞。"② 新文化运动的倡导者们认为，辛亥革命没有能够建立起真正的民主共和国，就是因为没有一个声势浩大的启蒙运动，没有彻底反对专制主义和蒙昧主义，致使民主与科学精神没有深入人心，所以他们才表现出如此坚定的态度，极力倡导民主和科学精神。众所周知，现代化的国际共同特征是民主化、世俗化、科学化和理性化。现代化是包括经济、政治、文化等社会生活诸方面的现代化，而民主与科学精神则贯穿其中。政治现代化的核心是政治民主化，所以民主精神宣传的作用十分明显。其实，经济现代化和文化现代化建

---

① 《新青年》5卷5号。
② 《新青年》6卷1号。

设，也必须以民主化为前提。至于科学精神，亦即实事求是精神，在现代化建设的一切领域，都是必不可少的。总之，有了民主和科学精神，中国现代化的实现才有可能。由此看来，五四时期倡导的民主和科学精神以及由此形成的优良传统，为中国现代化建设提供了重要的思想基础。可以说，民主、科学加上法制和市场，是中国实现现代化的四大前提和保障。

五四运动的理性精神还表现在社会主义由空想到科学的发展上。经过巴黎和会帝国主义的丑恶表演，先进知识分子对帝国主义的认识由感性上升到理性。在对资本主义的幻想破灭之后，大家开始向往社会主义，社会主义学说纷至沓来，社会主义流派五花八门。但人们对社会主义的认识是模糊的，"不十分清晰的"，是"隔着纱窗看晓雾"①，朦朦胧胧，模模糊糊。通过实践—认识—再实践—再认识的认识规律，先进的知识分子迅速转向马克思主义，马克思主义终于脱颖而出，社会主义由空想发展为科学。五四新文化运动的最大成就，是中国人民选择了马克思主义，马克思主义在中国的传播和它在同中国实际结合中的不断发展，是五四以来民主、科学精神的主流和理性精神的体现。

### （二）爱国主义精神的升华

鸦片战争以来，由于外国资本主义势力的入侵，使中国人民救亡图存的爱国热情日益高涨，在反帝反封建的斗争过程中，爱国主义起了重要的作用。但是，从全国范围来看，在五四运动之前，所涉及的面还比较窄，与五四运动的影响遍及全国各界相比相去甚远，并且对帝国主义的认识尚处在感性阶段。五四运动中表现出来的以天下为己任、与祖国共存亡的爱国主义精神，不仅是空前的，而且有了理性认识的升华。在两年后成立的中国共产党的领导下，这种伟大的爱国主义精神不断发扬光大，它激发着、凝聚着广大人民群众的力量，80多年间，经历了几多艰险、几多磨难、几多曲折，终于把一个积贫积弱、备受欺凌的半殖民地半封建国家，变成了一个今天这样的初步繁荣、具有较强国力的社会主义大国。可以看出，爱国主义有着巨大的凝聚力，这既是中华民族独立的前提，又是实现现代化的重要精神支柱。

---

① 瞿秋白：《俄乡纪程》，《瞿秋白文集》第1集，人民文学出版社1953年版，第23页。

### （三）竞争与开放意识的增强

中国社会现代化合理运行机制的建立，有赖于两个基本的环境：竞争与开放。竞争是实现现代化的基本条件之一，没有竞争，现代化的运行机制就缺乏动力与压力；开放就是要面向世界、面向未来，没有开放，现代化的运行机制必然停滞不前以至解体。自鸦片战争以来生长的现代化意识，到五四运动时期有了空前的增强，五四运动中体现出来的竞争性、开放性、进取性、创造性极为突出。五四知识分子认识到，从世界范围来看，中国极为落后，再不努力迎头赶上就要亡国灭种。所以，他们冲决罗网，向旧制度、旧礼教、旧道德宣战，给以往封闭的、保守的非现代化意识以极大的冲击，使人们头脑中的现代化意识不断增强；同时又要把西方的各种学说都引进来比较、鉴别，力图找出改革中国社会的方案。五四知识分子身体力行的实践，为中国现代化事业奠定了广泛的群众基础。

### （四）现代学术范式的建立

五四时期现代化意识的增长，还表现在学术范式的脱旧与创新上。胡适的《文学改良刍议》和陈独秀的《文学革命论》首先拉开了五四学术形式革命的序幕。之后，陈独秀、鲁迅、钱玄同等人，围绕学术的语言、文字、文法等，发表了一系列改革主张。钱玄同在《论应用之文亟宜改良》中提出了改革学术形式的 13 条主张，如应用文"应以国语为之""书札之款或称谓，务求简明确当，删去无谓之浮文""绝对不用典""小学教科书，及通俗书报、杂志、新闻纸，均旁注'注音字母'"，文章应加标点符号，数字用阿拉伯号，纪年用通行之公历纪年，"改右行直下为左行横迤"等。[①] 以钱玄同为代表提出的建立现代学术范式的主张，其目的在于使学术通俗化、平民化。这在今天看来无足轻重，但在当时却是对旧学术范式的反叛，而且标志着现代学术范式的建立。五四后，具有现代意义的教育思潮也蓬勃发展起来，女子教育、美育教育、生活教育、平民教育、职业教育、实用主义教育洪波迭起，具有现代模式的大学也开始成长。

---

① 《新青年》3 卷 5 号。

### （五）现代家庭观念的确立

妇女解放是社会解放的天然尺度。五四启蒙知识分子对封建的"三纲"等伦理道德进行了猛烈的抨击，主张男女平权，用平等观念、科学方法教育孩子，从而使现代家庭观念开始确立起来。

陈独秀在《一九一六年》一文中，对封建的"夫为妻纲"进行了抨击，他指出："夫为妻纲，则妻子于夫为附属品，而无独立自主之人格矣。"他号召："自负为一九一六年之男女青年，其各奋斗以脱离此附属品之地位，以恢复独立自主之人格！"① 五四时期的妇女解放表现在很多方面，而其中最重要的一个方面便是现代家庭意识的觉醒。长沙新娘子赵五贞的自杀、李欣淑的出走、北京女高师学生李超的死亡和关于《娜拉》的讨论，都说明经过五四运动洗礼的广大妇女，特别是青年知识分子妇女，已经不愿再受包办婚姻的约束，而是冲破牢笼，走出家庭，在妇女解放的道路上迅跑。鲁迅继《狂人日记》揭露封建礼教"吃人"的罪恶以后，又发表了《我之节烈观》《我们现在怎样做父亲》等文章，对夫权主义、父权主义进行了有力批判。在《我们现在怎样做父亲》一文中，鲁迅指出，父亲必须正确地教育孩子，使今后的孩子超越自己、超越过去，使孩子在封建的父权主义下解脱出来。鲁迅号召说："先从觉醒的人开手，各自解放了自己的孩子。自己背着因袭的重担，肩住了黑暗的闸门，放他们到宽阔光明的地方去；此后幸福的度日，合理的做人。"孩子是祖国的未来和希望，使孩子受到科学、正确的教育，茁壮成长，是实现现代化的重要条件。

## 三　五四现代化精神的曲折发展

在五四之前的现代化进程中，无论是"中体西用"还是"中西互补"，都是一种"防御性现代化"，其中心思想都是突出一个"保"字——保种、保教、保国、保民。在"保"的前提下进行"变"，也就是

———————————

① 《新青年》1卷5号。

在中国的旧"体"的框架内引进西方的器用。① 但是到了五四时期，陈独秀、李大钊、钱玄同、胡适等以毫不调和的决绝态度来对待中西文明的冲突，旗帜鲜明地主张接受近代西洋文明来全盘否定中国的传统文化。陈独秀说："吾人倘以新输入之欧化为是，则不得不以旧有之孔教为非；倘以旧有之孔教为非，则不得不以新输入之欧化为是，新旧之间绝无调和两存之余地。"② 钱玄同曾说："适用于现在世界的一切科学、哲学、文学、政治、道德，都是西洋人发明的，我们该虚心去学它，才是正办"③；"应该将过去的本国旧文化遗产拔去，将现在的世界新文化——全盘承受。"④ 并公然宣称："我所爱的中国是欧化的中国。"⑤

五四运动后，关于中西文化的讨论，关于中国现代化的道路和前景，思潮迭起，但其发展的总方向则是沿着五四精神前进。先是围绕梁漱溟的《东西文化及其哲学》而展开，接着便是 20 世纪 30 年代的"中国本位"与"全盘西化"之争和"以农立国"与"以工立国"的争论。

梁漱溟的《东西文化及其哲学》是从世界比较文化这个新角度来探讨中西文化问题的一部论著，提出了中国、印度、西方三种不同的文化"路向"，认为三种文化循序演化，而最近未来将有"中国文化复兴"。梁书及其理论是在反儒学的高潮中诞生，这说明传统文化的根深蒂固。

20 世纪 30 年代关于"中国本位"与"全盘西化"之争，是继五四之后思想界的又一场大争论，这场争论涉及的不只是文化问题，而且由此引出中国的出路即社会发展的道路问题。在讨论中，双方互相批评与责难，同时又逐步接近或是互相吸收。西化派放弃了"全盘"的提法，而本位派也不断充实对"本位"的阐释，提出建立"中国本位意识"的观点。在讨论中，两派都逐步产生了一种新认识，即用"现代化"这个新概念来取代"西化"或"中国化"等概念，"现代化可以包括西化，西化却不能包括现代化。"并提出中国现代化的努力方向：第一，发展自然科学，这是现代化的根本基础；第二，促进工业发展，一个国家若无现代

---

① 参见罗荣渠《从"西化"到现代化：五四以来现代化思潮演变的反思》，见《历史的选择——五四、传统文化与马克思主义》，山东大学出版社 1990 年版。

② 陈独秀：《答佩剑青年（孔教）》，《独秀文存》，第 660 页。

③ 钱玄同：《奉劝世人要虚心学习西人一切科学、哲学、文学、政治和道德》，《新青年》5 卷 3 号。

④ 《语丝》第 34 期。

⑤ 钱玄同：《回语堂的信》，《语丝》第 23 期。

化工业，平时无法生活，战时无法进攻；第三，提倡各种现代学术，没有现代学术也不能成为一个现代化国家；第四，思想方面的科学化，以使我们的思想、态度和做事的方法都现代化、效率化、合理化。① 这表明，通过讨论，思想界对中国发展道路的思想认识在逐步深化，并逐步形成了工业化、科学化、合理化、社会化等现代化的基本概念。

20 世纪 30 年代关于"以工立国"和"以农立国"的热烈讨论，大大拓宽了对中国出路问题讨论的范围，各派意见提出的许多论点，特别是有关中国经济的自主发展、农业是基础、工农之间的关系、工业化与政治民主化的关系以及中国工业化面临的阻力与困难等问题所进行的讨论，至今仍富有教益。到 20 世纪 40 年代，多数人都认识到中国的经济发展要取得成功，必须探索一条符合中国国情的工业化道路。

## 四　五四现代化精神对加速我国现代化建设的有益启示

认真分析五四时期的现代化精神，对加速我国的社会主义现代化建设会有一些有益的启示。

### （一）深刻与片面

从西方近代社会变革的历史来看，思想革命每每发生于政治革命之前，当封建主权仍不可一世地耸立在人间的时候，启蒙思想家们早已在国民的观念中悄悄地拆毁了它的护墙，一俟大革命的号角吹响，威风凛凛的封建庞然大物便不堪一击，轰然坍塌。但近代中国变革所承受的外部压力是如此的沉重，以至于不得不在短暂的几十年中实现西方几百年所完成的变革目标。正因为如此，五四启蒙思想家们抱着亡羊补牢的悲壮情绪，带着功利主义的文化心态，一方面向封建文化发起攻击，另一方面热情讴歌西方神明，意图为辛亥革命补上思想启蒙这一课，而表现出前所未有的坚决和果敢，表现出思想认识的深刻性。但同时，五四知识分子对西方的认识又是线性的和片面的，抱着感情用事的态度，认为西学可以包治百病，这就陷入了将民主、科学功能泛化的乌托邦期待。

---

① 　参见张熙若《全盘西化与中国本位》，天津《国闻周报》1935 年第 12 卷第 23 期。

### （二）传统与现代问题

关于传统性与现代性的关系问题，在第二次世界大战后兴起的现代化理论中认识不一。一种理论认为旧的传统是消极否定的因素，是现代化的枷锁，传统性与现代性之间处于一种相互排斥和对立的状态，现代化必然要导致传统文化的毁灭与终结，现代只能与传统断裂。这就把传统性与现代性置于二元对立的状态，其实质是把现代化完全等同于"西化"。事实证明，这种背弃传统的观点是错误的。把传统与现代相割裂，源于对"传统"与"现代"概念本身的错误理解，对于传统，人们常常视之为只存留于过去的静态凝固体，凡是不属于现代性的东西也都统统贴上传统性的标签。事实上，传统作为人类相传的文化，是动态发展的，是活在现实中的。对于现代，人们也常默认现代性就是西方的特性，并不恰当地局限在西方的个人主义和物质利益范围内。20 世纪下半叶以来，随着东亚经济的崛起和西方发展性危机的加剧，人们像第二次世界大战前以批判的眼光看待传统一样，开始把同样的目光投向现代性。可以看出，传统与现代是中国现代化进程中延绵不断的连续体，背弃传统的现代化是殖民地化和半殖民地化，而背向现代的传统也只能成为历史的陈迹和文物。五四激进的启蒙思想家一心一意想加速现代化进程，从不考虑传统的因素，视传统与现代性水火不容。这种文化激进主义思想在今天的现代化建设中是应引以为鉴的。历史的发展证明，对于传统，要有批判、有扬弃，有借鉴、继承和发展，成功的现代化运动不但在于善于克服传统因素对革新的阻力，尤其在于善于利用传统因素作为革新的助力。

### （三）正确认识中国国情

在中国现代化的进程中，"中国本位化""西方化"和"俄国化"都有很大的片面性。中国现代化建设中最重要的一点就是认清中国国情，探索中国化的现代发展道路。研究五四运动与中国现代化进程，既要看到中国新文化运动反封建传统的严重不足的一面，同时也要看到对自己民族文化传统和民族特点认识不深不透，盲目引进舶来品的一面；既要看到健康发展的因素，也要看到病态发展的因素。只有认清了中国国情，认真总结五四以来现代化进程中的经验教训，才能更好地探索具有中国特色的社会主义现代化道路。

### （四）正确认识现代世界

如前所述，在五四运动以前，中国人对西方世界的认识是感性的、不全面的，中国的现代化进程也是被动的。五四以后，中国人对于西方资本主义的认识尽管上升到了理性，中国现代化进程由被动到主动，但总的说来，中国知识界对现代世界的认识是线性的和浮于表面的，缺乏较深入的认识和应有的客观评价。现在看来，闭关锁国，只能导致亡国，而全盘西化事实上又不可能。对现代世界采取积极的态度去看待，认真研究和独立思考，打破东西文化之间的障壁，坚持对外开放，在更高层次上建设新的文化形态，当是中国现代化发展的方向。

（原载《商丘师专学报》2000 年第 1 期）

# 论中国教育现代化的性质和道路(上)

教育现代化是社会现代化的一个重要组成部分，同时又是社会现代化的先导，它既是一种状态，又是一种目标。中国教育现代化的性质特征是教育民主化、教育科学化、教育民族化、教育社会化和教育主体化的有机综合；中国教育现代化的道路是教育由传统走向现代的不断改革、内在消解和超越的过程，是中西方教育相互渗透和融合的过程，是政治民主化、经济市场化、个人理性化、社会系统开放化的互动过程。实现教育现代化既是我国教育本身发展的需要、国家民族命运所在，同时也是世界教育发展潮流的必然趋势。

随着工业、农业、国防和科学技术现代化事业的快速发展，以及"科教兴国"战略的实施，教育的现代化问题越来越受到人们的关注。《中国教育改革和发展纲要》已把教育的现代化作为一个奋斗目标明确提了出来。积极探讨教育现代化的性质和道路，已成为我们面临的一个重要任务。

## 一  教育现代化的性质特征

"现代化"是一个社会学概念。在历史上，许多理论家曾用英国化、欧洲化、西方化、城市化、进化等表述人类社会近 300 年从传统农业社会向近代工业社会转变的过程。所以，现代化进程的实质是要实现社会的转型，即传统社会结构的解体和新的社会运行机制或社会形态的再造，也就是从中世纪社会转化为现代社会。

教育现代化是现代化的一个重要组成部分，其内容包括物质、制度与价值观念三个层次。教育现代化是以市场经济为基础，以现代科学为内容，以个人自由全面的发展为目的而面向现代化、面向世界、面向未来的教育。

概括地说，教育现代化的特征主要表现在教育民主化和教育主体性两个方面。近年来，教育民主化是全世界所有国家和所有与教育有关的人最关心的问题。教育民主化所包含的含义是：人人受教育机会的均等；均等地改变所有教师和学生学习、工作与生活条件；通过学校加强升迁性的社会流动；师生关系的平等与友善；使教员、家长、学生和社会力量参与制定民主化的政策、规划的活动和使教师与学生参与教育管理；教育内容民主意识的渗透和学生民主意识与民主参与能力的培养。教育民主化的先决条件是社会的民主化，尤其是经济的发展和政治的民主化。教育主体性的含义：一是尊重学生个体的主体性，让学生主动地、自由地发展；二是尊重教育的自主权，尊重教育的相对独立性，打破过去那种模式化的教育，用多样化的教育造就富于个性的一代新人。教育主体性的提出，实质上是五四新文化运动"科学""民主"和"个性解放"思想主题在新的历史条件下和教育领域中的重新强调和发展。从目前的社会实际来看，教育主体性的提出反映了整个社会的改革开放要求解放社会生产力，要求发挥每个人的主动性与创造性，要求人们具有独立意识、责任意识和合作精神的历史必然。

美国社会学家英格尔斯曾提出现代化的十项目标，其中有两项是关于教育的，即有文化的人口在总人口中所占比率超过 80%；青年适龄年龄组中，上大学的人数比例超过 30%。① 笔者认为，英格尔斯提出的这两项指标，加上教育投资水平（占 GNP 的 4%—6%），可作为我国教育现代化的量化目标。根据我国发展现代化的三步战略，教育现代化的目标应是：20 世纪末，基本普及九年制义务教育，基本达到亚洲新兴工业化国家 80 年代的教育发展水平，形成具有中国特色的面向 21 世纪的社会主义教育体系的基本框架；到 2010 年初步实现教育现代化，赶上亚洲新兴工业化国家的教育发展水平，在普及高中阶段教育的基础上，把高等教育由"英才型"转向"大众型"；到 2050 年，基本实现教育现代化，赶上发达国家的教育发展水平，在高质量普及高中阶段教育的基础上，实现高等教育的普及化，建立起完善的社会主义教育体系。

## 二　教育现代化中传统性与现代性的整合

如前所述，教育现代化的本质是教育现代性的产生和增长，而现代性

---

① 参见［美］英格尔斯《人的现代化》，四川人民出版社 1985 年版。

是与传统相对立的一个概念，当教育的现代性因素在传统的社会中开始滋生时，可以说教育现代化的进程就已经悄悄地开始了。由于历史的发展具有连续性特点，所以很难在传统性与现代性之间找到一个突然的转换点和一个明确的分界线。

传统教育与现代教育或者说教育的传统性与现代性的关系，在第二次世界大战后兴起的现代化理论中认识不一。一种很明显的偏激观点就是把传统性与现代性置于二元对立的状态，非此即彼。事实证明，这种背弃传统的观点是错误的。可以说，传统与现代是教育现代化过程中延绵不断的连续体，背弃传统的教育现代化是殖民地化和半殖民地化，而背向现代的传统也只能成为历史的陈迹和文物。

在中国历史上，历代统治者高度重视教育的作用，以教化治国，尊师重教。中国传统教育内容丰富多彩，给我们以很多启示。许多教学原则和方法既是传统的，同时又是现代的。如孔子的"启发式""因材施教""有教无类"等思想是传统教育思想，但我们又很难说它不具有现代性成分，因为这些教育思想在现代仍熠熠生辉。正如美国学者西里尔·E. 布莱克所说："现代社会并不单纯是现代的，而是现代加传统的"，"从许多方面看，现代性是对传统性的补充而不是取代。"①

明末清初，随着中国资本主义的萌芽和封建主义成分的减弱，体现在教育方面，现代性的东西也开始滋生，近代教育对传统文化进行了创造性的改造。学术界一般认为，西方教育现代化的起点是"文艺复兴"，而中国教育现代化的起点是鸦片战争前后的西学东渐，有识之士或传统士大夫对教育的认识、反应，特别是留学生对中国教育现代化（近代化）的贡献。

由于西方教育思想观念的渗透，特别是对外战争的失败，不仅使有识之士而且也使清政府对现实做出了强烈的反应，对传统教育的改革势在必行。清末新政中，教育改革是其重要的一个方面。随着科举制度的被废除，新式学堂的出现，教学原则、内容和方法的变更，中国教育现代化迈开了艰难而沉重的脚步。紧接着，洋务派提出"中体西用"观，维新派又对传统教育进行了改造和扬弃，这样，在"西方化"冲击下的中国教育，在保持传统教育文化的基础上蹒跚发展。新文化运动期间，启蒙知识

---

① ［美］西里尔·E. 布莱克：《比较现代化》，上海译文出版社 1996 年版。

分子在"传统原罪"心态下对传统教育进行了批判和否定,对西方教育全盘向往。事实证明,这种教育乌托邦之梦只不过是迫于传统文化的"惰性",为了"矫枉"而采取的"过正"之策而已。但不可否认,在中国教育现代化的进程中,五四运动是一个重要转折,它不仅使之有量的增长,而且有质的飞跃和升华。五四以后,具有现代意义的教育思潮蓬勃发展起来,女子教育、美育教育、生活教育、平民教育、职业教育、实用主义教育洪波迭起,具有现代模式的大学也开始成长。

从逻辑上看,教育的传统性与现代性构不成一对对称的概念。现代教育是由"传统教育"与"现代化教育"这两个极构成的一个"连续体";在现代教育中,如果我们做一个静态考察,可以发现,有的可能更靠近"传统教育"这一极,有的则可能更靠近"现代化教育"这一极,而有的则可能处于中间的过渡状态。教育的现代化是一个能动的具有指向性的教育变革过程,是一个对传统教育扬弃、进行创造性转化的过程。这一具有指向性的过程的结果,便是现代化的教育。现代化教育,作为教育自身发展追求的一个目标和作为教育现代化运动的结果,在一定时限内,是具有特定的质的规定性的。随着人类社会的不断向前发展,教育要不断适应社会发展的需要,因而"现代化教育"作为一个目标,其本身也是一个动态发展的概念。从教育在未来社会的发展中所起的作用来看,教育有一个适应社会需要的过程,也就是教育不断现代化的过程。

在实现教育现代化,对传统与现代的整合过程中,必须尊重传统文化教育在现实文化教育中的反映和价值。美国学者西里尔·E. 布莱克指出:"现代化过程的本质是传统性在功能上对现代性要求的适应。"① 所以,成功的教育现代化一方面要克服传统因素对现代性适应的"阻力",另一方面又要利用传统因素对现代性适应的"助力"。可见,教育的传统性与现代性之间并不是断裂的,而是具有传承性的;不是完全对立的,而是互动互补的。

（原载《商丘师范学院学报》2001 年第 3 期,与胡志国合著）

---

① ［美］西里尔·E. 布莱克:《比较现代化》,上海译文出版社 1996 年版。

# 论中国教育现代化的性质和道路（下）

教育现代化是社会现代化的一个重要组成部分，同时又是社会现代化的先导，它既是一种状态，又是一种目标。中国教育现代化的性质特征是教育民主化、教育科学化、教育民族化、教育社会化和教育主体化的有机综合；中国教育现代化的道路是教育由传统走向现代的不断改革、内在消解和超越的过程，是中西方教育相互渗透和融合的过程，是政治民主化、经济市场化、个人理性化、社会系统开放化的互动过程。实现教育现代化既是我国教育本身发展的需要、国家民族命运所在，同时也是世界教育发展的必然趋势。

## 三　教育现代化中中西方教育的相互渗透与融合

教育现代化是一个全球性的不断变革的发展过程。发达国家一直扮演着教育现代化"领头羊"和理论"出口国"的角色。发展中国家为了追赶先进，采用了与发达国家不同的教育现代化发展模式，遵循了一个特殊的发展逻辑。

20世纪50年代末60年代初现代化理论研究崛起以来，发展中国家现代化（包括教育现代化）的发展道路问题引起了世界各国现代化理论家的极大兴趣和广泛关注，形成了许多有重大影响的发展道路理论，其中"外源发展论"和"内源发展论"最为突出。

美国著名学者M.列维在1966年出版的《现代化与社会结构》一书中提出了外源发展理论。他根据起始时间的先后将现代化国家区分为"内源发展国"和"后来国"两类，并认为内源发展国的现代化是土生土长的，是在自己内部因素不断成熟的基础上自然而然发生的，其动力是"创新"；而后来国的现代化则是在外力逼迫下由人为因素促成的，因为他们在开始现代化的时候面临的一个基本事实是：内源发展国已在相当高的程度上实现了现代化。虽然后来国可能面临由于全面推进而引起的资金供应紧张、政府介入对民主进程的妨碍、差距拉大产生的悲观失望情绪和向现代化转变带来的心灵失落与痛苦等各种不利因素，但毕竟可以通过采借和引进内源发展国的经济和做法，跳跃一些内源发展国必须经历的阶段，省却许多"在黑暗中探索"的过程，其动力主要是"借鉴"。该理论对发展中国家的教育现代化产生了很大影响。但是，由于它按西方的价值标准诠释后发国家的教育现代化，认为现代性只能在西方特定的文化背景中产生，非西方国家只有从西方引进，并与自己的结论决裂才能实现教育的现代化，忽视了对后发国家自身因素的积极开掘，因而受到了越来越多的批判。

20 世纪 70 年代中期，联合国教科文组织在对外源发展理论出现的问题和发展中国家实践的教训进行反思的基础上提出了内源发展理论。内源发展理论的主要内涵：强调现代化必须是起源于内部的，是根植于自己民族的文化本性和传统价值标准的，摆脱对发达资本主义国家依附性的自力更生的发展过程。内源发展战略的提出，标志着后发国家教育现代化发展模式的重大转变，其理论价值不言而喻。但是，由于内源发展理论对后发国家文化传统不加分析地全盘肯定与保护和对早发国家"示范效应"不加分析地全盘批判与抵制，无疑是从一个极端走到了另一个极端。

近年来，我国学者在探索现代化发展道路的问题上提出了"综合创新理论"，其核心思想可概括为："立足现实，面向未来，古今中外，批判继承，以我为主，综合创新。"即主张以中国的现代教育问题为出发点，以实现教育的现代化为归宿，在邓小平理论的指导下，坚持以我为主、为我所用的原则，对古今中外的所有文明成果进行科学分析，取其精华，辩证地综合，创造地发展。综合创新理论融合了外源发展和内源发展理论之长，形成了全方位开放、主体性选择、辩证法扬弃、有机性综合的发展原则。应该说，走综合创新之路是中国教育现代化的合理选择。

## 四 教育现代化与人的现代化

教育现代化的实质是人的现代化，或使人转向现代化，人的现代化的实质是人的现代性及其实现。教育现代化过程是一个整体转换的过程，人的现代化和教育目标现代化、教育思想现代化、教育内容现代化、师资队伍现代化、教育方法现代化、教育手段现代化、教育管理现代化以及教育条件现代化等一起构成了教育现代化的整体。

人的现代化问题，可以追溯到欧洲的文艺复兴时期。文艺复兴的基本精神就是要打破封建专制对人的统治，摆脱神学对人的思想的束缚，重新确立人的地位，以适应资本主义经济发展的需要。可以说，自文艺复兴以来出现的资产阶级启蒙运动、宗教改革运动，都是高举人的改造和解放这一大旗的。

20 世纪 60 年代以来的现代化理论形成了一个普遍的看法，即经济增长并不等于现代化，真正的现代化必须把人的现代化考虑在内，以人的发展和人的现代化为核心。英格尔斯在《人的现代化》一书中指出："如果一个国家的人民缺乏现代心理基础，如果执行和运用这些现代制度的人，自身还没有心理、思想、态度和行为方式上都经历一个向现代化的转变，失败和畸形发展的悲剧结果是不可避免的。最完美的现代化制度和管理方式，最先进的技术工艺，也会在一群传统人的手中变成废纸一堆。"人的现代化和全面发展不仅是教育现代化的前提，也是教育现代化的目的。

实现从以物为中心到以人为中心这样一个发展战略上的转变，对于我们这样一个正在进行现代化建设的民族来说，尤为重要。实现现代化的困难和阻力是很大的，这些困难和阻力固然有深层次的社会原因，但重要的还在于进行现代化的主体力量基本上还是传统的，传统的思想观念、价值观念无疑是实现现代化的最大障碍。人们习惯于自然经济、计划经济的思维方式、行为方式、风俗习惯和价值观念……所有这一切，造成了社会发展与人的发展不相协调的矛盾。而要克服这种不协调，教育是不二法门，即通过现代化的教育塑造出现代化的新人。

关于人的现代素质，或者说，人的发展达到什么程度才能称为"现代化"这一问题，中外学者一直在研究、探索。在中国，从梁启超提出的具有独立人格品质的自由"新民"，到邓小平倡导的四有"新人"，都渗透了人们对现代人的理想。近几年，素质教育、创新教育的提出，其目的也是培养具有现代资质的人才。

有学者指出："现代人至少要具备八种品质：能生存；会生活；能合作；会学习；能负责；会创造；能关心；会健美。"

影响人的现代化的因素很多，诸如社会经济发展水平、文化传统等，但最为重要的是教育，教育是人的现代化的决定性因素。英格尔斯等人进行的测试表明，在受教育程度很低的人中，具有现代性特质的人平均比例是13%，而在受教育程度较高的人中，具有现代性特质的人平均比例是49%。强调教育在人的现代化中的作用，并不指称任何教育都具有这一功能，恰恰相反，落后的、封闭的、保守的教育，不仅不能培育现代化的人，反而会生成一批反现代化的人，这些人的破坏性作用不可低估。因此，要使教育的育人功能得到充分的发挥，就必须实施现代化的教育，那就是实施素质教育、主体性教育、全民教育和终身教育。

教育现代化与人的现代化是同一发展过程的两个方面，二者是辩证的统一。人在教育活动中通过对教育客体的能动改造，既改变了环境，造成了教育活动的重大变革，也促进了教育制度、内容、方式、方法等全面现代化，同时又改变了人自身，使人在新的教育活动中产生新的思想、新的观念，进而实现自身素质的提高或人的现代化。

## 五　教育现代化与经济、政治现代化诸因素的关系

江泽民同志指出："创新的关键在人才，人才的成长靠教育。教育水平提高了，科技进步和经济发展才有后劲，科学技术水平和国民教育水平，始终是衡量综合国力和社会文明程度的重要标志，也是每个国家走向繁荣昌盛的两个不可缺少的飞轮。"也就是说，没有好的教育制度和高质量的教育水平，就没有高质量的科教兴国。但另外，教育现代化的实现需要一定的条件。不具备条件的教育现代化，极容易造成现代化中断。

第一是经济发展的条件。联合国教科文组织国际教育发展委员会编著的《学会生存——教育世界的今天与明天》一书指出："多少世纪以来，特别在发生产业革命的欧洲国家，教育的发展一般是在经济增长之后发生的。"现代化经济发展为教育现代化提供支持和需求性的引动力。经济发展的条件主要包括：有良好的经济增长的态势；产业结构向着现代化经济的方向调整趋势形成；农业产业化、商品化等产业进步的趋势形成；产业升级的保障机制的形成等。但是自人类社会进入20世纪60年代以来，教育的发展正倾向先于经济的发展。也就是说，教育不再总是扮演追随者的角色，而是变成了先行者。此外，教育不只是社会现代化的条件和工具，更是社会现代化的构成和目标。当今世界，教育不只是"为物"的，即促进经济持续增长、科技发展创新和社会全面进步，更是"为人"的，

即提高全民族素质、实现人的可持续发展以及对人的高层需要给予终极关怀。

第二是社会发展的条件。社会发展是教育现代化的主系统，没有社会发展系统与教育现代化协调互动，实现教育现代化是不可能的。社会发展条件主要包括：（1）教育民主化——人人有均等的受教育的机会。（2）教育发展由边缘向中心转移的趋势形成；（3）对教育发展的需求和紧迫感成为占社会总人口1/3以上的人的共识；（4）社会文明现代化已有一定的基础；（5）社会各系统对教育系统开放、协调互动的机制已为人们所重视。

第三是政治条件。良好的政治条件是教育现代化的最直接推动力。良好的政治条件应该是：（1）政治民主化；（2）有在现代化改革前列领导、支持改革的党的领导集体；（3）有全面推动社会现代化的中长期规划并纳入法制化的轨道；（4）有一个既有坚实现代化知识结构、有开拓创新的能力结构、有专业专门管理经验、有赞同并献身教育现代化改革、有雄厚人事基础的结构合理的领导层和管理层；（5）有一支超过总数1/3的懂教育现代化、支持教育现代化改革的校长队伍和干部教育队伍。

第四是教育发展和科技信息条件。教育发展条件主要是指基本上实现《中国教育改革和发展纲要》的目标以及有一个以教育现代化推动教育改革和发展、促进社会现代化发展的价值取向。科学技术是第一生产力，也是教育现代化的推动力。教育现代化的理论和实践，必须初步形成以科研促改革、以改革促发展的机制，必须有多种选择、判断吸纳教育内外信息的有效信息，必须有将科学技术转化为教育实力的开发、创新的机制。

第五是教育制度的创新。教育制度的创新是我国当前深化教育改革、实现教育现代化的又一关键条件。因为现代教育思想观念与现代教育制度规范的供给状况不平衡，相对来说，前者要大于后者，特别是一些理论研究缺乏配套的操作规范，使这种供给失衡状况更为突出；另外，虽然作为教育制度产生与施行合理性依据的教育观念很重要，但从实践角度看，制度因素更关键，更具有权威性，更能决定教育实践的现代性质。教育制度是一个国家各种教育机构和教育规范系统的总和。教育现代化离不开教育制度的现代化，因为现代化的教育制度具有保障性、规范性和资源性等特点。然而，形成一个严密、完备的现代教育制度体系，是一个漫长的过程，需要经历无数次的制度变革、修正与创新。

　　总的来说，教育现代化的实现需要具备很多条件诸如社会条件、经济发展、政治民主化和制度创新等。但这种作用并不是单向的，而是相互促进的。也就是说，教育现代化的过程又促进了经济的发展、社会的进步和政治民主化的过程，这是一个协调一致、协同发展的过程。

**参考文献**

［1］英格尔斯：《人的现代化》，四川人民出版社 1985 年版。

［2］西里尔·E. 布莱克：《比较现代化》，上海译文出版社 1996 年版。

［3］邬志辉：《推行教育现代化的三个理论前提》，《教育理论与实践》1998 年第 6 期。

［4］联合国教科文组织国际教育发展委员会：《教育世界的今天与明天》，教育科学出版社 1996 年版。

［5］李纪轩：《转变教育思想观念，深化教育教学改革》，《商丘师专学报》1999 年第 1 期。

（原载《商丘师范学院学报》2002 年第 1 期）

# 百派齐流论归宿

## ——五四时期社会主义由空想到科学的发展

五四时期，中国思想界极为活跃，学说流派，五花八门，可以说是百家争鸣、百派齐流。人们的观点、看法、世界观以及阶级立场，都在经受前所未有的冲击和考验。在对资本主义（以及高级阶段帝国主义）的向往幻灭之后，在这个时期，关于社会主义的介绍、讨论和身体力行的实践风行一时。为了社会的"根本之改造"，"社会主义"成了时髦的"福音"，各种社会主义流派在中国都程度不同地占有自己的市场。但是，通过实践、认识、再实践、再认识的认识规律，马克思主义脱颖而出，百派齐流的归宿是社会主义最终由空想发展到科学。本文试就五四时期社会主义由空想到科学的发展的论述，说明科学社会主义是实践证明了的真理以及在今天坚持马克思主义和社会主义道路的必然性、必要性，并以此纪念中国共产党建党70周年。

## 一　对资本主义的理性认识

五四时期，对资本主义的认识经历了由感性到理性的发展。

先进的中国知识分子在五四运动前掀起了一场振聋发聩的思想启蒙运动，作为新文化运动的第一个阶段在中国现代思想解放运动史上树立了自己的丰碑。五四运动前的启蒙思想家对资本主义的政治经济制度、科学文化知识十分向往，热情歌颂西方文明，尤其是法兰西文明。当社会形态的发展阶梯还未步入社会主义之前，资本主义（特别是上升时期的资本主义）制度比封建的专制制度进步得多，所以出于反封建的需要和为了改变贫穷落后的中国，激进的民主主义者在民主、科学的旗帜下，企图以资本主义的民主政治为榜样，在中国建立资产阶级共和国。这一时期对于资本主义本质的认识尚处于感性认识阶段，从这种认识出发，许多人对西方国家抱有幻想，甚至主张彻底反传统，出现西化倾向。醉心于法兰西文明的陈独秀，在热情歌颂科学、民主，在思想领域启封建之蒙的同时，为了彻底改变中国现状，又幻想让西方国家干涉中国内政，认为："国人被武人做坏到这步田地，国民既不能起来解决，除了希望外国干涉，还有什么法子呢？"① 早期新文化运动的健将钱玄同则强调"适用于现在世界的一切科学、哲学、文学、政治、道德，都是西洋人发明的"，我们应该虚心地去学习，才是正途。

但是，经过五四运动，人们对资本主义的认识从感性上升到理性，原来对于资本主义的向往、幻想由于巴黎和会的召开而破灭。强权战胜了公理，分赃代替了和平，巴黎和会中国外交的失败，使中国人民体验到帝国主义的侵略本性。而在第一次世界大战中建立的社会主义新苏联，在粉碎了国内叛乱和外国干涉之后得到了巩固。这样，俄国所走的社会主义道路就给中国人民树立了光辉的榜样，社会主义社会形态的出现使先进的中国知识分子对资本主义的本质认识更加清楚，从而响亮地提出"打倒列强"的口号，以后又进一步认识到帝国主义是民主革命的对象之一，并在此基础上提出了反帝反封建的民主革命纲领。

陈独秀在得到巴黎和会中国外交失败的消息后，悲愤地对天长啸："巴黎的和会，各国都重在本国的权利，什么公理，什么永久和平，什么威尔逊总统十四条宣言，都成了一文不值的空话。我看这两个分赃会议，都是弱肉强食，对公理、和平毫无用处。"② 李大钊在《每周评论》第 22 号上发表《秘密外交与强盗世界》，对帝国主义本质作了更深刻的分析，认为不论是东方的还是西方的帝国主义都是一样不讲公理的强盗。陈独秀在对资本主义的认识上升到理性认识以后，在批判的基础上，指出对于帝国主义"非全世界的人民都站起来直接解决不可"③，并且说世界发展的必然趋势是"社会主义要起来代替（资产阶级）共和政治"④。

---

① 《每周评论》第 14 号。
② 《每周评论》第 20 号。
③ 同上。
④ 陈独秀：《旧思想与国体问题》，《新青年》3 卷 3 号。

# 二　空想社会主义的美妙蓝图

1919 年下半年和 1920 年初，五四运动已届尾声。此时，对资本主义的向往已经破灭，而社会主义的新苏联尚未巩固下来，榜样的力量尚未显示充分的威力，发挥最大的作用。另外，传播马克思主义的人还屈指可数，马克思主义经典著作如《共产党宣言》等的翻译出版还未实现——情况是马克思主义在五四当年并没有形成一种流行的社会思潮。在此情况下，为了"社会之改造"，先进的知识分子开始连篇累牍地介绍、谈论社会主义，并且进行了身体力行的实践。一时间，社会主义成了时髦的"福音"。

众所周知，历史上社会主义的流派很多，而谈社会主义的人也是各色各样。但什么是社会主义，大家没有科学的理解，也没有统一的标准。百派齐流造成的局面是既对社会主义有无限的兴味，又划不清空想与科学的界限。正如瞿秋白在《俄乡纪程》中所说："社会主义的讨论，常常引起我们无限的兴味"，但情况是"隔着纱窗看晓雾"，朦朦胧胧，模模糊糊，"社会主义流派，社会主义意义都是纷乱，不十分清晰的。正如久雍的水闸，一旦开放，旁流杂出，虽是喷沫鸣溅，究不曾定出流的方向。其实一般的社会思想大半都是如此"。[①] 在此情况下，空想社会主义赢得了很大的市场，在许多先进知识分子的心灵上烙下了痕迹。空想社会主义在欧洲的发展经历了 300 年时间（16—19 世纪），19 世纪 40 年代，随着工人运动的发展，社会主义由空想到科学，1848 年《共产党宣言》的发表，标志着科学社会主义的诞生。在中国，广义上的空想社会主义自古皆有。《礼记·礼运篇》所讲的"大道之行也，天下为公。选贤与能，讲信修睦……"就是原始空想社会主义，或叫原始共产主义。这种原始空想社会主义思想对以后的历史发展产生了深远的影响，历次农民起义提出的"平等、平均"口号，太平天国《天朝田亩制度》规定的"有田同耕，有饭同食，有衣同穿，有钱同使，无处不均匀，无人不饱暖"的中西合璧制度，康有为的"大同"思想，孙中山"天下为公"的蓝图，无不具有空想色彩。

---

① 《瞿秋白文集》第 1 集，人民文学出版社 1953 年版，第 23—24 页。

　　到了五四时期，社会主义的宣传者，有的把西方的某种社会主义思想照搬过来，有的则与中国传统的空想思想相糅合，形成了"中国式的空想社会主义"，绘制了一幅幅美妙的空想社会主义的蓝图，但结果却都是昙花一现。五四时期的空想社会主义思潮，对青年知识分子影响较大的，主要有克鲁泡特金的互助论，无政府主义者的无政府主义，日本武者小路实笃的新村主义，托尔斯泰的泛劳动主义，基尔特社会主义和当时在中国青年中提倡的工读主义。这其中以新村主义因为形式具体而最为人模仿和称道。

　　1919 年 3 月，周作人把日本武者小路实笃的新村主义介绍到中国，在《新青年》上发表文章，介绍新村主义的理论和实践，并在当年 9 月利用暑期亲自去日本九州日向地方的新村去参观。日本新村的田园诗般的生活是令人向往的，据《新村》月刊报道："看大家在那里劳动，真是快事……每日值饭的人五时先起，其余的人六时起来，吃过饭，七时到田里去，至五时止。十一时是午饭，下午二时半吃点心，都是值饭的人送去。劳动倦了的时候，可做轻便的工作。到五时，洗了农具归家，晚上可以自由，只要不妨碍别人读书，十时以后熄灯。"1920 年 2 月周作人在北京设立了"新村支部"，准备进行身体力行的实践。但是，由于办新村一没有土地，二对农村生活不熟悉，所以那些宣传新村精神的知识分子因多在城市而最终只能是纸上谈兵。但新村主义的影响是很大的，新村田园诗般的生活，引起了中国青年热烈的宣传和实践活动。1919 年春，毛泽东、蔡和森设想在岳麓山建设新村。毛泽东说："我数年来梦想新社会生活，而没有办法。七年（1918）春季，想邀数朋友在省城对岸岳麓山设工读同志会，从事半耕半读，因他们多不能久在湖南，我亦有北京之行，事无成议。今春回湘，再发生这种想象，乃有在岳麓山建设新村的计议。"① 湖北的恽代英、林育南也对新村很有向往。恽代英说："新村运动是应该的，因为这样可以制造出共存互助社会的雏形。"②

　　五四时期中国式的空想社会主义影响较大的除新村主义外，还有互助论和工读主义。互助论是克鲁泡特金无政府主义的一种，认为社会进化、发展的普遍规律是"互助"，人类通过互助即可进入"各尽所能，各取所

---

① 《湖南教育》月刊 1919 年 1 卷 2 号。
② 恽代英：《论社会主义》，《少年中国》1920 年 11 月 15 日 2 卷 6 期。

需”的共产主义社会。工读主义的最初倡导者是吴稚晖。十月革命后，特别是五四运动"六三"以后，工人阶级表现出伟大的力量，"劳工神圣"风行一时，工读主义遂成为一种流行的风潮，勤工俭学，半工半读，并且把工读主义作为一种社会理想，即工与学，合二为一，工人即学者，学者即工人，从而实现各尽所能，各取所需。后来，"少年中国学会"执行部主任王光祈，把互助论和工读主义加以糅合，成立"工读互助团"。1919 年 12 月 4 日，王光祈在北京《晨报》发表文章，倡导"城市中的新生活"，以克服新村主义需要农村土地的限制。这种城市中的新生活是人人做工，人人读书，各尽所能，各取所需。"用工读互助团去改造社会，改造社会的结果，就是一个顶大的工读互助团——工读互助的社会。"①

王光祈成立工读互助团的倡议，受到思想界、教育界的广泛支持，列名为募款发起人的有陈独秀、李大钊、蔡元培、胡适、周作人等知名学者17 人。外地青年也为之向往，如杭州的俞秀松、施存统等人曾专程去北京参加。此外，恽代英在武汉成立了利群书社，并说"利群书社是工读互助团性质相近的东西"②。毛泽东 1920 年春也曾想和周世钊、何叔衡、邹泮清等新民学会会员一起办一个自修大学，并且"这种组织，也可以叫做'工读互助团'"③。但是，北京工读互助团的实践结果是经济亏损、人心涣散，很多人要求退团，这样，1919 年底成立的工读互助团到 1920 年春便宣告失败，销声匿迹。其他各地的工读互助团组织到 1920 年底也接近尾声。接受了马克思主义之后的陈独秀在同张东荪的论战中说："在全社会底一种经济组织、生产制度未推翻以前，一个人或一个团体决没有单独改造底余地。试问福利耶（傅立叶）以来的新村运动，象北京工读互助团及恽君的《未来之梦》等类，是否真是痴人说梦？"④

是梦就要破灭。经过实践，五四青年所绘制的一幅幅空想社会主义的美妙蓝图，经受不了风剥雨蚀的冲刷，来得快，去得也速，昙花一现，尚未枝繁叶茂便告夭折。科学社会主义代替空想而确立自己的统治地位已属历史的必然。

---

① （施）存统：《"工读互助团"底实验和教训》，《星期评论·劳动纪念号》1920 年 5 月 1 日第 7 张。
② 《恽代英复王光祈》，《少年中国》1921 年 6 月 15 日 2 卷 12 期。
③ 《新民学会资料》，第 64—65 页。
④ 陈独秀：《关于社会主义的讨论专栏》，《新青年》8 卷 4 号。

## 三　对科学社会主义的追求

陈独秀认为，对社会主义各种流派，"我们应该择定一派，若派别不分明，只是一个浑朴的趋向，这种趋向会趋向到资本主义去；若觉得各派都好，自以为兼容并包，这种胸无定见、无信仰的人也不配谈什么主义"①。那么，择定社会主义的哪一派呢？百派齐流的归宿何在？实践证明，空想社会主义必须代之以科学社会主义，所以1920年5月以后便形成了对科学社会主义追求的热潮。社会主义由空想到科学的发展是和当时的社会实际相适应的：（1）空想社会主义的实践宣告失败；（2）十月革命建立的苏维埃政权在1920年上半年巩固下来了，科学社会主义在苏联已表现出无限的生命力，坚定了人们对科学社会主义的信仰；（3）"六三"运动及其以后中国工人阶级表现出来的力量进一步引起了知识分子的重视；（4）共产国际代表（维经斯基）来中国，帮助中国共产主义和民族解放运动的开展；（5）马克思主义经典著作的翻译出版也是在1920年前后。

"改造社会"是五四时期青年知识分子救亡图存的永恒主题，但以什么样的理论来指导对社会的改造则经历了艰苦的探索。当空想社会主义在中国思想界、教育界被宣传、实践的同时，马克思主义也在中国传播着。但实际情况是：马克思主义并没有形成独立的流派而取得主导地位。据统计，1920年5月以前，传播马克思主义的人只有李大钊、杨鲍安、李达、李汉俊、张闻天等少数人。空想社会主义在中国破产之后，更多的具有初步共产主义思想的知识分子才致力于马克思主义的宣传，致力于对科学社会主义的追求，并因此转变成马克思主义者。

李大钊是中国第一位马克思主义者。他第一篇颂扬十月革命的文章发表于1918年7月，以"桐叶落而天下惊秋，听鹃声而知气运"来比喻俄国革命与世界新文明潮流的关系。② 1918年11月，他进一步指出："Bolshevika的主义就是革命的社会主义。"③ 1919年5月又发表了《我的马克

---

① 陈独秀：《社会主义批评》，《新青年》9卷3号。
② 《李大钊选集》，第101、222页。
③ 同上。

思主义观》，系统介绍马克思主义的三个来源和三个组成部分，标志着李大钊由一个具有初步共产主义思想的知识分子转变为马克思主义者。

陈独秀与李大钊在建党前马克思主义传播中，被并称为"南陈北李"。陈独秀转变为马克思主义者是在 1920 年 5 月，他在《新青年》7 卷 6 号上发表的文章，解释马克思主义的劳动价值论（《劳动者的觉悟》）、剩余价值学说（通讯《答知耻》），提出在工厂中工人要有管理权（《上海厚生纱厂湖南女工问题》）。在共产国际代表帮助下，陈独秀、李大钊把马克思主义同中国工人运动相结合，在南方（上海）和北方（北京）从事建党活动。

毛泽东和周恩来也是五四青年群星中的佼佼者，在"改造社会"上积极探索，经历了由具有初步共产主义思想的知识分子到马克思主义者的转变。这期间也受到了无政府主义、新村主义、互助论和工读主义等不同程度的影响。到 1920 年底、1921 年初转变为马克思主义者。青年毛泽东和周恩来在传播马克思主义的同时，还倡导留法、留俄勤工俭学，学习欧洲文明和十月革命的成功经验，并且组织青年知识分子到农村去，到工人中去，了解中国实际，进行马克思主义传播，进一步促成了马克思主义同中国工人运动的结合，为中国共产党的诞生奠定了阶级基础和理论基础。

1920 年 5 月以后，马克思主义的传播日盛一日，到 1922 年，先后有近 30 种马列主义经典著作被译成中文，社会上以《新青年》《星期评论》《晨报》《民国日报》等为首，几乎所有社会科学的刊物，都不同程度地介绍或谈论马克思主义。日本社会主义经济学家河上肇的几乎所有谈论马克思唯物史观和经济学说的文章，都被迅速译成中文，登在中文报刊上。此外，宣传和研究马克思主义的团体也在全国各地陆续出现，而且传播马克思主义的先进知识分子越来越多，除李大钊、杨鲍安、李达、李汉俊、张闻天、陈独秀、毛泽东、周恩来外，蔡和森、恽代英、瞿秋白、陈望道、邓中夏、赵世炎、张太雷、向警予等也都做出了重要贡献。在 1919—1921 年持续一年多的马克思主义同非马克思主义的三次论战以后，更使大批激进青年划清了马克思主义与非马克思主义的界限，很多原来信仰非马克思主义的人转向马克思主义，而依然坚持非马克思主义观点的人则被清除出中国共产党早期组织，这不仅纯洁了共产主义者的队伍，而且在马克思主义同中国工人运动的进一步结合中把中国无产阶级政党建成真正的马克思主义政党，起了重要作用。

# 四　几点启示

社会主义由空想到科学的发展，在欧洲曾经历了几个世纪的漫长岁月。但在中国，由于有了欧洲的经验，有了俄国十月革命对中国革命的巨大影响，空想社会主义在中国的历史舞台上昙花一现，稍纵即逝，中国人民很快找到了马克思主义，社会主义由空想发展为科学。但马克思主义在中国传播的历史，则是一个持久、复杂和充满矛盾的过程。

从上述社会主义由空想到科学的发展，我们可以得出这样几点启示。

（1）空想必须代之以科学

五四时期，虽然各种社会主义思潮纷至沓来，百派齐流，但历史最后宣判：空想必须代之以科学。空想社会主义在中国的破产，使大量的先进分子急速地迈向科学社会主义。稍后的中国革命实践又证明：只有马列主义才是救治中国的唯一真理。在今天，坚持马列主义，建设有中国特色的社会主义，是历史赋予我们的光荣使命，具有重大的现实意义。

（2）和平的手段无法打碎旧世界，必须实行激进的激烈的方法，谋社会整体的改造

空想社会主义的理论和实践是田园诗般的生活，幻想用和平的手段实验新社会的组织，这种生活组织无政府、无剥削、无强权、无压迫、没有脑力和体力劳动的对立。受空想社会主义影响的李大钊曾说："人类应该相爱互助，可能依互助而生存，而进化；不可依战争而生存，不能依战争而进化。"[1] 工读互助团运动在当时即被称为"平和的经济革命"[2]。但实践证明这种和平手段是行不通的。参加工读互助团失败后的施存统说："要想用和平的渐进的方法去改造社会的一部分"，是"不可能的"，"改造社会要用急进的激烈的方法，钻进社会里去，从根本上谋全体的改造"[3]。

（3）五四时期空想社会主义在中国之所以能够十分流行，是与中国小生产者占优势的状况相适应的

---

① 《李大钊选集》，第101、222页。

② 王光祈：《工读互助团》，《少年中国》1920年1月15日1卷7期。

③ 《存统复哲民》，上海《民国日报》副刊《觉悟》，1920年4月11日。

　　欧洲 19 世纪初期的空想社会主义，如圣西门、傅立叶、欧文等人的体系，是在无产阶级和资产阶级之间的斗争还不发展的最初时期出现的。[①] 在中国，空想社会主义自古皆有，是由于自给自足的小农经济始终占据绝对优势。在第一次世界大战期间，中国的资本主义生产关系虽然有了进一步的发展，但小生产者占优势的状况依然存在，"无产阶级和资产阶级之间的斗争还不发展"，所以空想社会主义也就有流行和存在的土壤。列宁说："一个国家的自由越少，公开的阶级斗争越弱，人民群众的文化越低，政治上的乌托邦越容易产生，而且保持的时间也愈久。"恩格斯在《社会主义从空想到科学的发展》中也指出："不成熟的理论，是和不成熟的资本主义生产状况、不成熟的阶级状况相适应的。"革命导师的话不仅可以作为我们研究五四时期空想社会主义在中国流行的理论指南，而且也可以为以后中国共产党自身发展的过程中所出现的种种盲动、过左倾向、脱离实际的跃进等现象作注脚。由此可以看出，中共十三大论述我国还处在社会主义初级阶段，制定初级阶段的基本路线和社会主义改革、建设的基本纲领，并提醒人们要划清科学与种种空想的界限，是很现实的，它表明中国共产党人在总结新中国成立 30 多年来正反两方面经验的基础上，在研究国际经验和世界形势的基础上，开始找到一条具有中国特色的社会主义建设道路，开辟了我国社会主义事业的新阶段。

（原载《黄淮学刊》1991 年第 3 期）

---

　　① 参见《共产党宣言》，《马克思恩格斯选集》第 1 卷，第 281 页。

中国近代史研究

# 对戊戌变法失败问题的再认识

## 一

　　1898 年戊戌变法是一次重要的社会变革，也是一场重要的思想启蒙运动。戊戌变法失败的重要原因在于当时没有出现一个使变法成功的整体的社会环境，以及维新派激进"快变"的特征和"大变与全变"的一揽子解决方式。同时，戊戌变法又是成功的，它的未竟事业在清末新政中得到了实现，它的现代意义不可低估。对戊戌变法的研究，不能轻言失败，应充分认识其成功之处。

　　学术界从不同的角度对戊戌变法的历史进行了不同的认识和评价，从而把戊戌变法史的研究推向了高潮。几乎所有的教科书和学术著作都认为戊戌变法失败了，其失败的标志是"戊戌政变"，而且从各方面探讨其失败的原因。

　　戊戌变法运动已经过去 100 多年了。时至今日，我们怎么看待它的"失败"呢？

　　一般认为，戊戌变法的失败，主要表现在这样几个特征上：（1）9 月 21 日凌晨，慈禧太后从颐和园赶回紫禁城，幽禁光绪帝于中南海的瀛台，并假借光绪帝名义，发布吁请太后训政的诏书，又一次临朝"训政"；（2）9 月 26 日，变法运动的主要领袖康有为、梁启超亡命日本；（3）9 月 28 日，慈禧太后以"大逆不道"的罪名将谭嗣同、康广仁、刘光第、林旭、杨锐、杨深秀 6 人处死；（4）"戊戌变法"后"百日维新"期间所发布的变法措施被停止执行。从形式上看，变法是失败了。

　　长期以来，我们看待历史事件的结果，要么成功，要么失败；评价历史人物也是如此，要么进步，要么反动，非此即彼，不能有其他的结果出现。然而历史并不像我们认为的那么简单。认识戊戌变法也是如此。如果我们换一个角度看问题，可以说，戊戌变法既是失败的，也是成功的，或者说就不应该使用"失败"或"成功"这样的词汇。

首先，戊戌变法的未竟事业在清末新政中得到了实现。对比一下新政和变法的内容，我们可以发现，二者有很多相同的地方，当然新政的内容在某些地方突破了戊戌变法的内容，不少论者也同意戊戌变法的未竟事业在清末新政中得到了实现的观点。"戊戌变法"时是慈禧太后等顽固派中止了变法的内容，仅仅三年不到的时间，1901 年又是慈禧太后主持了新政。不少学者认为新政是清末一次比较全面的改革，很大程度上改革了旧的封建体制，它是一次资本主义性质的改革，符合历史潮流并产生了积极的影响。[①] 由此看来，一言以蔽之地认为戊戌变法"失败"了的观点是值得我们认真思考的。

其次，戊戌变法是一场重要的思想启蒙运动。许多论著在谈到戊戌变法的积极意义时，都承认它刺激了中华民族的觉醒，是近代启蒙运动的起点。[②] 众所周知，戊戌变法是当时尚处于在野的、无权地位的新兴资产阶级，向内外反动势力争权利、求生存的斗争，也是以这个阶级作为首领的中华民族反对列强瓜分，挽救民族危亡的一次尝试，戊戌启蒙的核心内容是"开民智""开绅智""开官智"，康有为、梁启超等是当时的启蒙老师。可以说，戊戌变法不仅促成了近代中国第一次思想解放的潮流，而且教育影响了整整一代人的学风和文风，其在思想文化上的启蒙意义比政治变革的意义更为深远。所有这些，都很难找到"失败"的迹象。

最后，戊戌变法是中国近（现）代化进程中的一个重要环节。中国的近代化进程开始于何时，学术界存在着不同的看法，但从鸦片战争失败时起，先进的中国人前仆后继地向西方寻求真理，力争摆脱封建主义的束缚，实际上就是追求中国的近代化。从近代思潮发展的阶段上看，戊戌变法标志着中国人第一次全面地提出了近代化的纲领和措施，有力地改变着中国传统的价值观念和理论结构。由于中国近代史的发展进程呈现出因果链条的特征，且环环相扣。戊戌变法在中国近代史上是一个非常重要的链条，承上启下，由原来学习西方的器具（物质）文明发展为学习西方的

---

① 参见冯林《重新认识百年中国》上册，改革出版社 1998 年版，第 86 页。

② 参见杨立强《民族觉醒的一座里程碑——关于戊戌变法评价的若干问题》，《复旦学报》1979 年第 5 期；陈旭麓《"戊戌"与启蒙》，《学术月刊》1988 年第 10 期；金冲及《救亡唤起启蒙》，《人民日报》1988 年 12 月 5 日。

制度文明，并且开启了学习西方精神文明的先河。从这种意义上说，戊戌变法是非常成功的。

## 二

最早对戊戌变法失败原因进行全面总结的是梁启超。他在其《戊戌政变记》中认为变法失败的根本原因是变法不彻底，变法措施没有得到真正的贯彻。具体为：（1）布新而不除旧。结果矛盾百出，必然失败。（2）变事而不变法，变法而不变人。梁启超认为，整个戊戌变法时期，变法措施是正确的，只是由于光绪皇帝无权，很难推行。真正贯彻的百无其一，仅为一些具体的变革，而非整体法律制度的更新。而且执掌这些法律制度的官员更无从全局上更换，谈不上什么"变人"。于是好法不能变，变法无人行，则失败成定局矣。我们认为，梁启超的反思是有一定道理的。但又不难看出，梁启超的这些思考陷入了两个误区中，一是只从变法派本身去寻找失败的原因，二是对失败原因的寻找必然落实到具体的枝节上。这样做就忽视了从中国社会本身、从中国社会的全局去考察的视角，如果总是就事论事，就显得有些单薄和力不从心。

关于戊戌变法失败的原因，梁启超之后，不同时期的学者也都进行不同程度的探讨。总的观点有两个，一是认为变法失败的重要原因是康、梁等人不敢发动人民群众，也不敢提出反对帝国主义的口号；二是认为戊戌变法的失败，说明改良主义道路在中国走不通。甚至有人认为，"改良运动的产生，总是对抗革命，企图缓和社会矛盾，本质是反动的。改良主义者鼓吹改良，又害怕群众运动，这是他们不可救药的顽症"[①]。我们认为这些观点是陈旧而缺乏学术价值的。近年来，一些学者本着思想解放、实事求是的态度进行了分析和评价，如提出：作为变法最高决策者光绪皇帝本人没有实权；而握有实权的慈禧太后过于保守，广大官僚对改革没有给予积极的支持与同情；保守派势力的强大，军权没有掌握在变法派手中，在关键时刻袁世凯的告密，等等。可以看出，把失败的原因都归结于以上这些因素，也是很难令人信服的。

笔者认为，戊戌变法失败的原因方方面面，但最重要的原因在于他的

---

① 《戊戌变法》，上海人民出版社 1972 年版。

激进快变的特征，出于对中国民族危机的感同身受，变法派因此提出了
"能变则变，不变则亡，全变则强，小变仍亡"的思想，以为改革必须急
剧而迅速的，快刀斩乱麻的，主张新与旧之间的"水火不容"性，与传
统的"断裂性"，变法派一方面对中国危机的前景充满了焦虑，另一方面
又对改革的前景充满了一种不成熟的乐观态度。在此情况下，光绪皇帝在
103 天内，发布了二三百条涉及选拔人才、农工商业、裁汰官员、废除八
股、财政经济、法律制度、文化教育、军事国防等几乎所有方面的上谕。
这些变法措施，连学习理解都来不及，更别说付诸实施了。戊戌变法刚刚
失败，已经取得类似改革成功经验的日本，不少报刊在论述戊戌变法失败
原因时，即归结为康、梁等变法派"急激误大事"。可惜日本的这种分析
当时没有受到重视。近年来，国内不少学者也提出激进求变的"休克疗
法"是戊戌变法失败的根本原因。①

　　分析戊戌变法"失败"的原因，笔者认为应注意以下几个方面的
问题。

　　首先，戊戌变法失败的根本原因虽然表现在康、梁等变法派的变法内
容和具体策略上，更在于当时没有出现一个使变法成功的整体的社会环境
以及与此相联系的强大的促进改革的政治和经济力量。一般来说，改革必
然冲击某些人的利益，必然引起守旧派的强烈反对。这是正常现象。不同
的是，戊戌变法时的守旧派力量过于强大，改革派力量过于弱小，特别是
支持改革的社会心理准备不足，政治和经济力量准备不足。顽固守旧派也
正是利用了这一点。良好的社会基础是改革成功的前提。纵观戊戌前的社
会现实，还没有这样一个社会基础，特别是制度改革这样一个社会基础。
可以说，主张有皇帝，希望有人主宰自己命运和生活的观点以及小农经济
依然强大的现实，到辛亥革命后也没有得到很大的改观，要不然，就不会
一次次地出现复辟的事情。因此，梁启超回首往事，深感人才不足，民智
未开，于是极力主张办学校、兴教育，主张开民智、育新民。

　　其次，把变法的成功与否归结于皇帝是否有权也不尽符合历史唯物主
义的观点。梁启超在《戊戌政变记》中多次谈到光绪无权，变法无法推
行，并认为如果光绪皇帝有权，变法肯定会成功。结合清末的社会现实，

―――――――――

　　①　参见萧功秦《戊戌变法之政治激进主义的再反省》，见冯林《重新认识百年中国》上
册，第 53—71 页。

即使皇帝有权，变法会有很大的进展，但最终也不会成功。这是因为：清末的社会现实不仅内忧外患，而且已经非常腐朽，是一个烂摊子，已经到了强弩之末势不能穿鲁缟的地步了。即使光绪皇帝有权，也只是暂时的辉煌，光绪死后情景如何，变法内容能否继续推行下去，也是值得我们思考的问题。后来的"新政"就说明了这一点。随着新政的推行，民智大开，立宪势力强盛，革命力量也迅速兴起。新政的结果恰恰促成了清朝的灭亡。

最后，在近代中国，是否所有的改良主义都"行不通"，革命与改良是否势不两立？1954 年胡绳曾提出中国近代史有三次"革命运动的高涨"，我们习惯上称为三次革命高潮，即太平天国革命、戊戌变法和义和团运动、辛亥革命。在这里，胡绳为了强调戊戌变法的意义，将其称为"革命"运动之一。这说明胡绳并没有将戊戌变法的革命性与改良性对立起来，而是强调了其"革命"的意义。而实质上，戊戌变法有很多革命的成分，急变、全变、大变的思想是具有革命的意义的。综观古今中外的历史进程，可以发现，改革（变法、维新、改良）与革命是社会演进尤其是社会变革的两种必不可少的手段。中国近代史也是如此。革命与改良如车之两轮，鸟之两翼，都在发挥着各自不同的作用。以戊戌变法的失败来做出近代改良主义在中国"行不通"的论断，是经验主义的事后意识，并不完全符合历史的真实情况。歌颂革命固然可取，但否认改良就显得过于简单化了。认真分析戊戌变法的历史，可以看出戊戌变法的失败并不一定是"此路不通"，也不说明戊戌变法在近代中国没有获得某种程度实现的可能性。

# 三

说戊戌变法失败也好，有革命的意义和成功的成分也好，在分析这一问题时，我们应该有如下一些启示。

第一，不能把复杂的问题简单化。戊戌变法的背景、内容和当时的社会形势是复杂的，其结果和意义也是复杂的，因此，在分析其失败的原因时不能过于简单化，不能用形式主义的观点看问题，从而形成革命就能成功、变法必然失败的结论。实际上，成功的革命也有失败的地方，失败的变法也有成功的内容。我们应该用多元思维来认识这一问题。如果我们从历史遗产的角度去审视戊戌变法就会发现它的历史价值，如果从文化内涵的角度去观察就会发现它的文化价值，如果从经济构想的角度去探索就会发现它的时代价值，而戊戌变法运动的本身又是中国近代化进程中的一个重要环节。

第二，是立足于"批"还是立足于"颂"。戊戌变法运动作为救亡爱国运动，具有反对帝国主义的性质；作为资产阶级新文化运动，具有反对封建主义的性质。"百日维新"是资产阶级夺取政权的初次尝试，变法派和守旧派的斗争，实际上是新兴资产阶级和封建顽固势力之间的阶级斗争。变法运动的终极目标是要把半殖民地半封建的中国变为独立的、民主的、资本主义的中国。因此，正如毛泽东所指出的，维新运动（戊戌变法）和太平天国运动、义和团运动、辛亥革命等一样，"都表现了中国人民不甘屈服于帝国主义及其走狗的顽强的反抗精神"。毛泽东在《中国革命和中国共产党》《五四运动》《新民主主义论》等文章中多次提到了戊戌变法的伟大意义。但是，长期以来，受阶级斗争和"左"倾思想的影响，认定戊戌变法的性质是改良主义的，认定资本主义不是中国的出路，并且人为地把资产阶级和人民群众对立起来，所以对资产阶级领导的戊戌变法立足于"批"的观点，认为只有无产阶级的斗争才是值得歌颂的。众所周知，109 年的中国近代史（1840—1949），经历了农民战争、资产阶级变法和革命、无产阶级革命三个阶段。前后阶段都有着因果性的联系，农民、资产阶级和无产阶级在推动中国历史前进的道路上都发挥了重要的作用。回顾中国近代社会发展的历程，几代人在条件极不充分的情况下为中国的进步所做过的努力，是应当以历史主义的态度认真总结的。历史把资产阶级没有能完成的任务托付给无产阶级，无产阶级没有傲慢地菲薄前人所做过的努力的理由，只有汲取前人的经验教训，掌握历史发展的脉搏，将斗争进行到底的责任。

第三，社会改革应使精英活动变为整个社会的大众互动，但靠精英活动是远远不够的。也就是说，改革的成功与否必须取决于社会的承受能力，这包括心理、制度、文化教育和物质等方面，否则，要么是不成功的，要么是成功的"早产儿"。戊戌变法是如此，现实社会亦是如此，对此，我们应该有清醒的认识。

（未刊稿，写于 2006 年）

# 1905 年：清朝由腐败到死亡的转折点

清朝的统治残喘到 1905 年，种种迹象表明它必死无疑了。20 世纪初开始的新政，其改革的范围和力度都大大超过了戊戌变法，取得的成绩也非戊戌所能比拟。但功绩巨大的教育改革所培养的人才起而反对清朝，兵制改革成就非凡，新军却成了推翻清朝的排头兵，符合实际的路矿国有政策成为清朝灭亡的导火线，主观动机良好的预备立宪加速了清朝的灭亡……所有这些说明，老态龙钟的清朝在权威资源与公信力总丧失的情况下，自己无论怎么折腾都很难激活必死的命运，做坏事更不必说，即便是做顺应潮流的好事也为千夫所指，为群众所诟骂，整个社会、整个社会阶层都不买账，这个统治也就无论如何没办法维持下去了。

从义和团到八国联军，几个月之间中国社会所经历的震撼非同小可。清政府由"危局""奇局"一下子到了"残局"。在仓皇"西狩"中亲尝颠沛流离之苦的慈禧，下诏变法，于是揭开了晚清最后十年"变法自强"活动的序幕。然而，事与愿违，在权力资源与公信力总丧失的情况下，清政府颇有成效的新政反过来加速了自己的灭亡，而 1905 年可以说是清朝由腐败到死亡的转折点。

## 一　教育改革成绩巨大，培养的人才却为清朝掘墓

晚清新政中最富积极意义而有极大社会影响的内容当推教育改革，教育改革的主要内容是废除科举制度以及随之进行的兴学堂、派游学。

自隋朝开始的科举制度有其自身的合理成分，而且通过此途径培养了大批人才。但是到了明朝，由于"八股文"盛行，科举之弊日渐显露。于是有识之士便对其进行批评。从非议、抨击到最后废止科举，前后经历了数百年的时间。1905 年既是清末新政的一个关键年代，也是中国教育

史的一个关键年代。科举制的废止改变了久被非议而不可触动的传统教育制度，可以说是中国教育史上一个具有革命性质的改革。紧接着，清政府创办新式学堂、派人出洋留学，成绩斐然。

为何要废止科举，袁世凯在奏折中说："科举一日不废，即学校一日不能大兴；将士子永远无实在之学问，国家永远无救时之人才；中国永远不能进于富强，即永远不能争衡于各国。"① 刘坤一、张之洞在《江楚会奏》中也说："窃谓中国不贫于财而贫于人才，不弱于兵而弱于志气。人才之贫，由于见闻不广，学业不实；志气之弱由于苟安者无履危救亡之远谋，自足者无发愤好学之果力，保邦致治，非人无由。"② 可见，废除科举，目的是实在之学问和救时之人才。但是，事与愿违，通过新式学堂和选派游学而培养的新式人才，不仅没有实现王朝的自救，而且从某种意义上说还加速了它的灭亡。它推行教育改革，是想造就"尊崇孔教，爱戴大清国"③ 的人，但无论是在国内新式学堂中还是留学生中，清政府并没有获得多少为己所用的人才，反而出现了一个不同于传统士类的知识分子群体，成为王朝的掘墓人。

在废科举、兴学堂、派游学的同一过程中，产生了《钦定学堂章程》（"壬寅学制"）和《奏定学堂章程》（"癸卯学制"），特别是后者，明确地规定了从蒙养院到通儒院的各级学校的学制，这一学制奠定了近现代教育学制的基础，当辛亥革命推翻清朝的时候，他同时又保留和完善了这一部分改革的成果。这种保留和完善体现了历史的承认，历史能够承认的东西说明了它存在的价值和意义。1906 年的《奏请宣示教育宗旨折》又提出了"尚公尚武尚实"的宗旨。"尚公"就是"爱国如家"，"尚武"是"造成完全之人格"，"尚实"就是"下益民生，上裨国计"。比较而言，这是一种新的教育宗旨。就内容而言，清末新政不仅继承了洋务运动、戊戌变法的事业，而且超出了洋务运动、戊戌变法的规模。新政造就了大批的新式知识分子，但大批的新式知识分子又违背了新政举办者的初衷，奔向立宪和革命。这虽然出乎清政府的意外，但却是历史发展的必然结局。

---

① 舒新城：《近代中国教育史料》（4），中华书局 1933 年版，第 118—119 页。
② 《张文襄公奏稿》（卷 32），第 1 页。
③ 《奏定学堂章程》（5），《各学堂管理通则》，第 8 页。

## 二　军制改革影响深远,但新军成了推翻清朝的排头兵

清朝的军制改革成绩最大者是从 1895 年开始的新兵编练。在此之前,清朝还进行了两次改革,即前期的八旗、绿营和嘉庆、道光年间产生的团练变而为咸丰、同治年间的湘军、淮军。

由于清朝在甲午战争中的惨败,"一时内外交章,争献练兵之策,于是北洋则有新建军,南洋则有自强军,是为创练新军之始"①。但真正意义上的军制改革是 1901 年清政府下诏"变法"后开始的。1903 年,清政府设立练兵处,总理练兵事务。1904 年,练兵处会同兵部奏定《新军营制饷章》《陆军常备学堂办法》以及选派陆军学生出洋留学章程,正式划定军制,规定新练军队分常备、续备、后备军三等,并规定招募应征、管制、训练、给养、奖罚、征调、退休、军器、运输等一切制度。1905 年,统一全国新军编制为 36 镇。与此同时,清政府下令在全国一些重要城市设立各种军事学堂,包括陆军小学堂、中学堂、官兵学堂、速成陆军学堂、速成师范学堂等;并且,委派大量的留学生,分赴英、法、德、奥、日等国学习军事,其中 1902—1908 年,仅赴日本学习陆军的就不下千人。

清末的军制改革到 1905 年发展到高峰,改革不仅使中国军队开始有不同于旧式军队而接近于现代化军队的崭新建制和兵种的分类,而且由于军队成分的变化和知识化程度的提高,使得中国人向来鄙视军人的传统观念发生了明显的改变,一些士绅也自愿充任新军的将佐,这是以前没有过的现象。但是,这种新的力量对清王朝来说,却是一对深刻的矛盾。清政府想以新军的扩编来巩固其正在动摇的统治秩序,而新军却不愿为其效忠,且沿着相反的方向演变。军制改革和新军的扩充,并不意味着清王朝的重新巩固,而是其内在矛盾的继续扩大。新军遍布各省,不仅没有有效地弹压各种变乱,而且最终给革命党人在各省以发展革命势力的机会,新军绝大多数成了王朝的"哗兵""叛兵",正是武昌的新军起义,才使得清王朝迅速灭亡。

---

① 《清朝续文献通考》卷 230,《兵考》(2),第 9509 页。

## 三  "路矿国有"符合实际,但最终
## 演变成清王朝灭亡的导火线

如何认识清末的"路矿国有"政策,言人人殊,其原因是这一问题本身的复杂性。

自近代以来,中国人在铁路问题上经历了思想观念的几次重大转变,直到 19 世纪 70 年代,相当一部分的中国士绅官僚还把拆毁铁路视为反对列强侵略的一种必要手段。到了 19 世纪和 20 世纪之交,尤其是庚子事变以后,上至朝廷下至士绅平民,已经越来越清楚地认识到铁路对于经济发展与民族振兴的重要性。这就使得"赶造铁路为治内御外之唯一良策"成为中国社会各阶层的普遍共识。

自甲午战争后,清末的铁路政策大体上经历了官商合办、商办与铁路国有三个阶段。1904 年以前为官商合办阶段。官商合办有很多弊端,主要表现在商股与官股不易筹集,于是铁路总公司不得不依靠洋债作为主要资金来源。依靠洋债,必然带来主权的丧失,主权丧失又必然引起朝野的不满。清政府在舆论的压力下,越来越倾向于商办的形式,即鼓励通过民间集资的方式,由中国人独立建造铁路。1904 年,张之洞率先以 650 万美元的巨资,从美国人那里赎回粤汉铁路的修筑权。这一赎回利权的成功,极大地鼓励了 1905—1908 年各省商绅争取赎回沪宁铁路、苏甬杭铁路、广九铁路承办权的社会活动。这一时期可以说是铁路商办运动进入高潮时期。

但是铁路商办政策同样存在着很大的弊端,一是民间无法筹集到修路所必需的巨额资金;二是商办铁路公司不但缺乏合格的工程技术人才与经营管理人才,而且也缺乏经营管理的监督机制;三是由于商办铁路各自为政,各省和地区在干线上的统筹和协调难以解决。这使得铁路的修筑进展缓慢,而且缺乏长远规划,技术问题亦很难解决。事实上,不少士绅和商民力求把铁路筑路权收回民办,并非出于单纯的爱国动机的驱使,相当一部分地方商绅把兴办铁路看作一桩一本万利的捞取好处与发财的好机会。

1907—1908 年,政府与民间地方士绅之间在建路问题上的立场开始出现分歧。清政府认为,为了解决铁路商办的种种弊端,铁路路权应收归国有,由国家统一筹划,向西方银行借贷资金,并聘请西洋工程技术人员

来建筑铁路。但相当多的士绅商人则继续主张民间自办铁路。经过反复酝酿，清政府于 1909 年形成了铁路国有政策。清政府认为，由于中国经济与商业不发达，国内资金缺乏，因而通过筹集内债来集聚经济建设所需要的资金，只能是杯水车薪，无济于事。正因为如此，不得不通过向外国银行贷款，来获得铁路建设所需要的资金。

清政府铁路国有政策的出台，立即遭到地方士绅商人特别是四川、湖南、湖北和广东等省士绅商人的反对，并形成了声势浩大的"保路运动"。在保路运动的队伍中，成分复杂，一部分想通过保路，向政府提出更高的要价，以争取更多的补偿金；一部分则把路权和国权联系起来，提出了"路亡国亡"的激进口号，以经济排外的民族主义思想，把保路与保国等量齐观。正是由于后一方面的问题，最终使得铁路国有政策归于失败。

清政府铁路国有政策的失败，并不意味着铁路国有的基本方面是错误的。对于一个从事交通现代化的后发国家来说铁路国有乃是历史的基本趋势，而且，民国政府在建国后，就继承了清朝的铁路国有政策，但却没有人以"路亡国亡"的尺度去斥责孙中山的铁路计划是"卖国"计划。导致国有政策失败的主要原因，一是经济排外主义高扬民族主义的道义原则，将路与国联系在一起，认为路死则国亡，这种思维模式与中国传统的思维价值模式具有深层的同构性。把"借款国有"简单地视为"卖国"，现在看来非常幼稚与可笑，但在当时却具有强力的抗争性和社会动员力。二是清政府没有足够的权威资源来推行它的铁路国有政策。现在看来，"铁路国有"符合当时清政府铁路修筑的运转实际，但问题是这一政策不为基本的民众所充分理解，同时又被地方势力、立宪派势力所利用，所以，在这个时刻，政府的权威资源具有决定性的作用。权威资源和公信力合法性的意义在于，它是一种促进或控制社会认同的重要资源，它能有效地减少决策实施所必须支付的各种社会成本和政治资本。然而，当时的清政府却没有足够的权威资源。它在过往时光里的一幕幕软弱、卖国的丑恶表演，使得它在民众中失去了应有的公信力，于是在保路运动中所发生的地区几乎是"一边倒"的情形。清政府也很想控制这种局面，但当清政府从湖北调集大批军队入川进行"弹压"的时候，造成了湖北兵力空虚的局面，于是武昌起义发生，全国响应，清朝灭亡。

## 四　主观动机良好的"预备立宪"加速了清朝的灭亡

清政府的政治体制改革开始于鸦片战争之后，但真正的政治体制改革是在"新政"期间，1905年的五大臣出洋和"预备立宪"是其开端。把预备立宪看成是真正的政治体制改革，因为这一改革改变了清朝乃至整个封建社会的政治制度，将改革纳入宪政的轨道，这在中国历史上是破天荒的第一次，改革虽然遇到了顽固守旧势力的强烈反对，但走"立宪"之路坚定不移。为此，清政府厘定中央官制体系、进行地方官制改革、地方成立咨议局、中央成立资政院，1911年5月，在行将崩溃之际，宣布"采取各国君主立宪之制"，"组织内阁"。

在政治体系改革的过程中，清政府逐渐调整和改造了相沿已久的"祖制"，这虽然是由于内忧外患的压力，但同时又是一种朝着近代化的建制迈进的自觉。改革虽然没有超出戊戌变法的社会政治蓝图，但它由"师夷"走向"变法"，由"变器"走向"变道"，又说明它比洋务自强运动走得更远。有人批评"预备立宪"的最终结果是成立了"皇族内阁"，并且没有完成以"三权分立"为核心的近代政治体制的转变，但改革中出现的一些新的设置，如资政院、咨议局等，却是封建政体的异军，是中国近代政治体制新陈代谢的一个重要环节。

从某种程度上来说，清末的"预备立宪"是一次具有政治现代化性质的改革，即在国家制度和政治生活中贯彻了资产阶级民主制的原则。清政府的本意是学习日本，"期于日本比隆"，但其结果却事与愿违。"预备立宪"随着清朝的垮台而失败，其失败的主要原因有两个方面：一是清朝整个官僚队伍的腐败、疲沓，缺乏必要的政治素质。从当时的情况看，整个官僚队伍上自王公大臣，下至县衙杂役，行贿受贿，贪赃枉法蔚然成风，积重难返，终成败局。二是满汉矛盾无法克服。满汉矛盾对清朝来说是一个痼疾，在改革中，清廷不可能充分调动整个统治集团的力量，而且改革一开始，满清贵族就采取了排斥汉人的方针，导致了汉族官僚的普遍不满，于是汉族官僚纷纷倾向立宪派，与清朝政府离心，在此情势之下，"一旦有事，势必土崩瓦解，不可收拾"。

应该说，对于西方资本主义国家尤其是日本的君主立宪模式，清廷还是有一定诚意的。但上述的两个痼疾使它无法克服，这就在相当程度上注定了它失败的厄运。于是革命成为不可避免。

# 五　权威资源、公信力丧失与清朝灭亡

清朝政府在上述几项改革中抱着良好的愿望，也可谓尽心尽力，但结果却事与愿违，这种情况很值得我们深思。那种认为清政府的新政活动完全是欺骗人民群众的看法，现在看来，是有讨论的余地的。

清朝建立后，权力资源的分配在不同的时期发生了不同的变化，先是满人独揽，继是满汉分享，到了戊戌变法时期，成了慈禧和光绪的二元分配。在新政时期，总格局则是汉人官僚出谋划策，满人官僚去执行，总权力掌握在慈禧之手。这种权力资源分配的变化转移，特别是清政府对外屈辱苟全，对内镇压人民起义，以及扼杀戊戌变法，庚子之变中的行为表演，使得清政府在依然拥有权力资源的同时却失去了权威资源与公信力。权力资源与权威资源互为依托，拥有权力资源者不一定拥有权威资源，权力资源的发挥生长往往要靠权威资源来开道。

到了 1905 年，这种情形愈益明显。新政取得了很大的成绩，在新政发展的另一面却是开阔了人们的视野，解放了人们的思想，历史的发展趋势是封建性的成分逐步褪色，资本主义的因素在一步一步地增加。这本来是好事情，但结果却与改革者的主观愿望背道而驰，发生了尖锐的矛盾，这对于我们理解为什么会出现"皇族内阁"很有帮助。新政不乏新人参与，但总体来说是旧人办新政。就整体而言，新政推行者的落后性大于进步性，这些人"人各有心，或阳奉而阴违，或始勤而终怠，行之不力，则功堕半途"[1]。新政终因执行无人而使朝廷之信渐坠，国民失望愈深。也就是说，"自救"的新政不仅无法保持王朝的内在凝聚力和集体价值，反而使社会益发纷乱，成了王朝的"催命符"。

权威资源与公信力的丧失最终必然导致清朝的灭亡。新政推行过程中，中央与地方、集权与分权、满与汉等各种矛盾冲突交织在一起，这种矛盾是改革与传统的对立，改革与既得利益的冲突。在这种对立与冲突中，社会舆论不仅掌握在地方士绅与新型知识分子手中，而且几乎是"一边倒"地倾向于民众，对清政府的权威资源构成了极大的威胁。新政

---

[1]　张枬、王忍之编：《辛亥革命前十年间时论选集》(3)，三联书店 1977 年版，第 130 页。

过程中所出现的贿赂、请托、勒索、钻营、排挤、倾轧与各种卑劣的心机和手腕，都受到了社会舆论的揭露和批判。清政府也承认新政过程中的种种混乱现象："政地多用亲贵，则显戾宪章；路事朦于金壬，则动违舆论；促行新治，而官绅或借为网利之徒；更改旧制，而权豪或只为自便之计；民财之取已多，而未办一利民之事；司法之诏屡下，而实无一守法之人。驯致怨积于下而朕不知，祸迫于前而朕不觉。"[①] 很显然，新政推行的结果是愈来愈乱，愈来愈糟，这是清王朝所不愿看到的，但又是它一手造成的，历史有时就是这样的无情！

（原载《商丘职业技术学院学报》2005 年第 1 期）

---

① 故宫博物院明清档案部：《清末筹备立宪档案史料》（上），中华书局 1979 年版，第 86 页。

# 高校历史系《中国近代史》课程体系刍议

目前，学术界已经普遍确认中国近代史的断限应在 1840 年鸦片战争到 1949 年中华人民共和国成立，但高校历史系《中国近代史》教材仍按传统把从鸦片战争到五四运动的历史作为中国近代史来学习、研究和讲授。这种做法合乎习惯但不符合科学，亟待修改。本文认为，高校历史系《中国近代史》教材应把 109 年的历史贯通，在此基础上的《中国近代史》课程体系是：三条发展线索，五次革命高潮，八个历史时期，半殖民地半封建社会的最后形成是抗日战争时期而不是《辛丑条约》的签订。

## 一　贯通 109 年

关于中国近代史的下限，在 20 世纪 50 年代，当中国近代史、现代史这两个概念区别使用而把五四运动作为区别标志的时候，学术界便有人提出不同意见，主张应把中华人民共和国的成立作为区别近代、现代的标志。

中国近代史是中国半殖民地半封建社会从开始到终结的历史，同时也是中国的民主革命从发生、发展到胜利的历史。把历史划分为古代、近代、现代等概念，不仅仅是为了区别时间的远近，更重要的是为了区别不同的社会形态。五四运动只是新旧民主革命的分水岭，中华人民共和国的成立才标志着半殖民地半封建社会的结束。

新中国成立前，1946 年出版的范文澜的《中国近代史》上编，该书写到五四运动。范文澜并没有把五四运动作为近代、现代两个阶段的区别标志，而只是区别了新旧民主革命的两个阶段。毛泽东在《新民主主义论》《中国革命和中国共产党》《唯心史观的破产》等文章中，也是把鸦片战争以后的历史统一作为一个历史时期来看待的。

新中国成立后，李新、李侃、荣孟源、胡绳、陈旭麓等学者都强调应以 1949 年中华人民共和国的成立作为中国近代史的下限。李新在其《中国新民主主义革命时期通史》的"前言"中说："本书写的是半殖民地半封建社会后期——新民主主义革命时期的历史，是近代史的一部分，所以没有采用现代史这个比较合乎习惯但却不合乎科学的名称。"胡绳在其《从鸦片战争到五四运动》的"序言"中说："这本书所讲的是中国半殖民地、半封建时代中的前一段，即无产阶级领导的新民主主义革命开始以前一段的历史。虽然多年来大家习惯上称这一段的历史为中国近代史，但是早已有人建议，把中国近代史规定为从 1840 年鸦片战争到 1949 年中华人民共和国成立前的 110 年的历史，而把中国民主革命胜利，摆脱了半殖民地、半封建社会以后，进入社会主义时代的历史称为中国现代史。在中华人民共和国成立已经超过 30 年的时候，按社会性质来划分中国近代史和中国现代史，看来是更加适当的。"

1992 年秋季开始使用的中学历史教材，在中国近、现代史的分期问题上改变了长期采用的"五四运动说"，规定中国近代史的内容为 1840—1949 年，前后 109 年。中学历史教材已迈出了坚实的步伐，而高校《中国近代史》教材的内容仍为 79 年，这不仅不符合中国近代历史的实际，而且跟不上时代的发展。

可喜的是，有些高校已在做有关贯通的尝试。1997 年 9 月河南大学出版社出版了河南大学历史系张九洲先生主编的《中国近代史》（上、下）教材，其时间断限为 1840—1949 年。这种开拓创新和尊重科学的精神为《中国近代史》课程科学体系的建立做出了贡献。贯通 109 年的历史势在必行。

## 二　半殖民地半封建社会的形成时间问题

史学界普遍的观点认为，鸦片战争以后，中国进入了半殖民地半封建社会，从鸦片战争到中华人民共和国成立前，中国一直处于半殖民地半封建的社会形态之中。

第一，关于半殖民地半封建社会何时确立与形成问题。

毛泽东指出，自从 1840 年的鸦片战争以后，中国一步一步地变成了一个半殖民地半封建的社会。① 根据毛泽东的论述，目前史学界及出版的《中国近代史》教材普遍认为，鸦片战争和《南京条约》的签订使中国"开始沦为"半殖民地半封建社会；第二次鸦片战争及《北京条约》等一系列条约的签订"加深了"中国的半殖民地化程度；中日甲午战争和《马关条约》的签订使中国的半殖民地化程度"进一步加深"；而《辛丑条约》的签订则使中国"完全沦为"半殖民地半封建社会。这种观点不仅体现了毛泽东"一步一步地"论述，而且说明了中国半殖民地半封建社会的最终形成是 1901 年签订的《辛丑条约》。现在看来，史学界普遍承认的这种观点，随着 109 年历史的贯通而受到了挑战。那么，中国是怎样"一步一步地"变成了一个半殖民地半封建的社会的呢？

笔者认为，《辛丑条约》签订之后中国半殖民地化的渐进程度并未停止，《辛丑条约》的签订并不标志着中国半殖民地半封建社会的最终确立。《辛丑条约》签订之后，1903 年英国侵略西藏，俄国企图霸占中国东北；1904—1905 年日俄战争在中国领土上进行；1911 年 12 月外蒙古封建主在沙俄支持下宣布"独立"，不久，黑龙江呼伦贝尔地区封建主也得到沙俄的支持，宣布"独立"；1912 年 2 月沙俄侵占满洲里，6 月出兵新疆，侵占伊犁；1914 年 9 月，日本占济南、青岛等地，代替了德国在山东的侵略地位；1915 年 1 月，日本向袁世凯提出阴谋灭亡中国的"二十一条"。这一系列历史事实告诉我们，《辛丑条约》签订后的十几年间，中国社会陷入了苦难的深渊，半殖民地化的程度进一步加深，为中国社会的最黑暗期。1931 年日本发动九一八事变，侵占中国东北，1937 年又发动了全面的侵华战争。可以说，抗日战争比鸦片战争、庚子之役使中国人民饱受的苦难都厉害得多。由此看来，抗日战争时期可视为中国殖民地和半殖民地社会的最终形成期。毛泽东指出："自从 1931 年九一八事变日本帝国主义武装侵略以后，中国又变成了一个殖民地、半殖民地和半封建的社会。"② 中国人民虽然取得了抗日战争的伟大胜利，但并未摆脱半殖民地半封建的社会。抗日战争胜利后，美蒋勾结挑起内战，国统区进一步"美化"。中国半殖民地半封建社会的结束是美蒋反动派统治的覆灭和中

---

① 参见毛泽东《中国革命和中国共产党》，《毛泽东选集》第 2 卷，人民出版社 1991 年版，第 626、632 页。

② 同上。

华人民共和国的诞生。

第二，中国半殖民地半封建社会"沉沦"与"上升"的双重变奏。

一方面，中国一步一步地变为半殖民地和殖民地的过程是一个沉沦的过程，中国的主权逐步丧失，由独立国一变为"洋人的朝廷"，再变为北洋军阀的独裁，最后沦为日本的殖民地。另一方面，中国由封建社会变为半封建社会的过程是一个上升的过程，"半封建社会"的含义是半资本主义并向资本主义演化的过程。半殖民地是就国家的地位而言，半封建则是就社会形态而言。整部中国近代史存在着两个相互矛盾而又相互联结、相互制约的过程，可以说中国半殖民地半封建社会是沉沦和上升的双重变奏。①

# 三　三条发展线索

在中国近代史的教学和研究中，如何确定中国近代史的发展线索问题是非常重要的。它不仅关系到中国近代史体系的建立，而且关系到怎样理解近代史的基本内容和怎样评价中国近代社会各阶级的作用等许多问题。史学界就如何表述中国近代史发展的基本线索问题展开了热烈的讨论，可谓观点纷纭，丰富多彩。而为史学界认同并在教材中采用的说法是"两条主线说"：一条主线是帝国主义侵略中国，蚕食鲸吞，把中国变成半殖民地半封建社会的过程；另一条主线是中国人民风雨同舟，前仆后继，反帝反封建的斗争过程。

毛泽东指出："帝国主义和中国封建主义相结合，把中国变为半殖民地和殖民地的过程，也就是中国人民反抗帝国主义及其走狗的过程。"②又说："帝国主义侵略中国，反对中国独立，反对中国发展资本主义的历史，就是中国的近代史。"③笔者认为，毛泽东的分析说明了中国近代史的发展线索有三条。

第一，帝国主义侵略中国和中国人民反对侵略的斗争。帝国主义对中

---

①　参见李时岳《近代中国社会的演化和辛亥革命》，《纪念辛亥革命七十周年学术讨论会论文集》上册；《关于"半殖民地半封建"的几点思考》，《历史研究》1988年第1期。
②　毛泽东：《中国革命和中国共产党》，载《毛泽东选集》第2卷，人民出版社1991年版，第626、632页。
③　毛泽东：《新民主主义论》，载《毛泽东选集》第2卷，第679页。

国的侵略包括军事、政治、经济、文化宗教侵略等各个方面。反对帝国主义侵略的事件较大的有两次鸦片战争、中法战争、中日甲午战争、庚子之役、五四运动、五卅运动、收回租界和改订新约运动、抗日战争、反美抗暴运动等。

第二，反封建斗争。主要事件有太平天国运动、辛亥革命、护国运动、护法运动、北伐战争、土地革命战争、解放战争等。其中，太平天国运动和辛亥革命的直接斗争目标是清王朝的封建专制统治；护国、护法运动和北伐战争的打击目标是北洋军阀的封建反动统治；土地革命战争和解放战争则是打击以蒋介石为首的大地主大资产阶级的封建法西斯统治。

第三，发展资本主义。尽管中国资本主义的发展很不充分，受到帝国主义和封建主义的双重压迫和束缚；尽管历史已经证明在半殖民地半封建的中国，资本主义道路走不通。但 109 年的中国近代史的发展趋势应是资本主义代替封建主义，中国逐步向文明、觉醒、近代化方向迈进。洋务运动、戊戌变法、辛亥革命都促进了中国资本主义的产生和发展，第一次世界大战期间中国资本主义的发展还出现了"黄金"期，蒋介石南京国民政府建立后，中国资本主义在走上官僚资本主义道路的同时也得到了一定程度的发展。

需要说明的是，三条线索并不是孤立存在的，它们相互交织在一起，如太平天国运动、辛亥革命、五四运动、土地革命战争、解放战争等事件既具有反封建主义的性质，也具有反帝国主义的性质，而戊戌变法则三条线索的内容兼有。所有这些都说明了中国近代史的复杂性和多样性。

## 四　五次革命高潮

关于中国近代史的革命高潮问题，最早是由胡绳提出来的。1954 年，胡绳提出中国近代史有三次"革命运动的高涨"，一为太平天国运动，二为戊戌变法和义和团运动，三为辛亥革命。[①] 1988 年，陈旭麓提出了"新三次革命高潮论"，认为 109 年的中国近代史的三次革命高潮是：辛亥革命推翻了清朝政府，国共合作大革命打倒了北洋军阀政府，解放战争推翻

---

① 　参见胡绳《中国近代历史的分期问题》，《历史研究》1954 年创刊号。

了国民党统治。①

　　胡绳的"三次革命运动的高涨说"局限在五四运动以前的历史，没有把 109 年的历史贯通，且"基本上用阶级斗争的表现来作划分中国近代史时期的标志"②，这种观点现在看来有它的局限性。陈旭麓的"新三次革命高潮说"，比较符合中国近代史的实际，但又不够全面。

　　笔者以为，贯通之后的中国近代史有五次革命高潮：一为辛亥革命，二为五四运动，三为国共合作大革命，四为抗日战争，五是解放战争。尽管在辛亥革命之前，有过农民战争的高潮，有过维新变法的高潮，有过反帝运动的高潮，它们以不同的斗争形式，不同程度地推动或体现了新陈代谢的历程，但并没有形成如后来那样的反帝反封建的革命高潮，只是在这些高潮过去之后，到了 20 世纪才出现具有完全意义的革命，形成高潮。

　　把五四运动作为一次革命高潮，其理由是：（1）五四运动是一次反帝反封建的革命运动；（2）五四运动是一次深刻的思想文化运动，其科学民主思想指导着中国近代史发展的方向；（3）五四运动促成了马克思主义与中国工人运动的结合，奠定了 20 世纪中国革命的思想基础；（4）五四运动培养了中国革命的骨干力量和领导中坚；（5）五四运动的范围波及全国及海外华人的各个阶层，具有广泛性和深刻性；（6）五四运动拉开了中国新民主主义革命的帷幕。

　　把抗日战争作为一次革命高潮，是因为抗日战争是中华民族的民族解放战争，具有反帝斗争的空前性。经过八年的努力，取得了胜利，而且抗日战争的胜利是中国人民近百年来反帝斗争的第一次完全胜利，具有重大的历史意义，同时，抗日战争的胜利也标志着中国半殖民地半封建社会的历史行将结束。

# 五　八个历史时期

　　史学界对于中国近代史的分期问题进行了广泛的讨论，由于分期标准不一，所以分歧很大。笔者认为，贯通以后的中国近代史，根据马克思主义关于社会发展的学说，根据前面提到的三条线索、五次高潮，中国近代

---

　　① 参见陈旭麓《关于中国近代史线索的思考》，《历史研究》1988 年第 3 期。
　　② 胡绳：《中国近代历史的分期问题》，《历史研究》1954 年创刊号。

史可分为八个历史时期。

第一个时期（1840—1864 年），从鸦片战争到太平天国失败。这是中国半殖民地半封建社会开始和旧式农民战争时期，这个时期推动历史前进的动力是农民阶级。

第二个时期（1864—1895 年），从太平天国失败到甲午中日战争。这一时期半殖民地半封建社会的程度加深，地主阶级改革派推行了带有资产阶级倾向的洋务运动，中国的资本主义得到了一定程度的发展。

第三个时期（1895—1905 年），从甲午战争失败到同盟会成立。这一时期资产阶级改良主义形成高潮，发生了戊戌变法，同时又发生了义和团反帝爱国运动。中国社会进一步向前发展，同时，中国的半殖民地化程度也进一步加深。

第四个时期（1905—1922 年），从同盟会成立到第二次护法运动的失败。这是中国民族资产阶级领导中国革命的时期，旧民主主义革命由发生、发展到失败。既发生了辛亥革命这样的大事件，推翻了清朝的封建专制统治，又出现了北洋军阀的反动统治。第二次护法战争的失败标志着旧民主主义革命的最后失败。在这一时期内，中国的半殖民地化程度又加深了一步，中国社会沦入黑暗的谷底。也正由此，发生了五四运动，出现了黎明的曙光。中国资本主义也在这一时期得到了发展。

第五个时期（1922—1928 年），从第二次护法战争失败到北洋军阀统治的结束。这是国共合作大革命时期，工人运动高潮迭起，农民运动蓬勃发展，反帝反封建的斗争一浪高过一浪，最后打倒了北洋军阀政府。尽管第二次北伐的性质已发生了变化，但都取得了反对北洋军阀统治的胜利。

第六个时期（1928—1937 年），从南京国民党统治的建立到抗日战争爆发。这一时期内容更为复杂，既有国共两党两个政权的尖锐对立，又有日本帝国主义的侵略，同时，中国的官僚垄断资本主义也已形成并得到了一定程度的发展。

第七个时期（1937—1945 年），八年抗战时期。中国的抗日战争是在中共倡导的抗日民族统一战线的旗帜下进行的，是全民族的抗战。抗日战争中有沦陷区、国统区和解放区，三个政权并立。抗日战争使中国付出了巨大的代价，中国半壁江山沦为日本的殖民地。但在国际反法西斯力量的帮助下，中国人民最终取得了抗日战争的胜利，帝国主义在中国的统治势力越来越薄弱。

第八个时期（1945—1949 年），这是中国共产党领导全国人民推翻国民党反动政权的时期。这一时期，新民主主义革命的任务即将完成，新中国诞生，半殖民地半封建社会宣告结束。

# 六　复杂性与多样性问题

复杂性与多样性是历史知识的特点之一，中国近代史也不例外，中国近代史研究中的诸多分歧也是因此而引起。所以，研究和学习中国近代史，必须从多角度、全方位出发，仅仅局限于某一方面势必会出现某些偏差。

总的说来，高校历史系《中国近代史》课程体系应是政治、军事、经济、思想文化、社会风俗等各方面的整合体，应与中共党史、中国革命史、中华民国史的体系有不同之处。

（原载《历史教学》1998 年第 12 期）

近代历史人物研究

# 是非功过,千秋平说
## ——纪念毛泽东诞辰 100 周年

毛泽东是伟大的政治家、思想家、军事家,同时也是一位统领风骚的伟大诗人。毛泽东的最大功绩是他创造性地把马列主义与中国革命的具体实践相结合,走出了一条符合中国特点的革命道路,领导全国人民取得了新民主主义革命的胜利,建设了新中国。中国人民受屈辱的历史从此结束,一个独立、民主的国家屹立在世界的东方。

毛泽东也犯过错误,最突出的就是在新中国成立后以阶级斗争扩大化为主要特征的"左"倾错误。平心而论,20 世纪 50 年代"反右倾"的扩大化、"大跃进"的急躁冒进以及后来的"文化大革命"大动乱,毛泽东是负有责任的。

怎样评价毛泽东,千秋功过,如何评说?毛泽东生前,人们对他一味颂扬,把一个人的才能和贡献,说成是"无限"的,说他缔造了党,缔造了军队,缔造了国家。毛泽东身后,有的主张将毛泽东的功过三七开,有的主张五五开,还有的连篇累牍,大泄私愤,极大地损害了毛泽东的光辉形象。

认识毛泽东,评价毛泽东,应该把握以下几个问题。

(1) 清除英雄史观的影响。历史是由人民创造的,不能颠倒群众、政党和个人之间的关系。为了给毛泽东树碑立传,随意乱提"里程碑",那是离开了对于历史条件的科学分析,歪曲了历史事实,宣扬了"天才论"、英雄史观。

(2) 把毛泽东的功过是非放到一定的历史范围内去考察。"历史主义"是评价历史人物的一个重要原则。毛泽东是时代的产儿,历史的发展需要毛泽东式的人物出现,肩负起历史的任务。毛泽东的缺点错误也应从历史时代中去考察,如中国农民素有的平等思想、空想主义对毛泽东的影响;中国文化的落后和民主的缺乏;恶劣的国际环境和对于国际环境的过火反应；长期的军事斗争、阶级斗争生活对经济建设的影响；等等。

（3）充分肯定毛泽东的历史功绩。邓小平说："如果没有毛泽东，中国还将在黑暗中摸索好多年。"这是很有见地的评价。毛泽东晚年所犯错误，我们不能隐瞒，应该指出，但不能苛求。要充分认识到在毛泽东所犯错误中，毛泽东的个人思想成分占多大比重，其他原因占多大比重。还应注意到毛泽东的错误与他一生的功绩相比，是白玉微瑕，不能相提并论，要把握好分寸。

（4）评价毛泽东不能带有个人情绪。要客观公正，不溢美，不隐恶。毛泽东的生前好友冯雪峰说："毛主席百年之后，是非功过将引起争议。如何正确评价毛主席，将关系到我们党和国家的命运，在这方面不能夹杂任何个人的情绪。"

（原载《商丘师专报》1993 年 9 月 30 日）

# 毛泽东1958年视察河南农村断想

1.1958年8月6—8日，中共中央主席毛泽东在结束了对河北省徐水、安国和定县的视察后来到河南，先后视察了新乡县七里营人民公社的社办工业和棉花，襄城县梁庄、薛元等社的烟叶和谷子，长葛县"五四"社的玉米和商丘县道口乡中华社的红薯和稻子。1958年是"人民公社化运动年"，在这个"一大二公""穷过渡"的旋风中，毛泽东的言论和视察本身无疑起到了推波助澜的作用。所以，毛泽东的视察既是对当时河南农村生产发展的深切关怀，同时又应引起我们今天深深的思考。

2. 三大改造完成后，农业实现了合作化，这是历史发展的必然和当时新生的社会主义政权所必需的。尽管在由互助组到初级社再到高级社的过程中出现了要求过急、工作过粗、改变过快、形式过于简单划一等缺点，但全国在短暂的时间内基本上完成了农业的社会主义改造，表明共产党发动领导的得力，反映了农民中蕴藏的社会主义建设的积极性。农业实现合作化之后，本应当大力健全、巩固农业合作化制度，以争取农业丰收，但是，随着共产党建设社会主义指导思想上"左"的错误思潮的滋生、泛滥，随着"大跃进"运动的掀起，农业合作化走向了"左"的极端，兴起了人民公社化运动。

3.1958年4月，河南省遂平县嵖岈山卫星社由27个小社合并成有9369户的大社，放了一颗"卫星"。报纸对此事进行了渲染性的宣传报道，于是小社并大社之风兴盛起来，事实上这是人民公社化运动的先声。

在人民公社化运动中，河南步子迈得最早，也"左"得最很，人民群众所蒙受的损失也最大！

8月6日，毛泽东来到新乡县七里营乡，当他看到七里营乡挂出的"七里营人民公社"的牌子时，对新乡县委书记胡少华说："人民公社名字好"，"有这样一个社，就会有好多社"。8月9日，毛泽东在同山东省委负责同志谈话时又说："还是办人民公社好，它可以把工、农、兵、学、商合在一起，便于领导。"毛泽东的谈话在 8 月 13 日的《人民日报》上公开发表后，"人民公社好"的口号传遍全国，各地闻风而动，一哄而起，到 10 月底，全国原有的 74 万多个农业社合并成 2.6 万多个人民公社，参加公社农户有 1.2 亿户，占全国农户的 99%。毛泽东对人民公社的倡导，助长了当时的跃进风。

商丘县道口乡在 8 月底改称道口人民公社，1959 年道口人民公社为纪念毛泽东 8 月 8 日的视察，改名为双八人民公社。"双八"之名一直使用到今天。

4. 如果说，新中国成立初期的"左"倾思潮和人民公社化运动，从中国的社会主义建设没有经验可循，没有现成的路子可走，处于探索时期的角度看，出现一些主观上的失误和客观上的严重后果尚可谅解的话，那么相伴始终的浮夸风，毛泽东充耳不闻、视而不见，甚至有意鼓励浮夸的现象，则是不可理解的了。毛泽东为什么把自己当成"傻子"呢？他难道真的不知道"人有多大胆，地有多大产"这种违反客观规律的做法终将是失败之举、荒唐可笑？

在七里营棉田，当社长王文生说"每亩保证生产一千斤皮棉，争取两千斤"时，毛泽东笑着说："大有希望，你们河南都像这样就好了。"在襄城县梁庄社、薛元社参观烟叶时，当地负责人告诉他，每棵烟叶 70 多个叶子，每亩计划 3 万斤。毛泽东身在烟田却视而不见，对"70 多个叶子"不仅不加核实，而且连声说"你们的烟叶好""你们的烟叶一定是不错的"。在长葛县"五四"社，有 40 亩密植麦茬玉米，长得 6 尺多高，计划亩产 25000 斤，毛泽东大加称赞。在商丘县道口乡中华社"七一"实验站，生长着架秧和不架秧两种实验红薯，架秧红薯计划亩产 100 万斤，不架秧红薯计划亩产 50 万斤。毛泽东笑着连声说："长得就是不错。"更可笑的是毛泽东触景生情，异想天开，在道口看到高粱的时候，与商丘地委第二书记任秀铎有一段精彩的对白。毛泽东问："有没有种多头高粱？"任回答："多头高粱这里叫九头鸟高粱，许多地方种了，地委也试种了一些。"毛泽东说："这种高粱产量高。"本文作者由于对高粱品种的陌生，有意翻看《辞海》，其"高粱"词条没有关于多头高粱、九头鸟高粱的介绍。

5. 毛泽东并没有把自己当成"傻子"，他是醉翁之意不在酒，他借视察之名，行"跃进"之实。既然要为"大目标"服务，所以对于一些细节中的常识性错误毛泽东显得大度，他难得糊涂。毛泽东领导中国人民革命，开办农民运动讲习所，到农村进行调查，打土豪分田地，倡导建立工农联盟，他与农民的关系最亲近，对农民最了解，尽管领导进行的斗争多是阶级斗争、政治斗争，但农业生产的客观实际他不会一无所知。所以，毛泽东那原始的真实的思想在视察中也时时流露，他在鼓励人民公社化运动的同时，又自觉不自觉地表现出求实、注重实际的作风。这里略举两例。

毛泽东视察了襄城县双庙乡十四农业社郝庄第二生产队的烟田后，在襄城县委副书记刘熙民的陪同下，乘车沿着许南公路回县城时，见到公路上有不少彩门，其中一座彩门上写着："襄城县双庙乡，超鲁（山）郏（县）跨许昌"。刘熙民告诉毛泽东，这些彩门都是"跃进门"，是组织生产评比时搞竞赛用的，外边的和许昌、郏县、鲁山赛，本县的乡和乡赛。毛泽东对此不以为然，问："作用多大呢？"刘熙民讲了襄城县刘庄乡因搞竞赛由后进变先进的故事。毛泽东听了后说："开展竞赛，要讲求实效，实事求是，不务虚名。"（《中州今古》2001 年第 6 期）

毛泽东视察了商丘县道口乡的红薯试验田后，在回去的路上，针对那里的红薯计划亩产 100 万斤、50 万斤的目标，问商丘县委书记刘学勤："你相信他那亩试验田吗？"刘似乎看出了毛泽东的意思，于是诚实回答："不相信。"毛泽东带有批评的口吻说："脑子太热，没有科学根据，不符合实际。"接着又问："你们栽种多少亩红芋，过去亩产多少斤？"刘作了如实汇报。毛说："过去亩产 2000 斤，今年真能搞四五千斤，就翻了番，当然很好了。给下面打招呼，不要提万斤口号。"（《商丘县志》）

6. 翻看着这些材料，我被当时全国上下"大跃进"狂热的悲剧深深震撼了。我似乎找到了一些解决问题的答案，但又时时感到茫然。我想，生活在那个年月的毛泽东内心肯定痛苦得很。有些学者说，当时毛泽东头脑发热，没有冷静地分析中国的具体条件。我觉得这种看法恐怕只是说对了一半。毛泽东冷静处事的作风依然存在，只是历史的发展把他推上了热浪的巅峰，他实在是"骑虎难下"。

1957 年 11 月 18 日，毛泽东在莫斯科各国共产党、工人党代表会议上第一次提出了用 15 年左右的时间在钢铁和其他重要工业产品的产量方面赶上和超过英国的口号。1958 年元旦社论将这一口号向全国人民宣布，随后在短短几个月内超英赶美的时间越提越短，要求在 7 年时间甚至更短的时间内超过英美。5月，中共八大二次会议通过了"鼓足干劲，力争上游，多快好省地建设社会主义"的总路线。接着报刊连续宣传："人有多大胆，地有多大产"，"不怕做不到，就怕想不到"，"只要我们想要生产多少粮食，就可以生产多少粮食"。

美国汉学家费正清在谈到毛泽东时，说毛泽东是"一个空想主义巨人"。斯大林认为毛泽东是个"人造黄油式的马克思主义者"，是"农民起义领袖"，而不是伟大的革命家。这些看法都有偏颇，但作为"农民起义领袖"的毛泽东，是否也是建设社会主义的能手呢？回答并不尽然，所以尼克松在他的《领袖们》这本书里说毛泽东"只善于破坏，不善于建设"很有某些道理。

伟人已作古，多加颂扬，深切怀念，是很符合中国人的传统心理的。确实，毛泽东在视察河南农村时，那平易近人、和蔼可亲的形象，那深入实际、深入基层的工作作风，是应该令我们永远学习和怀念的。但是，视察本身也引起我们深深的思考，我们不想过多地责怪毛泽东当时的所作所为，只是我们应该认真总结，汲取经验教训。"社会主义初级阶段"的理论的提出，事实上正是汲取了这些教训。但要根除"左"的思潮的影响则不是一时一刹的事情。

（未刊稿，作于 2002 年）

# 钱谦益的政治生涯及其成败

钱谦益是明末清初的著名文学家，有丰厚的文学功底和较高的史学素养。但他终生醉心于官场，表现出一般士大夫少有的入仕热忱。尽管他不择手段，结交阉党，出卖东林同志，献城降清，但终未能实现其"外王"夙愿，落了个"贰臣"的下场。作为政治人物，钱谦益无疑是个失败者。

把明末清初的钱谦益当作一个政治人物来研究，确实不如当作一个文学家、史学家来看更辉煌，更引人注目。钱谦益有丰富的文学素养，很见功力的史学底蕴，但他终生醉心于官场，入阁为相是他平生夙愿。可他的才能、优势并不在于官场，而在于文史。所以，作为政治人物，钱谦益无疑是个失败者。他政治上最大的失败是乙酉降清之辱。也正是因为政治上的失败，尤其是大节有亏，所以后人很少去谈他的政治活动。对于生活在明末清初这一"天崩地裂"时期的官僚士大夫，有洪承畴等降清之人，更有史可法、张煌言等抗清复明志士。无论是降清贰臣，还是抗清忠义，似乎都已有定论，受到时人和后人的贬褒。对于钱谦益就不是那么容易评说了，这么一个政治色彩极浓的人物，他的政治活动是不可忽视的。

## 一

钱谦益（1582—1664），字受之，号牧斋，苏州府常熟人。历经明万历、泰昌、天启、崇祯，清顺治、康熙共六位皇帝，跨明、清两朝。

钱谦益自幼聪敏好学，"发覆额时读《四部稿》，皆能成诵，暗记其行墨"①。"慕孔文举、刘越石之徒，思与之驰骋上下。"②"（万历）二十四年丙申十五岁，先生（指钱谦益）作顾端文淑人朱氏墓志……十五六

---

① 钱谦益：《有学集》卷47《题跋》《题徐季白诗卷后》，四部丛刊本。
② 钱谦益：《有学集》卷32，《序》5《张孟恭江南草序》。

岁喜读《吴越春秋》，刺取其语，作《伍子胥论》，长老吐舌击赏……"①虽然如此，但钱谦益志在为官，"五六岁看演《鸣凤记》，见孙立庭袍笏登场，遂终身不忘"②。可官场政治实在不是他的所长，为此他付出了沉重的代价。

万历三十五年（1607），钱谦益进京会试不第。三年之后的下届会试，钱谦益蛮有把握中状元，且"状头已定钱公"的消息已闹得满城风雨，司礼太监送帖致贺，在京的亲朋好友也纷纷道喜，钱谦益自己更是踌躇满志，自以为状元非他莫属。然而，发榜时，状元却是韩敬，钱谦益屈尊探花，授翰林院编修。这对钱谦益不亚于当头一棒。原来韩敬买通权贵，加之其座师汤宾尹的偏倾周旋，使本已到手的状元被他人夺去。这次科考的波折似乎预示他以后政治生涯的坎坷。天启元年（1621）八月，钱谦益奉命典试浙江，钱千秋科考贿赂舞弊案发，钱谦益被罚俸三月。天启四年（1624）秋，迁左春坊左谕德兼翰林院编修，充经筵日讲官。而后，又升詹事府少詹事，兼侍学士，分纂《神宗实录》。这一时期，钱谦益官场一帆风顺。但好景不长。天启年间党争剧烈，斗争中钱谦益成为东林党魁，天启皇帝重用魏忠贤等阉党，各党派中，阉党乱政最大的反对者是东林党，他们对东林党人横加迫害。天启五年（1625），阉党王绍徽作《东林点将录》，御史崔呈秀作《东林同志录》，列谦益名，五月，谦益被削籍回乡。

钱谦益和其他东林领袖一样，与阉党斗争失利家居，不但没有使他们在政坛消失，而是名声更大了。钱谦益当时就声名震东南。天启七年（1627），年仅 23 岁的天启皇帝死去，他的同父异母弟朱由检入继皇位，这就是明朝最后一位皇帝崇祯。崇祯面对天启朝所留下的一个混乱残破局面，决定先从清除"魏客集团"着手整顿。"（天启）七年八月，上崩，无嗣，遗命以信王入继大统，诛魏忠贤、客氏，其党相继伏法。"③崇祯皇帝革除前朝弊政，重新起用东林党，东林党人也春风得意，决心大干一番，救明王朝于岌岌之中。钱谦益更是激动万分，盼望的政治春天到了。果然，崇祯元年（1628）七月，钱谦益应召赴阙。他在赴京途中写了十

---

① 钱仪吉等著：《清代碑传全集》下册，上海古籍出版社 1987 年版，第 1519 页。
② 钱谦益：《有学集》卷 13，《东涧诗集》下。
③ （明）蒋平阶：《东林始末》，上海书店出版社 1982 年版，第 44、45、46 页。

首"言怀诗"以表达此次赴阙的愉快心情。"垂向西风挥长泪，余生何以答殊恩"；"三年迁客意蹉跎，芳草天涯路又过。"一个热衷于政治的人，远离官场，家居三年，无异于三年苦刑。现在有一种重见天日的自由舒畅之感，同时，又有对皇恩浩荡的感激之情。他对这次被召寄予了很大希望，入阁的夙愿似可了却。"十一月庚申，会推阁员吏部侍郎成基命、礼部侍郎钱谦益等。"① 对于入阁垂涎已久的礼部尚书温体仁哪肯善罢甘休，死死抓住钱谦益天启初年的"钱千秋科场案"不放。崇祯帝虽然起用东林党人，但末世君主时时疑虑臣下结党营私，结果钱谦益"回籍除名为民"②。事情还远没有结束，为了彻底断绝钱谦益东山再起的希望，把钱谦益完全击垮，温体仁使人罗织钱谦益的 50 余条罪名，钱谦益被押至京，虽有"巡抚张国维，巡按路振飞交章白其冤"③，仍下刑部狱。钱谦益曾为司礼太监王安作过碑文，现在只好求助于司礼太监曹化淳，由于曹化淳的周旋疏通，于崇祯十一年（1638）十月，获释家归。

崇祯末年，李自成领导的农民起义军风卷残云，横扫大半个中国。关外满洲大军虎视眈眈，明王朝成了风雨飘摇中的一叶孤舟。崇祯帝因此寝食不安。一些在野的江南士大夫和一部分在朝官员一致推举钱谦益复出，连阉党头目马士英也力荐钱谦益。崇祯帝思来想去，确实没有比钱谦益更合适的人选。崇祯十七年（1644）三月初十，崇祯决定重新起用钱谦益。然大顺军于三月十九日进占北京，崇祯皇帝自缢于煤山，准备再次入朝的钱谦益得知这一消息，犹如晴天霹雳，入朝遂成为泡影。

## 二

农民军占领北京，崇祯帝自缢，作为中央政权的明王朝灭亡了。明朝各地的残余势力纷纷议立新君。南明福王弘光政权在马士英等阉党的拥护下在南京成立。钱谦益也积极倡导立新君，本有意于潞王，福王既立，钱谦益为在福王政权中谋得一官半职，转而倾向福王，大肆为马士英歌功颂德，换得了礼部尚书的职位。但他的目的还是入阁为相，尽管是在偏于一

---

① （明）蒋平阶：《东林始末》，上海书店出版社 1982 年版，第 44、45、46 页。
② 同上。
③ 清代传记丛刊：《清代七百名人传》。

隔阉党把持的南明小朝廷中的相位。弘光二年（1645）四月，扬州失守，史可法英勇就义。五月十五日，清军进逼南京，钱谦益等献城出降，并承诺豫亲王多铎"以招降江南为己任"。他也确实为清军定江南出了大力，劝降江南豪绅。钱谦益满以为凭他献城及帮清军定江南之功，可以在清廷实现自己的夙愿。然而清廷于顺治三年（1646）正月，授予他礼部侍郎，官秘书院事，充修《明史》副总裁。对此，钱失望至极，悔恨至极。同年六月，乞假回籍，被无挽留地应允。不久，谢陛、卢世淮私藏兵器狱被牵连，银铛北上。事白后家归。昔日的降清功臣，礼部侍郎，轻易就成了阶下囚。钱谦益对清廷的彻底绝望，对自己乙酉降清的悔恨，都化为对清朝的强烈反抗，从此开始了他的反清复明活动，暗中支持黄毓祺起义。起义失败，黄毓祺被捕，钱谦益被牵连，又在常熟被捕，下南京狱。黄毓祺在狱中坚贞不屈，英勇就义，"谦益诉辩，国柱（总督马甲柱）遂以谦益、黄毓祺素非相识定谳，得放还"。回常熟后，继续加紧反清复明活动。冒死亲赴金华，游说总兵马进宝策反，与前兵部主事严栻联络东南，筹建反清义师，"尽囊以资之"①。郑成功北伐失利，他鼓励郑成功不要气馁，积极活动，联络抗清志士，策划郑成功再次北伐。

对于钱谦益的乙酉降清及后来的反清复明，时人和后人看法不一。顾亭林公开否认自己是钱氏门生②，杜于皇甚至闭门不与钱氏交通。③ 但黄宗羲、归庄等抗清志士却一直没有疏远他，并充分肯定了他后 20 年的抗清活动。清朝官方对钱谦益则极尽贬污，乾隆三十四年（1769）高宗敕谕："谦益本一有才无行之人……大节有亏，实不足于人类。"乾隆四十三年（1778）又上谕："钱谦益只能列入《贰臣传》乙编，不得与洪承畴等为伍。"④ 作为贰臣，他不如洪承畴，作为抗清人士，更不能与史可法、郑成功等相提并论，结局可谓凄惨。钱谦益自己又是怎么认识自我的呢？顺治十八年（1661）年底，80 岁暮年的钱谦益心情沉重，心灵深处承受着双重的煎熬，正如他自己所说："今吾抚前鞭后，重自循省，求其可颂者而无有也，少窃虚誉，长尘华贯，荣进败名，艰危苟免，无一事及生

---

① 钱谦益：《投笔集》卷上《后秋兴之三》，国学保存社，1906 年。
② 参见孙静庵《明遗民录》顾炎武条、杜濬条。
③ 同上。
④ 顾苓：《塔影园集》卷 1《东涧遗老钱公别传》。

人，无一言可书册府，濒死不死，偷生得生。"① 此时，抗清力量日益烟消云散，清朝的统治已成定局，作为明朝遗民，悲凉之感自然而生。

"学而优则仕"是中国封建社会读书人的理想，官僚和儒士不仅是不可分的，而且往往是两位一体的。中国封建社会庞大的官僚机构，正是依赖大大小小学而优的儒士——文官来维持的。入仕是儒士的正途。故而，钱谦益的积极入仕是无可指责的。"内圣外王"是传统儒士的完美人格理想，他们因此大都表现出强烈的责任感和使命感，以"匡世救时"为己任。得到贤君器重，便视为人生最大抱负的实现。所以，他们一方面注重自己的内在修养、学术研究；另一方面也积极入世，一旦入世建功的努力失败或受挫，他们就退而求其次，或教授门徒，或修身养性，以求安身立命，亦即"达则兼济天下，穷则独善其身"。然而，钱谦益却表现出一般传统士大夫少有的入仕热忱，对相位之职执着的追求，对他来说，似乎没有退而求其次的选择。不择手段，交结阉党，出卖东林同志，献城降清，所有这些都没有实现他"外王"的夙愿，反而落了个逆臣，甚至连与洪承畴那样的贰臣都不能为伍的可悲下场。

（原载《黄淮学刊》1998 年第 1 期，与贾艳敏合著）

① 钱谦益：《有学集》卷 39《书》乙《与族弟钱君鸿论求免庆寿诗文书》。

# 黄遵宪启蒙思想论略

　　黄遵宪的启蒙思想既是戊戌维新的重要指导思想，同时又开启了五四启蒙思想的先河。他的启蒙思想以西方资产阶级民权思想为指导，以经世致用、爱国救国为目的，表现了创榛辟莽、前驱先路的精神。受时代的局限，黄遵宪始终囿于君主立宪说，没有也不能与封建主义彻底决绝。

　　黄遵宪（1848—1905），字公度，中国近代一位有着多方面成就并影响中国近代化进程的杰出历史人物，他是近代中国卓越的外交家、思想家、政治家、文学家、史学家，是著名的爱国主义诗人和民俗学家。黄遵宪的一生折射了他急切救治中国人民于水火的启蒙情怀。

## 一　思想启蒙：高举反汉、宋学的旗帜

　　在中国近代历史上，所谓启蒙就是"启封建之蒙"。因此，黄遵宪的启蒙思想主要是对封建主义的批判和对西方资产阶级思想的介绍与实践。

　　黄遵宪的反封建主义思想，在思想启蒙上主要表现为对汉、宋学的批判。而高扬反汉、宋学的旗帜，在黄遵宪的思想中不仅起源很早，而且贯穿其思想的始终。

　　清朝道光、咸丰以前，统治中国学术思想界的是汉学和宋学，两派壁垒森严，形同水火，党同伐异，互争正统。但由于两派狭隘的门户之见和脱离实际的学风，所以到鸦片战争前夕，随着清朝国力的下降，外侮日迫，先后衰败了。道、咸以后，有志者为了忧国救时，想从故纸堆中爬出来"经世致用"，于是翻出西汉"通经致用"的今文经学，欲以此来压倒汉学，形成了清朝的今文经学派。在清朝的今文经学派中，虽然有一部分人比较注重经世致用，如龚自珍、魏源等，但到了末流，往往自立新解，附会经说，如康有为的孔子改制的议论，尽管有很强的进取精神，但在考据的方法上即颇多武断和神秘。

　　黄遵宪的汉、宋观与龚、魏、康不同，他认为儒学（汉学与宋学）与孔学不是一回事，表现出尊孔抑儒的态度。认为"儒乃孔子之履历，非孔子之道术"，"若我孔子，则综九流、冠百家，不得以儒术限"①。认为汉儒把儒学和孔学混为一谈，从中渗入了大量的"私货"，实为"诬孔子也"；汉以后的宋学，讲纲常名教，性命义理，"实以忠孝之故"；专制帝王推崇孔子，无非是假借"孔子言忠君"的说法，以行其压制之术，这与孔学本身并无关系，也绝不是孔子学说的真义所在。②

　　黄遵宪本人并不是经学家，他对经学的认识从学术上讲也不是不刊之论。但是，他对居于统治地位的汉、宋学的批判，体现了他反封建主义和君主专制的启蒙思想。他不满传统儒生那种厚古薄今、尊古抑今的思想，亦不愿走他们那种"埋头破屋""皓首穷经"的道路。他认为应当走出书斋，面对社会，"区区汉宋学，焉足尊圣哲"。黄遵宪的这些观点又不期然地与龚自珍、魏源"经世致用"的思想相一致。

　　从近代思想启蒙运动来看，反对理学家长期以来提倡的禁锢人性发展的"存理灭欲"的蒙昧主义说教，正是近代思想启蒙运动的一大内容。黄遵宪反对汉、宋学，力图摆脱传统思想的束缚，主张个性解放，独立、自由地思考和表达自己的思想，在近代思想解放的启蒙运动中起到了积极的作用。

## 二　文化启蒙：浓厚的爱国与创新精神

　　黄遵宪是清末著名的新派诗人。他十五六岁"即学为诗"，一生诗作除史诗《日本杂事诗》外，还写有题材广泛的诗篇，后成《人境庐诗草》等。

　　黄遵宪的诗歌有两个明显的特点：爱国与创新，体现出浓厚的文化启蒙精神。

　　黄遵宪在 21 岁时写的《杂感》一诗喊出了"我手写我口，古岂能拘牵"的口号。这一口号向来被文学史家推崇为近代"诗界革命"的宣言，表现了很强的文学革命的意义。若仔细分析全诗，《杂感》中透视的当是"思想革命"的意义。黄遵宪认为，历史是向前发展的，不是今人不如古

---

① 《黄遵宪致梁启超书》（第 25 号），载《中国哲学》第 8 辑，三联书店 1982 年版。
② 参见丁文江、赵丰田《梁启超年谱长编》，上海人民出版社 1983 年版，第 292 页。

人，而是今人胜于古人。他要人们大胆地摆脱封建传统思想的束缚，独立、自由地思考和表达自己的思想。这正是从历史进化论的观点，以文学为手段的文化启蒙之所在，也是他反对封建思想的最好表达。黄遵宪主张个性解放，与西方资产阶级的自然人性论和民主思想相吻合，因此，胡适认为黄遵宪的"我手写我口，古岂能拘牵"的口号，不仅"可以算是诗界革命的一个宣言"①，而且也是资产阶级改良派在近代思想启蒙运动中提出的第一个思想解放的口号。这一口号影响到了戊戌思潮兴起时的谭嗣同，也影响到了五四时期的文学革命。

黄遵宪的许多诗充满炽热的爱国激情和忧国忧民的情感。同治十一年他到香港，眼见30年前被英国割让去的香港如今"居然成重镇，高垒蠹狼烽"，不禁感叹"山头风猎猎，犹自误龙旗"，认为割让香港，是因清政府的"自误"。他的《琉球歌》，记述光绪三年使日抵达神户时，一位"颓鬐斜簪衣惨绿"的琉球"白头老臣"，登上使团轮船"倚墙哭"，出示国王密敕，诉说琉球受日侵吞之苦，恳请清皇朝援救。《冯将军歌》则歌颂了冯子材在中法战争镇南关龙州战役中，英勇打击法国侵略军的爱国行为。他如《悲平壤》《东沟行》《哀旅顺》《哭威海》《马关纪事》《降将军歌》《台湾行》和《度辽将军歌》等，讴歌了甲午战争中坚持抗日的爱国将士，鞭挞贪生怕死的文官武弁。晚年他还写有《出军歌》八首、《军中歌》八首和《旋军歌》八首，每首末字连起来为"鼓勇同行，敢战必胜，死战向前，纵横莫抗，旋师定约，张我国权"。这是鼓舞斗志的爱国主义战歌。

黄遵宪诗中的爱国与创新精神在中国近代历史上发挥了重要作用和积极影响，受到了后人较高的评价。梁启超说："近世诗人，能熔铸新思想以入旧风格者，当推黄公度。"②胡适认为"黄遵宪是有意作新诗的"③；郑振铎认为，"欲在古旧的诗体中，而灌注以新鲜的生命者"，"惟遵宪是一个成功的作者"。④

---

① 胡适：《五十年来中国之文学》（六），《胡适学术文集·新文学运动》，中华书局1993年版。

② 钱仲联：《人境庐诗草序》，《人境庐诗草笺注》上册，上海古籍出版社1981年版，第1页。

③ 梁启超：《饮冰室文集》之四十五上，中华书局1988年版，第3页。

④ 胡适：《五十年来中国之文学》（六），《胡适学术文集·新文学运动》，中华书局1993年版，第118页。

# 三　社会启蒙：人文主义的关怀

康有为在评价戊戌维新运动时指出："中国变法，自行省之湖南起。"① 众所周知，湖南的变法不仅早于北京，而且卓有成效。从当时湖南新政的十一个项目中，黄遵宪主办或参与的有整顿刑狱、保卫局、时务学堂、南学堂、湘报馆、迁善所、课吏馆等项，可以说，湖南的各项新政大都与黄遵宪有关。

在这里，笔者无意评述黄遵宪在湖南的各项新政举措，而强调的是他在湖南新政中的社会启蒙意识，以及内中所折射出的人文主义关怀。

湖南新政中卓有成效的一项举措就是创设时务学堂。当时维新派一致认为，变法必先兴民权，兴民权必先开民智，开民智必先育人才，育人才必先变科举兴学校。在湖南时务学堂的创办上，黄遵宪发挥了重要的作用，一是尽管早在 1897 年年初湖南即有设立学校之议，但是直到黄遵宪到任后的九月，才正式确定设立时务学堂；二是"学堂而用时务二字与《时务报》同名，亦出公度之意"②；三是最先提议延请梁启超为中文总教习、李维格为西文总教习的也是黄遵宪。正是黄遵宪在湖南开民智、育人才的一系列作为，受到了顽固派的攻击，叫嚣要将黄遵宪、熊希龄、梁启超等"从严惩办，以杜后患，而绝乱萌"③。

湖南新政的另一重要举措是组织南学会。黄遵宪提出要将南学会办成具有地方议会性质的组织，目的是要开绅智、合大群。黄遵宪的设想得到陈宝箴的支持，并委任他主持其事。这样，南学会就不仅是一个学术团体，而且是新政的议事机关，维新派通过南学会把全省思想进步、有志改革的官僚士绅及一般群众联系起来，一方面向他们传播新知识、新思想，另一方面又可广泛收集会员对新政改革的意见。

在湖南，黄遵宪以按察使的身份倡民权、开民智，提出要让士绅和老百姓共同参与地方政事，体现出极强的人文主义关怀。他多次发布告示和批文，严禁妇女缠足，指斥"缠足一事，贻害无穷，作俑千年，流毒四

---

① 　钱仲联：《人境庐诗草序》，《人境庐诗草笺注》上册，上海古籍出版社 1981 年版。
② 　正先：《黄公度——戊戌维新运动的领袖》，《逸经》1936 年第 10 期。
③ 　《戊戌变法档案史料》，第 472 页。

域",认为缠足是中华文化退化的最显著标志之一,提出"今以不缠足为富国强种根本"。他历数妇女缠足的弊害为废天理、伤人伦、削人权、害家事、损生命、败风俗、戕种族,指出缠足不仅是严重损害妇女健康和践踏妇女"人权"的残忍行为,而且也是国家富强的最大障碍。他呼吁,为了建立一个能经得起生存竞争的强大民族国家,必须坚决禁止妇女缠足的陋习。黄遵宪严禁缠足的告示,"反复千余言,词旨朗然可诵"①,这表现了黄遵宪对妇女遭受痛苦和耻辱的同情,说明黄遵宪是中国妇女解放运动的一位热心的倡导者。所有这些,都为五四时期湖南妇女的觉醒与解放奠定了良好的基础。

# 四 政治启蒙:民权说的高扬

黄遵宪一生都在做启蒙的工作,他的诗、文、史著、外交和维新生涯无不反映了这一特点。在政治领域,黄遵宪的启蒙思想主要表现在高扬民权主义的观点,这里仅以他在湖南倡导的"地方自治"为引入口。

黄遵宪地方自治的理论与实践反映了一个先进的知识分子对西方资产阶级学说的向往和对中国传统专制观念的挑战。

黄遵宪认为,从国家全局方面来看应建立起君主立宪制的政体,而局部地区的变法改革的有效措施则是实行地方自治。他说:"苟欲张国力,伸国权,非民族之强,则皮之不存,毛将焉附?国何以自立?苟欲保民生,厚民气,非地方自治,则秦人视越人之肥瘠,漠不相关,民何由而强?"② 黄遵宪认为,在封建专制主义的中国,地方官的任命是实行自上而下的"授职制",这些官吏只对上级负责,而不对百姓负责,因此,改革封建官僚制度便成了新政的首要任务。

黄遵宪的地方自治理论最终落实在保卫局的设立上,他将西方资产阶级三权分立的思想注入其中,使保卫局兼有地方政权机构的性质。保卫局的设立,封建官吏的权力削弱了,政府与百姓的矛盾得到缓和,百姓开始学会"自治其身",感到自由的重要和民权的可贵。黄遵宪认为行之数年,老百姓由"自治其身"到"自治其乡",继之则"由一府一县推之一

---

① 胡思敬:《戊戌履霜录》卷4,《党人列传·黄遵宪》。
② 《黄遵宪致梁启超书》(第33号),《中国哲学》第8辑,三联书店1982年版。

省，由一省推之天下，可以追共和之郅治，臻大同之盛轨"①。这样，开议院建立宪政便成为水到渠成之势。

总的说来，黄遵宪地方自治的理论与实践就是分官权与民，改革封建官制，去郡县专政之弊。他高扬民权主义的思想，这在中国近代的启蒙思想史上是应该大书特书的。

黄遵宪在 1902 年给梁启超的信中谈到自己早年的学术观点时说："吾年十六七始从事于学，谓宋人之义理，汉人之考据，均非孔门之学。"②可见，他对当时占据统治地位的宋学和汉学是持否定态度的。与此同时，黄遵宪又提出"识时贵知今，通情贵阅世"的观点，表示要走出书斋，面向社会，走经世致用的道路。黄遵宪反对汉、宋学，提倡经世致用的启蒙思想，主要源于清初三大思想家顾炎武、黄宗羲、王船山尤其是顾炎武的影响。黄遵宪早年熟读《日知录》《天下郡国利病书》《黄犁洲全集》《船山遗书》《船山诗草》等，在经世致用、治学方法、诗歌创作和历史地理研究等方面受顾炎武思想影响很大，并且在新的条件下继续前行。面对西方列强入侵中国这一社会现实，黄遵宪不愿做那种只知埋头书屋空谈心性的儒生，为了救国救民，他走上了寻求真理的道路，并且在他寻求救国救民的真理的道路中表现了他的进步的启蒙思想。

黄遵宪是中国近代社会的先进人物，在祖国内忧外患的情况下，他阅历丰富，见识敏锐，不仅关心国家的前途，倡导变法与改革，而且关心民事民瘼，主张分官权与民，兴民权，开民智，其启蒙意义不仅在当时也令后人推崇。但是，在黄遵宪的思想中，我们也可以看到有种贯穿始终的矛盾：一方面，他看到了资本主义制度代替封建主义制度的必然性，对封建专制主义进行了一定程度的批判与否定；但另一方面他又不能公开与清朝封建制度决裂，始终在社会改良的前提下徘徊。指出黄遵宪的这一思想矛盾，并不是在苛求或贬低他思想的光辉。受时代的限制，黄遵宪能走到这一步，已实属难能可贵了。

（原载《商丘师范学院学报》2005 年第 4 期）

---

① 《黄公度访南学会第一二次讲义》，《湘报》第 5 号。
② 《胡适学术文集·新文学运动》，中华书局 1993 年版。

# 单士厘和她的《癸卯旅行记》

单士厘是我国近代较早放眼世界、走向世界的知识女性。日记集《癸卯旅行记》集中反映了她为国为民的思想，如较早地关注中国教育问题，蔑视封建礼法，提倡文明开化，启蒙妇女解放，反对殖民侵略等。

单士厘（1856—1943），字受兹，浙江萧山人，是我国近代较早迈出闺门走向世界的女旅行家，也是清末屈指可数的放眼世界的知识女性。1899年，单士厘第一次到日本（这比秋瑾早了五年，比何香凝早了四年）。此后，单士厘"无岁不行，或一航，或再航，往复已频，寄居又久，视东国如乡井"①。单士厘出游的时代，是中国妇女从启蒙运动中开始觉醒的时代，也是何香凝深思冥想、秋瑾慷慨悲歌的时代。1903年3月15日至5月26日，单士厘随时任清外交官的丈夫钱恂从日本出发，经朝鲜、中国东北、西伯利亚到俄国，进行了为期70多天的旅行，其日记结集为《癸卯旅行记》。《癸卯旅行记》不仅清词丽句，写景关情，而且体现了单士厘要求向西方学习、关注中国教育、提倡妇女解放、反对帝国主义侵略的思想情感。本文试略论之。

## 一 关注中国教育问题

单士厘通过对日本社会的考察，认识到日本富强的原因在于重视教育。她说："日本之所以立于今日世界，由免亡而跻于列强者，惟有教育故。……始信国所由立在人，人所由立在教育。有教必有育，育亦即出于教，所谓德育、智育、体育者尽之矣。"（3月16日）日本教育内容充实，各学科均注重基础课和新学术成果，容易培养专门人才。日本的教育状况

---

① 单士厘：《癸卯旅行记·自序》，见钟叔河主编《走向世界丛书》第1辑第10册，岳麓书社1985年版。

不仅使单士厘大开眼界，而且倍加赞赏。

在谈到中国教育问题时，两相对比，单士厘不胜感慨。她说："中国向以古学教人，近悟其不切用而翻然改图……要之教育之意，乃是为本国培育国民，并非为政府储备人才，故男女并重，且孩童无不先本母教。故论教育根本，女尤倍重于男。中国近今亦论教育矣，但……谈女子教育者犹少；即男子教育，亦不过令多才多艺，大之备政府指使，小之为自谋生计，可叹！况吾国民，安得有人才？无国民，且不成一社会！中国前途，晨鸡未唱，观彼教育馆，不胜感慨。"（3月16日）作为当时环境下的女辈，单士厘的这段日记实应引起我们的重视。首先，她批判了中国传统教育"学而优则仕"的封建思想；其次，体现了单士厘的"国民"意识，这是对制造愚昧和不公正的封建专制的不满和挑战，在旅行记的其他篇幅里，单士厘毅然"以国民自任"，这是值得后人钦佩的。另外，单士厘要求男女有平等的受教育的权利，且认为"论教育根本，女尤倍重于男"，因为"孩童无不先本母教"。这不仅是妇女解放的先声，而且又为我们提出了幼儿教育中母亲对儿童的影响作用问题。

单士厘有一首题为《汽车中闻儿童唱歌》的七绝诗，写道："天籁纯然出自由，清音嘹呖发童讴。中华孩稚生何厄，埋首芸窗学楚囚。"两相对比，日本儿童是"天籁纯然出自由"，中国儿童是"埋首芸窗作楚囚"，不禁令人感慨系之。这种不同的受教育情况，鲁迅后来也有同感。鲁迅在《从孩子的照相谈起》中说："温文尔雅，不大言笑，不大动弹的，是中国孩子；健壮活泼，不怕生人，大叫大跳的，是日本孩子。"[1] 单士厘和鲁迅一样，都在不同的感慨中揭露了封建的旧的教育制度对少年儿童身心的严重摧残，以至于鲁迅不得不大声疾呼"救救孩子"，要"放他们到宽阔光明的地方去；此后幸福的度日，合理的做人"。[2]

## 二　妇女启蒙解放的一颗明星

钱恂在为《癸卯旅行记》付梓时所作的《题记》中说："右日记三卷，为予妻单士厘所撰，以三万数千言，记二万数千里之行程，得中国妇

---

① 《鲁迅全集》第6卷，人民文学出版社1981年版。
② 鲁迅：《我们现在怎样做父亲》，《鲁迅全集》第1卷，人民文学出版社1981年版。

女所未曾有。方今女学渐萌，女智渐开，必有乐于读此者。"单士厘在
《自序》中也抱有同样的热望："我同胞妇女，或亦览此而起远征之羡
乎?"后来的发展事实证明，《癸卯旅行记》像启蒙时代的一颗明星，为
黑暗中摸索的中国妇女带来了希望之光。

　　戊戌变法失败后，革命之声纷起。但单士厘没有被卷入革命的旋涡，
而是在走向世界的道路上，把整个身心投入了时代的潮流。她在家庭和社
会的实际生活中，能够突破封建的藩篱，进行妇女的思想启蒙工作。这一
点，《癸卯旅行记》中多有记录。

　　单士厘首先阐明了中国妇女的地位和状况。她说："中国妇女，本罕
出门"，"中国妇女，笼闭一室，本不知有国"，"中国妇女，向以步行为
艰"。这既说明了中国旧式妇女足不出户、愚昧无知的情况，又揭露了因
缠足陋习而给妇女带来的身心之苦。

　　其次，从《癸卯旅行记》中我们还可以看出，单士厘处处身体力行，
做妇女思想启蒙和移风易俗的工作。1903 年 3 月 15 日，单士厘从东京出
发，先赴大阪参观日本"第五回国内博览会"。当天，大雨竟日，她却步
行参观不辍，至晚始归寓所。是日日记云："中国妇女，本罕出门，更无
论冒大雨步行于稠人广众之场。"为什么要这样做呢? 单士厘写道："今
日之行，专为拓开知识起见，虽踯躅雨中，不为越礼。"(3 月 20 日) 从
日本准备赴俄期间，单士厘绕道回狭石乡间省亲数日。从这几天的日记中
可以看出，她处处以移风易俗为己任，亦可看出国外生活对她的影响。如
4 月 3 日，到母舅家是"月夜步行"，这样做的目的是"特以步行风同里
妇女"; 4 月 5 日，接见男宾，谈女学事，"略举日本女学校教法告之"; 4
月 10 日，"李君兰舟家招饮，其太夫人率两女、一外孙女接待。席间谈
卫生事。因谆戒缠足，群以为然"。这些日记说明单士厘是一位蔑视封建
礼法、提倡文明开化的启蒙时期的知识女性。

　　但单士厘并不是一个数典忘祖的人，她深受中国传统文化的熏陶，深
知中国的精神文明中确有不可抹杀的优越性。比如在谈到中国"女学"
即女子教育问题时，她认为"论妇德，究以中国为胜"，为西方妇女所不
及，但中国的缺点在于完全没有认识到女学的重要性。单士厘在批评传统
观点把"妇德"看作"一物不见，一事不知之谓"的同时，对日本和西
方的女学进行了对比，认为"东国（日本）人能守妇德，又益以学，是
以可贵……西方妇女，固乏德操，但逾闲者究多。在酬醉场中，谈论、风

采、琴画、歌舞，亦何尝不表现出优美？然表面优美，而内部反是，何足取乎"（3月20日）。单士厘赞赏日本女学，而对西方女学持怀疑态度，这是很有见地的看法。对比之下，她对中国女学提出了厚望："苟善于教育，开诱其智，以完全其德，当为地球无二之女教国；由女教以衍及子孙，即为地球无二之强国可也。"（4月5日）单士厘认为中国女学的发展，应继承其优秀传统，在此基础上，开诱其智，成为国民。

## 三 反对殖民侵略，鄙视卖国者

单士厘通过对日本的考察，在肯定日本发展、进步的同时，又揭露了日本殖民主义者的侵略行径。单士厘旅行途经朝鲜釜山时，看到釜山的一切权力皆为日本人所掌握，而朝鲜人"除运木石重物及极劳极拙之事外，无他业"。又说，朝鲜土人出完一天苦力之后，"事毕以舟渡之归。舟小人多，不能容，日本人捽其发捺入舟底，彼两手护发，哆口而笑"。单士厘对朝鲜人民的遭遇寄予深切同情，对日本殖民者发出了内心的愤慨。同时又说："无教之民，其愚可叹，其受辱不知又可悲。"（4月27日）愚即受欺，单士厘希望朝鲜人民摆脱愚昧，奋发图强，实现国家主权的独立。

癸卯年（1903）正是日俄战争爆发的前一年，当时中国东北全境都是俄国的势力范围，而且日俄争夺日趋激烈。众所周知，清末，帝国主义国家在中国的势力范围内拥有很大的权力，清政府腐败无能，屈膝卖国。所以，当单士厘坐火车"由俄入华"时，看到海关大权不在华而在俄，"中国人在本国领土上仍须接受俄人检查"，十分愤慨，而且"不禁勃然发爱国心"（5月13日）。在横过西伯利亚大陆时，单士厘清楚地感到，俄国在中亚和远东经营的铁路，正如巨蟹双螯，目的是侵略我国东北（5月22日）。至于俄人在中国东北的侵略罪行，单士厘写道："自以海兰泡之杀我男妇老幼三千余人于一日，为最著称……辛壬以来，被杀一二命，见公牍于三交涉局者以百数，不见公牍者不知数；至于毁居室、掠牲畜，夺种植，更'小事'矣。"（5月10日）单士厘在以满腔爱国热情对帝国主义的侵略行径进行口诛笔伐的同时，又对那些媚外卖国、为虎作伥的官吏、土豪进行了无情的嘲讽和鄙视，如"满洲世职"恩祥、宁古塔副都统讷荫等。恩祥在哈尔滨"本鱼肉一方；自俄人来此，更加一层气焰"

（5 月 10 日）；讷荫在庚子年（1900）对沙俄侵占宁古塔不仅不作抵抗，反而为侵略者建"功德碑"，其卑鄙和无耻令单士厘极为鄙视，单士厘以冷嘲的口吻写道："讷荫满州世仆，其忠顺服从，根于种性。见俄感俄，正其天德。"（5 月 4 日）而对于在顺治十一年（1654）宁古塔都统沙尔呼达大败俄国犯兵一事，单士厘则无限感慨，深表敬仰（5 月 7 日）。

## 四　时代的孕育和家庭的影响

作为清末放眼世界的知识女性，单士厘在妇女、儿童解放、教育发展、国家前途命运等问题上的真知灼见，实为创榛辟莽，前驱先路，为后世所敬仰。

单士厘之所以能写成这部文学性很强的旅行日记，并在其中体现出极强的思想性，除个人素质外，尚有以下几个方面的原因。

第一，单士厘出身于浙江萧山一家书香门第，自幼受过严格的"诗古文"教育。由于家庭为之择婚严格，29 岁始嫁给钱恂，这使得她有较长的时间涉猎子史、玩习文辞，这就奠定了她的写作基础。婚后的单士厘在写作上一如既往，直到 80 多岁时还笔耕不辍。

第二，时代的影响。1899 年，单士厘第一次到日本，此时，中国的维新变法已告失败，但是维新运动中提出的开民智、兴学校、固国本等思想，给了她很大的影响。到日本后，看到日本明治维新的成功而出现的民富国强的局面，更使她羡慕不已，比较之下，嗟叹"墨守我邦"。可以说，是时代的潮流和发展趋势把单士厘推到了启蒙运动的浪潮中，并从而取得了巨大的成绩。

第三，丈夫钱恂的影响以及难得的"朝廷命妇"身份。钱恂（1853—1927），字念劬，"好治小学暨韵学"，是一个思想开通，于旧学新知都有了解的人物。钱恂的父亲钱振常，清同治间举人，曾任礼部主事。钱恂青年时即随薛福成等人出使欧洲，后来又到日本，1907—1908 年先后出任清政府驻荷兰和意大利公使。他身为清朝的外交官，思想上却接受了资产阶级民主观念的影响，曾于清末秘密加入光复会，并实际参加辛亥革命，当了国民政府的顾问。和单士厘结婚后，两人感情甚笃，外交事务中夫妇出双入对，相得益彰。可以说，单士厘既受到了钱恂思想的影响和支持，又因利乘便地发挥了她自己的思想。这一点还可以从钱恂对钱玄同的影响上找到佐证。钱玄同是钱恂的同父异母弟弟，比钱恂小 34 岁。钱玄同幼年丧父，于是便跟着哥哥钱恂读书，后又随钱恂到日本留学。钱玄同后来加入同盟会反清革命，民国初年成为新文化运动的闯将等，都在一定程度上受到了钱恂以及兄嫂单士厘的影响。

需要说明的是，单士厘只是启蒙时代的一颗明星，其思想中封建的成分还是很多的，这一点从《癸卯旅行记》的款式上便可以看出来。在该书付梓时，署名为"钱单士厘"，名字前加上夫姓，不知是出于对丈夫的尊重，还是封建的思想在作怪。另外，癸卯年为光绪二十九年，故日记中在时间上称"光绪二十九年×月×日"，既非按干支纪年，也没有按她所提倡的"格勒阳历"（通行的公历）纪年，而是采用了折中的办法，在"光绪二十九年×月×日"后的括号中加上了"阳×月×日"。这都说明了单士厘只是适应潮流，但并非革命的个性特点。

（原载《商丘师专学报》1999 年第 1 期）

# 论五四后梁漱溟在传统思想
# 现代化方面的局限性

　　五四运动后的 20 世纪 20—30 年代，为使传统思想现代化和西方思想中国化，梁漱溟在推崇宋明理学的同时，吸收了许多西方近代资产阶级思想来完善自己的理论。但就总体而言，梁漱溟所做的理论探索和实践运作，有很大的局限性，与中国的现代化思想相去甚远，倒是更多地表现了保守、落后和空想的成分。

　　关于现代新儒家在传统思想现代化方面做出的尝试，目前已有不少学者论及，有的认为现代新儒学的"文化保守主义"与现代化不是根本不相容，而是同样反映了对现代化道路的一种思考和抉择。作为现代新儒学开山的梁漱溟，在中国现代思想文化史上无疑具有重要地位。但就总体而言，五四后，梁漱溟在维护传统思想方面表现了宗教般的执着和热情。如果把他的思想仅仅表述为"文化保守主义"，似乎是远远不够的，以现代化为参照物，我们还不难从他的思想中发现空想、落后的东西来。

## 一

　　梁漱溟在回顾自己思想的形成过程时曾说："我曾有一个时期致力过佛学，然后转到儒家。于初转入儒家，给我启发最大，使我得门而入的，是明儒王心斋先生；他最称颂自然，我便是如此对儒家的意思有所理会。……后来再与西洋思想印证，觉得最能发挥尽致，使我深感兴趣的是生命派哲学，其主要代表者为柏格森。"[1] 由此可见，梁漱溟的思想来源主要是宋明理学与柏格森的生命哲学，是二者相结合、相印证的产物，并从而形成了他较为完整的思想体系。

---

① 《梁漱溟全集》第 2 卷，山东人民出版社 1990 年版，第 126 页。

如果我们把视线局限在梁漱溟的思想体系内去研究问题，我们不难发现他对传统思想的分析思考以及对传统的创造性改造。他曾表示不满于宋儒的禁欲主义，赞同戴震所主张的"仁义礼智不离乎血气心知"的观点及其对宋儒的批判，指出："自宋以来，种种偏激之思想，固执之教条，辗转相传而益厉，所加于社会人生的无理压迫，盖已多矣；有此反动（指戴震），实为好现象。"[①] 梁漱溟把柏格森的生命哲学作为"批判的武器"来改造阳明心学，从而给他的唯心主义思想赋予了现代生命，具有资产阶级的理论色彩。

但是，问题的关键是要走出梁漱溟所设计的城堡，去追寻一下外面的世界的发展变化，看一看那个时代需要什么，而梁漱溟是怎样回答的。在五四启蒙思想家高擎反封建、反孔学的旗帜，倡导民主和科学的高潮中，梁漱溟公然倡导走"中国的路，孔家的路"。他在《我的努力与反省》一书的《自述》中说他的《东西文化及其哲学》一书之所以产生，"实系问题逼出来也"。这一问题就是"《新青年》杂志之批评中国传统文化，非常锋利，在他们不感觉到痛苦……而我则十二分的感觉到压迫之严重，问题之不可忽略，非求出一解决的道路不可"。他到北大任教，就是怀抱着一种愿望，即是"为孔子为释迦说个明白，出一口气"。

在今天的讲义、教材和学者的论著中，我们对新文化运动的反对者诸如林纾、辜鸿铭、刘师培等的言行大加挞伐，而独独对于有完整思想体系的梁漱溟三缄其口，这不能不说是一种怪现象。

辛亥革命失败后，袁世凯称帝，张勋复辟，尊孔复古，倒行逆施，迷信盛行，整个思想界一时乌烟瘴气。《新青年》荡涤污浊，冲决罗网，朝着思想现代化的目标迈进。而在滚滚激流中梁漱溟却固守东方文化优越论，主观地断定中国当时的贫穷落后主要是由于丢掉或者说没有能够很好地认识和发挥代表儒家思想主流的积极层面的结果，认为使中国摆脱现实困境的出路有待于孔孟传统的重建。梁漱溟对于西方文化的偏见和对于中国传统文化的偏爱，导致了他思想的保守性、落后性。

明末清初，腐朽的封建社会内部已经出现了资本主义萌芽，反映在思想领域，有识之士对专讲性命义理的宋明理学进行了激烈的批评。徐光启对传统文化进行反思批判，对西方科学无限向往，表现了他的实用理性和

---

① 《梁漱溟全集》第 1 卷，山东人民出版社 1990 年版。

"格致"精神；顾炎武、黄宗羲、王夫之等对孔子和以孔子思想为核心的封建君主专制进行了抨击，提出踏实钻研、学以致用的学风。清朝乾嘉以后，尽管宋学死灰复燃，盛极一时，但随着鸦片战争的炮火也逐步走向穷途末路，从而一蹶不振。在鸦片战争的刺激下，林则徐、魏源在强调经世致用的同时又睁开眼睛看世界。之后，洪秀全、康有为、梁启超、孙中山等也是在积极地向西方寻找真理。历史的发展需要有识之士做出顺应潮流的举措。尽管梁漱溟也是在探索中国的出路问题，但相形之下已明显地表现出他言行的不合时宜。

# 二

在五四时期的历史舞台上，梁漱溟与胡适形成了鲜明的对照，两人分别是东方文化派和全盘西化派的主要代表人物，同时又分别开启了五四以后现代新儒学（玄学派）和实证主义哲学（科学派）两条不同的发展道路。

梁漱溟通过对中国、西洋、印度三方文化的对比分析，认为三方文化走的是不同的路向，从而形成了三种不同的文化形态。其中西方文化是"以意欲向前要求为其根本精神的"，"中国文化是以意欲自为、调和、持中为其根本精神的"，"印度文化是以意欲反身向后要求为其根本精神的"[①]。这种"三路向"说的文化观形成了梁漱溟的哲学本体论。他认为西洋文化所代表的第一路向走至今日已明显地显出"疲敝"，不久就将转入第二路向，并预言：世界未来文化就是中国文化的复兴，中国文化复兴之后将继之以印度文化复兴，于是古文明之希腊、中国、印度三派竞相于三个时期次第重现"一遭"。

分析梁漱溟"三路向"说的文化观，我们可以得出这样几点认识：第一，尽管他重视中国文化在世界文化中的地位和价值，但由于他过分强调文化民族性和对儒家道德伦理价值的极力推崇，使他持有一种保守的中国文化特殊论，从而导致他后来从事乡村建设，希图寻求一条由乡村入手、促进乡村现代化，又保有中国传统文化价值的改良主义道路。而中国历史发展的实践证明，这条道路在中国是行不通的。第二，他把世界文化

---

① 《梁漱溟全集》第 1 卷，山东人民出版社 1990 年版。

分为中、西、印三方并代表不同路向的文化轮回说是笼统而武断的。胡适曾指出：梁漱溟把复杂的文化问题套入一个"整齐好玩"的简单公式中，是"客观的文化轮回说"①。冯友兰对梁漱溟的三大文化系统说也有批评，认为"梁漱溟先生以为各民族，因其所走的路径之不同，其文化各有特征"，事实上，"人类之生理的构造及心理，根本上大致相同，所以各种所能想得到的理想人生，大概各民族都有人想到，所差异只在其发挥或透彻，或不透彻，在其民族的行为——历史——上或能或不能有大影响而已。"② 总的来看，梁漱溟对人类文化的分析并没有历史学和人类学的依据，只是一种主观的文化比较学。其实，中、西、印三方所经历的文化发展途径大体上是一致的，只不过"环境有难易，问题有缓急，所以走的路有迟速的不同，到的时候有先后不同"③ 而已。我们说，"轮回说"是对传统文化的回归，没有现代化可言，而历史的发展不仅需要中国同样也需要印度走科学化和民主化的道路。第三，梁漱溟发挥了儒家思想中的"反求诸己""向内作工夫"的人生原则，反对功利主义的生活态度，并用生机主义的观点加以发挥阐扬，认为符合生命本性的生活态度是依靠直觉。他说："人自然会走对的路，原不须你操心打量的。遇事便当下随感而应，这随感而应通是对的。要于外求对是没有的。"又说："完全听凭直觉活动自如，他自能不失规矩，就谓之'合天理'。"④ 梁漱溟完全赞同宋明理学的"无欲"主张，他说："宋儒无欲确是有故的，并非出于严酷的制裁，倒是顺着自然把力量扯开，使其自然的自己去流行"，"宋明人常说：'寻孔颜乐处'，那是不差的。他只是顺天理而无私欲，所以乐，所以无苦而只有乐。"⑤ 在梁漱溟看来，直觉的生活乃是一种超功利的"无所为而为"的生活，只有这种生活才有真正的道德可言。梁漱溟的名言是："我们的幸福乐趣，在我们能享受的一面，而不在所享受的东西上——穿锦绣的未必便愉快，穿破布的或许很乐。"⑥ 更重要的不在于外

---

① 胡适：《读梁漱溟先生的〈东西文化及其哲学〉》，《胡适文存》二集，黄山书社 1996 年版。

② 《冯友兰集》，群言出版社 1993 年版，第 118、119 页。

③ 胡适：《读梁漱溟先生的〈东西文化及其哲学〉》，《胡适文存》二集，黄山书社 1996 年版。

④ 《梁漱溟全集》第 1 卷，山东人民出版社 1990 年版。

⑤ 同上。

⑥ 同上。

在的物质生活条件，而在于生活者内在的体验、情趣和感受。对于儒家一贯倡导的这种人生哲学，鲁迅曾辛辣地加以嘲讽，称之为"精神胜利法"和"国民劣根性"，痛心地表示"哀其不幸，怒其不争"。可以看出，梁漱溟将至上的幸福完全建筑在主观精神之上，这就割裂了物质与精神的关系，也充分体现了他的唯意志论的世界观，他所提倡的无为、无欲、顺应天理的观点，实际上与传统儒学的"存天理，灭人欲"有异曲同工之作用，这就扼杀了生机，抑制了人们的生活追求，在历史重负比较严重的中国，很显然起到稳固封建思想的作用，无法实现传统思想向现代化转变。

当然，我们也应该看到，在五四时期特定文化背景和历史条件下，梁漱溟强调中西文化的区别和维护传统价值的观点又不能不受到汹涌而至的西方思潮的影响，在此情况下，他试图以柏格森哲学为武器来改造宋明理学，从而使他的有关"生命"和"直觉"的概念都打上柏格森哲学的烙印，并从而开创了"以洋释儒"的学风。但是，在梁漱溟的思想中，中西哲学的融合还缺乏一定的理论自觉，常常表现出拉杂附会、一些不尽相同乃至相互矛盾的思想被不加分析地组合在一起。

## 三

梁漱溟说他毕生关心两大问题，一是人生问题；二是社会问题。对于中国社会的认识，他用八个字来概括，即"伦理本位，职业分立"。他并且认为中国的出路是建设乡村。

梁漱溟的"伦理本位"思想带有明显的封建色彩，与传统儒家的君臣、父子、亲亲、治国、平天下等没有太大的差别，在他看来，伦理高于一切，凌驾于政治、经济之上。关于"职业分立"，梁漱溟否认中国有阶级的对立，认为中国没有贫富、贵贱之差，只是职业的不同，并进而认为中国没有革命的必要。他说，近几十年的维新运动、革命运动种种自救运动，不仅根本破坏了旧有的秩序，而更严重的破坏是在人生态度上。又说，"我们必须把握着中国问题所在，而后才有工夫好作。中国问题在哪里？有人说在'帝国主义'；又有人说在'贫、愚、弱、私'，这二说都不正确"，"中国问题并不是什么旁的问题，就是文化失调"。① 很显然，

---

① 《梁漱溟全集》第 2 卷，山东人民出版社 1990 年版。

梁漱溟的观点是落后甚至错误的，他否认马克思主义的阶级斗争学说，反对革命，为帝国主义侵略和封建势力压迫开脱罪责，认识不到中国问题的实质所在，在客观上所起的作用是不好的。

那么，中国的出路何在呢？他断然宣称：欧洲近代资本主义的路走不通，俄国共产党的路也走不通，中国的出路只有在乡村。他企图以搞乡村建设来从根本上解决中国文化的复兴和中国民族的自救。

有论者说，梁漱溟的乡建理论和实践体现了一个爱国知识分子的忧患意识与爱国热忱。笔者认为，这只是问题的一个方面，有对梁漱溟乡建活动主观拔高之嫌。

不可否认，乡建也是一种救国方案，它体现了深受传统文化熏陶的中国知识分子对民族前途和人类发展方向的探索精神。梁漱溟认为中国存在的根本问题是文化失调，复兴农村的工作必须立足于文化建设。随着五四及其以后西学东渐，传统文化的固有模式进一步遭到破坏，梁漱溟于是以儒家为阵地做出了反应。1924 年，他怀着"兼济天下"的强烈愿望和"非替社会问题拼命到底不可"的决心，"百牛莫挽"，从学苑走向社会，开始了从事办学、乡村建设研究和实践的生涯。可以看出，梁漱溟精心设计的以儒学为指导思想的复兴民族、建设国家、解决中国问题的整套方案是一幅救国救世的宏伟政治蓝图。

但是，梁漱溟乡村建设理论和实践的深层内涵却是平庸得很。除了人所共知的它是一条失败的道路之外，它的空想性、落后性也显而易见。

首先，乡建活动是一条舍本逐末的社会改良。梁漱溟认识到中国农村的广大，把中国复兴的希望寄托在农村，这一认识是很符合中国实际的。但关键问题是用什么理论、方式去实现中国农村的变化发展，在这一点上梁漱溟从理论到实践都无积极性可言。他没有认识到中国社会的主要矛盾，而是在承认国民党统治的前提下，依靠地方军阀搞乡村建设，这不仅是一条改良道路，同时也是不能成功的。

其次，梁漱溟的乡建活动是针对共产党领导的农民运动的。他搞乡建的目的一是要和共产党争夺青年，二是与共产党争夺农民。他曾说"中国农民运动必不可少"，"谁若忽视农民运动，便是不识时务"，"要想消除共产党的农民运动，必须有一种农民运动起来代替才可以"，而乡村建设"除了一面从地方保卫上抵御共产党外，还有一面就是我们这种运动实为中国农民运动的正轨,可以代替共产党。"①

再次,在梁漱溟的理论构想中,乡建活动所要达到的社会是所谓"最富于理想的社会",这种社会以伦理情谊为本源,以中国的"老道理"为根本精神,即以"五伦"为整个社会的行为规范;同时主张消极无为,抑制人欲,把"义"和"利"对立起来,反对功利思想。这不仅使梁漱溟乡建活动带有浓厚的封建色彩,而且也是一幅空想的蓝图。

复次,梁漱溟否认阶级斗争,反对革命,反对从根本上解决农民的土地问题,主张局部调整和一点一滴的改良,这同共产党开展得如火如荼的土地革命形成鲜明的对比,这就使得他的所谓复兴农村只能是不切实际的徒劳之举。

最后,乡建活动实际上是 20 世纪 20 年代盛极一时的"自治"运动的余波和延续。梁漱溟企图走介于共产党和国民党之间的道路,但由于实际运作中的种种困难,他同国民党及其地方政权又保持着密切的关系。而乡建活动的"自治"性又为国民党政权所不容,所以,1930 年秋,当蒋介石占据了河南之后,首先关闭了梁漱溟热心支持的河南村治学院,并在1933 年以所谓"土匪"的名义击毙了梁漱溟在河南的亲密同事彭禹廷。梁氏在山东的事业虽然曾有韩复榘做保护伞,但在最初的几年却得不到国民党中央的批准和支持。

# 四

梁漱溟在传统思想现代化方面的表现,概括地说仍是中体西用观。

梁漱溟早年加入同盟会,投身辛亥革命,当过记者,做过北洋政府司法部秘书。1917 年"恰值新思潮发动前夕",他应蔡元培之聘,到北京大学执教,整个五四时期都在讲坛上度过,其间主要从事佛学、儒学和东西文化比较研究,思想日臻成熟。在五四时期反传统和西化浪潮的高峰中,他以宗教式的执着和热情起来卫道,"在思想的大本营,树起儒家旗帜"。但梁漱溟又不同于一般的抱残守缺的封建士大夫,他关心国事民瘼,感受敏锐,思想开阔,富有创新精神。他根植于 20 世纪的中国现实和学术的土壤,继承发扬孔孟之道,以之为中国思想文化的根本精神,并以它为主

---

① 《梁漱溟全集》第 2 卷,山东人民出版社 1990 年版。

体来吸收西方近代思想，寻求当代中国社会政治、经济文化的现实出路。

梁漱溟为使传统思想现代化，吸收了许多西方近代资产阶级思想来完善自己的理论。他不仅用俄国无政府主义思想家克鲁泡特金的"互助论"附会孔子的调和思想，而且宣扬柏格森的生命哲学，将孔子描绘成生命主义者。此外，他还大量引证罗素、杜威等人的有关论述，从而奠定了乡建理论的哲学基础。对于西方文明的两大成果——民主和科学，梁漱溟主张"全盘接受、根本改过"。这实际上是移西方文明之花，接儒家文化之木，建设"中体西用"的新社会。

总的来看，与现代新儒家中冯友兰、熊十力、牟宗三、唐君毅等人相比，在传统思想现代化和西方思想中国化方面所做的探索和贡献中，梁漱溟思想中更多的是保守落后甚至错误的成分。对于他思想中的文化保守主义的实质、中体西用的基本态度、唯心主义的历史观和道统论、高扬道德理性的伦理主义，以及攻击五四运动、反对马克思主义等，我们必须指出，而不能为其隐讳。

（原载《郑州大学学报》2002 年第 3 期）

# 对刘师培无政府主义思想的再认识

刘师培是20世纪初鼓吹和传播无政府主义的重要理论代表之一，其观点熔无政府主义与中国传统文化于一炉，表现出了与其他无政府主义流派不同的特点。刘师培的最高理想是建立一个"完全平等的无政府乌托邦"，这既是一个空想社会主义的蓝图，同时又提出了许多新鲜而独到的见解。今天重新研究，仍能给我们以很多启示和教益。

在近代中国各种社会思潮中，无政府主义无疑是一个比较重要的流派，其传播时间之久，影响面之大，实非其他流派所能比拟。其中以刘师培为代表所宣扬的共产无政府主义，以其活动时间短、言论激烈、思想独特、影响大而在中国近代思想史上占有重要地位。号称"激烈派第一人"的刘师培，特立独行，36岁的短暂人生留下了一串不同寻常的脚印，也留下了令后人诉说不尽的话题，他和他的妻子何震所鼓吹的无政府主义便是见仁见智，他们的观点今天重新思考仍有着重要的意义。

一

1907年春，年仅24岁的刘师培携妻子何震东渡日本，应章太炎之邀担任《民报》的编辑。6月10日，刘师培与何震创办《天义》半月刊，宣传无政府主义。1908年11月，刘师培回国，投入端方幕府，对无政府主义的宣传鸣金收军。

在1907年之前，刘师培是一个激烈的民族主义者，他在《警钟日报》《中国白话报》《国粹学报》上发表文章，鼓吹革命排满复汉，并改名"光汉"，著作《攘书》，后又加入同盟会，表示"攘除清廷，光复汉族"的决心。刘师培的政论文章，既有书卷气，又有时代感，在一些问题如解决农民问题的理论深度上胜过章太炎和孙中山。但刘师培到日本后却迅速转向了无政府主义。刘师培由民族主义者转变为无政府主义者，既有外力作用，又有他对当时中国乃至世界形势的认识分析，同时也掺杂有个人私欲。

第一，受日本无政府主义思潮的影响。

日本是中国人最初接触西方无政府主义思想的"中转站"。1902 年上海广智书局发行《俄罗斯大风潮》一书，译者马君武作序介绍说，无政府主义是一种"新主义"。同年商务印书馆出版《社会主义广长舌》一书，其中《无政府主义之制造》一章为日本早期社会主义者幸德秋水所作。1903 年上海出版《无政府主义》一书，是由张继根据日文书刊中无政府主义思想资料编译的。可以看出，中国人最初接触无政府主义，是受"中转站"日本情况影响的。

刘师培在去日本之前，张继已在东京与日本一些受无政府主义思想影响的活动家建立了联系。刘师培到日本后，结识了东京的社会党人北辉次郎与和田三郎。8 月底，与张继等人模仿日本具有浓厚无政府主义思想色彩的组织"金耀（星期五）讲演会"形式，发起成立"社会主义讲习会"，声称："吾辈之宗旨，不仅以实行社会主义为止，乃以无政府为目的者也。"① 对此，无政府主义的另一个理论家和活动家刘师复后来曾说："当中国未革命之前，人民言论行动绝对不能自由，故凡革命党多必避居于东西各国，以是之故，得吸收各国社会主义无政府主义之思想而转贩于国人。……在留日本之张继、刘光汉等发起'社会主义讲习会'，与日本党人幸德秋水辈游，是会不但研究社会主义，实研究无政府主义者也"②。"社会主义讲习会"这个小型而短期（只举办六七次）的组织无严格入会手续，以召开研讨会、宣传无政府主义为主要活动内容，以《天义》半月刊作为宣传无政府主义的阵地。

《天义》半月刊共出 19 期，被查封后 1908 年 4 月在澳门另出《衡报》。刘师培创办的"社会主义讲习会"和一刊一报在东京的革命党人和留学生中产生了极大的影响，它与远在巴黎的《新世纪》一起，成为 20 世纪初期中国无政府主义思想的传播中心，刘师培是这一传播中心的当然的理论代表。从此，刘师培把绝大部分精力投入无政府主义思想的研究和

---

① 公权：《社会主义讲习会第一次开会记事》，《天义》第 6 期（1907 年 9 月 1 日）。参见张枬、王忍之编《辛亥革命前十年间时论选集》第 2 卷下册，三联书店 1963 年版。

② 刘师复：《致无政府党万国大会书》，《民声》1914 年 6 月 27 日第 16 号。

宣传中去。

日本社会党人主张"直接解决"，而且对无政府主义的宣传如火如荼，流派纷呈，一幅幅美丽而缥缈的蓝图令刘师培激动不已，于是迅速卷入了无政府主义的滚滚洪流中去。

第二，对资本主义世界的重新认识。

1907 年 6 月 4 日，日本足尾铜山的矿工举行大罢工，后发展成暴动，震动日本朝野。其后的一年里，日本又相继发生罢工斗争 50 多起，这对于来日本探求救国救民的真理的刘师培来说，是一个强烈的刺激。他意识到，日本也并非美好的天堂。而西方国家又怎样呢？19 世纪那些浪漫的启蒙思想家所预言的理想国并没有实现，他们热情歌颂的资产阶级走了样，变了味。此时西方资本主义已过渡到帝国主义阶段。他们的政府与国民之间的对抗与矛盾，更为激烈、尖锐。仅 20 世纪最初 5 年，德国每年就要发生大小罢工 1400 余次；法国每年的罢工人数达 100 多万。对这些事实有了基本的了解之后，刘师培渐渐从最初对资本主义的怀疑走向不满甚至是绝望，尤其是在他结识了北辉次郎、和田三郎，开始接触无政府主义思想以后，这种情绪就更为激烈。刘师培认为资本家是道德最腐败的人，他们独占生产机关，榨取工人剩余价值，资本家是造成人民贫困的根源所在。从此开始，他的思想为之一变，对大多数人依然向往的资本主义世界展开了猛烈的攻击。

第三，世纪之交的价值取向。

19、20 世纪之交，中国正经历着一次重大的社会、文化转型。西学东渐，"国粹"式微，思想者都在焦虑地选择。当年魏源提出"师夷长技以制夷"时，如空谷足音，无人喝彩；如今则是醉心欧化者满街跑。但西学由于未能与中国传统文化积极整合，而成为逾淮之橘。《国粹学报》时期的刘师培就极力反对盲目欧化，而致力于传统文化的现代化工作。在民族出路这个政治革命大问题上，许多"先进"的中国人做着移植西方资本主义大树的梦。而此时来到日本的刘师培，对资本主义制度有了更为直接的体验和认识，发出了批判的呼声。这对于那些仍在做梦的人来说，无疑是一贴清凉剂。但是刘师培与当时大多数学者一样，缺乏辩证的观点，在对待中国资产阶级的态度上，犯了教条主义的错误，没有认识到资本主义在历史上的进步性和在中国的必要性。他在《论中国资产阶级之发达》一文中说："中国自今而往，资本阶级之势力必步欧美、日本之后尘"，所以武断地得出了"抵抗资产阶级，固当今之急务"的结论。最后，像大多数狂热的无政府主义者那样，性格本来就浮躁，又好出风头的刘师培喊出了要"杀尽资本家"的极端口号。正是在这个原则性的问题上，刘师培与孙中山发生了严重的分歧。

第四，功利主义的思想根源。

在中国近代史上匆匆走完 36 年行程的刘师培，不论是在学林或者在政坛，都留下了一串深深的脚印。透过这串脚印，我们可以发现刘师培在政治上的特点是"善变"，是功利主义的人生观。这个文坛巨子、政界的浪子，既得聪明益，又被聪明误，加上还有个行为同样奇特的妻子何震，其思想的错综复杂性便显而易见。刘师培世传家学，有"中国卢梭""国学大师"之誉，在反清革命的大潮中，他又自称"激烈派第一人"，所以，"党人咸尊礼之"①。务名与好利是相通的，只是在清廷的高压政策下，革命的"美名"与实利一时尚难联结。但到东京进入同盟会总部之后，情况便不同了。刘师培开始感到有朝一日革命成功，革命的"功名"未尝不能换取利禄。因此，甫到日本，他便一方面运动陶成章，"使为己用，已高其名"②；而且另一方面积极为章太炎、张继等人因铃木久五郎助款事掀起的倒孙风潮推波助澜，并趁机要求改组同盟会本部。他援引日本人北辉次郎、和田三郎为本部干事，目的想自己当同盟会领导人。这完全暴露了他的政治野心。由于他提议改组同盟会攘夺干部职权之策未能得逞，于是"渐有异志"③。在夺权失败之后，刘师培转而鼓吹无政府主义，已非偶然了。由此，我们也可以看出，刘师培以后变节投靠端方以至于名列"筹安会"助袁称帝，由激烈而颓废而变节，也就不足为奇了。

# 二

刘师培最先接受的是德国小资产阶级思想家麦克斯·施蒂纳的个人无政府主义，希望在中国建立一个"人人呈个性"的政府。但很快他就意

---

① 陶成章：《浙案纪略》，载汤志钧编《陶成章集》，中华书局 1986 年版。
② 同上。
③ 冯自由：《记刘光汉变节始末》，《革命逸史》第 2 集。

识到，让现在的人离群独立是做不到的。在对施蒂纳无政府主义怀疑和否定之后，他对俄国大作家列夫·托尔斯泰的消极无政府主义有过研究，曾说："欲改革中国重农之俗而以工商立国者，不可不读托尔斯泰的著作。"但他又不能完全同意托尔斯泰对近代物质文明的否定，他认为，在有政府的社会里，物质文明是掠夺平民的工具，而在无政府无阶级的社会里，"物质文明日进，则人民愈便利"。刘师培经过比较研究，最后接受了克鲁泡特金的共产无政府主义。

克鲁泡特金是俄国很有名望的地理学科学家，同时又是一个与沙皇专制势不两立的政治活动家，他以其颇有影响的"互助论"，构建无政府主义的思想。他认为，"互助"是人类天生的本能。在没有权威、没有权力的地方，人类也能依靠这个本能的作用维持和平的社会生活。因而，没有国家和没有任何权力支配的社会不仅是完全可能的，而且将此存在国家和权力支配的社会更完美、更理想。克鲁泡特金最终要实现的是"以自由结合之团体代现今之国家政府，以共产之制代现今财产私有之制"。刘师培接受了克鲁泡特金的观点，认为这一主义最适合于中国。而且可贵的是，刘师培没有照搬，盲目崇拜，而是根据对中国现实社会的考虑研究，进行了自己的创造。

刘师培的最高理想是建立一个"完全平等的无政府乌托邦"。他的乌托邦包含有以下几项内容。

第一，以人类完全平等为最高社会理想。

刘师培认为人类有三种权利，即平等权、独立权和自由权，三权之中，平等权最为重要。独立、自由二权，以个人为本位；平等权则是为人类全体谋幸福。他说："无政府主义虽为吾等所确认，然与个人无政府主义不同，于共产、社会二主义均有所采。惟彼等所言无政府，在于恢复人类完全之自由；而吾之言无政府，则兼重实行人类完全之平等。"[①] 并认为《天义》半月刊的出刊即是"以破坏固有之社会，实行人类平等为宗旨"[②]。这一点是刘师培与其他无政府主义者不同的地方。在此之前，几乎所有的无政府主义者都鼓吹以个人的"完全自由"或"绝对自由"为

---

① 申叔：《无政府主义之平等观》，《天义》第 4、5、7 期（1907 年 7 月 25 日、8 月 10 日、9 月 15 日）。见《辛亥革命前十年间时论选集》第 2 卷下册。

② 《〈天义报〉启》，《复报》1907 年 10 月第 10 期。

最高原则，而刘师培以"人类平等"为最高社会理想的观点，在当时是极其新鲜大胆的创举。

第二，废兵、废财，实行"共产"。

刘师培有一篇很有名的文章《废兵废财论》（《天义》第二期，1907年6月25日出版），其中有"于民生日用之物，合众人之力为之，即为众人所公用"之语。在另一篇文章《人类均力说》中又说："凡所制之器，置于公共市场，为人民所共有"，"凡吃的、穿的、用的，都摆在一个地方，无论男人、女人，只要做一点工，要哪样就有哪样，要多少就有多少，同海里挑水一样"。可以看出，刘师培设想的既是一幅美妙的空想社会主义蓝图，又近乎痴人说梦。

第三，人类均力说。

"人类均力说"的指导思想是平等原则。在这方面，刘师培设计得很细微周到。为了消除脑力劳动与体力劳动的差别，消除因劳动内容不同而造成的出力不平均，刘师培提出消灭"分业社会"，实行"均力主义"。他极力推崇中国古代农家代表许行的"并耕说"，并在并耕说的基础上加以充实、修补。在他的乌托邦里，"人人为工，人人为农，人人为士"，而且"人人不倚他人，人人不受役于他人"，真正实现"权利相等，义务相均"。具体实施办法是："人民自初生以后，无论男女，均入栖息所；老者年逾五十，亦入栖息所，以养育稚子为职务。"在21—50岁[①]：

### 二十一龄至三十六龄做工表

| 二十一 | 二十二 | 二十三至二十六 | 二十七至三十 | 三十一至三十六 |
|---|---|---|---|---|
| 筑路 | 开矿伐木 | 筑室 | 制造铁器、陶器及杂物 | 纺织及制衣 |
| 业农 | 同 | 同 | 同 | 同 |

### 三十六龄以后做工表

| 三十七至四十 | 四十一至四十五 | 四十六至五十 | 五十以后 |
|---|---|---|---|
| 蒸饪 | 运输货物 | 工技师及医生 | 入栖息所任养育幼童及教育事 |

---

① 参见申叔《人类均力说》，《天义》1907年7月10日第3期。见《辛亥革命前十年间时论选集》第2卷下册。

刘师培这种取消一切分工，一律按年龄来轮换工种的设想，很显然是受了法国傅立叶空想社会主义学说的影响，但傅立叶是本着民主的原则以个人兴趣为出发点，而刘师培则强制性地以年龄为标准。

第四，均田说。

刘师培非常关注农民问题，在其文章中对农民的悲惨处境，予以关切和同情。他说："近代以降，则无田之民，实居多数，有田者十之一，为人佃者十之九，以致田主愈富，佃者愈贫，偶罹水旱之忧，则逃亡失所。"① 所以提出没收地主土地，使农民获得土地。而办法是组织农民协会，举行武装起义，推翻反动统治阶级，摧毁封建土地制度，实行耕者有其田。均田说是刘师培无政府主义的一项重要内容，尽管在当时无法实现，但其"没豪富之田，以国民所共有"之主张，应该说是进步的。

第五，推广世界语。

世界语（Esperanto）也叫万国公语，刘师培是中国最早宣传世界语的学者。他认为语言不同是实现共产无政府的障碍之一。因此，为了能在国与国、民族与民族之间的界限消失从而实现世界大同之后进行语言交流，刘师培极力提倡学习世界语。他兴致勃勃、认认真真。招收学员，开设讲习班，事必躬亲，坚持不懈。刘师培举办的世界语讲习班开设了近半年时间，听者甚众，一时形成了学习世界语的热潮。刘师培是从建立共产无政府社会的立场出发来提倡世界语的，但他却启发了其他知识分子从事中国语言文字的改革研究工作，直到五四运动前后，陈独秀、鲁迅、周作人、刘半农、钱玄同等还在积极讨论与倡导。

# 三

刘师培作为在日本传播无政府主义的主要代表人物，以过激的言辞主张最彻底的革命，要求掀起平民大革命，扫荡整个旧社会。《天义》半月刊上刊载的文章文字犀利，血泪交加。他似乎以广大被压迫群众代言人的身份，发表言论，倡导平等自由，反对特权统治，所有这些，在当时都是有进步意义的，对于促使人们从封建愚昧中觉醒过来，发挥了应有的作用。

---

① 申叔：《论女子劳动问题》，《天义》第 5 期。

　　刘师培无政府主义与其他无政府主义流派相比，有其独到的特点。

　　第一，国粹派特色。

　　刘师培熔无政府主义思想与中国传统文化于一炉，他有时称老子为无政府主义的发明家，有时赞成许行的并耕说，有时又试图用儒家、道家思想阐释近代西方的无政府主义。他认为："儒、道二家之学说主于放任，故中国之政治主放任而不主干涉。……名曰有政府，实与无政府无异。"①他推崇西汉末年萧望之、匡衡、贡禹诸人抑制豪民的思想，认定削富民之特权正合无政府主义之主张。他推崇魏晋时期信奉老庄思想的鲍敬言，称鲍敬言的"言无君"思想"与无政府之说同"②。声称无政府主义"在欧美各国为理想之谈，然中国数千年来，行无政府之实，今也并其名而去之，亦夫复何难之有"，"由是以观，则实行无政府主义，以中国最易，故世界各国无政府，当以中国为先"。③尽管刘师培的这些分析并不符合中国的实际情形，但将近代西方无政府主义思想融解于传统中国思想文化之中的思路，颇合一般"西学中源"的习惯，既迎合了当时社会对西学的接受心理模式，对无政府主义在中国的传播又有化解疑惑的作用。

　　第二，关注农民问题。

　　刘师培非常关心中国农民的命运，在《民报》第 15 期所登载的《悲佃篇》，长至六七千言，详尽地描绘了历代土地制度的不合理和佃农受尽剥削的苦痛。他通过历史事实的叙述，提出铲除人世间不合理的封建剥削制度，必自没收地主阶级的土地始；欲达到此目的，又必靠农民起来革命。刘师培首先发起了一个叫"农民疾苦调查会"的组织，开始了对中国农民问题的研究。几个月后，《天义》《衡报》上便陆续发表了一批形式新颖的调查记，诸如《贵州农民疾苦调查记》《四川农民疾苦谈》《山西佃农之疾苦》《山东沂州佃农之苦》《皖北佃农之苦》等，还发表了一些像《四川工人之悲苦》这样的中国早期工人生活状况的调查记。在对农民及其对全面地主调查研究的基础上，刘师培号召广大农民起来革命，

---

　　①　公权：《社会主义讲习会第一次开会记事》，《天义》1907 年 9 月 1 日第 6 期。见张枬、王忍之编《辛亥革命前十年间时论选集》第 2 卷下册，三联书店 1963 年版。

　　②　刘师培：《鲍生学术发微》，《天义》1907 年 10 月 30 日第 8、9、10 期合册。

　　③　震、申叔：《论种族革命与无政府革命之得失》，《天义》第 6、7 期（1907 年 9 月 1 日、9 月 15 日）。

"豪富之田，不可不籍。然欲籍富豪之田，又必自农人革命始"①。他认为："中国人民仍以农民占大多数，农民革命者，即全国大多数人民之革命也。以多数抵抗少数，收效至速。"道出了农民改革的可能性和胜利的信心。在进行农民革命的策略上，刘师培提出了"两步走"的设想。第一步，在中国革命刚开始时，农民先要摆脱地主和国家的羁绊，实行完全的"个人私有制"；第二步，革命成功后，实行"共产制"。而农民摆脱地主和国家的羁绊方式有二：一是抗税，二是抢粮。两种革命方式之外，还可以实行"总同盟罢工"。

刘师培的这些思想既建筑在对中国历史上农民起义的肯定性分析之上，如"试观中国之历史，则陈涉起于佣耕，刘秀起于力农……所率均农民，此固彰彰可考者矣"；同时又明显受到巴古宁、克鲁泡特金无政府主义的影响。现在看来，刘师培提出的农民革命的主张，对农民革命力量的重视、革命分两步走的策略以及组织农民协会、组织工人运动等，在当时是具有进步意义的。可以说，在对待农民问题上，刘师培比孙中山、章太炎等都高明进步得多。刘师培的这些观点与实践，给那时关心中国命运的青年人以巨大的启示；从某种程度上说，刘师培的这些努力，预示了中国革命前进的方向。

第三，介绍马克思主义。

像大多数中国的早期民主主义知识分子一样，刘师培还认识不到无政府主义与马克思主义的区别，而是视马克思主义为社会主义流派之一加以介绍和宣传，刘师培曾说："社会主义多与无政府主义相表里"，"社会主义必有趋向无政府主义之一日，若徒执社会主义，而排斥无政府主义，此则偏于一隅之见耳"。正由此，刘师培在宣传无政府主义的同时，介绍马克思主义。《天义》和《衡报》上都常发表过一些介绍马克思主义的译文，如恩格斯 1888 年为《共产党宣言》英文版写的序言，《共产党宣言》第一章、第二章，以及《家庭、私有制及国家的起源》一书中个别段落，并宣传过马克思主义阶级斗争学说、唯物史观及剩余价值学说。当然，刘师培立足于无政府主义立场，并不赞成马克思的国家观及无产阶级专政理论，但他对马克思主义的介绍，无论是数量还是水平而言，在 20 世纪初中国同类报刊中是名列前茅的。有论者说："根据《天义报》曾发表刘师

① 韦裔：《悲佃篇》，《民报》1907 年 7 月第 15 期。

培的《〈共产党宣言〉序》推测，在我国出现的《共产党宣言》第一份中译本，很可能是刘师培组织翻译并刊行的，可惜至今没有找到译本做证。但无论刘师培、何震夫妇的动机如何，他们至少使中国人进一步粗略得知马克思主义的学说，在这点上功不可没。"①

第四，倡导妇女解放。

把妇女解放与无政府革命联系在一起，这个特点与何震的加入有关。《天义》上曾刊登了刘师培的《毁家论》《无政府主义之平等观》以及何震的《女子解放问题》等一系列文章，愤怒地叙述了女子遭受的各种压制，呼喊女子觉醒，并立足于无政府主义关于人人绝对平等的观念，提出女子在政治、经济、文化教育等各方面享有平等权利的要求。何震认为："数千年之世界，人治之世界也，阶级制度之世界也，故世界为男子专有之世界，今欲矫其弊，必尽废人治，实行人类平等，使世界成为男女共有之世界，欲达此目的，必自妇女解放始。"② 刘师培则发出了"今日欲从事社会革命，必自男女革命始。"③ 有论者说："平情而论，刘师培与何震，名为夫妇，情如狮羊，就现有材料看，何震在婚后宣称与刘师培'男女平等'是假，以传统的'河东狮吼'是真。"④ 众所周知，刘师培夫妇去日本时，随去的还有何震的姻弟汪公权。汪公权是何震的情夫，到日本后，他们同租一处合住，汪公权还公然无视刘师培的存在而与何震双飞双行。但无论如何，刘师培、何震的妇女解放观是近代妇女解放史上一个重要环节，占有一席之地，他们反对封建的精神，启蒙、探索的意义不可低估。如不这样理解，就不能完整地把握近代妇女解放的历史全貌。

# 四

刘师培是中国早期无政府主义思潮的重要代表人物，以其当时 24 岁的年龄站在了中国思想界的前沿。他所鼓吹的无政府主义，很多思想起到了前驱先路的作用，对中国思想界影响很大。在日本，"是时东京之中国留学生数以万计，张（继）刘以著名之革命党，提倡斯道，以故留学生

---

① 朱维铮：《刘师培的脚印》，见《音调未定的传统》，辽宁教育出版社 1995 年版。
② 震述：《女子解放问题》，《天义》第 7、8—10 期合册。
③ 汉一：《毁家论》，《天义》第四期。
④ 朱维铮：《刘师培的脚印》，见《音调未定的传统》，辽宁教育出版社 1995 年版。

社会中，对于社会主义无政府主义诸名词，颇耳熟而能详"①。刘师培创办的"社会主义讲习会"邀请了当时研究无政府主义的著名学者章太炎、陶成章等作讲演，故吸引了许多留学生参加。在早稻田大学读政治本科的李大钊正是在刘师培的影响下接触各种社会主义思想，开始研究马克思主义的。刘师培关于农民革命、视农民为革命动力的观点，既是对孙中山等不重视农民运动的否定与批判，同时又为后来共产党人从事农民运动提供了借鉴。当然，由于刘师培主张废除政府，尽快消灭国家，唯恐资产阶级革命爆发建立共和制度而难以实现无政府主义，这样，在对待清政府的态度上便发生了转变，卷起了排满革命的旗帜，一再鼓吹清政府"名曰专制，实与无政府主义无异"，并说"维新不如守旧，立宪不如专制"②，把斗争矛头对准资产阶级共和国方案，在同盟会内部经常挑起事端，企图改变同盟会的性质，由无政府主义思想取而代之。这样，刘师培最终走向了革命的对立面。

（未刊稿，写于 1997 年）

---

①　转引自高军、王桧林、杨树标主编《中国现代政治思想史评要》，华夏出版社 1990 年版，第 69 页。

②　申叔：《论新政为病民之根》，《天义》第 8—10 期合册。

# 钱玄同研究

# 生活在我们身边的钱玄同

钱玄同（1887—1939）是著名物理学家、"两弹一星"元勋钱三强的父亲，还是中国近代著名的语言文字学家、教育家，五四新文化运动的弄潮儿。他关于语言文字的改革意见，对于我们这些读书人来说，备感亲切，感到钱玄同就生活在我们的身边。

## 一　我们都写白话文

一般来说，在今天，人们不怎么使用文言文，要把意思表达明白，白话文的作用非常明显。钱玄同就是近代中国提倡白话文的代表之一。

1917 年 1 月，时在美国留学的胡适向《新青年》投稿，提出"文学革命"的意见，这就是著名的《文学改良刍议》。2 月，陈独秀在《新青年》发表《文学革命论》，与胡适遥相呼应，五四新文学革命从此发端。胡适和陈独秀的文章中一个很重要的内容就是反对封建主义文学和文言文，提倡白话文学。对此，钱玄同深表钦佩和赞同，认为胡适的主张"最精辟"，对于"改良文艺，其结果必佳良无疑"。

钱玄同说，"白话是文学的正宗"，"现在做白话文，一定应该全用现在的语调，现在的白话"。为了造成白话文的声势，钱玄同要求《新青年》同人身体力行，把阵地《新青年》全部改为白话文。从 1918 年开始，钱玄同的这一提倡得到了实现，这年 1 月出版的《新青年》（4 卷 1 号）不仅改用了白话，还发表了 9 首白话诗：胡适 4 首，沈尹默 3 首，刘半农 2 首。用白话写文章，在今天看来人人会做，不足为奇，但在当时却是向旧文学的挑战，而白话诗的发表，更是中国新诗史上的创举。

胡适写白话诗，作为新诗的尝试，故结集出版时名之为《尝试集》。作为中国第一部白话诗集，《尝试集》功不可没。对此，钱玄同给予很高的评价，认为胡适可做"社会的先导"，并为《尝试集》作序，大力支持

胡适。同时，钱玄同又比胡适更进一步，认为胡适的诗歌还是有点
"文"，放不开手脚，怵怵观望，未能完全脱离旧诗的窠臼。并善意地批
评胡适说，"现在我们着手改革的初期，应当尽量用白话去做才是。倘使
稍怀顾忌，对于'文'的一部分不能完全舍去，那么便不免存留旧污，
于进行方面很有阻碍。"胡适对钱玄同给他的建议和批评非常重视，认为
"此等诤言，最不易得"。后来他又说："我现在回头看我这五年来的诗，
很像一位缠过脚后来放大了的妇人回头看她一年一年的放脚鞋样，虽然一
年放大一年，年年的鞋样上总还带着'缠脚时代'的血腥气。"并且表示
以后作白话诗决不再用文言。为此还惹得一些保守派大骂"胡适上了钱
玄同的当"。值得注意的是，此时钱玄同与胡适尚未谋面，钱本人也没有
白话诗问世，但对于新文学史上具有开山之功的《尝试集》及其作者指
指点点，忠诚的劝告和一针见血的批评成为五四新文学史上的一段佳话。

## 二　我们都用简体字

众所周知，繁体字笔画多，难识难记，写起来也费时费力。因此，减
少笔画实行简体字便有很多好处，从小处说易识易记，写字节省时间，便
于学生的学习，从大处说便于教育的普及。

1920 年，钱玄同写了两篇文章，一是《减省汉字笔画的提议》，二是
《汉字改良的第一步——减省笔画》，分别发表在《新青年》7 卷 3 号和
《平民教育》第 16 期上。其中《减省汉字笔画的提议》提出减省汉字笔
画的原则是采旧五类、造新三类，所列举之字多为今天采用，如 "聲"
作 "声"，"體" 作 "体"，"劉" 作 "刘"，"爲" 作 "为"，"薑" 作
"姜"，"範" 作 "范"，"襲" 作 "袭"，"萬" 作 "万" 等。

钱玄同提议："这种简体字，应该从学校里用起，因为学生写字的时
候很多，他们需要简体字很急的缘故。"并且认为，汉字简化不仅适宜于
现实生活，省时省力，而且符合历史发展的方向。如果有人反对，便是在
时间的轨道上开倒车的行为。1935 年国民政府教育部委托钱玄同起草
"简体字谱"。6 月，钱玄同的《第一批简体字表》起草告成，计 2300 多
字，送到教育部讨论，通过了 1230 字，最后由部长圈定了 324 字，于 8
月 21 日公布。这是新中国成立前由政府公布的 "第一批简体字"。新中
国成立后，简体字运动从群众自动推行发展为党和人民政府领导下有组织

地进行和设计。在钱氏简体字的基础上，1956 年产生了较为完备的"汉字简化方案"，长期以来，广大人民群众迫切要求汉字简化的愿望终于实现了。回过头看，钱玄同不仅是汉字简化的先驱，而且有高尚的旨趣和坚强的决心，同时符合历史的潮流，又便捷于人民群众的生活。因而，钱玄同既值得我们敬佩，又时时生活在我们的身边。

# 三　大家都讲普通话

普通话，即现代标准汉语，是我国的官方语言。清末以来，普通话的形成和推广凝聚了几代人的心血，钱玄同是其中的佼佼者。1955 年 10 月 26 日，《人民日报》发表题为《为促进汉字改革、推广普通话、实现汉语规范化而努力》的社论，文中提到："汉民族共同语，就是以北方话为基础方言、以北京语音为标准音的普通话。"1956 年 2 月 6 日，国务院发出关于推广普通话的指示，把普通话的定义增补为"以北京语音为标准音，以北方话为基础方言、以典范的现代白话文著作为语法规范的现代汉民族共同语"。

中国文字，源远流长，作为表达人们思想、社会文化的一种工具发挥了巨大的作用。但无论是篆字、隶书抑或甲骨文字，都存在着难写、难学、难用的缺憾，因此，文字改革势在必行。

钱玄同是近代中国著名的语言文字学家，长期致力于文化教育事业，尤其是语言文字的研究和改革工作。他认为，中国文字发展的总趋势是由形而意，由意而音，由繁到简。1917 年 6 月，钱玄同在《新青年》3 卷 5 号上发表《论应用之文亟宜改良》一文，提出"凡两等小学教科书，及通俗书报、杂志、新闻纸，均旁注'注音字母'"。注音字母是一种新制音标，是拼音，不是切音。1926 年，钱玄同与黎锦熙等在增修《国音字典》时，提出了一个很重要的问题："凡字音，概以北京的普通读音为标准。"同年，在其《〈樵歌〉的跋》一文中，他又提出"国语国音……应以中国北京现在的知识阶级的普通的读音为主体"，同时"主张古、今、中、外、雅、俗、京、方，都在撷取之列"。这说明，到了 1926 年，经过几年的汉字拼音实践，钱玄同不仅接受了北音，给予倡导，而且其所作所为又不失为今天普通话的先导，为普通话的形成和推广，为汉语规范化做出了贡献。

## 四　给文章加上标点符号

在中国古代文书中，一般没有标点符号，断句只能靠人的经验来完成。没有标点符号的文章是不好读的，尤其是中国文化博大精深，放错句读就会出现歧义，甚至意思恰好相反，为此历史上曾出现过很多因句读错误而产生的笑话。

给文章加标点符号，现在看来自然是平常得很，但在当时，却是对传统的反叛和挑战。1917 年钱玄同在其《论应用之文亟宜改良》一文中提出"无论何种文章，必施句读及符号，惟浓圈密点，则全行废除"。五四时期，在钱玄同的提议和宣传、鼓动下，《新青年》从 4 卷 1 号起，使用了新式标点符号。黎锦熙在其《钱玄同先生传》一书中说：《新青年》4卷 1 号，是"中国直行汉字而用新式标点符号排印的第一本书，出版时许多人一见就哈哈大笑，以为怪物"。可见钱玄同当时提倡文章使用新式标点这一新生事物，不但有见识，有眼光，而且是有极大勇气的。

1919 年 4 月，钱玄同与胡适、刘半农、朱希祖、周作人、马裕藻 6名教授在国语统一筹备会第一次大会上，提出了《请颁行新式标点符号议案》，要求政府颁布通行"，。；：?! ——（）《》"等标点。1920 年 2 月2 日，北洋政府教育部发布第 53 号训令——《通令采用新式标点符号文》，我国第一套法定的新式标点符号从此诞生。1920 年 8 月，上海亚东图书馆出版了由安徽绩溪人汪原放标点的《水浒》，首开了我国标点书的先河。至 1926 年，汪原放又标点、分段出版了《儒林外史》《红楼梦》《西游记》《三国演义》等 10 多种古典文学名著，标点符号遂逐渐流行起来。

## 五　版本还是横排好

1917 年钱玄同在其《论应用之文亟宜改良》一文中提出"改右行直下为左行横迤"，提出版本要横排。《新青年》从 4 卷 1 号使用了新式标点符号，发表了白话诗，但版本横排没有实行。对此，1918 年底，陈望道致信《新青年》，就"横行"不能实行问题对《新青年》"诸子"进行批评。

　　此事一直困扰着钱玄同，版本不能横排成为他的一块心病。1919 年，他致信陈大齐，列举三条理由说明"改右行直下为左行横迤"的必要性。此信发表在《新青年》6 卷 6 号。钱玄同在信中写道："两年以来，我很主张写中国字应该照写西洋字的样子，改直行为横行。我所以主张改革的理由，有三层：（1）今后的中文书里，必定常常要嵌进西文。那人名、地名，是不消说了。此外凡有译不正确的名词，我以为都应该老老实实写西文原字的。既然中文里常常要嵌进西文，西文既不能改写直行，则惟有把中文改写横行之一法。否则一行里面，要是嵌进了五六个西文，写的时候，看的时候，要把书本直搬横搬，手也吃力，眼睛也眩乱，嘴里又不能一口气读将下去，毫无理由，白白吃苦，真正冤枉极了。（2）中文字形是整方的，本来可横可直，在不写西文的文章里，似乎直行也未尝不可。但是中文写法，还有一层不便之处，则是自右而左是也，因为自右而左，所以写第二行的时候，手腕就碰在第一行；要是碰到不容易吸墨的纸，则第一行未干的墨迹，都要印在手腕上。若改自右而左为自上而下，则可免此病。（3）我们既然主张今后的中文非加标点符号不可，那就应该晓得，在印刷方面，排横行加标点符号，比排直行加标点符号要便利。"在信的末尾，钱玄同要陈大齐将所言"就生理学方面研究起来，看横行比较看直行要不费力"的道理写出来，以进一步证明"左行横迤"的必要性。

　　新中国成立后，20 世纪 50 年代，在"文字改革运动"中，在中国存在了几千年的汉字直排传统被废除了，代之以西式的横写横排。这给人们的阅读和书写带来了很大的方便。

## 六　数字用 1、2、3、4……

　　钱玄同在《论应用之文亟宜改良》中提出"数目字可改用'亚拉伯'码号，用算式书写，省'万''千''百''十'诸字"。今天看来，钱玄同的这些提法，是现在我国出版、印刷、公文等的常规，简便易行，省时省力。他举例说："如《说文》五百四十部，《广韵》二百有六韵，注音字母三十有九母，可作 540，206，39 也。此法既便书写，且醒眉目。古书中表数之句，更有难解者，如《尧典》之'三百有六旬有六日'一语，骤视之，可作三千零六十六日（此从旬字逗），或三百二十二日（此从上六字逗）解。《史记》改为'三百六十六日'，固佳矣。今若改为

'366'，岂不更为简明。"

现在通行的"数字使用规范标准"规定：除星期（如星期五）、夏历和清代以前（包括清代）历史纪年（如清康熙二十年）、数字作为词素构成定型的词、词组、惯用词、缩略语（如三八红旗手、三八节）、邻近两个数字并列连用所表示的概数（如六七天、三五百人）等用汉字书写之外，其他凡公历世纪、年代、年、月、日、时刻和各种记数与计量（包括正负数、分数、小数、百分比、约数），均采用阿拉伯数字。钱玄同的愿望终于在现代社会实现了。

## 七　与世界接轨，用公历纪年

钱玄同在《论应用之文亟宜改良》中提出"凡纪年，尽改用世界通行之耶稣纪元"。这是一件很有胆识的倡导。新中国成立后，明确规定，纪年用公历。钱玄同所说的耶稣纪元即公历纪年。在中国历史上，纪年方法多样，也很混乱，如黄帝纪年、干支纪年、周召共和纪年、年号纪年、民国纪年等，使用时需要相互比勘，极为麻烦。耶稣纪元是以基督教传说中的耶稣诞辰年为公元元年，在此之前则为公元前，这一纪年方法为世界所通用。钱玄同有一篇很著名的文章《论中国当用世界公历纪年》，发表在《新青年》6卷6号，他从中国要走向世界的眼光出发，指出了用公历纪年的必要性。他说："从现在以后的中国，是世界的一部分；现在以后的中国人，是世界上人类的一部分。所以无论讲时事，讲古事，都和世界各国相关联。"研究中国历史，一定要和别国历史相比较。"既和别国相比较，则须和别国用同一的纪年，才觉便当。"既然世界各国都已采用公历，那么"中国当用世界公历纪年"。民国成立后，纪年用的是"民国纪年"，定1912年为民国元年。钱玄同在民国时期而倡公历纪年，可见其放眼世界的胸怀和不畏时局权贵的胆识。

公历纪元（"公元"）是国际通行的纪年体系。1949年9月27日，中国人民政治协商会议第一届全体会议通过决议："中华人民共和国的纪年采用公元。"

钱玄同旧学根底很好，同时他又漂洋过海到日本留学四年，旧学新知融于一身。披览钱玄同的学术文字，一个很大的特点就是对传统思想的批判和对人间社会的人文关怀。牺牲自己，唤醒民众，救救青年和孩子，嘉惠士林，是钱玄同学术活动和教育工作所秉持的信条。他关于语言文字改革的上述意见，在今天都已经实现了。我们生活在钱玄同营造的这个语言文字的形式中、环境中，在方便、快捷和潮流里，默默地感谢他，记住他对这个社会的卓越贡献。

（原载《商丘日报》2012 年 6 月 29 日。原题目《钱玄同与近代语言文字改革》）

# 钱玄同年谱简编（1887—1939）

**1887 年（清光绪十三年丁亥）　　1 岁**

9 月 12 日出生于浙江湖州（今吴兴）。名夏，一名师黄，字德潜，后改字玄同，号疑古、疑古玄同等。父，钱振常（1825—1897），清光绪年间举人。兄，钱恂（1853—1927），字念劬，清末曾任驻日本及俄、法、意、荷等国参赞和公使，1914 年任参政院参政。

**1889 年（清光绪十五年己丑）　　3 岁**

随母在苏州父亲任所。始启蒙，读《尔雅》。

**1891 年（清光绪十七年辛卯）　　5 岁**

入私塾读书。父亲管教极严，只准读经书，不许看闲杂书。有一次偷看《桃花扇》被老师发现，一戒尺打在头上，到晚年眉心上还有一道疤痕。（秉雄、三强、德充：《回忆我们的父亲——钱玄同》；姜德明：《鲁迅与钱玄同》。同见《新文学史料》第三辑）

**1897 年（清光绪二十三年丁酉）　　11 岁**

父钱振常去世，享年 73 岁。从此，跟着长兄钱恂生活。

**1900 年（清光绪二十六年庚子）　　14 岁**

读段茂堂、王菉友、严铁桥诸先生言《说文》之说，粗谙"六书"大义及篆隶变迁。

**1901 年（清光绪二十七年辛丑）　　15 岁**

母亲去世。

**1902 年（清光绪二十八年壬寅）　　16 岁**

读梁启超编辑的《新民丛报》和谭嗣同的《仁学》，对其中的排满反清思想颇为不满，"狠是生气，曾经撕毁过一本《仁学》"。但又从中受到启发，打开了他思想的窗子。

读《新民丛报》的前身《清议报全编》残本，对梁启超在戊戌己亥时（1898—1899）倡"保皇论"的文章大加赞赏，对其《爱国论》五体

投地，时时将它高声朗诵。（钱玄同：《三十年来我对于满清的态度底变迁》）

1903 年（清光绪二十九年癸卯）　17 岁

夏，上海"《苏报》案"发生，章太炎、邹容被捕，蔡元培、吴稚晖出亡。时玄同在湖州，从《申报》和《新闻报》读到"《苏报》案"情况，由于"尊崇本朝"的心理，极不以章、邹、蔡、吴的主张为然。

冬，收朋友方青箱赠书两本，一为章太炎《驳康有为论革命书》，一为邹容的《革命军》。读之，大受刺激，以前的尊清思想为之根本动摇。觉得满洲政府如此可恶，章、邹主张实在有理，自己"非革命不可"。

陆续读到《浙江潮》《江苏》《汉声》《旧学》《黄帝魂》《警世钟》《訄书》《攘书》等，"认定满洲政府是我们唯一的仇敌，排满是我们唯一的天职"。（《三十年来我对于满清的态度底变迁》）

1904 年（清光绪三十年甲辰）　18 岁

夏，剪去辫子，以示"义不帝清"之至意。是年，与友人合办《湖州白话报》。

1906 年（清光绪三十二年丙午）　20 岁

春，奉兄钱恂之命，与徐婠贞女士在上海结婚。9 月，赴日本东京留学，入早稻田大学读师范。

1907 年（清光绪三十三年丁未）　21 岁

在东京加入同盟会。

1908 年（清光绪三十四年戊申）　22 岁

1906 年章太炎在上海出狱后，东渡日本，编辑《民报》。

夏，与朱蓬仙、龚宝铨、朱希祖、周树人（鲁迅）、周作人、钱家治、许寿裳等 8 人在《民报》社听太炎讲段玉裁《说文解字注》、郝懿行《尔雅义疏》。玄同从太炎学，每谈天时说话最多，且在席上爬来爬去。所以鲁迅给他绰号"爬来爬去"又称"爬翁"。（许寿裳：《亡友鲁迅印象记》，1949 年 10 月三联书店）

1909 年（清宣统元年己酉）　23 岁

读刘逢禄、龚自珍二人之书，始背师章太炎，而宗今文家言。

1910 年（清宣统二年庚戌）　24 岁

秋，从日本回国，先后任浙江省嘉兴中学、海宁中学、湖州中学国文教员。

1911 年（清宣统三年辛亥）　　25 岁

2 月，请业于崔适（觯甫）之门。

读康有为《新学伪经考》和崔适《史记探源》，从此笃信古文经为刘歆伪造之说。（钱玄同：《论今古文经学及辨伪丛书》，《古史辨》第一册）

10 月 10 日，武昌起义爆发。时玄同在吴兴任浙江第三中学教员。

12 月，认为光复以后应该复古，所以参考《礼记》《书仪》《家礼》，以及黄宗羲、张煌言、黄以周诸家关于考证"深衣"之说，做《深衣冠服论》，照此给自己做了一身衣服，并于次年到浙江教育司当科员时，戴上"玄冠"，穿上"深衣"，系上"大带"，去公所办公，引得人们大笑一场。

1912 年　　26 岁

3 月，赴杭州任浙江教育司科员、视学。

1913 年　　27 岁

秋，兄钱恂到北京任总统府顾问，玄同遂辞去浙江省教育司科员、视学职务，随兄北上，任北京高等师范学校附中国文教员。其时，鲁迅也随教育部从南京迁来北京，住在宣武门外南半截胡同的山邑会馆，即绍兴县馆，又名绍兴会馆。从此，东京时的两位老同学又在北京重逢。

1916 年　　30 岁

任北京大学教授，北京高等师范学校教授。

9 月，《青年杂志》自 2 卷 1 号起改名《新青年》。12 月，蔡元培被任命为北京大学校长。

1917 年　　31 岁

1 月，胡适在《新青年》2 卷 5 号发表《文学改良刍议》。

2 月，陈独秀在《新青年》2 卷 6 号，发表《文学革命论》。五四新文学革命开始。

2 月 1 日，作致陈独秀信，载《新青年》2 卷 6 号，积极响应胡适、陈独秀文学革命的主张。胡适在《逼上梁山——文学革命的开始》（载《东方杂志》31 卷 1 号，收《四十自述》）中说："独秀之外，最初赞成我的主张的，有北京大学教授钱玄同先生……"

3 月 1 日，作致陈独秀信，载《新青年》3 卷 1 号。信中谈胡适的《文学改良刍议》，提出文之称谓、文之骈散、文之文法诸条件来讨论。

5月15日，作致陈独秀信，载《新青年》3卷3号。提出汉文译西音的两种办法："（1）竟直写原文，不复译音。（2）译音务求简短易记。"

作致陈独秀信，载《新青年》3卷4号。提出在不废汉文的基础上提倡世界语（Esperanto）。

6月，拟写《论应用之文亟宜改良》。

作致陈独秀信，载《新青年》3卷5号。函告《论应用之文亟宜改良》13条大纲。文学革命开始后，当别人都着重文学作品、论说文章如何改革的时候，钱玄同第一个考虑到应用文，提出许多有见地的主张。如文中说："书札之款或称谓，务求简明确当，删去无谓之浮文"；"数目字可改为'亚拉伯'码号；用算式书写，省'万'、'千'、'百'、'十'诸字"；"凡纪年，尽改用世界通行之耶稣纪元"；"改右行直下为左行横迤"；"印刷之体，宜分数种"，等等。

7月2日，作致胡适信，载《新青年》3卷6号。文中首次提出打倒"选学妖孽，桐城谬种"的口号，成为文学革命者批判的对象。到30年代，鲁迅对这个口号还非常赞许。（《且介亭杂文二集·五论文人相轻——明术》）

7月，作致陈独秀信，载《新青年》3卷6号。建议《新青年》自4卷1号起实行文字横排和全部改用白话，获通过并实施。

8月，自本月起，常到绍兴会馆访问周氏兄弟。（周作人：《知堂回忆录》，第335页，1980年香港三育图书公司）1913—1917年，鲁迅处在苦闷和彷徨中。钱玄同认为"周氏兄弟的思想是国内数一数二的，所以竭力怂恿他们给《新青年》写文章"。（钱玄同：《我对于周豫才君之追忆与略评》，《师大月刊》1936年10月24日第30期）鲁迅在《呐喊·自序》里也谈到自己由于钱玄同的关系才直接同《新青年》发生联系以及自己首写小说还应归功于钱玄同的鼓励和催促。从《鲁迅日记》看，当时两人过从甚密，在许多问题都能取得一致意见。

9月30日，访鲁迅。时值中秋，月色极佳，二人举杯畅叙。（《鲁迅日记》）

10月31日，作致胡适信，指出胡适的白话诗写得太文，未能脱离旧诗的窠白，反对胡适放不开手脚的忸怩观望态度。对此，胡适在《尝试集·再版自序》中直言不讳。

11 月 21 日，作致刘半农信，题为《新文学与今韵问题》，载《新青年》4 卷 1 号。文中提出（1）"酬世之文"当废，认为"寿序""祭文""挽封""墓志"之类是顶没有价值的文章。（2）做文章"尽量采用"新名词。（3）"中国文字只有送进博物院的价值"。

年底，作《论注音字母》，分载《新青年》4 卷 1 号和 3 号。

是年，加入国语研究会为会员。

**1918 年　32 岁**

1 月，《新青年》编辑部改组并扩大，由陈独秀一人主编改为编委会负责编辑。

1 月 10 日，为胡适《尝试集》作序，载《新青年》4 卷 2 号。在理论上为文学革命以指导。

1 月 13 日，作致陶孟和信，题为《Esperanto》，载《新青年》4 卷 2 号。文中认为："中国文字，断非新时代所适用。"主张将世界语掺入国语，以资应用。

作致沈兼士、李锡余信，载《新青年》4 卷 2 号。

2 月，作《文学革命之反响》，载《新青年》4 卷 3 号，署名王敬轩。为与刘半农合演的双簧戏。钱玄同扮演一个反对新文学的顽固派，集封建文人反对白话文、反对新文学的谬论，历数文学革命的罪状，攻击《新青年》。刘半农以《新青年》记者名义，写《复王敬轩书》，在《新青年》同期发表，逐条予以驳斥，语语击中要害。双簧信意在打破社会上对文学革命的沉寂局面，引起各方面的重视。鲁迅在《且介亭杂文·忆刘半农君》中，肯定和赞赏这是一次漂亮的"大仗"。

3 月 14 日，作致陈独秀信，题为《中国今后之文字问题》，载《新青年》4 卷 4 号。提出废除汉文（实际上是废除汉语）的主张。废汉文之后，代之以世界语。

3 月 13 日，作致孙国璋书，载《新青年》4 卷 4 号，对孙国璋的推行世界语的方法，表示赞成。

作致林语堂信，载《新青年》4 卷 4 号。

4 月，胡适发表《建设的文学革命论》，载《新青年》4 卷 4 号。提出文学革命的唯一宗旨是"国语的文学，文学的国语"。

《新青年》4 卷 4 号起发表杂感式的社会批评，统称"随感录"。

4 月 1 日，作致《新青年》编辑部信，载《新青年》4 卷 6 号。

5月，作《斥灵学丛志》，载《新青年》4卷5号，对"灵学"进行批判。

7月1日，作答邓萃英（芝园）信，载《新青年》5卷1号。

7月29日，晚访鲁迅，并带给鲁迅《新青年·伊勃生（易卜生）号》10册。

作随感录3篇，载《新青年》5卷1号。

8月5日，作致朱经农、任鸿隽信，载《新青年》5卷2号，讨论废汉文问题。

8月8日，作答刘半农信，载《新青年》5卷2号。

是月，《新青年》5卷2号讨论"革新文学与改良文字"。钱玄同改变其一年前用罗马字拼音的倡议，主张仍用汉文，而限制字数，旁注"注音字母"。

是月，《新青年》5卷2号讨论"Esperanto"（世界语），参加者有区声白、陶孟和、陈独秀、胡适等。钱玄同从中外两方面论述提倡世界语的重要性，并说："我们对于 Esperanto，也应该用做白话文章的精神去提倡！"

9月，作随感录5篇，载《新青年》5卷3号。

10月6日，作致胡适信，题为《对于朱我农君两信的意见》，载《新青年》5卷4号。

提出以世界语作为汉字的代兴物要比制造罗马字"上算得多，有用得多"。

10月8日，就张厚载《"脸谱"——"打把子"》以《新青年》记者名义发表谈话，载《新青年》5卷4号。

10月21日，访鲁迅，谈《新青年》自下年起，由李大钊、陈独秀、胡适、沈尹默、钱玄同、高一涵等人轮流值编，每人负责一期编务。

11月4日，鲁迅致钱玄同信，题为《渡河与引路》，署名"唐俟"，载《新青年》5卷5号，以回答钱玄同8月以记者名义在《新青年》5卷2号的"通信"栏里希望鲁迅"腾出工夫来讨论 Esperanto 究竟是否可行"的问题。鲁迅对提倡世界语表示赞同，因为"人类将来总当有一种共同的语言"。但同时表示"不愿讨论"。并且就文学革命中出现的形式与内容相脱节的倾向发表自己的看法，提出批评。

11月6日，作答周作人（《论中国旧戏之应废》）信，载《新青年》

5 卷 5 号。

作答姚寄人、胡天月给《新青年》记者的信，载《新青年》5 卷 5 号。

作答陈百年（《保护眼珠与换回人眼》）信，载《新青年》5 卷 6 号。

作答孙少荆（《罗马字与新青年》）信，载《新青年》5 卷 6 号。

是月，北京大学出版组出版其《文字学音篇》。

12 月，《每周评论》在北京创刊，陈独秀、李大钊、胡适等主编。

作随感录 2 篇，载《新青年》6 卷 1 号。

冬，在陈中平家与黎锦熙、王璞、马裕藻、吴稚晖讨论审查吴稚晖编写的《国音字典》稿本，该字典 1919 年出版，1920 年由教育部正式公布，成为全国文字读音的标准。

是年，北京大学开始征集歌谣，与刘半农、沈尹默等共同主持其事。

**1919 年　33 岁**

1 月 9 日，作答陈望道（《横行与标点》）致《新青年》诸子信，载《新青年》6 卷 1 号。

作答宋云彬（《"黑幕书"》）信，载《新青年》6 卷 1 号。

作答区声白（《中国文字与 Esperanto》）信，载《新青年》6 卷 1 号。

作答查钊忠（《新文体》）信，载《新青年》6 卷 1 号。

2 月 4 日，作答周祜（《文学革命与文法》）信，载《新青年》6 卷 2 号。

2 月 8 日，作致周作人信，题为《英文"SHE"字译法之商榷》，载《新青年》6 卷 2 号。

2 月 10 日，作答黄凌霜（《Esperanto 与现代思潮》）信，载《新青年》6 卷 2 号。

作答彝铭示（《对于文学改革之意见二则》）致《新青年》记者信，载《新青年》6 卷 2 号。

2 月 12 日，作答 S. F. 君（《姚叔节之孔经谈》）致《新青年》记者信，载《新青年》6 卷 2 号。

2 月 14 日，作答周祜（《Esperanto》）信，载《新青年》6 卷 2 号。

2 月 17 日、18 日，林纾在上海《新申报》发表连载文言小说《荆生》，攻击新文化运动及其倡导者。小说中"金心异"系影射钱玄同。

作随感录 3 篇，载《新青年》6 卷 2 号。

3 月，作随感录 1 篇，载《新青年》6 卷 3 号。

林纾发表小说《妖梦》，对新文化运动倡导者继续进行人身攻击。

4 月 28 日，收到鲁迅信及小说《药》。（发表在《新青年》6 卷 5 号）

5 月 4 日，五四运动爆发。

6 月 3 日，北大法科被军阀围占。

6 月 4 日，与刘半农等 20 人联名在《北京大学月刊》发表《致本校全体教职员诸君书》，表示对军阀围占北大法科的强烈关心。（徐瑞岳：《刘半农文选》，第 333 页，1986 年 12 月人民文学出版社）

7 月 31 日，收到鲁迅信及文稿 8 篇，其中《不满》《恨恨而死》《"与幼者"》《有无相通》《暴君的臣民》《生命的路》6 篇发表在《新青年》6 卷 6 号。（收《热风》）

9 月 22 日，作答潘公展（《关于新文学的三件要事》）致《新青年》记者信，载《新青年》6 卷 6 号。

10 月 5 日，下午到胡适寓所，列席讨论《新青年》的编辑问题，议决自第 7 卷开始由陈独秀一人编辑。

10 月 24 日，发表《论中国当用世界公历纪年》，载《新青年》6 卷 6 号。

作答陈懋治（《同音字之当改与白话文之经济》）致胡适信，载《新青年》6 卷 6 号。

作答郭步陶（《写白话与用国音》）信，载《新青年》6 卷 6 号。文中阐述了自己参加文学革命的动机及勇往直前的精神。

作答不平（《请看姚明辉的〈三从义〉和〈妇顺说〉》）信，载《新青年》6 卷 6 号。

作致陈百年信，题为《中文改为横行的讨论》，载《新青年》6 卷 6 号。

11 月 29 日，胡适有《请颁行新式标点符号议案》（修正案）。与马裕藻、周作人、朱希祖、刘半农、胡适等同列为提议人。

12 月 2 日，发表《我现在对于"的"字用法的意见》，载《晨报》（第七版）副刊。

由于军阀政府的迫害，《新青年》同人决定将杂志移至上海出版，仍由陈独秀编辑。

是年，教育部国语读音统一筹备会召开第一次大会，钱玄同为筹备会常驻干事，并与胡适、刘半农、周作人、朱希祖、马裕藻等共同提出"国语统一进行方法的议案"。（胡颂平：《胡适之先生年谱长编初稿》第2册）

　　1920 年　34 岁

　　2 月 1 日，发表《减省汉字笔划的提议》，载《新青年》7 卷 3 号。文中提出减省汉字笔画，采旧五类，造新三类。

　　5 月，《新青年》移上海出版。

　　国语统一筹备会在北京开会，会上提出"国音不必点声"议案，因有相反意见，改为"教授国语时不必点声"，获通过。

　　1921 年　35 岁

　　1 月 17 日，作答顾颉刚信，收《古史辨》第 1 册。顾颉刚在《儒生·序》中说："直到 1920 年我在北大毕业之后才认识钱玄同先生。"并说他考辨古史是受了钱玄同对经学认识的启发，钱玄同"兼通今古文而又对今古文都不满意"为他在研究古史方面"打开了一座门"。

　　1 月 22 日，胡适致李大钊、鲁迅、钱玄同等 8 人信，指责"《新青年》差不多成了 SovietRussia（苏俄）的汉译本"，主张《新青年》"移回北京编辑而宣言不谈政治"。《新青年》团体分裂。钱玄同与鲁迅、周作人意见一致，觉得《新青年》的趋势是倾于分裂的，不容易免强调和统一，"还是分裂为两个杂志的好"。

　　作致鲁迅、周作人信，信中说："初不料陈、胡二公已到短兵相接的时候！……我对于此事，绝不愿为左右祖。若问我的良心，则以为适之所主张者较为是。（但适之反对谈'宝雪维几'，这层我不敢以为然。）""宝雪维几"，即 Bolshevism（布尔什维主义）。钱玄同的主张，基本上还是"学术民主，思想自由"，但反对胡适"宣言不谈政治"。

　　1 月 27 日，作答顾颉刚信，题为《论近人辨伪见解书》，收《古史辨》第一册。指出辨伪应将"伪书"和"伪事"兼及之，而且辨"伪事"比辨"伪书"尤为重要。

　　2 月 14 日，晚访鲁迅并送鲁迅《汉宋奇书》一部。

　　《新青年》8 卷 6 号发排的稿件被法租界巡捕房没收后，改在广州出版。

　　3 月 23 日，作致顾颉刚信，题为《论今古文经学及〈辨伪丛书〉书》，署名玄同，收《古史辨》第一册。文中追述了自己对于今古文学两派的态度及转变过程。

11 月 5 日，作致顾颉刚书，题为《论编纂经部辨伪文字书》，署名玄同，收《古史辨》第 1 册。

是年，从《续礼记集说》辑出姚际恒的《礼记通论》。

**1922 年 36 岁**

2 月 20 日，作致顾颉刚信，题为《论〈诗经〉真相书》，署名玄同，收《古史辨》第 1 册。文中认为：（1）《诗经》是一部最古的诗"总集"，其编纂与孔子无关，孔子只是读过它。（2）研究《诗经》，只应从文章上去体会出某诗是讲什么的。（3）将毛、郑的文理不通处举出几条，"昭示来兹"。

2 月 28 日，与胡适在春华楼吃饭，谈《诗经》。赞成胡适整理旧书的计划。

**1923 年 37 岁**

1 月 10 日，发表《"出人意表之外"的事》，署名疑古，载《晨报副刊》。这篇文章对"鸳鸯蝴蝶派"进行了淋漓尽致地揭露，指出"鸳鸯蝴蝶派"是"在时间的轨道上开倒车"。

2 月 9 日，作致顾颉刚信，题为《论〈诗〉说及群经辨伪书》，署名玄同，收《古史辨》第 1 册。文中说：不把"六经"与"孔丘"分家，则"孔教"总不容易打倒，不把"经"中有许多伪史这个意思说明，则周代——及其以前——的历史永远是讲不好的。顾颉刚在《古史辨》第 1 册《自序》中盛赞这封信对他的影响。

5 月 7 日，发表杂感《"五四"与"游园"与"放假"》，署名疑古，载《晨报副刊》。

5 月 25 日，作《答顾颉刚先生书》，署名玄同，载 1923 年 6 月 10 日《读书杂志》第 10 期，收《古史辨》第 1 册。文中认为顾颉刚"层累地造成的中国古史"说，"精当绝伦"。关于"六经"，文中说：（1）孔子与"六经"无涉。（2）《诗》《书》《礼》《易》《春秋》本是各不相干的五部书（"乐经"本无此书）。（3）"六经"配在一起当在战国之末。文中提出"考古务求其真"的主张。

6 月 25 日，发表《研究国学应该首先知道的事》，载 1923 年 8 月 5 日《读书杂志》第 21 期，署名玄同，收《古史辨》第 1 册。

8 月 24 日，收鲁迅赠《呐喊》1 册。

9 月，国语统一筹备会第五届大会第五次年会召开，黎锦晖提出两个议案，钱玄同与陆基、马国英、黎锦熙、秦凤翔为连署人。

10 月 2 日，发表《对于许锡五君的"国语字母钢笔书写法"说的话》，载《晨报副刊》。

是年，在《国语月刊》第 1 卷第 7 期"汉字改革号"上发表论文《汉字革命》。历数汉字罪恶，用进化观点肯定拼音文字比汉字进步。

**1924 年　38 岁**

4 月 27 日，发表杂感《我也来谈谈"博雅的手民"》，署名玄同，载《晨报副刊》。

5 月 11 日，收胡适赠《中古文学概论》（徐嘉瑞著、胡适序）。

5 月 12 日，发表《世界语名著选序》，载《晨报副刊》。

5 月 22 日，发表杂感《不完全的"苏武古诗第三首"和"孔雀东南飞"》，载《晨报副刊》。

6 月 17 日，作杂感《文字之狱的黑影》，署名夏，载《晨报副刊》。

10 月 23 日，冯玉祥率国民军发动北京政变，电请孙中山北上，并没收清故宫，逐出清废帝溥仪。

11 月 2 日，至东安市场开成素餐馆，与周作人、孙伏国、李小峰、章矛生（川岛）、江绍原、顾颉刚等人聚餐，商议创办《语丝》周刊。议决由周作人起草《语丝发刊词》，计划本月 17 日出版。

11 月 6 日，作《恭贺爱新觉罗溥仪君迁升之喜并祝进步》，载《语丝》第 1 期。

11 月 17 日，《语丝》在北京创刊。

作随感录 5 篇，载《语丝》第 2 期。其中，《"持中"底真相之说明》系攻击鲁迅。《语丝》第 5 期有鲁迅《我来说"持中"的真相》予以反驳。此为钱玄同与鲁迅关系破裂之肇始。

12 月 2 日，作《告遗老》，载《语丝》第 4 期。

12 月 30 日，作《三十年来我对于满清的态度底变迁》，载《语丝》第 8 期，文中追述了自己由尊清到反清的思想变化过程。

**1925 年　39 岁**

3 月 16 日，作致顾颉刚信，题为《论〈春秋〉性质书》，署名玄同，载 1925 年 10 月 14 日《北京大学国学门周刊》第 1 期，收《古史辨》第 1 册。文中认为如果《春秋》为孔子所作，那么它绝对不是历史；如果

《春秋》是历史，那么它只是一部鲁国的"断烂朝报"，以孔子"他老人家那样的学问才具，似乎不至于做出这样一部不成东西的历史来"。

3 月 17 日，作《写在半农给启明的信底后面》，载《语丝》第 20 期。

4 月 5 日，作《孙中山先生是"国民之敌"》，载《语丝》第 22 期。

4 月 13 日，作《回语堂的信》，载《语丝》第 23 期。

4 月 21 日，作《介绍戴季陶先生底"孙中山先生著作及讲演纪录"》，载《语丝》第 25 期。

6 月 14 日，与黎锦熙合办的《国语周刊》作为《京报》的附刊之一在北京创刊，钱玄同撰《发刊词》。主要撰稿人有吴稚晖、胡适、林语堂、周作人、顾颉刚、魏建功、萧家霖、杜同力、李遇安、董渭川、苏耀祖等。

6 月 17 日，作致顾颉刚信，题为《关于〈野有死麕〉底卒章》，载《语丝》第 33 期。

6 月 28 日，作《敬答穆木天先生》，载《语丝》第 34 期。

7 月 2 日，作致顾颉刚、魏建功信，载《国语周刊》第 4 期。

7 月 8 日，作答陈顾远信，载《国语周刊》第 5 期。

7 月 9 日，作答乃岑信，载《国语周刊》第 5 期。

7 月 16 日，作答何蔼人信，载《国语周刊》第 6 期，谈自己提倡国语的信条。

7 月 21 日，作答吴承仕信，载《国语周刊》第 7 期。

7 月 22 日，作答刘梦苇信，载《国语周刊》第 7 期。谈中国文字的进化轨迹。

8 月 10 日，作《废话（废话的废话）》，署名疑古玄同，载《语丝》第 40 期。文中谈改名"疑古"的时间、原委。

8 月 24 日，作致顾颉刚信，题为《论〈庄子〉真伪书》，署名玄同，收《古史辨》第 1 册。

9 月 2 日，为顾颉刚《吴歌甲集》作序。

9 月 16 日，刘半农从欧洲回国后，发起"数人会"，每月聚会一次，专谈语言音韵之学，后来专门讨论"国语罗马字问题"。钱玄同与赵元任、黎锦熙、汪怡、林语堂、刘半农为会员。

9 月 21 日，作致杜同力信，题为《关于谚语》，载《国语周刊》第 19 期，署名疑我。

9 月 22 日，作致顾颉刚信，题为《论获麟后〈续经〉及〈春秋〉例书》，署名玄同，载 1925 年 10 月 14 日《北京大学国学门周刊》第 1 期，收《古史辨》第 1 册。文中认为：（1）获麟以后的《续经》并非鲁史之旧，乃是刘歆伪造。（2）《春秋》乃是一种极幼稚的历史，为"断烂朝报"和"流水帐簿"，无"例"可言。

9 月 24 日，作答谷凤田（《关于山东民歌等》）信，署名疑古玄同，载《国语周刊》第 16 期。

作答马国英（《"郭、哥、波"等字之京音》）信，署名疑古玄同，载《国语周刊》第 16 期。

10 月 16 日，作答汪震（《与疑古玄同先生论文书》）信，署名疑古玄同，载《国语周刊》第 19 期。

10 月 23 日，为董渭川《孔子诞日与国语》附言，署名疑古，载《国语周刊》第 20 期。

为白涤洲《两个"白"字的音》附言，署名疑古，载《国语周刊》第 20 期。

10 月 30 日，作答吾如老圃（《信疑古玄同》）信，载《国语周刊》第 21 期。

作《记数人会（1）》，署名疑古玄同，载《国语周刊》第 21 期。

11 月 14—15 日，作《废话：（一）原经》，署名疑古玄同，载《语丝》第 54 期。文中阐述了自己对"十三经"的见解。

12 月 4 日，与黎锦熙合作《我们的启示》，载《国语周刊》第 26 期。文中言因《京报》决定停止各种周刊，故《国语周刊》自第 27 期起由他们自己出版。

作《在劭西先生的文章后面写几句不相干的话》，署名疑古玄同，载《国语周刊》第 26 期。批评章士钊"在文化上开倒车的见解"。

12 月 13 日，作致顾颉刚信，题为《论〈说文〉及〈壁中古文经〉书》，署名疑古玄同，载 1926 年 1 月 27 日《北京大学国学门周刊》第 15、16 合期。提出辨伪的目的是达到真与信。

12 月 19 日，作《国语罗马字》，署名疑古玄同，载《语丝》第 58 期。

是年，与黎锦熙、王璞、赵元任、汪怡、白涤洲增修 1919 年出版的《国音字典》。到 1931 年才最终定稿，共 12220 字，定名为《国音常用字汇》,1932 年教育部公布。

**1926 年　40 岁**

3 月 11 日,作《废话:(二)关于"三一八"》,署名夷昌,载《语丝》第 73 期。

10 月 10 日,作《给黎劭西的信——樵歌的跋》,载《语丝》第 102 期。

11 月 9 日,国语统一筹备会正式公布"数人会"讨论修改通过的"国语罗马字拼音法式"。

**1927 年　41 岁**

秋,任北平师范大学国文系主任。主讲"音韵学""说文研究""经学史略""周至唐及清代学术思想概要""先秦古书真伪略说"等课,著有《说文部首今读》等。

**1928 年　42 岁**

是年,国民政府的大学院正式公布"国语罗马字拼音法式",定为"国音字母第二式"。于是国音字母有了两种形式:一为用古字的注音字母,一为国语罗马字。

**1929 年　43 岁**

是年,患高血压症,血管硬化,神经衰弱。

12 月,作《读〈汉石经〉〈周易〉残字而论及今之〈易〉的篇数问题》,署名疑古玄同,载 1929 年 12 月 20 日《北京大学图书部月刊》第 1 卷第 2 期,收《古史辨》第 3 册(上)。

**1930 年　44 岁**

2 月 2 日,作致顾颉刚信,题为《论观象制器的故事出京氏〈易〉书》,署名疑古玄同,载 1930 年 10 月 10 日《燕大月刊》第 6 卷第 3 期,收《古史辨》第 3 册(上)。

5 月,鲁迅第一次回北平省亲,与钱玄同在孔德学校相见,话不投机。(鲁迅、许广平:《两地书》;钱玄同:《我对于周豫才君之追忆与略评》;许寿裳:《亡友鲁迅印象记》)

**1931 年　45 岁**

3 月 7 日,作《〈左氏春秋考证〉书后》,载 1931 年 5 月北平师范大学《国学丛刊》第 1 卷第 2 期,收《古史辨》第 5 册,由朴社出版。

9 月,九一八事变后,出于爱国立场,拒绝同日本人来往,即使一般日本学者也不再接触。

11 月 16 日,作《重论经今古文学问题》,载 1932 年 6 月国立北京大学《国学季刊》3 卷 2 号,收《古史辨》第 5 册。为方国瑜标点本《新学伪经考》序。文中认为康有为《新学伪经考》最大的发明即精当的部分有二:(1)秦焚《六经》未尝亡缺;(2)河间献王及鲁恭王无得古文经之事。而错误之处在于疏略和武断。

是年,计划编文集《疑古废话》,未果。

1932 年　46 岁

4 月,章太炎到北京讲学,因太炎讲浙语,钱玄同为之翻译,并参加一些宴请太炎活动。

4 月 19 日,至周作人处,为在北平大学女子文理学院被法学院学生囚禁三周年集会纪念。到会者有俞平伯、江绍原、徐祖正、冯文炳等。

1933 年　47 岁

4 月 10 日,与刘半农等 21 人联名发出为李大钊举行公葬募款书。

12 月,书胡适撰《中华民国北军第七军团第五十九军抗日战死将士公墓碑》文。

1934 年　48 岁

1 月 15 日晚,参加周作人五十生辰家宴。

4 月 22 日,往孔德学校参加董事会会议,到者有马叙伦、周作人、马幼渔、沈兼士等。

5 月 16 日晚,往东兴楼,贺马叙伦五十岁生日。

6 月,"第一批简体字表"起草告成,计 2300 多字,送到南京教育部讨论,通过 1230 多字,最后由部长圈定 324 字,在 1935 年 8 月 12 日公布。这是新中国成立前由当时政府教育部正式公布的"第一批简体字表"。

7 月 14 日,刘半农病逝。

10 月 14 日,北大在二院大礼堂为刘半农举行追悼会,蒋梦麟主祭,钱玄同与胡适、周作人、魏建功报告其生平。

1935 年　49 岁

1 月 20 日,作致顾颉刚信。

高血压症恶化。

1936 年　50 岁

10 月,鲁迅逝世。

作《我对于周豫才君之追忆与略评》，载 1936 年 10 月 24 日《师大月刊》第 30 期。文中把他与鲁迅的交往划分为关系"尚疏""最密""极疏——实在是没有往来"三个时期。"略评"有六，"长处"与"短处"各半。

1937 年　51 岁

7 月，卢沟桥事变爆发。

北平沦陷后，师大和平大均迁山西城固，成立西北联大，钱玄同因病未能前往。

拒绝伪聘。曾向从西北联大来北平的原师大秘书汪如川说："请转告诸友放心，钱某决不作汉奸。"

1938 年　52 岁

恢复原名"夏"，字逸谷，署逸叟，表示"夏"而非"夷"，决不做顺民。

1939 年　53 岁

1 月 1 日，周作人遇刺。玄同闻悉，受刺激而发病。

1 月 3 日，派长子钱秉雄访周作人，并带慰问信一封。

1 月 10 日，访周作人。

1 月 14 日，作答周作人信，谈帮助出卖李大钊遗书《九通》事。

1 月 17 日，晚 6 时发病，送德国医院就医，10 时半去世。

（原载《商丘师专学报》1988 年第 4 期）

# 论五四文学革命中的钱玄同

　　1917年初发动的五四新文学革命，在反对封建主义和旧文学方面，具有不可磨灭的历史功绩。在这个革命中，钱玄同响应最早，行动最速，他与刘半农并肩作战，成为众所周知的文学革命的先驱与闯将。复古派首领林纾把他与陈独秀、胡适并列，进行口诛笔伐。尽管五四风暴过后，钱玄同"退隐"了，逐渐落伍了，但他在五四时期的战斗雄姿仍将长留人间。本文试图对钱玄同在五四新文学革命中的活动及作用进行一番粗略的扫描，以求教于方家。

　　五四新文学革命是五四新文化运动中最核心的组成部分。其发端是胡适1917年1月在《新青年》上发表的《文学改良刍议》和激进民主派的代表陈独秀1917年2月在《新青年》第2卷第6号上发表的《文学革命论》。对于胡、陈文学革命的主张，钱玄同积极响应，为之推波助澜，以令人神往的战斗，在文学革命的阵地上树立了自己的丰碑。

## （一）对封建旧文学的批判

　　五四新文学革命首先是从反对旧文学和提倡白话文发难的。在此之前，统治中国文学的是"选学派"和"桐城派"。钱玄同继胡适、陈独秀之后，对旧文学进行了猛烈的抨击。在写给《新青年》编者的一系列公开信中，钱玄同指斥一味拟古的骈文、散文为"选学妖孽""桐城谬种"。这一口号最初见于他给胡适的信，后来他在给胡适的《尝试集》作序时，从正面进行了阐述。他说："六朝的骈文满纸堆垛词藻，毫无真实的情感，甚至用了典故来代实事。删割他人名号，去迁就他的文章对偶。打开《文选》看，这种拙劣恶滥的文章，触目皆是。"他认为，"文选派"是第一种弄坏白话文章的文妖，"桐城派"是第二种弄坏白话文章的文妖，"这两种文妖，是最反对那老实的白话文章的，因为做了白话文章，则第一种文妖便不能搬运他那些垃圾旧典故，肉麻的词藻；第二种文妖便不能卖弄他那些可笑的义法，无谓的格律。并且若用白话做文章，那么会做文章的必定渐多，这些文妖就失去了他那会做文章的名贵身份，这是他们最不愿意的。"① 钱玄同在给陈独秀的信中又说："旧文章的内容，不到半页必有发昏做梦的话，青年子弟读了这种旧文章，觉其句调铿锵，娓娓可诵，不知不觉，便为文中之荒谬道理所征服。"因此，钱玄同提出打倒"选学派"和"桐城派"，并告诉人们，在当时反帝反封建的历史条件下，谁还要以《昭明文选》的诗文为范本而加以模拟、宣扬的都是"妖孽"，谁还要以桐城派古文为圭臬而加以师法、鼓吹的，都是"谬种"，概在打倒之列。在今天看来，钱玄同的提法未免片面、简单、绝对了些，但在当时却是文学革命的需要。那时在北京大学和宁、沪等地确有一批迷恋旧诗古文反对文学革命的顽固派，非如此矫枉过正，就很难鸣锣开道，开创文学革命的新局面。"选学妖孽"和"桐城谬种"顽固地维护文言，反对白话，认为白话纵可说理，绝不能言情，白话纵可做文，绝不能作诗。他们把用文言文作诗言情作为保护旧文学的一张王牌，妄图抵挡文学革命的迅猛前进。

　　钱玄同平生治学的方向是小学同经书，总的来说，他不是诗人、作家，而是学者。据他自己述说，年 8 岁时即识《说文》部首，粗谙六书大义及篆隶变迁。21 岁从章太炎学，小学及经学根基很深。所以钱玄同提出打倒"选学妖孽"和"桐城谬种"的口号及白话文应为文学之正宗的主张，大都是从文章发展的过程及语言文字的演化中提出来的。他举例说，司马迁做《史记》，采用《尚书》时，一定要改去原来的古语，使用汉代的语言，做汉人通用的文章，像"庶绩咸熙"改为"众功皆兴"……"可知其时言文虽然分离，但是做到文章，仍旧不能和当时的白话相差太远，若是过于古奥的，还是不能直用。"② 钱玄同从旧营垒中来，熟悉封建文化，反戈一击，常常使老朽们不知所措，无力还击。他在新文学革命的战线上，冲锋陷阵，锋芒毕露，认为自己"受了二十多年的腐败教育"③，是一个"纲伦压迫下的牺牲者"，对旧文化有着切身的仇恨。因此，他能表现得英勇无畏，毫不顾忌。

---

① 　钱玄同：《尝试集序》，《新青年》4 卷 2 号。
② 　《钱玄同致郭步陶信》，《新青年》6 卷 6 号。
③ 　同上。

钱玄同对旧文学的批判及提出的切合实际的打倒"选学妖孽"和"桐城谬种"的口号,在当时起了不可低估的战斗作用,一直到30年代,鲁迅先生对这个口号还极力赞许。鲁迅在论到攻击对方要给名号问题时,曾说:"五四时代,所谓'桐城谬种'和'选学妖孽',是指'载飞载鸣'的文章,和抱着《文选》寻字汇的人们的。而某一种人确也是这一流,形容恰当,所以这名目的流传也较为永久。除此之外,恐怕也没有什么还留在大家的记忆里了。"①

### (二) 新文学理论的建设

钱玄同对"选学妖孽"和"桐城谬种"痛快淋漓地大骂之后,提出从形式到内容对旧文学进行改革,建立新的白话文学的鲜明主张。钱玄同关于新文学建设的理论,大多都是以"通信"和"随感录"的形式提出的,发表在《新青年》每期的"通信"和"随感录"栏目里。专篇论述则有《新文学与今韵问题》(《新青年》4卷1号)、《尝试集序》(《新青年》4卷2号)等。

在文学形式上,他主张:(1)废除旧文章的固定格式,直抒胸臆,达到人人会做文章。"铲除阶级制度里的野蛮款式",把那些封建的"腐臭的文学","极端驱除,淘汰净尽"②。(2)"认定白话是文学的正宗",反对文言,实行新式标点。为了造成白话文的声势,彻底摧毁旧文学,钱玄同要求同伴们身体力行,把阵地《新青年》全部改用白话文,并加新式标点。从1918年开始,钱玄同的这一提倡得到了实现,这一年1月15日出版的《新青年》四卷一期不仅改用了白话,加了新式标点,而且还发表了白话诗九首:胡适四首,沈尹默三首,刘半农二首。白话文和新式标点,在今天看来人人会做,不足为奇,但在当时却是向旧文学的挑战。而白话诗的发表,更是中国新诗史上的创举。(3)实行版本横排。几乎与提倡《新青年》改用白话、加新试标点的同时,钱玄同提出《新青年》实行横排,但由于种种原因,当时不曾实行。

不拘旧格,实行白话、标点、横排,在当时的作用远远超出了形式方面的变革,它是对整个封建文学的有力冲击,也为新文学的诞生造就了声

---

① 鲁迅:《且介亭杂文·五论文人相轻——明术》。
② 钱玄同:《尝试集序》,《新青年》4卷2号。

势和舆论。

在内容上，钱玄同提出新文学应是质朴的、老实的，应直铺直叙。他说："正是要用质朴的文章，去铲除阶级制度里的野蛮款式，正是要用老实的文章，去表明文章是人人会做的，做文章是直写自己脑筋的思想，或直叙外面的事物，并没有什么一定格式。"①

清末的梁启超、黄遵宪、谭嗣同、夏曾佑等都在不同程度上倡导过"诗界革命""散文解放"和"小说、戏曲的改革"。他们有的主张以口语写诗，有的主张音译外国名词入诗，都只是从诗的语言上加以改革和扩充，不是要取旧体诗而代之。梁启超在解释"诗界革命"的宗旨时说："革命者，当革其精神，非革其形式。……能以旧风格含新意境，斯可以举革命之实矣。"② 这是割裂内容与形式的形而上学观点。对此，钱玄同说："梁任公的文章，不好的地方，正在旧气未尽涤除，八股调太多，理想欠清晰耳。"③ 胡适写白话诗，作为新诗的尝试，钱玄同不仅大力支持，而且比作者更进了一步，反对胡适放不开手脚的忸怩观望态度，嫌胡适的白话诗写得太文，未能脱离旧诗的窠臼。他善意地批评胡适："现在我们着手改革的初期，应该尽量用白话去做才是，倘使稍怀顾忌，对于'文'的一部分不能完全舍去，那么便不免存留旧污，于进行方面，很有阻碍。"④ 这种彻底的眼光，使胡适佩服得五体投地，一方面承认自己的诗如同放大的小脚，不能与天足相比⑤；另一方面表示以后作白话诗决不再用文言。为此，还惹得一些保守派大骂"胡适上了钱玄同的当"。翻翻五四前后钱胡之间的通信，可以看出他对胡适的犹豫和妥协之处时有指摘。⑥

有比较才有鉴别。钱玄同在文学革命中坚决勇猛，最少顾忌。他的惊世骇俗的主张，常常使复古派的老朽们瞠目结舌，惊悸之余，便疯狂咒骂钱玄同是毁我祖先文化的千古罪人。

当然，对钱玄同关于建设新文学的理论，亦不可估价太高。他自己曾

---

① 钱玄同：《尝试集序》，《新青年》4 卷 2 号。
② 梁启超：《饮冰室诗话》。
③ 钱玄同：《新文学与今韵问题》，《新青年》4 卷 1 号。
④ 《钱玄同致胡适信》，1917 年 10 月 31 日。
⑤ 参见胡适《尝试集·再版自序》。
⑥ 参见姜德明《书味集》，三联书店 1986 年版。

谦逊地说过，他"本是一个研究古董的废物，受了二十年的腐败教育，新的知识半点也没有。……我的讲文学革命，和胡适之、周启明、刘半农、陈独秀诸公真懂得新文学的，其观念完全不同"①。形式主义和对新文学内容的不甚理解，是钱玄同的弱点，亦是他五四后期"退隐"的原因之一。

### （三）新文学的创作

钱玄同新文学的创作不多，正如胡适在其《中国文艺复兴运动》中所说，他和陈独秀、钱玄同等极力鼓吹新文学的几个人，都是"提倡有心，创造无力"。整个五四时期，他既没有新诗，也没有小说或剧本发表。钱玄同在《新青年》上发表的文章多是用通信的方式写的，其中以给陈独秀、胡适和刘半农的最多，讨论的问题是怎样建立新文学。其立论，正如刘半农所说，能"指旧文学种种弊端"，然而着笔却不离"桐城巨子"和"选学名家"左右。②

钱玄同虽然主要不是从事文学创作的，但他所写的有些"随感录"近乎散文或杂文，有较浓的文学气息。其特点是明白晓畅、淋漓尽致。如发表在《新青年》"随感录"栏里的《斥顽固的国粹派》《斥复古国粹的谬论》《斥士大夫为封建统治帮凶》《民国人民要一律平等》《奉劝世人要虚心学习西人一切科学、哲学、文学、政治、道德》《谈作文应表达真义、不要只求摹拟古人》，还有批判"鸳鸯蝴蝶派"的《"黑幕"书》（《新青年》6卷1号）和《"出人意表之外"的事》（1923年1月10日《晨报副刊》）等，都写得淋漓酣畅，激人奋进，正如他的好友黎锦熙所说："其文言似梁任公的笔锋常带感情，发挥尽致，吐泻无余，而无一句含糊语。"③ 1925年，鲁迅先生在给许广平的信中提到钱玄同当年奋笔疾书的战斗文章："十分话只须说到八分，而玄同则必说到十二分。""其实畅达也自有畅达的好处，正不必故意减缩（但繁冗的自应删削）。例如玄同之文，即颇汪洋，而少含蓄，使读者览之了然，无所疑惑，故于表白意见，反为相宜，效力亦复很大。"④

---

① 《钱玄同致郭步陶信》，《新青年》6卷6号。
② 参见刘半农《我之文学改良观》。
③ 黎劭西：《钱玄同先生传》，曹述敬《钱玄同年谱·附录》，齐鲁书社1986年版。
④ 鲁迅与许广平：《两地书》。

### （四）巩固和扩大文学革命阵营

袁世凯称帝失败后，蔡元培于1916年冬回国，被任命为北京大学校长，聘陈独秀为该校文科学长，《新青年》编辑部也因此迁到北京。1918年间《新青年》编辑部扩大，李大钊、鲁迅、钱玄同、刘半农、高一涵、沈尹默、胡适等先后参加了编辑工作。钱玄同在《新青年》编辑部内，为了巩固和扩大文学革命阵营，做了两件值得大书的事——与刘半农串演"双簧"和帮助彷徨、苦闷中的鲁迅。

1918年钱玄同等人在《新青年》冲锋陷阵和胡、沈、刘发表了第一批白话诗之后，除了顽固派的反对外，社会上的反应一时还不那么强烈。这真使钱玄同、刘半农这样热衷于提倡新文学的积极分子感到寂寞。正如鲁迅所说："他们正办《新青年》，然而那时仿佛不特没有人来赞同，而且也还没有人来反对，我想，他们许是感到寂寞了。"① 为了打破这沉寂的局面，造成文学革命的声势，巩固文学革命的成果，钱玄同与刘半农合演了一场论战"双簧"。信是事先拟好的，故意造成一场论战，以便引起全社会的注意。钱玄同化名为"王敬轩"，扮演了一个反对新文学的顽固派，集封建文人反对白话文、反对新文学的谬论，写成《文学革命之反响》的信，寄给《新青年》，发表在《新青年》四卷三期上，洋洋数千言，历数新文学革命的罪状，煞有介事地批驳、攻击起《新青年》来。刘半农以《新青年》记者的身份，写了洋洋万言的《复王敬轩书》，在《新青年》同期上发表，逐条予以驳斥，语语击中要害，把实无其人的王敬轩驳得体无完肤。

"双簧信"发表后，果然扩大了新文学革命的影响，引起了各方面的重视，真的敌人开始反扑，来为王敬轩鸣不平了。首先跳出来反对新文学的有北京大学的刘师培和黄侃，他们办《国故》月刊，以所谓"昌明中国固有之学术"为宗旨，反对新文学。之后，自称"拼我残年极力卫道"的顽固派代表林纾，发表了《与蔡鹤卿太史书》《论古文白话之相消长》，攻击新派人物"覆孔孟，铲伦常"，对白话文大加嘲讽。同时在上海《新申报》上发表了杀气腾腾的文言小说《荆生》。

《荆生》写一个名叫荆生的"伟丈夫"（影徐树铮，时民国的权势人

---

① 鲁迅：《呐喊·自序》。

物，林纾的门生），在少年田其美（影陈独秀）、狄莫（影胡适）、金心异（影钱玄同）三人聚在一起，指摘孔孟，提倡白话，说得正在热闹之际，突然闯进来大打出手，三人狼狈而逃。荆生见此情景，为之狞笑。小说中的金心异是浙江人，钱玄同原籍正是浙江吴兴，而且金对钱，心对玄，异对同，连名字都有意影射。在林纾的笔下，金心异"能《说文》"，暗指钱玄同的平生治学，挖苦他"姓金者性亦嗜金"，并且借着书中的伟丈夫来怒斥金心异的主张"为伤天害理之言"，是"禽兽之言，乱吾清听"。最无聊的，林纾知道钱玄同是近视眼，故意在小说中丑化金心异："金生短视，丈夫取其眼镜掷之，则怕死如猬，泥首不已。丈夫笑曰：'尔之发狂似李贽，直人间之怪物。'"面对新文学的狂飙，林纾在理论和道义上都无力还手，只好求助于谩骂、影射和人身攻击，这表明卫道者仇恨新文学的歇斯底里和不甘失败的绝望挣扎。

钱玄同与刘半农的"双簧信"是一场盛传遐迩的"大仗"，这一仗打得十分漂亮。因为要扩大新文学的影响，推倒旧文学，必须把顽固派、卫道者从老巢中引出来，刀对刀，枪对枪，然后围而歼之。由于新思潮已如洪涛巨浪，那些腐朽的意识形态的堤坝终于被冲垮了，这就巩固了新文学的阵营，"使新基础稳固"。所以，直到30年代，鲁迅对"双簧信"还特别赞赏和肯定，他说："现在看来，自然是琐屑得很，但那是十多年前，单是提倡新式标点，就会有一大群人'若丧考妣'，恨不得'食肉寝皮'的时候，所以的确是'大仗'。"①

从这一"大仗"中，我们还可以看到钱玄同智勇双全的战斗姿态。而《荆生》把钱玄同与胡适、陈独秀并列，正说明钱玄同在新文学革命中举足轻重的地位。

为了扩大文学革命阵营，钱玄同竭力怂恿周作人、鲁迅给《新青年》写文章，帮助处在苦闷、彷徨中的鲁迅。

1906年9月，钱玄同19岁，赴日本早稻田大学习师范。1908年，从章太炎问学。在东京小川町《民报》社章太炎的寓所中，听太炎讲学的有鲁迅、周作人、钱玄同、许寿裳等八人。钱玄同与周氏兄弟算是老同学。

五四新文学运动的发动期，鲁迅自己并没有参加，而且他"那时对

---

① 鲁迅：《且介亭杂文·忆刘半农君》。

于'文学革命'其实并没有怎样的热情"。因为他"见过辛亥革命，见过二次革命，见过袁世凯称帝，张勋复辟，看来看去，就看得怀疑起来，于是失望，颓唐得很了"①。1913—1917 年，鲁迅正处在沉默期，苦坐在"歧路头"沉思和寻找着新的道路。这几年中，他除去应付教育部的公职之外，大部分时间都是苦坐在绍兴会馆中抄古碑、辑古书、读佛经。他当时认为，中国好像一个四面没有窗户的铁屋子，里面的人都快要闷死了，而铁屋子却难以破毁。而帮助鲁迅摆脱沉默和苦闷，走进文学革命阵营中来的，正是他的老同学钱玄同。

钱玄同认为"周氏兄弟的思想是国内数一数二的，所以竭力怂恿他们给《新青年》写文章"②。鲁迅在《呐喊·自序》里也谈到自己由于钱玄同的关系才直接同《新青年》发生联系以及自己首写小说还应归功于钱玄同的鼓励和催促。从根本上说，鲁迅奋起为新文学运动呐喊首先是时代使然，写文章的还有刘半农、胡适、陈独秀。但是，鲁迅作品的直接催生者却是钱玄同。从《鲁迅日记》记载看，当时钱玄同每隔三五天，就到鲁迅居住的绍兴会馆的补树书屋去夜谈，一谈就是半夜。而且来往书信也特别多，1917 年到 1919 年这三年，鲁迅给钱玄同共写信近 40 封，钱玄同给鲁迅的信也有好几十封，在许多问题上都能取得一致意见。

### （五）文字改革的主张

从 1918 年 4 月开始，《新青年》展开了一场关于文字改革的讨论。参加者之多，争论之热烈，持续时间之长久，可谓盛况空前。钱玄同在这场讨论中最为激进，坚持时间最长，同时观点几易。从钱玄同关于文字改革观点的变化，可以看出他思想演变的一个侧面。早在 1918 年 1、2 月间，也就是在这场讨论之前，钱玄同曾提出白话文可以用方言及外来语的主张。他说："至于各人所用的白话不能相同，方言不能尽祛，这一层在文学上是没有什么妨碍的，并且有时候，非用方言不能传神，不但方言，就是外来语，也可采用。"③ 还说："我认为中国旧书上的名词，决非二十世纪时代所够用，如其从根本上解决，我则谓中国文字只有送进博物院的

---

① 《鲁迅全集》1957 年第 4 卷，第 347 页。

② 钱玄同：《我对于周豫才君之追忆与略评》，《师大月刊》1936 年 10 月 24 日第 30 期。

③ 钱玄同：《尝试集序》，《新青年》4 卷 2 号。

价值，若为此数十年之内暂时应用计，则非将'东洋派之新名词'大掺特掺到中国文里不可，既然 Language 里采用了，则已成为口头常语，又何妨用到 Literature 里去呢？"①

1918 年 4 月关于文字改革的讨论是以废汉字、实行罗马字拼音为中心议题的。钱玄同对这场讨论表现了异乎寻常的热情，坚决主张废止汉文，在给陈独秀的信中，他说："欲废孔学，不得不先废汉文，欲驱除一般人之幼稚的野蛮的顽固思想，尤不可不先废汉文。"②"中国文字，自来即专用于发挥孔门学说，及道教妖言。……既不废汉文，则旧学问虽不讲，而旧文章则不能不读。旧文章的内容，就是上文所说的'不到半页，必有发昏做梦的话'"，青年子弟易被其谬理所征服。③

但是，废止汉文后，代之以何种文字，钱玄同却有自己与众不同的主张。初，他主张用罗马字拼音，他说："中国文字衍形不衍声，以致辨认书写极不容易，音读极难正确，这一层近二十年来，很有人觉悟，所以创造新字，用罗马字拼音等主张，层出不穷。……欲图改屯以期便用。"④ 1919 年 2 月他也承认自己"一年前有此种主张"⑤。

但几乎是与主张实行罗马字拼音的同时，钱玄同来了个一百八十度的转变，不赞成用罗马字母拼汉语。理由之一，"各方面困难之点甚多"。"中国语言文字极不一致，一也，语言之音，各处固万有不同矣，即文字之音，亦复纷歧多端，二也。制造国语以统一言文，实行注音字母以统一字音，吾侪固积极主张，然以我个人之悬揣，其至良之结果，不过能使白话文言不甚相远，彼此音读略略接近而已；若要如欧洲言文音读之统一，则恐难做到；即如日本之言文一致，字音划一，亦未能遽期。因欧洲文字，本是拼音；日本虽借用汉字，然尚有行了一千年的'五十假名'。中国文字，既非拼音，又从无适当之标音符号，三十六字母，二百零六韵，闹得头昏脑涨，充其极量，不过能考证古今文字之变迁而已，于统一音读之事，全不相干。"改用罗马字拼音后，单音词太多，一义有数字，声有平上去入等，至为困难。理由之二，时间已到了 20 世纪，"新理新事新

① 钱玄同：《新文学与今韵问题》，《新青年》4 卷 1 号。

② 钱玄同：《中国今后汉字问题致陈独秀》。

③ 钱玄同"通信"栏附言，《新青年》4 卷 4 号。

④ 钱玄同：《中国今后汉字问题致陈独秀》。

⑤ 《新青年》5 卷 2 号"通信"：《革新文学与改良文字》《玄同附言》。

物，皆非吾族所固有"，怎么办？是自造新名词，还是老老实实写西文原字？"既改拼音，则字中不复含有古义，新名词如何造法？难道竟译 Republic 为 Kung—huo, Ethics 为 Lun—Li—hsuh 吗？自然没有这个道理。由后之说，既采西文原字，则科学哲学上之专门名词，自不待言。即寻常物品，如 Match, Lamp, ink, Pen 之类，自亦宜用原文，不当复云 Yang—huo, yang—teng, yang—meh—shue, yang—pih—teu, ……如此，则一文之中，用西字者必居十之七八。而'拼音之汉字'不过几个介、连、助、叹之词，及极普通之名、代、动、静、状之词而已。费了许多气力，造成一种'拼音之汉字'，而其效用，不过如此，似乎有些不值得罢！"①

那么，废汉文之后，应代以何种文字？钱玄同认为应采用"文法简赅，发音整齐，语根精良之人为的文字 ESPERANTO"。

Esperanto，即世界语。鲁迅和吴稚晖都是世界语的支持者。鲁迅认为"人类将来总当有一种共同的语言"②。在完全采用世界语以前的过渡期中，钱玄同提出：一方面用某一种外国文字为国文之补助，或法文，或英文；另一方面国文限制字数（《新青年》三卷四号云五千，四卷四号云三千），行之几年，代之以 Esperanto。

但是，到 1919 年 2 月，钱玄同关于文字改革的主张又有变化，认为"自然以采用罗马字拼音为最便于写识。……主张仍用汉文，而限制字数，旁注'注音字母'"。钱玄同的这一变化，一则因为朱有畇致胡适信，证明罗马字拼中国音之可行；二则因为当时已有人用罗马字拼音撰写医书。在事实面前，钱玄同"改变初衷"，使"一年前的主张逐渐有复活之象"。③

1920 年以后，钱玄同很少谈 Esperanto，也几乎不再提罗马字拼音，而差不多是单枪匹马地谈音韵问题，谈中国文字的弊端，谈汉字之简化。

钱玄同关于文字改革的主张，在当时起了很大作用。首先，钱玄同坚决要求废止汉字，对封建文化和封建卫道者是一次有力的冲击，对废除文言又起到了因过正而矫枉的作用。鲁迅在谈到这一功绩时说："在旧中国，刚刚提起文学革新，就有反动了。不过白话文却渐渐风行起来，不大

---

① 钱玄同"通信"栏附言，《新青年》4 卷 4 号。
② 鲁迅：《集外集·渡河与引路》。
③ 《新青年》5 卷 2 号"通信"：《革新文学与改良文字》《玄同附言》。

受阻碍。这是怎么一回事呢？就因为当时又有钱玄同先生提倡废止汉字，用罗马字母来替代，这本也不过是一种文字革新，很平常的，但被不喜欢改革的中国人听见，就大不得了了。于是便放过了比较平和的文学革命，竭力来骂钱玄同。白话乘了这一个机会，居然减去了许多敌人，反而没有阻碍，能够流行了。"[1] 其次，拼音文字是中国文字发展的方向，采用世界语亦是历史发展的趋势。尽管钱玄同几易其观点，但基本方向是正确的，其倡导之功不可没。当然，钱玄同的主张中也有失误之处，譬如把汉字的符号功能与它们所表达的特定内容混为一谈，并因此在汉字改革的实践上有些操之过急。

五四新文学革命中，钱玄同出色地活跃在历史舞台上，反对旧文学，提倡白话文，主张新式标点和注音符号及中文横排，倡文字改革等，冲锋陷阵，推动了新文学革命的发展，做出了自己独特的贡献。他是一个永远值得我们纪念的历史人物。

（原载《商丘师专学报》1987 年第 4 期）

---

[1]　鲁迅：《三闲集·无声的中国》。

# 激厉奋迅　决破罗网

## ——钱玄同文字改革的理论和实践

钱玄同是中国近现代史上著名的语言文字学家，长期致力于语言文字的研究和改革工作。他是古文大家章太炎的高足，"本其师传，复运以科学方法，参以新获材料，卓然成当代大师"①。他在现代汉语的规范化，汉语拼音方案的设计、制作和简体字的选用、推行等方面做了许多切实的奠基工作，在五四新文化运动时期，出于反封建的需要，钱玄同因其主张偏激而遭后人微词，又因为他在五四以后没有接受马克思主义，主张学术民主、思想自由而为一些当代研究者所不满，从而造成对他文字改革的功绩重视不够，研究冷漠。本文试就钱玄同文字改革的理论和实践作以粗浅论述，以期引起同行们的重视。

## 一　废止汉文

钱玄同是五四时期新文化运动的揭幕人之一，他早期在《新青年》上发表的文章，矛头直指封建文化，提出打倒"选学妖孽"和"桐城谬种"的口号，倡导白话文学，以令人神往的战斗在中国现代启蒙运动史上树立了自己的丰碑。钱玄同曾言他自己"受了二十年的腐败教育"，又深感青年子弟被封建文化所毒害，所以当他反戈相击的时候，言论就显得特别的愤激，"废止汉文"即其一。从1918年3月开始，《新青年》展开了一场关于文字改革的讨论，参加者之多，争论之激烈，持续时间之久，可谓盛况空前。在这场讨论中，钱玄同表现了异乎寻常的热情，在《中国今后之文字问题致陈独秀》信中，坚决主张废止汉文。他说："欲废孔学，不可不先废汉文；欲驱除一般人之幼稚的野蛮的顽固的思想，尤不可

---

① 黎锦熙：《钱玄同先生传》，见曹述敬《钱玄同年谱·附录》，齐鲁书社1986年版。

不先废汉文。"认为"二千年来用汉字写的书籍，无论那一部，打开一看，不到半页，必有发昏做梦的话"；"中国文字，自来即专用于发挥孔门学说，及道教妖言"。"欲祛除三纲五伦之奴隶道德，当然以废孔学为唯一之办法……欲废孔学，欲剿灭道教，惟有将中国书籍一概束之高阁之一法。"① 在《新青年》5 卷 2 号的"通信"中，钱玄同又说"中国文字不足以记载新事新理，欲使中国人知识长进，头脑清楚，非将汉字根本打消不可"。但是，钱玄同并不主张立即废止汉文，而是主张暂时仍用汉字写白话文作为过渡，最终代之以"世界语"。后来，钱玄同的主张又有所改变，他看到废止汉文的不可能，于是致力于罗马拼音文字的推行工作。

钱玄同废止汉文这一激烈反传统主张，代表了当时先进知识分子的普遍思想倾向。吴稚晖提出："中国文字，迟早必废。"在由汉文到世界语的过渡期，最好的办法是限制字数，冷僻之字，弃而不用，表达新理、新事、新物可掺入世界语，"以便渐掺渐多，将汉文渐废"。陈独秀认为"当此过渡时期，惟先废汉文，且存汉语，而改用罗马字母书之，新名悉用原语，无取义译；静状介连助叹及普通名代诸词，限以今语；如此行之，虽稍费气力，而于便用进化"。胡适对陈独秀"先废汉文，且存汉语，而改用罗马字母书之"的办法，极表赞成，认为"中国将来应该有拼音的文字"②。鲁迅当时是和钱玄同站在一起的，《中国今后之文字问题》中曾提到废汉文之后的"周君"的主张——用"新体国文"和嵌入世界语。后来钱玄同曾说《中国今后之文字问题》并非他个人的意见，有几句话是"代朋友立言"的，这里的"朋友"就是鲁迅。

钱玄同与他同时代的知识分子相比，激烈反传统的思想倾向是一致的，不同之处是有过之而无不及。钱玄同认为他自己是一个"纲伦压迫下的牺牲者"，深感青年子弟被封建文化所毒害，所以他对旧文化有着深切的仇恨，为了救救青年，救救孩子，致使改革心切，语多愤激。其次，历史的进化思想和西方的民主、科学精神鼓荡着当时中国的先进知识分子，钱玄同认为"凡事总是前进，决无倒退之理"③，人类在进化，历史在前进，语言文字也当改革。陈独秀曾说："社会上最反对的，是钱玄同

---

　　① 钱玄同：《中国今后之文字问题致陈独秀》，《新青年》4 卷 4 号。
　　② 《中国现代文学史资料丛书》（乙种）：《中国新文学大系·建设理论集》（影印本）第 1 集（上海文艺出版社），第 146 页。
　　③ 钱玄同：《论应用之文亟宜改良》，《新青年》3 卷 5 号。

先生废汉文的主张。钱先生是中国文字音韵学的专家，岂不知语言文字自然进化的道理？……他只因为自古以来汉文的书籍，几乎每本每页每行，都带着反对德赛两先生的臭味；又碰着许多老少汉学大家，开口一个国粹，闭口一个古说，不瘖声明汉学是德赛两先生天造地设的对头；他愤极了才发出这种激切的议论。"① 第三，鲁迅曾经说过："矫枉不忌过正，只要能够打倒敌人，嬉笑怒骂皆成文章。"② 他把几千年的历史中形成的，以"仁义道德"为价值观念核心的传统文化概括为"吃人"文化，这在今天看来是相当偏颇的，然而它却是那个时代最有进步意义和历史价值的强音。钱玄同似乎粗知"矫枉过正"的道理，其良苦用心在于反对封建的文化思想，对封建文化及其卫道者是一次有力的冲击，在当时起了很大的作用。鲁迅在谈到这一功绩时说："在旧中国，刚刚提起文学革新，就有反动了。不过白话文却渐渐风行起来，不大受阻碍。这是怎么一回事呢？就因为当时又有钱玄同先生提倡废止汉字，用罗马字母来替代，这本也不过是一种文字革新，很平常的，但被不喜欢改革的中国人听见，就大不得了了。于是便放过了比较平和的文学革命，竭力来骂钱玄同。白话乘了这一个机会，居然减去了许多敌人，反而没有阻碍，能够流行了。"③ 当然，钱玄同文字改革的主张中也有不足之处，那就是把汉字的符号功能与其所表达的特定内容混为一谈，并因此在汉字改革的实践上有些操之过急。

## 二　倡导世界语

废止汉文之后，代之以何种文字，钱玄同观点几易，与他同时代的人一起作了较长时间的探索，经历了由"注音字母"到世界语，再到国语罗马字的过程。

钱玄同最初主张用注音字母。1917 年 6 月，他致陈独秀信，题为《论应用之文亟宜改良》，谈应用文改良十三事，陈独秀回信表示"样样

　　① 陈独秀：《本志罪案之答辩书》，《新青年》6 卷 1 号。

　　② 沈鹏年：《鲁迅与〈新青年〉同人关系探索之五——刘复幽默遭忌，鲁迅仗义护友》，《文汇报》1962 年 9 月 25 日。

　　③ 鲁迅：《三闲集·无声的中国》，载《鲁迅全集》第 4 卷，人民文学出版社 1982 年版，第 13 页。

赞成"。钱玄同应用文改良的第七条提出:"凡两等小学教科书,及通俗书报,杂志,新闻纸,均旁注'注音字母'。"①

1917 年 11 月,钱玄同致信刘半农,又提出白话文可用外来语:"我以为中国旧书上的名词,绝非二十世纪时代所够用,如其从根本上解决,我则谓中国文字只有送进博物院的价值,若为此数十年之内暂时应用计,则非将东洋派之新名词,大掺特掺,掺到中国文字里来不可。既然 Language 里采用了,则已成为口头常语,又何妨用到 Literature 里去呢?"②

到了 1918 年 3 月,钱玄同的主张发生变化,不赞成他以前曾倡导过的罗马字拼音的主张,认为废止汉文之后,"当采用文法简赅,发音整齐,语根精良之人为的 Espernato(世界语)"。钱玄同之所以改变主张,其理由之一,"改汉字为拼音,其事至为困难","各方面困难之点甚多":"中国语言文字极不一致,一也;语言之音,各处固万有不同矣,即文字之音,亦复纷歧多端,二也"。"中国文字,既非拼音,又从无适当之标音符号;三十六字母,二百零六韵,闹得头昏脑涨,充其极量,不过能考证古今文字之变迁而已,于统一音读之事,全不相干。"改用罗马字拼音后,单音词太多,一义有数字,声有平上去入等,至为困难。理由之二,时间已到了 20 世纪,"新理新事新物,皆非吾族所固有",怎么办?是自造新名词,还是老老实实写西文原字?"既改拼音,则字中不复含有古义,新名词如何造法?"科学哲学上之新名词,自然当采用西文原字,即寻常用品,如 march、lamp、ink、pen 之类,自亦宜用原文,"如此,则一文之中,用西字者必居十之七八,而'拼音之汉字'不过几个介连助叹之词,及极普通之名代静状之词而已,而其效用,不过如此,似乎有些不值得吧!"③

但是时隔不久,1918 年 8 月,《新青年》5 卷 2 号讨论"革新文学与改良文字",钱玄同认为在废除汉文采用世界语之前,"自然以采用罗马字拼音为最便于写识",并承认他"一年前也有此种主张","主张仍用汉文,而限制字数,旁注'注音字母'"。

对于世界语的倡导,钱玄同认为世界语语根精良,文法简赅,发音平

---

① 钱玄同:《论应用之文亟宜改良》,《新青年》3 卷 5 号。
② 钱玄同:《新文学与今韵问题》,《新青年》4 卷 1 号。
③ 钱玄同:《中国今后之文字问题致陈独秀》,《新青年》4 卷 4 号。

正，是人类文字而非民族文字，故应提倡。正如他的好友黎锦熙所说："这原是抱有世界大同之理想而改革文字之一种急进派的主张。"① 在《新青年》5卷2号举行的"Esperanto"的讨论中，钱玄同从世界和中国两个方面论述提倡世界语的重要性，并说"对于 Esperanto，也应该用做白话文章的精神去提倡"。在完全采用世界语以前的过渡期中，钱玄同又提出：一方面用一种外国文字为国文之补助，或法文，或英文；另一方面国文限制字数，行之几年代之以世界语。但是，1920年以后，钱玄同认为废除汉文采用世界语这种理想太高，觉得"现代的中国，只能提倡国语，而改革传达国语的工具使之'世界化'，故专心致力于'国语罗马字'了。"②

在关于世界语的讨论中，陈独秀、陈百年等认为"'世界语'是应该有的，但 Esperanto 未必就能当'世界语'"。胡适对于世界语是不甚赞成的。刘半农、鲁迅、周作人、沈尹默等对于世界语"都不反对"③。鲁迅对于世界语的讨论是很谨慎的，在署名"唐俟"的《渡河与引路》致钱玄同信中，认为"人类将来总当有一种共同的语言，所以赞成 Esperanto"。但又认为"学 Esperanto 是一件事，学 Esperanto 的精神，又是一件事。——白话文学也是如此。——倘若思想照旧，便仍然换牌不换货；……所以我的意见，以为灌输正当的学术文艺，改良思想，是第一事；讨论 Esperanto，尚在其次"。在这里，鲁迅提出了一个重要问题，就是文学革命应注意思想内容，应注意文字上的形式改革和文学革命思想内容相联系。

## 三　国语罗马字的设计和制作

如前所述，钱玄同提倡罗马字拼音与他提倡白话文学几乎是同步的。1920年以后，才专心致力于罗马字拼音的工作。1923年钱玄同在《国语月刊》1卷7期"汉字改革号"上发表《汉字革命》长文，把改革后的新文字定名为"国语罗马字"。《汉字革命》代表了钱玄同汉字改革工作

---

① 黎锦熙：《国语运动史纲》，第159页，转引自曹述敬《钱玄同年谱》。
② 黎锦熙：《钱玄同先生传》，见曹述敬《钱玄同年谱·附录》，齐鲁书社1986年版。
③ 《新青年》5卷2号"通信"。

的全部理想和具体规划，是研究现代文字改革运动和汉语拼音字母演进历史的重要文献。在这篇文章中，论述了汉字革命的必要性，他说："汉字不革命，则教育决不能普及，国语决不能统一，国语的文学决不能充分地发展，全世界的人们公有的新道理、新学问、新知识决不能很便利、很自由地用国语写出。"文章又论述汉字革命的可能性："汉字的变迁，由象形而变为表意，由表意而变为表音。表音的假借字和拼音文字，只差了一间。"他断言："从汉字变迁史上研究，汉字革命，改用拼音是绝对的可能的事。"[①] 当时钱玄同汉字革命的中心内容就是采用"罗马字母式的字母"。"罗马字母式的字母"不同于"罗马字母"，即不直接采用 26 个罗马字母，而是采用"国际音标"。1925 年 12 月 19 日，钱玄同在为嵩山致周作人信（讨论罗马字母拼音）作"跋"时（《一个很长的狗尾巴》，《语丝》第 59 期），认为"国际音标复杂细密，宜于严式之审音，不宜于宽式之实用。遂自废弃其主张而赞成纯用罗马字母"。

1916 年成立的"国语研究会"于 1923 年召开第五次常年大会，钱玄同在会上提出组织"国语罗马字"委员会的议案，议决通过，钱为委员之一。从此，钱玄同除教书外，与黎锦熙、赵元任等人多半时间致力于"国语罗马字"的研究和设计。到 1926 年制成"国语罗马字拼音法式"，1928 年由国民政府行政院教育部的前身中华民国大学院公布。1926 年钱玄同与黎锦熙、汪怡、白镇瀛等人对 1918 年吴稚晖编写的《国音字典》（1920 年公布）进行增修，并提出了一个很重要的观点："凡字音，概以北京的普通读法为标准。"同年，钱玄同在与黎锦熙讨论音韵问题而写的《〈樵歌〉的跋》中，又提出"国语国音……应以中国北京现在的知识阶级的普通的读音为主体"，同时"主张古、今、中、外，雅、俗、京、方，都在撷取之列"。不难看出，这既是钱玄同在国音方面的宏通之论，又不失为今天普通话（北京音）的先导，这种激厉奋迅、前驱先路的胆识和卓见，实应引起我们的高度重视。

1926 年关于"国语罗马字"，钱玄同有几篇重要论文，均发表在 1926 年《新生》周刊上。如《为什么要提倡"国语罗马字"》（1 卷 2 期），《GWOYEUROMATZYH 的字母和声调拼法条例》（1 卷 8 期），《关于 GWOYEUROMATZYH 字母的选用及其他》（1 卷 8 期），《历史的汉字

① 曹述敬：《钱玄同音学论著选辑》，山西人民出版社 1988 年版，第 6—7 页。

改革论》（1 卷 8 期）等。其中《关于 GWOYEUROMATZYH 字母的选用及其他》更为重要，1935 年重载于《国语周刊》第 231—234 期。

　　钱玄同对于国语罗马字的研制和推行是尽心尽力，态度坚决的。有一小事可以说明。钱玄同与黄侃同为章太炎的学生，黄侃在音韵方面造诣很深，1932 年黄侃有一次在章太炎面前责备钱玄同不继续研究传统的音韵学，偏要弄注音字母、白话文。钱玄同听了大怒，当即表示："我就是要弄注音字母，要弄白话文！"在此以前两人即有不和，从此以后，两人断绝关系，不再见面。① 不仅如此，钱玄同在国语罗马字的研究中，要求革新思想，要求把文字革命与思想革命统一起来。1925 年 9 月 5 日，钱玄同在北京"国语运动大会"上发表演说，指出"咱们是现代的活人，应该创造现代的新思想，绝对的不应该因袭陈死人的旧思想！""立国于今世，非革新思想不足以图存……所以思想革命，尤为今日当务之急！发表新思想的最适用的工具，便是国语的文学跟拼音的文字！我认为国语的建立是文字革命跟思想革命的第一步。我要趁今天这个国语运动大会喊出三句口号：打倒古文！打倒汉字！打倒'国粹'！"在这里，钱玄同并没有对思想革命的内容做出全面的理解，但是要求文字革命和思想革命结合起来的精神是令人钦佩的。

　　但是也应指出，钱玄同在国语罗马字运动中，因其未能接受马克思主义，主张学术民主、思想自由而给他的工作带来某些不足。如 1929 年苏联莫斯科大学和列宁格勒大学派来两位教授，在北平要求同钱玄同、黎锦熙讨论"中国罗马字拼音方式"问题，钱玄同拒而不见，并认为：外国人对于中国语文总是隔膜的，何况"主义"不同！我们的"国语罗马字"是以国家民族为前提的。1931 年，瞿秋白等在苏联制定了"拉丁化新文字"，因他们在海参崴（伯力）召开的会议上通过了"反对国语统一运动"的原则，与钱玄同一贯奉行的国语运动的方针和毕生奋斗所要达到的国语运动的主要目标相矛盾，所以，钱玄同对"拉丁化新文字"表示沉默，实际上是不赞成。1934 年，上海文化界讨论关于"大众语运动"问题，许多进步人士如鲁迅等都参加了讨论，讨论中牵涉文字改革问题。钱玄同拒绝参加，他认为"国语罗马字"和"拉丁化新文字"两种方案制定的原则和拼写方式都不相同，难以合作。他既不发表文章公开反对，

---

　　① 　参见曹述敬《钱玄同年谱》，第 113 页。

而且对"国语罗马字"的宣传也宣告"鸣金收军"。"拉丁化新文字"运动是在中共领导下进行的,钱玄同拒不讨论,表示沉默,实是令人惋惜的。但"拉丁化新文字"方案也有缺点,所以在学术上钱玄同竭力维护"国语罗马字"拼音方案也是有理由的,我们不能简单地断言钱玄同的主张是完全错误的。从当时的情况看,"国语罗马字"和"拉丁化新文字"是"改革者的两大派",尽管二者有争执,但"同是不满于现状"(鲁迅语)。正因为如此,在新中国成立后所制订的拼音方案中,二者皆为主要依据。1958年周恩来在《当前文字改革的任务》报告里说:"1926年产生了由钱玄同、黎锦熙、赵元任等制订的国语罗马字,1931年产生了由瞿秋白、吴玉章等制订的'拉丁化新文字'。拉丁化新文字和国语罗马字是中国人自己创制的拉丁字母式的汉语拼音方案中比较完善的两个方案。在谈到现在的拼音方案的时候,不能不承认他们的功劳。"

# 四　简体字的选用和推行

关于文字改革,钱玄同认为,推行国语罗马字是治本的办法,减省现行的汉字的笔画是治标的办法。治本是根本的改革,但非短时间所能成功,需要百年以上,所以当前最急切的办法是治标。1922年,钱玄同在国语统一筹备会第四次常年大会上,提出了一个《减省现行汉字笔画案》,这是一篇内容充实论述痛快的好文章(载《新青年》7卷3号),获大会通过。文中提出减省汉字笔画采旧五类,造新三类,所列举之字多为今天采用,如声、体、刘、为、东、范,等等。

1934年,钱玄同拒绝参加讨论"拉丁化新文字",同时宣告对"国语罗马字"也"鸣金收军",努力于急切有效的治标工作。1933年"大众语"争论初发时,附带着有一种"手头字"运动,1934年上海出版界居然铸造了几百个"手头字"印在当时的杂志上。钱玄同对"手头字"运动是赞成的,但认为绝对不能用"手头字"这个名词,而应称为"简体字"。当时钱玄同正在病中,但仍发愤搜集。1935年,教育部委托钱玄同起草"简体字谱"。6月,钱玄同的《第一批简体字表》起草告成,计2300余字,送到当时南京的教育部中讨论了三天,通过了1230字,最后由部长圈定了324字,于8月21日先行公布。这是新中国成立前由政府公布的《第一批简体字表》。在《论简体字致黎(锦熙)、汪(怡)书》

中，钱玄同提出了选用"简体字之原则"，他说："所采之材料，草书最多，俗体次之（少数几个俗体字，已应有尽有），行书又次之，古字最少。"又说："所集之体，字字有来历（偏旁无一字无来历，配合之字或间有未见如此写者，然亦必一见可识，决无奇诡之配合）。"全国解放后，1956 年产生了较为完备的"汉字简化方案"。

此外，钱玄同还参加了"国语常用字汇"的编订，创编小学国语教科书等工作；提出按拼音字每音序编纂字典词典，并主编《中国大辞典》……

# 五　简短的结束语

如前所述，钱玄同文字改革的理论和实践，不但有完整的计划和远大的设想，而且有高尚的旨趣和坚强的决心，他曾说"我们的词典中没有'屈服'、'投降'、'妥协'、'调和'这些词儿"[1]。正因为如此，在文字改革上取得了巨大成绩。

钱玄同是在深受封建思想文化毒害中觉悟得较早、较为彻底的知识分子，很多言论令人激奋，在反封建的斗争中起了一定的作用和影响。他要求打破旧世界，建立新世界，用全新的思想、方法、工具教育青年和后代的做法，指导了他终生的学术活动。钱玄同文字改革的理论和实践是符合文字发展方向的，他也因此而受到后人的称赞和怀念。他彻底的反封建精神和在文字改革上的冲锋陷阵可用他所喜爱的南宋陆象山（九渊）语——"激厉奋迅，决破罗网"——来概括。当然，钱玄同在文字改革上的操之过急以及他所说的一些过头话，尽可见仁见智。

（原载《黄淮学刊》1990 年第 4 期）

---

① 《国语月刊》1 卷 7 期。

# 但开风气不为师

## ——钱玄同散论

1. 钱玄同，一个熟悉而又陌生的人物。

在一般人的心目中，钱玄同是以一个骂尽中国传统文化，极力推崇西方文化的"极端分子"的面目出现的。殊不知，以"文化斗士"活跃于五四文化舞台的钱玄同先生，在文学、文字、音韵、经学诸方面不仅颇多建树，而且具有破土之功，言前人所未言，创榛辟莽，前驱先路。殊不知，貌似极端的钱玄同先生，内心世界却通达平正得很，"烧尽中国书""废除汉文"等过激言论，是他"愤极了才发出这种激切的议论"，他"是中国文字音韵学的专家，岂不知语言文字自然进化的道理？"原因是"许多老少汉学大家，开口一个国粹，闭口一个古说"，与德、赛两先生故意作对，钱玄同不能不无动于衷。①

打开窗子，开开风气，使人振聋发聩，耳目一新，有利于如洪涛巨浪的新思潮去冲垮那一切腐朽的意识形态。尽管今天回想起来，其冲锋陷阵作用仍令人受到鼓舞，得到某些有益的启示，但钱玄同只开风气，不为师表。

2. "形容恰当，所以这名目的流传也较为永久"。

提倡白话文，反对文言文，是五四新文学革命的一个主要内容。新文学革命开始后，钱玄同摇旗呐喊，以令人神往的战斗向文言文发起进攻。在写给《新青年》编者的一系列公开信中，钱玄同指斥一味拟古的骈文、散文为"选学妖孽""桐城谬种"，并告诫人们在当时反封建的历史条件下，谁要再以《昭明文选》的诗文为范本而加以模拟、宣扬的都是"妖孽"，谁还要以桐城派古文为圭臬而加以师法、鼓吹的，都是"谬种"，概在打倒之列。钱玄同从旧营垒中来，熟悉封建文化，反戈一击，常常使

---

① 参见陈独秀《本志罪案之答辩书》，《新青年》6 卷 1 号。

顽固地维护文言的老朽们不知所措，无力还击。非如此矫枉过正，就很难鸣锣开道，开创文学革命的新局面。直到30年代鲁迅还对这个口号极力赞许："'五四'时代，所谓'桐城谬种'和'选学妖孽'是指'载飞载鸣'的文章，和抱着《文选》寻字汇的人们的。而某一种人确也是这一流，形容恰当，所以这名目的流传也较为永久。除此之外，恐怕也没有什么还留在大家的记忆里了。"①

3. "大仗，的确是大仗"。

以《新青年》为阵地而开展的文学革命的初期，并不像后人所想象的那样丰满，尽管革命的大旗已高高飘扬，尽管胡适、沈尹默、刘半农等发表了第一批白话诗作，但社会上的反应还不那么强烈，"仿佛不特没有人来赞成，而且也还没有人来反对"②。这种局面的出现使得性急的钱玄同感到寂寞、无聊，他心急如焚，坐不住了。

钱玄同铆足了劲，奋笔疾书，洋洋洒洒数千言，以一个反对新文学的顽固派的面目出现，历数新文学革命的罪状，煞有介事地批驳、攻击起《新青年》来。新派人物岂能容忍坐视，于是刘半农以《新青年》记者身份赤膊上阵，下笔万言《复王敬轩书》，语语击中要害，把个真钱玄同假王敬轩驳得体无完肤。

绝妙的"双簧"！大幕甫垂，立即产生了轰动效应，真的敌人开始反扑，来为王敬轩鸣不平了——刘师培、黄侃、林纾，还有一些二流三流的顽固派。林纾要"拼我残年极力卫道"，发表《与蔡鹤卿太史书》《论古文白话之相消长》，对白话文大加嘲讽。刀枪剑戟，你来我往，新旧双方旗帜鲜明，结果是如洪涛巨浪的新思潮将那些腐朽的意识形态终于冲垮，新文学扩大了阵营，并"使新基础巩固"。

"双簧信"是一场盛传遐迩的"大仗"。直到30年代鲁迅还说："现在看来，自然是琐屑得很，但那是十多年前，单是提倡新式标点，就会有一大群人'若丧考妣'，恨不得'食肉寝皮'的时候，所以的确是'大仗'。"③

钱玄同在高兴之余，却落了个"金心异"的雅号。这是林纾的"杰

---

① 鲁迅：《且介亭杂文·五论文人相轻——明术》。
② 鲁迅：《呐喊·自序》。
③ 鲁迅：《且介亭杂文·忆刘半农君》。

作"。面对新文学的狂飙，林纾在理论和道义上都无力还手，只好求助于谩骂、影射和人身攻击，他在上海《新申报》上发表了杀气腾腾的文言小说《荆生》，以"金心异"影射钱玄同，被"伟丈夫"（影徐树铮）大打出手。这说明了卫道者仇恨新派人物的歇斯底里和不甘失败的绝望挣扎。而钱玄同对此则自得其乐，一笑置之。

4. 胡适先生，你还忸怩观望什么！

"妹妹你大胆地往前走"。

胡适作白话诗而成中国第一部白话诗集《尝试集》。《尝试集》在打破旧诗词声韵格律限制，抛弃用典对仗等方面取得了一定的成绩。对于应该用白话做文章的道理，钱玄同说得痛快透彻。对于胡适的白话诗作，钱玄同不仅大力支持，而且要求放大步子，彻底干净，批评胡适放不开手脚的忸怩观望态度。认为胡适的白话诗"未能尽脱文言窠臼"，"嫌太文了"。他劝胡适："现在我们着手改革的初期，应该尽量用白话去做才是，倘使稍怀顾忌，对于'文'的一部分不能完全舍去，那么便不免存留旧污，于进行方面，很有阻碍。"① 对此，胡适佩服得五体投地，他曾说："我现在回头看我这五年来的诗，很像一位缠过脚后来放大了的妇人回头看她一年一年的放脚鞋样，虽然一年放大一年，年年的鞋样上总还带着'缠脚时代'的血腥气。"② 这一点是很有意思的，钱玄同本人没有白话诗传世，但对于新文学史上具有开山之功的《尝试集》及其作者指指点点，忠诚的劝告和一针见血的批评也足以令后人佩服。

5. "周氏兄弟的思想是国内数一数二的，所以竭力怂恿他们给《新青年》写文章。"③

钱玄同与周氏兄弟是东京求学时的老同学，同是古文大家章太炎的弟子，彼此关系较好。

五四新文学运动的发动期，鲁迅自己并没有参加，而且他"那时对于'文学革命'其实并没有怎样的热情"。据他自己说，1913—1917 年，他对一切都持怀疑态度，"失望、颓唐得很"④。当时鲁迅在教育部供职，

① 《钱玄同致胡适信》，《新青年》1917 年 10 月 31 日 3 卷 6 号。
② 胡适：《尝试集·再版自序》。
③ 钱玄同：《我对于周豫才君之追忆与略评》，《师大月刊》1936 年 10 月 24 日第 30 期。
④ 《鲁迅全集》第 4 卷，1957 年版，第 347 页。

在思想上处于沉默期，大部分时间苦坐在绍兴会馆中抄古碑、辑古书、读佛经，他把当时的中国比喻为一个四面没有窗户的铁屋子，里面的人都快要闷死了，而铁屋子却难以破毁。正在这时，钱玄同走进了鲁迅的生活，每隔三五天就到鲁迅居住的绍兴会馆的补树书屋来夜谈，一谈就是半夜。两人"烹鹜沽酒"，开怀畅叙。从《鲁返日记》记载看，当时两人的来往书信也特别多，而谈论最多的是要鲁迅毁坏这铁屋子，给《新青年》写点文章。于是便有了中国现代文学史上第一篇白话小说《狂人日记》，而且鲁迅"从此以后，便一发而不可收"。从此，鲁迅走出沉默期，加入了新文学运动的行列。

从当时的情况看，鲁迅为新文学运动呐喊，首先是时代使然，但不可否认，鲁迅作品的直接催生者却是钱玄同。鲁迅在《呐喊·自序》里也谈到自己由于钱玄同的关系才直接同《新青年》发生联系以及自己首写小说还应归功于钱玄同的鼓励和催促。

6.《新青年》应首先改革。

钱玄同说："凡事总是前进，决无倒退之理。"[①] 历史的进化思想指导了他终生的学术活动，并取得了丰硕的成果。

五四新文学革命在形式和内容上同时向旧文学发起攻击。在内容上，钱玄同提出新文学应是质朴的、老实的，应直铺直叙。[②] 在形式上，主张废除旧文章的固定格式，采用白话，实行新式标点和版本横排。

为了造成白话文的声势，彻底摧毁旧文学，钱玄同要求同伴们身体力行，《新青年》应首先改革。建议《新青年》全部改用白话，并加新式标点。在钱玄同的倡议下，《新青年》从1918年1月4卷1期开始，全部改用了白话，加了新式标点，而且还发表了白话诗九首。以后又实现了版本横排。这些在今天看来，不足为奇，但在当时却是一种"叛逆"行为，其功绩和阻力是可想而知的。

1917年6月，钱玄同致信陈独秀，题为《论应用之文亟宜改良》，谈应用文改良十三事。文学革命开始后，当别人都着重于文学作品、论说文章如何改革的时候，钱玄同第一个考虑到应用文，提出了许多有见地的主

---

① 钱玄同：《论应用之文亟宜改良》，《新青年》3卷5号。
② 参见钱玄同《尝试集序》，《新青年》4卷2号。

张，如主张："书札之款或称谓，务当简明确当"；"数目字可改为'亚拉伯'码号，用算式书写，省'万'、'千'、'百'、'十'诸字"；"凡纪年，尽改用世界通行之耶稣纪元"；"改右行直下为左行横迤"；"印刷之体，宜分数种"；等等。① 从现在情况看，钱玄同的这些主张是符合历史发展方向的，所有这些，我们现在不仅都已经使用，且习以为常了。但具有讽刺意味的是，我们现在在得到实惠而使用这些省时省力的工具时，却淡忘了这位激厉奋迅的拓荒者，这正应了那句"但开风气不为师"的名言。

历史在前进，语言文字也当改革。五四风暴过后，钱玄同在教书之余，致力于中国语言文字的改革工作，倡导了符合中国文字发展方向的注音字母、世界语和国语罗马字拼音。主张推广普通话、简体字，并身体力行，从事普通话的研究、简体字的选用和推行工作。钱玄同在语言文字方面的宏通之论和身体力行的实践精神，在今天实应引起我们的高度重视。

7. "我的眼前仿佛已经打开了一座门，让我们进去对这个两千余年来学术史上的一件大公案作最后的判断。"②

20世纪20年代，在资产阶级新史学的阵营内崛起了"古史辨"派，其成绩最大者是顾颉刚，其次便是胡适、钱玄同。而顾颉刚从辨伪方法到实际行动都深受钱玄同的影响，可以说钱玄同既是"古史辨"的倡导者，又是顾颉刚辨伪工作的启发者和路标。

在古史研究上，钱玄同认为"应该常持怀疑的态度才是"，应把古史中"最厚最黑的云雾""尽力拨除"③，并提出"考古务求其真"的主张。钱玄同"在古史运动初期的时候，最能发挥疑古的精神，这是一般人士都公认的"④。

顾颉刚1920年夏毕业于北大，留校任助教，在图书馆编目。在一定程度上来说，钱玄同是顾颉刚的老师。二人在北大结识以后，志同道合，在两年时间内书信来往讨论辨伪问题。顾颉刚在《儒生·序》中回忆说："直到1920年我在北大毕业之后才认识钱玄同先生。……"他对于今古经文学的看法和主张，"是一个极锐利、极彻底的批评，是一个击碎玉连

---

① 钱玄同：《论应用之文亟宜改良》，《新青年》3卷5号。
② 顾颉刚：《儒生·序》，《古史辨》第1册。
③ 钱玄同：《答顾颉刚先生书》，《古史辨》第1册。
④ 柳存仁：《纪念钱玄同先生》，《古史辨》第7册（上）。

环的解决方法，我的眼前仿佛已经打开了一座门，让我们进去对这个两千余年来学术史上的一件大公案作最后的判断了"。

1923 年 2 月，钱玄同致顾颉刚信，题为《论〈诗〉说及群经辨伪书》，信中希望顾颉刚关于论《诗》的文章整理一下，以还《诗》之真相，并希望他能投稿北大的《国粹学报》。并说：不把"六经"与"孔丘"分家，则"孔教"总不容易打倒；不把"经"中有许多伪史这个意思说明，则周代及其以前的历史永远是讲不好的。这封信，对顾颉刚启发很大，顾颉刚在《古史辨》第一册《自序》中说："十二年二月中，玄同先生给我一封长信，论经部的辨伪。我和他已经一年多不相通问了，忽然接读这一封痛快淋漓的长信，使我精神上得着一种兴奋。我就抽出一个星期日的整天工夫，写了一通复书……"而这一复书，正是顾颉刚数年来蕴积于胸中关于古史看法的系统倾述，亦即发表于胡适《读书杂志》第 9 期上的《与钱玄同先生论古史书》，正式向学术界提出了"层累地造成的中国古史"的著名学说。这一学说又得到了钱玄同的大力支持，在《读书杂志》第 10 期撰文，认为"层累地造成的中国古史"说"精当绝伦"。从而引起了刘掞藜、胡堇人、柳诒征等人的驳诘，触发了一场古史论战，使古史研究运动得以继续发展。

8. "他实在是我的畏友"。

七七事变后，北平沦陷，北大和平大迁山西城固，成立西北联大。钱玄同因病未能前往，留在北平，但拒绝伪聘，清白洁身，并恢复原名"夏"，决不做日本统治下的"顺民"。

急转直下的形势，令国人震惊，但苦雨斋老人周作人却保持着沉默，尽管关心周作人的朋友们心急如焚，但南下队伍中却没有周作人的身影，周作人留了下来。

在过往的光阴里，钱玄同与周作人过从甚密。鲁迅在五四后勇往直前，而钱玄同、周作人则未能接受马克思主义。又由于思想上的分歧、意气行事和一些家庭琐事，周氏兄弟分道扬镳。钱玄同与鲁迅在 1927 年以后也关系"极疏——实在是没有往来"。所有这些使得人们在怀念鲁迅的同时，对钱玄同、周作人则颇多微词，这实在是见仁见智。

好归好，但到了紧要关头，钱玄同对周作人这位东京时的老同学和多年的同事、密友是要负责任的。当周作人做了理智的考虑，提出要"出山"时，钱玄同则保持沉默，不赞成老朋友的想法，并警告周作人无论如何不能做汉奸。钱玄同后来致信周作人，说他"近来忽然抒怀旧之蓄念，发思古之幽情"，主张坚持民族主义的立场，以此规劝周作人。1939年元旦周作人遇刺，玄同闻悉，受刺激而病发。就在周作人一步步走向深渊时，1月17日钱玄同遽然去世，使周作人陡然失去了一位"畏友"。后周作人作《玄同纪念》，喟叹"今玄同往矣，恐遂无复有能规诫我者"。在谈到他与钱玄同的关系时曾说："玄同平常不务苛求，有所忠告必以谅察为本，务为受者利益计算，亦不片面徒为高论，我最觉得可感，虽或未能悉用，而重违其意，恒自警惕，总期勿太使他失望也。"① 之后，周作人在"下水"后"顺流而下"。

周作人出任伪职，成为汉奸，绝非钱玄同所能规劝得了的，但周作人的这种做法是"重违"老朋友的"忠告"的，当然也就"太使他失望"了。

9. 与鲁迅失和。

鲁迅与钱玄同关系的曲折发展是颇耐人寻味的，两人师出一门，并肩战斗过，但结局却是悲剧性的。鲁迅逝世后，钱玄同作《我对于周豫才君之追忆与略评》，把他和鲁迅的交往划分为三个时期：1907—1916年关系"尚疏"；1917—1926年关系"最密"；1927—1936年关系"极疏——实在是没有往来"。

鲁迅与钱玄同关系破裂的原因，说法颇多，大多认为是二人的思想随着时代的发展而产生了分歧，即钱玄同在五四后头脑僵化了。这种看法恐怕只是表面现象。事实是，钱玄同在五四后头脑并未"僵化"，与鲁迅失和当另有他因。

钱玄同在《略评》中对鲁迅的"略评"是："长处"三：（1）校勘古书或翻译外籍，治学最谨严，青年应效法；（2）治学不粗制滥造，青年应效法他的"暗修"精神；（3）作品"于改革社会是有极大用处的"。"短处"三：（1）多疑；（2）轻信；（3）迁怒。②

有人说这"略评"是"谬评"。但笔者认为"略评"在很大程度上反映了鲁迅的真实情况。当然，对于鲁迅的"长处"肯定得似有不够。

鲁迅南下后，钱玄同与胡适、顾颉刚、刘半农、周作人、林语堂等关

---

① 钱理群：《周作人传》，北京十月文艺出版社1990年版，第440—441页。

② 参见钱玄同《我对于周豫才君之追忆与略评》，《师大月刊》1936年10月24日第30期。

系较为密切。众所周知，鲁迅与他们中的大部分人关系是很恶化的，常常笔墨相讥。

1924 年周氏兄弟失和，并非出于政治、思想、人生选择上的分歧，而纯属家庭内部的纠纷。在《鲁迅全集》中，顾颉刚是以"红鼻子"的面目出现的。至于林语堂，则是鲁迅的《论"费厄泼赖"应该缓行》，提出痛打"落水狗"而为世人共晓。

30 年代前后的鲁迅受到了来自多方面的攻击，有敌人方面的，也有朋友、文坛圈内方面的，鲁迅在奋笔还击的时候，语言不仅显得"刻毒"，而且思想感情上显得多疑、轻信、迁怒是可想而知的。可以设想，正是由于鲁迅与周、顾、林诸君不和，而是否会"迁怒"于钱玄同呢？

1990 年 4 月，笔者走访了钱玄同的长子钱秉雄先生，以"多疑"的心理向他斗胆提出了一个很"简单"的问题——当鲁迅在南方与许广平同居时，钱玄同对此是否有过微词？回答是否定的。据钱秉雄介绍，钱玄同对于鲁迅和许广平的关系是持自由态度的，《两地书》中也没有见到钱玄同对此事指指点点的痕迹。钱秉雄说，钱玄同不仅对鲁迅如此，对其他人也是如此，即使自己子女的婚姻恋爱他也从不干涉。

这里，从钱玄同与黄侃的关系，谈一下钱玄同的坦荡心胸。钱、黄是同学，二人一新一旧，关系不和。黄侃的脾气比较乖僻，有时说话随便，甚至在课堂上骂街。黄侃曾说钱玄同的文字学讲义"是他一泡尿"，并把钱戏称为"钱二疯子"。对此，钱虽气愤过，但并不记仇。后来，钱玄同作《古韵二十八部音读之假定》，对黄还大加称赞，说古韵分部"截至现在为止，当以黄氏二十八部之说为最当"；作《古音无"邪"纽证》也称道黄氏古声纽说"大体也很对"。黄侃逝世后，钱玄同在《挽季刚》联中称赞黄侃"于古音独明其真谛"，"文章宗六代"，为章门之"隽才"，又于挽联的《后序》中追述了他同黄侃平生的交谊和所发生的口角之争。胸怀坦荡，情感恳挚，尤为动人。

10. 矫枉过正与平正通达。

鲁迅说："矫枉不忌过正，只要能够打倒敌人，嬉笑怒骂皆成文章。"①

---

① 沈鹏年：《鲁迅与〈新青年〉同人关系探索之五——刘复幽默遭忌，鲁迅仗义护友》，《文汇报》1962 年 9 月 25 日。

鲁迅说："十分话只须说到八分，而玄同则必说到十二分。""其实畅达也自有畅达的好处，正不必故意减缩。""例如玄同之文，即颇汪洋，而少含蓄，使读者览之了然，无所疑惑，故于表白意见，反为相宜，效力亦复很大。"①

黎锦熙说，钱玄同为文，淋漓酣畅，激厉奋迅。"其文言似梁任公的笔锋常带感情，发挥尽致，吐泻无余，而无一句含糊话。"②

在五四同人中，钱玄同以言辞偏激活跃于文学革命舞台，其中"应烧毁中国书"和"废除汉字"为世人所共晓。钱玄同在致周作人信中曾回忆说在张勋复辟后他与周氏兄弟"在绍兴会馆的某院子中槐树底下"谈过许多"偏激话"③，这些"偏激话"启发了周氏兄弟并得到周氏兄弟的赞同。钱玄同仿佛颇知矫枉过正的道理，出于反封建的需要，他把话说到了十二分。其实，在实际生活中，钱玄同是最平正通达不过的人，周作人曾说："若是和他商量现实问题，却又是最通人情世故，了解事情的中道的人。"④ 钱玄同戏谑中带着严肃，幽默中显示正经，与同时代人的通信、谈话往往庄谐杂出，掉弄笔头，令人捧腹之后又能明白事理。

钱玄同的丰硕成就证实了他并非"好空谈而不做实事"。但今天人们对钱玄同知之多少？这便是"但开风气不为师"。

（原载《黄淮学刊》1993年第1期）

---

① 鲁迅：《两地书》。
② 黎锦熙：《钱玄同先生传》，见曹述敬《钱玄同年谱·附录》，齐鲁书社1986年版。
③ 《钱玄同致周作人信》（1923年7月9日）。
④ 周作人：《钱玄同的复古与反复古》。《文史资料选辑》1984年4月第94辑。

# 钱玄同中西文化观研究

在中国近现代思想文化史上，钱玄同是一个应该引起重视但至今尚未被重视的人物，他是五四时期的文化斗士，长期从事文化教育和学术研究工作，他的中西文化观有其独特的风格，卓然一家。试略论之。

## 一

对于中国传统文化，钱玄同的思想认识经历了由尊清到排满，由反清到反封建的发展轨迹，其跌宕起伏中透示出认识的提高和范围的扩大。

在 1903 年（17 岁）以前，钱玄同的思想是"尊王攘夷"。周作人在《雨天的书·元旦试笔》中说他自己"当初和钱玄同先生一样，最早是尊王攘夷的思想"。尽管清王朝已危机四伏，大厦将倾，但钱玄同还未认识到清朝"洋人的朝廷"性质，依然在书房里读经书、做八股，走一般士子的科举之路，所以满脑子皇帝圣明、德泽广被的思想。

戊戌变法失败后，有识之士皆弃保皇而排满，走上了反清革命的道路，而钱玄同的思想并未发生变化。究其原因，除了他所受的封建家庭教育外，与康梁的保皇影响分不开。钱玄同曾说："我彼时之思想，完全受'保皇论'之支配"，又说他"早年写作文言文，完全得力于梁任公"，对梁启超在戊戌、己亥时倡"保皇论"的文章"大悦"，佩服得"五体投地"。所以，1902 年读到《仁学》时，对其中的排满思想颇为不满，"很是生气，曾经撕毁过一本《仁学》"。1903 年上海发生《苏报》案，章太炎、邹容被捕，蔡元培、吴稚晖出亡。当时钱玄同在家乡浙江湖州（今吴兴），闻此消息，极不以章、邹、蔡、吴的主张为然。①

1903 年冬天，钱玄同的思想发生了很大的变化，原因是读了他的一

---

① 参见钱玄同《三十年来我对于满清的态度底变迁》，《语丝》第 8 期。

个朋友送给他的两本书:《驳康有为论革命书》和《革命军》。读《革命军》时,"很使我受了一番大刺激,前此的尊清见解,竟为之根本动摇了"。再看《驳康有为论革命书》,"才恍然大悟二百年以来满廷之宰割汉人,无所不用其极。……章、邹的主张,实在是'有理呀有理'!一定非革命不可"。此后,他又陆续读了一些宣传革命排满的刊物,遂在1904年夏,毅然剪去辫子,以表示"义不帝清"①之至意。玄同由尊清到排满,思想巨变,很显然是受了资产阶级革命派的影响。但推翻清朝之后用怎样的意识形态、礼义制度来统治中国,钱玄同此时并没有资产阶级的平等、博爱、民权、民主思想,而是要"光复旧物",过多地表现为浓厚的复古主义倾向。1908年,钱玄同与周氏兄弟一起拜章太炎为师,在日本《民报》社听章氏讲段注《说文解字》和郝懿行《尔雅义疏》。钱玄同后来回忆说:"我那时的思想,比太炎先生还要顽固得多呢。我以为保有国粹底目的,不但要光复旧物,光复之功告成后,当将满清底政制仪文一一推翻而复于古……(而且)愈古愈好。"② 他原名师黄,后改称怡,字德潜,此时为表示"光复大汉"的决心,自取号曰汉一,后取名号相连意,改名为钱夏。这种思想一直延续到辛亥革命后。

促使钱玄同由狭隘走向广阔,由反清排满走向反封建这一巨大变化的是新文化运动,启蒙思想家们高擎民主、科学的大旗向封建的精神文化展开了冲锋,钱玄同在这场空前的启蒙运动中树立了自己在中国思想文化史上的丰碑。

五四时期的钱玄同是以骂尽中国传统文化、彻底反封建的立场活跃于历史舞台的。他在致周作人的一封信里曾有"张勋败后,我和你们兄弟两人在绍兴会馆的某院子里槐树底下所谈的偏激话"③ 等语,是指他催促鲁迅走出苦闷、彷徨期,打破那封建的"铁屋子",为《新青年》写点文章。钱玄同本人在《新青年》上发表的文章,既有从实际出发,解决现实问题的宏通之论,诸如文章加标点符号,版本实行横排,改良应用文,倡导注音字母,推广普通话、简体字等,也有为人们所熟悉的"用石条压驼背"的"偏激话"。他说:

---

① 钱玄同:《三十年来我对于满清的态度底变迁》,《语丝》第8期。
② 同上。
③ 周作人:《钱玄同的复古与反复古》,《文史资料选辑》1984年4月第94辑。

孔教是中国一切专制、愚昧的根源，对孔学必须彻底铲除，送进历史的博物馆。①

六朝骈文满纸堆垛词藻，毫无真实的情感，甚至用了典故来代实事。删割他人名号，去迁就他的文章对偶。打开《文选》看，这种拙劣恶滥的文章，触目皆是。明清以来，归有光、方苞、姚鼐、曾国藩这些人拼命做韩、柳、欧、苏那些人的死奴隶，立了什么桐城派的名目，还有什么"义法"的话，搅得昏天黑地。这是两种"文妖"，是"选学妖孽"、"桐城谬种"，概在打倒之列。②

欲废孔学，不得不先废汉文；欲祛除一般人之幼稚的野蛮的顽固思想，尤不可不先废汉文。③

应烧毁中国书。旧文章的内容，不到半页必有发昏做梦的话，青年子弟读了这种文章，觉其语句铿锵，娓娓可诵，不知不觉，便为文中之荒谬道理所征服。④

孔子与"六经"无涉，"六经"各不相干，它们是"古代留下来的几篇文学作品，几本档案粘存，几张礼节单子，几首迷信谶诗，几条断烂朝报而已"。⑤

要中国有真戏，非把中国现在的戏馆全数封闭不可。⑥

《聊斋志异》诸书直可谓全篇不通。⑦

可以看出，钱玄同是以极端偏激的姿态出现在反对复古派、国粹派斗争的第一线的，这使他走向了形式主义，把汉字的符号功能与它们所表达的特定内容混为一谈，不仅矫枉过正，而且即使在文字改革的实践上也有些操之过急；他重视思想内容而忽视艺术标准，使他对中国戏剧、古典小说的评价偏离了正常的轨道；把《春秋》等说成"流水帐簿"和"断烂朝报"也失之疏略和武断；而对以儒学为中心的中国传统文化全盘否定也缺乏审慎的历史态度。

---

① 钱玄同曾在很多文章里讲到有关这一内容的话。
② 钱玄同：《尝试集序》，《新青年》4卷2号。
③ 钱玄同：《中国今后之文字问题致陈独秀》，《新青年》4卷4号。
④ 钱玄同"通信"栏附言，《新青年》4卷4号。
⑤ 钱玄同：《论〈诗经〉真相书》，《古史辨》第1册。
⑥ 钱玄同：《要中国有真戏非把中国现在的戏馆全数封闭不可》，《新青年》5卷1号。
⑦ 钱玄同：《致陈独秀信》，《新青年》2卷6号。

钱玄同曾说自己"受了二十多年的腐败教育",是一个"纲伦压迫下的牺牲者"①,对封建的思想文化有着切齿的仇恨。而此时民主、科学的思想正涤荡着封建的污泥浊水,钱玄同生逢其时,反戈一击,便常常表现得英勇无畏,毫无顾忌,以致"十分话只须说到八分,而玄同则必说十二分"②。

辛亥革命后,先是袁世凯称帝、张勋复辟,接着大小军阀提倡尊孔读经,中华民国只剩下一张空招牌,加上"许多老少汉学大家,开口一个国粹,闭口一个古说",与"德、赛"两先生故意作对,钱玄同不能无动于衷。他是"愤极了才发出这种激切的议论"③。鲁迅说:"矫枉不忌过正,只要能够打倒敌人,嬉笑怒骂皆成文章。"④ 彻底反传统是五四启蒙思想家的通则。

五四风暴过后,中国思想界依然混浊得很,军阀混战,武人统治,尊孔复古的逆流一浪接一浪发生,钱玄同对这种怪现象很动感情,"以为'东方化'终于是毒药"。1923 年 7 月 9 日致信周作人,认为"陈独秀一九一五——一九一七年的《新青年》中的议论,现在还是救时的圣药。现在仍是应该积极去提倡'非圣'、'逆伦',应该积极去铲除'东方化'。总而言之,非用全力来'用夷变夏'不可"⑤。可以看出,五四后钱玄同的思想虽然没有发生质变,出现飞跃而接受马克思主义,但始终是坚持了民主、科学的反封建精神的,既未僵化,也未倒退,他始终是一个民主主义者。

## 二

1915 年《新青年》创办以前,钱玄同对西方文化似乎没有更多的认识,而且因为当时他是一位复古主义者,所以"那时对于一切'欧化',都持'詀詀拒之'的态度;惟于共和政体,却认为天经地义,光复后必

---

① 钱玄同:《致郭步陶信》,《新青年》6 卷 6 号。

② 《两地书》,《鲁迅全集》第 11 卷。

③ 陈独秀:《本志罪案之答辩书》,《新青年》6 卷 1 号。

④ 沈鹏年:《鲁迅与〈新青年〉同人关系探索之五——刘复幽默遭忌,鲁迅仗义护友》,《文汇报》1962 年 9 月 25 日。

⑤ 周作人:《钱玄同的复古与反复古》,《文史资料选辑》第 94 辑。

须采用它"①。

五四时期，钱玄同彻底地反对传统，对于用何种思想文化来支撑这个偌大的中国，构建新的文化体制，他并没有系统的阐释。抱着满腔的愤怒和激情，在否定传统文化的同时，他向往民主、科学，向往西方文明，但对西方文化的介绍却显得空疏、苍白，而身体力行的实践也是支离破碎。其口号式的语言俯拾皆是：

> 如其要中国有真戏，这真戏自然是西洋派的戏，决不是那"脸谱"的戏。②
> 赶紧多多的翻译西洋的文学名著。从今日以后，要讲有价值的小说，第一步是译，第二步是新做。③
> 我所爱的中国是"欧化的中国"。④
> 应该将过去的本国旧文化遗产拔去，将现代的世界新文化"全盘承受"。⑤

钱玄同主张"欧化""世界化"，成绩较大的当是他关于文字改革的主张和实践。废止汉文以后代之以何种文字，他在向西方学习的过程中，尽管前后观点不一致，但成绩还是辉煌的，还是符合中国文字发展方向的。初，主张将"东洋派之新名词"，大掺特掺到中国文字里、语言里⑥；接着，主张用"罗马字拼音"；主张用"文法简赅，发音整齐，语根精良之人为的文字 Esperanto（世界语）"⑦；主张"国语罗马字"。这些主张，钱玄同既有宏通之论，也有身体力行的实践，符合中国文字发展的方向，为新中国成立后语言文字的改革奠定了坚实的基础。

五四运动后，钱玄同不仅坚持了五四时期提倡的"西方化"和科学、民主的精神，而且对"西方化""欧化"的认识逐步加深，从较高、较多方位的视角来对待中西文化。

---

① 钱玄同：《三十年来我对于满清的态度底变迁》，《语丝》第 8 期。
② 钱玄同：《要中国有真戏非把中国现在的戏馆全数封闭不可》，《新青年》5 卷 1 号。
③ 钱玄同：《答胡适之》，载《中国新文学大系·建设理论集》。
④ 《语丝》第 23 期。
⑤ 《语丝》第 34 期。
⑥ 钱玄同：《新文学与今韵问题》，《新青年》4 卷 1 号。
⑦ 《新青年》5 卷 2 号"通信"。

1925 年，钱玄同在《语丝》第 23 期发表《回语堂的信》，对"欧化"作了解释："我坚决地相信所谓欧化，便是全世界之现代文化，非欧洲人所私有，不过欧洲人闻道较早，比我们先走了几步。我们倘不甘'自外生成'，惟有拼命去追赶这位大哥，务期在短时间之内赶上，到赶上了，然后和他们并辔前驱，笑语徐行，才是正办。万万不可三心二意，左顾右盼，以致误了前程，后悔无及。"他说，中国根本改革的道路在"欧化"，在于接受"全世界之现代文化"。

能集中反映钱玄同中西文化观点的是他 1925 年在《语丝》第 31 期发表的《关于反抗帝国主义》一文，当时正是"五卅惨案"发生以后。文章中，他把反帝和反封建两项斗争任务结合起来考虑，主张一面积极反抗帝国主义的政治、经济侵略，一面用民主、科学思想和现代化的文化知识"唤醒国人"。唤醒教育，消极方面是"除国贼"，积极方面是用民主、科学、道德来建国。保国不是"保存国粹"，反抗帝国主义是反抗侵略中国的"强权"，绝对不是排外。凡是现代的世界文化，咱们的国家也该受它支配。相反，拒绝现代的文化国必灭亡。在这里，钱玄同提出了一个重要命题：既保国又反对"国粹"，既反抗帝国主义的侵略，又学习西方的先进文化，看似矛盾，实则把救亡和启蒙融为一体。

1924 年、1925 年思想界又展开了一场"国粹"与"欧化"之争，作为五四时期东西方文化选择讨论的继续和发展。论争首先是在周作人、刘半农与钱玄同之间展开的。《语丝》第 4 期发表周作人《致溥仪君书》，信中有"可惜中国国民内太多外国人"，"应该觉悟只有自己可靠"，这意思与周作人反复强调的"复兴千年前的旧文明"是一致的。此信引起了刘半农的共鸣，他立即从巴黎来信表示支持，该信载《语丝》第 20 期。钱玄同觉得不能坐视，在同期发表《写在半农给启明的信底后面》，提出不同意见。文章针锋相对，说"中国国民内固然太多外国人，却也太多中国人"，对于帝国主义的压迫是绝对应该抗拒的，但对于"国故"也绝对地应取"排斥"的态度。1925 年 7 月 6 日出版的《语丝》第 34 期又发表了周作人、穆木天、张定璜、钱玄同等的通信。穆木天仍然坚持"唤起已死了百千年的国民精神作坚牢的大石"。钱玄同又一次表示反对，力主"应该将过去的本国旧文化遗产拔去，将现代的世界新文化'全盘承受'"。这场涉及对中西文化态度的讨论，钱玄同显得更理智一些，更成熟一些。

钱玄同始终坚持了反帝斗争的大方向。七七事变后，北平沦陷，钱玄同困居北平。1935 年春，他恢复旧名"钱夏"，表示是"夏"而非"夷"，不做敌伪的顺民。并多次警告周作人无论如何不能做汉奸，他用复古之观念，用坚持民族主义立场来规劝周作人。就在周作人一步步走向深渊时，钱玄同于 1939 年 1 月 17 日因脑溢血遽然去世，使周作人陡然失去了一位"畏友"。

三

周作人在 1944 年所写的《我的杂学》里，称道王充、李贽、俞樾为中国历史上"思想界之三盏灯火"，接着又评论说："民国以来号称思想革命，而实亦殊少成绩，所知者唯蔡子民、钱玄同二先生可当其选。"此话虽有所偏颇，但它反映了钱玄同在中国近现代思想文化史上的地位。对此，鲁迅、陈独秀、郑振铎、洪深等都有过较高的评价。通过对钱玄同中西文化观的分析，我们可以得出以下几点认识。

**（一）坚持五四精神**

周作人评价钱氏说："在新文化运动中间，主张反孔最为激烈，而且到后来没有变更的，莫过于他了。"[①] 正是在民主、科学、反封建精神的指导下，钱玄同虽然没有像陈独秀、鲁迅那样接受马克思主义，但也没有停滞倒退，他始终坚持了民主主义者的立场。

**（二）历史的进化观**

从钱玄同由尊清到排满，由反清到反封建的思想转变及其对西方文化认识的逐步加深可以看出，他见解犀利，不泥古，不守旧。乃至资产阶级进化论传入，他同其他进步知识分子一样接受洗礼，从而形成了他历史的进化观。1918 年钱玄同在为《北京高等师范学校十周年纪念录》写的序文中说："世界从古代到现代，从现在到将来，总是在进化的轨道上走的。"又说："对于过去的，决然舍弃，不要顾恋，对于未来的，要努力前进，不可迟疑。进！进！前进！"这足以说明钱玄同平生治学、对待中

---

① 周作人：《钱玄同的复古与反复古》，《文史资料选辑》第 94 辑。

西文化的目的、态度和方法。

### （三）"欧化"与反帝并重

从整体上看，五四以前的"西化"观并不反对帝国主义，甚至对帝国主义抱有不切实际的幻想。当时钱玄同也曾强调"适用于现在世界的一切科学、哲学、文学、政治、道德，都是西洋人发明的"，我们应该虚心地学习，才是正途。但是，经过五四运动，人们对资本主义的认识从感性上升到理性，巴黎和会中国外交的失败，使中国人民亲身体验到帝国主义的侵略本性。钱玄同经历了这一转变，在主张"西化"的同时，反对帝国主义的侵略。他说："'唤醒国人'反对帝国主义，简直是咱中国人今后毕生的工作。"① 与"全盘西化"论者相比，他的西化观没有奴性。

### （四）功利主义思想

钱玄同自称他"始终是一个功利主义者"②。黎锦熙在其《钱玄同先生传》的结尾也很有见地地说钱玄同"一生的安身立命之处，还是最大多数的最大幸福之'功利主义'的墨家人生观"③。"唤醒国人""救救孩子"的社会关怀是他中西文化观的出发点和归宿。

### （五）观点偏激与认识的模糊

在中国近现代思想文化史上，钱玄同是以骂尽中国传统文化、极力推崇西方文化的面目出现的。在"西化"论者看来，在当时这是很正常且很有意义的。他的战斗锋芒至今仍令我们钦佩。但是，不可否认，钱玄同不加分析地彻底否定传统文化的观点是一种偏颇的观点，他所采用的方法是形式主义的方法，缺乏对中西文化的正确分析和科学批判态度。众所周知，一种新的文化形态应该建立在中西优秀文化的基础上，而不是偏向于一极。钱玄同的西化观也是支离破碎、模糊不清的。中国人到底应该向西方学习什么，他有一些标语式、口号式的语言，而没有具体实际的内容，

---

① 钱玄同：《关于反抗帝国主义》，《语丝》第31期。
② 钱玄同：《致周作人信》（1923年7月1日）。
③ 黎锦熙：《钱玄同先生传》，见曹述敬《钱玄同年谱·附录》，齐鲁书社1986年版。

没有周密的逻辑分析，也没有对西方文化的系统介绍，这使他"提倡有心，创造无力"[1]，以致除了在文字改革上比较具体实际而外，其他内容则显得空洞模糊。

（原载《史学月刊》1996 年第 5 期）

---

[1]　胡适：《中国文艺复兴运动》（1933 年芝加哥大学讲稿），美国芝加哥大学出版社 1934 年版。

# 论钱玄同的语言文字改革
# 与近代中国社会的进步

钱玄同是中国近代史上著名的语言文字学家，长期致力于文化教育事业，尤其对汉语语言文字的研究和改革工作贡献卓著。他是古文大家章太炎的高足，"本其师传，复运以科学方法，参以新获材料，卓然成当代大师"①。钱玄同认为，语言文字的改革和发展是近代中国社会进步和发展的必然趋势。因此，关于语言文字的改革，他提出了许多独到的见解，并在现代汉语的规范化、汉语拼音方案的设计、制作和简体字的选用、推行等方面做了许多切实的奠基工作。

## 一 语言文字改革的必要性

钱玄同是我国近代提倡改革语言文字的急先锋。他认为，从工具上说，汉字已经落伍了；从意义上说，它附丽着陈旧的腐化的渣滓，非廓清推倒不可；从积极方面说，它是教育文化的绝大障碍，非改革不足以前进。他说：

> 我敢大胆宣言：汉字不革命，则教育决不能普及，国语决不能统一，国语的文学决不能充分的发展，全世界的人们公有的新道理、新学问、新知识，决不能很便利、很自由的用国语写出。何以故？因汉字难识、难记、难写故；因僵死的汉字不足表示活泼泼的国语故；因汉字不是表示语音的利器故；因汉字做梗，则新学新理的原字难以输入国语故。②

---

① 黎锦熙：《钱玄同先生传》，见曹述敬《钱玄同年谱·附录》，齐鲁书社1986年版。
② 钱玄同：《汉字革命》，《国语月刊》1卷7期。

可以看出，钱玄同在语言文字改革的理论上有些操之过急，他甚至把汉字的符号功能与其所表达的特定内容混为一谈了。但是，钱玄同指出了一个重要问题，那就是汉字的困境以及改革的必然趋势。

中国文字，源远流长，作为表达人们思想、社会文化的一种工具发挥了巨大的作用。但无论是籀文、篆字、隶书抑或甲骨文等，都存在着难认、难写、难学、难用的缺憾。而且，文字的效用，本在表现语言；文字的职责，在表达其声。由此看来，文字改革势在必行。

钱玄同从中国文字发展的趋势上进一步阐明了文字改革的必然性。他认为，中国文字发展的总趋势是由形而意，由意而音，由繁到简。他断言："从汉字变迁史上研究，汉字革命，改用拼音是绝对的可能的事。"①众所周知，文字初发时为象形文字，后来又发展到造字标准"六书"。但细究其内容，实为重声不重形而趋向于注音。钱玄同在其《汉字革命》的长文中对此有透彻的统计和阐发，他说：

> 《说文》九千余字中，据王筠的《文字蒙求》所列，则——
> 象形字，二百六十四个；
> 指事字，一百二十九个；
> 会意字，一千二百五十四个。
> 除此以外，都是形声字了。象形字和指事字，都可以算作象形文字，在《说文》中只有三百九十三个，占《说文》字全体仅二十三分之一，《说文》以后的文字，形声字占了最大多数……（且）文字日见增加，经过了一千六百年光景，到亡清修《康熙字典》的时候，共有四万余字。这三百九十三个象形文字在《康熙字典》四万余字之中，不是（只）占了全体（的）一百分之一吗？②

由此可见，象形文字在我国早已有离形就音的倾向。钱玄同的这些认识，从事实出发，说理透彻，使反对者很难置喙。

汉字的发展由形到音、由繁到简的趋势，在晚清已为有识之士所认

①，钱玄同：《汉字革命》，《国语月刊》1 卷 7 期。
② 同上。

识，并就文字改革问题进行了身体力行的探索和实践。其代表人物如沈
学、卢戆章、劳乃宣、王照等，他们的主张的共同点是"中国该有拼音
文字"，并且他们都造过拼音字母——实质上是切音字。如卢戆章的"切
音新字"，王照的"官话字母"，劳乃宣的"合声简字"等。其中，王照
和劳乃宣的方案当时曾在一些地方得到传播。这时期文字改革者的出发点
是使切音字"大众化"，着眼在普及教育上。他们一方面认为汉字难识、
难记、难写，应该改革，另一方面受当时环境条件的限制，又认为汉字高
深优美，应该保留，主张改革后的汉字——切音字推广到民间，让那些知
识低下的人使用，而他们本身仍然使用正统汉字。钱玄同对他们的文字改
革曾有过批评，把这一时期的文字改革称为"灰色的革命"，说他们是搞
"妥协""调和"。① 正因为此，晚清时期这些人文字改革的效果甚微。

## 二　汉语拼音方案的设计和制作

　　1913 年读音统一会制定了"注音字母"，把汉字标音的"反切"变
为"拼音"。这既是中国音韵文字学史上的一大变革，同时也是对晚清的
"切音字"的否定。注音字母在 1918 年由当时的教育部正式颁布，并在
小学、中学中普遍推广，对于帮助汉字和"统一国语"有过很大的贡献。
　　对这种采用笔画简单的汉字（有的加以修改）来标注汉字字音的音
标的汉字形式，钱玄同极表赞同。1917 年 6 月，钱玄同致信陈独秀，题
为《论应用之文亟宜改良》，谈应用文改良十三事，陈独秀回信表示"样
样赞成"。钱玄同应用文改良的第七条提出："凡两等小学教科书，及通
俗书报、杂志、新闻纸，均旁注'注音字母'。"② 1918 年 8 月，《新青
年》5 卷 2 号讨论"革新文学与改良文字"问题，钱玄同主张"仍用汉
字，而限制字数，旁注'注音字母'"③。"仍用汉字"为过渡期，在这个
过渡期内，钱玄同一方面主张用"注音字母"，另一方面提倡尽量采用外
国人名地名名词原文，"或为此数十年之内暂时应用计，则非将'东洋派
之新名词'大掺特掺，掺到中国文字里来不可"④。

---

① 钱玄同：《汉字革命》，《国语月刊》1 卷 7 期。
② 钱玄同：《论应用之文亟宜改良》，《新青年》3 卷 5 号。
③ 《新青年》5 卷 2 号。
④ 钱玄同：《新文学与今韵问题》，《新青年》4 卷 1 号。

　　但是，无论是"切音字"或"注音字母"，其内容只是在注汉字的读音，并不想成为一种拼音文字。所以，在 1918—1919 年，钱玄同有了更高的要求，抱着世界大同的理想来改革文字，认为应该采用语根精良、文法简赅、发音平正、是人类文字而非民族文字的"世界语"（Esperanto，一称"万国新语"）。

　　1918 年 3 月，钱玄同致信陈独秀，指出改汉字为拼音的种种困难，并主张废除汉文，绕过拼音，直接过渡到世界语。他说，改汉字为拼音，各方面困难之点甚多，"中国语言文字极不一致，一也；语言之音，各处固万有不同矣，即文字之音，亦复纷歧多端，二也"。"中国文字，既非拼音，又从无适当之标音符号；三十六字母，二百零六韵，闹得头昏脑涨，充其极量，不过能考证古今文字之变迁而已，于统一音读之事，全不相干"。改用拼音后，单音词太多，一义有数字，声有平上去入等，至为困难。又说，时间已到了 20 世纪，"新理新事新物，皆非吾族所固有"，怎么办？是自造新名词，还是老老实实写西文原字？"既改拼音，则字中不复含有古义，新名词如何造法？"科学哲学上之新名词，自然当采用西文原字，即寻常用品，如 march、lamp、ink、pen 之类，自亦宜用原文，"如此，则一文之中，用西字者必居十之七八，即'拼音之汉字'不过几个介连助叹之词，及极普通之名代静状之词而已，而其效用，不过如此，似乎有些不值得吧！"[1]

　　在《新青年》5 卷 2 号举行的世界语的讨论中，钱玄同从中外两个方面论述提倡世界语的重要性，并说，"对于 Esperanto，也应该用做白话文章的精神去提倡"。在完全采用世界语之前的过渡期中，钱玄同又提出：一方面用一种外国文字为国文之补助，或法文，或英文；一方面国文限制字数，行之几年代之以世界语。

　　但是，1920 年以后，钱玄同认为废除汉字采用世界语这种理想太高，觉得"现代的中国，只能提倡国语，而改革传达国语的工具使之'世界化'，故专心致力于'国语罗马字'了"[2]。

　　钱玄同提倡罗马字拼音与他提倡白话文学几乎是同步的。1917 年钱玄同加入中华民国国语研究会为会员，致力于国语运动。1919 年兼做教

　　① 钱玄同：《中国今后之文字问题致陈独秀》，《新青年》4 卷 4 号。
　　② 黎锦熙：《钱玄同先生传》，见曹述敬《钱玄同年谱·附录》，齐鲁书社 1986 年版。

育部国语统一筹备会常驻干事。自是于国语、国音、注音符号、国语罗马字、简体字等的制作推行，悉心参划，亘二十年，取得了巨大的成绩。

1923 年钱玄同在《国语月刊》1 卷 7 期 "汉字改革号" 上发表《汉字革命》长文，把改革后的新文字定名为 "国语罗马字"。《汉字革命》代表了钱玄同汉字改革工作的全部理想和具体规划，是研究现代文字改革运动和汉语拼音字母演进历史的重要文献。在这篇文章中，论述了汉字革命的必要性和汉字改革的可能性。当时钱玄同汉字改革的中心内容就是采用 "罗马字母式的字母"。"罗马字母式的字母" 不同于 "罗马字母"，即不直接采用 26 个罗马字母，而是采用 "国际音标"。但到 1925 年 12 月 19 日，钱玄同在为嵩山致周作人信（讨论罗马字母拼音）作 "跋" 时（《一个很长的狗尾巴》），又认为 "国际音标复杂细密，宜于严式之审音，不宜于宽式之实用。遂自废弃其主张而赞成纯用罗马字母"①。

1923 年 "国语研究会" 召开第五次常务大会，钱玄同在会上提出组织 "国语罗马字" 委员会的议案，议决通过，钱为 11 人委员之一。从此，钱玄同除教书外，与黎锦熙、赵元任、汪怡等人多半时间致力于 "国语罗马字" 的研究和设计。到 1926 年，制成 "国语罗马字拼音法式"，1928 年由国民政府行政院教育部的前身中华民国大学院公布。钱玄同在写给教育当局的一封长信中说："罗马字母，在学术上、文化上，早成为世界公用的字母……用世界公用的罗马字母，制定中国国民的读法拼法，把本国的名称写成拼音文字的形式，其事尤为必要。"② 众所周知，"国语罗马字拼音法式" 即 26 个拉丁字母的汉语拼音法，这是把本国文字所用的符号，因利乘便地 "国际化" 起来，既符合文字发展的方向，又促进了近代中国社会的进步。

关于 "国语罗马字"，钱玄同有几篇重要的论文，均发表在 1926 年《新生》周刊上，如《为什么要提倡 "国语罗马字"》（1 卷 2 期），《"国语罗马字" 的字母和声调拼法条例》（1 卷 8 期），《关于 "国语罗马字" 的选用及其他》（1 卷 8 期），《历史的汉字改革论》（1 卷 8 期）等。其中《关于 "国语罗马字" 的选用及其他》最为重要，论中关于声母、韵母及声调的解释明白清晰，实为人们学习 "国语罗马字" 的说明书，该文

---

① 《语丝》第 59 期。
② 黎锦熙：《钱玄同先生传》，见曹述敬《钱玄同年谱·附录》，齐鲁书社 1986 年版。

1935 年重载于《国语周刊》第 231—234 期。

钱玄同对于国语罗马字的研制和推行是尽心尽力、态度坚决的。而且在研究中，要求革新思想，要求把文字革命与思想革命统一起来。1925 年 9 月 5 日，钱玄同在北京"国语运动大会"上发表演说指出，"咱们是现代的活人，应该创造现代的新思想，绝对的不应该因袭陈死人的旧思想！立国于今世，非革新思想不足以图存……所以思想革命，尤为今日当务之急！发表新思想的最适用的工具，便是国语的文学跟拼音的文字！我认为国语的建立是文字革命跟思想革命的第一步"。在这里，钱玄同并没有对思想革命的内容做出全面的理解，但是要求文字革命和思想革命结合起来的精神是令人钦佩的。

但是也应该指出，钱玄同在国语罗马字运动中，因其自信和脾气问题以及主张学术民主、思想自由而给他的改革工作带来某些不足。如 1929 年苏联莫斯科大学和列宁格勒大学派来两位教授，在北平要求同钱玄同、黎锦熙讨论"中国罗马字拼音方式"问题。钱玄同拒而不见，并认为：外国人对于中国语文总是隔膜的，何况"主义"不同！我们的"国语罗马字"是以国家民族为前提的。这不仅失去了一次极好的互相学习、互相交流的机会，而且也反映了钱玄同仍然停留在一个民主主义者的立场上。1931 年，瞿秋白等在苏联制定了"拉丁化新文字"，因他们在海参崴召开的会议上通过了"反对国语统一运动"的原则，与钱玄同一贯奉行的国语运动的方针和毕生奋斗所要达到的国语运动的主要目标相矛盾，所以，钱玄同对"拉丁化新文字"表示沉默，实际上是不赞成。1934 年，上海文化界讨论关于"大众语运动"问题，许多进步人士如鲁迅等都参加了讨论，讨论中牵涉文字改革问题。钱玄同拒绝参加，他认为"国语罗马字"和"拉丁化新文字"两种方案制定的原则和拼写方式都不相同，难以合作。他既不发表文章公开反对，而且对"国语罗马字"的宣传也宣告"鸣金收军"[①]。"拉丁化新文字"运动是在共产党领导下进行的，"拉丁化新文字"曾在居住苏联远东边疆的华侨中以及抗日战争时期的陕甘宁边区和敌后解放区中推行试用过。钱玄同拒不讨论，表示沉默，实是令人惋惜的。但拉丁化新文字方案也有缺点，标示声调的办法"过简"——完全不标声调，所以在学术上钱玄同竭力维护"国语罗马字"

---

① 黎锦熙：《钱玄同先生传》，见曹述敬《钱玄同年谱·附录》，齐鲁书社 1986 年版。

拼音方案也是有理由的。从当时情况看，"国语罗马字"和"拉丁化新文字"是"改革者的两大派"，尽管二者有争执，但"同是不满于现状"（鲁迅语）。正因为如此，在新中国成立后所制定的拼音方案中，二者皆为主要依据。1958 年周恩来在《当前文字改革的任务》报告里说："1926年产生了由钱玄同、黎锦熙、赵元任等制订的'国语罗马字'，1931 年产生了由瞿秋白、吴玉章等制订的'拉丁化新文字'。拉丁化新文字和国语罗马字是中国人自己创制的拉丁字母式的汉语拼音方案中比较完善的两个方案。在谈到现在的拼音方案的时候，不能不承认他们的功劳。"①

# 三　北京音的倡导

因为文字注音问题，与之紧密相连的便是语言统一问题。在现代汉语的规范化方面，钱玄同起着重要的作用。

1918 年，吴稚晖从上海带着他亲自编写的《国音字典》稿本到北京，共有 13000 多字，是根据 1913 年教育部读音统一会全国代表和专家多数表决的字音规定的。当时在陈颂平家中邀请了钱玄同、黎锦熙、马裕藻开审查会，经过两天的讨论便修正决定了，并于 1919 年正式出版。《国音字典》出版后，东南方面的教育界大不以为然，认为《国音字典》不应该用多数人表决的普通字音，应该一律照北京本地人说话的字音。钱玄同当时认为不可变更原来的审查时的原则，只能逐字复审，稍加修订。这样，《国音字典》到 1920 年才由教育部正式公布。

由于《国音字典》存在这样的问题，所以从 1925 年起，钱玄同与黎锦熙、王璞、赵元任、汪怡、白涤洲 6 人组成委员会，对《国音字典》进行逐字逐音审查。审查时，钱玄同提出了一个很重要的原则："凡字音，概以北京的普通读法为标准。" 1926 年，钱玄同在与黎锦熙讨论音韵问题而写的《〈樵歌〉的跋》中，进一步提出"国语国音……应以中国北京现在的知识阶级的普通的读音为主体"，同时"主张古、今、中、外，雅、俗、京、方，都在撷取之列"。② 而且，规定后的这些字音并不是一

---

① 中共中央文献研究室编：《建国以来主要文献选编》第 11 册，中央文献出版社 1995 年版。

② 《语丝》第 102 期。

成不变的，而是仍随时代及社会需要随时变迁。这一点是钱玄同思想正确和考虑周密的地方。钱玄同又说："现在应该用天然的说话音，以补助之，增益之，使国语国音，丰富到不可限量。所以现在定用北京语北京音作国语国音的基本，这是我们的主张。"①

1929 年，经国语统一筹备委员会第二次常务委员会决议，改《国音字典》为《国音常用字汇》，共 12220 字。由钱玄同作最后审查，1931 年定稿。1932 年《国音常用字汇》出版并由教育部公布，代替《国音字典》。《字汇》中有一长篇例言，题为《本书的说明》，是钱玄同亲自写的，是一篇精细、简明、切实的作品。

《国音常用字汇》的编制历时 7 年，是钱玄同和他的几位朋友呕心沥血的结晶。这部《字汇》完全改用北京本地人说话的字音为标准，其中钱玄同起着重要的决定性的作用。《国音常用字汇》的颁布和采用，不仅使我国汉语走向了规范化，而且又不失为今天普通话的先导。钱玄同这种创榛辟莽、前驱先路的胆识和卓见，实应引起我们的高度重视。

# 四　简体字的选用和推行

关于语言文字的改革，钱玄同认为：推行"国语罗马字"是治本的办法，减省现行的汉字的笔画是治标的办法。治本是根本的改革，但非短时间所能成功，需要百年以上，所以当前最急切的办法是治标。1922 年，钱玄同在国语统一筹备会第四次年会上，提出了一个《减省现行汉字的笔画案》，这是一篇内容充实、论述痛快的提案文章，联署人有陆基、黎锦熙、杨树达，获大会通过。文中提出减省汉字笔画采旧五类，造新三类，所列举之字多为今天采用，如声、体、刘、为、东、范、姜、厉、蛊等，并且说：

> 这种简体字，应该从学校里用起，因为学生写字底时候很多，他们需要简体字很急底缘故。国民学校的学生，从进学校起，就认这种新字，无须再认旧字，那大一点的学生，已经认过好多旧字的，可以

---

① 殷尘：《钱玄同先生的学术思想》，《图书月刊》1946 年第 3 期。

就他原来"习字"科底时间，改为认新字和练习写新字。①

1934 年钱玄同拒绝参加讨论"拉丁化新文字"，同时宣告对"国语罗马字"也"鸣金收军"，努力于急切有效的治标工作。1933 年"大众语"争论初发时，附带着有一种"手头字"运动，1934 年上海出版界居然铸造了几百个"手头字"印在当时的杂志上。钱玄同对"手头字"运动是赞成的，但认为绝对不能用"手头字"这个名词，而应称为"简体字"。当时钱玄同正在病中，但仍发愤搜集。1935 年，教育部委托钱玄同起草"简体字谱"。6 月，钱玄同的《第一批简体字表》起草告成，计 2300 多字，送到教育部讨论，通过了 1230 字，最后由部长圈定了 324 字，于 8 月 21 日公布。这是新中国成立前由政府公布的《第一批简体字表》。在《论简体字致黎（锦熙）、汪（怡）书》中，钱玄同提出了选用"简体字之原则"，他说："所采之材料，草书最多，俗体次之（少数几个俗体字，已应有尽有），行书又次之，古字最少。"又说："所集之体，字字有来历（偏旁无一字无来历，配合之字或间有未见如此写者，然亦必一见可识，决无奇诡之配合）。"②

新中国成立后，简体字运动从群众自动推行发展为党和人民政府领导下有组织地进行和设计。在钱氏简体字的基础上，1956 年产生了较为完备的《汉字简化方案》。广大人民长期以来迫切要求简化汉字的愿望终于实现了。

如前所述，钱玄同语言文字改革的理论和实践，不但有完整的计划和远大的设想，而且有高尚的旨趣和坚强的决心。他曾说："我们的词典中没有'屈服'、'投降'、'妥协'、'调和'这些词儿。"③ 正因为如此，在语言文字的改革上取得了巨大成绩，而且这些改革举措在文化事业上促进了近代中国社会的进步。

钱玄同是在深受封建思想文化毒害中觉悟得较早、较为彻底的知识分子，很多言论令人激奋，在反封建的斗争中起了一定的作用和影响。他要求打破旧世界，建立新世界，用全新的思想、方法、工具教育青年和后代

---

① 钱玄同等：《减省现行汉字的笔画案》，《新青年》7 卷 3 号、《国语月刊》第 7 期。

② 《国语月刊》第 204、205 期。

③ 钱玄同：《汉字革命》，《国语月刊》1 卷 7 期。

的做法，指导了他终生的学术活动。钱玄同语言文字改革的理论和实践是符合中国语言文字发展方向的，他也因此而受到后人的称赞和怀念，他的学生徐世荣在谈到这一问题时说：

> （他）是以精深的学术研究指导国语运动的实际工作，而国语运动的每项实际工作又都体现着他的学术见解，研究成果。试看现在文字改革的三大任务：简化汉字，推广普通话，制定和推行"汉语拼音方案"，哪一项不是钱师在半个世纪以前就早着"先鞭"了。说他是"滥觞"也好，说他是"草创"也好，说他是"前驱"也好，反正现在如果上溯文字改革、推广普通话的历史渊源，总不能遗忘这位树起"汉语规范化"和"汉字拼音化"的里程丰碑的闯将！①

我们认为，徐先生的这个评价是中肯而有见地的。

（原载《河南大学学报》1998 年第 6 期）

---

① 徐世荣：《钱玄同年谱·序一》，见曹述敬《钱玄同年谱》，齐鲁书社 1986 年版。

# 传统原罪心态下的西学乌托邦之梦

## ——论五四时期钱玄同的文化激进主义思想

在中国近代思想文化史上，钱玄同是一个彻底否定中国传统、极力推崇西方文化的文化激进主义者。他抱着传统原罪心态，在功利主义、经世致用的目的下，要铲除"东方化"，以为"'东方化'终于是毒药"①，主张"欧化""世界化"。文化激进主义作为中国启蒙运动的主导思潮，对20世纪中国的思想文化运动产生了巨大的影响。作为文化激进主义代表人物之一的钱玄同，其心态、理论和实践，当成为我们研究的一个重要课题。

## 一 挂不住的"共和招牌"

钱玄同是一个旧学功底深厚的文字音韵学家，他不仅从小受到过严格的封建文化教育，而且又是著名古文学家章太炎、今文学家崔适的入室弟子，但同时他又有过漂洋过海留学域外的经历。可以说，旧学新知，集于一身。钱玄同不同于他的前辈康、梁、章、崔等传统士大夫，也不同于傅斯年、罗家伦等具有纯粹近代学人血统的知识分子，可以说钱玄同以及《新青年》同人是新学与旧学的混血儿，是传统士大夫向近代知识分子蜕变的雏蛹。

由于受章太炎的影响，钱玄同主张推翻清朝之后中国的出路是复古，要"光复旧物"，而且"愈古愈好"。② 这种认识直到辛亥革命后还没有发生变化，以至于1912年3月在浙江教育司当科员时还做了一篇《深衣冠服说》，并且"曾经戴上'玄冠'，穿上'深衣'，系上'大带'上办

---

① 周作人：《钱玄同的复古与反复古》，《文史资料选辑》第94辑。
② 钱玄同：《三十年来我对于满清的态度底变迁》，《语丝》第8期。

公所去，赢得大家笑一场，朋友们从此传为笑柄"①。

促使钱玄同由狭隘走向广阔，由反清复古到过激反传统这一巨大变化的是他对"共和招牌"的认识以及新文化运动的狂飙。

众所周知，由于辛亥革命前缺少一场彻底的反封建启蒙运动，所以，它不仅导致了辛亥革命的失败，而且辛亥革命之后民主共和的思想也无法深入人心，共和国只是一张空招牌，即便这张空招牌也随时有挂不住的危险。在袁世凯紧锣密鼓准备称帝时，著名政论家黄远生对帝制根源及杜绝办法撰写了一批文章，其基本思想是"新旧异同，其要点本不在枪炮工艺以及政法制度等，若是者犹滴滴之水，青青之叶，非其本源所在，本源所在，在其思想"②。这个观点为陈独秀所接受，承认思想觉悟为最后觉悟，以为倘若没有思想革新为前导，政治改革也就不会收到成效。所以，"我们要巩固共和国体，非将这班反对共和的伦理文学等旧思想，完全洗刷得干干净净不可。否则，不但共和政治不能进行，就是这块共和招牌，也是挂不住的"③。

钱玄同既受到黄、陈二人议论的启发，同时他又从"称帝""复辟"的社会现实出发，对二人的议论作了自己的阐释。还在张勋复辟前一个月，他因看到政坛种种至奇极怪之事写信给陈独秀，认为"一月以来种种怪事纷现目前，他人以为此乃权利心之表现，吾则谓根本上仍是新旧之冲突"。"大抵中国人脑筋二千年沉溺于尊卑名分纲常礼教之教育"，"故一天到晚，希望有皇帝，希望复辟跪"。希望有皇帝，果然溥仪"回任"了。经过这次事实教训，钱玄同对陈独秀的"共和招牌"说深以为然。他致信陈独秀说："先生前此著论，力主推翻孔学，改革伦理，以为倘不从伦理问题根本上解决，那就这块招牌一定挂不长久，玄同对于先生这个主张，认为是救现在中国的唯一办法。"④ 随后，钱玄同与周氏兄弟"在绍兴会馆的某院子里槐树底下"谈了许多"偏激话"，反复研讨，由"共和招牌"说演化出"思想革命"的主张。⑤ 这样文学革命就由"介壳"层面推进到了"内心"层面。

---

① 钱玄同：《三十年来我对于满清的态度底变迁》，《语丝》第 8 期。

② 黄远生：《新旧思想之冲突》，《东方杂志》1916 年 2 月 10 日。

③ 《新青年》3 卷 3 号。

④ 钱玄同：《中国今后之文字问题致陈独秀》，《新青年》4 卷 4 号。

⑤ 周作人：《钱玄同的复古与反复古》，《文史资料选辑》第 94 辑。

## 二　民主科学旗帜下的传统原罪心态

钱玄同曾援引谭嗣同的话"少遭纲伦之厄"以自况，又说他"受了二十多年的腐败教育"，是一个"纲伦压迫下的牺牲者"①，对封建的思想文化有着切齿的仇恨。而此时民主、科学的思想正涤荡着封建的污泥浊水，于是他便从旧营垒中走出来，反戈一击，便常常表现得英勇无畏，毫无顾忌，以致"十分话只须说到八分，而玄同则必说到十二分"②。

钱玄同认为传统中国的政治、道德、学术、思想一片黑暗，与现代民主科学、与西洋文明格格不入，因此应彻底铲除。他曾说，"旧文章的内容，不到半页必有发昏做梦的话。青年子弟读了这种文章，觉其语句铿锵，娓娓可诵，不知不觉，便为文中之荒谬道理所征服"③，因此，"应烧毁中国书籍"。陈独秀把明之前后七子及八家文派之归、方、姚、刘指斥为"十八妖魔"，而钱玄同则干脆说桐城派是"谬种"，文选派为"妖孽"，概在打倒之列。对于中国旧戏，钱玄同与鲁迅、周作人观点相一致，即言论中充满了破旧立新的精神，而且比周氏兄弟更进一步，认为"今之京戏，理论既无，文章又极恶劣不通"，因此提出"要中国有真戏，非把中国现在的戏馆全数封闭不可"④。对于中国古典小说，钱玄同在致陈独秀的信中说："旧小说中十分之九，非海淫海盗之作，即神怪不经之谈。否则以迂谬之见解，造前代之野史。"⑤钱玄同对中国旧戏、古典小说的评价，只强调思想内容，而忽视了艺术标准，对此，胡适曾表示过不同意见。为了达到"思想革命"的目的，钱玄同进而提出了"废除汉文"的主张："欲废孔学，不得不先废汉文；欲驱除一般人之幼稚的野蛮的顽固思想，尤不可不先废汉文。"⑥在这里，抱着传统原罪心理，他又把汉文的符号功能与它所表达的特定内容混在了一起。

钱玄同对传统文化的激愤之情，最深刻地表现了脱胎于旧学营垒的五

---

① 钱玄同：《致郭步陶信》，《新青年》6卷6号。

② 鲁迅、许广平：《两地书》。

③ 《新青年》4卷4号"通信"栏附言。

④ 《新青年》5卷1号。

⑤ 《新青年》2卷6号。

⑥ 钱玄同：《中国今后之文字问题致陈独秀》，《新青年》4卷4号。

四知识分子的传统原罪心态。他在致陈大齐（百年）的信中谈道："若玄同者，于新学问、新智识，一点也没有；自从十二岁起到二十九岁，东撞西摸，以盘为日，以康瓠为周鼎，以瓦釜为黄钟，发昏做梦者整整十八年。自洪宪纪元，始如一个响霹雳震醒迷梦，始知国粹之万不可保存。"①正是这种旧学的罪孽感，使钱玄同等国学名士对中国文化抱彻底决裂的激进态度，而且其反传统的激进程度远在洋博士胡适之上。

1918 年，《新青年》4 卷 2 号登载了刘半农翻译的英国威尔德的悲剧《天明》，钱玄同特地在后面加了"附志"。指出无论译什么书，都是要把他国的思想学术输到己国来，决不是拿己国的思想学术做个标准，别国与此相合的，就称赞一番；不相合的，就痛骂一番，这是很容易明白的道理。中国的思想学术，事事都落人后，翻译外国书籍，碰着与国人思想见解不相合的，更该虚心去研究，决不可妄自尊大。针对某些人引为自豪的西方文化"中源"说，钱玄同作了很形象的批评。他说，请问：就算上列种种新道理、新事物，的确是中国传到西洋去的。然而人家学了去，一天一天地改良进步，到了现在的样子。我们不但不曾改良进步，连老样子都守不住，还有脸来讲这些话吗？这好比一家人家，祖上略有积蓄，子孙不善守成，被隔壁人家盘了去；隔壁人家善于经营，数十年之后，变成了大富翁，这家人家的子弟已经沦为乞丐，隔壁人家看了不善，给他钱用，给他饭吃，他还要跷起大拇指对别人说："这隔壁人家的钱，是用了我们祖宗的本钱去孳生的，我们祖宗原来是大富翁哩！"你们听了这话，可要不要骂他无耻——何况隔壁人家的本钱是自己的，并不是盘了这位乞丐的祖宗的钱呢？在钱玄同看来，中国目前已沦为乞丐，"思想学术，事事都落人后"，如果再抱残守缺，非但坐井观天，而且简直是迂腐的阿 Q 了。钱玄同对"国粹"的揭发抨击，贯其一生，而且比别人更激进，更大胆。1923 年，他致信周作人，认为现在仍应积极去提倡"非圣""逆伦"，应该积极去铲除"东方化"，总而言之，非用全力来"用夷变夏"不可。②

## 三　西学可以包治百病的乌托邦梦想

与五四启蒙知识分子的激烈反传统思想相伴随的是强烈的西化神话，

---

① 《新青年》5 卷 6 号。
② 周作人：《钱玄同的复古与反复古》，《文史资料选辑》第 94 辑。

他们虔信西方民主科学万能，可以从根本上解决中国问题。陈独秀曾说民主和科学"可以救治中国政治上道德上学术上思想上一切的黑暗"①。这种观点代表了《新青年》同人的共识，它既揭示了新文化运动之文化重建的基本方向，也反映了五四知识界将民主科学功能泛化的乌托邦期待。

钱玄同激烈反对传统，将传统文化都送进历史博物馆之后，对于构建何种思想文化体系来支撑这个偌大的中国大厦，并没有系统的理论阐释。他只是一味地向往西方文明，认为西学可以包治中国百病，但对西学的介绍则显得苍白无力。他曾说，废除汉文之后，代之以语根精良、发音整齐之世界语。关于戏剧和小说，他认为"如其要中国有真戏，这真戏自然是西洋派的戏"②；"赶紧多多的翻译西洋的文学名著"，"从今以后，要讲有价值的小说，第一步是译，第二步是新做"③。又说，"适用于现在世界的一切科学、哲学、文学、政治、道德，都是西洋人发明的，我们该虚心去学他，才是正办"④；"应该将过去的本国旧文化遗产拔去，将现在的世界新文化'全盘承受'"。⑤ 并公然宣称："我所爱的中国是欧化的中国。"⑥

钱玄同对"欧化"的解释是："所谓欧化，便是全世界之现代文化，非欧洲人所私有，不过欧洲人闻道较早，比我们先走了几步。我们倘不甘'自外生成'，惟拼命去追赶这位大哥，务期在短时间之内赶上。"他认为只要不三心二意，左顾右盼，就一定能够赶上这位大哥，到那时，我们就可以"和他们并辔前驱，笑语徐行"⑦ 了。

可以看出，钱玄同从为中国寻求出路的急切心情出发，将民主科学神话化了。黎锦熙曾说钱玄同对于世界语的提倡是"抱有世界大同之理想而改革文字之一种急进派的主张"⑧。不难看出这种急进派的主张有着可贵的反传统勇气，但在其背后却掩盖着理智上的瑕疵和民族虚无主义的

---

① 陈独秀：《〈新青年〉罪案之答辩书》，《新青年》6 卷 1 号。

② 《新青年》5 卷 1 号。

③ 钱玄同：《答胡适之》，载《中国新文学大系·建设理论集》。

④ 钱玄同：《奉劝世人要虚心学习西人一切科学、哲学、文学、政治和道德》，《新青年》5 卷 3 号。

⑤ 《语丝》第 34 期。

⑥ 钱玄同：《回语堂的信》，《语丝》第 23 期。

⑦ 同上。

⑧ 黎锦熙：《钱玄同先生传》，见曹述敬《钱玄同年谱·附录》，齐鲁书社 1986 年版。

偏颇。

　　钱玄同对于西方文化的认识后来随着巴黎和会的召开特别是五卅惨案等事件的发生而发生了某些变化，提出在学习西方先进文化的同时又要反对帝国主义的侵略，反对强权。这说明随着中国半殖民地程度的不断加深，钱玄同对西方资本主义及其文化的认识也在逐渐走向成熟。但总的说来，钱玄同对西方文化的向往终其一生。1932 年钱玄同 45 岁时致信周作人，说他两年来早已变成"中外古今派"了，其观点是"绝对的主张'今外'"。又说："我的'古中'，是'今化的古'和'外化的中'——换言之，'受过今外洗礼的古中'。我不幸自己不懂'今外'，但我总承认'古中'决非今后世界之活物。"[1] 很显然，钱玄同的"中外古今"观是厚"今外"而薄"古中"的。

# 四　结语

## （一）深刻与片面

　　从西方近代社会变革的历史来看，思想革命每每发生于政治革命之前，当封建主权仍是不可一世地耸立在人间的时候，启蒙思想家们早已在国民的观念中悄悄地拆毁了它的护墙，一俟大革命的号角吹响，威风凛凛的封建庞然大物便不堪一击，轰然坍塌。但近代中国变革所承受的外部压力是如此的沉重，以至于不得不在短暂的几十年中实现西方几百年所完成的变革目标。正因为如此，五四启蒙思想家们抱着亡羊补牢的悲壮情绪，带着功利主义的文化心态，一方面向封建文化发起攻击；一方面热情讴歌西方神明，意图为辛亥革命补上思想启蒙这堂必修课。

　　钱玄同从反礼教入手，对以孔子为代表的封建文化进行了猛烈的抨击，认为一切政治上、道德上、宗教上自古相传的虚荣，欺人不合理的信仰，都是骗人的偶像，都应当破坏。钱玄同反孔，主要受康有为的尊孔运动与复辟运动合流的影响，因此提出了废孔学、废孔教的主张。他从"六经皆史"的观念出发，认为孔子与"六经"无涉，"六经"只是孔子教学时使用的教科书，且"六经"中的"乐经"本不存在。[2] 这就把孔

---

① 钱玄同：《致周作人信》，见《鲁迅研究资料》第 9 辑，天津人民出版社 1982 年版。
② 参见钱玄同《答顾颉刚先生书》，《古史辨》第 1 册。

子从偶像的宝座上掀了下来，撕下了披在"六经"上面的神圣外衣。钱玄同意欲斩断孔教与帝制的链条，所以主张对孔学必须彻底铲除，送进历史的博物馆。

周作人曾说钱玄同"在新文化运动中间，主张反孔最为激进，而且到后来没有变更的，莫过于他了"①。不可否认，钱玄同文化激进主义思想为新文化运动鸣锣开道，他和其他启蒙思想家一道把近代中国的文化变革推向了一个亘古未有的高峰，为西学的大规模东渐（包括马克思主义的引进和传播）铺平了道路。倘若没有启蒙思想家们那种战斗激情和反抗意志，就很难完成"打倒孔家店"的壮举；如果没有对传统的批判和对西方文化的借鉴，中国文化的重建无疑是海市蜃楼式的梦幻。

但钱玄同文化激进主义思想又是线性的和片面的，同其他启蒙思想家相比，他对封建礼教、文化思想的批判以及对西学乌托邦式的向往只停留在表层的目标上，批判的聚焦点主要是封建的伦理道德，而远未全盘摧毁儒学价值体系。即便是纲常礼教，实际上他也有保留，主要是反对三纲，而并未及于五常。此外，钱玄同对中学和西学都缺乏系统的理论阐释，抱着线性的进化论观点和感情用事的态度，对封建旧文化过多地表现为表层的攻击和谩骂，尽管震烁一时，效力很大，但又失之于片面和疏略。

### （二）功利主义思想

钱玄同曾自称他"始终是一个功利主义者"②。黎锦熙也指出，钱玄同"一生的安身立命之处，还是最大多数的最大幸福之'功利主义'的墨家人生观"③。

林毓生在《思想与人物》中说，五四"最基本的冲动是一个功利的冲动，而不是一个人文的冲动。当功利的冲动导致我们学习西洋的时候，常常发生一种迫不及待的心情"④。钱玄同功利主义思想是他传统原罪心态和现代化乌托邦梦想交织在一起的情绪化特征，是民主科学旗帜下的变革反应。

陈独秀在《〈新青年〉罪案之答辩书》中说："社会上最反对的，是

---

① 周作人：《钱玄同的复古与反复古》，《文史资料选辑》第 94 辑。
② 同上。
③ 黎锦熙：《钱玄同先生传》，见曹述敬《钱玄同年谱·附录》，齐鲁书社 1986 年版。
④ 林毓生：《思想与人物》，台北联经出版事业公司 1983 年版，第 18—19 页。

钱玄同先生废汉文的主张。钱先生是中国文字音韵学的专家，岂不知语言文字自然进化的道理？他只因为自古以来汉文的书籍，几乎每本每页每行，都带着反对德、赛两先生的臭味；又碰着许多老少汉学大家，开口一个国粹，闭口一个古说，不啻声明汉学是德赛两先生天造地设的对头；他愤极了才发出这种激切的议论。像钱先生这种用石条压驼背的医法，本志同人多半是不赞成的。但是社会上有一班人，因此怒骂他，讥笑他，却不肯发表意见和他辩驳，这又是什么道理呢？难道你们能断定汉文是永远没有废去的日子吗？"① 陈独秀指出了钱玄同文化激进主义思想的直接诱因，替他开脱，但同时又表示"这种用石条压驼背的医法，本志同人多半是不赞成的"。

钱玄同文化激进主义思想的出发点和归宿是为了"救救青年""救救孩子"，为了"唤醒国人"。他曾说："'救救孩子'这个'恻隐之心'，我自问还不至于不如人。"② 他又说五四以来有两个革命运动的口号，"内除国贼；外抗强权"，要完成这两项任务必须"唤醒国人"。唤醒教育，消极方面是"除国贼"，积极方面是请德先生、赛先生、穆姑娘（moral）来给咱们建国。大多数的国人受过这个教育，奴性逐渐消失，人性逐渐发展，久而久之，人人都明了自己有处理政治之天职和抵御外侮之义务，则国才有保得住的希望，反对帝国主义才有得成的希望。③ 钱玄同的这番议论是在五卅惨案发生后，较之五四时期的言论有了很大的进步，显得更理性一些，更成熟一些。

### （三）工具现代化与经世致用

1917 年 6 月，钱玄同致信陈独秀，题为《论应用之文亟宜改良》，函告其应用文"改革大纲十三事"，发表在《新青年》3 卷 5 号上。其主要内容是：应用文"应以国语为之"；"书札之款或称谓，务求简明确当，删去无谓之浮文"；"绝对不用典"；"凡两等小学教科书，及通俗书报、杂志、新闻纸，均旁注'注音字母'"；文章应加标点符号；"印刷用楷体，书写用草书"；数目字改用阿拉伯号；纪年用世界通行之公历纪年；

---

① 陈独秀：《〈新青年〉罪案之答辩书》，《新青年》6 卷 1 号。
② 钱玄同：《答何蕑人信》，《国语周刊》第 6 期。
③ 参见钱玄同《关于反抗帝国主义》，《语丝》第 31 期。

"改右行直下为左行横迤";印刷之体,宜分数种,等等。而且钱玄同身体力行,要求《新青年》首先改革。在他的倡议下,《新青年》从1918年1月4卷1号开始,全部改用了白话文,并加了新式标点。五四以后,钱玄同还致力于国语罗马字的运用、汉语拼音方案的设计和制作、简体字的选用和推行,等等。

钱玄同的学生徐世荣指出:"试看现在文字改革的三大任务:简化汉字,推广普通话,制定和推行'汉语拼音方案',哪一项不是钱师在半个世纪以前就早着'先鞭'了。说他是'滥觞'也好,说他是'草创'也好,说他是'前驱'也好,反正现在如果上溯文字改革、推广普通话的历史渊源,总不能遗忘这位树起'汉语规范化'和'汉字拼音化'的里程碑的闯将!"[①] 为了中国的进步与现代化,钱玄同致力于急切的治标工作,这些工作符合中国文字发展的方向,符合中国现代化的方向,且具有较强的实用价值。可以说这种工具现代化的理论和实践,是他对中国传统的"经世致用"思想的极致发挥。

（原载《南都学坛》1999年第1期）

---

① 曹述敬:《钱玄同年谱·序一》,齐鲁书社1986年版。

# 钱玄同与五四后新文化阵营的几次争论

　　钱玄同是五四新文化运动的主要代表人物之一，在反对封建主义，提倡新文化方面做出了杰出的贡献。在五四后新文化阵营的几次争论中，他以一个纯粹思想家的身份参与其中，有时甚至是争论的一方和主要代表人物。争论中显示了他的理性主义态度和自由主义立场。但五四风暴过后，随着《新青年》阵营的分裂，以争论为载体，新文化阵营也随之分裂。钱玄同与原属新文化阵营的共产党人在对很多问题的认识上产生了矛盾和分歧，并因而成为他没有信仰马克思主义、加入中国共产党从而走上革命家的道路的重要原因之一，也因而受到了后人的批评和指责。有人认为，五四风暴过后，钱玄同成了鲁迅在《南腔北调集·〈自选集〉自序》中所说的"《新青年》的团体散掉了，有的高升，有的退隐，有的前进……"中"高升"的一个。还有人认为五四风暴过后，钱玄同思想"僵化"了，"落伍"了，甚至"倒退"了，说他躲进了宁静的书斋，从而与革命者分道扬镳。然而，事实并非如此简单。五四后，钱玄同思想并未僵化和倒退，而是在思想和学术领域仍然发挥着重要的作用，并且同新文化阵营产生争论和分歧的原因在于思想家和政治家不同的认识逻辑。

## 一　宗教信仰：理性认识与非理性认识的误差

　　在五四新文化运动中，钱玄同与陈独秀、胡适、鲁迅等并肩作战，而且在对很多问题的看法上都能取得一致的观点，同属文化激进主义思想的代表人物，从而在新文化运动的历史上树立了不朽的丰碑。

　　五四新文化运动初期，启蒙思想家们在开展的破除偶像的活动中并没有集中攻击宗教，而主要观点是"宗教自由"。一般说来，陈独秀是反宗教的，因为他曾说"所有作为政府与教育的工具的宗教都属无效。它们和过去被抛弃的偶像一样，同属一类"①。但在 1916—1920 年陈独秀发表的文章中却表现出了"宗教自由"的观点。在《答刘经扶》中，陈独秀认为"宗教的价值在其对社会福祉的直接贡献"②，在《基督教与中国人》中他又说："我们必须尊崇耶稣高尚及伟大的人格，将我们的鲜血和他那温馨而丰富的感情结合，使我们脱离愚昧的无知、黑暗，及堕落的污秽。"③ 在这里，陈独秀对于西方宗教是抱以"自由"的观点的，他同时把耶稣作为一个人、一个人道主义者、一个社会改革家而不是上帝之子来看待，并且抱以认同的态度。为此，钱玄同在化名"王敬轩"所写的那封著名的"双簧"信中曾提出疑问：《新青年》为什么专注于批判孔教而无视西方宗教？在当时，钱玄同倒是首先意识到了对待西方宗教的态度问题。对此，刘半农的回答与对其他问题的回答相比则显得苍白无力。刘半农说：本志编辑同仁并非西方宗教的追随者，我们所以没有攻击西方宗教是因为它没有孔教在中国流传得那么广，因此，吾人可将此讨论搁置。④

为何会产生如此的现象呢？认真分析我们不难看出：（1）启蒙思想家当时对于西方宗教的理解还不够明确，也没有像对待孔教和道教那样认真看待；（2）在文化激进主义思潮作用下，对西方的一切文化功能泛化，普遍存在着理智上的瑕疵和乌托邦期待，视西方文化可以包治百病，从而在对待西方宗教的问题上采取了"自由"的立场。这说明，在新文化运动初期，启蒙思想家们在对待西方宗教的问题上并不存在认识的分歧。

1920 年以后，随着破除偶像的热潮在中国的发展，反对西方宗教的思想和言论开始在中国发展起来。1920 年 2 月沈定一曾批判陈独秀片面同情基督教的观点，他宣称："在未来社会的生活中，我们将会反对所有的宗教。"⑤ 到了 1922 年，一些国际基督教组织意识到中国反宗教的潮流，决定 4 月在清华大学举行一次世界基督教学生联盟大会。这一事件立即激起了反宗教者的冲动，结果导致了一场普遍的反宗教运动。同年 3 月 17 日，《晨报》发表了一个叫"非基督教学生同盟"的组织 3 月 9 日发表

① 陈独秀：《基督教与基督教会》，[美] 周策纵《五四运动：现代中国的思想革命》，江苏人民出版社 1996 年版，第 442 页。

② 陈独秀：《答刘经扶》，《新青年》3 卷 3 号。

③ 陈独秀：《基督教与中国人》，《新青年》4 卷 3 号。

④ 参见刘复《复王敬轩书》，《新青年》4 卷 3 号。

⑤ 沈定一：《对于基督教和中国人的怀疑》，《星期评论》第 36 期。

的"宣言"。宣言提出要与世界基督教学生联盟"宣战",并认为"现代的基督教及基督教会,就是经济侵略的先锋队"。接连几天,报纸上都充斥着反对基督教的激奋消息。3月21日,北京学界发起"非宗教大同盟",愤然宣布:"有宗教可无人类,有人类应无宗教,宗教与人类不能两立。"类似的言论和消息雪片般飞向报端,而且蔡元培、陈独秀、李大钊等五四新文化运动的领袖人物也都卷入了这场"非宗教同盟"运动中。

事情发展到此,思想家和革命家就表现出了不同的认识逻辑。钱玄同以他惯有的尖锐和坦诚,先是感到震惊和不可理解,在致周作人的信中认为非基督教同盟的言论"未免令人不寒而栗,中间措辞,大有'灭此朝食''食肉寝皮''罄南山之竹……决东海之波……'、'歼彼小丑,巩我皇图'之气概",接着表示"宁可蒙'卫耶道'之名",在这片狂热的反宗教声中发出一点清醒而理性的声音。

经过分析讨论,钱玄同和周作人认为非宗教运动是非理性的,于是针锋相对,联合沈兼士、沈士远和马裕藻,在3月31日的《晨报》上发表《主张信教自由宣言》。宣言宣布:"我们不是任何宗教的信徒,我们不拥护任何宗教,也不赞成挑战的反对任何宗教。我们认为人们的信仰,应当有绝对的自由,不受任何人的干涉,除去法律的制裁以外。信仰自由载在约法,知识阶级的人应首先遵守,至少也不应首先破坏,我们因此对于现在非基督教非宗教同盟运动表示反对。"钱玄同等这一"清醒而理性"的声音既在思想界引起了很大的震动,同时也因此受到了青年们的误解和攻击。此时已是中共总书记的陈独秀,发表致周作人、钱玄同等人的"公开信",进行直接批评,并阐明其非宗教的态度。在"公开信"中,陈独秀反问:"公等宣言颇尊重信仰者自由,但对于反宗教者的自由何以不加以容许?宗教果神圣不可侵犯吗?"又追问:"此间基督教学生开会已被捕房禁止,我们的言论集会的自由在那里?基督教有许多强有力的后盾,又何劳公等为之要求自由?公等真尊重自由吗?请尊重弱者的自由,勿拿自由、人道主义许多礼物向强者献媚!"一连串的反问,使得陈独秀的"公开信"具有不可辩驳的力量,同时"向强者献媚"的定性,更使得钱玄同等难以招架。但需要指出的是,在这里,陈独秀与钱玄同等在认识上存在很明显的误差,这就是:一方是纯粹的、抽象的"自由",一方是实实在在的现实生活中的政治、经济、思想文化上的自由,双方都有自己的理由,分歧的关键在于政治家与思想家的不同认识逻辑。

　　钱玄同在致周作人的信中，对于宗教的理解，颇赞成周作人在《圣书与中国文学》的讲演里所提出的思想，即不仅认为"艺术起源大半从宗教的仪式出来"，而且文学与宗教都具有"入神"与"忘我"的共通点，"艺术必须是宗教的，才是最高尚的艺术"。可以看出，钱玄同是从学理上来认识这一问题的，而陈独秀则把周作人、钱玄同的思想看作是"敌对思想"，断定他们是"向强者献媚"。这种"不是同志、朋友，就是敌人"的非此即彼的思维逻辑很显然是缺乏理性和宽容精神的。

　　事实上，这次关于宗教信仰问题的争论，在陈独秀这一方面，是有着中国共产党的背景的。① 这样一种背景为钱玄同等所始料不及。钱玄同等只是从个性主义和自由主义的立场出发，发出一点清醒的理性的声音，不料却受到了青年们的误解、攻击和陈独秀的批评。正是从这种思想家的纯学理的立场出发，使钱玄同与共产党发生了分裂。与此同时（1922 年 4 月 8 日），钱玄同致信周作人，以他特有的直率，表示了自己近一年时怀的"杞忧"："看看'中国列宁'的言论，真觉害怕"，"这条'小河'，一旦'洪水横流，泛滥于两岸'，则我等'栗树'、'小草们'实在不免胆战心惊"。钱玄同所说的"'小河泛滥'的隐忧"本是周作人的思想，在此拿来致周作人，说明了他对共产主义的担心和对中国共产党的"不合作"意图。

　　不可否认，钱玄同的这种理性精神是脱离了当时中国政治、经济的大背景的。笔者曾在另一篇文章中指出这一时期是钱玄同思想认识的"低回"期。但钱玄同并未否定五四时期的"自我"。面对思想界的污浊，他没有像周作人那样"理性"地固执，而是向封建的思想和行为又一次战斗起来。1923 年 7 月 1 日，钱玄同致信周作人，由于这一天是张勋复辟的纪念日，所以他感到特别激动，"觉得说来说去，毕竟还是民国五六年间的《新青年》中陈仲甫的那些西方化的话最为不错，还是德谟克拉西和赛恩斯两先生最有道理"。一周后（7 月 9 日），钱玄同又致信周作人，觉得"陈独秀一九一五——一九一七年的《新青年》中的议论，现在还是救时的圣药。现在仍是应该积极去提倡'非圣'、'逆伦'，应该积极去铲除'东方化'。总而言之，非用全力来'用夷变夏'不可"②。可以看出，

---

① 参见罗章龙《忆北京大学新闻学研究会与邵振玉》，《新闻研究资料》第 4 期。

② 周作人：《钱玄同的复古与反复古》，《文史资料选辑》第 94 辑。

钱玄同不仅没有否定五四时期的"自我"，而且其激烈态度不减当年。周作人也说钱玄同"在新文化运动中间，主张反孔最为激烈，而且到后来没有变更的，莫过于他了"①。

## 二　《新青年》出路：统一思想与学术民主的认知区别

事实上，钱玄同与陈独秀、李大钊等在认识上的这种分歧，在 1920 年下半年开始的关于《新青年》的出路问题上就已经表现出来了。众所周知，《新青年》是新文化阵营的一个同人刊物，1918 年 1 月其编辑部从上海迁到北京后，由原来的陈独秀一人编辑改为同人轮流编辑，陈独秀、胡适、钱玄同、刘半农、沈尹默、李大钊、高一涵等都是主要编辑人员。据统计，在 1918—1919 年，钱玄同共编了 3 期，为 4 卷 3 号、5 卷 3 号和 6 卷 2 号。另据沈尹默回忆，由于他长期病眼，不宜而且不善于做编辑工作，因此，凡轮到他编辑的一期，总是交给钱玄同和刘半农去办。② 这样，钱玄同所参与的编辑工作，又较他人为重。

《新青年》同人是一个团结战斗的集体，代表着进步的思想向封建的文化学术思想发起攻击，在中国近代思想文化史上起到了划时代的启蒙作用，树立了历史的丰碑。但《新青年》同人由于处世态度与思想认识不一样，所以在很多问题上其观点并不尽一致，分歧时常存在，以至于《新青年》团体后来不得不解散。

1919 年 6 月 11 日，陈独秀因散发《北京市民宣言》传单被北洋军阀逮捕，9 月初获释后被驱逐出北京。陈独秀经武汉到了上海，《新青年》编辑部也随之迁到上海。到上海后，陈望道、沈雁冰、李达、李汉俊等加入了编辑部。此时《新青年》开始宣传马克思主义。由于"色彩过于鲜明"，反动当局便"不准邮寄"，封闭搜查并准备扼杀它。这样，刊物能否办下去便成了问题。在此情况下，1920 年 12 月底，胡适致信陈独秀，提出三个办法：（1）听《新青年》流为一种有特别色彩之杂志，而另创一个哲学文学的杂志；（2）将《新青年》编辑的事，自 9 卷 1 号移到北京来。由北京同人于 9 卷 1 号内发表一个宣言，略根据 7 卷 1 号的宣言，

---

① 周作人：《钱玄同的复古与反复古》，《文史资料选辑》第 94 辑。
② 参见沈尹默《鲁迅生活中的一节》，《文艺月报》1956 年第 10 期。

而注意学术思想艺文的改造，声明不谈政治；（3）按陶孟和的意见，暂时停办。

陈独秀对《新青年》"色彩过于鲜明"说"不以为然"，对胡适"不谈政治""似大生气"，对另办一杂志也有误解。① 胡适拿给陈独秀的信向《新青年》在北京的同人征求意见，大家的反映是：李大钊主张把当时几种比较进步的杂志《新青年》《新潮》和《每周评论》的人结合起来，"《新青年》的团结千万不可不顾"。② 周作人的意见是："赞成北京编辑。但我看现在《新青年》的趋势是倾于分裂的，不容易勉强调和统一。无论用第一、第二条办法，结果还是一样，所以索性任他分裂，照第一条或者倒还好一点。"③ 鲁迅赞成周作人的意见，但对于"不谈政治""却以为不必"，鲁迅的意思倒不是反对胡适"不谈政治"，而是觉得"凡《新青年》同人所作的作品，无论如何官场总是头痛，不会优容的"，所以"此后只要学术思想文艺的气息浓厚起来——我所知道的几个读者，希望《新青年》如此——就好了"④。在这场争论中，钱玄同的态度是"和周氏兄弟差不多，觉得还是分裂为两个杂志的好"。对于"陈、胡二公"的"短兵相接"，表示"绝不愿为左右袒"，既认为"适之所主张者较为近是"，又反对胡适"宣言不谈政治"。很明显，钱玄同和陈独秀分别是以学者和政治家的态度来看待胡适的主张的。钱玄同反对"统一思想"，主张学术民主、思想自由，反对"这边拉过来，那边拉过去，拉到结果两败俱伤"，认为这是"丢脸"和"无谓"的事情。他认为"《新青年》招牌"与"《新青年》精神"是两回事，只要坚持科学和民主的思想，《新青年》"精神永存"，那么《新青年》"还是分裂为两个杂志的好"。⑤ 众所周知，《新青年》编辑部迁上海后，逐渐从学术性杂志转变为政治性杂志。1920 年 12 月，陈独秀致信北京的李大钊、钱玄同、鲁迅、胡适等人，请他们继续为《新青年》投稿，并且"甚盼一涵、孟和、玄同诸兄

---

① 胡颂平：《胡适之先生年谱长编初稿（1921）》，陈漱渝《钱玄同日记中的鲁迅》，《辽宁教育学院学报》1985 年第 4 期。

② 李大钊：《致胡适》（1920 年 12 月），《李大钊诗文全集》，人民文学出版社 1959 年版。

③ 胡颂平：《胡适之先生年谱长编初稿（1921）》，陈漱渝《钱玄同日记中的鲁迅》，《辽宁教育学院学报》1985 年第 4 期。

④ 《鲁迅全集》第 11 卷，人民文学出版社 1981 年版，第 30 页。

⑤ 胡颂平：《胡适之先生年谱长编初稿（1921）》，陈漱渝《钱玄同日记中的鲁迅》，《辽宁教育学院学报》1985 年第 4 期。

能有文章寄来（因为三人久无文章来了）"。然而由于认识上的误差，陈独秀的这一"盼望"未能实现。

## 三　文字改革：两个比较完善的汉语拼音方案

作为纯粹思想家的钱玄同与思想家、革命家兼而有之的中共早期领导人的这种认识逻辑上的分歧，还表现在 20 世纪 30 年代钱玄同与拉丁化新文字提倡者的分歧和争论上。钱玄同提倡并设计制作"国语罗马字"，是文字改革的一个重要方面军；而"拉丁化新文字"运动是在中共领导下进行的。由于认识上的分歧，钱玄同竭力维护"国语罗马字"拼音方案，与"拉丁化新文字"持不合作态度。实际上，二者是"改革者的两大派"，"同是不满于现状"。[①] 1958 年周恩来在《当前文字改革的任务》的报告中，充分肯定了两派在文字改革上的贡献。周恩来说："1926 年产生了由钱玄同、黎锦熙、赵元任等制订的国语罗马字，1931 年产生了由瞿秋白、吴玉章等制订的'拉丁化新文字'。拉丁化新文字和国语罗马字是中国人自己创制的拉丁字母式汉语拼音方案中比较完善的两个方案。在谈到现在的拼音方案的时候，不能不承认他们的功劳。"[②] 那么，在 20 世纪 30 年代，产生分歧和争论的原因又何在呢？不可讳言，钱玄同对拉丁化新文字拒不讨论，表示沉默，实是令人惋惜的。因为：第一，学术讨论不该抱持拒绝态度；第二，拉丁化新文字运动是中共领导的，并且这种文字在陕甘宁边区和敌后解放区试用过，拒绝讨论就意味着失去了与中共合作的机会。然而，认真分析拉丁化新文字提倡者的主张，在对待国语罗马字一派人的问题上，也同样存在着学理上、政治上的错误。1931 年 9 月，拉丁化新文字提倡者在海参崴召开了中国新文字第一次代表大会，会上把"国语统一运动"看成是"资产阶级的"并加以"反对"。很显然，这种认识是错误的，因为马克思主义认为，语言文字是没有阶级性的。在这场争论中，鲁迅同意拉丁化新文字提倡者的看法，并在其《论新文字》中，把拉丁化新文字当成"革新"，而把国语罗马字看成"复古"，并说二者"一是难行，一是易举。这两者有斗争"。又说：拉丁化新文字和民众有

---

① 鲁迅：《关于新文字》，《鲁迅全集》第 6 卷，人民文学出版社 1981 年版，第 160 页。
② 中共中央文献研究室：《建国以来重要文献选编》第 11 册，中央文献出版社 1995 年版。

联系，而罗马字拼音则是"研究室或书斋里的清玩"。

　　鲁迅关于文字改革的话有许多是精辟的，但对于国语罗马字的这些看法却是不正确的，并因而受到钱玄同的拒绝。钱玄同不接受左翼文化者认自己代表劳苦大众，是革命的，认他人代表资产阶级，是反革命的做法，我们认为是有一定道理的。在此，我们既不愿为钱玄同开脱，同时也必须指出产生这些分歧与争论的原因所在。

　　综上所述，围绕五四后新文化阵营中的几次争论和认识分歧，可以看出《新青年》同人在五四后的分裂和对问题的不同认识态度，并且这种分歧的发展，影响了现代中国知识分子的三条发展流向，即革命者道路流向、革命者与思想家兼而有之道路流向和纯粹学者道路流向。三条流向中的人物在各自的领域发挥不同的作用。这三条流向至今仍很彰显。很显然，钱玄同属于第三条流向，与前两种流向一样，他同样在自己的活动领域内取得了辉煌的成绩。

（原载《河南师范大学学报》2002 年第 5 期）

# 钱玄同学术活动的社会关怀

关于钱玄同学术活动的社会关怀问题，目前已有不少学者论及，但多着眼于五四新文化运动中钱氏对封建文化的批判及其思想启蒙作用。很显然，这一研究视角不能涵盖钱玄同学术活动的全部内容。提及这一方面内容的论著可参见黎锦熙《钱玄同先生传》（收曹述敬《钱玄同年谱·附录》，齐鲁书社 1986 年）、周作人《钱玄同的复古与反复古》（《文史资料选辑》第 94 辑），亦可参考笔者《论钱玄同的语言文字改革与近代中国社会的进步》（《河南大学学报》1998 年第 6 期）、《传统原罪心态下的西学乌托邦之梦——钱玄同文化激进主义思想论析》（《南都学坛》1999 年第 1 期）。

## 一  扬墨批儒的功利主义思想

钱玄同是一位旧学功底深厚的文字音韵学家，他不仅从小受到过严格的封建文化教育，而且又是著名古文学家章太炎、今文学家崔适的入室弟子，同时又有过漂洋过海留学域外的经历。可以说，旧学新知，集于一身。正是由此，钱玄同不同于他的前辈康有为、梁启超、章太炎、崔适等具有传统色彩的士大夫，也不同于傅斯年、罗家伦等具有纯粹近代学人血统的知识分子，可以说，钱玄同以及《新青年》同人是新学与旧学的混血儿，是传统士大夫向近代知识分子蜕变的雏蛹。

钱玄同尽管受过 20 多年的封建儒家教育，熟悉封建的思想文化和纲常礼教，满脑子"尊王攘夷"、皇帝圣明、德泽广被的思想。但是随着资产阶级革命思想的传播发展和新文化运动的狂飙，面对封建的污泥浊水，他逐渐淡儒而扬墨，并最终反戈一击，英勇无畏地向儒家思想宣战。他反对儒家经典，反对三纲五常，曾提出过著名的打倒"选学妖孽"和"桐城谬种"的口号。举凡儒家的书籍、制度、教育模式等封建的东西，在钱玄同看来，都应该打倒，送进历史的博物馆。他从反封建思想的宣传和改革社会制度相联系的观点出发，对于封建专制政府"法定"的经典，提出应彻底废除。这种反儒思想尽管有过激之处，但却反映了钱玄同关心社会、改革社会的满腔情怀。

林毓生在《思想与人物》中说，五四"最基本的冲动是一个功利的冲动"①。钱玄同曾自称他"始终是一个功利主义者"。②黎锦熙也指出，钱玄同"一生的安身立命之处，还是最大多数的最大幸福之'功利主义'的墨家人生观"③。统观钱玄同的学术文字，一个最明显的特点就是对儒家思想的批判和对现实社会的关怀。其墨家人生观，经科学、民主思想的改造、充实和完善，更加显示出他急切救治社会百病的人间情怀。一方面，其对传统文化的激愤之情，最深刻地表现了脱胎于旧学营垒的五四知识分子的传统原罪心态；另一方面，其关心社会，追求科学和民主的思想，又充分体现了他以学术为手段疗治中国百病的急功近利心情和对未来社会的美好向往。

正是这种升华了的墨家功利主义思想的支配，钱玄同在五四新文化运动中才表现得英勇无畏，无所顾忌。众所周知，由于辛亥革命前缺少一场彻底的反封建启蒙运动，所以，它不仅导致了辛亥革命的失败，而且辛亥革命之后民主共和的思想也无法深入人心，共和国只是一张空招牌，即便这张空招牌也随时有挂不住的危险。对此，钱玄同有着清醒的认识。他在致陈独秀的信中认为"倘不从伦理问题根本上解决，那就这块招牌一定挂不长久"④。随后，钱玄同与周氏兄弟"在绍兴会馆的某院子里槐树底下"谈了许多"偏激话"，反复研讨，由"共和招牌"说演化出"思想革命"的主张⑤。这样，文学革命就由"介壳"推进到了"内心"。钱玄同所说的"从伦理问题上根本解决"，即是反对以儒家为代表的封建思想，进行思想革命。那么，他与鲁迅兄弟所说的"偏激话"也就具有革命的意义。

① 林毓生：《思想与人物》，台北联经出版事业公司1983年版，第18页。
② 周作人：《钱玄同的复古与反复古》，《文史资料选辑》第94辑。
③ 黎锦熙：《钱玄同先生传》，见曹述敬《钱玄同年谱·附录》，齐鲁书社1986年版。
④ 钱玄同：《中国今后之文字问题致陈独秀》，《新青年》4卷4号。
⑤ 周作人：《钱玄同的复古与反复古》，《文史资料选辑》第94辑。

## 二　关心社会教育的情怀

钱玄同终生从事教育事业，他从 1910 年 5 月在浙江海宁中学任国文教员开始，先后执教于北京师范大学及其附属中学、北京大学、北京女子师范大学、孔德学校等，是一位优秀的教育工作者。钱玄同认为，教育的目的是唤醒民众，是救救青年和孩子。他曾说："'救救孩子'这个'恻隐之心'，凡是天良尚未丧尽的人们都应该有，这一点，我自问还不至于不如人。"[①] 1919 年钱玄同在《北京高等师范学校周刊》32 号上发表《施行教育不可迎合旧社会》一文，明确指出教育的目的是教人研求真理，不是教人做古人的奴隶；教育是教人高尚人格的，不是教人干禄的；教育是改良社会的，不是迎合社会的。因此，一切教育要以青年的前途为重。

牺牲自己，救救青年和孩子，是五四新文化运动的目标之一，也是钱玄同教育工作的全部目的。在新文化运动大潮的推动下，启蒙思想家们进行了关于新式教科书编写问题的讨论。钱玄同指出："教科书以养成'眼光'为宗旨。"[②] 这就触及到了教育的根本问题。对此，陈独秀也有同样的看法。陈独秀说："旧教育是教学生应当如何如何，不应当如何如何，完全是教训的意味，不问学生理会不理会，总是这么教训下去，这正是先生教学生。新教育是要研究学生何以如何如何，何以不如何如何，怎样才能够使学生如何如何，怎样才能够使学生不如何如何，完全是启发的意味，是很要虚心去研究儿童心理，注意受教育者之反应。"[③] 经过讨论，1919 年 4 月，《新教育》杂志在 1 卷 3 期上提出了一个全新的教育宗旨（"教育本义"）："（一）养成健全人格。（二）发展共和精神。"这反映了在新文化运动推动下，教育家们对理想人格的新设计，对新教育发展的新追求。

钱玄同幼年时饱受封建愚昧教育之苦，青年时代封建复古逆流又一浪接一浪发生，整个中国乌烟瘴气。所以，他对孔子学说及封建教育有着切

---

[①]　钱玄同：《答何蔼人信》，《国语周刊》第 6 期。

[②]　蔡元培：《教育研究会讨论修订教科书问题的记录》，《蔡元培全集》第 3 卷，中华书局 1984 年版，第 162 页。

[③]　陈独秀：《新教育是什么》，见《中国现代教育文选》，人民教育出版社 1989 年版，第 172 页。

齿的仇恨。对于封建的"三纲",他曾形象地比喻为三条麻绳,祖缠父,父缠子,子缠孙,一代一代缠下去,缠了两千年,认为现在应该"大呼解放,解放这头上的三条麻绳"。他说"自己拼着牺牲,只救青年,只救孩子"①。

钱玄同在他的很多文章中提出,教育的目的是要唤醒民众,要国民学习知识,启发国民的觉悟,提高分辨能力。1925年"五卅惨案"发生后,钱玄同写了一篇立论高远、说理透彻的议论文,表现了一位启蒙学者关心社会的清醒认识。在这篇论文里,钱玄同把反帝与反封建两项任务结合起来考虑,主张一面积极反抗帝国主义的侵略,一面要用民主、科学思想和现代的文化知识"唤醒国人",使他们脱离奴性,才有爱国的意识和卫国的能力。钱玄同指出,唤醒教育,消极方面是"除国贼",积极方面是请德先生、赛先生和穆姑娘(Moral,道德)来给咱们建国。大多数国人受过这个教育,明了自己有处理政治天职和抵御外侮之义务,则国才有保得住的希望,帝国主义才有反抗得成的希望。②他号召可爱可敬的中国青年做20世纪的文明人,做中华民国的新国民,撕毁19世纪以前的"脸谱",保持清醒的头脑和锐利的"眼光"。在此思想指导下,钱玄同致力于小学教科书的编写,致力于歌谣、童话的搜集和编选,致力于语言文字的改革,其关心社会教育的现实情怀不能不令人钦佩。

## 三　经世致用的实学理念

钱玄同继承了明清思想家经世致用的实学思想,将学术研究与社会关怀紧密结合,以学术为手段达到为社会服务的目的。

如前所述,钱玄同是古文大家章太炎、今文大家崔适的弟子,这就意味着他精通今古文,而且有独到的研究。但是,钱玄同并不坚守门户,其经学思想是不拘泥家法,洞悉两派,超然今古,站在历史的立场上来研究"经"的本来面目。钱玄同对清末两位集中国两千年来经学派别之大成的康有为和章太炎的经学极端思想和为政治需要而进行的经学研究方法进行了锐利而彻底的批评,指出经学应还原为史学,应揭去披在孔子身上的神

① 秉雄、三强、德充:《回忆我们的父亲——钱玄同》,《新文学史料》第3辑。
② 钱玄同:《论反对帝国主义》,《语丝》第31期。

秘外衣，最终使经学走向终结。这种认识从而启迪了一批资产阶级史学工作者重新审视经学的思想，开创了近代中国古史研究的良好风气。

钱玄同明确指出，孔子与"六经"无涉，即"孔子无删述或制作'六经'之事"，"《诗》、《书》、《礼》、《易》、《春秋》，本是各不相干的五部书"，而"'六经'配在一起当在战国之末"。[①] 钱玄同认为"六经"是古代史料的一部分，其中有思想史料，有文学史料，有政治史料，也有其他国故的史料。[②] 对于这些史料，应审查它的真伪，做到"考古务求其真"。钱玄同并且身体力行，考遍群经，是"古史辨"派的重要代表人物，并因此在古史研究领域取得了辉煌的成绩。钱玄同对经学的体认和考辨群经的实际行动，不仅从根本上廓清了两千多年来笼罩在经书经学上神圣而又神秘的色彩，促进了经学的终结，而且又超越了清儒把治经认作一种单纯的学术研究的狭隘局限，同时，又不同于康有为和章太炎为了政治目的而过分强调今文或古文的偏激行为。

钱玄同从实事求是的目的出发，不仅辨"经"，而且辨"史""子""集"，不仅辨"伪书"，而且辨"伪事"，从而倡导了颇具实绩的古史辨运动。这一运动继承了五四新文化运动对经学批判的精神，从而最终以学术的尺度使经学在很短的时间内恍若隔世，走向终结。顾颉刚在论及钱玄同时说：钱玄同"富于批评精神，要跳出今古文家的家派来谈今古文问题"，其目的是指出今古文派的错误，使后人不再误入歧途，要教育人们治经学的任务不是要延长经学的寿命，而是要促成经学的死亡，使得我们以后没有经学，而把经学的材料，全数变成古代史和古代思想史的材料。[③] 顾颉刚的话很能说明钱玄同对于中国近代经学所做的工作，那就是促使经学的灭亡，真正实现"六经皆史"，使"经"为社会研究服务，为推翻孔子的偶像服务，从而使科学、民主的思想得以深入人心，为改造社会提供有力的理性工具。

## 四　删繁就简、嘉惠士林的现代科学思想

钱玄同反对封建的繁文缛节，提倡删繁就简和工具现代化，对中国传

---

① 顾颉刚：《儒生·序》，《古史辨》第1册。
② 钱玄同：《重论经今古文学问题》，《古史辨》第5册。
③ 顾颉刚：《玉渊潭忆往》，《苏州史志资料选辑》第2辑。

统的"经世致用"思想进行了极致发挥，充分体现了他嘉惠士林的社会关怀。

在五四新文化运动反对文言文提倡白话文运动中，钱玄同表现得最为彻底，他不仅完全赞成胡适、陈独秀的主张，而且更进一步，要求《新青年》身体力行，全部改用白话文，认为只有这样才更有号召力，才是真正的改革或革命。在钱玄同的坚持下，1918 年 1 月 15 日出版的《新青年》4 卷 1 号全部改用了白话，加了新式标点，并且发表了 9 首白话诗。白话文和新式标点，在今天看来人人会做，不足为奇，但在当时，既需要胆量，又需要科学的指导思想。而其直接结果一方面是实现了向旧文学挑战的目的，另一方面对社会、对国民的文化生活都大有益处。

1917 年 6 月，钱玄同致信陈独秀，题为《论应用之文亟宜改良》，函告其应用文"改革大纲十三事"，发表在《新青年》3 卷 5 号上。其主要内容是：（1）应用文"应以国语为之"，即反对文言，提倡白话；（2）"书札之款或称谓，务求简明确当，删去无谓之浮文"，即反对在信末署名下加"鞠躬""拜"或"顿首"等体现烦琐无谓、酸腐迂阔的字样；（3）"绝对不用典"，认为用典是厚古薄今的一种表现，"是后人劣于前人之处"；（4）"凡两等小学教科书，及通俗书报、杂志、新闻纸，均旁注'注音字母'"，即汉字向拼音化方向发展；（5）"文章应加标点符号"；（6）"印刷用楷体，书写用草书"；（7）数目字改用阿拉伯号，即反对用汉字写数字，因为阿拉伯字号书写既省时省力，又与世界公文相一致；（8）纪年用世界通行之公历纪年，即走世界纪年一体化方向；（9）"改右行直下为左行横迤"，这一书写方式不仅简便易行，而且具有科学的医学道理；（10）印刷之体，宜分数种，等等。这十三件大事，钱玄同逐一付诸规划和实践，从一点一滴做起，终身为之，有的在当时已经实现，有的后来经过努力才得以逐步完善。其中的汉字拼音化、拼音标准化等使钱玄同付出了毕生精力。而且到后来，钱玄同又致力于"国语罗马字"的研制，致力于北京音（普通话的前身）的倡导、简体字的选用和推行。这些在今天看来非常平常的事情，在当时，不仅需要勇气，而且需要科学精神和学识实力，而其直接结果，就是为社会、为国民服务，为中国走上现代文明服务。

钱玄同删繁就简、关心社会的理论和实践，不但有完整的计划和远大的理想，而且有高尚的旨趣和坚强的决心。此以"不用典"为例，来说明钱玄同关心社会的革命意义：五四以前的文人，以用典或不用典作为划分博学与俭学的标志，因此，进行文学革命，反对用典是具有革命意义的。胡适在《文学改良刍议》中主张不用典，对此，钱玄同给予很高的评价，认为"胡君'不用典'之论最精，实足祛千年来腐臭文学之积弊"①。在这里，钱玄同道破了"不用典"的革命意义。但在"不用典"问题上胡适是不彻底的，所以他又说："工者偶一为之，未为不可。"对此，钱玄同的态度是坚决的。他说："凡用典者，无论工拙，皆为行文之疵病。"他认为胡适"工者偶一为之，未为不可"是"似犹未免依违于俗论"，指出"文学之用典，已为下乘。若普通之应用文，尤须老老实实说话，务期老妪能解；如有妄用典故，以表象语代事实者，尤为恶劣"。他又从文学发展的历史情况立论，说齐梁以前之文学，从无用典者，并进一步说明用典是"文学洼败之一大原因"，"是后人劣于前人之处"。②

钱玄同删繁就简、嘉惠社会的现代科学思想，不仅符合中国语言文字发展的方向，而且其学术活动的社会关怀意识亦可见一斑，他也因此而受到后人的称赞和怀念。他的学生徐世荣在谈到这一问题时说："（钱玄同）是以精深的学术研究指导国语运动的实际工作，而国语运动的每项实际工作又都体现着他的学术见解，研究成果。试看现在文字改革的三大任务：简化汉字，推广普通话，制定和推行'汉语拼音方案'，哪一项不是钱师在半个世纪以前就早着'先鞭'了。说他是'滥觞'也好，说他是'草创'也好，说他是'前驱'也好，反正现在如果上溯文字改革、推广普通话的历史渊源，总不能遗忘这位树起'汉语规范化'和'汉字拼音化'的里程碑的闯将！"③ 我们认为徐先生的这个评价是中肯而有见地的。

（原载《史学月刊》2002年第7期）

---

① 钱玄同：《寄陈独秀》，《新青年》3卷1号。
② 同上。
③ 徐世荣：《钱玄同年谱·序一》，齐鲁书社1986年版。

# 钱玄同研究的几个问题

钱玄同是中国近代史上著名的思想家、教育家、语言文字学家，也是五四新文化运动激进派代表人物之一，曾与陈独秀、胡适齐名。学术界对于钱玄同的研究，已逐步走向科学、客观和公允，但有一些问题仍需强调说明，这就是：钱玄同语言偏激，但目的是疗救社会；他以唤醒社会、救救青年和孩子为其教育理念；有着经世致用的实学思想，删繁就简、嘉惠士林的社会关怀；另外，作为以思想家为主的钱玄同与政治家有着不同的认识逻辑。只有从以上几个方面入手认识和研究钱玄同，才能给钱玄同以客观、公正的评价，才能使后人了解这位为中国学术发展做出过突出贡献的历史文化名人。

## 一　语言偏激与功利主义人生观

在一般人的心目中，钱玄同是以骂尽中国传统文化，极力推崇西方文化的激进面目出现在五四历史舞台的一个文化斗士。他曾说过"要烧毁中国书"和"废除汉文"之类的话，认为中国的学术、思想一片黑暗。实际上，文化激进主义思想是五四时期的一种普遍现象。本来，作为学人，应以理服人，讲逻辑，重分析，最忌的是情绪化。但是钱玄同一反旧文人的儒雅，用激情去传达学术。其原因是什么呢？陈独秀曾说，原因是复古派文人"开口一个国粹，闭口一个古说"，与科学、民主思想故意作对，又加上复辟丑剧接连发生，共和国只是一张空招牌，他是"愤极了才发出了这种激切的议论"①。钱玄同反对为学术而学术。正因为如此，他在五四新文化运动的舞台上才成为"文化斗士"，成为与陈独秀、胡适同样重要的人物。实际上，要论及钱玄同的真性情，他"是最平正通达

① 陈独秀：《〈新青年〉罪案之答辩书》，《新青年》6卷1号。

不过的人"，"若是和他商量现实问题，却又是最通人情世故，了解事情的中道的人"。① 孙郁将钱玄同称为"偏执的真人"，说钱玄同"是个很可爱的人。为文为人，率直、不遮遮拦拦，也多有自相矛盾之处"。"钱玄同给人留下了许多矛盾的话题，这些，细究起来，对研究那一代文人，是有益处的。"②

林毓生说，五四时期"最基本的冲动是一个功利的冲动"③。刘师培也批评新文化运动"使功利倡，而廉耻丧，而礼仪亡"④。这说明五四新文化运动是一个带功利性的启蒙思想运动，这种功利性之目的就是补辛亥革命失败这一课，为科学民主思想在中国的传播鸣锣开道。钱玄同曾自称他"始终是一个功利主义者"⑤。黎锦熙也指出，钱玄同"一生的安身立命之处，还是最大多数的最大幸福之'功利主义'的墨家人生观"⑥。统观钱玄同的学术文字，一个最明显的特点就是对儒家思想的批判和对人间社会的关怀。其墨家人生观经科学、民主思想的改造、充实和完善，更加显示出他急切救治社会百病的人间情怀。一方面，其对传统文化的激愤之情，最深刻地表现了脱胎于旧学营垒的五四知识分子的传统原罪心态；另一方面，其关心社会、追求科学和民主的思想，又充分体现了他以学术为手段疗治中国百病的急功近利心情和对未来社会的美好向往。

正是这种升华了的墨家功利主义思想的支配，钱玄同在五四新文化运动中才表现得英勇无畏，无所顾忌。众所周知，辛亥革命后共和国只是一张空招牌，即便这张空招牌也随时有挂不住的危险。对此，钱玄同有着清醒的认识。他在致陈独秀的信中认为："倘不从伦理问题根本上解决，那就这块招牌一定挂不长久。"⑦ 随后他与周氏兄弟"在绍兴会馆的某院子里槐树底下"谈了许多"偏激话"，反复研讨，由"共和招牌说"演化出"思想革命"的主张。⑧ 这样，文学革命就由"介壳"层面推进到了"内心"层面。钱玄同所说的"从伦理问题上根本解决"，即是反对以儒家为

---

① 周作人：《钱玄同的复古与反复古》，《文史资料选辑》第 94 辑。
② 孙郁：《偏执的真人》，《读书》1999 年第 11 期。
③ 林毓生：《思想与人物》，台北联经出版事业公司 1983 年版。
④ 林衡：《世纪抉择：中国命运大论战》第 2 卷，时事出版社 1997 年版。
⑤ 黎锦熙：《钱玄同先生传》，齐鲁书社 1986 年版。
⑥ 钱玄同：《中国今后之文字问题致陈独秀》，《新青年》4 卷 4 号。
⑦ 钱玄同：《答何蓂人信》，《国语周刊》第 6 期。
⑧ 《蔡元培全集》第 3 卷，中华书局 1984 年版。

代表的封建思想，进行思想革命。那么，他与鲁迅兄弟所说的"偏激话"也就具有革命的意义。

## 二　唤醒社会、救救青年和孩子的教育理念

钱玄同终生从事教育事业，他从 1910 年 5 月在浙江海宁中学任国文教员开始，先后执教于北京师范大学及其附属中学、北京大学、北京女子师范大学、孔德学校等，是一位优秀的教育工作者。他认为，教育的目的是唤醒民众，救救青年和孩子。钱玄同曾说："'救救孩子'这个'恻隐之心'，凡是天良尚未丧尽的人们都应该有，这一点，我自问还不至于不如人。"[1]

牺牲自己，救救青年和孩子，是五四新文化运动的目标之一，也是钱玄同教育工作的全部目的。在新文化运动大潮的推动下，启蒙思想家们进行了关于新式教科书编写问题的讨论。钱玄同指出："教科书以养成'眼光'为宗旨。"[2] 这就触及了教育的根本问题。对此，陈独秀也有同样的看法。

钱玄同幼年时饱受封建愚昧教育之苦，青年时代封建复古逆流又一浪接一浪发生，整个中国乌烟瘴气。所以，他对孔子学说及封建教育有着切齿的痛恨。对于封建的"三纲"他曾形象地比喻为三条麻绳，祖缠父，父缠子，子缠孙，一代一代缠下去，缠了两千年。认为现在应该"大呼解放，解放这头上的三条麻绳"。说他"自己拼着牺牲，只救青年，只救孩子"。[3]

钱玄同在他的很多文章中提出，教育的目的是要唤醒民众。1925 年"五卅惨案"发生后，钱玄同写了一篇立论高远说理透彻的议论文《论反对帝国主义》，表现了一位启蒙学者关心社会的清醒认识。文中，钱玄同把反帝与反封建两项任务结合起来考虑，主张一面积极反抗帝国主义的侵略，一面要用民主、科学思想和现代的文化知识"唤醒国人"。钱玄同指

---

① 钱玄同：《答何蔼人信》，《国语周刊》第 6 期。
② 《蔡元培全集》第 3 卷，中华书局 1984 年版，第 162 页。
③ （钱）秉雄、三强、德充：《回忆我们的父亲——钱玄同》，《新文学史料》1979 年第 3 期。

出，唤醒教育，则国才有保得住的希望，帝国主义才有反抗得成的希望。① 他号召可爱可敬的中国青年做 20 世纪的文明人，做中华民国的新国民，撕毁 19 世纪以前的"脸谱"，保持清醒的头脑和锐利的"眼光"。在此思想指导下，钱玄同致力于小学教科书的编写，致力于歌谣、童话的搜集和编选，致力于语言文字的改革，其关心社会教育的人间情怀不能不令人钦佩。

## 三　经世致用的实学思想

钱玄同继承了明清思想家经世致用的实学思想，将学术研究与社会关怀紧密结合，以学术为手段达到为社会服务的目的。

钱玄同既是古文大家章太炎的学生，也是今文大家崔适的弟子，这就意味着他精通今古文，而且有独到的研究。但是，钱玄同并不坚守门户，其经学思想是不泥家法，洞悉两派，超然今古，站在历史的立场上来研究"经"的本来面目。钱玄同对清末两位集中国两千年来经学派别之大成的康有为和章太炎的经学思想和研究方法进行了锐利而彻底的批评，从而启迪了一批资产阶级史学工作者重新审视经学的思想，开创了近代中国古史研究的良好风气。钱玄同明确指出，孔子与"六经"无涉，即"孔子无删述或制作'六经'之事"，"《诗》、《书》、《礼》、《易》、《春秋》，本是各不相干的五部书"，而"'六经'配在一起当在战国之末"。② 他认为"六经"是古代史料的一部分，其中有思想史料，有文学史料，有政治史料，也有其他国故的史料。③ 对于这些史料，应审查它的真伪，做到"考古务求其真"。钱玄同对经学的体认和实际行动，不仅从根本上廓清了两千多年来笼罩在经书经学上神圣而又神秘的色彩，加速了经学的终结，而且又超越了清儒把治经认作一种单纯的学术研究的狭隘局限，同时，又不同于康有为和章太炎为了政治目的而过分强调今文或古文的偏激行为。钱玄同从实事求是的目的出发，不仅辨"经"，而且辨"史""子""集"，不仅辨"伪书"，而且辨"伪事"，从而倡导了颇具实绩的古史辨运动。

---

① 参见钱玄同《论反对帝国主义》，《语丝》第 31 期。
② 顾颉刚：《古史辨》第 1 册，北京朴社 1926 年版。
③ 参见钱玄同《古史辨》第 5 册，北京朴社 1926 年版。

这一运动继承了五四新文化运动对经学批判的精神，从而最终以学术的尺度使经学在很短的时间内恍若隔世，走向终结。顾颉刚在论及钱玄同时说：钱玄同"富于批评精神，要跳出今古文家的家派来谈今古文问题"，其目的是指出今古文派的错误，使后人不再误入歧途。要教育人们治经学的任务不是要延长经学的寿命，而是要促成经学的死亡，使得我们以后没有经学，而把经学的材料，全数变成古代史和古代思想史的材料。① 顾颉刚的话很能说明钱玄同对于中国近代经学所做的工作，那就是促使经学的灭亡，使"经"为社会研究服务，为改造社会提供有力的理性工具。

## 四　删繁就简、嘉惠士林的社会关怀

钱玄同反对封建的繁文缛节，提倡删繁就简和工具现代化，对中国传统的"经世致用"思想进行了极致发挥，充分体现了他嘉惠士林的社会关怀。

在五四新文化运动反对文言文提倡白话文运动中，钱玄同表现得最为彻底，他不仅完全赞成胡适、陈独秀的主张，而且更进一步，要求《新青年》身体力行，全部改用白话文。在他的坚持下，1918 年 1 月 15 日出版的《新青年》4 卷 1 号全部改用了白话，加了新式标点，并且发表了 9 首白话诗。白话文和新式标点，在今天看来人人会做，不足为奇，但在当时，既需要胆量，又需要科学的指导思想。而其直接结果一方面是实现了向旧文学挑战的目的，另一方面对社会、对人类的生活都大有益处。

1917 年 6 月，钱玄同致信陈独秀，题为《论应用之文亟宜改良》，函告其应用文"改革大纲十三事"，发表在《新青年》3 卷 5 号上。其主要内容是：（1）反对文言，提倡白话；（2）"书札之款或称谓，务求简明确当，删去无谓之浮文"；（3）"绝对不用典"；（4）"凡两等小学教科书，及通俗书报、杂志、新闻纸，均旁注'注音字母'"；（5）"文章应加标点符号"；（6）"印刷用楷体，书写用草书"；（7）数目字改用阿拉伯号；（8）纪年用世界通行之公历纪年；（9）"改右行直下为左行横迤"；（10）印刷之体，宜分数种，等等。这些大事，有的在当时已经实现，有的后来经过努力才得以逐步完善。其中的汉字拼音化、拼音标准化等使钱

---

① 参见顾颉刚《玉渊潭忆往》，《苏州史志资料选辑》第 2 辑。

玄同付出了毕生精力。而且到后来，钱玄同又致力于"国语罗马字"的研制，致力于普通话的倡导、简体字的选用和推行。

钱玄同删繁就简、嘉惠社会的理论和实践，不但有完整的计划和远大的理想，而且有高尚的旨趣和坚强的决心，同时符合中国语言文字发展的方向，他也因此受到后人的称赞和怀念。他的学生徐世荣在谈到这一问题时说："（钱玄同）是以精深的学术研究指导国语运动的实际工作，而国语运动的每项实际工作又都体现着他的学术见解，研究成果。试看现在文字改革的三大任务：简化汉字，推广普通话，制定和推行'汉语拼音方案'，哪一项不是钱师在半个世纪以前就早着'先鞭'了。说他是'滥觞'也好，说他是'草创'也好，说他是'前驱'也好，反正现在如果上溯文字改革、推广普通话的历史渊源，总不能遗忘这位树起'汉语规范化'和'汉字拼音化'的里程碑的闯将！"[①] 我们认为这个评价是中肯而有见地的。

# 五　思想家与政治家的不同认识逻辑

鲁迅在《南腔北调集·〈自选集〉自序》中说，五四运动的风暴一过，"《新青年》的团体散掉了，有的高升，有的退隐，有的前进，我又经验了一回同一战阵中的伙伴还是会这么变化……"有人认为，钱玄同就是属于"高升"的一个。还有人认为，五四风暴过后，钱玄同思想"僵化"了，"落伍"了，甚至"倒退"了，说他躲进了宁静的书斋，从而与革命者分道扬镳。[②] 然而，事实并非如此简单。

众所周知，在五四新文化运动中，钱玄同与陈独秀、胡适、鲁迅等并肩作战，他不仅是鲁迅《狂人日记》的催生者，提出了打倒"选学妖孽"和"桐城谬种"的口号，提出了激烈的反孔言论和反封建言论，从而在新文化运动中树立了不朽的丰碑，而且在很多问题上与陈独秀、鲁迅等观点一致，同属文化激进主义思想的代表人物。那么，五四风暴过后，钱玄同为何与马克思主义者疏远甚至产生了矛盾呢？笔者认为，关键是思想家与政治家在对问题的认识上存在不同的认识逻辑，在对于"自由"的理

---

① 徐世荣：《钱玄同年谱·序一》，齐鲁书社 1986 年版。
② 参见姜德明《鲁迅与钱玄同》，《新文学史料》第 3 辑。

解上存在着理性的误差。

　　例如，在对待宗教问题上，认识的差别即可见一斑。五四新文化运动初期，启蒙思想家们在开展的破除偶像的活动中并没有集中攻击宗教，而主要观点是"宗教自由"。这主要是因为一方面启蒙思想家当时对于西方宗教的理解还不够明确，也没有像对待孔教和道教那样认真看待；另一方面在文化激进主义思潮作用下，对西方的一切文化功能泛化，普遍存在着理智上的瑕疵和乌托邦期待，视西方文化为包治百病之妙方，从而在对待西方宗教的问题上采取了"自由"的立场。这说明，在新文化运动初期，启蒙思想家们在对待西方宗教的问题上并不存在认识的分歧。但是，1920年以后，随着破除偶像的热潮在中国的发展，反对西方宗教的思想和言论开始在中国发展起来。到了1922年，一些国际基督教组织意识到中国反宗教的潮流，决定4月在清华大学举行一次世界基督教学生联盟大会。这一事件立即激起了反宗教者的冲动。结果导致了一场普遍的反宗教运动，而且蔡元培、陈独秀、李大钊等五四新文化运动的领袖人物也都卷入了这场"非宗教同盟"运动中。事情发展到此，思想家和革命家就表现出了不同的认识逻辑。钱玄同以他惯有的尖锐和坦诚，感到震惊和不可理解，在致周作人的信中表现了他希图在这片狂热的反宗教声中发出一点清醒而理性的声音的愿望。钱玄同和周作人认为非宗教运动是非理性的，于是针锋相对，联合沈兼士、沈士远和马裕藻，在3月31日的《晨报》上发表《主张信教自由宣言》。宣言宣布："我们不是任何宗教的信徒，我们不拥护任何宗教，也不赞成挑战的反对任何宗教。我们认为人们的信仰，应当有绝对的自由，不受任何人的干涉，除去法律的制裁以外。信仰自由载在约法，知识阶级的人应首先遵守，至少也不应首先破坏，我们因此对于现在非基督教非宗教同盟运动表示反对。"钱玄同等这一"清醒而理性"的声音既在思想界引起了很大的震动，同时也因此受到了青年们的误解和攻击。此时已是中共党的总书记的陈独秀，发表致周作人、钱玄同等人的"公开信"，进行直接批评，并阐明其非宗教的态度。在这里，陈独秀与钱玄同等在认识上存在很明显的误差，这就是：一方是纯粹的、抽象的"自由"，一方是实实在在的现实生活中的政治、经济、思想文化上的自由，双方都有自己的理由，分歧的关键在于政治家与思想家的不同认识逻辑。钱玄同是从学理上来认识这一问题的，而陈独秀则把周作人、钱玄同的思想看作"敌对思想"，断定他们是"向强者献媚"。这种"不是同志、朋友，就是敌人”的非此即彼的思维逻辑很显然是缺乏理性精神的。钱玄同等只是从个性主义和自由主义的立场出发，发出一点清醒的理性的声音，不料却受到了青年们的误解、攻击和陈独秀的批评。正是从这种思想家的纯学理的立场出发，使钱玄同与共产党发生了分裂。

我们认为，这是钱玄同思想认识的“低回”期，必须指出。但钱玄同并未否定五四时期的“自我”。面对思想界的污浊，他没有像周作人那样“理性”的固执，而是向封建的思想和行为又一次战斗起来。1923年7月1日，钱玄同致信周作人，由于这一天是张勋复辟的纪念日，所以他感到特别的激动，“觉得说来说去，毕竟还是民国五六年间的《新青年》中陈仲甫的那些西方化的话最为不错，还是德谟克拉西和赛恩斯两先生最有道理”。一周后（7月9日），钱玄同又致信周作人，觉得“陈独秀一九一五——九一七年的《新青年》中的议论，现在还是救时的圣药”①。可以看出，钱玄同不仅没有否定五四时期的“自我”，而且其激烈态度不减当年。

事实上，钱玄同与陈独秀、李大钊等在认识上的这种分歧，最早体现在“问题与主义”的争论中，这场争论尽管是《新青年》同人内部学术范围之内的争论，但争论的发展延伸却导致了《新青年》阵营的分裂。在这场争论之中，钱玄同表示“绝不愿为左右袒”，既认为“适之所主张者较为近是”，又反对胡适“宣言不谈政治”。很明显，钱玄同和陈独秀分别是以学者和政治家的态度来看待胡适的主张的。钱玄同反对“统一思想”，主张学术民主、思想自由，他认为“《新青年》招牌”与“《新青年》精神”是两回事，只要坚持科学和民主的思想，《新青年》“精神永存”，那么《新青年》“还是分裂为两个杂志的好”。②

作为纯粹思想家的钱玄同与思想家、革命家兼而有之的中共早期领导人的这种认识逻辑上的分歧，还表现在20世纪30年代钱玄同与拉丁化新文字提倡者的分歧和争论上。“拉丁化新文字”运动是在中共领导下进行的。钱玄同竭力维护“国语罗马字”拼音方案，与“拉丁化新文字”持不合作态度。实际上，二者是“改革者的两大派”，“同是不满于现

---

① 周作人：《钱玄同的复古与反复古》，《文史资料选辑》第94辑。

② 胡颂平：《胡适之先生年谱长编初稿（1921年）》，联经出版公司1984年版，第429页；陈漱渝：《钱玄同日记中的鲁迅》，《辽宁教育学院学报》1985年第4期。

状"。① 1958 年周恩来在《当前文字改革的任务》的报告中，充分肯定了两派在文字改革上的贡献。那么，产生分歧和争论的原因又何在呢？不可讳言，钱玄同对拉丁化新文字拒不讨论，表示沉默，实是令人惋惜的。因为：第一，学术讨论不该抱持拒绝态度；第二，拉丁化新文字运动是中共领导的，并且这种文字在陕甘宁边区和敌后解放区试用过，拒绝讨论就意味着失去了与中共合作的机会。然而，认真分析拉丁化新文字提倡者的主张，在对待国语罗马字一派人的问题上，也同样存在着学理上、政治上的错误。1931 年 9 月，拉丁化新文字提倡者在海参崴召开了中国新文字第一次代表大会，会上把"国语统一运动"看成是"资产阶级的"并加以"反对"。很显然，这种认识是错误的，因为马克思主义认为，语言文字是没有阶级性的。在这场争论中，鲁迅同意拉丁化新文字提倡者的看法，并在其《论新文字》中，把拉丁化新文字认成"革新"，而把国语罗马字看成"复古"，并说二者"一是难行，一是易举。这两者有斗争"。又说：拉丁化新文字和民众有联系，而罗马字拼音则是"研究室或书斋里的清玩"。鲁迅关于文字改革的话有许多是精辟的，但对于国语罗马字的这些看法也是不正确的，并因而受到钱玄同的拒绝。钱玄同不接受左翼文化者认为自己代表劳苦大众，是革命的，认为他人代表资产阶级，是反革命的做法，我们认为是有一定道理的。在此，我们既不愿为钱玄同开脱，同时也必须指出产生这些分歧与争论的原因所在。

（原载《商丘师范学院学报》2003 年第 6 期）

---

① 《鲁迅全集》第 6 卷，人民文学出版社 1981 年版。

# 钱玄同古史研究论略

具有疑辨精神的钱玄同，是五四时期的文化斗士，他不仅在文学、文字、音韵、经学诸方面颇多建树，同时又是"古史辨派"的主要代表人物，在古史的疑辨方面从方法到成就都卓然一家。本文试略论之。

## 一　疑辨精神渊源

在清朝道、咸以前，统治中国学术思想界的主要有两大派：宋学和汉学。宋学即宋明理学，标榜程朱，讲纲常名教，性命义理。汉学是宋学的对立物，追寻汉代经学，从事文籍考据，在乾、嘉时达到鼎盛。在清代，汉宋二派壁垒森严，形同水火，党同伐异，互争正统。但由于两派狭隘的门户之见和脱离实际的学风，所以到鸦片战争前夕，随着清朝国力的下降，外侮日迫，先后衰败了。道、咸以后，有志者为了忧国救时，想从故纸堆中爬出来"经世致用"，于是翻出西汉"通经致用"的今文经学，欲以此来压倒汉学，形成了清朝的今文经学派。

清朝今文经学开始于庄存与、刘逢禄、宋翔凤，发展于龚自珍、魏源，到康有为集其大成。处在这个时代里的著名学者还有崔适、廖平以及时代较早然而思想卓然自立一家的崔述。

清朝今文经学的发生期，走的仍是西汉今文经学的老路，讲微言大义，附会经说。到了龚、魏，才比较注重经世致用，敢于议论时政，把今文经学与当时的社会实际相结合，颇有生气。今文经学到了末流，虽然辨别今古的方法能够更精，进取的精神能够更强，然而在治学方面，往往自立新解，附会经说，颇多武断、神秘，康有为的孔子改制的议论在考据的方法上即很难站得住脚。

钱玄同生逢清朝今文经学的由盛到衰期，自然受其影响。他先从师章太炎，后学于崔适，兼通今古文而又对今古文都不满意，于是一种重新审视经书的想法悄然生起，从而形成了钱玄同在五四前后的疑辨精神。

在中国历史上，疑辨精神有一个源远流长的传统，远自汉代王充多疑古事起，历唐代刘知几、柳宗元，宋代欧阳修、郑樵、吴棫、朱熹，明代宋濂、梅鷟、胡应麟，都在其著作中发挥了疑辨精神。到了清代，前有姚际恒，稍后有崔述，都有辨伪名著。这种精神发展到清末，随着封建社会的日暮途穷而得到发扬，这对钱玄同无异是一个启迪，可以说钱玄同辨伪文字的最明显一点就是承继了清代今文家的辨伪余绪，并用现代的科学的方法扩大了辨伪的范围。

"五四"时期，是中国思想界的一个极为活跃期，可称是百说杂陈、百家争鸣，西方各种学说、观点如水泄闸门，汹涌而来，激荡着中国的古老文化，也激荡着每一位中国的有识之士，西学和中学在这个大潮中同时受到检验。钱玄同是"五四"时期的反封建斗士，自然接了西方的科学的治学方法，而对今文家炫奇的新说表示不满，形成了他的疑古作风。同时，对古史的重新审视，既是受了五四新文化运动的直接影响，也是五四时期反封建思潮的一个重要方面。

## 二　师承及思想发展

钱玄同1887年诞生于浙江湖州（今吴兴），3岁启蒙读《尔雅》，5岁入私塾读书，8岁读《说文》。父亲钱振常，清光绪年间举人，对玄同十分钟爱，也管教极严，规定他只准读经书，不准看闲杂书。有一次，他偷看《桃花扇》，被老师发现，一戒尺打在头上，到晚年眉心上还有一道疤痕。[①] 钱玄同在16岁以前，是一个被关在书房里读经书、学做八股预备考秀才的书生，满脑子皇帝圣明、德泽广被的思想。

1902年，钱玄同16岁，读到《新民丛报》和《仁学》，对其中的排满思想颇为不满，"狠是生气，曾经撕毁过一本《仁学》"[②]。1903年上海发生《苏报》案，章太炎、邹容被捕，蔡元培、吴稚晖出亡。当时钱玄同在湖州，闻此消息，极不以章、邹、蔡、吴的主张为然。[③]

---

① 参见姜德明《鲁迅与钱玄同》，《新文学史料》第3辑。
② 钱玄同：《三十年来我对于满清的态度底变迁》，《语丝》第8期。
③ 同上。

但也就是在这同时，钱玄同的思想进行着激烈的矛盾和斗争，新的思想、新的学术气息在撞击着他的心扉，使他毫无例外地接受了新思潮的影响，打开了思想的窗子。特别是 1903 年冬，读过《驳康有为论革命书》《革命军》及《浙江潮》《江苏》《汉声》《旧学》《黄帝魂》《警世钟》《訄书》《攘书》之后，大受刺激，以前的尊清思想为之根本动摇，"认定满洲政府是我们唯一的仇敌，排满是我们唯一的天职"，自己"非革命不可"。① 所以在 1904 年夏，便毅然剪去辫子，以示"义不帝清"之至意。

1906 年，钱玄同 20 岁，赴日本求学，入东京早稻田大学习师范。1908 年，章太炎在上海出狱后，东渡日本，编辑《民报》，工作之余，在《民报》社授徒讲学。当年夏，钱玄同与朱蓬仙、龚宝铨、朱希祖、鲁迅、周作人、钱家治、许寿裳八人在《民报》社听章太炎讲段玉裁《说文解字注》、郝懿行《尔雅义疏》。这样，钱玄同既是周氏兄弟的同学，又是古文大家章太炎的弟子。钱玄同从章氏学，奠定了他的古文基础，也启发了他后来从事语言文字的研究。

1909 年，钱玄同读到刘逢禄、龚自珍二人之书，思想发生了转变，对古文经表示怀疑，始背师章太炎，而宗今文家言。"但那时惟对于《春秋》一经排斥左氏而已，此外如《书》之马，《诗》之毛，虽皆古文不在排斥之列。而鲁恭王得壁经一事，并不认为'子虚''乌有'，故那时虽宗今文，尚未绝对排斥古文。"②

1911 年 2 月，钱玄同请业于崔适，这是对钱玄同思想影响较大的第二位老师。崔适为一今文大家，所著《春秋复始》，以《春秋穀梁传》为古文；所著《史记探源》，以《史记》本是今文学，为刘歆所窜乱，乃杂有古文说。钱玄同从崔氏学，思想大受影响。在此同时，又读到康有为的《新学伪经考》，从此笃信古文经为刘歆所伪造之说而专宗今文。

到了 1917 年，钱玄同的思想又有所转变，由于他兼通今古文，所以能洞悉两派的是非，而处于一种超然的立场。于是钱玄同更进一步，摆脱了几千年来的门户之见，不泥家法，站在历史的立场上，来研究"经"的本来面目。他曾说："今文家是什九都不足信……古文是假造的，今文

---

① 钱玄同：《三十年来我对于满清的态度底变迁》，《语丝》第 8 期。
② 《论今古文经学及〈辨伪丛书〉书》，《古史辨》第 1 册。

是口说流行、失其真相的，两者都难凭信。"①

　　由于钱玄同能从历史的角度来看待今古文，所以其观点就比较的客观和实事求是。他曾说："今文学是孔子学派所传衍，经长期的蜕化而失掉它的真面目。古文经异军突起，古文家得到了一点古代材料，用自己的意思加以整理改造，七拼八凑而形成其古文学，目的是用它做工具而和今文家唱对台戏。所以今文家攻击古文经伪造，这话对，古文家攻击今文家不得孔子的真意，这话也对。我们今天，该用古文家的话来批评今文家，又该用今文家的话来批评古文家，把他们的假面目一齐撕破，方好显露出他们的真相……"② 这种观点，在当时是对今古文及今古文家研究方法的极锐利、极彻底的批评，它启迪了一批资产阶级史学者重视审视经学的思想，开创了近代史学的疑辨之风。

# 三　疑古和辨伪

## （一）历史的进化观点

　　在达尔文的进化论被介绍到中国以前，思想界的历史进化观点乃是今文家的三世说，这种观点既有进步倾向，又多附会之嫌。魏源的"太古、中古、末世"和康有为的"据乱、升平、太平"都属于此。自梁启超开始，西方资产阶级的进化观点传入中国并得到运用，梁启超"新史学"理论的哲学基础就是资产阶级的社会进化论，并辅以地理环境决定论、英雄史观和文化史观；王国维运用资产阶级实证论，从而在古史研究方面成绩斐然。

　　五四运动前，马克思主义的唯物史观已传入中国，并且得到早期共产主义知识分子如李大钊等人的大力传播。但由于当时西方各种学说纷至沓来，呈现出百说杂陈、百派齐流的局面，所以当时一般知识分子对于马克思主义的认识，并不十分清晰，一方面是"隔着纱窗看晓雾"，朦胧模糊③，另一方面把马克思主义作为学说之一看待。所以一般史学家用以治史的比较进步的观点，就是资产阶级的历史进化论。

---

① 《论今古文经学及〈辨伪丛书〉书》，《古史辨》第1册。
② 顾颉刚：《儒生·序》，《古史辨》第1册。
③ 瞿秋白：《俄乡纪程》，《瞿秋白文集》第1卷，第23页。

　　如前所述，从钱玄同由尊清到排满的思想转变和对今古文的认识可以看出，他思想敏锐，见解犀利，不泥古，不守旧。及至资产阶级进化论传入，他同胡适、顾颉刚等一样接受洗礼。曾说："玄同自丙辰春夏以来，目睹洪宪皇帝之反古复始，倒行逆施，卒致败亡也，于是大受刺激，得到一种极明确的教训，知道凡事总是前进，决无倒退之礼，研究 1916 年以前的历史、道德、政治、文章，皆所谓'鉴既往以察来兹'，凡以明人群之进化而已。故治史学，实治社会学也。"① 钱玄同这种认为一切事物无时不在变化中，人类在进化，历史在前进，绝不开倒车的观点，指导了他终生的学术活动，提倡白话文，推行新式标点和版本横排，大胆地进行文字改革等，都是言前人所未言，前驱先路。

　　但是甚为可惜，钱玄同在接受马克思主义方面，未能出现质的飞跃，当胡适 1919 年 7 月在《每周评论》发表《多研究些问题，少谈些主义》，从而引起"问题与主义"的争论时，钱玄同态度折中，"以为适之所主张者较为近是"，只是不敢以胡适"反对谈'宝雪维几'（即 Bolshevism，布尔什维主义）为然"。②

### （二）主张

　　1923 年 6 月 5 日钱玄同作《研究国学应该先知道的事》，载 1923 年 8 月 5 日《读书杂志》第 12 期，提出辨伪三主张：（1）要注意前人辨伪的成绩。（2）要勇于疑古。（3）治古史不可存"考信于《六艺》"之见。③

　　钱玄同"在古史运动初期的时候，最能发挥疑古的精神，这是一般人士都公认的"④。疑古，可以说是钱玄同思想的重要组成部分，他不仅以"疑古"为名号，而且把疑古作为反封建的重要内容。钱玄同从旧营垒中来，熟悉封建文化，认为自己"受了二十多年的腐败教育"，是一个"纲伦压迫下的牺牲者"⑤；深感青年子弟被封建文化所毒害，所以他对旧文化有着深切的仇恨，早在文学革命时，他就提出了打倒"选学妖孽"

　　① 钱玄同：《论应用文之文亟宜改良》，《新青年》3 卷 5 号。

　　② 陈漱渝：《钱玄同日记中的鲁迅》，《辽宁教育学院学报》1985 年第 4 期。

　　③ 参见《古史辨》第 1 册。

　　④ 柳存仁：《纪念钱玄同先生》，《古史辨》第 7 册（上）。

　　⑤ 《钱玄同致郭步陶信》，《新青年》6 卷 6 号。

和"桐城谬种"的口号，开创文学革命的新局面而受到鲁迅的极力赞许。①

在古史研究上，钱玄同认为："应该常持怀疑的态度才是……我们要发现了一部书的可疑之点，便不该再去轻视它，尤其不应该替它设法弥缝。……弥缝的缘故，便是不敢疑古，他们总觉得较后的书可以疑，而较古的书不可疑；短书小记可疑，而高文典册（尤其是经）不可疑。殊不知学术之有进步，全由于学者善疑，而赝鼎最多的国学界，尤非用极炽热的怀疑打扫一番不可。"②

在中国历史上，虽然有源远的疑辨传统，但是到了今文学家的末流，由于受封建思想支配，所以疑古不够彻底。钱玄同认为，现在应该打破这种局面，揭开历史的本来面目。他说："以前的学者，无论如何大胆的疑古，总不免被成见所囿"，崔述著书的目的"是要替古人，揭出他们的圣道王功，辨伪只是手段"，姚际恒、康有为等辈也是这样，"所以他们总要留下一团最厚最黑的云雾，不肯使青天全见的。我们现在应该更进一步，将这团最厚最黑的云雾尽力拨除"。③

在敢于疑古的思想指导下，钱玄同认为治古史不可存"考信于《六艺》"之见，从而提出了"考古务求其真"的主张，使"历史"为真史、信史。

钱玄同认为"辨古书的真伪是一件事，审史料的虚实又是一件事"④。只有剔除虚妄的材料，找到可信的材料，才能得出正确的结论。真书并不全部可信，伪书有伪书的价值。他曾说："一切真书，尽管是某人作的，但作者之中有的是迷于荒谬无稽的传说，有的是成心假造，如所谓'托古改制'，有的是古籍无证，凭臆推测，我们并不能因其为真书，就来一味相信它，这是咱们跟姚际恒、崔述、康有为及吾师崔觯甫、章太炎两先生诸人不同的地方。"⑤

至于伪书，并不能一概否认，如果能彻底辨明，知道它产生的时代，

---

① 参见鲁迅《且介亭杂文·五论文人相轻——明术》。

② 《古史辨》第 1 册。

③ 钱玄同：《答顾颉刚先生书》，《古史辨》第 1 册。

④ 同上。

⑤ 钱玄同：《论〈说文〉及〈壁中古文经〉书》，1926 年 1 月 27 日《北京大学国学门周刊》第 15、16 合刊。

那么，我们同样可以从中得到许多有价值的史料，而对于古史研究有积极意义。钱玄同很佩服姚际恒、崔述、康有为那种疑古求真的态度，但是很不佩服他们一味痛骂伪书的卫道态度。至于伪书的价值，他说："譬如《周礼》《列子》，虽然都是假书，但是《周礼》中也许埋藏着一部分周代的真制度，《列子》中也许埋藏着一部分周汉间道家思想……"①　又说，研究经书，"应该以'实事求是'为鹄的，而绝对破除'师说''家法'这些分门别户、是丹非素、出主入奴的陋见"②。

钱玄同这种对古史的怀疑精神及"考古务求其真"的主张，不仅指导了他本人从事古史的辨伪研究工作，而且启发了一批具有疑辨思想的学者，这将无疑地为"古史辨派"的兴起、发展和取得巨大成就产生积极的影响。

### （三）研究结果与不足

与他同时代的人相比，钱玄同古史研究的路子比较熟，涉及的领域也比较宽广。他不仅要辨"伪书"，而且辨"伪事"；不仅辨"经"，而且辨"史""子""集"。在给顾颉刚的信中曾说："我们的辨伪，还是专在'伪书'上呢，还是并及于'伪事'呢？我以为二者宜兼及之，而且辨'伪事'比辨'伪书'尤为重要。"③　在《论编纂经部辨伪文字书》中又说："经"之辨伪与"子"之辨伪有同等之重要——或且过之。④　钱玄同的这些辨伪主张，比清代的考据派和后来的经今古文学派都高出一筹，因为清代考据派缺乏疑古的胆量，而经今古文学派又各守门户。钱玄同打破家法，择善而从，领域宽广的做法，无疑会取得前人所不及的成就。

（1）"古史辨"的倡导。20 世纪 20 年代，在资产阶级新史学的阵营内崛起的"古史辨派"，其领袖人物是顾颉刚，其次便是胡适、钱玄同。而顾颉刚从辨伪方法到实际行动都深受钱玄同的影响，可以说钱玄同既是"古史辨"的倡导者，又是顾颉刚辨伪的启发者和路标，当然，顾颉刚最后又超过了钱玄同。

---

①　钱玄同：《论〈说文〉及〈壁中古文经〉书》，1926 年 1 月 27 日《北京大学国学门周刊》第 15、16 合刊。

②　钱玄同：《重论经今古文学问题》，《古史辨》第 5 册。

③　钱玄同：《论近人辨伪见解书》，《古史辨》第 1 册。

④　参见《古史辨》第 1 册。

顾颉刚 1920 年夏毕业于北大，留校任助教，在图书馆编目。在一定程度上来说，钱玄同是顾颉刚的老师。二人在北大结识以后，志同道合，在两年时间内书信来往讨论辨伪问题。顾颉刚在《儒生·序》中回忆说："直到 1920 年我在北大毕业之后才认识钱玄同先生……"他认为钱玄同对于经今古文学的看法和主张，"是一个极锐利、极彻底的批评，是一个击碎玉连环的解决方法，我的眼前仿佛已经打开了一座门，让我们进去对这个两千余年来学术史上的一件大公案作最后的判断了"①。

1923 年 2 月，钱玄同致顾颉刚信，题为《论〈诗〉说及群经辨伪书》，信中希望顾颉刚关于论《诗》的文章整理一下，以还《诗》之真相，并希望他能投稿北大的《国粹学报》。并说：不把"六经"与"孔丘"分家，则"孔教"总不容易打倒，不把"经"中有许多伪史这个意思说明，则周代及其以前的历史永远是讲不好的。这封信，对顾颉刚启发很大，顾颉刚在《古史辨》第 1 册《自序》中说："十二年二月中，玄同先生给我一封长信，论经部的辨伪，我和他已经一年多不相通问了，忽然接读这一封痛快淋漓的长信，使我精神上得着一种兴奋。我就抽出一个星期日的整天工夫，写了一通复书……"而这一复书，正是顾颉刚数年来蕴积于胸中关于古史看法的系统倾述，亦即发表于胡适《读书杂志》第 9 期上的《与钱玄同先生论古史书》，正式向学术界提出了"层累地造成的中国古史"的著名学说。这一学说又得到了钱玄同的大力支持，在《读书杂志》第 10 期撰文，认为"层累地造成的中国古史"说"精当绝伦"。从而引起了刘掞藜、胡堇人、柳诒徵等人的驳诘，一场古史论战展开了。

在古史论战中，封建卫道者在《读书杂志》《学衡》发表文章，攻击钱、顾等人，说他们"牵强附会""妄下断语""任情臆造"，连王国维也说他们"疑古之过，乃并尧舜禹之人而亦疑之"。对此，钱、顾诸人都作了一一回答，坚持他们的辨伪立场，从而使古史研究运动得以继续发展。

（2）古书辨伪。在古书辨伪方面，钱玄同最基本的观点就是：孔子与"六经"无涉，即孔子无删述或制作"六经"之事；"六经"各不相干，它们是"古代留下来的几篇文学作品，几本档案粘存，几张礼节单

---

① 　顾颉刚：《儒生·序》，《古史辨》第 1 册。

子，几首迷信谶诗，几条断烂朝报而已"，而"六经配在一起当在战国之末"。①

关于《诗》，钱玄同认为《诗经》是一部最古（周朝）的诗"总集"，其编纂与孔子无关，孔子只是读过它。《诗经》"中间有不少的民间文艺，也有一部分是所谓士大夫的作品，还有一小部分是独夫民贼搭架子的丑话。其中佳品，便是朱熹所谓'淫奔之诗'"。"经"之中唯有《诗经》，有一部分现在还值得一读。我们研究《诗经》，只应从文章上去体会某诗是讲什么的，而且应该将毛、郑的文理不通处举出几条，"昭示来兹"②。

于《书》，钱玄同认为只有伏生的28篇，勉强可以说是历史，严格地说，不过是一些不甚可靠的古史史料罢了。但《尚书》无条理、无组织，是一本乱七八糟的"文件粘存册"。只有上谕、奏折之流大概是真的，还可以算作史料。③

于《礼》，钱玄同认为《周礼》绝非周公所作，可能是刘歆伪造的；《仪礼》是周朝的"礼节单子"，非周公之作，与孔子无关；《礼记》中有的是与《仪礼》同样的琐碎繁缛的无谓的文章，有的是儒家那种昏乱的政治思想与人生观，此外还有许多零零碎碎的妖妄之谈，毫无价值。④

于《易》，钱玄同认为《易经》为一占卜书，卦爻辞成于西周初，与周公、孔子无涉。其中"除去一小部分很幼稚的哲学思想以外，无过迷信之说，妖妄之谈"⑤。

《春秋》是一部极幼稚的历史，是鲁国的"断烂朝报"和"流水账簿"，非孔子所作，以孔子"他老人家那样的学问才具，似乎不至于做出这样一部不成东西的历史来"⑥。但它比《尚书》进步，因为它有年月排比（编年体）。《左传》成书于战国，非左丘明所作，与《春秋》无关，它与《国语》本为一书，是刘歆把它与《春秋》相关的部分取出来改为《春秋》的传。《左传》的价值远在《尚书》《春秋》之上，"不仅是史料，而且是一部叙事有条理的古代的好历史，文笔也很优美"。研究时，

① 钱玄同：《论〈说文〉及〈壁中古文经〉书》；《答顾颉刚先生书》，《古史辨》第1册。
② 钱玄同：《论〈诗经〉真相书》，《古史辨》第1册；《废话：（一）原经》，《语丝》第54期。
③ 同上。
④ 同上。
⑤ 钱玄同：《废话：（一）原经》。
⑥ 钱玄同：《论〈春秋〉性质书》；《论获麟后〈续经〉及春秋例书》，《古史辨》第1册。

可以与《国语》合看。《公羊传》可以与《礼记》作同等观，它是晚周、秦、汉时儒家昏乱的政治思想与人生观。《穀梁传》是《公羊传》的改头换面，浅薄无聊，文理不通。①

《乐经》本无此书，是古文家的谬说。

钱玄同的古史辨伪工作，从方法、主张到成就都斐然可观。由于他熟悉封建文化，不受家法节制，又有着激烈的反封建思想，所以能博采众长，比较客观地对待古史古事。但是，他的辨伪工作也明显地存在着不足。

钱玄同曾指责康有为《新学伪经考》失之疏略和武断。② 实际上，他自己在武断方面又不自觉地走了康有为的老路。为了反封建的需要，在对待古代文化的问题上，他往往犯形式主义倾向，过多地否定古代文化，破多立少，矫枉过正。如把《春秋》说成是"流水账簿"和"断烂朝报"，就无法体现出《春秋》的真正价值。

鲁迅曾说"玄同之文，即颇汪洋，而少含蓄，使读者览之了然，无所疑惑"③。这是对钱玄同五四时期战斗文章的赞扬，实际上这也正是钱玄同的文章风格。作为批判封建文化，明了易懂的文章正是文学革命的需要，但如用于研究古史，便失之肤浅。纵观钱玄同的辨伪文字，粗俗之话连篇，仿佛他不是在考辨历史，而是在咒骂历史。梁启超有一句话评价龚自珍："初读定庵文集，若受电然。稍进，乃厌其浅薄"，正可用于钱玄同。

钱玄同的辨伪文章明显地表现出分不清史料和历史，他和"古史辨派"的其他成员名义上说是辨历史，实际上"古史辨"的工作本身是从"辨伪"开始，乃是一种史料考订工作。顾颉刚在《古史辨》第3册《自序》中曾说："人们有理由认为他的书其实是'古书辨'，而不是'古史辨'，这只是研究古史的初步工作。"统而观之，20世纪20年代开始的"古史研究"，从它的发展看，经历了由疑古到释古，又由释古到考古几个阶段，而钱玄同只是在古史运动的初期，最能发挥疑古的精神。

（原载《近代史研究》1991年第2期）

---

① 参见钱玄同《废话：（一）原经》。
② 参见钱玄同《重论经今古文学问题》，《古史辨》第5册。
③ 鲁迅：《两地书》。

# 钱玄同经学思想论略

钱玄同的经学思想既有师承又不泥家法,超然今古两派;同时,其学术研究与时代要求交织在一起,强调经即史料,不仅要辨伪书,更要辨伪事。

## 一 经学思想的特点:洞悉两派,不泥家法

清朝前期,统治中国思想界的是宋学和汉学,宋学讲性命义理,汉学则偏重于训诂名物,两派党同伐异,互争正统。鸦片战争前夕,由于两派狭隘的门户之见和脱离实际的学风,并且随着国力的下降,外侮日迫,汉、宋两派的发展日暮途穷。道、咸以后,有志者为了忧国救时,经世致用,以龚自珍、魏源为代表的今文经学派复兴,他们议论时政,颇有生气。龚、魏之前,清朝今文经学派的代表人物是庄存与、刘逢禄、宋翔凤;龚、魏之后,集大成者则是康有为;处在这个时期的著名学者还有崔适、廖平以及时代较早而思想卓然一家的崔述。汉学的发展也走出了"乾嘉学派"的局限,把学术研究与社会实际相结合,到以章太炎为代表的国粹派,则走上了反清革命的道路。但无论是康有为还是章太炎,今、古两派的发展都到了末流。尽管他们进取的精神很强,学术与政治的结合紧密,但是在治学方面,往往自立新解,颇多武断和神秘,其门户之见也更加明显。

钱玄同生逢今古两派的由盛到衰期,且先后师从古文派的章太炎和今文派的崔适,其经学思想的发展跌宕起伏,最终洞悉两派,超然今古。

钱玄同最早信奉的是今文经学,14 岁(1901)时读庄存与、孔广森、刘逢禄等人言《春秋》之书,"深信《公羊》最得经义,《左传》必有伪窜;愿为卖饼家,不作太官厨"①。此时,钱玄同尊《公羊》而黜《左

---

① 钱玄同:《刘申叔先生遗书序》,宁武南氏铅印本,1936 年。

氏》，信今文而疑古文。后来他回忆说："我从十三四岁起，就很相信《春秋公羊传》。"①

1906 年，钱玄同 19 岁，赴日本东京留学，入早稻田大学师范科。是时，章太炎刚从上海出狱来到日本，编辑《民报》。1908 年夏，钱玄同与朱宗莱、龚宝铨、朱希祖、周树人、周作人、钱家治、许寿裳等人在《民报》社听章太炎讲段玉裁《说文解字注》、郝懿行《尔雅义疏》。在此之前，钱玄同已读过章太炎不少文章，如《驳康有为论革命书》《论语言文字之学》《论文学》《论诸子学》《訄书》《无神论》《革命之道德》等。钱玄同从章氏学，不仅坚定了他反清革命的决心，而且奠定了他的古文基础，也启发了他后来从事语言文字的研究。此时，钱玄同虽转而信古文，但并未完全排斥今文。

1909 年，钱玄同细读刘逢禄、龚自珍二人之书，思想又发生了转变，对古文经表示怀疑，始背师章太炎，而宗今文家言。"但那时惟对于《春秋》一经排斥左氏而已，此外如《书》之马，《诗》之毛，虽皆古文，却不在排斥之列。而鲁恭王得壁经一事，并不疑其为子虚乌有，故那时虽宗今文，尚未绝对排斥古文。"②

1911 年 2 月，钱玄同请业于崔适，这是对钱玄同经学思想影响较大的第二位老师。崔适为一今文大家，所著《春秋复始》，以《春秋穀梁传》为古文；所著《史记探源》，以《史记》本是今文学，为刘歆所窜乱，乃杂有古文说。钱玄同从崔氏学，思想大受影响。与此同时，他又读到康有为的《新学伪经考》，从此笃信古文经为刘歆所伪造之说而专宗今文。在《论今古文经学及〈辨伪丛书〉书》中，钱玄同说："自 1911 年读了康崔二氏之书，乃始专宗今文。康氏之《伪经考》，本因变法而作；崔师则是一个纯粹守家法之经学老儒，笃信今文过于天帝。他们一个是利用孔子，一个是抱残守缺，他们辨伪的动机和咱们是绝对不同的。但他们考证的结果，我却认为精当者居多。"③

到了 1917 年，钱玄同的思想又有所转变，由于他兼通今古文，所以能洞悉两派的是非，而处于一种超然的立场。于是钱玄同更进一步，摆脱

---

① 钱玄同：《三十年来我对于满清的态度底变迁》，《语丝》第 8 期。
② 钱玄同：《论今古文经学及〈辨伪丛书〉书》，《古史辨》第 1 册，北京朴社 1926 年版。
③ 同上。

了几千年来的门户之见，不泥家法，站在历史的立场上来研究"经"的本来面目。他曾说："今文家是什么都不足信……古文是假造的，今文是口说流行、失其真相的，两者都难凭信。"①

由于钱玄同能从历史的角度来看待今古文，所以其观点就比较客观和实事求是。他曾说："今文学是孔子学派所传衍，经长期的蜕化而失掉它的真面目。古文经异军突起，古文家得到了一点古代材料，用自己的意思加以整理改造，七拼八凑而形成其古文学，目的是用它做工具而和今文家唱对台戏。所以今文家攻击古文经伪造，这话对；古文家攻击今文家不得孔子的真意，这话也对。我们今天，该用古文家的话来批评今文家，又该用今文家的话来批评古文家，把他们的假面目一齐撕破，方好显露出他们的真相……"② 这种观点，在当时是对今古文及今古文家研究方法的极锐利、极彻底的批评，它启迪了一批资产阶级史学者重新审视经学的思想，开创了近代史学的疑辨之风。

需要说明的是，钱玄同尽管洞悉两派，不泥家法，但是他经学思想的倾向性还是很明显的。总的来说，他荟萃今古，而又偏向于今文学。在他认为今古文两者都难凭信的同时，又说"比较起来，还是今文较可信些"，特别是"古文为刘歆伪作"之今文观，钱玄同"总觉得他们（康、崔）关于这一点的考证是极精当的"③，并且认为"康崔两君推翻伪古的著作在考证学上的价值，较阎若璩的《古文尚书疏证》犹远过之"④。这种观点终其一生。

## 二　经学思想的内容

### （一）孔子与"六经"无涉

在经学史上，孔子与"六经"的关系，是今古文家激烈争论的一个重要问题。今文家坚持"六经"为孔子所作，"孔子以前，不得有经"⑤，孔子作经的目的在于"托古改制"。古文家认为孔子于"六经"是"述而

---

① 钱玄同：《论今古文经学及〈辨伪丛书〉书》，《古史辨》第 1 册，北京朴社 1926 年版。
② 顾颉刚：《儒生·序》，《古史辨》第 1 册。
③ 钱玄同：《论今古文经学及〈辨伪丛书〉书》，《古史辨》第 1 册，北京朴社 1926 年版。
④ 钱玄同：《重论经今古文学问题》，《古史辨》第 5 册，北京朴社 1935 年版。
⑤ 皮锡瑞：《经学历史》，中华书局 1959 年版。

不作"。"孔子未生，天下已有六经"，孔子订经"不作经"①；又说"六经皆周公旧典"②，孔子仅编次而已。对于今古两派的主张，钱玄同有过独到的评价。他说："过去学者凡研究经学的，最大的缺点就是所谓家法师说，犯此病的，尤以汉人为甚。……在清末有两位学者，可以说集中国两千年来经学派别之大成，一是康有为，一是章太炎。他们两位都是经学大师，但他们的见解是极端相反的。康偏于微言大义，而太炎先生则特别偏重训诂名物。……在过去学者，只不过偏于古文，或偏于今文，决没有如康有为之专信今文，而认古文为全非，同时也决没有如太炎先生之专信古文，而认今文为全非者。所以他们两个可以说是两个极端。……关于章、康两人对于经学的态度，我们可以由他们的两句话中看出来，康氏在他的《孔子改制考》中有句话，即'六经皆孔子改制所作考'，这差不多是康氏的口号。至于太炎先生，在他的《原经》中有句话，即'六经皆史'，这也就是章先生的口号。"③ 现在看来，钱玄同的这些见解是很精辟的。正因为他能从历史的角度出发来看待章、康两人的政治同学术的歧异，所以才有着这样比较客观的实事求是的看法。他说："说到我个人对于经学的态度，……我只不过是站在历史的立场上，来研究经的本来面目罢了。"④

钱玄同明确指出，孔子与"六经"无涉，即"孔子无删述或制作'六经'之事"，"《诗》《书》《礼》《易》《春秋》，本是各不相干的五部书"，它们是"古代留下来的几篇文学作品，几本档案粘存，几张礼节单子，几首迷信谶诗，几条断烂朝报而已"，而"六经配在一起当在战国之末"。⑤ 这种看法是对今古两派观点的双重否定。

关于《诗》，钱玄同认为《诗经》"是一部最古的总集，其中小部分是西周的诗，大部分是东周（孔丘以前）底诗"⑥；其编纂与孔子无关，孔子只是读过它；《诗经》"中间有不少的民间文艺，也有一部分是独夫民贼搭架子的丑话。其中佳品，便是朱熹所谓'淫奔之诗'"，"经"之中

---

① 邓实：《国学讲习记》，《国粹学报》第 2 卷第 7 期。
② 刘师培：《经学教科书》第 1 册第 5 课，《刘申叔先生遗书》第 66 册，宁武南氏铅印本，1936 年。
③ 任访秋：《钱玄同论》，《艺谭》1981 年第 4 期。
④ 同上。
⑤ 钱玄同：《答顾颉刚先生书》，《古史辨》第 1 册。
⑥ 同上。

唯有《诗经》，有一部分现在还值得一读①；我们"研究《诗经》，只应该从文章上去体会出某诗是讲什么的"，而且应该将毛、郑的文理不通处举出几条，"昭示来兹"。②

关于《书》，钱玄同认为只有伏生的28篇，勉强可以说是历史，严格地说，不过是一些不甚可靠的古史史料罢了③；又说，《尚书》是"三代"时候的"文件类编"或"档案汇存"④；孔子与《尚书》没有关系，孔子删《书》说是"无稽之谈"⑤。

对于《礼》，钱玄同认为《周礼》非周公所作，是刘歆伪造的；它不是汉以前的史料，却是汉以后的史料。《仪礼》是周朝的"礼节单子"，非周公所作，与孔子无关，是战国时代胡乱抄成的伪书。《礼记》中有的是与《仪礼》同样的琐碎繁缛的无谓的文章，有的是儒家那种昏乱的政治思想与人生观，此外还有许多零零碎碎的妖妄之谈，毫无价值，"不必说现在，在商鞅李斯时代，早就该将它扔下毛厕去了！"⑥

对于《易》，钱玄同认为"原始的易卦，是生殖器崇拜时代的东西，'乾''坤'二卦即是两性的生殖器的记号"，初演为八，再演为六十四。《易经》成书于西周之初，与周公、孔子无关；孔子之后的儒者又有《彖》《象》《系》《文言》《说卦》《序卦》《杂卦》等"十翼"⑦。总的说来，《易经》中"除去一小部分很幼稚的哲学思想以外，无过迷信之说，妖妄之谈"⑧。

《春秋》在儒家经典中处于特殊地位，一是由于《乐》早已佚亡（钱玄同认为《乐经》本无此书，是古文家的谬说），《诗》《书》《礼》《易》作为古籍，义训已详，内容较确定，历来争议不大。《春秋》则不同，它文字过于简略，又"三传"并存，义训歧异，故在经书中为学者研究的重点。二是由于《左传》是今古文之争的焦点，康有为认为"孔

---

① 钱玄同：《废话：（一）原经》，《语丝》第54期。
② 钱玄同：《论〈诗经〉真相书》，《古史辨》第1册。
③ 钱玄同：《废话：（一）原经》，《语丝》第54期。
④ 钱玄同：《答顾颉刚先生书》，《古史辨》第1册。
⑤ 钱玄同：《废话：（一）原经》，《语丝》第54期。
⑥ 同上。
⑦ 钱玄同：《答顾颉刚先生书》，《古史辨》第1册。
⑧ 钱玄同：《废话：（一）原经》，《语丝》第54期。

子改制，统于《春秋》"①，"《春秋》灭于伪《左》"②，因此，力证《左传》是伪经。古文家则力驳今文家"孔子改制"说和倡言"春秋大义"。章太炎指出，"素王"一词最早见于《庄子·天道篇》，与孔子无涉，孔子称"素王"，出于后儒，所以，"知孔子之不称王，即知孔子之未尝改制，无稽之说，其亦可以息啄矣"③。

钱玄同认为《春秋》是一部极幼稚的历史，王安石说它是"断烂朝报"，梁启超说它像"流水帐簿"，都是极确当的批语。④《春秋》非孔子所作，以孔子"他老人家那样的学问才具，似乎不至于做出这样一部不成东西的历史来"⑤。钱玄同认为《春秋》比《尚书》进步，因为它有年月排比（编年体）。关于"三传"，钱玄同认为，《左传》成书于战国，非左丘明所作，与《春秋》无关，它与《国语》本为一书，是刘歆把它与《春秋》相关的部分取出来改为《春秋》的传；《左传》价值远在《尚书》《春秋》之上，它"不仅仅是史料，而且是一部叙事有条理的古代的好历史，文笔也很优美"；研究时，可与《国语》合看。《公羊传》尽管没有取得《春秋》的原意，但"有条理，有系统，自成一派学说"⑥；《公羊传》中的"微言大义"，是晚周、秦、汉时候的儒家那种昏乱的政治思想与人生观。⑦ "三传"之中，钱玄同最贬《穀梁》，认为《穀梁传》是《公羊传》的改头换面，"浅薄无聊，文理不通，简直是不值得一看的书"⑧。

总的来说，钱玄同对于"六经"的根本看法，是孔子与"六经"无涉，这既否定了今文家"六经"为孔子所作的观点，撕下了披在"六经"上面的神秘外衣，同时又比古文家更进一步，否定孔子"述而不作"的观点。钱玄同之所以能超然两派，一个重要原因是他熟悉儒家经典，而又不受家法节制，故能博采众长，比较客观地对待古史古事。但是，从上面

① 康有为：《新学伪经考》，中华书局1988年版。
② 康有为：《春秋笔削大义微言考序》，汤志钧《康有为政论集》（上），中华书局1981年版。
③ 章太炎：《论孔子无改制之事》，《国粹学报》第2卷第11期。
④ 参见钱玄同《答顾颉刚先生书》，《古史辨》第1册。
⑤ 参见钱玄同《论〈春秋〉性质书》，《古史辨》第1册。
⑥ 钱玄同：《答顾颉刚先生书》，《古史辨》第1册。
⑦ 参见钱玄同《废话：（一）原经》，《语丝》第54期。
⑧ 同上。

的论述我们可以看出，钱玄同虽然荟萃今古，但又明显地存在着扬今抑古的倾向性。在钱玄同的其他著述里也有这种倾向，如对康有为之《新学伪经考》的推崇，是他终生不变的思想情结，且认为《新学伪经考》的最大发明有二：一为秦焚"六经"未尝亡缺，二为河间献王鲁恭王无得古文经之事。①

此外，钱玄同对待"六经"的态度，还明显地表现为疏略和武断，如断言孔子与"六经"无涉、《国语》非左丘明所作以及对"六经"价值的判断等。他曾指责康有为的《新学伪经考》失之疏略和武断，实际上他自己却又犯了同样的毛病。康有为抬出孔子"托古改制"，武断地认为古文为刘歆伪作，其目的是为其政治服务的，那就是为变法维新寻找理论依据。古文经学派如章太炎、刘师培等高擎古文经大旗，是为主张革命排满服务的。学术与政治交织在一起，所以学术上的武断实际上有它更深刻的政治动因。钱玄同曾说他"受了二十多年的腐败教育，是一个纲伦压迫下的牺牲者"，深感青年子弟被封建文化所毒害，所以，当他觉醒之后，对封建文化有着刻骨的仇恨。民国建立后，民主、科学的思想在逐步发展，特别是五四前后，反封建的潮流汹涌澎湃，似要冲垮那一切腐朽的意识形态。作为五四时期思想革命闯将的钱玄同，在对待封建文化上反戈一击，既表现得英勇无畏，又不免语多愤激，失之疏略和武断，往往破多立少，矫枉过正。有论者认为钱玄同这是犯了形式主义的错误，实际上，这只是问题的一个方面。

### （二）经即史料

关于"经"的性质，今文家称为"万世教科书"，是人们行动的规范。但是随着社会的发展，不少学者对神圣的经学提出质疑，要让它返璞归真，归于俗化。章学诚首倡"六经皆史"说，这一观点得到了清末古文家的认同和阐发。邓实指出，所谓经书，就是某一人种演进的历史记录，尊古史为经，当是人类普遍的现象。②章太炎将章学诚的命题进一步扩大化，说"人言六经皆史，未知古史皆经也"③。他举例说，"六经"

---

①　钱玄同：《重论经今古文学问题》，《古史辨》第5册，北京朴社1935年版。

②　参见邓实《经学篇第一·六经皆史》，《国粹学报》第2卷第7期。

③　章太炎：《清儒》，《章太炎全集》（三），上海人民出版社1984年版。

之外，还有墨子的《墨经》，贾谊的《容经》，韩非子著书自谓"著经"，老子的书到汉代仍被称为"道经"，由此可见，"非徒官书称经"①。他的观点较邓实更为明晰。

关于经书的价值，章太炎认为在于它保存了古史，故读经能"使人增长历史的知识"②。邓实、刘师培等则进一步指出，通过经书研究，可以有助于推动整个中国学术文化的发展。在古文家的心目中，"六经"最终脱去了千年神圣的外衣，而还原为古史了。

钱玄同比古文家更进一步，明确指出"经即史料"。他说："'经'是什么？它是古代史料的一部分，有的是思想史料，有的是文学史料，有的是政治史料，有的是其它国故的史料。"③ 这种"经即史料"的观点，古文家如章太炎、邓实、刘师培、林獬等也持有，但不如钱玄同明白晓畅，如林獬说："研究中国政治史，不能不看《周礼》；研究历史地理，不能不看《左传》；研究哲学史，不能不看《周易》。"④

钱玄同又指出，"既然是史料，就有审查它的真伪的必要"⑤。"说到史料，不但古文经靠不住，即今文经中靠得住的史料也就不多，因为其中掺杂了些儒家'托古改制'的文章。"钱玄同又对清末的"今文学运动"进行了总结，认为"一百年来的'今文学运动'是咱们近代学术史上一件极光荣的事。它的成绩有两个方面，一是思想的解放，一是伪经和伪史料的推翻"⑥。钱玄同不仅把经视为史料，并且要求对经进行一番重新审视，正其真伪，这是比清儒高明的地方，这不仅从根本上廓清了两千多年来笼罩在经书、经学上的神圣而又神秘的色彩，而且又超越了清儒把治经认作是一种单纯的学术研究的狭隘局限，同时，这种思想又启发了顾颉刚等古史辨派进行古史辨伪的工作，从而在古史研究的领域取得了辉煌的成果。

### （三）考古务求其真

在"经即史料"的前提下，钱玄同对治史学，一方面主张辨真伪，

---

① 章太炎：《原经》，《国粹学报》第 5 卷第 10 期。
② 章太炎：《经的大意》，吴齐仁《章太炎的白话文》，泰东图书局 1921 年版。
③ 钱玄同：《重论经今古文学问题》，《古史辨》第 5 册，北京朴社 1935 年版。
④ 林獬：《新儒林外史》，《中国白话报》第 21—24 合期。
⑤ 钱玄同：《重论经今古文学问题》，《古史辨》第 5 册，北京朴社 1935 年版。
⑥ 钱玄同：《〈左氏春秋考证〉书后》，《古史辨》第 5 册。

另一方面又主张审虚实，但归根结底一句话，求真与信而已。为了真与信，而对古代传说的历史以及古代流传的一些古籍，不问其为经、为史，而一一持怀疑的态度，给予考证研究。钱玄同的这些思想主张，对当时的学术界产生了很大的影响，开创了"疑古""释古"的精神，形成了古史辨伪的学风，并从而引发了 20 世纪 20 年代关于中国古史问题的讨论。

1923 年 6 月钱玄同作《研究国学应该首先知道的事》，提出辨伪三主张：（1）要注意前人辨伪的成绩；（2）要敢于疑古；（3）治古史不可存"考信于《六艺》"之见。[①] 钱玄同"在古史运动初期的时候，最能发挥疑古的精神，这是一般人士都公认的"[②]。疑古，可以说是钱玄同经学思想的重要组成部分，他不仅以"疑古"为号，而且把疑古作为反封建的重要内容。

在古史研究上，钱玄同认为："应该常持怀疑的态度才是……我们要发现了一部书的可疑之点，便不该再去轻视它，尤其不应该替它设法弥缝。……弥缝的缘故，便是不敢疑古，他们总觉得较后的书可以疑，而较古的书不可疑；短书小记可疑，而高文典册（尤其是经）不可疑。殊不知学术之有进步，全由于学者善疑，而赝鼎最多的国学界，尤非用极炽热的怀疑打扫一番不可。"[③] 在中国历史上，虽有源远的疑辨传统，但是到了今文家的末流，由于受封建思想支配，所以疑古不够彻底。钱玄同认为，现在应该打破这种局面，揭开历史的本来面目。他说："以前的学者，无论如何大胆的疑古，总不免被成见所囿"，崔述著书的目的"是要替古人，揭出他们的圣道王功，辨伪只是手段"；姚际恒、康有为等辈也是这样，"所以他们总要留下一团最厚最黑的云雾，不肯使青天全见的。我们现在应该更进一步，将这团最厚最黑的云雾尽力拨除"[④]。在敢于疑古的思想指导下，钱玄同认为治古史不可存"考信于《六艺》"之见，从而提出了"考古务求其真"的主张，使"历史"为真史、信史。

钱玄同认为"辨古书的真伪是一件事，审史料的虚实又是一件

① 参见顾颉刚《古史辨》第 1 册。
② 柳存仁：《纪念钱玄同先生》，《古史辨》第 7 册（上），开明书店 1941 年版。
③ 钱玄同：《研究国学应该首先知道的事》，《古史辨》第 1 册。
④ 钱玄同：《答顾颉刚先生书》，《古史辨》第 1 册。

事"①。只有剔除虚妄的材料,找到可信的材料,才能得出正确的结论。真书并不全部可信,伪书有伪书的价值。他曾说:"一切真书,尽管是某人作的,但作者之中有的是迷于荒谬无稽的传说,有的是成心假造,如所谓'托古改制',有的是古籍无证,凭臆推测,我们并不能因其为真书,就来一味相信它,这是咱们跟姚际恒、崔述、康有为及吾师崔觯甫、章太炎两先生诸人不同的地方。"② 至于伪书,并不能一概否认,如果能彻底辨明,知道它产生的时代,那么,我们同样可以从中得到许多有价值的史料,而对于古史研究有积极意义。钱玄同很佩服姚际恒、崔述、康有为那种疑古求真的态度,但是很不佩服他们一味痛骂伪书的卫道态度。至于伪书的价值,他说:"譬如《周礼》、《列子》,虽然都是假书,但是《周礼》中也许埋藏着一部分周代的真制度,《列子》中也许埋藏着一部分周汉间道家思想……"③ 又说:"研究经书,应该以'实事求是'为鹄的,而绝对破除'师说''家法'这些分门别户、是丹非素、出主入奴的陋见!"④

与同时代的人相比,钱玄同古史研究的路子比较熟,涉及的领域也比较宽广。他不仅要辨"伪书",而且辨"伪事";不仅辨"经",而且辨"史""子""集"。在给顾颉刚的信中他说:"我们的辨伪,还是专在'伪书'上呢,还是并及于'伪事'呢?我以为二者宜兼及之;而且辨'伪事'比辨'伪书'尤为重要。"⑤ 在《论编纂经部辨伪文字书》中又说:"经"之辨伪与"子"之辨伪有同等之重要——或且过之。⑥ 钱玄同的这些主张,比清代的考据派和后来的今古文经学派都高出一筹,因为清代考据派缺乏疑古的胆量,而今古文经学派又恪守门户,钱玄同则打破家法,择善而从。

综上所述,钱玄同的经学思想包含着两个层面,一是认为经即史料,对史料进行辨伪、考订,还经之本来面目,这就体现了传统经学向近代经学发展的创造性转换;二是洞悉两派,不泥家法,并在此基础上使经学研

---

① 钱玄同:《答顾颉刚先生书》,《古史辨》第1册。
② 钱玄同:《论〈说文〉及〈壁中古文经〉书》,《古史辨》第1册。
③ 同上。
④ 钱玄同:《重论经今古文学问题》,《古史辨》第5册,北京朴社1935年版。
⑤ 钱玄同:《论近人辨伪见解书》,《古史辨》第1册。
⑥ 参见顾颉刚《古史辨》第1册。

究为思想革命服务，为科学民主服务，这又说明了钱玄同的经学思想是学术性与时代性的高度统一。当然，其经学思想中的疏略和武断尽可见仁见智。

（原载《徐州师范大学学报》2001 年第 2 期）

# 钱玄同与中国近代经学

钱玄同一生先后受到古文家章太炎和今文家崔适两人相反的思想影响，但对两派都不满意。他以时代的眼光跳出家派，对经学进行批评，认为经学与孔子无关，"经"在实质上是史料，并身体力行对这些史料进行考订和整理，还"经"以本来面目。在近代孔子偶像的动摇、经学市场的消失、经书变为古史资料的过程中，钱玄同的经学思想和实践发挥了重要作用。

关于钱玄同与经学的关系及对于近代经学的灭亡所起的作用，目前已为部分学者所论及，如刘贵福《钱玄同早年经学思想述论》（《中国社会科学院研究生院学报》2002年第6期）、徐立新《钱玄同：最后的经学及其历史转变》（《学海》2001年第3期）和笔者《钱玄同古史研究论略》（《近代史研究》1991年第2期）、《钱玄同经学思想论略》（《徐州师范大学学报》2001年第2期）等，本文拟在此基础上做进一步的研究。

一

经学发展到近代，由于外侮日迫，于是改变了宋学讲性命义理、汉学重训诂名物的局面，开始忧国救时，经世致用。但无论怎样折腾，都已气数殆尽。尽管康有为力倡"托古改制"说，对今文经学"任意涂抹"，给人们留下了尊孔的外表；但章太炎等则视儒学为先秦诸子之一派，比之道、墨等家没有什么精彩之处，这就将经学累积起来的神圣性剥落殆尽。事实是：经学在今文家坚持"六经"为孔子所作，"孔子以前，不得有经"[1]，古文家坚持孔子于"六经"是"述而不作"，"孔子未生，天下已

---

① 皮锡瑞：《经学历史》，中华书局1959年版，第19页。

有六经"，孔子订经"不作经"①的争论中走向终结。

众所周知，在漫长的封建社会中，由于统治阶级的需要，孔子与经学的关系是紧密相连的。所以，经学的终结首先应该是揭去蒙在孔子头上的神秘面纱，使孔子的偶像地位彻底动摇。

同其他学者一样，钱玄同早年也经受了封建思想的教育，对经学不仅十分熟悉，而且有独到的研究。不同的是，他生逢今古两派的由盛到衰期，且先后师从古文派的章太炎和今文派的崔适，其经学思想的发展跌宕起伏，有时重古抑今，有时重今抑古，但最后是洞悉两派，不泥家法，超然今古。

钱玄同最早信奉的是今文经学，14岁（1901）时读清朝今文家庄存与、孔广森、刘逢禄等人言《春秋》之书，"深信《公羊》最得经义，《左传》必有伪窜；愿为卖饼家，不作太官厨"②。此时钱玄同尊《公羊》而黜《左氏》，信今文而疑古文。1908年钱玄同在日本留学期间与鲁迅、周作人等一起从章太炎学《说文》《尔雅义疏》《庄子》《楚辞》等，这段师生情缘不仅坚定了他反清革命的决心，而且又奠定了他的古文基础。此时的钱玄同虽转而信古文，但并未完全排斥今文。1909年，钱玄同细读刘逢禄、龚自珍二人之书，思想又发生了转变，对古文经表示怀疑，始"背师"章太炎"而宗今文家言"，"但那时惟对于《春秋》一经排斥左氏而已，此外如《书》之马、《诗》之毛，虽皆古文，却不在排斥之列"。③ 1911年2月，钱玄同请业于今文学的殿军崔适，读其《史记探源》等著述，思想大受影响，认为《史记探源》为一"伟书"。与此同时，他又读到康有为的《新学伪经考》，从此笃信古文经为刘歆所伪造之说而专宗今文。

经今古文学之争，是中国学术思想史上的一大公案，其激烈程度不下于清末维新派与顽固派之争、革命派与保皇派之争。19世纪末20世纪初，经过甲午战争和庚子之役的创巨痛深，近代中国民主革命空前高涨。与此相适应，晚清的政治格局和文化思潮也发生了急剧的变化，资产阶级革命派与立宪派、保皇派的对立迅速激化，排满革命的风潮洪波迭起。以

---

① 邓实：《国学讲习记》，《国粹学报》1906年第2卷第7期。

② 钱玄同：《刘申叔先生遗书·序》，《钱玄同文集》第4卷，中国人民大学出版社1999年版，第326页。

③ 参见钱玄同《论今古文经学及〈辨伪丛书〉书》，《钱玄同文集》第4卷，第225页。

章太炎、刘师培、邓实、黄节等为代表的资产阶级革命派，精通古籍经史，走出了乾嘉学派训诂名物的局限，关切中国传统文化的命运，并借以为反清革命服务，于是创办《国粹学报》，大倡古文经学，痛诋今文，批驳康有为的"托古改制"论。钱玄同生逢其时，自然受到今古两派的影响，而且随着时间的推移和时代的变化在今古两派之间跌宕起伏。到了1917 年，伴随着新文化运动的狂飙，钱玄同的思想又有所转变，由于他兼通今古文，所以能洞悉两派的是非，而处于一种超然的立场。于是更进一步，摆脱了几千年来的门户之见，不泥家法，站在历史的立场上来研究"经"的本来面目。

跳出圈子的钱玄同，对经今古文学的看法就比较的客观和实事求是。对于清代的今古文经学，钱玄同评价说："在清末有两位学者，可以说集中国两千年来经学派别之大成，一是康有为，一是章太炎。他们两个都是经学大师，但他们的见解是极端相反的。康偏于微言大义，而太炎先生则特别偏重训诂名物。……在过去学者，只不过偏于古文，或偏于今文，决没有如康有为之专信今文，而认古文为全非，同时也决没有如太炎先生之专信古文，而认今文为全非者。所以他们两个可以说是两个极端。……关于章、康两人对于经学的态度，我们可以由他们的两句话中看出来。康氏在他的《孔子改制考》中有句话，即'六经皆孔子改制所作考'，这差不多是康氏的口号。至于太炎先生，在他的《原经》中有句话，即'六经皆史'，这也就是章先生的口号。"① 钱玄同不止一次地说："今文学是孔子学派所传衍，经长期的蜕化而失掉它的真面目。古文经异军突起，古文家得到了一点古代材料，用自己的意思加以整理改造，七拼八凑而形成其古文学，目的是用它做工具而和今文家唱对台戏。所以今文家攻击古文经伪造，这话对；古文家攻击今文家不得孔子的真意，这话也对。我们今天，该用古文家的话来批评今文家，又该用今文家的话来批评古文家，把他们的假面目一齐撕破，方好显露出他们的真相……"② 现在看来，钱玄同的这些评价是非常有见地的。正因为如此，钱玄同说他"个人对于经学的态度"，"只不过是站在历史的立场上，来研究经的本来面目罢了"。③

---

① 任访秋：《钱玄同论》，《艺谭》1981 年第 4 期。
② 顾颉刚：《儒生 · 序》，《古史辨》第 1 册，上海古籍出版社 1982 年版。
③ 任访秋：《钱玄同论》，《艺谭》1981 年第 4 期。

钱玄同的认识和看法，是对近代今古文及今古文家研究方法的极锐利、极彻底的批评，它启迪了一批资产阶级史学工作者重新审视经学的思想，开创了近代史学的疑辨之风。

## 二

钱玄同是五四新文化运动中的反封建斗士，他反对三纲五常，反对封建迷信，反对儒家经典，曾提出过著名的打倒"选学妖孽"和"桐城谬种"的口号。他从反封建思想的宣传和改革社会制度相联系的观点出发，对于封建专制政府"法定"的经典，提出应该彻底废除。他说："全部十三经，不容于民主国家者十之八九，此物不遭焚禁，孔庙不毁，共和招牌当然坐不长久。今之左祖孔教者，罔不心怀复辟。"① 受时代的影响及对经学的深刻理解，钱玄同明确表示孔子与"六经"无涉，即"孔子并无删述或制作'六经'之事"。他说："《诗》《书》《礼》《易》《春秋》，本是各不相干的五部书"，它们是"古代留下来的几篇文学作品，几本档案粘存，几张礼节单子，几首迷信讖诗，几条断烂朝报而已"，而"六经配在一起当在战国之末"。② 这种看法，实质上是否定了孔子与"六经"的关系，揭去了蒙在孔子头上的神秘面纱。

在孔子与"六经"无涉的前提下，钱玄同认为经即史料。他说："'经'是什么？它是古代史料的一部分，有的是思想史料，有的是文学史料，有的是政治史料，有的是其它国故的史料。"③ 在中国历史的发展过程中，有许多进步的史学家对神圣的经学发生怀疑，要让它返璞归真，归于俗化。钱玄同一方面继承了进步史家疑经辩经的传统，同时又比他们更进一步，进行具体的辨伪和考证工作，在前人研究的基础上重估经书的价值，认经书为古史资料。这样，"经"的地位动摇了，思想界不再围绕经学转，两千年来在思想界占统治地位的经学宣告终结。

类似"经即史料"的观点，古文家如章学诚、章太炎、邓实、刘师培、林獬等也都持有，但不如钱玄同明白晓畅。章学诚首倡"六经皆史"

---

① 钱玄同：《致陈独秀书》，《新青年》2 卷 4 号。
② 钱玄同：《答顾颉刚先生书》，《钱玄同文集》第 4 卷，第 238—239 页。
③ 钱玄同：《重论经今古文学问题》，《钱玄同文集》第 4 卷，第 138 页。

说，得到清末古文家的认同和阐发。邓实指出，所谓经书，就是某一人种演进的历史记录，尊古史为经，当是人类普遍的现象。[①] 林獬说："研究中国政治史，不能不看《周礼》；研究历史地理，不能不看《左传》；研究哲学史，不能不看《周易》。"[②] 章太炎将章学诚的命题进一步扩大化，说"人言六经皆史，未知古史皆经也"[③]。他举例说，"六经"之外，还有墨子的《墨经》，贾谊的《容经》，韩非子著书自谓"著经"，老子的书到汉代仍被称为"道经"，由此可见，"非徒官书称经"[④]。很明显，钱玄同吸收了清末古文家"经即史料"的思想，并在此基础上又有了进一步的发展。

钱玄同又指出，经"既然是史料，就有审查它的真伪的必要"[⑤]。"说到史料，不但古文经靠不住，即今文经中靠得住的史料也就不多，因为其中掺杂了些儒家'托古改制'的文章。"钱玄同又对清末的"今文学运动"进行了总结，认为"一百年来的'今文学运动'是咱们近代学术史上一件极光荣的事。它的成绩有两方面，一是思想的解放，一是伪经和伪史料的推翻"[⑥]。钱玄同不仅把经视为史料，并且要求对经进行一番重新审视，正其真伪，这是比清儒高明的地方。这不仅从根本上廓清了两千多年来笼罩在经书经学上的神圣而又神秘的色彩，而且又超越了清儒把治经认作是一种单纯的学术研究的狭隘局限，同时，这种思想又启发了"古史辨"派进行古史辨伪的工作，从而在古史研究的领域取得了辉煌的成果，皇皇七册《古史辨》扫荡了不科学、不合理的古史传统，动摇了经的权威，因而有着不可磨灭的贡献。

## 三

钱玄同认为，既然"经即史料"，那么，对史料就应该审其真伪，辨其虚实，持怀疑的态度而进行考证研究。钱玄同说他既喜欢研究所谓的

① 参见邓实《经学篇第一·六经皆史》，《国粹学报》第 2 卷第 7 期。
② 林獬：《新儒林外史》，《中国白话报》1904 年第 21—24 合期。
③ 章太炎：《清儒》，《章太炎全集》第 3 册，上海人民出版社 1984 年版。
④ 章太炎：《原经》，《国粹学报》1909 年第 5 卷第 10 期。
⑤ 钱玄同：《重论经今古文学问题》，《钱玄同文集》第 4 卷，第 138 页。
⑥ 钱玄同：《〈左氏春秋考证〉书后》，《古史辨》第 5 册，上海古籍出版社 1982 年版，第 297 页。

"经"，但也很"惑经"，并从而提出了治古史不可存"考信于《六艺》"之见和"考古务求其真"的主张。

在中国历史上，虽有源远的疑辨传统，但是到了今文家的末流，由于受封建思想支配，所以疑古不够彻底。钱玄同认为，现在应该打破这种局面，揭开历史的本来面目。他说："以前的学者，无论如何大胆的疑古，总不免被成见所囿"，崔述著书的目的"是要替古人，揭出他们的圣道王功，辨伪只是手段"；姚际恒、康有为等辈也是这样，"所以他们总要留下一团最厚最黑的云雾，不肯使青天全见的。我们现在应该更进一步，将这团最厚最黑的云雾尽力拨除"。① 钱玄同的这些思想和主张，对当时的学术界产生了很大的影响，形成了"疑古""释古"的精神，开创了古史辨伪的学风。

钱玄同"在古史运动初期的时候，最能发挥疑古的精神，这是一般人士都公认的"②。在对于经书的怀疑和辨伪方面，钱玄同不仅认识深刻，而且考辨群经，对《诗》《书》《礼》《易》《春秋》等都有独到的见解。其《重论经今古文学问题》《答顾颉刚先生书》《废话：（一）原经》《论〈诗经〉真相书》《论〈春秋〉性质书》《〈左氏春秋考证〉书后》《论〈说文〉及〈壁中古文经〉书》等论文，都体现了钱玄同考辨群经的实绩。

钱玄同曾说："研究经书，应该以'实事求是'为鹄的，而绝对破除'师说'、'家法'这些分门别户、是丹非素、出主入奴的陋见！"③ 与同时代的人相比，钱玄同对于"经"的研究，路子比较熟，涉及的领域也比较宽广。他不仅要考辨群经，而且还辨"史""子""集"；他不仅要辨"伪书"，而且辨"经"中的"伪事"。在给《论近人辨伪见解书》中他说："我们的辨伪，还是专在'伪书'上呢，还是并及于'伪事'呢？我以为二者宜兼及之；而且辨'伪事'比辨'伪书'尤为重要。"④ 在《论编纂经部辨伪文字书》中又说："经"之辨伪与"子"之辨伪有同等

① 顾颉刚：《儒生·序》，《古史辨》第1册，上海古籍出版社1982年版，第250页。
② 柳存仁：《纪念钱玄同先生》，沈永宝编《钱玄同印象》，学林出版社1997年版，第154页。
③ 钱玄同：《重论经今古文学问题》，《钱玄同文集》第4卷，第219页。
④ 钱玄同：《论近人辨伪见解书》，《古史辨》第1册，第220—221页。

之重要——或且过之。① 钱玄同的这些主张，比清代的考据派和今古文经学派都高出一筹，因为考据派缺乏疑古的胆量，而今古文经学派又恪守门户，钱玄同则打破家法，择善而从。

# 四

经学的终结，并不意味着封建思想的终结、儒家思想市场的消失，也不意味着无人宣扬。中国封建传统异常牢固，并成为"历史的惰力"，一些逆历史潮流而动的人，每每要使孔子和经学死灰复燃，利用它的残余影响，为反动舆论点缀。"五四"后，尊孔读经的现象时有发生，封建的经学思想潜滋暗长。钱玄同则始终坚持了还经学为史料学的方向，并对尊孔读经的现象进行了猛烈的批评，为民主和科学思想的进一步确立发挥了重要作用。

周作人在评论钱玄同时说："在新文化运动中间，主张反孔最为激烈，而且到后来没有变更的，莫过于他了。"② 1923 年 7 月 1 日，钱玄同致信周作人，信中特地注明，这一天正是张勋复辟的纪念日，他因而有了新的"反省"：目睹这一年来中国思想文化界一次又一次地掀起封建复辟恶浪，"近来很动感情，觉得二千年来的国粹，不但科学没有，哲学也玄得厉害，理智的方面毫无可满足之点"，因此，"觉得说来说去，毕竟还是民国五六年间的《新青年》中陈仲甫的那些西方化的话最为不错，还是德谟克拉西和赛恩斯两先生最有道理"。一周后又说："我近来耳闻目睹有几件事，觉得梁启超壬寅年的《新民丛报》虽然已成为历史上的东西，而陈独秀一九一五——一九一七年的《新青年》中的议论，现在还是救时的圣药。"③ 一直到其晚年，钱玄同仍然反对读经、迷信、扶乩、遗老、遗少、旧戏和新旧各种"八股"，提倡科学和民主。

钱玄同是新文化运动中的一员猛将，振臂疾呼送"孔学"进历史博物馆，还经书以本来面目。在五四启蒙思想家倡导的"思想解放"的洪流中，钱玄同矛头所向直指封建的思想文化，歌颂西方文明的到来。又由

---

① 参见《古史辨》第 1 册，第 228 页。
② 周作人：《钱玄同的复古与反复古》，《文史资料选集》1984 年第 94 辑。
③ 同上。

于钱玄同于今古文经学都非常熟悉，认识深刻，所以反戈一击，更显力量之强大，影响所及，废孔学之议连响成片，使得以孔子为代表的经学渐至穷途末路。到了（20世纪）20年代，钱玄同又与古史辨派一起考辨群经和诸子，讨论古史问题，掀起了一场相当规模的古史讨论运动，以学术的尺度使经学在很短的时间内恍若隔世，成为绝响。

顾颉刚在谈到他和钱玄同的关系时说："钱玄同一生受了章太炎和崔适两人的相反的思想的影响，对今、古文家都不满意，他常对我说这两派对于整理古籍不实事求是，都犯了从主观成见出发的错误。"又说钱玄同"富于批评精神，要跳出今古文的家派来谈今古文问题，主张分别用两家合理的话来各打击对方，使得彼此的原形毕露，使后人不致再想投入今古文家派"。顾颉刚并且说他及至见了钱玄同，和自己谈了多次，使自己开始弄清楚一个目标，知道现在治经学的任务不是要延长经学的寿命，而是正要促成经学的死亡，使得我们以后没有经学，而把经学的材料全数变成古代史和古代思想史的材料。所以董仲舒和京房等是系统的经学的开创者，而我们乃是经学的结束者。我们要结三千年来经学的账，结清了就此关店。① 顾颉刚的话很能说明钱玄同对于中国近代经学所做的工作，从此我们也不难看出，钱玄同在促使经学走向终结的问题上发挥了重要作用，做出了重要贡献。

（原载《河南师范大学学报》2007年第2期）

---

① 参见顾颉刚《玉渊潭忆往》，《苏州史志资料选集》1984年第2辑。

钱玄同与同时代人比较研究

# 崔适对钱玄同经学思想的影响

崔适是钱玄同的老师，也是对钱玄同经学思想影响较大的人物之一。崔适是中国近代今文经学的殿军，其经学思想主要源于康有为。钱玄同一生受了章太炎、崔适今古两派相反的思想的影响，但他最后跳出家派，超然今古，成为促使经学走向终结的主要代表人物。崔适对钱玄同经学思想的影响主要表现在：培植了钱玄同今文经学的情结，扩大了钱玄同对经学的认识范围，在一定程度上促成了钱玄同超越今古的、埋葬经学思想的形成。

## 一 钱玄同"以札问安，自称弟子"

崔适（1852—1924），字觯甫，号怀瑾，别号觯庐，浙江吴兴人。初受业于俞樾，和章太炎曾经同窗，受过古文经学的熏陶，治校勘训诂之学，对传统经籍有着深厚的基础。后受康有为《新学伪经考》影响，专讲今文经学，成为中国今文经学的殿军。所著《春秋复始》，以《春秋穀梁传》为古文；所著《史记探源》，以《史记》本是今文学，为刘歆所窜乱，乃杂有古文说。钱玄同自认为他的老师有二人，一是章太炎，一是崔适。崔适是对钱玄同思想影响较大的第二位老师，从崔适那里，奠定了钱玄同对今文经学的认同感。

钱玄同（1887—1939），中国近代著名思想家、教育家、语言文字学家，是五四新文化运动和古史辨运动的健将和斗士，浙江吴兴人，与崔适为同乡。1910 年 5 月，钱玄同结束了他近四年的留学生活，从日本回国，先后在浙江海门中学、嘉兴中学、浙江省第三中学任国文教员。1911 年 2 月，钱玄同在家乡吴兴请业于今文经学家崔适。1914 年，崔适受聘于北京大学，《春秋复始》也在此年定稿。1914 年 9 月，钱玄同应国立北京高等师范学校（北京师范大学前身）之聘任该校历史地理部及附属中学国文、经学教员，后又兼任北京大学预科文字学教员。二人同在北京，钱玄同于是对崔适"以札问安，自称弟子"①。从此，与崔适保持了较好的师生关系。1924 年崔适病逝于湖州会馆，钱玄同为之治丧。

## 二　促使钱玄同经学思想发生转变

钱玄同自幼读经，他自 5 岁起从师塾读《尔雅》《毛诗》，到 15 岁前陆续读完了《周易》《仪礼》《说文解字》《尚书》《礼记》和《春秋》三传，对《史记》《汉书》也已相当熟悉。

钱玄同在读《春秋》三传时，喜《公羊》《穀梁》而黜《左氏》。这种思想主要是受清代复兴的今文经学的影响。对此，他后来回忆道："记得一九〇一年，我那年十五岁，《春秋》三传都早已读过了，觉得同是一条经文而三传的记事和说义可以完全不同，乃至完全相反，实在有些古怪，因此常常翻《皇朝五经汇解》中关于《春秋》的一部分，要看那清代学者对于三传的考证和批评。在此书中见到引刘氏的《左氏春秋考证》，于是从《皇清经解》中找到原书来读，看他所考证的非常精当，从此我就不信《左传》了。"② 刘氏，即清代著名今文经学家刘逢禄。与此同时，钱玄同又读了庄存与、孔广森等今文家研究《春秋》的著作，深信《公羊》最得经意，《左传》必有伪窜。③ 自此，他"愿为卖饼家，不做太官厨"④。这是钱玄同对今文经学的最初接触，也是对今文经学一种比较肤浅的向往。

对钱玄同经学思想影响较大并改变其经学思想的第一位人物是古文大家章太炎。1906 年，钱玄同 19 岁，赴日留学，考入早稻田大学文学系师范科。是年 6 月，因"苏报案"而被监禁的章太炎监禁期满，熬完了三年的铁窗生涯在上海出狱，到东京主办同盟会机关报《民报》，并在《民报》社开办"国学讲习会"。

当时，钱玄同在反清排满的洪流中是倾向于章太炎的思想的，同时也

---

① 钱玄同：《重论经今古文学问题》，《钱玄同文集》第 4 卷，中国人民大学出版社 1999 年版。

② 钱玄同：《〈左氏春秋考证〉书后》，《钱玄同文集》第 4 卷。

③ 参见钱玄同《三十年来我对于满清的态度底变迁》，《语丝》第 8 期。

④ 钱玄同：《刘申叔先生遗书序》，《钱玄同文集》第 4 卷。

"极端地崇拜"章氏的思想学行,把章氏作为模范,觉得章氏的议论是"天经地义",章氏的主张为"绝对之是"。① 在这种崇拜心理驱使下,到《民报》设听讲,对章太炎执弟子礼。同时,在《民报》社认识了一些当时的革命党人,如陶成章、刘师培、孙中山等人,参加了留日学生反抗清朝的革命活动,并在1907年经章太炎介绍加入同盟会。

章太炎既是一位革命家,又是海内外知名的学者、古文经学家,其开讲的主要是《说文解字注》《尔雅义疏》《庄子》《楚辞》等有关文字音韵、训诂考据、诸子百家、古代历史等方面的学问。章太炎在讲学时,一边传授祖国优秀的民族文化遗产,激励青年的爱国热情;一边利用讲坛,直接宣传反清革命思想,对青年一代影响很大。

钱玄同从章氏学,奠定了他的古文基础,启发了他后来从事语言文字学的研究。由于章太炎为一古文大家,所以钱玄同在经学思想方面的认识也发生了很大的变化,对今文经表示怀疑,信古文而疑今文。随章太炎学习,影响了他们一生的道路。可以说章门弟子于学问、于性情都深受章师感染,钱玄同尤其如此。

顾颉刚在谈到他和钱玄同的关系时说:"钱玄同一生受了章太炎和崔适两人的相反的思想的影响,对今、古文家都不满意,他常对我说这两派对于整理古籍不实事求是,都犯了从主观成见出发的错误。"②

对钱玄同经学思想影响较大的第二位人物是今文大家崔适。钱玄同读崔适《史记探源》,认为《史记探源》为一"伟书",系续康有为之《新学伪经考》。当时《新学伪经考》为清廷禁书,钱玄同以前没见过,此次借崔适藏本读之,于是大受启发。他说:自读康崔两先生之书,认为所论精确不易,乃昭然若发蒙,知所谓"左氏春秋"或"春秋左氏传"者乃刘子骏氏取"左丘氏国语"所改作,易国别为编年,并窜入书法凡例,以冒充春秋之传。《周礼》亦刘氏伪造之书。不但如此,凡所谓古文经典悉为刘氏所造之赝鼎,此意至今犹然,且持之益坚。民国三年(1914)始读康君之改制考,对于诸子改制托古之说,亦深信不疑。③ 钱玄同从师崔适,思想大为转变,信今文而疑古文,全面接受了今文家的观点。

---

① 钱玄同:《三十年来我对于满清的态度底变迁》,《语丝》第8期。
② 顾颉刚:《玉渊潭忆往(王煦华整理)》,《苏州史志资料选集》1984年第2辑。
③ 参见钱玄同《刘申叔先生遗书序》,《钱玄同文集》第4卷。

## 三　扩大钱玄同经学研究的范围

崔适《史记探源》成于辛亥前，该书以今文学的观点推论《史记》的本质问题。钱玄同"自1911年读了康崔二氏之书，乃始专宗今文"[①]。专宗今文，使钱玄同对今文经学的推崇达到了顶点，同时也开启了他对儒家古文经典的全面怀疑。钱玄同曾说："比较起来，还是今文较可信些"，特别是"古文为刘歆伪作"之今文观，"总觉得他们（康、崔）关于这一点的考证是极精确的"[②]，并且认为"康崔两君推翻伪古文的著作在考证学上的价值，较阎若璩的《古文尚书疏证》犹远过之"。崔适认为康有为的《新学伪经考》"字字精确"，钱玄同进一步发挥总结，认为《新学伪经考》的最大发明有二：一为秦焚"六经"未尝亡缺，二为河间献王、鲁恭王无得古文经之事。[③] 可以说钱玄同对《新学伪经考》以及崔适的推崇是他终生不变的思想情结。后来钱玄同总以今文学派自居，定别号曰"饼斋"，刻一方"饼斋钱夏"的印章，到了晚年仍很爱这个称号。

### （一）由疑《左传》发展到全面怀疑古文经

康有为《新学伪经考》集疑古之大成，举古文经全面摧毁之，在思想界学术界产生重大影响，"第一，清学正统派之立脚点，根本动摇。第二，一切古书，皆须从新检查估价，此实思想界之一大飓风也。"[④] 20年后，这股飓风还在学术界、思想界回响，经崔适而受此飓风影响的钱玄同开始"知道所谓古文经是刘歆这班人伪造的"[⑤]。钱玄同由单独疑《左传》发展到对古文经的全面怀疑。"若就经义而言，古文固为伪言。"[⑥] 并且，他的怀疑精神进一步发展，在1912年11月28日的日记中写道："崔先生谓凡秦汉经师传授，不可信者居多，盖愈远而人愈详，如《七略》详于《史记》，东汉人说详于《七略》，逮三朝六朝，以至唐世之《经典

---

① 钱玄同：《论今古文经学及〈辨伪丛书〉书》，《钱玄同文集》第4卷。

② 同上。

③ 参见钱玄同《重论经今古文学问题》，《钱玄同文集》第4卷，中国人民大学出版社1999年版。

④ 梁启超：《清代学术概论》，东方出版社1996年版，第70页。

⑤ 钱玄同：《答顾颉刚先生书》，《古史辨》第1册中编。

⑥ 《钱玄同日记》（影印本）1912年11月26日第3卷，福建教育出版社2002年版。

释文》则传述人最为详备，岂有愈远愈详之理？则必不可信。如毋论古文传授本为刘歆伪造也，即于《公羊传》传授之西汉无道及者，至东汉戴宏乃言者之凿凿，则不可信也。此说最为精确。"① 这一段话，简直就是后来"层累地造成的古史说"的原本。

在史学上很有成就的顾颉刚，曾受过钱玄同很深的影响，他称钱玄同"兼通今、古文经学，而倾向于今文说，然实非今文家"，他认为钱玄同"态度是超今古的"。② 事实上，钱玄同由于承传了章太炎、崔适（以及康有为）二位巨匠的学脉，又经历五四前后西方学说纷至沓来的局面，再加上当时社会矛盾错综复杂，社会弊病暴露无遗，这一切遂使他逐步形成自己兼采今、古文同时又超越今、古文的经学思想，这实际上也是对近代今、古文经学的总结。

### （二）倡"刘歆伪造古文经"说

古文经是刘歆伪造的，既是今文家的观点，也是钱玄同的观点。今文学派经说是刘歆伪造。康有为《新学伪经考》云："歆欲附成莽业而为此书。"其后今文诸家，直至五四时期许多考辨古史的学者，如梁启超、崔适、钱玄同、顾颉刚等大都亦持此说。

刘歆是否遍伪群经，这是历代学者纠缠不清的一个问题，今古文家态度相反，特别是《左传》，问题更为突出。康有为说："《左传》者，歆伪经之巢穴也。"③ 今文学家攻之愈急，而古文学家守之则弥坚。西汉末，刘歆请立《左氏春秋》时即遭执政大臣及今文博士的极力阻挠，以为"《左氏》不传《春秋》"④。清中叶以后，今文学派再度崛起，刘逢禄著《左氏春秋考证》，胪举《左传》阙文，证"《左传》不传《春秋》"，并谓《左氏》凡例书法，皆出刘歆。康有为撰《新学伪经考》，对于《左传》攻击愈甚，且以为《左氏》乃刘歆割裂《国语》而成。钱玄同更从《左传》与今本《国语》二书所谓"此详则彼略""彼详则此略"发覆开去，以证康氏之说。而为刘歆洗冤之作，近世则有刘师培撰《周季诸子述〈左传〉考》《左氏学行于西汉考》及《〈史记〉述〈左传〉考》等

---

① 《钱玄同日记》（影印本）1912 年 11 月 28 日第 3 卷。
② 孙郁：《偏执的真人》，《读书》1999 年第 11 期。
③ 康有为：《新学伪经考》，中华书局 1988 年版，第 195 页。
④ 《汉书·刘歆传》。

文，以为《左传》晚周时已行于世，当非刘歆伪作。在诸多翻案文章中，最有力者当属钱穆的《刘向、歆父子年谱》，屡举向、歆父子事迹及新莽朝政，条别年代，证明刘歆并未伪造群经，并从逻辑与历史相悖的角度，批评康氏之说不可通者二十八端，皆甚允当。此后杨向奎更力驳康氏"《左传》乃分《国语》而成"之说，认为《国语》之文法、体裁、记事、名称等皆与《左传》不同，二者绝非一书之割裂。杨伯峻则另辟蹊径，采顾炎武遗说，以预言灵验与否来推断《左传》约成书于公元前403年以后、公元前386年之前，并非刘歆伪造。

现在看来，钱玄同随康有为、崔适所倡的"刘歆伪造古文经"说，实际上很难自圆其说。事实上，《周礼》《左传》都成书于战国时期，皆先秦旧籍，并非刘歆伪作；其他各经如《毛诗》《逸礼》《古文尚书》抑或属此类，在刘歆之前均早已存在。当然成书后在传抄过程中，有伪窜是在所难免的。因为先秦、西汉之时，典籍尚未定型，于流传过程中往往有人增入篇章或窜入一些文字。当时经传多由竹简所编，逢劫蒙尘，朽析散绝，书缺简脱，经或脱简，传或简编，实属正常。刘歆在整理秘府藏书时，校雠诸版本以正乖谬、一异同、补其缺、删其重，在此过程中进行一些增减字句、润饰文采的工作，是其职责所在。这充其量也只能说明有部分的伪窜，并无法构成整个古文经学体系均为伪造的支撑依据。

钱玄同认为，刘歆伪造古文经是为王莽服务的，也即今文家的说法，源于康有为、崔适。众所周知，刘歆之争立古文是否属于为王莽篡汉服务，也是经学史上又一个争论不休的问题，而且由于牵涉诸多政治方面的内容，情况变得更为复杂。康有为在《新学伪经考》中口诛笔伐，强调刘歆遍伪群经以证成莽篡，并直斥刘歆所创立的古文学派乃"新莽之学"，非孔学正宗。对这一事关声誉的原则性问题，古文学家则奋起驳之，竭力表白经古文学与莽篡无关。应当认为，在客观上，刘歆倡导古文经学确实很大程度地充当了王莽篡汉改制的理论工具，但在主观上，刘歆争立古文经是出于个人的喜好，并非有意助莽。

由上辨识，可知钱玄同以及今文经学家"刘歆伪造古文经"说的片面和武断。

**（三）由疑经到疑史，暴露了经学自身的矛盾与局促**

钱玄同是崔适的学生，对崔适推崇有加。崔适的《史记探源》和

《春秋复始》对学界影响较大，其由经到史的考证，说明了经学本身的穷途末路。

崔适在《与钱玄同书》中自述思想演变说："康君《伪经考》作于二十年前，专论经学之真伪，弟向服膺纪（昀）、阮（元）、段（玉裁）、俞（樾）诸公书，根据确凿，过于国初诸儒，然管见所及，亦有可驳者，康书则无之，故以为古今无比，若无此书，则弟亦兼宗今古文，至今尚在梦中也。"又说："知汉古文之伪自康君始，下走之于康，略如攻东晋《古文尚书》者惠定宇于阎百诗之比。虽若'五德'之说，与《穀梁传》皆古文学；'文王称王''周公摄政'之义，并今文说，皆康所未言，譬若自秦之燕，非乘康氏之舟车至赵，亦不能徒步至燕也。"其服膺康有为如此。《史记探源》《春秋复始》也是受了康有为思想影响后的撰著。

崔适认为，《史记》属于经今文学的著作，《汉书》属于经古文学的著作。《史记》中有与今文说及本书相违，而与古文说及《汉书》相合的，那是经过刘歆的窜乱。崔适认为刘歆窜乱《史记》的目的是"助莽篡汉"。

《春秋复始》成于1914年，1918年由北京大学出版部铅字排印出版。该书的主要论点是《穀梁传》也是古文学，也是刘歆伪造。他说："古文为刘歆杂取传记而造，……歆造《左氏传》，以篡《春秋》之统，又造《穀梁传》为《左氏》驱除，故兼论三传则申《左》，并论《公》《穀》则右《穀》。"①

过去学者都以《公羊》《穀梁》为今文，自崔适书出《穀梁传》也成问题了。崔适以《穀梁》为刘歆伪造说，不为一般学者所认可。但《穀梁》作者无明文可考，它是否成于一人之手，自有问题。崔适既以《穀梁》为古文，经伪窜；左丘明又"不传《春秋》"，这样，"传《春秋》"的，就只有《公羊传》了。这样，《春秋》三传，就只有《公羊》是可信的了。钱玄同尽管并不推崇《公羊》，但由于受崔适的影响，扩大了他对经书认识的视界，并反过来对经书的可信度提出怀疑，对经书进行"破坏性"的批判。

崔适《史记探源》和《春秋复始》的出版，反映了当时的今文经学在经部范围之内，无论分经的或综合的研究，都已没有发展的余地，于是

---

① 崔适：《穀梁氏亦古文学》，《春秋复始》卷1。

转而治史，首及于《史记》，把《史记》和《汉书》的今古文问题也提出来了。看来似乎是扩大了经学的领域，由经及史，实际上却正反映了不能只从经书考证经书，"皓首穷经"是不易找到出路的。同时，表面看来，今文家的崔适虽然坚守今文壁垒，对经书怀疑，对史书也怀疑，想从"经学"的角度弄清《史》《汉》的异同，但最终陷入武断和片面，说明"经师"式的研究也陷入了穷途末路。这样，"经"的可信范围越缩小，"经"的可疑程度就越大。"经"的地位动摇了，在思想界占统治地位的经学也随之宣告终结。

在推崇崔适今文学的同时，随着形势的发展，1917 年之后，钱玄同的经学思想又发生了变化，由于他兼通今古文，所以能洞悉两派的是非，而处于一种超然的立场。于是钱玄同更进一步，摆脱了几千年来的门户之见，不泥家法，站在历史的立场上来研究"经"的本来面目。他曾说："今文家是什九都不足信……古文是假造的，两者都难凭信。"[1] 至于今古两派主张之所以不同以及他个人对这两派所取的态度，他说："过去学者凡研究经学的，最大的缺点就是所谓家法师说。犯此病的，尤以汉人为甚。汉以后学者比较好一点，但依然不免会有这种意味，虽以清儒之'实事求是'，亦有所不免。在清末有两位学者，可以说集中国两千年来经学派别之大成，一是康有为，一是章太炎。他们两位都是经学大师，但他们的见解是极端相反的。康偏于微言大义，而太炎先生则特别偏重于训诂名物。……在过去学者中，只不过偏于古文，或偏于今文，决没有如康有为之专信今文，而认古文为全非，同时也决没有如太炎先生之专信古文，而认今文为全非者。所以他们两个可以说是两个极端。……关于章、康两人对于经学的态度，我们可以由他们的两句话中看出来，康氏在他的《孔子改制考》中有句话，即'六经皆孔子改制所作考'，这差不多是康氏的口号。至于太炎先生，在他的《原经》中有句话，即'六经皆史'，这也就是章先生的口号。"[2]

从这里，我们既可以看出钱玄同治学的目的、态度和方法，又可以揭示出时代给他的思想所打下的深深烙印。钱玄同既然洞悉两派，不泥家法，对今古两派都不满意，所以他高喊："今文学是孔子学派所传衍，经

---

① 钱玄同：《论今古文经学及〈辨伪丛书〉书》，《钱玄同文集》第 4 卷。
② 任访秋：《钱玄同论》，《艺谭》1981 年第 4 期。

长期的蜕化而失掉他的真面目。古文经异军突起，古文家得到了一点古代材料，用自己的意思加以整理改造，七拼八凑而成其古文学，目的是用他做工具而和今文家唱对台戏。所以今文家攻击古文经伪造，这话对；古文家攻击今文家不得孔子的真意，这话也对。我们今天，该用古文家的话来批评今文家，又该用今文家的话来批评古文家，把他们的假面目一齐撕破，方好显露出他们的真相。"① 这种观点，在当时是对今古文及今古文家研究方法的极锐利、极彻底的批评，他启迪了一批资产阶级史学工作者重新审视经学的思想，开启了近代史学的疑辨之风。

到1931年，钱玄同对经学今古文问题进行了总结性阐述，这就是为方国瑜标点的《新学伪经考》作的长篇序文，原名《重印新学伪经考序》，后改标题为《重论经今古文学问题》。在文中，钱玄同称康有为《新学伪经考》是一部极重要、极精审的"辨伪"专著，他对此书之精当和错误部分，即康氏的经今文学的真伪虚实进行了甄别。同时，他以现代的角度提出今古文之不同，"最重要的是篇卷之多少，次之文字之差异；至于经说，虽有种种异义，其实是不值得注意的"。他批评以往"今文家言'微言大义'，古文家言'训诂名物'这是两家最不同"的观点为大谬不然；抨击旧说"古文家言'《六经》皆史'，今文家言'《六经》皆孔子所作'"观点尤与事实不合。此外，他还以实事求是的态度指出："我们今后对于过去的一切笺、注、解、疏，不管它们是今文说或古文说，汉儒说或宋儒说，正注或杂说，都可以资我们的参考及采取。"他还以近代经学大师俞曲园为榜样，再一次重申："今后解经，应该以'实事求是'为鹄的，而绝对破除'师说''家法'这些分门别户、是丹非素、出主入奴的陋见。"②

顾颉刚在谈到他和钱玄同的关系时说："钱玄同一生受了章太炎和崔适两人的相反的思想的影响，对今、古文家都不满意，他常对我说这两派对于整理古籍不实事求是，都犯了从主观成见出发的错误。"又说钱玄同"富于批评精神，要跳出今古文的家派来谈今古文问题，主张分别用两家合理的话来各打击对方，使得彼此的原形毕露，使后人不致再想投入今古文家派"。顾颉刚并且说他及至见了钱玄同，和自己谈了多次，使自己开

① 顾颉刚：《儒生·序》，《古史辨》第1册。
② 《钱玄同文集》第1卷。

始弄清楚一个目标,知道现在治经学的任务不是要延长经学的寿命,而是正要促成经学的死亡,使得我们以后没有经学,而把经学的材料,全数变成古代史和古代思想史的材料。所以董仲舒和京房等是系统的经学的开创者,而我们乃是经学的结束者。我们要结三千年来经学的账,结清了就此关店。[①] 顾颉刚的话很能说明钱玄同对于中国近代经学所做的工作,从此我们也不难看出,钱玄同在促使经学走向终结的问题上发挥了重要作用,做出了重要贡献。

(原载《贵州社会科学》2009 年第 10 期)

---

[①] 参见顾颉刚《玉渊潭忆往(王煦华整理)》,《苏州史志资料选集》1984 年第 2 辑。

# 钱玄同对康有为经学思想的承继与超越

钱玄同一方面受康有为经学思想很大的影响，对《新学伪经考》也多有溢美之词；但另一方面二人所走的并不是一条同样的道路。可以说康有为是近代的今文经学家，是近代今文经学的集大成者；而钱玄同则不泥家派，超越今古又超越经学，是埋葬经学、变经学为史学的一个功臣。分析认识钱玄同对康有为经学思想的承继与超越，对于认识康有为和钱玄同的经学思想，以及中国近代经学的发展走向，有着重要的意义。

## 一　钱玄同对康有为经学思想的承继

对钱玄同经学思想影响最大的有三个人：章太炎、崔适、康有为。其中章、崔为钱玄同的老师。

钱玄同在日本留学时，1908 年、1909 年在《民报》社听章太炎讲学，颇受章氏古文经学的影响，此后，凡言及章太炎，钱玄同则必以"师"称。1911 年 2 月，钱玄同请业于今文经学家崔适，后"以札问安，执弟子礼"。崔适字觯甫，浙江吴兴人，初受业于俞樾，治校勘训诂之学。后受康有为《新学伪经考》的影响，专讲今文经学，成为中国今文经学的殿军，著有《春秋复始》《史记探源》《论语足徵记》和《五经释要》诸书，皆引申康氏之说。在钱玄同看来，"对于《新学伪经考》因仔细研究的结果而极端尊信，且更进一步而发挥光大其说者"，唯有崔适一人。崔适曾说"《新学伪经考》字字精确，自汉以来未有能及者"，于是他力排伪古，专宗今文。① 钱玄同的这两个经学老师，一古一今，各执一端。正是由于接触到康有为的经学思想，特别是

---

① 钱玄同：《重论经今古文学问题》，《钱玄同文集》第 4 卷，中国人民大学出版社 1999 年版，第 133 页。

时代的影响之后，才使钱玄同的经学思想走出了一条超越传统的现代式道路。

1911 年 2 月，钱玄同在崔适处得读《新学伪经考》，觉得崔适对于康有为的推崇实不为过，自己从此也笃信"古文经刘歆所伪造"之说，并"认为康、崔两君推翻伪古的著作在考证学上的价值，较阎若璩的《古文尚书疏证》尤远过之"[①]。又说："我从读《新学伪经考》及《史记探源》以后，深信'孔壁古文经'确是刘歆伪造的，康、崔二君所辨，伪证昭昭，不容否认。"[②]

新学为伪经，古文经为刘歆伪造之说，是今文家的一个很重要的观点。康有为、崔适皆持此说，钱玄同又深表赞同，可以看出钱玄同受康、崔二人思想的影响及其今文家的情结。

对于经学的认识，钱玄同的思想有一个发展变化的过程。他曾回忆说，1901 年读清朝今文家庄存与、孔广森、刘逢禄等人言《春秋》之书，"深信《公羊》最得经义，《左传》必有伪窜；愿为卖饼家，不作太官厨"[③]。1909 年在日本留学期间，"细绎刘申受与龚定庵二人之书，始'背师'而宗今文家言。但那时惟对于《春秋》一经排斥左氏而已，此外如《书》之马，《诗》之毛，虽皆古文，却不在排斥之列，而鲁恭王得壁经一事，并不疑其为子虚乌有，故那时虽专宗今文，尚未绝对排斥古文"[④]。这里的"背师"之"师"是指章太炎。另外，此时的钱玄同也不笃信"古文经刘歆所伪造"之说，并不反对"鲁恭王得壁经一事"。到请业崔适，钱玄同思想大受启发。他说："自读康崔两先生之书，认为所论精确不易，乃昭然若发蒙，知所谓'左氏春秋'或'春秋左氏传'者乃刘子骏氏取'左丘氏国语'所改作，易国别为编年，并窜入书法范例，以冒充春秋之传。《周礼》亦刘氏伪造之书。不但如此，凡所谓古文经典悉为刘氏所造之赝鼎，此意至今犹然，且持之益艰。民国三年始读康君之改制考，对于诸子改制托古之说，亦深信不

---

① 钱玄同：《重论经今古文学问题》，《钱玄同文集》第 4 卷，中国人民大学出版社 1999 年版，第 134 页。

② 钱玄同：《〈左氏春秋考证〉书后》，《钱玄同文集》第 4 卷，第 298 页。

③ 钱玄同：《刘申叔先生遗书序》，宁武南氏铅刻本，1936 年。

④ 钱玄同：《论今古文经学及〈辨伪丛书〉书》，《古史辨》第 1 册，上海古籍出版社 1982 年版。

疑。"① 可以看出，钱玄同由 1909 年的"虽专宗今文，尚未绝对排斥古文"过渡到"自 1911 年读了康崔二氏之书，乃始专宗今文"。②

今古经文学之争源于秦始皇"焚书坑儒"及汉初之搜求遗书，这是中国学术思想史上的一大公案，其激烈程度不亚于清末维新派与顽固派之争、革命派与保皇派之争。到了清朝，今古两派仍然壁垒森严，形同水火。道光、咸丰以后，随着国力的下降，外侮日迫，有志者为了"通经致用"，重抬今文经学，形成了清朝的今文经学派。清朝今文经学开始于庄存与、刘逢禄、宋祥凤，发展于龚自珍、魏源，到康有为集其大成。处在这一时期的著名学者还有崔适、廖平以及时代较早然而思想卓然自立一家的崔述。

钱玄同在崔适推崇康有为今文经学思想的基础上，又进一步总结发挥，认为康有为《新学伪经考》的最大发明有二：一为秦焚"六经"未尝亡缺，二为河间献王、鲁恭王无得古文经之事。

钱玄同认为，康有为《新学伪经考》中"《秦焚六经未尝亡缺考》一篇，所举的证据没有一条不是极确凿的，所下的断语没有一条不是极精审的。'书缺简脱'或'秦焚《诗》《书》，《六艺》从此缺焉'这类话，经康氏这一番考证，根本打倒，决不能再翻案了"③。认为《汉书河间献王鲁恭王传辨伪》一篇，康有为于 1917 年重刻时所作的《后序》中有一段自述的话，"很简赅，可作此篇的解题读"，并认为"这真是巨眼卓识"。康有为《后序》中的这段话是："吾……拾取《史记》，偶得《河间献王传》、《鲁恭王传》读之，乃无'得古文经'一事，大惊疑，乃取《汉书·河间献王、鲁恭王传》对校《史记》读之，则《汉书》详言古文事，与《史记》大反，乃益大惊大疑。又取《太史公自序》读之，子长自称天下郡国群书皆写副集于太史公，太史公仍世父子纂其业，乃金匮石室之藏，厥协《六经》异传，整齐百家杂语，则子长于中秘之书，郡国人间之藏，盖无所不见，其生又当河间献王鲁恭王之后，有献书开壁事，更无所不知；子长对此孔经大事，更无所不纪。然而《史记》无之，则为刘

① 钱玄同：《刘申叔先生遗书序》，宁武南氏铅刻本，1936 年。

② 钱玄同：《论今古文经学及〈辨伪丛书〉书》，《古史辨》第 1 册，上海古籍出版社 1982 年版。

③ 钱玄同：《重论经今古文学问题》，《钱玄同文集》第 4 卷，中国人民大学出版社 1999 年版，第 142 页。

歆之伪窜无疑也。"①

钱玄同认为康有为《后序》中的这段话"真是巨眼卓识"。又说康有为在《后序》的末了还"有一段极精要的话":"据《艺文志》、《刘歆传》、《河间献王传》:古文《书》《礼》《礼记》,恭王与献王同得,而皆不言二家所得之异同。岂残缺之余,诸本杂出,而篇章文字不谋而合,岂有此理?其为虚诞,即此已可断。然《艺文志》又言,'《礼》古经者,出于鲁淹中及孔氏,与十七篇文相似,多三十九篇',是古文《礼》淹中又得,淹中及孔氏所得,与十七篇同一'相似',同一'多三十九篇',不谋而同,绝无殊异。焚余之书,数本杂出,而整齐划一如是,虽欺童蒙,其谁信之!而欺绐数千年,无一人发其覆者,亦可异也!"钱玄同认为康有为把"这种巧合的情形,一经点破,真要令人绝倒"!②

在《重论经今古文学问题》中,钱玄同在肯定《新学伪经考》上述两点"精当"部分外,认为"还有两点,也是康氏的特识":一是"《史记》中有被刘歆增窜的部分";二是刘向与刘歆父子不同术,"向为今学,歆为古学","盖人以为《七略》出于刘向而信之,不知其尽出于歆也;又以为《别录》出于刘向而信之,不知其亦伪于歆也"。认为康氏的话"可谓一语破的"!③

## 二　钱玄同对康有为经学思想的超越

19 世纪末 20 世纪初,经过甲午战争和庚子之役的创巨痛深,近代中国民主革命空前高涨。与此相适应,晚清的政治格局和文化思潮也发生了急剧变化,资产阶级革命派与立宪派、保皇派的对立迅速激化,以章太炎、刘师培、邓实、黄节等为代表的资产阶级革命派,精通古文经史,走出了乾嘉学派训诂名物的局限,关切中国传统文化的命运,并借以为反清革命服务,于是创办《国粹学报》,大倡古文经学,通诋今文,高唱"六经皆史""孔子与六经无涉",批驳康有为的托古改制论。钱玄同生逢其

①　钱玄同:《重论经今古文学问题》,《钱玄同文集》第 4 卷,中国人民大学出版社 1999 年版,第 144 页。

②　同上书,第 145 页。

③　同上书,第 145—146 页。

时，自然受到今古两派思想的影响，而且随着时间和时代的变化在今古两派之间跌宕起伏。到了 1917 年，钱玄同的思想又向前迈出了一大步，出现了质的飞跃，他摆脱了几千年来的门户之见，不泥家法，超然今古，站在历史的立场上来研究"经"的本来面目。他说："今文家是什九都不足信……古文是假造的，两者都难凭信。"① 至于今古两派主张之所以不同以及他个人对这两派所取的态度，他说："过去学者凡研究经学的，最大的缺点就是所谓家法师说。犯此病的，尤以汉人为甚。汉以后学者比较好一点，但依然不免会有这种意味，虽以清儒之'实事求是'，亦有所不免。在清末有两位学者，可以说集中国两千年来经学派别之大成，一是康有为，一是章太炎。他们两位都是经学大师，但他们的见解是极端相反的。康偏于微言大义，而太炎先生则特别偏重于训诂名物。……在过去学者中，只不过偏于古文，或偏于今文，决没有如康有为之专信今文，而认古文为全非，同时也决没有如太炎先生之专信古文，而认今文为全非者。所以他们两个可以说是两个极端。……关于章、康两人对于经学的态度，我们可以由他们的两句话中看出来，康氏在他的《孔子改制考》中有句话，即'六经皆孔子改制所作考'，这差不多是康氏的口号。至于太炎先生，在他的《原经》中有句话，即'六经皆史'，这也就是章先生的口号。"②

可以看出，钱玄同的这些见解是很精辟的，也很令我们佩服，他站在历史的立场而非经学的立场来批评今古文派，对于促进经学向史学的转化起到了积极的作用。

正是由于跳出了家派，站在历史的立场上来研究"经"的本来面目，所以钱玄同对于康有为经学思想中的"问题"也毫不留情，一一指出，并予以考证。如认为《新学伪经考》中打倒古文经的中心文章《汉书艺文志辨伪》即是"疏略武断之处亦颇不免"——康氏之辨《古文尚书》，"有极精核的议论，也有不彻底的见解，还有很错误的叙述"③；康有为在《尚书》篇数问题上的"十六篇伪古文篇目"是"绝无根据的"，是"很

---

① 钱玄同：《论今古文经学及〈辨伪丛书〉书》，《古史辨》第 1 册，上海古籍出版社 1982 年版。

② 任访秋：《钱玄同论》，《艺谭》1981 年第 4 期。

③ 钱玄同：《重论经今古文学问题》，《钱玄同文集》第 4 卷，中国人民大学出版社 1999 年版，第 147 页。

错误的叙述"。①

康氏之辨《礼记》，"有极精之语；但他还是被刘歆欺骗了，所以支离穿凿之论也很多"②。

康氏书中，以辨《易》的部分为最坏，十之八九都是错误的，可谓"凭臆武断"③。

康氏认为《尔雅》全为刘歆所作，则未必然。④

康有为之辨《小学》，"甚多特见"⑤。但康氏对于文字，又有极错误之论。他认古文经中的"古文"是刘歆所伪造，这话固然极对；可是他又认为，尊彝也是刘歆所伪造，那就完全错了。⑥ 康有为对于文字之学"太不讲求，并无心得"⑦。

以上所论，应该说是指出了康有为经学思想的"要害"之处。

同时，钱玄同站在史学家而非经学家的立场，认为康有为的《新学伪经考》是一部"极重要极精审的辨伪专著，是治国故的人们必读的要籍"⑧。把《新学伪经考》认成是一部辨伪著作，是钱玄同的一个特识。

钱玄同认为："凡治历史科学，第一步必要的工作是'审查史料的真伪'，简称可曰'辨伪'。"⑨ 过去的史学界，是被"宗经"的思想支配的，但是"经"中有很多东西是靠不住的。所以我们现在对于治国故的人们，应该供给他们许多辨伪的材料；而辨伪"经"的材料，比辨伪"史"、伪"子"、伪"集"的材料，尤其应当特别注重。并且进一步认为，"辨伪"不但是"经学家"的事，而且更是"史学家"的事。他指出，"经"是什么？它是古代史料的一部分，有的是思想史料，有的是文学史料，有的是政治史料，有的是其他国故的史料。既是史料，就有审查它的真伪之必要。⑩ 在中国历史的发展过程中，有许多进步的史学家对神

① 钱玄同：《重论经今古文学问题》，《钱玄同文集》第 4 卷，中国人民大学出版社 1999 年版，第 149 页。

② 同上书，第 158 页。

③ 同上书，第 170 页。

④ 同上书，第 196 页。

⑤ 同上。

⑥ 同上书，第 203 页。

⑦ 同上书，第 205 页。

⑧ 同上书，第 141 页。

⑨ 同上书，第 135 页。

⑩ 同上书，第 137—138 页。

圣的经学发生怀疑，要让它返璞归真，归于俗化。钱玄同一方面继承了进步史学家疑经辨伪的传统，同时又比他们更进一步，进行具体的辨伪和考证工作，在前人研究的基础上重估经书的价值，认经书为古史材料。这是钱玄同对康有为经学思想的一大超越。

与康有为"六经皆孔子改制所作"的观点不同，钱玄同明确表示孔子与"六经"无涉，即"孔子并无删述或制作'六经'之事"。他说："《诗》《书》《礼》《易》《春秋》，本是各不相干的五部书"，它们是"古代留下来的几篇文学作品，几本档案粘存，几张礼节单子，几首迷信谶诗，几条断烂朝报而已"，而"六经配在一起当在战国之末"。① 现在看来，钱玄同这些看法实有过激和不当之处，但其目的是否定了孔子与"六经"的关系，揭去了蒙在孔子头上的神秘面纱，实质上也是否定了康有为"孔子托古改制"的思想。

钱玄同认为，在"辨伪"的基础上，真实的史料可以资取。他说："我们今后对于过去的一切笺、注、解、疏，不管它是今文说或古文说，汉儒说或宋儒说或清儒说，正注或杂说，都可以资我们参考及采取。"② 又说："我们今后解经，应该以'实事求是'为鹄的，而绝对破除'师说''家法'这些分门别户、是丹非素、出主入奴的陋见！"③

就《新学伪经考》而言，钱玄同说"康氏政见之好坏，今文经说之然否，那是别一问题"，而作为"辨伪"的专著则是另一问题。他认为《新学伪经考》"证据之充足，诊断之精核，与顾炎武、阎若璩、戴震、钱大昕、段玉裁、王念孙、王引之、俞樾、黄以周、孙诒让、章太炎师、王国维诸人的著作相比，决无逊色，而其眼光之敏锐尚犹过之；求诸前代，惟宋之郑樵、朱熹，清之姚际恒、崔述，堪与抗衡耳"④。他并且引用顾颉刚的话来说明这一问题："康有为为适应时代需要而提倡'孔教'，以为自己的'变法说'的护符，是一件事；他站在学术史的立场上打破新代出现的伪经传又是一件事。"⑤

---

①　顾颉刚：《儒生·序》，《古史辨》第 1 册。

②　钱玄同：《重论经今古文学问题》，《钱玄同文集》第 4 卷，中国人民大学出版社 1999 年版，第 217 页。

③　同上书，第 219 页。

④　同上书，第 139 页。

⑤　任访秋：《钱玄同论》，《艺谭》1981 年第 4 期。

　　对于今古文家立场的异同，钱玄同站在时代的立场上超然今古，予以辩说。他有一段话说得很精辟："近儒之主张应该分析经今古文的，或认今文为真而古文为伪，或认古文为优而今文为劣，虽立论相反，然皆以为今文古文之不同在于经学，而文字之差异与篇卷之多少尚在其次。窃谓不然。我以为今文古文之不同，最重要的是篇卷之多少，次则文字之差异；至于经说，虽有种种异义，其实是不值得注意的。"① "文字之差异与篇卷之多少尚在其次"也是康有为的观点，钱玄同不以为然，认为"最重要的是篇卷之多少，次则文字之差异"。他说古文经中有伪经，如《笙诗》6 篇、《逸书》16 篇、百篇《书序》《逸礼》39 篇及《周礼》《春秋左氏传》等"引用时必须审慎"。关于"文字之差异"，"固当以今文为正，但古文倒不是全无可取，也竟有应该用古文改今文的"②。关于经说，"则古文家与今文家正是一丘之貉"③。对于有人说今文家言"微言大义"，古文家言"训诂名物"，是两家最不同之点。钱玄同也不赞成，认为今文家也言"训诂名物"，而"微言""大义"本是两词，近人合为一词，最早用此两词的是古文家的始祖刘歆。④ 关于古文家言"《六经》皆史"，今文家言"《六经》皆孔子所作"，钱玄同认为"此则尤与事实不合"。因为"《六经》皆史"说始于宋之陈傅良，其后明之王守仁及清之袁枚、章学诚、龚自珍、章太炎皆主此说。陈、王、袁、张不但非古文家，且非经学家，龚为今文家，只有章为古文家。钱玄同不止一次地说："今文学是孔子学派所传衍，经长期的蜕化而失掉它的真面目。古文经异军突起，古文家得到了一点古代材料，用自己的意思加以整理改造，七拼八凑而形成其古文学，目的是用它做工具而和今文家唱对台戏。所以今文家攻击古文经伪造，这话对；古文家攻击今文家不得孔子的真意，这话也对。我们今天，该用古文家的话来批评今文家，又该用今文家的话来批评古文家，把他们的假面目一齐撕破，方好显露出他们的真相……"⑤ 现在看来，钱玄同的这些评价是非常有见地的。正因为如此，钱玄同说他"个人对于经

---

　　① 钱玄同：《重论经今古文学问题》，《钱玄同文集》第 4 卷，中国人民大学出版社 1999 年版，第 211 页。

　　② 同上。

　　③ 同上书，第 213 页。

　　④ 同上书，第 215 页。

　　⑤ 钱玄同：《答顾颉刚先生书》，《古史辨》第 1 册。

学的态度"，"只不过是站在历史的立场上，来研究经的本来面目罢了"。①
钱玄同的认识和看法，是对近代今古文及今古文家研究方法的极锐利、极
彻底的批评，它启迪了一批资产阶级史学工作者重新审视经学的思想，开
创了近代史学的疑辨之风。

　　可以看出，钱玄同的经学思想是反封建的、是可取的，在文化史上是
进步的，并且取得了很大的成绩。但同时，与康有为一样，钱玄同的经学
思想中也有矫枉过正之嫌，对经今古文学尤其是古文经学否定太多，肯定
太少，这种思想与康有为出于政治目的而持的对古文经的态度不谋而合。
随着考古材料发现的增多，特别是 20 世纪七八十年代大量汉墓竹简、帛
书的出土，尤其证实了钱玄同这种"疑而过之"的思想观点。

　　钱玄同一方面受康有为经学思想很大的影响，对《新学伪经考》也
多有溢美之词；但另一方面二人所走的并不是一条同样的道路。可以说康
有为是近代的今文经学家，是近代今文经学的集大成者；而钱玄同则超越
经学，是埋葬经学、变经学为史学的一个功臣。分析钱玄同对康有为经学
思想的承继与超越，对于认识康有为和钱玄同的经学思想以及中国经学的
发展走向，有着重要的意义。

（原载《北方论丛》2008 年第 2 期）

---

① 任访秋：《钱玄同论》，《艺谭》1981 年第 4 期。

# 从《重论经今古文学问题》
# 看钱玄同与康有为经学思想之异同

《重论经今古文学问题》是钱玄同为康有为《新学伪经考》所作的序。康有为为近代今文家，以经学为变法政治服务，其观点有很多片面、武断之处。钱玄同洞悉今古文，立场虽偏向今文学，对《新学伪经考》也多有褒言，但他站在历史家而非经学家的立场来审视《新学伪经考》。从时代发展的趋势看，钱玄同既超出了经学的局限，也超出了康有为。同时，钱玄同还以辨伪的眼光，把《新学伪经考》看作一部辨伪著作，把"经"看作史料，这在经学发展史上具有重要的意义。

康有为的《新学伪经考》于1891年刻成木版，出版后就有翻印和石印的本子，但原版不久即遭禁毁。1894年、1898年、1900年清廷三次降旨毁版，所以社会上流传极少。1917年，康有为重刻木版，改名为"伪经考"，但流行三四年之后，尽管有各种翻印和石印本，亦很难满足社会的需要。1929年前后，顾颉刚曾标点过一次，打算作为《辨伪丛刊》之一，由朴社印行，后因经费问题未能付印。1931年方国瑜标点印行，使钱玄同"欢喜赞叹，不能自已"，于是"不辞'人之患在好为人序'之讥，自告奋勇，来写这一篇序"。[①] 序言原名《重印新学伪经考序》，后又增改并以《重论经今古文学问题》发表于1932年北京大学《国学季刊》第3卷第2号，由北平文化学社出版，全文近6万字。

## 一　康有为经学思想对钱玄同思想的影响

对钱玄同经学思想影响比较大的有三个人：章太炎、崔适、康有为。

---

① 钱玄同：《重论经今古文学问题》，《钱玄同文集》第4卷，中国人民大学出版社1999年版，第135页。

其中章、崔为钱玄同的老师。

钱玄同在日本留学时，1908 年、1909 年在《民报》社听章太炎讲学，颇受章氏古文经学的影响，此后，凡言及章太炎，钱玄同则必以"师"相称。1911 年 2 月，钱玄同请业于今文经学家崔适，后"以札问安，执弟子礼"。崔适字觯甫，浙江吴兴人，初受业于俞樾，治校勘训诂之学。后受康有为《新学伪经考》的影响，专讲今文经学，成为中国今文学的殿军，著有《春秋复始》《史记探源》《论语足徵记》和《五经释要》诸书，皆引申康氏之说。

钱玄同认为，"对于《新学伪经考》因仔细研究的结果而极端尊信，且更进一步而发挥光大其说者"，唯有崔适一人。崔适认为"《新学伪经考》字字精确，自汉以来未有能及者"，于是力排伪古，专宗今文。①

1911 年 2 月，钱玄同在崔适处得读《新学伪经考》，"细细籀绎，觉得崔君对于康氏之推崇实不为过。玄同自此也笃信'古文经刘歆所伪造'之说，认为康、崔两君推翻伪古的著作在考证学上的价值，较阎若璩的《古文尚书疏证》尤远过之"②。

新学为伪经，古文经为刘歆伪造之说，是今文家的一个很重要的观点。康有为、崔适、钱玄同皆持此说，可以看出钱玄同今文家的情结。

对于经学的认识，钱玄同曾回忆说，他 1901 年读清朝今文家庄存与、孔广森、刘逢禄等人言《春秋》之书，"深信《公羊》最得经义，《左传》必有伪窜；愿为卖饼家，不作太官厨"③。1909 年在日本留学期间，"细绎刘申受与龚定庵二人之书，始'背师'而宗今文家言。但那时惟对于《春秋》一经排斥左氏而已，此外如《书》之马，《诗》之毛，虽皆古文，却不在排斥之列，而鲁恭王得壁经一事，并不疑其为子虚乌有，故那时虽专宗今文，尚未绝对排斥古文"④（第一册）。这里的"背师"之师是指章太炎。另外，此时的钱玄同也不笃信"古文经刘歆所伪造"之

---

① 参见钱玄同《重论经今古文学问题》，《钱玄同文集》第 4 卷，中国人民大学出版社 1999 年版，第 133 页。

② 同上书，第 134 页。

③ 钱玄同：《刘申叔先生遗书序》，宁武南氏铅刻本 1936 年版。

④ 钱玄同：《论今古文经学及〈辨伪丛书〉书》，《古史辨》第 1 册，上海古籍出版社 1982 年版。

说，并不反对"鲁恭王得壁经一事"。到请业崔适，钱玄同思想大受启发。他说："自读康崔两先生之书，认为所论精确不易，乃昭然若发矇，知所谓'左氏春秋'或'春秋左氏传'者乃刘子骏氏取'左丘氏国语'所改作，易国别为编年，并窜入书法范例，以冒充春秋之传。《周礼》亦刘氏伪造之书。不但如此，凡所谓古文经典悉为刘氏所造之赝鼎，此意至今犹然，且持之益艰。民国三年始读康君之改制考，对于诸子改制托古之说，亦深信不疑。"① 可以看出，钱玄同由 1909 年的"虽专宗今文，尚未绝对排斥古文"过渡到"自 1911 年读了康崔二氏之书，乃始专宗今文"②（第一册）。

经今古文学之争源于秦始皇"焚书坑儒"及汉初之搜求遗书，这是中国学术思想史上的一大公案，其激烈程度不亚于清末维新派与顽固派之争、革命派与保皇派之争。到了清朝，今古两派仍然壁垒森严，形同水火。道、咸以后，随着国力的下降，外侮日迫，有志者为了"通经致用"，重拾今文经学，形成了清朝的今文经学派。清朝今文经学开始于庄存与、刘逢禄、宋祥凤，发展于龚自珍、魏源，到康有为集其大成。处在这一时期里的著名学者还有崔适、廖平以及时代较早然而思想卓然自立一家的崔述。

19 世纪末 20 世纪初，经过甲午战争和庚子之役的创巨痛深，近代中国民主革命空前高涨。与此相适应，晚清的政治格局和文化思潮也发生了急剧变化，资产阶级革命派与立宪派、保皇派的对立迅速激化，以章太炎、刘师培、邓实、黄节等为代表的资产阶级革命派，精通古文经史，走出了乾嘉学派训诂名物的局限，关切中国传统文化的命运，并借以为反清革命服务，于是创办《国粹学报》，大倡古文经学，通诋今文，高唱"六经皆史""孔子与六经无涉"，批驳康有为的托古改制论。钱玄同生逢其时，自然受到今古两派思想的影响，而且随着时间和时代的变化在今古两派之间跌宕起伏。到了 1917 年，钱玄同的思想又向前迈出了一大步，出现了质的飞跃，他摆脱了几千年来的门户之见，不泥家法，超然今古，站在历史的立场上来研究"经"的本来面目。他说："今文家是什九都不足

---

① 钱玄同：《刘申叔先生遗书序》，宁武南氏铅刻本，1936 年。
② 钱玄同：《论今古文经学及〈辨伪丛书〉书》，《古史辨》第 1 册，上海古籍出版社 1982 年版。

信……古文是假造的，两者都难凭信。"① 至于今古两派主张之所以不同
以及他个人对这两派所取的态度，他说：

> 过去学者凡研究经学的，最大的缺点就是所谓家法师说。犯此病
> 的，尤以汉人为甚。汉以后学者比较好一点，但依然不免会有这种意
> 味，虽以清儒之"实事求是"，亦有所不免。在清末有两位学者，可
> 以说集中国两千年来经学派别之大成，一是康有为，一是章太炎。他
> 们两位都是经学大师，但他们的见解是极端相反的。康偏于微言大
> 义，而太炎先生则特别偏重于训诂名物。……在过去学者中，只不过
> 偏于古文，或偏于今文，决没有如康有为之专信今文，而认古文为全
> 非，同时也决没有如太炎先生之专信古文，而认今文为全非者。所以
> 他们两个可以说是两个极端。……关于章、康两人对于经学的态度，
> 我们可以由他们的两句话中看出来，康氏在他的《孔子改制考》中
> 有句话，即"六经皆孔子改制所作"，这差不多是康氏的口号。至
> 于太炎先生，在他的《原经》中有句话，即"六经皆史"，这也就是
> 章先生的口号。②

可以看出，钱玄同的这些见解是很精辟的，也很令我们佩服，他站在
历史的立场而非经学的立场来批评今古文派，对于促进经学向史学的转化
起到了积极的作用。尽管如此，但若仔细分析，钱玄同经学思想的倾向性
还是很明显的，他虽然洞悉两派，荟萃今古，但在实际言行中却是扬今抑
古的。他曾说："比较起来，还是今文较可信些"，特别是"古文为刘歆
伪作"之今文观，他"总觉得他们（案：指康有为、崔适）关于这一点
的考证是极精确的"。③

## 二　《新学伪经考》之优失

钱玄同对崔适的话总结发挥，认为《新学伪经考》的最大发明有二：

---

① 　钱玄同：《论今古文经学及〈辨伪丛书〉书》，《古史辨》第 1 册，上海古籍出版社 1982
年版。

② 　同上。

③ 　同上。

一为秦焚"六经"未尝亡缺，二为河间献王、鲁恭王无得古文经之事。

钱玄同认为，康有为《新学伪经考》中"《秦焚六经未尝亡缺考》一篇，所举的证据没有一条不是极确凿的，所下的断语没有一条不是极精审的。'书缺简脱'或'秦焚《诗》《书》，《六艺》从此缺焉'这类话，经康氏这一番考证，根本打倒，决不能再翻案了"①。认为《汉书河间献王鲁恭王传辨伪》一篇，康有为于1917年重刻时所作的《后序》中有一段自述的话，"很简赅，可作此篇的解题读"，并认为"这真是巨眼卓识"。康有为《后序》中的这段话是：

> 吾……拾取《史记》，偶得《河间献王传》、《鲁恭王传》读之，乃无"得古文经"一事，大惊疑，乃取《汉书·河间献王、鲁恭王传》对校《史记》读之，则《汉书》详言古文事，与《史记》大反，乃益大惊大疑。又取《太史公自序》读之，子长自称天下郡国群书皆写副集于太史公，太史公仍世父子纂其业，乃金匮石室之藏，厥协《六经》异传，整齐百家杂语，则子长于中秘之书，郡国人间之藏，盖无所不见，其生又当河间献王鲁恭王之后，有献书开壁事，更无所不知；子长对此孔经大事，更无所纪。
>
> 然而《史记》无之，则为刘歆之伪窜无疑也。②

钱玄同认为康有为《后序》中的这段话"真是巨眼卓识"。又说康有为在《后序》的末了还"有一段极精要的话"：

> 据《艺文志》、《刘歆传》、《河间献王传》：古文《书》、《礼》、《礼记》，恭王与献王同得，而皆不言二家所得之异同。岂残缺之余，诸本杂出，而篇章文字不谋而合，岂有此理？其为虚诞，即此已可断。然《艺文志》又言，"《礼》古经者，出于鲁淹中及孔氏，与十七篇文相似，多三十九篇"，是古文《礼》淹中又得，淹中及孔氏所得，与十七篇同一"相似"，同一"多三十九篇"，不谋而同，绝无

---

① 钱玄同：《重论经今古文学问题》，《钱玄同文集》第4卷，中国人民大学出版社1999年版，第142页。

② 同上书，第144页。

殊异。焚余之书，数本杂出，而整齐划一如是，虽欺童蒙，其谁信之！而欺绐数千年，无一人发其覆者，亦可异也！

在《重论经今古文学问题》中，钱玄同在肯定《新学伪经考》上述两点"精当"部分外，认为"还有两点，也是康氏的特识"：一是"《史记》中有被刘歆增窜的部分"；二是刘向与刘歆父子不同术，"向为今学，歆为古学"，"盖人以为《七略》出于刘向而信之，不知其尽出于歆也；又以为《别录》出于刘向而信之，不知其亦伪于歆也"。认为康氏的话"可谓一语破的"！①

钱玄同认为，康有为打倒古文经的中心文章，是《汉书艺文志辨伪》。这篇文章，证据详备，辨驳明快，大体上是很精核的，"但疏略武断之处亦颇不免"。对此，钱玄同一一指出，并予以考证。他认为，康氏之辨《毛诗》，议论最为透彻，"吾无间焉"②。康氏之辨《古文尚书》，"有极精核的议论，也有不彻底的见解，还有很错误的叙述"；指出康有为在《尚书》篇数问题上的"十六篇伪古文篇目"是"绝无根据的"，是"很错误的叙述"。

关于"三礼"，康氏主张《经》皆孔子所作，故认制礼者是孔子而非周公。康氏此说，人多视为无徵之臆谈。钱玄同认为孔子制礼之说虽未尽当，然亦非无徵之臆谈，比周公制礼之说高明多矣。③ 康有为认为《周礼》为刘歆所伪撰，钱玄同"认康氏之论最为确"④。认为"康氏之辨《礼记》，有极精之语；但他还是被刘歆欺骗了，所以支离穿凿之论也很多"⑤。

钱玄同认为："康氏书中，以辨《易》的部分为最坏，十之八九都是错误的。因为他主张《经》皆孔子所作，故非说孔子作《卦辞》《爻辞》不可。"⑥ 康氏不但认《卦辞》《爻辞》及《彖传》《象传》为孔子一人所作，且反认郑玄、王弼以来合《彖》《象》《文言》于《经》之改编本为

---

① 钱玄同：《重论经今古文学问题》，《钱玄同文集》第 4 卷，中国人民大学出版社 1999 年版，第 145—146 页。

② 同上书，第 146 页。

③ 同上书，第 155 页。

④ 同上书，第 157 页。

⑤ 同上书，第 158 页。

⑥ 同上书，第 167 页。

今文《易》之本来面目，于是力斥《汉志》"《易经》十二篇——施、孟、梁丘三家"之语为刘歆所伪托，可谓"凭臆武断"。① 钱玄同认为《易》与孔子无关，他的观点与康氏的观点不同，所以结论也恰恰相反。②

另外，康有为辨《左传》本于刘逢禄。"左氏不传《春秋》"之说，刘逢禄发挥得最为精核。康有为于此更进一步，谓《史记》中"《左氏春秋》"之名亦刘歆所增窜，《左传》原书实为《国语》之一部分。钱玄同认为康有为下的这个断语，"实在是至确不易之论"③。

关于《尔雅》，钱玄同认为《尔雅》中"必有刘歆们增益的部分"，但康有为谓其书全为刘歆所作，则未必然。④ 钱玄同认为，康有为之辨《小学》，"甚多特见"⑤。但康氏对于文字，又有极错误之论。他认古文经中的"古文"是刘歆所伪造，这话固然极对；可是他又认尊彝也是刘歆所伪造，那就完全错了。⑥ 又说康有为对于文字之学"太不讲求，并无心得"⑦。

# 三  《新学伪经考》是一部辨伪著作

钱玄同站在史学家而非经学家的立场，认为康有为的《新学伪经考》是一部"极重要极精审的辨伪专著，是治国故的人们必读的要籍"⑧。他说："凡治历史科学，第一步必要的工作是'审查史料的真伪'，简称可曰'辨伪'。"⑨ 过去的史学界，是被"宗经"的思想支配的，但是"经"中有很多东西是靠不住的。所以我们现在对于治国故的人们，应该供给他们许多辨伪的材料；而辨伪"经"的材料，比辨伪"史"、伪"子"、伪"集"的材料，尤其应当特别注重。并且进一步认为，"辨伪"不但是

---

① 钱玄同：《重论经今古文学问题》，《钱玄同文集》第 4 卷，中国人民大学出版社 1999 年版，第 170 页。

② 同上书，第 179 页。

③ 同上书，第 180 页。

④ 同上书，第 196 页。

⑤ 同上。

⑥ 同上书，第 203 页。

⑦ 同上书，第 205 页。

⑧ 同上书，第 141 页。

⑨ 同上书，第 135 页。

"经学家"的事，而且更是"史学家"的事。他指出，"经"是什么？它是古代史料的一部分，有的是思想史料，有的是文学史料，有的是政治史料，有的是其他国故的史料。既是史料，就有审查它的真伪之必要。①

与康有为"六经皆孔子改制所作"观点不同，钱玄同明确表示孔子与"六经"无涉，即"孔子并无删述或制作'六经'之事"。他说："《诗》、《书》、《礼》、《易》、《春秋》，本是各不相干的五部书"，它们是"古代留下来的几篇文学作品，几本档案粘存，几张礼节单子，几首迷信谶诗，几条断烂朝报而已"，而"六经配在一起当在战国之末"。② 这种看法，实有过激和不当之处，但其目的是否定了孔子与"六经"的关系，揭去了蒙在孔子头上的神秘面纱。

"辨伪"之后，真实的史料可以资取。钱玄同说："我们今后对于过去的一切笺、注、解、疏，不管它是今文说或古文说，汉儒说或宋儒说或清儒说，正注或杂说，都可以资我们参考及采取。"③ 又说："我们今后解经，应该以'实事求是'为鹄的，而绝对破除'师说''家法'这些分门别户、是丹非素、出主入奴的陋见！"④

就《新学伪经考》而言，钱玄同说"康氏政见之好坏，今文经说之然否，那是别一问题"，而作为"辨伪"的专著则是另一问题。他认为《新学伪经考》"证据之充足，诊断之精核，与顾炎武、阎若璩、戴震、钱大昕、段玉裁、王念孙、王引之、俞樾、黄以周、孙诒让、章太炎师、王国维诸人的著作相比，决无逊色，而其眼光之敏锐尚犹过之；求诸前代，惟宋之郑樵、朱熹，清之姚际恒、崔述，堪与抗衡耳"⑤。他并且引用顾颉刚的话来说明这一问题："康有为为适应时代需要而提倡'孔教'，以为自己的'变法说'的护符，是一件事；他站在学术史的立场上打破新代出现的伪经传又是一件事。"⑥

钱玄同针对《新学伪经考》精辟地说出一段话：

---

① 参见钱玄同《重论经今古文学问题》，《钱玄同文集》第 4 卷，中国人民大学出版社 1999 年版，第 137—138 页。

② 任访秋：《钱玄同论》，《艺谭》1981 年第 4 期。

③ 钱玄同：《重论经今古文学问题》，《钱玄同文集》第 4 卷，中国人民大学出版社 1999 年版，第 217 页。

④ 同上书，第 219 页。

⑤ 同上书，第 139 页。

⑥ 任访秋：《钱玄同论》，《艺谭》1981 年第 4 期。

近儒之主张应该分析经今古文的，或认今文为真而古文为伪，或认古文为优而今文为劣，虽立论相反，然皆以为今文古文之不同在于经学，而文字之差异与篇卷之多少尚在其次。窃谓不然。我以为今文古文之不同，最重要的是篇卷之多少，次则文字之差异；至于经说，虽有种种异义，其实是不值得注意的。①

他说古文经中有伪经，如《笙诗》6 篇、《逸书》16 篇、百篇《书序》《逸礼》39 篇及《周礼》《春秋左氏传》等"引用时必须审慎"。关于"文字之差异"，"固当以今文为正，但古文倒不是全无可取，也竟有应该用古文改今文的"②。关于经说，"则古文家与今文家正是一丘之貉"③。对于有人说今文家言"微言大义"，古文家言"训诂名物"，是两家最不同之点。钱玄同则不以为然，认为今文家也言"训诂名物"，而"微言""大义"本是两词，近人合为一词，最早用此两词的是古文家的始祖刘歆。④ 关于古文家言"《六经》皆史"，今文家言"《六经》皆孔子所作"，钱玄同认为"此则尤与事实不合"。因为"《六经》皆史"说始于宋之陈傅良，其后明之王守仁及清之袁枚、章学诚、龚自珍、章太炎皆主此说。陈、王、袁、张不但非古文家，且非经学家，龚为今文家，只有章为古文家。钱玄同不止一次地说："今文学是孔子学派所传衍，经长期的蜕化而失掉它的真面目。古文经异军突起，古文家得到了一点古代材料，用自己的意思加以整理改造，七拼八凑而形成其古文学，目的是用它做工具而和今文家唱对台戏。所以今文家攻击古文经伪造，这话对；古文家攻击今文家不得孔子的真意，这话也对。我们今天，该用古文家的话来批评今文家，又该用今文家的话来批评古文家，把他们的假面目一齐撕破，方好显露出他们的真相……"⑤ 现在看来，钱玄同的这些评价是非常有见地的。正因为如此，钱玄同说他"个人对于经学的态度"，"只不过

---

① 参见钱玄同《重论经今古文学问题》，《钱玄同文集》第 4 卷，中国人民大学出版社 1999 年版，第 211 页。

② 同上。

③ 同上书，第 213 页。

④ 同上书，第 215 页。

⑤ 钱玄同：《论今古文经学及〈辨伪丛书〉书》，《古史辨》第 1 册，上海古籍出版社 1982 年版。

是站在历史的立场上，来研究经的本来面目罢了"①。钱玄同的认识和看法，是对近代今古文及今古文家研究方法的极锐利、极彻底的批评，它启迪了一批资产阶级史学工作者重新审视经学的思想，开创了近代史学的疑辨之风。

　　作为古史辨派的钱玄同，其疑古思想是反封建的、是可取的，在文化史上是进步的，并且取得了很大的成绩。但是，钱玄同似有矫枉过正之嫌，对经今古文学尤其是古文经学否定过多，肯定太少，这种思想与康有为出于政治目的而持的对古文经的态度不谋而合，故他对《新学伪经考》多有溢美之词。随着考古材料发现的增多，特别是20世纪七八十年代大量汉墓竹简、帛书的出土，尤其证实了钱玄同这种"疑而过之"的思想观点。

（原载《云南民族大学学报》2009年第2期）

---

① 任访秋：《钱玄同论》，《艺谭》1981年第4期。

# 钱玄同与刘师培关系述论

钱玄同与刘师培既有世谊，又有政治上、学术上的相通和认同，二人相识后，过从甚密。但刘师培1908年以后背叛革命，助袁复辟，反对新文化运动等，也为钱玄同所指责。钱玄同以1908年为界，把刘师培的政治和学术分为两个时期，认为刘"前期趋于革新，后期趋于循旧"。钱玄同从尊重历史出发，对刘师培的政治思想和学术思想做出了十分客观的评价，并在晚年编辑刘师培遗书，为中国学术界做了一件功德无量的好事。钱玄同与刘师培的交往反映了清末民初知识分子在近代化过程中所走过的人生轨迹。

## 一 钱玄同与刘师培的交往

钱玄同是民国初年的思想家、教育家和语言文字学家，生于1887年，小刘师培3岁。刘师培既是晚清著名的革命党人，又是传承家学的著名学者，被誉为是清代扬州学派的殿军。钱玄同的父亲钱振常与刘师培的伯父刘恭甫为好友，刘恭甫的儿子是钱振常的弟子。钱玄同从1903年16岁时起便开始接触刘师培的著作。1904年刘师培《攘书》发表，对钱玄同影响很大。当时钱玄同正在苏州读书，读到《攘书》后，异常激动，于阴历四月二十五日下午毅然剪去辫子，以表示反清（"义不帝清"）之意。在《攘书》中，刘师培最具革命性的观点就是主张用"黄帝纪年"，极力反对中国传统的以帝王年号纪年的方法。对此，钱玄同给以热情评价："故黄帝纪年者，实建国（指中华民国）以前正式应用之纪年，为民国开国史上之重大文献也。"就在当年，钱玄同与几个朋友创办《湖州白话报》，因受刘师培的影响，不肯在封面上写"光绪三十年"，想采用"黄帝纪年"，为"黄帝纪元四千六百零二年"，但是考虑到这样写一定会被官厅干涉，禁止发行，所以才用干支纪年写"甲辰年"，表示不愿意遵循清代的"正朔"①。众所周知，黄帝纪年、年号纪年或干支纪年都是纪年的一种形式，但钱玄同和刘师培从反清的愿望出发，反对用年号纪年，主张用黄帝纪年或干支纪年，这说明年轻的钱、刘二人都是从狭隘的民族主义立场出发反对清朝，这也正是反清革命家在反清问题上所走过的第一段印迹。

1905 年，钱玄同入上海南洋中学读书，课余时间大量阅读了刘师培的著作，诸如《国学发微》《周末学术史序》《两汉学术发微论》《南北学派不同论》《古政原始论》《群经大义相通论》《小学发微补》《理学字义通释》《国学教科书》及《国粹学报》中的其他著述，受刘师培的影响很大，也从此"始知国学梗概"②。

1903—1911 年，关于排满革命的书报大致有三派：一是以章太炎的《訄书》、刘师培的《攘书》为代表，"提倡保存国粹以发扬种性，鼓吹攘斥满洲以光复旧物"，重"光复"而轻"革新"，有复古倾向；二是以汪精卫、胡汉民、朱执信等主撰的《民报》为代表，倡导"三民主义"；三是以吴稚晖、李石曾等主撰的《新世纪》为代表，主张排斥一切旧物，将欧化"全盘接受"。据钱玄同回忆，他当时的观点是倾向于第一派的，主张保存国粹，宣扬国光。正是在这种思想指导下，后来钱玄同到日本留学，便拜章太炎为师，也正是在章太炎的住处于1907 年 4 月 22 日认识刘师培。"自尔遂恒与刘君谈论，获益甚多，至戊申（1908）秋冬间刘君归国时止。癸卯（1903）至戊申（1908）六年间刘君前期之著述，除芜湖之《白话报》外，余尝尽读之。"③ 说明了钱玄同与刘师培思想的一致性。

1907 年夏天，刘师培结识了东京的社会党人北辉次郎与和田三郎。在他们的影响下，刘的研究兴趣由民族主义转向无政府主义。为此，6 月 10 日他与妻子何震倾其所有，创办了一个专门研究无政府主义的刊物《天义》半月刊。随后他又创办了社会主义讲习会，邀请当时研究无政府主义的著名学者章太炎、陶成章等人来作讲演。这个讲习班吸引了许多留学生参加。钱玄同曾回忆，1908 年 1 月，他在社会

---

① 钱玄同：《三十年来我对于满清的态度底变迁》，《语丝》第 8 期。
② 钱玄同：《刘师培先生遗书序》，《钱玄同文集》第 4 集，中国人民大学出版社 1999 年版。
③ 同上。

主义讲习班听章太炎讲《庄子·齐物论》和《理论不如实践》，3月又听刘师培讲克鲁泡特金的《互助论》。说明在日本留学的岁月里，钱玄同因受刘师培的影响曾一度接触到社会主义（无政府主义）。20世纪初，社会主义在中国的发生期，呈现出百派杂陈、泥沙俱下的局面，无政府主义是其中的一种。作为一种社会理想和改造社会的一种手段是当予肯定的。

钱玄同和刘师培都是世界语的积极倡导者。刘师培在离开日本前的最后半年里，做了一件自认为很重要的事情，这就是推广世界语。他在给世界语热衷者钱玄同的信中说："世界语夏期讲习班仍旧开设，已由大杉荣人自代，如贵友中有欲肄习此语者可于日内报名，特此奉闻即请著安，申叔启，阴历六月二十七日。"刘师培是中国最早宣传世界语的学者，但为时很短，钱玄同对世界语的倡导则更为长久。钱玄同是近代中国著名的语言文字学家，长期致力于文化教育事业尤其是语言文字的研究和改革工作，并做出了突出的贡献。对于刘师培废弃汉文，改用世界语的倡言，钱玄同起初并不十分赞同，而是态度比较持重。但是在新文化运动期间，钱玄同则比较激进，他在《新青年》等刊物发表文章，在北京大学组织世界语学习班，大力倡导世界语，并希望鲁迅"腾出功夫来讨论 Esperanto（世界语）究竟是否可行"的问题，使世界语的提倡和传播一时成为潮流。五四时期钱玄同对于世界语的倡导，反映了他站在世界文明高度，吸纳人类文明精华的胸怀，同时也体现了他从功利主义目的出发，经世致用和工具现代化的思想倾向。

在日本的最后半年里，刘师培的思想不为人理解，朋友失和，改选同盟会的建议未被采纳，支持者越来越少，攻击者的声音却越来越强劲，他有些灰心丧气，只好集中精力去办报、组织世界语学习班。他在给钱玄同的信里说，自己的呼喊与倡议，就像"空谷足音"一样。他于是茫然了，开始考虑自己继续留在日本的意义。正是在这种情况下，刘师培回国投靠端方，背叛革命。1915年助袁世凯复辟，名列"筹安会"，1917—1919年又在北京大学反对新文化运动。对此，钱玄同多有指责，认为刘师培的思想"后期趋于循旧"①。

---

① 钱玄同：《刘师培先生遗书序》，《钱玄同文集》第4集，中国人民大学出版社1999年版。

# 二　钱玄同对刘师培的评价

　　知人论人，往往是一件非常困难的事情。但钱玄同则知人善论，对刘师培做出了客观的评价。对于刘师培的政治思想，钱玄同以 1908 年为界将其分为两个阶段，认为前期刘为爱国志士，顺应时代潮流，探索反清救国之路，当予肯定。甚至认为在清末启发民智、拯救危亡的运动中最卓越的 12 人中就有刘师培，余为康有为、宋衡、谭嗣同、梁启超、严复、夏曾佑、章太炎、孙诒让、蔡元培、王国维、崔适，可见对刘师培评价之高。但也不隐讳刘师培后期的表现，认为后期环境改变，刘"倡君政复古之说，则与前期绝异"[1]。

　　钱玄同是对刘师培的学术思想做出最全面评价的同时代学者。刘师培是晚清国粹派中的古文大家，其曾祖父、祖父、父亲都是恪守乾嘉汉学传统的知名学者，而且以三世相续共注一部《春秋左氏传》而著称。刘师培自幼浸染在家庭文化的氛围中，终成大家。钱玄同并认为刘师培的学术思想"前期以实事求是为鹄，近于戴学，后期以笃信古义为鹄，近于惠学"[2]。

　　在经学思想上，钱玄同认为总的来说刘师培为一古文家，由于其家学渊源，主要是尊信古文之左氏，但也并不完全摈斥今文学，尤其是不摈斥今文之公羊。认为"刘君于经学，虽偏重古文，实亦左右采获，不欲专己守残也"。在经学方面，钱玄同曾受过今古两派的教育，他既是古文家章太炎的学生，又是今文家崔适的弟子，但他最后洞悉两派，跳出两派，不泥家法，并对今古两派进行批评，还经学为史学。钱玄同的经学思想与方法，对促进中国近代经学由传统到现代的转变发挥了很大的作用，也正因为如此，钱玄同的经学思想"则余与刘君所见绝异"[3]。

　　在学术思想上，钱玄同认为刘师培论古今学术思想之文，皆其前期所作。"刘君对于学术思想，最能综贯群书，推十合一，故精义极多。"认为章太炎评价梁启超论中国学术思想变迁之大势的话——"真能洞见社会之沿革，种性之蕃变者"——亦适合评价刘师培。[4]

----

① 　钱玄同：《刘师培先生遗书序》，《钱玄同文集》第 4 集，中国人民大学出版社 1999 年版。
② 　同上。
③ 　同上。
④ 　同上。

钱玄同为中国近代语言文字学家，对小学、语言、音韵等都有很独到的研究。钱玄同最佩服刘师培论小学的文章，认为刘"最能观其会通"，"今后治小学者皆宜奉为皋圭"。并认为刘师培"校释群书诸作，皆依庐王俞孙之律令，古书与后学胥受其宜，非夫横通之校勘所能并论"。钱玄同还把刘师培关于小学训诂的研究文章分为前后两期，认为前期研究小学，揭橥三义：一是就字音推求字义；二是用中国文字证明社会学者所阐发古代社会之状况；三是用古语明今言，亦用今言通古语。"此三义皆极精卓"，但其"后期主张，则多与前期相反"，其"守旧"之处比比皆是：一是对于《说文》，主张墨守，毋稍违叛；二是对于同音通用之字主张于《说文》中寻求本字，反对前期音近义通之说，且目同音通用之字为"讹迹"；三是对于新增事物，主张于《说文》取义训相当之古字名之，而反对添造新字新词。① 这些评价是很符合刘师培的实际情况的。

钱玄同虽然一再肯定刘师培的学术地位和早期所受过的刘师培的影响，但不因私交而废言，对刘师培后期在政治上和学术的守旧、倒退并不隐讳，从尊重历史、表彰学术的原则出发，客观地评价刘师培，显示了一个知识分子严谨的学术操守和为人处世的正直品格。

# 三　一手编订刘师培文集

刘师培生前曾经自编文集，名为《左庵集》。1910 年 5 月 20 日，在《国粹学报》上登出了《左庵集》的出版广告："近扬州刘申叔先生师培将平昔说经及考订子史之作编为《左庵集》。刊本印行，书分八卷，装订六册，刊印美善。现已出书，由本社代售，定价三元五角。"这部《左庵集》是刘师培最早自订的文集。可惜的是他死后仅十几年，这部集子已经很少见了。就连钱玄同也仅在他的朋友张少元家中见到过一次。据钱玄同事后回忆，文集刊印确实讲究，书封面正中刻"左庵集"，左面有"端方署检"四字。他说，这部文集出版后很快销售一空。因为当时刻印完以后，刻板并没有保存，所以无法再印。许多学者多方求购，也难以买

---

① 参见钱玄同《刘师培先生遗书序》，《钱玄同文集》第 4 集，中国人民大学出版社 1999 年版。

到，成为当时学界的畅销书。

1934 年，刘师培旧友宁武南桂馨出资刊行刘的遗书，委托郑裕孚为校勘，吴晓芝主承印代销。经黎锦熙邀请，在北京师范大学任教的钱玄同参加编订工作。黎锦熙后来回忆说："他慨允，岂料后来是钱先生给他一手编成的！"①

这部由钱玄同总其成的《刘申叔先生遗书》，收刘师培著述 74 种。迄今为止，这是唯一一种刘师培的全集，即"宁武南氏校印本"（也称"宁武南氏铅刻本"），1936 年印成，1939 年正式发行。1999 年中国人民大学出版社出版的《钱玄同文集》，收录了钱玄同给郑裕孚的 68 封信，我们从中可以看到钱玄同编辑此书的指导思想、体例设计和其他具体细节。认真分析，钱玄同总其成的《刘申叔先生遗书》有如下几个特点。

### （一）知人论学，尊重历史，表彰学术

钱玄同与刘师培有很多特殊的关系，既有世谊，又有学术上的相通和认同；既同为反清志士，又是接触和宣传社会主义的激进派人物，二人对中国的语言文字的进步和发展又都做出了贡献。但是，钱玄同对于刘师培晚年的落伍和思想学术的保守也不讳言，实事求是，尊重历史。如在是否收录《攘书》的问题上，钱玄同与刘师培的门生刘叔雅发生了分歧。刘叔雅担心"因申叔晚节之有亏，恐人见其早年之鼓吹革命而讥其后之变节"，反对收录。但钱玄同认为，《攘书》是刘师培早期借学术宣传排满革命最具代表性的重要著作之一，风行一时，影响很大，必须收录。最后经过多方讨论，《攘书》还是收录其中。

### （二）广征遗文，收录全面，成为研究刘师培的重要资料

《刘申叔先生遗书》收刘师培已刊未刊论著共 74 种，除了收入论学著作，还据旧杂志录入论政著作，保持了刘师培的大部分著述。钱玄同是学者，他通过学术人脉，寻找相关资料的线索，力求收录全面。黎锦熙曾说："除《国粹学报》、《左庵文集》等和直接向仪征刘家征得的遗稿外，

---

① 黎锦熙：《钱玄同先生传》，曹述敬《钱玄同年谱·附录》，齐鲁书社 1986 年版。

大部分都是钱先生旧存与逛厂甸陆续得来的材料。"① 但现在看来，这部遗书也有问题，比如刘师培在《天仪报》《衡报》上发表的宣传社会主义、无政府主义的文章，便有多篇不见收入。这不知是由于无意遗漏还是出于有意隐讳。②

### （三）反对无原则抬高刘师培

《刘申叔先生遗书》正式刊行前，钱玄同对郑裕孚委人代写的全书《后序》表示不满，反对无原则抬高刘师培，反对郑擅代自己作自我贬抑式的"执谦"。1938 年 3 月 1 日钱玄同在致郑裕孚的信中说："弟与申叔，朋友也，非师生也，亦非前辈后学也。少读其文，固尝受其影响，然自申叔于戊申冬回国以后直至己未冬作古，此十余年中，弟对于申叔之学，说老实话，多半不同意，非因其晚节有亏也，实因其思想守旧，其对于国学之见解与方法，均非弟所佩服也。近二十年来，弟读书稍多，不特对于申叔所论，不同意处甚多，即对于先师章公太炎之作，亦多有不敢苟同者矣……"在钱玄同的坚持下，《后序》稿子后来作了修改。

### （四）为《刘申叔先生遗书》作序，使该书大为增色

据钱玄同的长子钱秉雄 1939 年 2 月 17 日所记，钱玄同为《刘申叔先生遗书》作序，初稿成于 1937 年 3 月 31 日，稿中有数处，原拟修正补充后付印；但年来因血压高，精神衰惫，不克久坐用脑，虽于 1938 年 12 月间曾经一度续写，但仍未告竣。1939 年 1 月 17 日，钱玄同患脑溢血去世，此稿原阙处就未及补，付印时为存其真，亦未修正。③《刘申叔先生遗书序》全文 5000 言，视野开阔，气势宏大，先在半个世纪以来中国学术思想发展的大趋势上为刘师培定位，认为刘是清末启发民智、拯救危亡的运动中最卓越的 12 人之一。同时指出刘师培政治和学术的前后两个不同的时期。认为刘师培的著述最精要之处有四个方面：一为论古今学术思想，二为论小学，三为论经学，四为校释群书。序言中，钱玄同对刘师培大起大落、毁誉参半的一生，尤其是其学术思想，作了十分客观而又十分

① 黎锦熙：《钱玄同先生传》，曹述敬《钱玄同年谱·附录》，齐鲁书社 1986 年版。
② 参见朱维铮《刘师培的脚印》，《音调未定的传统》，辽宁教育出版社 1995 年版。
③ 参见钱秉雄《刘师培先生遗书序·附记》，《钱玄同文集》第 4 集。

深刻的评价，其思想观点令人信服。钱玄同本是一个矫枉过正的激进派学人，但在刘师培遗书的问题上，既出力最多，又显得至情至理、平正通达。钱玄同在其晚年为亡友刊行遗书，并著有《左庵年表》《左庵著述系年》，当为中国学术界做了一件功德无量的好事。

（原载《淮北煤炭师范学院学报》2008 年第 2 期）

# 和而不同:中国近代思想
# 史上的胡适与钱玄同

在中国近代思想史上,胡适与钱玄同的关系颇为引人注目。从总体上看,二人同属学术民主、思想自由式人物;但从各自的性格及其对待问题的态度看,胡适更温和、理性一些,而钱玄同则表现出激进、学理性不足的一面;胡适著作等身,思想自成一体,钱玄同多短篇散论,思想跌宕起伏,却往往振聋发聩。胡适与钱玄同的交往和思想,从某一个方面反映了中国近代思想文化史发展前进的足迹。

## 一 五四新文学运动中的战斗伙伴

在五四文学革命的发动期,新文化阵营尚未形成,最初的代表人物是陈独秀、胡适和钱玄同。1917 年 1 月,胡适的《文学改良刍议》发表在《新青年》2 卷 5 号上,在 2 月出版的《新青年》2 卷 6 号上便发表了陈独秀的《文学革命论》和钱玄同赞成胡适"改良文艺"的《寄陈独秀》信。从此,一个具有"现代型"特征的新文学运动使中国人振聋发聩、耳目一新。顽固派林纾的文言小说《荆生》中的攻击对象也是陈独秀(田其美)、胡适(狄莫)、钱玄同(金心异)三人。当时,钱玄同与陈独秀思想较为一致,同属文化激进主义思想的代表人物,而与胡适则有着不同程度的差异。本着文学革命的大目标,"受了二十多年封建教育"的钱玄同对留美博士胡适时常发出忠诚的劝告和一针见血的批评,从而成为新文学革命史上的一段佳话。

对于胡适的《文学改良刍议》,钱玄同"极为佩服"。胡适批评骈文及主张白话文学的观点,钱氏认为"说最精辟",并言"改良文艺,其结果必佳良无疑"。① 当时胡适在国外，胡、钱二人尚未谋面。在这封信中，钱玄同对胡适的主张完全是赞同的态度且给予了高度的评价，并首次提出了反对"选学妖孽"和"桐城谬种"的口号。

胡适在《文学改良刍议》中提出"八条主张"，钱玄同认为"陈义精美"，而"'不用典'之论最精，实足祛千年来腐臭文学之积弊"。五四前的封建文人，以用典或不用典作为划分博学与俭学的标志，因此，进行文学革命，反对用典是具有革命意义的。但在"不用典"问题上胡适是不彻底的，所以他又说："工者偶一用之，未为不可。"比较而言，钱玄同的态度比胡适坚决而彻底。钱玄同说："凡用典者，无论工拙，皆为行文之疵病。"认为胡适"工者偶一用之，未为不可"是"似犹未免依违于俗论"，指出"文学之用典，已为下乘。若普通之应用文，尤须老老实实讲话，务期老妪能解；如有妄用典故，以表象语代事实者，尤为恶劣"。他又从文学发展的历史情况立论，说齐梁以前之文学，从无用典者。并进一步说明用典是"文学洼败之一大原因"，"是后人劣于前人之处"。② 钱玄同在文学革命的发动期所写的这两封信，发表及时，反响强烈，成为继胡适、陈独秀之后冲锋陷阵的建设性理论。胡适到了晚年在其《自传·文学革命的结胎时期》一章中，十分称赞钱玄同参加文学革命的意义，并对钱玄同对自己的批评和劝告表示认同。胡适说："（钱玄同）原为国学大师章太炎的门人。他对这篇由一位留学生执笔讨论中国文学改良问题的文章，大为赏识，倒使我受宠若惊……钱教授是位古文大家。他居然也对我们有如此同情的反应，实在使我们声势一振。"③

众所周知，胡适作白话诗而成中国第一部白话诗集《尝试集》。《尝试集》在打破旧诗词声韵格律限制，抛弃用典、对仗等方面取得了一定的成绩。对于应该用白话做文章的道理，钱玄同说得痛快透彻。对于胡适的白话诗，钱玄同不仅大力支持，而且更进一步，要求放大步子，彻底干净，批评胡适放不开手脚的忸怩观望态度。认为胡适的白话诗"未能尽脱文言窠臼"，"太文了"。他劝胡适："现在我们着手改革的初期，应该尽量用白话去做才是，倘使稍怀顾忌，对于'文'的一部分不能完全舍

① 《新青年》2卷6号。
② 钱玄同：《寄陈独秀》，《新青年》3卷1号。
③ 陈金淦：《胡适的自传》，载《胡适研究资料》，十月文艺出版社1989年版。

去，那么便不免存留旧污，于进行方面，很有阻碍。"① 对于钱玄同的批评，胡适极为佩服，他曾说："我现在回头看我这五年来的诗，很像一位缠过脚后来放大了的妇人回头看她一年一年的放脚鞋样，虽然一年放大一年，年年的鞋样上总还带着'缠脚时代'的血腥气。"② 这一点是很有意思的，钱玄同本人没有白话诗传世，但对于新文学史上具有开山之功的《尝试集》及其作者指指点点，忠诚的劝告和一针见血的批评不仅使胡适也足以令后人佩服。

## 二　形式与内容：不同的中国古典小说评价标准

新文学革命开始后，胡适与钱玄同之间曾围绕怎样评价中国古典小说展开过一场有助于小说发展的讨论。同没有白话诗作问世一样，钱玄同也没有剧本和小说的创作。他"提倡有心，创造无力"③，但开风气，不为师表。钱玄同从文学革命的需要出发，在对古典文学的评价上总的观点是：重视思想标准而轻视艺术标准，重视写实文学而轻视浪漫文学，在一些问题上与胡适的看法相左，其中在对《三国演义》的看法上表现最为突出，而讨论的结果成为为曹操翻案的先声。

文学革命开始后钱玄同致陈独秀的第二封信即完整地表达了他对中国古典小说的看法。他说：

> 旧小说中十分之九，非海淫诲盗之作，即神怪不经之谈。否则以迂谬之见解，造前代之野史。最下者，所谓"小姐后花园赠衣物"、"落难公子中状元"之类，千篇一律，不胜缕指。故小说诚为文学正宗，而前此小说之作品，其有价值者乃极少。弟以为旧小说之有价值者，不过施耐庵之《水浒》，曹雪芹之《红楼梦》，吴敬梓之《儒林外史》，李伯元之《官场现形记》，吴趼人之《二十年目睹之怪现状》，曾孟朴之《孽海花》六书耳。曼殊上人思想高洁，所为小说，足为新文学之始基乎！④

---

① 《钱玄同致胡适信》，《新青年》3 卷 6 号。
② 胡适：《尝试集·再版自序》，《胡适文存》一集，黄山书社 1996 年版。
③ 胡适：《中国文艺复兴运动》，《胡适研究资料》。
④ 参见钱玄同《寄陈独秀》，《新青年》3 卷 1 号。

钱玄同对《七侠五义》《西游记》《三国演义》《聊斋志异》《说岳》等大加贬斥，认为《七侠五义》为"诲盗之作"，《西游记》《封神传》为"神怪不经之谈"，《三国演义》《说岳》为"以迂谬之见解，造前代之野史"，"《聊斋志异》诸书直可谓全篇不通"。①

可以看出，钱玄同对中国古典小说的评价忽视了艺术标准，而强调思想内容，他的看法有正确的一面，也有偏激之处，将苏曼殊小说作为"新文学之始基"也不够客观。对此，胡适提出不同意见，并由此引发了钱、胡之间关于如何评价中国古典文学的讨论。

1917 年 5 月 10 日，胡适在《再寄陈独秀答钱玄同》中认为：钱玄同对《聊斋志异》的评价"此言似乎太过"；《西游记》在文学中自有它一定的地位，其妙处在于荒唐而有情思，诙谐而有庄意，在世界神话小说中实为不可多得之作；《七侠五义》在第二流小说中，尚可称佳作；把《三国演义》与《说岳》并举，"亦似未尽公允"。《三国演义》在世界"历史小说"上为有数的名著。其书谬处在于推蜀汉君臣而过抑曹孟德。然其书能使今之妇人女子皆痛恨曹孟德，亦可见其魔力之大。钱玄同谓《水浒》《红楼梦》《儒林外史》《官场现形记》《孽海花》《二十年目睹之怪现状》六书为小说之有价值者，此盖就内容立论耳。适以为论文学者固当注重内容，然亦不当忽略其文学的结构。结构不能离内容而存在，然内容得美好的结构乃益可贵。胡适最后得出结论，以为中国第一流小说，"古人惟《水浒》、《西游》、《儒林外史》、《红楼梦》四部，今人惟李伯元、吴趼人两家，其他皆第二流以下耳"。② 可以看出，胡适对中国古典文学的评价，既注重思想内容，又讲究艺术结构，这种看法比钱玄同公允、严谨得多。

对于胡适的观点，钱玄同在 7 月 2 日致胡适的信中，进行了答复和讨论，接受了胡适的某些观点，如对《西游记》的评价以及将《水浒》《儒林外史》《红楼梦》三书并列为第一等小说"极以为然"。但对于《三国演义》的评价，钱玄同则坚持自己的观点，未发现其"佳处"何在。钱玄同不喜欢《三国演义》的理由是："盖曹操固然是坏人，然刘备亦何尝

---

① 钱玄同：《寄陈独秀》，《新青年》3 卷 1 号。
② 《胡适文存》一集。

是好人。论学、论才、论识，刘备远不及曹操。"① 钱玄同总的看法是："以为《三国演义》所以具有这样的大魔力者，并不在乎文笔之优，实缘社会心理迂腐所致。因为社会上有这种'忠孝节义''正统''闰统'的谬见，所以这种书才能迎合社会，乘虚而入。我因为要祛除国人的迂谬心理，所以排斥《三国演义》。"②

钱玄同与胡适反复讨论《三国演义》的优劣，实际见解并没有原则性的分歧，而只是对胡适的"过抑曹孟德"看法作了具体的说明。此外，钱玄同还揭示了"帝蜀寇魏"立论的根源，认为这是东晋习凿齿与南宋朱熹为了维护当时的反动统治而制造出来的舆论，致使"害得一帮愚夫愚妇无端替刘备落了很多眼泪，大骂曹贼千刀万剐"③。在这一点上，钱玄同比胡适说得透彻。后来，胡适又进一步说明了曹操被丑化的原因。

钱玄同与胡适对《三国演义》的讨论，由小说到戏剧，两人对"褒刘贬曹"都发表了自己的看法，胡适并且指出《三国演义》的曹操与舞台上的曹操是有差别的，不能把丑化曹操的责任完全归罪于《三国演义》的作者。现在看来，文学革命初期钱、胡关于《三国演义》的讨论，是值得我们重视的。实际上二人做了一件替曹操翻案的工作，肯定了曹操的才能，并且认为历史上曹操在戏剧舞台上的白脸奸臣形象是冤枉的。1922年胡适还为当时出版的《三国演义》作序，对《三国演义》这部小说的形成以及传统的评价，都作了详细的考证。至于曹操什么时候成为被指斥的人物也作了具体的探索。④ 这些成果，都与1917年和钱玄同的讨论分不开。但可惜的是，当时的讨论，没有广泛地展开，只局限于钱、胡二人之间进行。直到50年代末，郭沫若发表了一系列为曹操翻案的文章，对曹操的评价才得以公允，曹操的形象才为学术界、为社会所接受。

## 三 文学革命思想的分歧与矛盾

从本质上看，胡适与钱玄同有很多相似之处，如主张学术民主、思想

---

① 《胡适文存》一集。
② 同上。
③ 《新青年》3卷6号。
④ 胡适：《中国章回小说考证》，上海书店出版社1980年版。

自由等。但在文学革命时期，则表现为一为平和，一为激进，并因而在很多问题上产生了认识的分歧。

胡适与钱玄同的分歧首先表现在对"双簧信"的反应。1918 年 3 月《新青年》4 卷 3 号钱玄同与刘半农"双簧信"发表后，社会反响很大，《新青年》同人如鲁迅、陈独秀以及后来的郑振铎等都给予了较高评价，但胡适不以为然。胡适嘲笑钱、刘"没有学者态度"，太"浅薄"，并意欲将刘半农等排挤出《新青年》，杂志归他一个人来编辑。对此，钱玄同针锋相对，说："你反对半农编，我反对你编。"在这次意见分歧中，鲁迅和周作人都站在钱、刘一边，给予支持。①

在关于旧戏改革的问题上，由于胡适约顽固派人物张厚载写文章而引起钱玄同的不满与批评。1918 年 6 月 15 日《新青年》4 卷 6 号发表张厚载《新文学及中国旧戏》一文，胡适写了跋语。胡适说，张厚载"以评戏见称于时，为研究通俗文学之一人，其赞成本社改良文学之主张，固意中事"。钱玄同不赞成胡适的看法，认为"我们做《新青年》的文章，是给纯洁的青年看的，决不求此辈来'赞成'！"他认为张厚载对中国旧戏的观点很不对头，是"污我《新青年》"。他写信向胡适表示，这样的人通信可以，但不应约他写文章，否则他就要脱离《新青年》杂志。对此，胡适在 1919 年 2 月 20 日致信钱玄同，依然坚持自己的观点，认为"无论如何，总比凭空闭户造出一个王敬轩"好。钱玄同在复信中大为光火："我还要奉劝老兄一句：老兄对于中国旧戏，很可以拿它和林琴南的文章、南社的诗一样看待。老兄的思想，我原是很佩服的，然而我却有一点不以为然处，即对于千年积腐的旧社会，未免太同他周旋了。平日对外的议论，很该旗帜鲜明，不必和那些腐臭的人去周旋，老兄可知道外面骂胡适之的很多吗？你无论如何敷衍他们，他们还是很骂你，又何必低首下心，去受他们的气呢？"真是语重心长！从钱、胡两人反复通信讨论看，在当年的文学革命中，钱玄同的态度比胡适果决、彻底得多。

关于胡适与钱玄同类似的分歧，还表现在对封建复古派文人汪懋祖的态度上。1918 年 7 月《新青年》5 卷 1 号转载了汪懋祖发表于《国学季刊》上的一封给胡适的信，该信大放厥词，把矛头指向了钱玄同。汪信

_____

① 参见迫迁（李长之）《刘复》，《二十人志》，良友出版公司 1935 年版。

说:"革命之道,形势尚非所急,当先淘汰一切背理之语。今日甲党与乙党相掊击,动曰'妖魔丑类',曰'寝皮食肉',其它凶暴之语,见于函电报章尤比比……至于两党讨论是非,各有其所持之理由。不务以真理争论,而徒相目以'妖',则是滔滔者妖满国中也……贵报固以提倡新文学自任者,似不宜以'妖孽''恶魔'等名词输入青年之脑筋,以长其暴戾之习也。"看了这样的信,胡适深有同感,把自己的回信刊之于后。胡适认为汪之"诤言,具见足下之爱本报,故肯进此忠告"。并说《新青年》"将来的政策:主张尽管趋于极端,议论定须平心静气。一切有理由的反对,本报一定欢迎,决不致'不容人以讨论'"。由此可见,胡适的思想是主张绝对的自由,平心静气,自由讨论,反对极端,对钱玄同、陈独秀等的激进做法是很不赞成的。从中可以看出胡适与钱玄同不同的处世态度和思想风格。1919 年 9 月,陈独秀获释后被驱逐出北京,他经武汉到了上海,《新青年》编辑部也随之迁到上海。到上海后,陈望道、沈雁冰、李达、李汉俊等加入了编辑部。此时《新青年》开始宣传马克思主义。由于"色彩过于鲜明",反动当局便"不准邮寄",封闭搜查并准备扼杀它。这样,刊物能否办下去便成了问题。在此情况下,1920 年 12 月底,胡适致信陈独秀,提出三个办法:(1)听《新青年》流为一种有特别色彩之杂志,而另创一个哲学文学的杂志;(2)将《新青年》编辑的事,自 9 卷 1 号移到北京来。由北京同人于 9 卷 1 号内发表一个宣言,略根据 7 卷 1 号的宣言,而注意学术思想艺文的改造,声明不谈政治;(3)按陶孟和的意见,暂时停办。

陈独秀对《新青年》"色彩过于鲜明"说"不以为然",对胡适"不谈政治""似大生气",对另办一杂志也有误解。[1] 胡适拿给陈独秀的信向《新青年》在北京的同人征求意见,大家的反映是:李大钊主张把当时几种比较进步的杂志《新青年》《新潮》和《每周评论》的人结合起来,"《新青年》的团结千万不可不顾"[2]。周作人的意见是:"赞成北京编辑。但我看现在《新青年》的趋势是倾于分裂的,不容易勉强调和统一。无论用第一、第二条办法,结果还是一样,所以索性任他分裂,照第一条或

---

① 参见胡颂平《胡适之先生年谱长编初稿(1921 年)》,陈漱渝《钱玄同日记中的鲁迅》,《辽宁教育学院学报》1985 年第 4 期。

② 李大钊:《致胡适(1920 年 12 月)》,《李大钊诗文全集》,人民文学出版社 1959 年版。

者倒还好一点。"① 鲁迅赞成周作人的意见，但对于"不谈政治""却以为不必"，鲁迅的意思倒不是反对胡适"不谈政治"，而是觉得"凡《新青年》同人所作的作品，无论如何宣言，官场总是头痛，不会优容的"，所以"此后只要学术思想艺文的气息浓厚起来——我所知道的几个读者，极希望《新青年》如此——就好了"。②

在这场争论中，钱玄同的态度是"和周氏兄弟差不多，觉得还是分裂为两个杂志的好"。对于"陈、胡二公"的"短兵相接"，表示"绝不愿为左右袒"，既认为"适之所主张者较为近是"，又反对胡适"宣言不谈政治"。很明显，此时钱玄同和陈独秀分别是以学者和政治家的态度来看待胡适的主张的。五四风暴过后，钱玄同反对"统一思想"，主张学术民主、思想自由，反对"这边拉过来，那边拉过去，拉到结果两败俱伤"，认为这是"丢脸"和"无谓"的事情。他认为"《新青年》招牌"与"《新青年》精神"是两回事，只要坚持科学和民主的思想，《新青年》"精神永存"，那么《新青年》"还是分裂为两个杂志的好"。③ 1920年12月，陈独秀致信北京的李大钊、钱玄同、鲁迅、胡适等人，请他们继续为《新青年》投稿，并且"甚盼一涵、孟和、玄同诸兄能有文章寄来（因为三人久无文章来了）"。然而由于认识上的误差和《新青年》的"色彩过于鲜明"，陈独秀的这一"盼望"未能实现。在这场争论中，钱玄同的观点虽不同于胡适，却与胡适有相近之处。

鲁迅在《南腔北调集·〈自选集〉自序》中说，五四运动的风暴一过，"《新青年》的团体散掉了，有的高升，有的退隐，有的前进，我又经验了一回同一战阵中的伙伴还是会这么变化……"有人认为胡适、钱玄同属于"高升"的一类④，还有人认为钱玄同不仅"高升"了，而且思想"僵化"了，"落伍"了，甚至"倒退"了，说他躲进了宁静的书斋，从而与革命者分道扬镳。⑤ 然而，问题并非如此简单。事实是，五四

---

① 胡颂平：《胡适之先生年谱长编初稿（1921年）》，陈漱渝《钱玄同日记中的鲁迅》，《辽宁教育学院学报》1985年第4期。

② 《鲁迅全集》第11卷，人民文学出版社1981年版，第371页。

③ 胡颂平：《胡适之先生年谱长编初稿（1921年）》，陈漱渝《钱玄同日记中的鲁迅》，《辽宁教育学院学报》1985年第4期。

④ 彭定安、马蹄疾：《鲁迅和他的同时代人》上卷，春风文艺出版社1985年版，第128页。

⑤ 参见姜德明《鲁迅与钱玄同》，《新文学史料》1979年第3辑。

风暴过后，钱、胡二人与同属新文化阵营的其他同人在一些问题的看法上产生了分歧和矛盾，产生分歧和矛盾的原因既有各人不同的处世态度，也有急剧发展的革命形势以及革命家与学者的不同认识逻辑。然而分歧的发展却导致了钱、胡以及周作人等与共产党人发生了分裂，导致了《新青年》团体的破裂。

## 四　五四后学术问题上的"和而不同"

五四风暴过后，在胡适"整理国故"思想倡导下，在史学领域崛起了一个新的派别"古史辨"派。史学界的普遍看法是，古史辨派的代表人物是顾颉刚，其次是胡适、钱玄同。而实际上，从辨伪成就看，顾颉刚成就最大；但若说路标式的精神领袖则是胡适和钱玄同。这从顾颉刚的话中可以得到证明。顾颉刚在《我是怎样编写〈古史辨〉的？》一文中自述其学术渊源时说："我的《古史辨》的指导思想，从远的来说就是起源于郑（樵）、姚（际恒）、崔（述）三人的思想，从近的说则是受了胡适、钱玄同二人的启发和帮助。"① 顾颉刚认为："适之先生带了西洋的史学方法回来，把传说中的古代制度和小说中的故事举了几个演变的例，使人读了不但要去辨伪，要去研究伪史的背景，而且要去寻出它的渐渐演变的线索，就从演变的线索上去研究，这比了长素先生的方法又深进了一层。""那数年中，适之先生发表的论文很多，在这些论文中他时常给我以研究历史的方法，我都能深挚地了解而承受，并使我发生一种自觉心，知道最合我的性情的学问乃是史学。"② 关于钱玄同，顾颉刚说："1920 年我在北大毕业之后才认识钱玄同先生……他兼通今古文而又对今古文都不满意。他不止一次地对我说：'今文学是孔子学派所传衍，经长期的蜕化而失掉它的真面目的。古文经异军突起，古文家得到了一点古代材料，目的是用它做工具而和今文家唱对台戏，所以今文家攻击古文经伪造，这话对；古文家攻击今文家不得孔子的真意，这话也对。我们今天，该用古文家的话来批评今文家，又该用今文家的话来批评古文家，把他们的假面目一齐撕破，方好显露出他们的面

---

① 《古史辨》第 1 册。
② 顾颉刚：《古史辨·自序》第 1 册。

目……' 这番议论从现在看来也不免偏……我觉得这是一个极锐利、极彻底的批评,是一个击碎玉连环的解决办法。我的眼前仿佛已经打开了一座门,让我们进去对这个两千余年来学术上的一件大公案做最后的判断了。"① 可以看出胡适、钱玄同在方法上对顾颉刚的启发。

不仅如此,胡适和钱玄同在古史辨伪的具体工作上也取得了突出的成绩,这可以从皇皇七册的《古史辨》中体现出来。

在古史考辨中,胡适与钱玄同函电往返,在很多问题上相互讨论,并且大都取得了一致的意见。查《胡适书信集》②,1920—1930 年,胡适致钱玄同的信每年都有 3—5 封,可以想见钱玄同致胡适的信也会有如此之多,足见其学术关系的密切。但是作为五四后出于批判中国传统文化的需要而进行的现代学术运动,古史考辨经过十年的发展,不仅其本身的变化与分化在所难免,而且个人思想也在发生着由 "疑古" 转向怀疑疑古的重大变化。到了 20 年代末 30 年代初,胡适这样一位疑古重镇人物与疑古派产生了分歧,并从而成为疑古派本身分化的标志。顾颉刚后来回忆说:"1929 年我去看他(胡适),他对我说:'现在我的思想变了,我不疑古了,要信古了!' 我听了这话,出了一身冷汗,想不出他的思想为什么改变的原因。"③ 实际上,胡适的思想发生变化的原因,我们可以从 20 年代末到 30 年代初胡适发表的对于考信辨伪的方法论检讨的系列论文以及他在《中国中古思想小史》《中国中古思想史长编》《论秦畤及周官书》中对古文经学代表性典籍的肯定,结合胡适对五德终始说某些具体问题的论述,以此来对照疑古运动初起时胡适所发表的一系列激切言论,等等,看出其思想变化的轨迹。对比之下,钱玄同则始终坚持了疑古辨伪的精神和方向,坚持了 "宁可疑而过,不可信而过" 的信条。但随着疑古运动的发展,以及在反封建的意识形态工具的要求下,钱玄同和顾颉刚等又不期然地走向了他们的初衷的反面。如钱玄同竟将 "破除家派(今古文)的成见而实事求是" 中的 "实事求是" 的内涵归结为 "与其过而信之,宁过而疑之,这才是实事求是的治学精神"。④ 这样一种偏激的定位,就使得疑古派在处理中国传统

---

①　顾颉刚:《秦汉的方士和儒生·序》,《古史辨》第 1 册。

②　耿云志、欧阳哲生编:《胡适书信集》,北京大学出版社 1996 年版。

③　《古史辨》第 1 册。

④　《古史辨》第 5 册,第 10 页。

文化的过程中最终仍然不得不陷入家派的泥沼。

胡适与钱玄同在学术问题上的和而不同不仅仅表现在古史研究这一方面，其他如小学、语言、音韵等，都有此方面的问题。

（原载《河南大学学报》2004 年第 1 期）

# 为曹操翻案的先声

## ——五四时期胡适、钱玄同关于《三国演义》的讨论

历史上对曹操的评价，虽不同时期有不同的情况，但北宋以后由于封建的正统观念和复杂的民族关系，曹操被视为白脸奸臣形象影响深远。五四时期胡适、钱玄同关于《三国演义》的讨论，才肯定了曹操的"学""才""识"，并成为为曹操翻案的先声。20世纪50年代以后，经过史学工作者的努力，对曹操的评价才渐得公允。

一

历史上对曹操的评价，不同时期有不同的情况。陈寿在《三国志》中对曹操的优点和缺点都有涉及。到了唐代，唐太宗甚至把曹操看成是一个了不起的人。北宋以后特别是南宋以后，对曹操的评价发生了变化，曹操被说成一个反面人物。其主要原因是强调封建"正统"思想的结果。从北宋开始，对魏蜀两国谁是正统问题发生了争论。历史上，隋唐继自魏晋，承认魏是正统。但到了北宋及其以后，局面发生了变化，北宋的北方有辽国，南宋和金国南北对立。如以魏作正统，北边的辽、金就成为正统，宋便不是正统了。特别是南宋和蜀汉的处境相似，所以朱熹便帝蜀寇魏，以刘备为正统。到元代这种争论更加激烈，元人要自命正统，又反过来帝魏寇蜀。但民间广大人民和爱国知识分子，不甘于民族压迫，又通过戏曲表达帝蜀寇魏，说刘备的好话而人骂曹操。这期间由于封建的正统观念和复杂的民族关系，由于时代的变换，对曹操的评价也就发生了变化。① 小说《三国演义》写曹操的基调是"治世之能臣，乱世之奸雄"。

---

① 参见吴晗《从曹操问题的讨论谈历史人物评价问题——在北京教师进修学院对中学历史教师的讲话》，《历史教学》1959年第7期。

全书奉行"尊刘贬曹",为了丑化曹操,作者把他描写成了阴险狡诈、虚伪冷酷、专横跋扈、好色贪财的人物。根据《三国演义》改编的戏剧,更是起到了推波助澜的作用。由于《三国演义》思想和艺术的巨大成就,产生了深远的社会影响,集残暴与奸诈于一身的曹操形象从此更加深入人心,曹操也就成了一个更加定型的反面人物。① 自然,作为文学作品的《三国演义》中对曹操的评价不能代替史学评价,即使它在民众中的影响很大。但问题是曹操的形象到底是个什么样子?历史与文学到底有多大距离?不能不引起我们的思考。

## 二

新文学革命开始后,启蒙思想家们曾围绕怎样评价中国古典小说展开过一场有助于小说发展的讨论,其中关于《三国演义》的讨论只在胡适与钱玄同两个人之间进行。讨论尽管没有广泛展开,但意义非同一般,特别是关于对曹操的看法,成为为曹操翻案的先声。

钱玄同是五四新文学革命的闯将,他的很多观点尽管过于偏激,但振聋发聩,影响深远,如废除汉文、烧毁中国书等主张即为家喻户晓。在对于中国古典小说的看法上,他指出:"中国今日以前的小说,都该退到历史的地位,从今日以后,要讲有价值的小说,第一步是译,第二步是新做。"② 正由此,保守派文人林纾在其文言小说《荆生》中把钱玄同化名为"金心异",与陈独秀(田其美)、胡适(狄莫)并列进行人身攻击,亦可见钱之激进程度和保守派之反对程度。钱玄同没有白话诗作问世,但他对胡适具有开山之功的《尝试集》指指点点,有褒扬鼓励,也有批评指责,说胡适之《尝试集》放不开手脚,过于保守,于白话文学的提倡进行很有阻碍。使胡适佩服得五体投地,承认自己这几年的诗作"像一位缠过脚后来放大了的夫人回头看她一年一年的放脚鞋样,虽然一年放大一年,年年的鞋样上总还带着'缠脚时代'的血腥气"③。钱玄同也没有白话小说的创作,他是"提倡有心,创造无力",但开风气,不为师表。

---

① 参见邱复兴《曹操今论》,北京大学出版社 2003 年版,第 304 页。

② 钱玄同:《论小说及白话韵文》,《钱玄同文集》第 1 卷,中国人民大学出版社 1999 年版,第 52 页。

③ 胡适:《〈尝试集〉四版自序》,《胡适文存》二集,黄山书社 1996 年版。

他从文学革命的需要出发，在对古典文学的评价上总的观点是：重视思想内容而轻视艺术标准，重视写实文学而轻视浪漫文学，在一些问题上与胡适的看法相左，其中在对《三国演义》的看法上表现最为突出。

文学革命开始后钱玄同致陈独秀的第二封信即完整地表达了他对中国古典小说的看法。他说：

> 至于小说，非诲淫诲盗之作……即神怪不经之谈……否则以迂谬之见解，造前代之野史……最下者，所谓"小姐后花园赠衣物"、"落难公子中状元"之类，千篇一律，不胜缕指。故词曲小说，诚为文学正宗，而关于词曲小说之作，其有价值者乃殊鲜。……小说之有价值者，不过施耐庵之《水浒》、曹雪芹之《红楼梦》、吴敬梓之《儒林外史》三书耳。今世小说，惟李伯元之《官场现形记》、吴趼人之《二十年目睹之怪现状》、曾孟朴之《孽海花》三书为有价值。曼殊上人思想高洁，所为小说，描写人生真处，足为新文学之始基乎！①

在这封信里，钱玄同对《七侠五义》《西游记》《三国演义》《聊斋志异》《说岳》等大加贬斥，认为《七侠五义》为"诲盗之作"，《西游记》《封神传》为"神怪不经之谈"，《三国演义》《说岳》为"以迂谬之见解，造前代之野史"，"《聊斋志异》诸书直可谓全篇不通"。

可以看出，钱玄同对中国古典小说的评价忽视了艺术标准，而强调思想内容，他的看法有正确的一面，也有偏激之处，将苏曼殊小说作为"新文学之始基"也不够客观。对此，胡适提出不同意见，并由此引发了钱、胡之间关于如何评价中国古典文学的讨论。

1917 年 5 月 10 日，胡适在《再寄陈独秀答钱玄同》的信中认为：钱玄同对《聊斋志异》的评价"此言似乎太过"；《西游记》在文学中自有它一定的地位，其妙处在于荒唐而有情思，诙谐而有庄意，在世界神话小说中实为不可多得之作；《七侠五义》在第二流小说中，尚可称佳作；把《三国演义》与《说岳》并举，"亦似未尽公允"。《三国演义》在世界

---

① 参见钱玄同《寄陈独秀：反对用典及其他》，《新青年》3 卷 1 号；《钱玄同文集》第 1 卷，第 8 页。

"历史小说"上为有数的名著。其书谬处在于推蜀汉君臣而过抑曹孟德。然其书能使今之妇人女子皆痛恨曹孟德，亦可见其魔力之大。钱玄同谓《水浒》《红楼梦》《儒林外史》《官场现形记》《孽海花》《二十年目睹之怪现状》六书为小说之有价值者，此盖就内容立论耳。胡适以为论文学者固当注重内容，然亦不当忽略其文学的结构。结构不能离内容而存在，然内容得美好的结构乃益可贵。胡适最后得出结论，以为中国第一流小说，"古人惟《水浒》、《西游》、《儒林外史》、《红楼梦》四部，今人惟李伯元、吴趼人两家，其他皆第二流以下耳"①。可以看出，胡适对中国古典文学的评价，既注重思想内容，又讲究艺术结构，这种看法比钱玄同公允、严谨得多。

对于胡适的观点，钱玄同在 7 月 2 日致胡适的信中，进行了答复和讨论，接受了胡适的某些观点，如对《西游记》的评价以及将《水浒》《儒林外史》《红楼梦》三书并列为第一等小说"极以为然"。但对于《三国演义》的评价，钱玄同则坚持自己的观点，未发现其"佳处"何在。

# 三

胡适与钱玄同对《三国演义》的讨论，关于对曹操的看法主要体现在钱玄同的观点中。钱氏的观点主要有以下几个方面。

### （一）不喜欢《三国演义》

钱玄同说他不喜欢《三国演义》，没有发现《三国演义》的"佳处"。他说《三国演义》"谓其有文学上之价值乎，则思想太迂谬。谓其为通俗之历史乎，则如'诸葛亮气死周瑜'之类，全篇捏造。且作者写其书中所崇拜之人，往往废尽气力，仍无丝毫是处。如写刘备，成了一个庸懦无用的人。写诸葛亮，成了一个阴险诈伪的人。写鲁肃，简直成了一个没有脑筋的人"。钱玄同认为，无论是思想还是艺术，都未发现《三国演义》的"佳处"："其思想既迂谬，文才亦笨拙。"② 他总的看法是："以为《三国演义》所以具有这样的大魔力者，并不在乎文笔之优，实缘

---

① 《胡适文存》二集，第 29 页。
② 钱玄同：《论白话小说》，《钱玄同文集》第 1 卷，第 45 页。

社会心理迂腐所致。因为社会上有这种'忠孝节义'、'正统'、'闰统'的谬见，所以这种书才能迎合社会，乘机而入。我因为要祛除国人的迂谬心理，所以排斥《三国演义》。"① 钱玄同是五四时期的启蒙思想家，其革命精神和反封建思想较其他人为甚，由此可见一斑。

### （二）刘备远不及曹操

胡适认为，《三国演义》"能使今之妇人女子皆痛恨曹孟德，亦可见其魔力之大"。钱玄同对此不以为然，并认为胡适此观点"正不足取"②。他说："盖曹操固然是坏人，然刘备亦何尝是好人。论学，论才，论识，刘备远不及曹操。论居心之不良，刘备、曹操正是半斤八两。"③

"论学，论才，论识，刘备远不及曹操"，这是破天荒的语言，是对传统三国观的反叛。因为自北宋以来，人们以蜀汉为正统，刘备受到了社会很高的评价。钱玄同尽管没有从正面立论，但却改变了曹操长期以来的"白脸奸臣"形象，并且是"刘备远不及曹操"。

### （三）揭示"帝蜀寇魏"立论的根源

钱玄同与胡适反复讨论《三国演义》的优劣，实际见解并没有原则性的分歧，而只是对胡适的"过抑曹孟德"看法作了具体的说明，揭示了"帝蜀寇魏"立论的根源。钱玄同认为"帝蜀寇魏"之论，"原极可笑"，这是东晋习凿齿与南宋朱熹为了维护当时的统治而制造出来的舆论，目的是"作小说以正人心"，致使"害得一帮愚夫愚妇，无端替刘备落了很多眼泪，大骂曹贼千刀万剐，而戏台上做《捉放曹》、《华容道》、《黄鹤楼》等戏，必定挤眉弄眼，装出许多丑态"。他说："仔细想想，真正可发大笑。"④ 在这一点上，钱玄同比胡适说得透彻。后来，胡适又进一步说明了曹操被丑化的原因。

钱玄同与胡适对《三国演义》的讨论，由小说到戏剧，两人对"褒刘贬曹"都发表了自己的看法，胡适并且指出《三国演义》的曹操与舞台上的曹操是有差别的，不能把丑化曹操的责任完全归罪于《三国演义》

---

① 钱玄同：《致胡适之》，《胡适文存》一集，第35页。
② 钱玄同：《论白话小说》，《钱玄同文集》第1卷，第45页。
③ 同上书，第45—46页。
④ 胡适：《答钱玄同》，《钱玄同文集》第1卷，第46页。

的作者。对于钱玄同"论学,论才,论识,刘备远不及曹操"之论,胡适也深表赞同,并举例说明之。他说:"如白门楼杀吕布一段,写曹操人品实高于刘备百倍。此外写曹操用人之处,御将之能,皆远过于刘备、诸葛亮。无奈中国人早中了朱熹一流的毒,所以一味痛骂曹操。"对于钱玄同"写刘备,成了一个庸懦无用的人。写诸葛亮,成了一个阴险诈伪的人"之论,胡适认为罪不在《三国演义》的作者,而在于作者所处的时代。他说:"此则非关作者'文才笨拙',乃其所处时代之影响也。彼所处之时代,固以庸懦无能为贤,以阴险诈伪为能,故其写刘备、诸葛亮亦只如此。"①

现在看来,文学革命初期钱玄同、胡适关于《三国演义》的讨论,是值得我们重视的。实际上二人做了一件替曹操翻案的工作,肯定了曹操的才能,并且认为历史上曹操在戏剧舞台上的白脸奸臣形象是冤枉的。1922 年胡适还为当时出版的《三国演义》作序,对《三国演义》这部小说的形成以及传统的评价,都作了详细的考证。至于曹操什么时候成为被指斥的人物也作了具体的探索。这些成果,都与 1917 年和钱玄同的讨论分不开。可惜的是,当时的讨论没有广泛展开,只局限于钱、胡二人之间。

# 四

20 世纪 50 年代,毛泽东多次讲要为曹操翻案。受毛泽东的影响,郭沫若在 1959 年 1 月 7 日写了《谈蔡文姬的〈胡笳十八拍〉》,在 3 月 14 日写了《替曹操翻案》,认为:"曹操对于民族的贡献是应该作高度评价的,他应该被称为一位民族英雄。然而自宋以来所谓'正统'观念确定了之后,这位杰出的历史人物却蒙受了不白之冤。自《三国演义》风行之后,人们都把曹操当成坏人,当成一个粉脸的奸臣,实在是历史上的一大歪曲。"②他称曹操是"了不起的历史人物","曹操对于民族的发展和文化的发展有大的贡献",在同时代人中贡献"最大";"曹操冤枉地做了

① 胡适:《中国章回小说考证》,上海书店出版社 1980 年版,第 54 页。
② 郭沫若:《谈蔡文姬的〈胡笳十八拍〉》,《光明日报》1959 年 1 月 25 日。

一千多年的反面教员，我们在今天是要替他恢复名誉"。①

　　1954 年，毛泽东说："曹操是个了不起的政治家、军事家，也是个了不起的诗人"，"说曹操是白脸奸臣，那是封建正统观念所制造的冤案，还有那些反动士族，他们是封建文化的垄断者，他们写东西就是为了维护封建正统。这个案要翻"。② 1958 年 11 月，毛泽东在武汉召开的座谈会上还指出《三国演义》与《三国志》对曹操的评价不同，前者是把曹操当作奸臣来描写的，而后者则把曹操当作正面的历史人物来记述，曹操是"非常之人"和"超世之杰"。可是因为前者通俗、生动，加上旧有的三国戏多是以《三国演义》为蓝本编造的，所以曹操在旧戏舞台上就是一个白脸奸臣。"说曹操是奸臣，那是封建正统观念制造的冤案"，"现在我们要给曹操翻案，我们党是讲真理的党，凡是错案，十年、二十年要翻，一千年、两千年也要翻"。③ 之后，1959 年，郭沫若发表了一系列为曹操翻案的文章，对曹操的评价才渐得公允。

　　翦伯赞等历史学家也加入了讨论。翦氏认为："曹操不仅是三国豪族中第一流的政治家、军事家和诗人，而且是中国封建统治阶级中有数的杰出人物。""这样一个中国史上有数的杰出人物，却长期被当作奸臣，这是不公平的。我们应该替曹操摘去奸臣的帽子，替曹操恢复名誉"，"在否定曹操的过程中，三国演义的作者可以说尽了文学的能事。三国演义简直是曹操的谤书"。④

　　经过史学工作者的努力，20 世纪 50 年代以后，对曹操的评价渐得公允。并且，《三国演义》作为文学作品不能代替历史的评价也为大家所认可。而这一成果的形成有一个先声，那就是五四时期胡适、钱玄同关于《三国演义》的讨论。

（原载《郑州经贸职业学院学报》2010 年第 9 期）

---

①　郭沫若：《替曹操翻案》，《人民日报》1959 年 3 月 23 日。
②　权延赤：《红墙内外》，昆仑出版社 1989 年版。
③　陶鲁笳：《一个省委书记回忆毛泽东》，陕西人民出版社 1993 年版，第 154 页。
④　翦伯赞：《应该替曹操恢复名誉——从〈赤壁之战〉说到曹操》，《光明日报》1959 年 2 月 19 日。

# 第一届中国近代思想史国际
# 学术研讨会综述

贾小叶

由中国社会科学院近代史所与吉首大学、湘潭大学、湖南师范大学中国近现代史所及首都师范大学历史系、浙江大学社会文化与思想批评研究中心等单位联合主办的第一届中国近代思想史国际学术研讨会不久前在湖南吉首召开。来自海内外思想史学界的 80 多位学者参加了会议。会议共收到论文 70 余篇，内容涉及中国近代思想史研究的诸多方面，如思想家的思想研究、思潮研究、学术思想史研究、西方思想的输入与传播、思想史研究对象与方法等。

思想家思想的研究一直是思想史研究的核心内容，也是本次研讨会的主题之一。这方面的论文有 20 余篇，涉及的人物有包世臣、梁启超、胡适、梁漱溟、康有为、严复、王国维、戴季陶、陆征祥、熊十力、冯友兰、雷海宗等。与以往较多瞩目于孙中山、陈独秀等激进型思想家的研究取向不同，不少学者对温和型思想家如梁启超、严复、梁漱溟、王国维、熊十力等人非常关注，这反映了近年来思想家研究的新趋势。而以往研究较多的思想家如梁启超、胡适等继续受到关注，如黄克武在《魂归何处——梁启超与儒教中国及其现代命运的再思考》一文中，以梁启超为个案，在分析梁启超的"国民思想""文化民族主义"及其影响的基础上，重新思考了列文森关于"儒教中国及其现代命运"的课题及何谓"启蒙"的问题；坂元弘子以"中国近代思想史上的性别问题"为视角，考察了梁启超的性别观，并在与谭嗣同等人的比较中突出了梁启超性别观的特点；张玉法则以实证的方法，考察了胡适在 1919 年的思想与实践，认为他将实验主义引介到中国，不仅到处宣扬，而且身体力行，其一举一动都是实验主义的化身。此外，思想家之间的比较研究也受到与会者的重视。郑大华通过对包世臣与龚自珍、魏源思想的比较，认为包世臣是嘉道学风转变的主要代表人物之一，与龚、魏比较有其特殊的历史地位；李可亭则对胡适与钱玄同的思想作了比较，认为二人"和而不同"，其交往与思想从某一方面反映了中国近代思想文化史发展前进的足迹。

思潮研究是本次研讨会的一大亮点。近现代中国的诸多重大思潮如文化保守主义思潮、激进主义思潮、自由主义思潮、经世思潮、启蒙思潮、无政府主义思潮等在本次研讨会上均有涉及。柴文华的《论中国近现代的文化保守主义》对中国近现代史上的文化保守主义思潮作了系统的梳理，将其分为"非典型的文化保守主义"与"典型的文化保守主义"，并对保守主义的历史意义与理论局限作了独到的分析；胡伟希考察了 20 世纪上半叶中国的乌托邦知识分子运动由渐进到激进的演变过程，剖析了这一激进主义思潮产生的根源，颇具新意；罗福惠则对青年知识分子与辛亥前后文化激进主义形成间的关系作了探讨；林建华分析了抗战时期自由主义思潮的兴起背景、主要内容及其评价；曹世铉则对东亚三国的无政府主义思潮进行了比较研究，给人耳目一新之感。相对于以上思潮而言，学术界对经世思潮与启蒙思潮的研究时间较早，成果较多，但这并没有影响与会学者在这方面的创新研究。如李细珠在《试论嘉道以来经世思潮勃兴的传统思想资源》一文中对传统的观点提出质疑，认为今文经学只不过是嘉道以来经世思潮勃兴的传统思想资源之一，而不是唯一，而乾嘉汉学、浙东史学、桐城派古文学及程朱理学等传统思想都是嘉道以来经世思潮勃兴的重要资源；彭平一在《关于中国近代启蒙思潮的几个问题》一文中，则试图对以往关于启蒙思潮的研究作一宏观的梳理。

学术史研究是近年来思想史研究中形成的新热点，在本次研讨会上也备受关注。宋志明的《论中国近代哲学的转向》一文考察了中国近代哲学在本体论、发展观、知行观和人学观等方面由传统到近代转型的过程与特点；陈鹏鸣从学术思想的演变出发，逐一考察了章学诚对中国近代学者如龚自珍、魏源、李慈铭、谭献、郑观应、康有为、蔡元培、章太炎、梁启超等人所产生的影响；左玉河对晚清"整理国故"情况作了深入而详细的分析，探讨了中国传统学术纳入近代新知体系的历史轨迹；何予明以王国维的戏曲研究为例，探讨了中国近代学术思想转型的历史境遇。

关于思想史研究的对象与方法也是本次讨论会引人注目的话题之一。

李文海认为，要进一步推动中国近代思想史研究，一是要扩大研究领域，在研究精英思想家思想的同时，必须对下层民众思想以及民众思想与精英思想之间的互动关系予以足够的重视；二是要从单纯的思想研究扩展到对思想家社会实践的研究，离开社会实践，许多问题无法说清楚；三是要进一步打破学科分界，进行多学科的综合研究，不仅要研究政治、文化思想，还要研究其他方面的思想。王笛认为，下层民众的思想理应是思想史不可或缺的内容，并从方法论上探索了如何从精英话语霸权中解救下层民众的思想与声音，如何将下层民众的思想纳入思想史研究者的视野。李长莉以五四文化人对《浮生六记》的不同解读为例，探讨了精英知识分子在民间传统的承续中所起的作用。这表明，民众观念已进入部分思想史研究者的视野，思想史与社会史之间的交叉、渗透日趋明显，思想史的研究对象在拓展，其研究方法也趋于多样化。

此外，在中国近代思想史其他问题如西方思想的输入、近代知识分子群体以及对于长期存在争议的一些问题的研究上，也都出现了高水平的研究成果。如张朋园的《议会思想之进入中国》一文，以时间先后为序，考察了晚清包括政府官员、西方传教士、功名士绅在内的知识分子将西方议会思想引进中国的过程；高瑞泉的《近代价值观变革与晚清知识分子》一文则考察了现代知识分子的产生与近代价值观念变革之间的关系；耿云志的《关于近代思想史上的几个问题》一文，则重点就和平改革思想、民族主义、个人主义等几个近代思想史研究中长期存在争议的问题作了深入系统的探讨。

（原载《光明日报》2004 年 11 月 9 日）

# 中国近代思想史上的激进与保守

## ——第三届中国近代思想史国际学术研讨会综述

褚金勇

由中国社科院中国近代思想研究中心与洛阳师范学院联合举办的第三届中国近代思想史国际学术研讨会于 2010 年 8 月 16—18 日在洛阳召开。与会学者围绕"中国近代思想史上的激进与保守"的会议主题，分别对激进主义与保守主义的概念与类型，激进主义与保守主义的发端与评价，中国近代史激进主义与保守主义同其他社会思潮的互动关系，激进主义与保守主义对近代思想家的影响等问题展开了热烈的讨论。通过梳理中国近代史上的激进主义与保守主义的概念内涵及思想谱系，考察激进主义与保守主义在近代中国各种社会运动中的思想演绎及历史价值，为当代中国社会文明的现代性演进提供了可资借鉴的意义资源，体现了"以学术关怀人类，以思想推动社会"会议宗旨。

激进主义与保守主义作为两种重要的社会思潮，在中国近代史上有过精彩的思想演绎，对 20 世纪中国现代性的演进也产生了深远的影响。深入梳理中国近代史上的激进主义与保守主义的概念内涵及思想谱系，考察激进主义与保守主义在近代中国各种社会运动中的思想演绎及历史价值，对于理解中国近代历史和中国近代思想史，对于认识当今中国社会改革中出现的激进主义与保守主义都有非常重要的意义。为此，中国社会科学院中国近代思想研究中心联合洛阳师范学院于 2010 年 8 月 16—18 日在河南洛阳举办了以"中国近代思想史上的激进与保守"为主题的第三届中国近代思想史国际学术研讨会，来自北京大学、东京大学（日本）、浙江大学、南开大学、中国人民大学、中共中央党校、中国社会科学院等高等院校和科研院所的近 80 位专家学者参加了这次会议，提交论文 70 余篇。与会学者围绕激进主义与保守主义的概念与类型，激进主义与保守主义的发端与评价，中国近代史激进主义与保守主义同其他社会思潮的互动关系，激进主义与保守主义对近代思想家的影响等问题展开了热烈的讨论。

## 一 关于激进主义与保守主义的概念、发端与评价

讨论中国近代史上的激进与保守，首先需要厘清激进主义与保守主义的概念内涵和历史演变。与会学者对此问题进行了深入的探讨。郑大华（中国社会科学院近代史所）指出研究中国近代史上的激进与保守，就必须对文化上的激进主义和保守主义、政治上的激进主义和保守主义进行类别区分，他认为政治上的激进主义和保守主义的分歧在社会制度方面，前者主张全面改革甚至革命，后者主张维持现状或少许改良；文化上的激进主义和保守主义的分歧在思想文化方面，前者主张西化或全盘西化，后者主张认同、维护传统。何晓明（湖北大学中国思想文化史研究所）认为激进主义和保守主义都是次生型资本主义民族国家对发展路径和发展方式不同选择的理论思考的结晶，它们既可以是某种特定的意识形态，也可以是一般的社会心理，但都有一套完整的价值系统。何卓恩（华中师范大学中国近代史研究所）以"常""变"之争和"主义"之辨为视角厘清了保守主义、激进主义与保守的、激进的"主义"之间的异同，他认为激进主义以激进为主张，思想的内涵是彻底颠覆既有文明秩序，保守主义以保守为主张，思想的内涵是保守既有的文明秩序，它们都包含着技术、制度、文明精神的争鸣，而制度层面又包含政治、经济、文教等不同方面，而保守的、激进的主义中的"保守""激进"更多的是描述社会运动的方式和态度。概念因相近而区分，只有在不断地区分辨别中其内涵才会愈加明晰，其实无论是郑大华坚持区分文化上与政治上的激进主义和保守主义，还是何卓恩提出的辨别保守主义、激进主义与保守的、激进的"主义"，具体的辨析分类都可以讨论，但他们认识到了激进主义和保守主义概念的笼统性、模糊性，并且对激进主义和保守主义概念的深入梳理做出了可贵的探索。

关于中国近代史上的保守与激进产生于何时，与会学者有着不同的理解。郑大华指出中国近代史的保守主义和激进主义都发端于 19 世纪末 20

世纪初，正式形成于五四新文化运动时期；而何晓明认为作为社会思潮的保守主义产生于 19 世纪 60 年代，而激进主义的产生晚于保守主义三四十年。何晓明的观点引起与会学者的关注，并引发了激烈的争论。他之所以认为中国近代保守主义发生于 19 世纪 60 年代，冯桂芬《校邠庐抗议》中"以中国之伦常名教为原本，辅以诸国富强之术"的言论为主要史料依据，他认为这种言论揭示了近代中国文化保守主义全部理论宗旨的核心和要害；而郑大华认为冯这种主张虽然是后来洋务派提出的"中学为体、西学为用"这一中国近代社会的影响至深的思维模式的最初表述，但结合历史语境，这在当时不仅不具有文化保守的性质，相反还是一种相对激进的思想。张宝明（洛阳师范学院）对何晓明激进主义的产生晚于保守主义三四十年的观点持怀疑态度，在他看来，激进主义与保守主义是"比中见""相对出"的两种相互依存的社会思潮。他还指出无论中西，对保守主义学理分析研究层出不穷，而激进主义的学理分析研究相对匮乏，有鉴于此，作者梳理了从晚清维新派到五四革命派在"激进"上的思想传承，也分析了异域传媒所营造的激进氛围对中国激进主义的推动，第一次为我们呈现出中国化激进主义生成演进的思想谱系。

作为"比中见""相对出"的两种社会思潮，激进主义与保守主义之间的关系远非自明的，有着异常复杂的关系。张太原（中共中央党校党史部）则以全盘西化派与中国本位文化派为例探讨了激进与保守的和同。虽然作者撰文的立意在指出激进与保守的研究范式不能概括所有的思想流派，但他所讨论的全盘西化派与中国本位文化派在激进与保守的对立中也有着共通的东西，无疑是在挖掘激进与保守的复杂关系。柴文华（黑龙江大学哲学学院）通过对胡适、梁漱溟两人思想的分析，探讨了胡适"激进中的保守"和梁漱溟"保守中的激进"，从而为我们呈现了激进与保守相互交织的复杂关系。可贵的是，作者并没有因为激进与保守的相互交织而否定激进与保守的界限，而要从一种思想主张的主流出发，明确激进与保守的界限。郑大华指出激进主义与保守主义有着相对独立的、各有特色的价值系统、政治立场与文化观念，但由于激进与保守都存在于同一历史时代中，面临着相同的"前现代"传统的内容和具体的历史出境，因此也就有交叉交集、相近相似、相辅相成的一面。俞祖华（鲁东大学）认为激进主义与保守主义不是两极对立的主张、价值体系，在一定条件下还会发生调适转换，而且在激进与保守之间还有广阔的中间地带，包括渐进论、调和论、折中论等。"中间地带"说的提出无疑是宝贵的，它撇开了以往激进与保守非此即彼的思维偏至，对我们开放地评价定位历史人物、事件有着重要的参考意义。

在激进与保守的论争中，一个重点的命题是五四新文化运动和"文化大革命"渊源关系的理解。自从林毓生的论著引介大陆以来，很多学者认为两次文化革命之间在思想、理论、逻辑、方法上有着明显的继承关系。马克锋（中国人民大学历史学院）通过对新文化运动与"文化大革命"发起初衷和批孔本质的分析，指出五四新文化运动是为了建构科学、民主、自由的新文化而发起的，"文化大革命"则是利用强大政治资源而推动旨在实现个人成王成圣的乌托邦运动；新文化运动批孔批的是被历代统治者利用的孔子及其学说，批的是中国专制统治的护符，而"文化大革命"中的批孔是行政指导下有组织有计划的政治大批判，远离学术探讨，具有鲜明的命令与强制性特征。由此，作者认为，两次文化革命是两种性质完全不同、内容根本不同、目标迥然不一的文化运动。作者的"五四""文革""迥异论"是建立在扎实的史料分析上的，有力地驳斥了林毓生等人的"继承说"，为我们澄清了历史的真实，但需要指出的是，作者在驳斥极端的"继承说"的同时却走向了另一个极端。客观地分析两次文化革命，其实同中有异、异中有同，在承认二者之间内容、目的、运作方式"迥异"的基础上必须洞悉它们在运动逻辑、思维上的某种继承性。

毋庸置疑，激进主义与保守主义在 20 世纪中国历史发展进程中产生了重大的影响，由此如何评价中国近代史上的激进主义与保守主义的历史价值也成为学界关注的热点命题。众所周知，20 世纪 90 年代以前，学界研究一般褒扬革命与激进，贬斥改良与保守，而 90 年代以来，人们逐渐放弃了激进的社会政治批判话语，转而采取一种政治上、文化上的保守主义话语。萧功秦（上海师范大学）通过考察严复、胡适对自然公理论的批判，指出激进主义是种唯理论的社会政治观，具有以完美主义的方式改造现实的乌托邦性质，该文对中国近代思想史上激进主义崇拜的现象进行了深刻的反省，对当下中国社会改革路径的审择也有着重要的指导意义。李翔海（南开大学哲学系）通过分析现代中国文化从"外在冲击"到"内在转化"再到"综合改造"演进的内在逻辑，认为 90 年代以来的保守主义思潮具有增强民族文化主体性，营造全面认识中国文化传统的社会氛围的意义，体现了集中全人类多民族智慧资源解决"地球村"所面临的共同问题的时代要求。高瑞泉（华东师范大学哲学学院）分析了20世纪最后20年中国从激进主义到保守主义的思想演进，认为要客观评价激进主义的历史价值，不能因为激进主义的事物而遮蔽了它的功绩。这样的提醒在当下一味贬斥革命与激进的保守主义氛围中显然是必要的。林建华（辽宁师范大学政治与行政学院）指出激进主义作为一种社会思潮，利弊并存，利大弊小；但作为一种国家意志，它危害极大，乃至贻害无穷。张宝明认为无论激进主义还是保守主义，只要在野，无论其态度如何激烈或固执，都不会伤及无辜，我们最终防范的是在朝的无论是以激进主义还是保守主义面目出现的"终端"。其实，无论林建华将激进主义作社会思想与国家意志的区分还是张宝明关于激进主义、保守主义在朝、在野的论析，都在于防止激进主义、保守主义的过于强势乃至独霸，为激进主义、保守主义的发生发展提供多元化的生存空间。这既是对激进与保守在20世纪中国思想演绎经验教训的总结，也是对未来中国现代性演进路径选择的展望。历史是复杂的，任何一种思想都带有时空的烙印，都与所需要解决的社会问题密切相关。我们不能一味地站在历史背后指责激进与保守的正误是非，应该深入挖掘历史事件的来龙去脉，呈现历史复杂的真实。正是在这个意义上，郑大华提出了评价中国近代史上的激进与保守时要坚持的三个方法或原则：一要坚持历史唯物主义的原则，二要坚持一分为二的原则，三要坚持具体问题具体分析的原则。

## 二　激进与保守视角下的社会思潮研究

激进与保守，是对近百年来社会思想意识形态上的勾勒，但这只是一种相对的划分，都是相对于某种社会秩序和社会问题而发生变化着的，某种社会秩序和社会向性发生的变化，两者的内容并随之有所变化。其实小到人物事件，大到社会思潮，都有激进与保守的问题。激进主义和保守主义与自由主义、民主主义、民族主义等社会思潮都有着极为密切的互动关系，这些社会思潮也涵盖、弥漫着激进主义与保守主义的特点。也正是在这个意义上，何卓恩区分了激进主义、保守主义与保守的、激进的"主义"。所谓保守的、激进的"主义"，其实是将其他社会思潮纳入激进与保守的视角下进行考量研究。这次与会的部分学者的论文便是从激进与保守的视角探讨了自由主义、民主主义、民族主义等社会思潮。

　　一般观点认为，自由主义是温和的，但这并不能遮蔽其中的激进与保守的倾向。张世保（中南民族大学民族学与社会学学院）通过对百年中国自由主义的考察，指出拉斯基影响了 20 世纪上半叶的中国自由主义，哈耶克影响了 20 世纪下半叶的中国自由主义。由于拉斯基的思想性格偏于激进，哈耶克思想性格偏于保守，这也就决定了中国自由主义思潮中有着激进与保守的两种进路。回眸百年中国自由主义发展史，激进、保守的两种进路是确实存在的，但并非可以通过区分 20 世纪上半叶激进、下半叶保守就可以泾渭分明。与会学者提交的论文有的便探讨了 20 世纪上半叶自由主义的保守主义倾向。齐辉（黑龙江大学新闻传播学院）指出以"独立评论派"学人群体在抗战前有着强调精英主义、维护国民党政治权威、贬斥革命激进主义的思想，该群体的保守主义倾向乃是针对五四后自由主义激进化的倾向而发的，它有利于抑制自由主义过度的改革热情及民主化进程对社会稳定的破坏，是用以解决民族危机的合理手段。卫春回（华东理工大学艺术与传媒学院）指出中国自由主义 20 世纪 40 年代出现了张东荪的"社会主义的民主主义"、萧公权的"自由社会主义"、施复亮的"新资本主义"、刘大中的"双重民主"等多种自由主义学说，虽然名称不同，但都普遍致力于政治民主与经济民主的融合。林建华指出 40 年代出现这些新自由主义学说都增加了激进化倾向，倡扬政治自由和经济平等，批判资本主义政治经济制度，一定程度上赞成和支持革命。其实无论自由主义的保守主义取向还是其激进化的转型都是在近代中国的适应性变异，重要的是回到当时的历史语境，以历史主义态度理解其思想生成，评价其思想意义。

　　谈到自由，不能不提在思想内涵上与自由联系紧密的民主、共和、立宪。学界关于预备立宪的研究已经很多，但很少人关注研究预备立宪过程中反对立宪的思潮。迟云飞（首都师范大学历史系）撰文专门探讨1906—1911 年清朝部分官员反对立宪的思潮，作者认为反对立宪的观点较多地站在传统立场，重于阐述立宪的利害关系，而轻于立宪理论的剖析，是保守主义在新形势下的一种表现。应该说立宪是追求民主的一种形式，但需要指出的是晚清以降的民主观念处于不断阐释演化的过程中。陈先初（湖南大学岳麓书院）指出中国近代史上有着温和的英国式民主与激进的法国式民主颉颃对抗，五四时期人们对民主的诠释理解逐渐倾向于激进的法国模式，进而在十月革命后选择了以马克思主义思想为基础的无产阶级民主，最终完成了民主观念激进化的演变。为何民主观念会不断激进化，这缘于时人对代议制民主弊端的警惕和对大众直接民主形式的向往。邹小站（中国社科院近代史所）撰文探讨了 20 世纪 20 年代中国思想界围绕着民主的实施方式掀起的改造代议制的思潮。作者指出，改造代议制思潮要求经济社会权利的平等，要求多数国民有参与权的大众直接民主，在改造路径上，革命论成为思潮的主流，唯革命论渐次成型。该文通过大量的史料梳理和理论分析，将中国近代民主观念激进化研究推向了深入。闫润鱼（中国人民大学国际关系学院）通过比较梁启超、孙中山的"强力政府论"思想来剖析近代思想史上激进与保守的复杂面相，她认为梁、孙提出"强力政府论"虽然都是从对现实的观察出发的，但关注重点却有着明显不同：梁启超赋予强力政府的合法依据主要是国民的开化程度，他担心将民权交于缺乏法纪意识的国民会导致天下大乱、民权落空，而孙中山的"强力政府论"主要从如何有效地避免西方实行民权政治以来出现的弊端着手阐发的，他关注的是立法对行政的过分牵制以及人民与政府的对抗关系。李志毓（南开大学历史学院）指出 1928 年国民党形式上取得全国政权而自身却面临严重的腐化危机，此时陈公博和以《革命评论》作者群为中心的党内激进左派为恢复国民党一大改组精神，从阶级成分、组织和训练、人才选拔机制等几方面重新阐释了国民党"以党治国"的理念，他们援引唯物论和阶级论探讨党的群众基础问题，重视党内民主，试图通过民主化和青年化来解决国民党的腐化问题。该文对国民党"左派"党治立论的研究，有利于我们更加深入地理解国民党在建立"党治"国家过程中所面临的结构性处境。房德邻（北京大学历史系）指出 1936—1937 年的新启蒙运动是 20 年代左翼文化运动的继续和发展，这场运动继承了五四启蒙运动的科学、民主的口号，同时又以民族化和大众化的口号纠正五四启蒙运动的偏差，形成了科学的、民主的、民族的、大众的新民主主义文化建设方向，但在这个路向宣传中，淡化了启蒙所必需的个性主义，在民族化、大众化的宣传中蕴含着反启蒙的倾向。与以上学者从主流政治观点探讨民主的激进、保守不同，李维武（武汉大学哲学学院）以杜亚泉、梁启超、梁漱溟、张君劢、徐复观为中心考察文化保守主义者对儒学与民主政治的关系所做出的思考，挖掘儒学对中国现代政治演进的意义资源，进而对文化保守主义民主观念近百年变化的总体走向与基本脉络给予了深入的梳理阐发，为我们深入认识文化保守主义的思想理路做出了探索。

有关民族主义的激进与保守也是这次会议的热点问题。一般观点认为，民族主义是保守的，是落后知识分子的产物和一种倒退的力量，体现了后进社会在面对西方先进社会和理性时的一种回应。民族主义显得保守，因为近代中国民族主义，既有来自西方的现代民主国家的观念，又有传统华夷分属的观念。王先明（南开大学历史学院）以徐继畬的《瀛环志略》为中心，梳理从"华夷"话语到"中西"话语的演变，进而探讨从传统民族意识向近代民族观念转变的艰难复杂的历史过程。饶有趣味的是，民族主义在思想内涵上倾向于保守主义，在行为方式上却又有激进化的取向，李来容（南开大学历史学院）以 1902 年的成武入学事件、1905 年的"取缔规则"事件为中心探析了 20 世纪初留日学生学潮的激进的民族主义倾向，指出这种激进民族主义倾向张扬了爱国主义精神，但也明显带有盲目、偏激、无的放矢的色彩。许小青（华中师范大学中国近代史研究所）探讨了以南京高师—东南大学为主体的南高学派的文化保守主义思想，作者通过对南高学派 20 世纪 20—60 年代"孔子观"的梳理分析，认为该学派的文化保守主义与民族主义相互交织，与北大新文化的激进主义颉颃对抗，与政治上的权威主义有一个由分到合的微妙关系。郭红娟（洛阳师范学院）探讨了 20 世纪 30 年代的"中国本位文化建设"运动，指出该运动不守旧、不盲从，熔冶中西文化职场，创造新文化的建设路径选择彰显了自主发展民族新文化的思路。暨爱民（吉首大学）通过对梁漱溟、熊十力、贺麟、钱穆等新儒家的文化民族主义思想的考察，指出新儒家认为中华民族危机的解决之道在于民族文化的畅通，但他们的文化民族主义并非顽固的本质主义，而是对历史与传统保持一种批判继承的态度，有选择地吸纳西方先进文化，实现中国传统的创造性转化进而挽救民族危机。黄秀蓉（西南大学历史文化学院）梳理了中国近代民族主义话语中的女性身份变换，作者认为中国女性身份的变换，不但直接促进了现代民族国家的产生，而且从根本上瓦解了传统中国的社会性别机制。从思想渊源上说，国家主义是民族主义的近亲，甚至认为是民族主义的变种。禹江（湖南师范大学历史文化学院）通过对大江会的个案考察，探讨了中国近代史上富有保守色彩的国家主义思想。尹红群（湖南师范大学历史文化学院）则以王造时的国家观念为例探讨民族危机下中国自由主义知识分子的国家主义问题。一般来说，自由主义与国家主义有着深层的理论隔阂，但国家主义与自由主义并非完全相悖，毕竟自由主义政策的具体实施都是以国家为单位的，因此王造时的国家主义观念有其理论合理性，该文让我们认识到了思想不只是为了追求逻辑的一致性和内容的完整性，思想的存在更是为了解决社会问题。

激进与保守在中国近代教育变革领域也有充分的演绎。我们知道，随着新式教育的建立与科举制度的废除，教育的现代化进程加速，而传统教育体系遭到严重的冲击。但杨齐福（福建师范大学社会历史学院）通过史料梳理指出传统私塾仍然是广大农村教育的主要形式，认为近代新式教育发展的滞后与布局的不合理决定了私塾教育在农村的不可替代性，传统私塾在近代地方教化和知识启蒙中起着举足轻重的作用，因此应该重新审视传统私塾在"保守"教育中的宝贵价值。与农村的私塾教育方式不同，在城市里不但有现代大学教育，而且出现了很多教育类的学会、学社。李少兵（南开大学历史学院）围绕"北京平民大学新佛化青年团"、武汉的"佛化新青年会"等学社掀起的佛化新青年思潮展开考察，探讨佛门的保守与激进，指出"佛化新青年"思潮在保守佛教某些信仰理念的底线下对西学吸纳、阐释与批评，旨在改造旧佛教、创造新佛学，拯救时弊，建设和平幸福的新世界，佛化新青年对新文化进行思索和论述是一种积极主动的入世达变的行为，它促使佛教关心世事，参与社会文化活动，促进了民国佛教文化的发展。何树远（中国社科院近代史所）围绕中华教育改进社在政治学潮中的角色转变展开考察，指出中华教育社 20 世纪 20 年代分别参与的清华学校、东南大学以及北京女子师范大学三次学潮，在大众舆论中的角色发生了从最初的激进形象到后来的保守反动形象的改变，自五四以来教育界在社会上举足轻重的局面也走向衰微。

## 三　激进主义与保守主义的思想家个案研究

与宏观的激进主义与保守主义理论研究相较，关于激进主义与保守主义的思想家个案考察显得有些微观琐碎。但个案研究是整体研究的基础，思想家的个案里面通常各种复杂的思想、观念、心态交织在一起，对思想家个案研究更能以小见大，达到某种分析的深度。由此也需要我们认真关注与会学者提交的思想家个案研究。

新文化派作为中国近代激进主义的集大成者，是与会学者撰文讨论的热点。高力克（浙江大学国际文化学院）考察了革命进化论与陈独秀启蒙激进主义之间的关系，指出陈的反传统主义、文学革命论、反宗教观、唯科学主义、世界主义及社会主义，无不以进步主义的革命进化论一以贯之，革命进化论不仅是陈独秀激进主义之"现代/传统""两极"逻辑的价值预设，而且为他打开了通向共产主义的大门。李可亭（商丘师范学院历史系）系统梳理了钱玄同的文化激进主义思想，并指出钱氏这种文化激进主义的思想肇源于其民主科学旗帜下的传统原罪心态、无政府主义思想以及西学包治百病的乌托邦思想。褚金勇（安徽师范大学文学院）指出钱玄同在"不容讨论"的激进思想面孔背后还有一副"科学容纳"的理性思想面孔，进而通过深入挖掘钱氏两副面孔背后的思想意涵，探讨了激进主义者在激情与理性中追求自由的两难心态。刘贵福（辽宁师范大学）则通过扎实的史料功夫梳理了钱玄同与刘师培的思想学术关系，指出刘师培在国粹主义、无政府主义等方面对钱玄同产生了极大影响，但今、古文经学取向，对无政府主义与民主主义关系的认识上的差别导致二人分道扬镳，走上不同的思想道路。吴根友（武汉大学哲学学院）通过考察顾颉刚的"疑古"思想，梳理了现代激进"疑古"思潮对传统经学"疑古"思想的传承关系，从中国学术、思想现代转型视野下探讨了疑古思潮对现代史学的方法论意义。孙邦金（温州大学思政部）探讨了乾嘉学术对傅斯年史学思想的影响，他指出傅斯年虽然对传统学术思想批判异常激烈，但受传统学术思想影响深刻，而且傅有意识地保持了传统学术与现代学术的内在连续性，由此也展现了激进与保守在思想个案中的复杂交织。

关于严复的思想，学界有"早年激进，晚年保守""理论上激进，现实中保守"的不同论断。王云红（河南科技大学人文学院）撰文系统探讨了严复的保守主义倾向，指出严复的思想染有英国保守主义的色彩，其保守主义倾向体现在固守传统、自由思想与进化思想互补、认识论上的经验论方面。郭汉民（湘潭大学哲学与历史文化学院）针对学界关于严复思想"早年激进，晚年保守"的观点，指出严复的思想理论与政治实践，前后是基本统一的，他以进化论为理学基础，政治上主张缓进维新，力倡"三民"，要想客观地定位严复思想，只有准确把握严复的思想体系，才能弄清严复思想的内在理路。与严复相较，对梁启超的思想做激进、保守的定性评价更加困难。有鉴于此，川尻文彦（日本国帝冢山大学）没有简单套用激进、保守的理论，而是通过考察梁启超对伯伦知理的国家学理论的"受容"探讨其思想的转变，指出伯伦知理的国家学理论影响是梁启超1903年从激进"破坏主义"、接近"革命"转而趋向保守的关键因素。陈忠纯（厦门大学台湾研究院）探讨了1914—1916年张东荪的政治思想，指出从"政治对抗力"到"第三者"，从"不党主义"到"贤人政治"，从"法治国"到"内阁制"，从"联邦制"到"地方自治"与"地方分权"，张东荪提出的种种或激进或保守的主张，都是为了团结共和派力量，挽救共和民主。戴季陶也成为与会学者讨论的热点。刘文丽（首都师范大学马克思主义教育学院）指出戴季陶的思想有着从激进政治革命到温和社会改革的演进历程，这一着眼于现实建设的思想演变是部分国民党人革命理念的某种进步，而从前者到后者戴季陶的角色转变成就了其政治保守主义诉求的历史价值。张玉萍（日本东京大学）撰文探讨了戴季陶1913—1916年的中日提携论，她指出戴季陶主张具有一体性的中日两国要在政治、经济以及海外移民方面相互提携，要共同对抗西方敌人。但戴季陶的中日提携论绝非单纯地对日妥协论，它是在国民党与北洋政府的党争中形成，意在保存党的利益，提高自国实力，谋求国际生存空间。

小野泰教（日本东京大学）通过考察"进步"的郭嵩焘和"保守"的僧格林沁在厘金政策上的较量，来透视厘金政策斗争的复杂历史背景，探析郭嵩焘的"劝谕乡绅"思想的内在理路。刘平（湖南师范大学历史文化学院）撰文指出王闿运崇信"通经淑世"的理念，主张"经学以自治，史学以应世"，将眼光投向中国古代圣人经典，期望能挽救世道人心而不坠，实现"修齐治平"的抱负，王闿运从守旧中寻求通脱，旨在保存在历史发展中已被证明的最好制度，用传统来调和社会所必要的变革，试图努力照管好先辈用智慧创造的遗产和数代人为共同的福祉用经验建立起来的文明社会的秩序。李新国（新乡医学院）探讨了梁济的保守主义思想，指出梁的保守乃是因为新学过于激进，对传统破坏冲击较大，不利于社会稳定，反而不如采取稳妥的渐变方式，因此他认为文化不可分新旧，而应当分和与不和，在和的基础上，充分吸收优秀的传统文化，注重社会风化教育，以德治国，逐渐达到社会的改造。但需要指出的是，传统道德是无法调节民国以后各种政治势力的利益的，因此梁济的道德救国主张，也无法解决民国初年的复杂问题。欧阳哲生（北京大学历史系）梳理了陈焕章的孔教思想，陈是被康有为光芒遮蔽的近代孔教运动的实际负责人，他对孔教事业的专注在海外传播影响之深远，均超越其师康有为。作者通过对陈孔教活动的分析，指出民初的孔教之所以成为问题，主要并不是在宗教的层面，而是在政治的层面，由于孔教介入了意识形态的霸权之争，由此导致了陈与各种势力的冲突及其悲剧性结局。综观与会学者对王闿运、梁济、陈焕章等保守人物的考察，都撇开了以往非此即彼的评价标准，抱着"了解之同情"的态度对其思想进行解析，挖掘了保守人物之所以保守的内在理路，为我们更深层地理解保守主义提供了空间。

# 小　结

作为影响两种重要的社会思潮，激进主义与保守主义在中国已经走过无数风风雨雨。但在学术研究领域，激进抑或保守没有孰是孰非的结论，也不可能有孰对孰错的判断。如何超越激进与保守，如何在激进与保守的思想谱系中提取对当下的改革开放富有前瞻性的意义资源，才是此次思想史研讨会的题中之义。思想史研究不是努力去评判，而是通过再现历史的刀光剑影、鼓角争鸣给一段历史、给一个人物带来新的生命，让昨日哑然失声的史料在今日生活光辉的照射下，再度向我们发言，践行"以学术关怀人类，以思想推动社会"的学术宗旨。在这次研讨会上，老、中、青三代学者齐聚一堂，文、史、哲多学科专家展开思想交锋，学术民主真正落到了实处。各位专家学者在会议上畅所欲言，砥砺学术，各种观点的交锋纠正了认识的偏颇，不同的思想的碰撞产生了新的认知和理解，营造了一种自由、宽容、和谐的学术氛围。这也正昭示出此次研讨会达成了思想共识：20 世纪在走向现代的过程中缺乏的不是激进，也不是保守，稀缺的是多元开放的思维模式和宽容精神。其实，无论是激进主义还是保守主义获得了优势，都应给予对方以必要的尊重的谅解，让其有独立的空间。千万不可固执己见，宣称自己的主张放之四海而皆准，而想方设法吃掉另一方。应该看到，激进主义和保守主义都不是完美无缺的，它们理应保持自由与多元之间的平衡，在向对方见解开放的同时，要积极地从哪怕是恶意的批评中汲取有助于自身建设的意见，由此才能更好地探寻适合中国发展的现代性演进路径。

（原载《洛阳师范学院学报》2010 年第 6 期）

# 中国社会科学院举办"纪念五四运动90 周年国际学术研讨会"

中国社会科学院科研局宋学立整理

　　2009 年是五四运动 90 周年。90 年前的五四运动，是 20 世纪中国历史上一件具有划时代意义的重大事件，对 20 世纪中国的政治、文化、思想，乃至社会生活都产生了深远影响。为纪念五四运动 90 周年，响应中央提出的构建社会主义核心价值体系，推动社会主义先进文化建设，繁荣发展哲学社会科学，由中国社会科学院学部主席团主办、近代史研究所承办的"纪念五四运动 90 周年国际学术研讨会"于 2009 年 5 月 3—5 日在北京举行。全国政协副主席、中国社会科学院院长陈奎元，中国社会科学院常务副院长王伟光，中国社会科学院副院长武寅，中国社会科学院原副院长丁伟志、汝信，学部主席团秘书长何秉孟出席了 5 月 4 日的全体会议。王伟光发表了题为"论五四运动的真正革命意义"的重要讲话。近代史研究所所长步平研究员主持大会开幕式。来自美国、日本、韩国、澳大利亚等国家以及中国香港、中国台湾和中国大陆地区的学者近百人出席了会议。

　　王伟光指出，在 90 年前的今天，爆发了一场彻底的反对帝国主义、反对封建主义的爱国主义革命运动，即五四运动。今天，纪念五四运动，就要真正地认清五四运动的伟大意义，总结五四运动的革命经验，继承和发扬五四运动的伟大精神和优良传统，发展中国特色社会主义。90 年前的五四运动，表明中国反帝反封建的资产阶级民主革命已经发展到了一个新的阶段，五四运动是中国共产党领导的中国革命的第一阶段，即新民主主义革命开始的标志。五四运动的意义在于，它宣告了资产阶级领导的旧民主主义革命的结束和工人阶级领导的新民主主义革命的开始，从此中国近代历史展开了新的篇章，五四运动真正具有马克思主义、工人阶级及其政党、社会主义开启的革命意义。

王伟光强调，五四运动致使中国近代史发生重大变化，拉开了新民主主义革命序幕，实现了新旧民主主义革命的伟大转折，功不可没。五四运动直接导致马克思主义在中国的传播，导致中国工人阶级走上政治舞台，导致中国共产党的成立，导致中国人民选择了十月革命——社会主义道路。它的历史地位在于：第一，把马克思主义、科学社会主义、十月革命的经验引进中国，推动了马克思主义和科学社会主义在中国的传播。第二，致使中国阶级力量格局发生重大变化，推动工人阶级代替资产阶级成为中国革命的领导阶级。第三，为中国共产党的成立作了思想理论、阶级力量和干部准备，推动了中国工人阶级的政党——中国共产党的成立。第四，促成中国先进知识分子走理论联系实际、与工农结合的革命道路，标明中国青年运动和知识分子发展的正确方向。

王伟光提出，民主、科学和爱国主义是五四运动所倡导并高扬的三面大旗，民主、科学和爱国主义精神是五四运动的光荣传统，也是我们今天应该发扬光大的精神遗产。五四运动所体现的民主、科学和爱国主义精神有着明确的、具体的、历史的、革命的含义，这就是彻底的、不妥协的反对帝国主义、反对封建主义的新民主主义革命的鲜明特征和具体内容。五四运动后的新文化运动实质上与五四运动结合在一起，又可称为五四新文化运动。五四新文化运动的进步潮流是研究和宣传马克思主义、科学社会主义，这也是五四新文化运动的鲜明特点。这个鲜明特点表明，五四运动前后新文化运动所推崇的民主、科学、爱国主义精神发生了根本性质和具体内容的转变。

王伟光最后强调，真正继承和发扬新文化运动和五四运动光荣传统的中国共产党人，高举民主和科学旗帜，高举爱国主义旗帜，同封建势力、帝国主义势力、官僚资本主义势力进行坚决不妥协的斗争，取得了新民主主义革命的成功，在中国历史上第一次实现了人民民主，建立了人民共和国，实现了爱国主义的伟大理想。取得全国政权以后，又不失时机地进行了社会主义革命，建立了人民民主专政的社会主义国家，并大力推进社会主义民主建设。特别是进入改革开放新时期，全力推进社会主义民主政治体制改革，逐步实现更加广泛的社会主义民主。中国共产党最鲜明地继承和发扬了五四运动民主、科学与爱国主义精神，最彻底地实现了五四运动民主、科学和爱国主义主张。今天，中国共产党所主张的民主、科学和爱国主义不是抽象的、泛化的，而是社会主义的民主，是马克思主义的科学世界观和方法论，是中国特色社会主义的爱国主义。

中国社会科学院学部委员、近代史研究所耿云志研究员作了题为"五四运动：现代中国的新起点"的主题报告。他提出，之所以称五四运动是现代中国的新起点，主要出于三个方面的考虑：第一，五四运动首先是中国近代民族觉醒的新开端。在五四运动前，中国人的民族主义带有明显的被动性特征。只是在被侵略、被压迫到不能忍受的时候，民族意识才得以复苏，才有民族自卫的行动。从 1917 年中国正式加入对德、奥两国的战争时起，中国人开始主动地参与国际事务，开始在世界上主动地为争取民族权力而斗争。这是由五四运动激发起来的中国人民的民族主义的第一个新特点。其次，在五四运动中觉醒起来的民族主义，已不再仅仅局限于自己一个国家的范围，由于中国人主动参与世界事务，他们对世界大局、对世界各国增加了了解，感受到世界规模的反帝国主义、反殖民主义的民族解放运动的伟大潮流，认识到世界各地被压迫民族历史命运的共同性。五四运动所带动起来的民族主义，是与世界主义，或者说是与国际主义联系在一起的。从此，中国人民的反抗帝国主义的斗争，便与世界一切被侵略、被压迫民族的斗争紧密联系在一起。所以说，五四运动把中国人民的民族主义推进到一个新的历史阶段。五四运动以后，中国人民反对帝国主义的斗争，其实质是对世界各国人民的民族解放斗争的有力支援。第二，五四运动开启了中国政治革命的新局面。中国共产党的诞生和迅速发展壮大，是五四运动后中国政治革命步入新阶段的最重要的标志。五四运动中最核心的口号是"外争主权，内除国贼"。"外争主权"就是反对帝国主义列强的侵略和压迫；"内除国贼"就是打倒国内反动军阀统治集团。随着斗争的发展，人们越来越清楚地认识到帝国主义和国内反动军阀统治集团，是人民求解放的主要敌人。在此前，中国人民从来没有这样明确自己革命的对象和目标。中国人民认识到，要救国，要取得人民的解放，必须对外坚决反对帝国主义，对内坚决反对一切反动军阀势力。第三，五四运动极大地推动了新文化运动的迅猛发展，造成了中国民族文化复兴的重大契机，或者说，造成了近代中国文化转型的一大枢纽。关于新文化运动所取得的巨大进展，他概括为以下几个方面：一是文学革命运动造成创造民族新文化的利器。二是新教育的迅速发展。三是在中西文化沟通中产生民族文化复兴的自觉意识和必要的精神条件。四是社会公共文化空间的进一步扩展。关于五四运动、新文化运动发生的负面影响，他总结为三个方面：激进主义、泛政治化、迷信群众运动。他提出，数十年来，一直有人，特别是新儒家学者，对五四运动、新文化运动持否定的态度。其实，我们肯定五四运动和新文化运动的人并非完全否认这两个运动有其负面的影响。只不过，我们不赞成因此否定这两个运动的积极意义，不赞成把其负面作用夸大成为主流。总结五四以来的经验，我们应当充分注意激进主义、泛政治化和迷信群众运动给我们的事业带来的危害，在和平改革的环境中，努力学会以理性的、平和的心态面对一切问题，以目标和手段相统一的观念和方法去解决各种问题，使我们逐渐摆脱激进主义、泛政治化和迷信群众运动的种种教条的羁縻。

本次会议安排报告大会 1 场，分组讨论 12 场，国学研究论坛 1 场。科研局副局长王正主持报告大会，共有三位学者分别结合各自的研究领域作了发言。北京师范大学历史学院郑师渠作了"五四后关于'新文化运动'的讨论"的报告。他指出，五四后，随着"新文化运动"一词的产生，出现了一场关于"新文化运动"的热烈讨论。时人在概括身在其中的新文化运动本质的基础上，探讨了文化运动与社会运动、现实政治的关系以及中国的根本出路等重大的问题，并最终逻辑地引出了关于运动发展趋向的三个不同取向：普及文化、提升学术与转向社会革命。从其后的历史发展看，三者虽不应等量齐观，但无疑都有自己的合理性。新文化运动不仅催生了中国新民主主义革命的善果；而且，从长时段看，新文化运动依文化发展自身的逻辑，沿着普及与提高两个向度即纵深发展，终至成为常态，有力地奠定了现代中国学术文化发展的基础；从广阔的视野看问题，在很大的程度上，也可以说，它同样为中国现代文明政治的发展奠定了一个长期起作用的"非政治的"即文化思想的基础。

日本一桥大学坂元弘子教授作了"五四时期的女性主义及其思想来源"的报告。她认为，新文化运动以后，各报纸杂志上关于妇女解放的论说沸沸扬扬，这是因为这时的新闻媒体较此前有了一定程度的自由，而冲破旧式家长制以及反对奠基该制度的儒教传统规范的妇女解放运动也发展到了可以在公众舆论中涉及生殖和性这个禁区的程度，从这点来说，可谓是一个划时期的壮举。不过，五四运动爆发的那年，妇女运动的中心人物几乎都是男性知识分子，当时的妇女解放运动中有一个象征性的事件，即"追悼李超女士"。坂元弘子教授首先围绕这个事件,结合胡适、蔡元培对此事的反应来探讨梁漱溟的女性观,同时根据众多主要登载于妇女杂志上的有关节制生育和优生学的文章来探讨它们对妇女解放思想的形成与发展的重要意义,并分析它们对后家父长制的家庭结构之构思的影响。

中国社会科学院学部委员、文学研究所所长杨义研究员作了"鲁迅与'五四精神'"的报告。杨义认为,作为五四新文学运动的重要奠基人,鲁迅对于"五四失精神"而蜕化成另一种文化权力,感到诸多苦恼。他坚持五四启蒙精神是"扫荡废物,催发新生",在实践的层面上力主改造国民性,其出发点、精神实质和原创精神都非传教士所能同日而语,不能误读为"殖民话语"。其解答新的时代课题所形成的危机意识、历史意识、世界意识等"思想三维度",赋予其创作以强大的思想力度。鲁迅深化了五四民主思想,站在苦难中国的立场上,形成一种底层民众本位的思想。鲁迅从五四出发,在社会实践中诠释了真正的五四精神,并依照时代提出的新要求不断补充发展,使之深化和光大。

在"国学研究论坛"专场中,共有四位学者发表了主题演讲。其中,南开大学历史学院的李喜所教授作了题为"五四反孔的三点启示"的报告。他提出,五四反孔是一座"富矿"。仅就其反孔的方法和手段来讲,就可以得到多方面有益的启迪。归纳起来可以概括为以下三点:其一,孔子代表的是一种文化,文化的问题只能用符合文化本身发展规律的方式来解决,五四反孔较多的是政治革命式的大批判,淹没了最初设定的文化式的学理解析,结果是思想震撼有余,持久的文化积累不足。其二,孔学积聚为一种意识形态,其和社会经济基础的变革同步。马克思主义一贯坚持的基本原则就是社会存在决定社会意识。超越经济社会基础的孔子"革命",无论走多远,还可能还原到起点。其三,文化的变革是渐进的、改良的、非革命的。从五四反孔实践所提炼出的评判的态度、学理的研究、国民性的改造,是解决孔子问题的合理途径。

湖北大学中国思想文化史研究所何晓明研究员作了题为"'五四'精神三思"的报告。他谈道,五四是思考的年代,是争鸣的年代,是中国思想史、文化史上千年一遇的激动人心的岁月。关于中华民族的前途、命运,关于中国社会的发展道路和发展方略,关于在中西古今文化大交汇、大冲突、大融合时代条件下中华民族自立于世界民族之林的战略选择和实现途径,思想界、文化界议论纷发,热烈争鸣。"五四"以后90年的历史证明，激进主义在中国取得了巨大的成功，也留下了深刻的教训。自由主义和保守主义虽然在现实的社会政治层面没有获得真正的实践机会和成功可能，但依然在思想文化乃至意识形态领域持续地并将继续发挥不无积极意义的作用。这一切，都是五四留给我们的宝贵精神遗产。

华东师范大学哲学系高瑞泉教授作了题为"'五四'新文化运动与中国现代哲学"的报告。他认为，我们今天回顾五四新文化运动，如果要对历史做出真正的辩证的综合的话，就一定要有文化的自觉，这种自觉既包括对传统的连续性的尊敬，也包括对非连续性的肯定。文化的发展一定既有连续性，又有非连续性，否则就只是重复，而不是创造。创新往往包含着三个侧面：第一，要有飞跃，即断裂性的东西；第二，创造不能凭空出现，所以要有传统的连续；第三，并非所有的创造都是突然完成的，往往需要一定程度的累积，点滴的进步在最后出现了创造性的成果。在这个意义上说，激进主义、保守主义、自由主义都各有所得，对三者的辩证综合对我们理解现代文化、理解我们自身以及理解这个时代的文化使命来说，都是不可或缺的。

河南商丘师范学院李可亭教授作了题为"钱玄同国学研究论析——以经学思想为例"的发言。报告主要阐述了钱玄同经学思想的形成、发展、主要特征及其反封建意识和对古史的重建等方面的问题。报告人提出，钱玄同自幼接受传统文化的熏陶，精通今古文经学及其发展与斗争的历史。五四新文化运动以后，他不泥家法，超然今古，对经学进行辨伪、考证和批判，认经书为史料，还经学为史学，从而在促成传统经学向现代性转化上发挥了重要作用。钱玄同的经学思想既有很多精到之处，也有不少偏激之言。正确认识和评价钱玄同的经学思想，既是学术研究的需要，也是正确认识传统文化，利用发展传统文化的需要。

与会专家学者围绕几十年来的五四运动史研究、五四时期的思潮、五四与中国传统文化、五四与现代中国及其文化的走向等专题进行了广泛深入的讨论；与会学者结合新的时代趋向，更加明确肯定五四民主与科学传统的深远历史意义。

（原载"中国社会科学院科研局/学部工作局"网站，发表时间：2009 年 6 月 8 日）

# 下册后记

伴随着新年的脚步，这本文集终于校对完毕。由于早期的文章发表后没有留下电子版，现在需要重新输入和校对，所以，看似很容易的事情，却足足占用了我半年多的时光。现在，终于可以出手付梓了。

光阴荏苒。屈指算来，我到商丘师范学院从事教书生涯已经是第 31 个年头了。1984 年 6 月，不足 21 岁的我分配到商丘师范学院工作。从此，备课桌前，三尺讲台上，度过了我最美好的青春和年华。当年意气风发的青年，如今已霜染两鬓……我把我的青春和汗水奉献给了我的学生、我的学校和我所热爱的教育事业。当然，我也收获了学生的爱戴、学校的荣誉和社会的尊重。

我对于中国近代思想史的偏爱，是在大学阶段形成的。1980 年我考上河南大学，当时的河大历史系人才济济，在全国很有名气。一个出生于农村，在农村读过小学、中学、喜欢读书学习的我，到河南大学后感到眼前豁然开朗：才华横溢的老师，藏量丰富的图书馆，一个接一个的学术讲座，我于是如饥似渴——图书馆的老师大多都认识我，并且对我也格外关照。我当时在河南大学历史系学习，"中国古代史"开了三个学期，用的是朱绍侯老师主编的《中国古代史》（上、中、下）教材（福建人民出版社）；第四学期开设"中国近代史"，用的是李侃主编的《中国近代史》教材（中华书局）；三年级第一学期开设"中国现代史"，用的是黄元起老师主编的《中国现代史》（上、下）教材（河南人民出版社）；三年级第二学期开设"中华人民共和国史"，用的是靳德行老师主编的教材（河南人民出版社）。学生们用三年的时间学习中国通史，一步一个脚印，打下了坚实的基础，其中的古代史、现代史和国史教材都是自己的老师主编的，并且这些老师又亲自给我们授课，现在想来倍感荣幸！朱绍侯老师由于《中国古代史》教材编得好，从讲师破格晋升为教授，今年虽已近 90

高龄，仍在指导着我的读书和学习。靳德行老师曾任河南大学校长，其《中华人民共和国史》在"国史"教材中起步也是最早的。进入大学四年级，开始选修有关课程，我选修了中国近代史。其中，胡思庸老师开设的《中国近代思想史》深深地打动了大家，他所讲的林则徐、魏源、龚自珍等人的思想，确实令我们为之一震，新思想、新观点扑面而来，我们不仅看到了龚自珍批判封建、批评清朝的一面，而且看到了他思想的实质所在。记得胡老师很有脾气，大家有点怕他，他大概开了半个学期的课，给我们的印象很深。他上午三节课，有一次讲到12点半，从第三节开始一直没有休息，他可能是忘记了下课，但学生们确实是听入迷了，竟也忘记了下课。胡老师名气很大，后来主编《中国近代史新编》（人民出版社），又曾任河南省社会科学院院长，他的思想史课应该说"真是有思想"——于是，我在通史的基础上爱上了思想史。

1987年3月至1988年6月，我又回到河南大学，在中国近现代史助教进修班学习，用一年半的时间学习研究生课程。其中有一门课，开启了我研究钱玄同的历程。当时，河南大学中文系的杜运通老师给我们开设"中国现代文学史"课（杜老师后来到广东韩山师范学院工作），他对于钱玄同的看法和认识尽管只有寥寥数语，却引起了我的重视。以前学习五四运动史，学到新文学革命史，知道民主和科学两面旗帜，知道陈独秀和胡适，没有太留意钱玄同。杜老师的话给我打开了一扇窗户，我想进去看个究竟。于是从1987年第一篇论文《论五四新文学革命中的钱玄同》开始，我连续承担了河南省教育厅3个科研项目，在各级刊物发表学术论文20多篇。其中在1991年，《钱玄同古史研究论略》发表在国家一级期刊《近代史研究》上，这对于当时还是助教职称的我，是一个莫大的欣慰和鼓舞。

使我的研究得以深入的是北京师范大学的朱汉国老师。1997年9月至1998年6月，我在北京师范大学获得了一年的访学时间，师从朱老师，专题做"钱玄同研究"。朱老师给我以悉心的指导，使我开阔了眼界，研究得以深入，并在一年的时间里修改、校对《钱玄同传》（2000年河南大学出版社）。在课程不冲突的情况下，我又跟着王桧林老师的学生到王老师家听课，颇受教益（王老师曾主编《中国现代史》上、下，高等教育出版社）。

　　钱玄同是五四新文化运动的主要代表人物之一，是中国近代史上很有名气的经学思想家、语言文字学家。他跳出家派后对今古文经学的看法和对经学的分析与批判以及在促成传统经学向现代性转换上，都很有代表性。2006年9月至2009年6月，我在郑州大学历史学院杨天宇老师门下攻读博士学位。杨老师是全国著名的"三礼学"大家，上海古籍出版社出版的《十三经译注》，杨师即有《周礼》《仪礼》和《礼记》三本入其中，又出版《郑玄三礼注研究》（2007年天津人民出版社）。蒙导师允可，我于是把钱玄同的经学思想作为研究的对象。三年的读博生活使我收获很大，也在近代思想史的研究方面取得了很好的成果，尤其是杨老师的学行人品给我树立了人生的楷模。但昊天罔极，天不假年，一代师表竟在2011年7月17日因病遽然去世，享年68岁。杨师笃信仁厚，名满华夏，德被中原。

　　2004年暑期，由中国社会科学院近代史所与吉首大学、湘潭大学、湖南师范大学中国近现代史所及首都师范大学历史系、浙江大学社会文化与思想批评研究中心等单位联合主办的"第一届中国近代思想史国际学术研讨会"在湖南吉首召开，我应邀参加，并提交论文《和而不同：中国近代思想上的胡适与钱玄同》；以后又参加了由洛阳师范学院承办的"第三届中国近代思想史国际学术研讨会"（提交论文《传统原罪心态下的西学乌托邦之梦——论五四时期钱玄同的文化激进主义思想》）和"纪念五四运动90周年国际学术研讨会"（提交论文《钱玄同国学研究论析——以经学思想为中心》）。承蒙不弃，论文在会上受到了广泛的关注。

　　这本文集共收录已发和未刊文章34篇，分为五个部分，以钱玄同研究为主，最后"附录"参加三个国际学术研讨会的"综述"。其中已经发表的文章，分别发表在国家一级期刊、中文社会科学引文索引（CSSCI）期刊、全国中文核心期刊、中国人文社会科学核心期刊等CN刊物上，有的被中国人民大学复印资料全文复印，有的被《新华文摘》索引，有的被《高等学校文科学术文摘》转载，部分文章收录在《中国近代史论著目录》里（张海鹏主编，2005年上海人民出版社），在学术界产生了一定的影响。我知道，在中国近代思想史的研究上，我还是刚刚起步，所以本书名为"跬步集"——"不积跬步，无以至千里"，我想从一步半步走起，沿着中国近代思想史研究前行的脚步，期望能到达千里的地方。

在平时的学术研究中，吸收了同人相关的研究成果，有的已经注明，有些没有注明，在此声明并表示感谢。感谢贾文彪、赵鹏、王静老师为本书打印了部分文字。感谢李林老师为本书题写了书名。感谢所有支持我坚持学术研究的领导和同志。特别感谢我的夫人李秀琴为我的学术研究所做出的牺牲和奉献，感谢女儿李树蕙独立的生活能力和优秀的学习成绩让我能全身心投入研究工作。

李可亭

2015 年 2 月 15 日（马年腊月二十七）于商丘至善斋